LAS 1000 MEJORES RECETAS DE COCINA

para Jose con
todo mi cariño
Un beso

LAS 1000 MEJORES RECETAS DE COCINA

SERVILIBRO

Proyecto y Realización:
Thema Equipo Editorial
Còrsega 91-93 - 08029 Barcelona

C/ Campezo s/n - 28022 Madrid (España)
Tel.: 913 009 102 - Fax: 913 009 118

Impreso por SUSAETA EDICIONES S.A.
Impreso en la UE

SUMARIO

PRESENTACIÓN

El objetivo fundamental de esta obra es poner al alcance de los aficionados al arte de cocinar las 1.000 mejores recetas de la cocina.

Guiados por un sentido práctico, hemos seleccionado 1.000 fórmulas, en las que se alternan armónicamente la tradición con la modernidad, para conformar el más atrayente, completo y moderno de los recetarios editados hasta hoy.

Cada una de las 1.000 recetas que constituyen esta magnífica obra ha sido redactada con sencillez y cuidadosamente estructurada a fin de facilitar a simple vista el seguimiento de los distintos pasos y obtener el mejor de los resultados en cada plato. En este sentido, se ha tenido en cuenta tanto la composición de la receta, procurando que sus ingredientes sean fáciles de hallar en la mayoría de los mercados o establecimientos de alimentación, como el paso a paso de las operaciones a realizar y los tiempos precisos de cocción.

Esta magnífica obra se ofrece en cuatro grandes capítulos prácticos: Primeros platos, Carnes, Pescados y Mariscos, y Postres, con el propósito de facilitar el acceso a la misma y poder elegir el plato en función del ingrediente principal y de su situación en el menú.

Asimismo, hemos dedicado un capítulo especial a la cocina de microondas que, por razones de orden práctico, también se ha subdividido según la clasificación determinada por los cuatro capítulos principales.

Esta obra constituye un recetario extraordinario, no sólo por el número y la calidad de las recetas que incorpora, sino también por el riguroso trabajo de clasificación, diseño y claridad expositiva de cada una de ellas. Todo un esfuerzo editorial, que los aficionados a la buena cocina sabrán valorar ante los fogones y degustar con sus invitados ante la mesa.

PRIMEROS PLATOS

En el apartado de Primeros platos se incluyen todas aquellas recetas cuya finalidad es abrir el menú de cada ocasión.
De acuerdo con este objetivo y siguiendo un criterio abarcador, hemos situado aquí desde los clásicos entrantes (ensaladas, sopas y cremas) hasta platos más sustanciosos (potajes, arroces, pastas, etc.).
Los ingredientes más habituales de estos platos son las verduras y los cereales, sin olvidar las pastas, las frutas, las carnes, los pescados y los mariscos. Aquí, la cocinera o el cocinero saben ya que con tales viandas se trata de elaborar platos señalados por su ligereza; platos capaces de disponer el estómago para las preparaciones siguientes tenidas por principales.
La variedad de recetas que aquí se ofrece permite confeccionar desde los más sencillos hasta los más sofisticados menús. Decidirse por unos u otros es, al margen del carácter práctico con que se aborde, un juego apasionante y divertido.

Acelgas con crema de limón

Para 4 personas
Tiempo de preparación: 35 minutos
Dificultad: baja

Ingredientes:

1 kg de acelgas • 1 limón • nuez moscada • 30 g de harina • 50 g de mantequilla • 2 1/2 dl de leche • sal

Preparación:

1. *Lavar las acelgas cuidadosamente en varias aguas, y cortarlas en juliana.*
2. *Cocerlas en agua hirviendo con sal, destapadas, durante unos 5 minutos; escurrir y reservar.*
3. *En un cazo, derretir la mantequilla y añadir la harina, removiendo con la espátula. Dejar cocer sin que coja color, mezclarle el zumo de 1 limón y sal, y remover bien.*
4. *Verter la leche tibia poco a poco, trabajando con las varillas hasta lograr una crema suave y sin grumos, agregar un poco de nuez moscada rallada.*
5. *En una bandeja de horno, colocar las acelgas bien repartidas y verter encima la crema preparada.*
6. *Precalentar el horno con el grill encendido, introducir la bandeja de las acelgas y dejar gratinar a fuego suave durante 10 minutos, aproximadamente.*

Acelgas rehogadas

Para 4 personas
Tiempo de preparación: 1 hora y 10 minutos
Dificultad: baja

Ingredientes:

1 1/2 kg de acelgas • 150 g de jamón • 1 kg de patatas • 4 tomates maduros •aceite • sal

Preparación:

1. *Limpiar con agua fría las acelgas, cortar los tallos en trozos regulares y picar las hojas.*
2. *Pelar y trocear las patatas, picar finamente el jamón.*
3. *Escaldar en agua hirviendo los tomates, retirarles la piel y triturarlos hasta convertirlos en puré.*
4. *En una cazuela con agua hirviendo y sal, cocer las acelgas con las patatas. Escurrirlas y conservar caliente.*
5. *En una cazuela plana de barro con aceite, sofreír ligeramente el jamón y agregar enseguida el puré de tomate. Mezclar y añadir las verduras.*
6. *Remover con cuidado verdura y sofrito, rebajar el fuego y mantener durante unos 20 minutos para que las acelgas queden impregnadas con el tomate y el jamón y se mezclen con las patatas redondeadas.*
7. *Rectificar de sal y servir en la misma cazuela.*

Ajoarriero a la tudelana

Para 4 personas
Tiempo de preparación: 1 hora y 50 minutos
Dificultad: media

Ingredientes:
800 g de bacalao • 4 dientes de ajo • 1/2 tazón de puré de tomate muy fino • aceite • sal

Preparación:
1. *Poner en remojo el bacalao troceado y dejarlo en agua durante toda la noche. No es necesario cambiar mientras el agua, aunque ésta debe ser abundante.*
2. *Secar el bacalao, retirar las pieles y espinas y deshilacharlo cuidadosamente.*
3. *Pelar los dientes de ajo y cortarlos en filetes.*
4. *En una cazuela amplia con aceite, dorar ligeramente el ajo y añadir enseguida el puré de tomate y el bacalao.*
5. *Cuando dé el primer hervor, dejar la cazuela a fuego lento hasta que el agua se evapore y quede un jugo algo espeso.*
6. *Rectificar de sal, según los gustos personales.*
7. *Por último, servir en la misma cazuela.*

Alcachofas en cazuela

Para 4 personas
Tiempo de preparación: 1 hora y 30 minutos
Dificultad: baja

Ingredientes:
20 alcachofas • 250 g de jamón serrano • 3 cebollas • 4 dientes de ajo • 4 huevos • 1 limón • azafrán • pimienta • 1 cucharada de harina • aceite • sal

Preparación:
1. *Sacar las hojas duras y cortar la parte de arriba de las alcachofas. Frotarlas con limón.*
2. *En una cacerola al fuego con abundante agua, sal y un chorrito de aceite, hervir las alcachofas hasta que estén al dente. Escurrirlas y pasarlas a una cazuela de barro.*
3. *En una sartén con un poco de aceite, rehogar los dientes de ajo. Ponerlos en un mortero y picarlos junto con las hebras de azafrán y un poco de sal.*
4. *En la misma sartén, rehogar las cebollas picadas pequeñas y el jamón cortado en taquitos; añadir una cucharada de harina, dejar dorar y mojar con un poco del agua de hervir las alcachofas.*
5. *Mezclar todos estos ingredientes con los del mortero y verterlos sobre las alcachofas. Dejar cocer lentamente durante unos 10 minutos.*
6. *Cascar los huevos encima de las alcachofas y el rehogado de jamón y dejar cocer hasta que cuajen.*

Alubias blancas con chorizo

Para 4 personas
Tiempo de preparación: 2 horas y 10 minutos
Dificultad: baja

Ingredientes:
250 g de alubias blancas • 200 g de chorizo casero • 1 cebolla • 2 tomates maduros • 2 dientes de ajo • 1 hoja de laurel • aceite • sal

Preparación:
1. *Dejar las alubias en remojo durante 12 horas.*
2. *Escurrirlas, ponerlas en una olla y cubrirlas con agua fría; añadirles la cebolla troceada, los ajos pelados y cortados, la hoja de laurel y un chorro de aceite. Seguidamente, dejar cocer a fuego lento.*
3. *A media cocción, añadir el chorizo, los tomates pelados y partidos. Salar, tapar y dejar cocer lentamente.*
4. *Cuando las alubias estén cocidas, retirar la hoja de laurel y los trozos de cebolla. Dejar en reposo durante media hora.*
5. *Servir con el caldo de las propias alubias en una fuente honda o en plato sopero.*

Alubias con mejillones

Para 6 personas
Tiempo de preparación: 1 hora y 50 minutos
Dificultad: baja

Ingredientes:

700 g de alubias • 4 kg de mejillones • 1 cebolla grande • 3 dientes de ajo • 1 cucharada de pan rallado • 1 manojo de perejil • aceite • sal

Preparación:

1. Poner las alubias en remojo con agua fría durante 12 horas.
2. Escurrirlas y cocerlas durante una hora y media con una cebolla y un diente de ajo. Sazonar.
3. En una sartén con aceite, hacer un sofrito con la cebolla, el ajo y el perejil previamente picados. Al final de la cocción, añadir el pan rallado para espesar el sofrito.
4. En una cazuela de barro, poner las alubias, el sofrito y la carne de los mejillones, que se habrán abierto al vapor.
5. Remover y dejar cocer durante unos minutos añadiendo, si es necesario, un poco de agua de la cocción de las alubias.
6. Servir en la misma cazuela.

Alubias rojas de Tolosa

Para 4 personas
Tiempo de preparación: 2 horas y 15 minutos
Dificultad: media

Ingredientes:

400 g de alubias rojas de Tolosa • 200 g de tocino • 4 chorizos adecuados para las judías • 1 cebolla • 6 dientes de ajo • 1 puerro • 0,4 dl de aceite de oliva verde • aceite • berza • sal

Preparación:

1. Lavar bien las alubias y el tocino
2. Poner las alubias rojas de Tolosa en una olla de fondo grueso, cubiertas escasamente de agua fría, junto con el tocino, 1/2 cebolla y un chorro de aceite.
3. Llevar a ebullición, dejar unos minutos a fuego vivo, luego bajar el fuego y dejar cocer lentamente.
4. Cuando hayan cocido aproximadamente una hora y media, añadir los chorizos y dejar cocer lentamente hasta que las alubias estén blandas; si se evapora mucho el agua, añadir un poco más, pero que sea caliente.
5. El tiempo de cocción depende mucho de si las alubias son nuevas o viejas.
6. Cortar pequeña la otra media cebolla, el puerro y los ajos.
7. En un cazo, poner el aceite de oliva verde. Cuando esté caliente, rehogar todo el picadillo, dejar que tome un poco de color y verter en la olla con las judías.
8. Comprobar el punto de sal; sazonar, si fuera necesario.
9. Servir acompañadas de berza, hervida aparte.

Ancas de rana al vino blanco

Para 6 personas
Tiempo de preparación: 50 minutos, más el remojo de 1 hora
Dificultad: media

Ingredientes:

6 docenas de ancas de rana • 2 dl de leche • 125 g de harina • 80 g de mantequilla • 2 dl de vinagre • sal • pimienta

Salsa

5 dl de vino blanco seco • 50 g de mantequilla • 30 g de harina • 1 ramito compuesto (laurel, tomillo, perejil) • 1 zanahoria • 1 yema de huevo • 3 dl de crema de leche • 1 limón • perejil • sal • pimienta

Preparación:

1. Cortar las puntas de las ancas de rana, lavarlas y dejarlas en remojo una hora con el vinagre y la misma cantidad de agua.
2. En un cazo, poner el vino blanco, añadir la zanahoria cortada en rodajas, el ramito compuesto, sal y pimienta; dejar rehogar lentamente durante 20 minutos. Se evaporará y quedará alrededor de 1/3 de vino. Colar y reservar.
3. Sacar las ancas de rana del remojo, dejar escurrir, salpimentar al gusto, bañar en la leche y pasarlas por harina.
4. Poner la mantequilla en una sartén al fuego; cuando se haya derretido añadir las ancas de rana. Debe cuidarse que queden bien doradas.
5. Preparar la salsa, derritiendo la mantequilla en un cazo pequeño, añadir la harina, remover bien, dejar dorar removiendo con la espátula de madera, cuidando que la harina no se tueste demasiado.
6. Incorporar la reducción de vino blanco, dejar cocer 5 minutos removiendo.
7. En un recipiente aparte, batir la crema de leche con la yema de huevo y agregarle el zumo de limón, añadir este preparado a la salsa, dejar espesar sin

dejar de trabajar con la batidora de mano, en el fuego suave; es importante que no llegue a hervir.
8. Colocar las ancas de rana en una fuente de servir que habremos calentado previamente y cubrirlas con la salsa caliente; espolvorear con el perejil picado.
9. Adornar alrededor con rodajas de limón.
10. Servir inmediatamente para que llegue caliente a la mesa.

Apios a la crema de roquefort

Para 4 personas
Tiempo de preparación: 20 minutos
Dificultad: baja

Ingredientes:

800 g de tallos de apio • zumo de 2 limones • sal

Salsa

100 g de queso Roquefort • 0,5 dl de crema de leche • 50 g de mantequilla • 50 g de nueces • 0,3 dl de brandy • sal • pimienta

Preparación:

1. Lavar y limpiar bien el apio, sacando los hilos con cuidado de no romper las piezas, aprovechando los trozos más tiernos, gruesos y curvos; cortarlos en trozos de aproximadamente cinco centímetros de largo. Rociar con el jugo de los limones y salar.
2. Mezclar el queso de Roquefort con la mantequilla previamente ablandada (basta dejarla fuera del frigorífico durante 30 minutos antes de utilizarla), trabajando con una espátula de madera, añadir el brandy, la crema de leche y las nueces picadas. Salpimentar.
3. Rellenar las barquitas de apio, con la crema preparada, ayudándose de una espátula. Decorar con un trocito de nuez.
4. Disponer las barquitas ya terminadas en una fuente redonda con el cogollo del apio y las ramitas más blancas en el centro, dentro de un cuenco con hielo.
5. Servir frío

Arròs a banda

Para 4 personas
Tiempo de preparación: 55 minutos
Dificultad: media

Ingredientes:

1 kg de pescados: lucerna, araña, mero, etc. • 4 langostinos grandes • 12 mejillones • 400 g de arroz • 4 patatas medianas • 250 g de cebollas • 250 g de tomates maduros • 2 dientes de ajo • 1 hoja de laurel • 2 dl de aceite • perejil • tomillo • orégano • azafrán • pimienta • sal

Preparación:

1. Limpiar bien el pescado.
2. Raspar los mejillones y lavarlos bien.
3. Abrirlos al vapor, sacar las valvas. Reservar el jugo que sueltan.
4. Con las cabezas de los pescados y espinas, hacer un caldo poniendo una olla al fuego con unos dos litros de agua, la mitad de las cebollas cortadas en tiras finas, un tomate cortado en trozos, las hierbas aromáticas y sal.
5. Cuando empiece a hervir, espumar cuidadosamente y dejar hervir unos treinta minutos.
6. En una cazuela amplia con 1 decilitro de aceite, freír el resto de cebollas y las patatas peladas, pero enteras. Remover para que se doren por igual.
7. Cuando estén doradas, cubrir con el caldo preparado anteriormente y colado, cocer tapado unos treinta minutos.
8. Cuando las patatas y cebollas estén casi cocidas, preparar el pescado cortado en rodajas gruesas, salpimentar y ponerlos en la cazuela encima de las verduras, añadir el jugo de los mejillones y el azafrán tostado.
9. Cocer a fuego vivo unos 7 u 8 minutos, para cocer el pescado.
10. Poner una paella al fuego con el resto del aceite, sofreír los ajos picados, dejar dorar ligeramente, incorporar los tomates pelados, sin pepitas y picados bien menudos; dejar rehogar lentamente, hasta que se evapore el agua.
11. Añadir el arroz, dejar sofreír un poco, remover con cuidado, bañar con el caldo de cocer los pescados (doble volumen de caldo que de arroz). Dejar hervir con el fuego un poco vivo. Comprobar el punto de sal y pimienta.
12. Precalentar el horno, dejar cocer los últimos 10 minutos en el horno.
13. Para servir en la misma paella, adornar con los mejillones.
14. En una fuente de servir, presentar los pescados. Procurar que las rodajas estén enteras, los langostinos por encima. Salpicar con perejil picado.
15. Servir acompañado de una salsa de «allioli» o de una salsa marinera.

Arròs negre (negro)

Para 4 personas
Tiempo de preparación: 45 minutos
Dificultad: media

Ingredientes:

400 g de arroz de grano normal • 500 g de sepias pequeñas (reservar todas las tintas) • 100 g de cebollas • 1 pimiento verde • 250 g de tomates maduros • 3 dientes de ajo • 2 dl de aceite • perejil • 1 1/4 l de agua • sal

Preparación:

1. Limpiar las sepias, separar y reservar las tintas, trocear.
2. Calentar aceite en una cazuela de barro. Cuando esté caliente, sofreír la sepia troceada.
3. Cuando la sepia tome un poco de color, añadir la cebolla cortada fina, dejar dorar un poco y poner los ajos picados, luego el pimiento troceado y, pasado un momento, los tomates; remover y dejar que todo tome un color un poco oscuro pero cuidando que no se queme.
4. Cuando esté todo bien sofrito, añadir el agua caliente y tapar, dejar cocer unos veinte minutos.
5. Pasado este tiempo, diluir la tinta de las sepias en un poco de agua caliente y añadirla, sazonar.
6. Aumentar la intensidad del fuego y añadir el arroz repartido por igual; remover.
7. Cocer destapado y a fuego medio 18 o 20 minutos. Comprobar el punto de cocción. Dejar descansar 5 minutos y servir.

Arroz a la vasca

Para 6 personas
Tiempo de preparación: 1 hora
Dificultad: media

Ingredientes:

600 g de arroz • 500 g de pollo • 4 mollejas de pollo • 4 hígados de pollo • 125 g de carne magra de cerdo • 150 g de jamón magro • 150 g de chorizo • 100 g de guisantes • 2 pimientos choriceros • 2 pimientos rojos de conserva • 3 dientes de ajo • 3 huevos • 1 dl de aceite de oliva • caldo de carne • sal • pimienta

Preparación:

1. Hervir los huevos 12 minutos, refrescar y reservar.
2. Limpiar bien el pollo, quitándole la piel y cortándolo en trozos pequeños; limpiar las mollejas y trocearlas; los higadillos también.
3. Cortar la carne de cerdo en dados, así como el jamón y el chorizo en rodajas.
4. Picar bien los dientes de ajo y freír, en una cazuela de barro.
5. Cuando estén fritos los ajos, añadir todos los ingredientes troceados anteriormente; rehogar todo cuidadosamente.
6. Añadir los guisantes, los pimientos choriceros (sin semillas) a trozos; remover bien.
7. Echar el arroz, mezclar bien y mojar con el caldo de carne caliente: el doble en proporción al volumen del arroz; salpimentar.
8. Dejar cocer 25 minutos. Debe quedar un arroz seco y suelto.
9. Adornar por encima con tiras de pimiento rojo y los huevos cocidos en rodajas. Dejar descansar unos minutos y servir.

Arroz a la zamorana

Para 4 personas
Tiempo de preparación: 1 hora y 20 minutos
Dificultad: media

Ingredientes:

400 g de cebollas • 250 g de arroz • 100 g de manteca de cerdo • 200 g de nabos tiernos • 6 dientes de ajo • 1/2 cucharada de pimentón dulce • 250 g de pata, hocico y oreja de cerdo • 250 g de jamón magro • 4 lonchas de tocino fresco • perejil • tomillo • orégano • sal

Preparación:

1. En una cazuela amplia de barro, derretir la manteca; rehogar en ella la cebolla pelada y triturada y los nabos pelados y cortados en trozos pequeños.
2. Añadir perejil picado, orégano, tomillo y los dientes de ajo pelados y triturados. Espolvorear con sal y pimentón.
3. Añadir la pata, oreja y hocico de cerdo, lavado y cortado en trozos pequeños y deshuesados. Agregar el jamón triturado y salar.
4. Cuando comiencen a hervir todos los ingredientes, agregar el arroz y dejar cocer a medias a fuego

vivo. Retirar del fuego y recubrir la superficie con lonchas de tocino fresco. Tapar la cazuela y llevar al horno.

5. Cuando el tocino quede bien tostado, destapar y retirar la cazuela del horno. Dejar reposar el plato antes de servirlo.

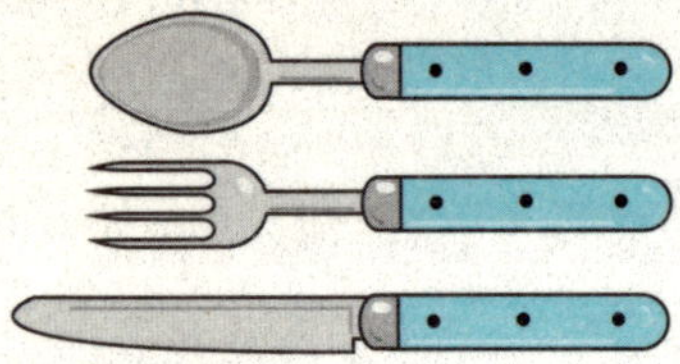

Arroz al horno con pato

Para 4 personas
Tiempo de preparación: 2 horas y 20 minutos, más el tiempo de remojo
Dificultad: media

Ingredientes:

400 g de arroz • 1 pato de 1 kg y 250 g • 200 g de garbanzos • 1 pimiento • 1 butifarra negra • 100 g de tomates maduros • 1 dl de aceite • 1 1/2 l de agua • perejil • pimentón • sal • pimienta • azafrán

Preparación:

1. El día anterior poner los garbanzos en remojo en abundante agua y sal.
2. El día de la preparación, poner en una olla al fuego 1 1/2 litros de agua. Cuando rompa a hervir, echar los garbanzos, bien lavados; dejar hervir, a fuego medio.
3. Mientras, limpiar el pato, chamuscar y lavarlo cuidadosamente y cortarlo en trozos.
4. En una cazuela con un poco de aceite, rehogar los trozos de pato. Cuando estén dorados, añadir a la olla de los garbanzos y dejar cocer unos cuarenta minutos. Salpimentar.
5. En una cazuela de barro, poner un poco de aceite, freír el pimiento cortado pequeño, añadir el tomate, el perejil, el pimentón, dar unas vueltas y añadir el arroz, remover vivamente y bañar con la mitad, aproximadamente, del caldo o agua, caliente; aromatizar con el azafrán.
6. Repartir bien el arroz, poner encima los trozos de pato, la butifarra negra cortada en rodajas y los garbanzos.
7. Comprobar el punto de sal, rectificar si es necesario.
8. Llevar al horno, precalentado unos dieciocho minutos.
9. Servir en la misma cazuela, bien caliente.

Arroz con bacalao

Para 4 personas
Tiempo de preparación: 1 hora y 10 minutos
Dificultad: baja

Ingredientes:

300 g de bacalao en remojo desde la víspera • 4 tazas de arroz • 2 dientes de ajo • 4 alcachofas muy tiernas • 1 tomate grande maduro • 100 g de guisantes extrafinos pelados • azafrán en hebras • 1 cebolla pequeña • aceite de oliva • sal • 1 pimiento rojo

Preparación:

1. Por la mañana, antes de preparar el arroz, cambiar el agua del bacalao varias veces.
2. Una vez desalado, cortarlo en pedazos y desmigajarlo.
3. Asar el pimiento rojo, retirarle la piel y cortarlo en tiras.
4. Pelar las cebollas y los dientes de ajo y picarlos finamente.
5. Retirar las hojas duras de las alcachofas y cortar el corazón en 8 pedazos.
6. En una cazuela con aceite hirviendo, dorar la cebolla y el ajo y añadir el tomate pelado y triturado.
7. Remover unos segundos con la cuchara de madera y agregar unas tiritas de pimiento asado.
8. Dejar a fuego muy lento unos tres minutos.
9. Disponer el bacalao sobre el sofrito y el azafrán tostado y triturado. Rociar con 1/2 litro de agua.
10. Cuando rompa a hervir el guiso, echar el arroz y a los 10 minutos añadir los guisantes y las alcachofas. Dejar la cazuela a fuego vivo diez minutos más.
11. Retirar la cazuela del fuego y disponerla sobre un pedazo de papel de periódico para absorber la humedad, dejándolo reposar.
12. Adornar por encima con unas tiras de pimiento.

Arroz con bogavante

Para 6 personas
Tiempo de preparación: 45 minutos
Dificultad: media

Ingredientes:

750 g de arroz • 1 1/2 kg de bogavante • 1 1/2 kg de berberechos • 1 1/2 kg de almejas • 1 dl de aceite • 2 cebollas • 1 diente de ajo • perejil • una pizca de azafrán • sal

Preparación:

1. En una cazuela de barro con aceite caliente, hacer un sofrito con la cebolla, el ajo y el perejil, todo bien picado.
2. En otra cazuela, cocer las almejas y los berberechos.
3. Una vez comprobado que el sofrito está preparado, echar el arroz, removiéndolo todo con cuidado. Sazonar.
4. Disolver el azafrán en el agua de las almejas y los berberechos y verterlo todo sobre el arroz.
5. Añadir el bogavante que habremos troceado previamente y dejar cocer a fuego lento.
6. Una vez que ya está todo cocido, dejar reposar y servir en la misma cazuela.

Arroz con conejo a la cacereña

Para 4 personas
Tiempo de preparación: 1 hora y 30 minutos
Dificultad: alta

Ingredientes:

1/2 conejo tierno • 100 g de tocino (del pecho) salado • 4 tacitas de arroz • 2 alcachofas • 1 diente de ajo • 2 huevos crudos • canela • azafrán • orégano • 50 g de queso manchego • aceite • sal

Preparación:

1. Trocear el conejo y el tocino; pelar y cortar a cuartos las alcachofas, sin hojas duras; partir el queso en cuadrados, y batir los huevos en un plato hondo.
2. En un puchero con un poco de agua, cocer el conejo y el tocino con un poco de canela, azafrán, orégano y sal.
3. Cuando el conejo esté en su punto, añadir 10 tacitas de agua hirviendo y dejar unos diez minutos sobre fuego lento.
4. En una cazuela refractaria de barro con aceite, rehogar las alcachofas, el diente de ajo pelado y triturado y, seguidamente, las 4 tacitas de arroz; por último, mezclar todos los ingredientes.
5. Agregar enseguida el guiso de conejo con su caldo y rectificar de sal; cocer el arroz en fuego fuerte durante 15 minutos, aproximadamente, sin remover.
6. Retirar la cazuela del fuego, recubrir el arroz con el huevo batido y los cuadrados de queso e introducirla en el horno para acabar la cocción durante unos 15 minutos más, hasta que quede una bonita costra dorada en la superficie.
7. Dejar reposar durante 5 minutos fuera del horno.
8. Por último, servir en la misma cazuela.

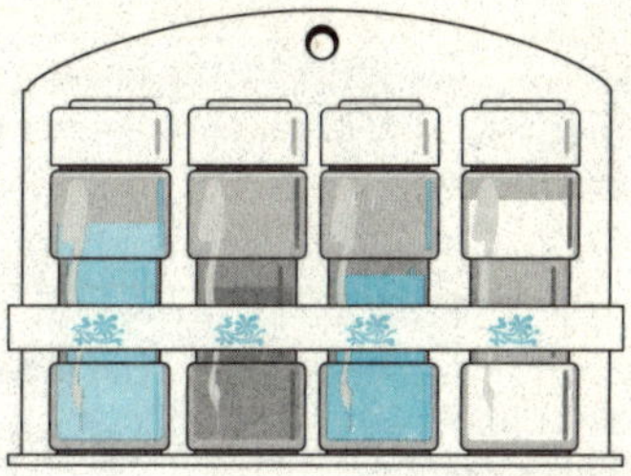

Arroz con congrio

Para 4 personas
Tiempo de preparación: 1 hora y 30 minutos
Dificultad: media

Ingredientes:

4 tazas de arroz • 250 g de congrio • 1/4 de pollo de la parte del muslo • aceite • sal y pimienta molida • azafrán • 2 calamares pequeños • 3 dientes de ajo

Preparación:

1. Limpiar y lavar el congrio. Cortarlo en rodajas de unos dos centímetros de grosor.
2. Trocear y deshuesar el pollo.
3. Vaciar los calamares, cortarlos en arandelas delgadas y reservar los tentáculos para otro guiso.
4. Tostar el azafrán y machacarlo en un mortero junto con los dientes de ajo pelados y triturados. Agregar un poco de agua.
5. En una cazuela de barro plana con aceite caliente, dorar primero los pedazos de pollo y a continuación agregar el congrio y los calamares. Rebajar el fuego y dejar unos minutos.
6. Agregar el arroz, mezclarlo con los ingredientes y rociarlo con 10 tazas de agua. Salpimentar, y añadir la picada con el agua.
7. Dejar la cazuela a fuego normal unos veinte minutos.
8. Cuando el arroz esté en su punto, es decir, no demasiado hecho, retirar la cazuela del fuego, dejarla reposar unos instantes y servir.

Arroz con cordero a la navarra

Para 4 personas
Tiempo de preparación: 1 hora y 30 minutos
Dificultad: baja

Ingredientes:
1 espalda de cordero • 4 tazas de arroz • pimienta molida • harina • manteca de cerdo • sal

Preparación:
1. Retirar la grasa sobrante del cordero y, después, cortarlo en trozos regulares.
2. En una olla con agua hirviendo y sal, cocer el arroz durante 20 minutos.
3. Mientras, calentar manteca en una cazuela y saltear en ella la carne, espolvoreada con sal y pimienta y rebozada en harina.
4. Cuando el arroz esté en su punto, escurrirlo y añadirlo a la carne, ya ligeramente dorada. Verter también la salsa de tomate.
5. Mezclar todo e introducir la cazuela en el horno unos 10 minutos antes de servir.

Arroz con marisco

Para 4 personas
Tiempo de preparación: 1 hora y 5 minutos
Dificultad: media

Ingredientes:
500 g de arroz • 500 g de cigalas • 250 g de gambas • 500 g de almejas • 250 g de mejillones • 50 g de jamón cortado a taquitos • 1 dl de aceite • 2 cebollas • 2 pimientos rojos • 100 g de guisantes • 1 ramita de perejil • una pizca de azafrán • pimentón • sal

Preparación:
1. Cocer unas tiras de pimiento y unos guisantes; retirar y reservar ambas cosas para realizar la decoración final.
2. Picar la cebolla y el perejil, trocear los pimientos.
3. Calentar el aceite en una cazuela; una vez caliente, añadir la cebolla, el pimiento, el perejil, el pimentón, el azafrán y los taquitos de jamón. Cuando veamos que el sofrito está casi hecho, probar y rectificar de sal, no añadir la sal antes ya que con el jamón puede quedar demasiado salado.
4. Añadir las almejas y los mejillones que previamente habremos limpiados y raspado.
5. Una vez abiertas las valvas de almejas y mejillones, incorporar las cigalas y las gambas.
6. Añadir 1 litro de agua (siempre se utiliza el doble de cantidad de agua que de arroz) y llevar a ebullición; mantenerla durante 5 minutos, aproximadamente.
7. Verter el arroz en forma de lluvia y dejarlo cocer durante unos 15 minutos, aproximadamente, debe evitarse removerlo.
8. Retirar la cazuela del fuego y dejar reposar el arroz.
9. Finalmente adornaremos con las tiras de pimiento y con los guisantes.

Arroz con pulpo

Para 4 personas
Tiempo de preparación: 1 hora y 15 minutos
Dificultad: media

Ingredientes:
500 g de arroz • 2 kg de pulpo • 4 cebollas • 1 pimiento rojo • 2 tomates • 1/2 cucharada de pimentón • 1 dl de leche

Preparación:
1. Lavar el pulpo bajo un chorro de agua fría.
2. Poner una olla con agua al fuego y llevarla a ebullición; cocer el pulpo; meterlo y sacarlo del agua tres veces, dejando que en cada intervalo el agua llegue otro vez, a ebullición.
3. Rehogar, en una cazuela de barro con el aceite ya bien caliente, las cebollas picadas, el pimiento, los tomates troceados o triturados y el pulpo troceado y el pimentón.
4. Remover continuamente para evitar por todos los medios de que se pegue.
5. Una vez hecho el sofrito, agregar una cucharada del agua de cocer el pulpo.
6. Dejarlo cocer todo junto durante 20 minutos, añadiendo más agua, si vemos que el sofrito se espesa demasiado.
7. Incorporar el arroz y rehogar unos minutos, añadiendo a continuación 10 cucharadas de agua, aproximadamente.
8. Rectificar de sal y dejar que hierva durante 20 minutos más, aproximadamente.
9. Dejar reposar un momento y servir caliente.

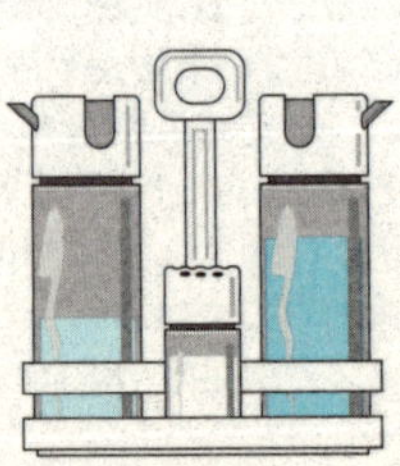

Arroz con tropezones

Para 4 personas
Tiempo de preparación: 1 hora y 25 minutos
Dificultad: media

Ingredientes:
4 tacitas de arroz • 150 g de carne magra de cerdo • 100 g de jamón serrano • 100 g de longaniza • 1 cebolla • aceite de oliva • sal

Preparación:
1. Cortar en pedazos pequeños la carne y el jamón, y la longaniza, en rodajas.
2. Pelar y picar la cebolla.
3. En una cazuela con aceite hirviendo, sofreír la carne.
4. Cuando la carne esté dorada, añadir el jamón y la longaniza; mezclar y agregar la cebolla.
5. Remover durante unos 2 minutos, rociar con 10 tacitas de agua y salar.
6. Con la primera ebullición, añadir el arroz, mezclar un poco y dejar sobre fuego fuerte durante 20 minutos, aproximadamente.
7. Retirar la cazuela del fuego y dejarla reposar unos minutos.
8. Servir en la misma cazuela.

Arroz con vino

Para 4 personas
Tiempo de preparación: 2 horas
Dificultad: media

Ingredientes:
250 g de arroz • 1/2 pollo • 3 tomates • 3 pimientos rojos • 2 cebollas • 3 dientes de ajo • 1 hoja de laurel • 1 clavo • pimienta molida • 1/2 vaso de vino blanco • caldo • 4 cucharadas de manteca • aceite • sal

Preparación:
1. Pelar los tomates, las cebollas y el ajo.
2. Triturar los tomates, picar las cebollas y cortar en cuadrados dos pimientos y asar el tercero.
3. Lavar, secar y trocear cuidadosamente el pollo.
4. En una cazuela de barro con 4 cucharadas de manteca caliente, rehogar los dientes de ajo; añadir enseguida los trozos de pollo y salpimentar.
5. Una vez dorado, rociar el pollo con el vino blanco, agregar la hoja de laurel y el clavo y dejar que cueza a fuego lento.
6. Mientras, en una sartén con aceite caliente, sofreír la cebolla, los dos pimientos y el tomate.
7. Cuando el sofrito esté en su punto, rociar con caldo de cocido y agregarlo a la cazuela del pollo.
8. Cuando dé el primer hervor, echar el arroz y dejar durante unos 20 minutos. Retirar la cazuela del fuego, dejar reposar un poco y decorar con el pimiento asado y cortado a tiras.
9. Servir caliente.

Berenjenas a la parrilla

Para 4 personas
Tiempo de preparación: 50 minutos
Dificultad: baja

Ingredientes:
6 berenjenas • 1 limón • perejil • pan rallado • caldo de carne • aceite • sal

Preparación:
1. Cortar las berenjenas por la mitad a lo largo y ponerlas en remojo en agua fría con sal; exprimir el limón, y por último picar finamente el perejil.
2. En un recipiente hondo, preparar una salsa batiendo fuertemente durante un rato 6 cucharadas de aceite, el perejil, 1 cucharada de pan rallado, el zumo del limón y 2 cucharadas de caldo.
3. Escurrir y secar las berenjenas, practicarles unos cortes en la parte superior y asarlas en una parrilla; espolvorearlas con un poco de sal.
4. Cuando estén en su punto, disponerlas en una fuente para servir y rociarlas con la salsa.
5. Servir caliente.

Berenjenas al horno con tomate

Para 4 personas
Tiempo de preparación: 1 hora y 20 minutos
Dificultad: baja

Ingredientes:
2 berenjenas grandes • 4 tomates • 2 dl de vino blanco • 1 dl de caldo • 50 g de harina • 25 g de mantequilla • 2,5 dl de aceite • orégano • 40 g de queso rallado • sal • pimienta

Preparación:
1. Pelar las berenjenas, cortarlas en rodajas, salarlas y dejarlas en una escurridera unos treinta minutos (para que suelten el jugo oscuro).
2. Pasado este tiempo, secarlas, enharinarlas y freírlas en abundante aceite; dejarlas escurrir sobre un paño seco.
3. Lavar bien los tomates, cortarlos en rodajas y espolvorearlos con sal y pimienta.
4. Untar el fondo de una fuente refractaria con un poco de mantequilla y colocar una capa de berenjenas y otra de tomates; repetir.
5. Rociar con el vaso de vino blanco, añadir el caldo, espolvorear con el orégano y luego con el queso rallado.
6. Precalentar el horno a temperatura media, introducir la bandeja y dejar cocer 25-30 minutos y servir.

Berenjenas rellenas

Para 4 personas
Tiempo de preparación: 50 minutos
Dificultad: media

Ingredientes:
4 berenjenas pequeñas • 1 cebolla • 1 huevo • 1 lata de anchoas de 100 g • 4 cucharadas de salsa de tomate • 150 g de salsa bechamel • sal • pimienta • 1 dl de aceite de oliva

Preparación:
1. Lavar las berenjenas y cortarlas por la mitad a lo largo, sin pelar. Vaciarlas cuidadosamente con la cucharita especial, procurando no romper la piel para que queden como unas barquitas.
2. En un cazo de fondo grueso con un poco de aceite, rehogar la pulpa de las berenjenas juntamente con la cebolla cortadas a trozos. Dejar que se vaya ablandando poco a poco con el cazo tapado, removiendo.
3. Cuando estén en su punto, incorporar la salsa de tomate y las anchoas; mezclar cuidadosamente y aplastar con un tenedor hasta que la salsa quede bien unida.
4. Separar la clara y la yema del huevo, batir a punto de nieve la clara, y mezclarla con la salsa bechamel; después, añadir la yema.
5. Rellenar las berenjenas con la preparación, colocarlas en una bandeja de horno un poco engrasada, y cubrir con la salsa bechamel. Precalentar el horno con el grill encendido y gratinar lentamente.

Berza andaluza

Para 6 personas
Tiempo de preparación: 2 horas y 50 minutos
Dificultad: media

Ingredientes:
400 g de garbanzos • 3 pies de cerdo pequeños • 1 rabo de cerdo • 300 g de tocino (papada) • 250 g de morcilla • 250 g de manteca de cerdo • 700 g de judías verdes • 250 g de guisantes • 2 ramitas de apio • 5 ramitos de cardillos de campo (sin hojas) • 1 cucharadita de pimentón dulce • sal

Preparación:
1. Poner los garbanzos en remojo durante 12 horas.
2. En una olla con agua al fuego, agregar los pies de cerdo partidos por la mitad, el rabo de cerdo, el tocino, los cardillos, el apio, el pimentón y un poco de sal.
3. Cuando todo empiece a hervir, agregar los garbanzos escurridos. Espumar y dejar cocer durante dos horas y media, aproximadamente.
4. Media hora antes de finalizar la cocción, añadir las judías cortadas en trozos, los guisantes y la manteca. Dejar cocer.
5. Diez minutos antes de finalizar la cocción, añadir la morcilla y rectificar de sal.

Biperrada

Para 6 personas
Tiempo de preparación: 55 minutos
Dificultad: baja

Ingredientes:
6 biperras rojas picantes (pimientos) • 4 tomates maduros • 2 cebollas • 2 dientes de ajo • 6 huevos • 8 cucharadas de manteca de cerdo • aceite • sal

Preparación:
1. Cortar los pimientos a tiras, pelar y triturar los to-

mates y las cebollas, y machacar los dientes de ajo pelados.

2. En una cazuela plana y amplia de barro con 8 cucharadas de manteca y 4 de aceite, freír las biperras. Seguidamente, añadir los tomates, las cebollas y los dientes de ajo. Espolvorear con sal.
3. Dejar sobre fuego lento hasta que todo esté bien tierno.
4. Batir los huevos y echarlos sobre la biperrada; subir el fuego y retirar cuando estén cuajados.
5. Rectificar de sal y servir en la misma cazuela.

Boniatos a la mallorquina

Para 4 personas
Tiempo de preparación: 40 minutos
Dificultad: baja

Ingredientes:

1 kg de boniatos • 250 g de miel • aceite para freír

Preparación:

1. Pelar los boniatos, cortarlos en rodajas anchas de 1/2 centímetro y freírlos poco a poco, a fuego suave en aceite abundante, para que queden bien cocidos.
2. Retirarlos cuando estén dorados y ponerlos sobre un papel absorbente para que se empape del aceite que sueltan las rodajas; colocarlos en una bandeja con servilleta y untar por encima con la miel.

Buñuelos de calabaza

Para 4 personas
Tiempo de preparación: 1 hora y 10 minutos
Dificultad: media

Ingredientes:

1 calabaza de 1 1/2 kg • 300 g de harina • 200 g de carne de cerdo picada • 1 huevo • 50 g de queso rallado • 25 g de mantequilla • 500 g de tomates maduros • 1 zanahoria • 1 cebolleta • 1 rama de apio • sal • pimienta

Preparación:

1. Quitar la corteza y las semillas a la calabaza, cortar en trozos grandes y hervir en abundante agua y sal, tapado. Comprobar el punto de cocción. Cuando esté en su punto, sacar y escurrir.
2. Comprobar que no quede nada de la parte dura y pasarla por el pasapurés; dejar enfriar.
3. En un bol, trabajar el puré de calabaza con una pizca de sal, la mantequilla y el huevo batido; echarle la harina poco a poco. Cuando esté todo amalgamado, dejar reposar.
4. Mientras, preparar la salsa en una cazuela: con un poco de aceite, rehogar la cebolla cortada fina, añadir la zanahoria picada y la rama de apio cortada pequeña, dejar dorar un poco y añadir la carne picada de cerdo. Cuando se haya sofrito un poco, agregar los tomates rallados, dejar cocer lentamente; si queda demasiado seco, añadir un poco de caldo o agua caliente. Salpimentar.
5. Poner una olla al fuego con agua. Cuando hierva, echar cucharadas del preparado de calabaza. Darle la vuelta, sacar con la espumadera e ir echando en una fuente honda. Cuando estén todos, echar encima la salsa preparada de cebolla y zanahoria.
6. Espolvorear con el queso rallado, removiendo cuidadosamente para que no se rompa.
7. Servir muy caliente.

Cachelada gallega

Para 4 personas
Tiempo de preparación: 1 hora y 10 minutos
Dificultad: baja

Ingredientes:

1 pulpo de 1 kg • 1 kg de patatas • 3 dientes de ajo • 1 pimiento rojo asado y cortado • 1 cebolla grande • 500 g de tomates maduros • 3 cucharadas de harina • aceite • laurel • perejil • sal

Preparación:

1. Hervir el pulpo en agua salada con el laurel y media cebolla (escaldándolo previamente tres veces), hasta que resulte tierno. Reservar el agua de cocción.
2. Una vez cocido, escurrir, pelarlo y cortarlo en trozos.
3. Pelar las patatas, trocearlas y dorarlas en aceite.
4. En una cazuela con aceite, sofreír el resto de la cebolla, el tomate y los ajos machacados. Agregar una hoja de laurel y mezclar con las tres cucharadas de harina.

5. Echar la mitad del agua de la cocción del pulpo y dejar hervir por espacio de unos diez minutos. Retirar y pasar por el chino. Rectificar de sal.
6. En una cazuela de barro, poner el pulpo, las patatas y la salsa. Ponerlo todo a fuego vivo durante 4 minutos.
7. Servir adornado con las tiras de pimiento y perejil picado.

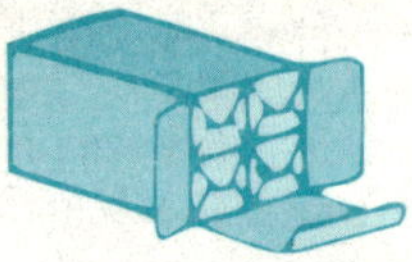

Calabacines a la marinera

Para 4 personas
Tiempo de preparación: 40 minutos
Dificultad: media

Ingredientes:

4 calabacines del mismo tamaño • 250 g de pescado blanco • 250 g de setas de primavera • 1 huevo • 500 g de cebollas • 100 g de zanahorias • 0,5 dl de aceite de oliva • un poco de caldo • 0,2 dl de vermut blanco • 25 g de pan rallado • nuez moscada • sal • pimienta

Preparación:

1. Lavar, pelar y abrir los calabacines en sentido longitudinal (guardar las pieles). Sacar la pulpa y las semillas, sazonar con sal y pimienta.
2. En un cazo rehogar la mitad de la cebolla, picada fina. Cortar pequeñas la pulpa y las semillas y añadir a la cebolla, agregar las setas desmenuzadas y el pescado troceado.
3. Sazonar y poner un poco de nuez moscada, por último incorporar el pan rallado y el huevo batido.
4. Hecha la masa, rellenar con ellas las mitades de calabacín y colocarlas en una bandeja refractaria, introducir en el horno precalentado a 150 °C unos 10 minutos.

Salsa:

5. Poner aceite en un cazo y rehogar el resto de la cebolla y zanahoria. Cuando esté dorada la cebolla, agregar las peladuras de los calabacines, picadas.
6. Rehogar unos minutos, verter el vermut y un poco de caldo, evaporar.
7. Pasar la salsa por la batidora eléctrica, dejar fina, sazonar y dejar cocer unos minutos. Verter por encima de los calabacines y dejar 10 minutos más al horno.
8. Servir caliente.

Canelones a la barcelonesa

Para 4 personas
Tiempo de preparación: 1 hora y 15 minutos
Dificultad: alta

Ingredientes:

12 placas de canalones • 1 seso de cordero • 250 g de carne de cerdo en trozos • 1 pechuga de pollo • 2 hígados de pollo • 1 cebolla pequeña • 2 tomates maduros • 1 trufa • 1 copa de vino rancio • 1 cucharada de harina • 2 dl de leche • aceite • sal • pimienta • 20 g de mantequilla

Salsa bechamel

1/2 l de leche • 40 g de mantequilla • 40 g de harina • 50 g de queso rallado • sal • pimienta • nuez moscada

Preparación:

1. Hervir los canelones en abundante agua salada. Poner los canelones de uno en uno, dejándolos hervir lentamente unos quince minutos, removiéndolos a menudo. Una vez cocidos, sacarlos con una espumadera y ponerlos en un recipiente con agua fría. Pasados unos minutos, colocarlos sobre un paño, uno al lado de otro, a punto para rellenar.
2. Freír la carne a trocitos y la pechuga sin huesos, en una cacerola con un poco de aceite. Dorar ligeramente y añadir los hígados, añadir la cebolla cortada fina, rehogarla, añadir los tomates rallados, rociar con el vino, dejar cocer unos minutos hasta que se haya evaporado; finalmente, añadir el seso (limpio de hilitos de sangre), sazonar con sal y pimienta.
3. Pasar las carnes por el molinillo. Calentar la mantequilla, dorar la harina, rociar con la leche. Añadir de nuevo las carnes picadas junto con la trufa también picada; dejar cocer 5 minutos. Retirar y dejar enfriar en una bandeja.
4. Poner un poco de relleno en cada canelón y enrollar, colocándolos juntos, pero sin apretar, en una fuente con un poco de salsa bechamel debajo de ellos.

Salsa:

5. Derretir la mantequilla en un cazo, añadir la harina, dejar cocer un poco, removiendo con la espátula, añadir la leche, remover con el batidor de mano para que no se formen grumos y dejar cocer lentamente, sin dejar de remover, hasta que espese la salsa; sazonar con sal, pimienta y nuez moscada.
6. Verter un poco de esta salsa debajo de los canelones, ponerlos encima como se ha indicado y cubrir con la salsa restante.
7. Espolvorear con el queso rallado y llevar al gratinador hasta que estén dorados uniformemente. Servir.

Caracoles con pimientos

Para 4 personas
Tiempo de preparación: 1 hora y 10 minutos
Dificultad: baja

Ingredientes:

1 kg de caracoles • 4 pimientos secos • aceite • 1 cebolla • 2 dientes de ajo • 4 tomates maduros • 1 copita de vino blanco • 1 cucharadita de azúcar • sal • unos cominos

Preparación:

1. Lavar cuidadosamente los caracoles bien ayunados y cocerlos con algunas especias.
2. Mientras, pelar y triturar la cebolla y los tomates.
3. Poner en remojo los pimientos secos en agua fría. Retirarles la piel.
4. Pelar y picar el ajo.
5. En una cazuela amplia y plana, con aceite hirviendo, dorar la cebolla, los ajos y los tomates.
6. Espolvorear el sofrito con sal y pimienta, añadir unos cominos y los pimientos pelados y cortados a trozos.
7. Rociar todo con el vino blanco y espolvorear con el azúcar.
8. Añadir a la salsa los caracoles. Dejar la cazuela a fuego lento unos minutos y servir con ella.

Caracoles en salsa

Para 4 personas
Tiempo de preparación: 3 horas y 45 minutos
Dificultad: alta

Ingredientes:

1 kg de caracoles • 150 g de jamón curado • 100 g de chorizo • 200 g de setas • 250 g de cebollas • 100 g de tomates maduros • 1 dl de caldo de carne • 1 cabeza de ajos • 1 guindilla • 2 pimientos secos • 1 dl de aceite • 1 ramito compuesto (laurel, tomillo, perejil) • 1 zanahoria • 2 clavos de olor • sal • pimienta

Preparación:

1. Los caracoles deben estar en ayunas por espacio de una semana, por lo menos.
2. Cuando los vayamos a emplear, lavarlos bien en abundante agua fría, varias veces, para que suelten la baba que aparece en forma de espuma; lavar hasta que salga el agua bien clara.
3. Ponerlos a cocer en una olla cubiertos de agua fría, aumentando la intensidad del fuego para que el agua vaya calentándose y los caracoles salgan de sus conchas.
4. Comprobar que hayan salido todos de las conchas. Entonces, subir el nivel del fuego y dejar en ebullición fuerte y rápida para que los caracoles queden fuera de las conchas; dejar hervir 5 minutos. Sacarlos de la olla y dejarlos escurrir. Desechar los que no hayan salido de su concha.
5. Volver a poner en la olla, cubrir de agua fría, añadir el ramito compuesto, la cebolla con los 2 clavos, sal, 1 pimiento seco, unos ajos y la zanahoria.
6. Dejar hervir, espumar y dejar cocer lentamente unas dos horas, ya podemos prepararlos.
7. En una cazuela de barro con el aceite caliente, rehogar la cebolla picada fina y unos cuantos dientes de ajo.
8. Cuando empiecen a tomar color, añadir el jamón y el chorizo cortados pequeños, las setas y la guindilla, remover, dejar que se sofrían durante unos minutos, añadir los tomates pelados y sin pepitas, cortados en dados, y el caldo.
9. Incorporar los caracoles y dejar cocer todo junto una hora. Comprobar el punto de sal y añadir pimienta.
10. Los caracoles están más sabrosos si se comen de un día para otro.
11. Servir calientes.

Cardo a la navarra

Para 4 personas
Tiempo de preparación: 1 hora y 30 minutos
Dificultad: media

Ingredientes:

1 kg de cardos blancos y gruesos • 150 g de jamón • 1 limón • 1 cucharada de harina • aceite • sal

Preparación:

1. Pelar, limpiar y cortar los cardos en pedazos de unos 6 cm de largo.
2. Poner los cardos en remojo con agua fría y un chorro de zumo de limón.
3. En una cazuela con agua hirviendo y sal, cocer los cardos, rociándolos seguidamente con unas gotas de zumo de limón. Escurrirlos y reservarlos.
4. En una cazuela amplia con aceite bien caliente, sofreír el jamón, previamente picado, rociar con

un poco de caldo de cocción de los cardos y desleír en él la harina removiendo continuamente.

5. Añadir los cardos y mantenerlos durante 10 minutos, hasta que queden impregnados por la salsa espesada.

Cardos a la crema

Para 4 personas
Tiempo de preparación: 2 horas y 30 minutos
Dificultad: media

Ingredientes:

1 pie de cardo • 80 g de mantequilla • 1 limón • 40 g de harina • 2,5 dl de leche • 1 dl de crema de leche

Blanco de verduras

2 l de agua con sal • 40 g harina • 0,3 dl vinagre

Preparación:

1. Pelar cuidadosamente el cardo y quitarle todas las partes fibrosas. Pasarle el limón partido y troceado.
2. Preparar el blanco para cocerlo: en una olla, hervir el agua con sal, diluir la harina con un poco de agua fría y vinagre, echar esta preparación en la olla, dejar hervir un poco más.
3. Cuando haya hervido unos veinte minutos, echar el cardo al blanco de verduras. Debe cocer una hora y media, aproximadamente.
4. Cuando estén tiernos, escurrir.
5. En un cazo,. derretir la mantequilla, incorporar los cardos y dejar rehogar bien.
6. Espolvorear con la harina, dejar rehogar 5 minutos a fuego suave, removiendo con la espátula de madera.
7. Verter la leche, dejar espesar y cocer 10 minutos. Añadir la crema de leche, comprobar el punto de sal y dejar cocer 5 minutos más.
8. Servir bien caliente en una fuente honda.

Cazoleta de huevos

Para 4 personas
Tiempo de preparación: 1 hora y 40 minutos
Dificultad: alta

Ingredientes:

5 huevos • 250 g de espinacas o de acelgas • puré de tomate • 200 g de harina • queso rallado • leche • 100 g de manteca de cerdo • mantequilla • sal

Preparación:

1. Limpiar cuidadosamente la verdura y cortarla en juliana.
2. En un cazo con agua fría, poner a cocer 4 huevos durante unos 20 minutos.
3. Mientras, poner en un recipiente hondo la harina dejando un hueco en el centro para echar la manteca de cerdo cortada en pedacitos, la yema cruda de 1 huevo y un poco de leche, salar y amasar bien.
4. Poner la masa en forma de bola sobre el mármol y aplanarla con el rodillo. Cortar en ella unos cuadrados pequeños.
5. Enfriar los huevos bajo el grifo de agua fría, pelarlos y cortarlos en rodajas finas.
6. Cocer la verdura durante 20 minutos, aproximadamente, escurrirla y triturarla.
7. Encima de cada cuadrado disponer una rodaja de huevo y un pequeño montículo de verdura.
8. Doblar la pasta y unir los bordes con la punta de un tenedor.
9. Untar con mantequilla una cazoleta amplia para el horno y disponer en ella los cuadrados rellenos. Verter encima el puré de tomate y un trocito de mantequilla. Espolvorear con queso rallado.
10. Introducir la cazoleta en el horno hasta que quede gratinado. Servir en la misma cazoleta.

Cazuela de espárragos trigueros

Para 6 personas
Tiempo de preparación: 25 minutos
Dificultad: baja

Ingredientes:

3 manojos de espárragos trigueros gruesos a poder ser • 6 huevos • 6 dientes de ajo • pimentón dulce • pan • aceite • vinagre • sal

Preparación:

1. Cortar las puntas de los espárragos negros y ponerlas a cocer con agua y sal. Escurrir.
2. En una sartén con aceite caliente, freír los ajos enteros y una rebanada de pan.
3. Una vez fritos los ajos y el pan, machacarlo todo junto en un mortero.

4. Añadir también una cucharada de pimentón y 1/2 decilitro de vinagre. Mezclar todo muy bien.
5. En seis cazuelitas de barro individuales, repartir la majada y, a continuación, distribuir las puntas de espárragos.
6. Cascar un huevo en cada cazuelita, sazonar y poner al horno durante 5 minutos.
7. Servir caliente.

Cebollas rellenas al estilo de Cáceres

Para 4 personas
Tiempo de preparación: 2 horas
Dificultad: media

Ingredientes:

12 cebollas grandes • 12 lonchas de tocino • 200 g de carne picada • 1 huevo • 3 cucharadas de leche • pimienta • aceite • sal

Preparación:

1. En una sartén con aceite, saltear la carne picada; retirarla y disponerla en una fuente para mezclarla con el huevo crudo, sal y pimienta.
2. Pelar las cebollas y vaciarlas formando un hueco en el centro; rellenarlas con la mezcla de carne.
3. En el aceite restante de freír la carne, rehogar las lonchas de tocino; retirar el tocino de la sartén y dorar las cebollas por todos los lados.
4. Disponer las cebollas en una cazuela, una al lado de la otra; añadir el jugo de freírlas, y cocerlas a fuego lento y con la cazuela tapada.
5. Pasada 1 hora, rociar con unas cucharadas de leche, dejar la cazuela a fuego vivo durante unos minutos; servir.

Cigrons amb peus i tripes (garbanzos con pies y tripa)

Para 4 personas
Tiempo de preparación: 2 horas y 25 minutos
Dificultad: alta

Ingredientes:

400 g de garbanzos secos • 4 pies de cerdo • 1 tripa • 150 g de butifarra • 100 g de tocino fresco • 1 zanahoria • 1 puerro • 1 ramito compuesto • 200 g de cebolla • 2 tomates • 1 hoja de laurel • 1/4 l caldo • 1 cucharadita de pimentón • aceite • sal

Preparación:

1. El día anterior, poner en remojo los garbanzos en agua tibia y un poco de sal. Cuando vayamos a prepararlos, sacar del remojo, lavarlos.
2. Poner una olla al fuego con agua y una hoja de laurel. Cuando hierva, añadir los garbanzos remojados. Tener mucho cuidado de que no se pare el hervor y dejarlos cocer a fuego vivo. Cuando estén cocidos, colar y reservar.
3. En otra olla, cocer en abundante agua los pies y la tripa junto con la zanahoria, el puerro y el ramito compuesto; dejar hervir unas dos horas.
4. Mientras, calentar aceite en una cazuela y sofreír la cebolla picada, añadir el tocino y la butifarra, todo cortado pequeño; dejar cocer unos minutos, añadir el pimentón y enseguida los tomates rallados.
5. Cuando estén cocidos los pies y la tripa, partir por la mitad los pies, trocear la tripa y ponerlos en la cazuela del sofrito, removiendo bien; añadir el caldo y dejar 10 minutos a fuego lento.
6. Luego, añadir los garbanzos y dejar 10 minutos más. Servir en la misma cazuela, bien caliente.

Cocarrois (pastelitos de espinacas)

Para 4 personas
Tiempo de preparación: 1 hora
Dificultad: baja

Ingredientes:

Para la masa

400 g de harina • 50 g de manteca de cerdo • 0,5 dl de aceite de oliva • 40 g de azúcar • 1/2 dl de agua • 1 huevo

Relleno

3/4 kg de espinacas frescas • 50 g de pasas de Corinto • 40 g de piñones • 1 cucharada de pimentón • 0,4 dl de aceite • sal • pimienta

Preparación:

1. En un bol, mezclar con una espátula de madera el huevo, la manteca de cerdo y el aceite, trabajar hasta que esté cremoso. Añadir el agua y el azúcar, mezclar bien e incorporar poco a poco la harina.
2. Amasar hasta la pasta tenga un poco de consistencia. Dejar reposar una media hora, tapada.

Relleno:

3. Lavar bien las espinacas (sólo las hojas), cortarlas y cocerlas al vapor unos diez minutos. Escurrirlas bien apretándolas con las dos manos, hasta sacar al máximo el agua.
4. En una sartén con un poco de aceite, rehogar las espinacas unos minutos, salpimentar y añadir los piñones y las pasas. Mezclar cuidadosamente, espolvorear con el pimentón, remover rápidamente y retirar del fuego.
5. Espolvorear con harina el mármol y estirar con el rodillo la masa preparada. Con un cortapastas, cortar círculos de unos veinte centímetros de diámetro. Cuando estén todos, repartir el relleno, un poco en el centro de cada uno.
6. Unir los bordes de la masa por encima del relleno y formar un cordón para cerrar. Este cordón tiene que quedar arriba, por encima del relleno, no al lado, como una empanadilla normal.
7. Precalentar el horno a 18 °C.
8. Poner los «cocarrois» en una fuente para horno, untada con aceite y cocer unos 25 o 30 minutos. Servir tibios o fríos.

Cocidito madrileño

Para 6 personas
Tiempo de preparación: Unas 3 horas y 40 minutos
Dificultad: alta

Ingredientes:

250 g de garbanzos de Castilla puesto en remojo la víspera • 500 g de carne gelatinosa • 1/2 gallina, no muy vieja • 1 chorizo • 1 morcilla • 1 pie salado de cerdo • 1 «pelota» o relleno, formado por un amasijo de carne picada, miga de pan, 1 huevo y especias • 1 col • 1 repollo • 1 cebolla • unas hojas de acelgas • judías verdes • cardillo • pasta para la sopa (arroz o pasta) • tocino • jamón • aceite • 1 diente de ajo • patatas • puré de tomate

Preparación:

1. En un puchero de barro ancho con agua fría y a fuego normal poner al primer hervor, la carne, el tocino, la gallina y el jamón.
2. Cuando empiece a formar espuma, retirarla con una espumadera e incorporar los garbanzos y el pie de cerdo. Al comenzar a hervir de nuevo, dejar a fuego lento unas tres horas. Salar y añadir una cebolla.
3. En un puchero aparte, cocer con sal la verdura lavada y troceada, el chorizo, la morcilla, y 15 minutos antes de retirar, agregar las patatas peladas.
4. Una vez colado el caldo, cocer en el mismo arroz o pasta.
5. En una fuente grande para servir, disponer los garbanzos y sobre ellos, formando bandas, la carne cortada en pequeños trozos, el jamón, el tocino, el pie de cerdo, la gallina y la «pelota», también troceada.
6. Una vez bien escurrida la verdura, freírla en una sartén con un poco de aceite en el cual se habrá quemado previamente un diente de ajo, y disponerla en otra fuente con la morcilla, el chorizo cortado en rodajas y las patatas.

Cocido andaluz

Para 6 personas
Tiempo de preparación: 3 horas y 35 minutos
Dificultad: media

Ingredientes:

600 g de garbanzos • 400 g de carne de buey • 200 g de tocino fresco • 1 hueso de jamón • 250 g de judías verdes • 1 calabacín • 250 g de tomates maduros • 3 patatas • 1 cucharada de pimentón • sal

Preparación:

1. Poner los garbanzos en remojo durante 12 horas y luego escurrirlos.
2. En una olla al fuego con un litro de agua hirviendo, agregar los garbanzos, dejarlos cocer y espumar.
3. Añadir a la olla la carne, el tocino y el hueso de jamón.
4. Dejar cocer a fuego lento durante 2 horas. Sazonar.
5. Añadir los tomates pelados y troceados, las judías y el calabacín en trozos, las patatas peladas y partidas por la mitad y el pimentón.
6. Dejar cocer una hora más.

7. Si no quedara suficientemente espeso, se le puede añadir unos trozos de patatas cocidas y chafadas, dejándolo cocer un ratito más.

Cocido extremeño

Para 4 personas
Tiempo de preparación: 2 horas
Dificultad: media

Ingredientes:

250 g de carne de vaca (de la babilla) • 1/4 kg de gallina • 100 g de chorizo • 100 g de morcilla extremeña • 150 g de tocino • 150 g de morcón • 100 g de arroz • 200 g de garbanzos remojados • 1/4 kg de patatas • 1 cebolla • 6 cucharadas de puré de tomate • 1/2 col • berzas • hierbabuena • 1 clavo • pimienta • sal

Preparación:

1. En una olla con bastante agua, poner a cocer la carne de vaca, el tocino, el morcón y la gallina; verter el puré de tomate y, al primer hervor, añadir los garbanzos.
2. Al segundo hervor, después de echar los garbanzos, rebajar completamente el fuego y mantener así durante 15 minutos, aproximadamente.
3. A continuación, espolvorear con sal y pimienta y añadir la cebolla pelada y picada con el clavo; dejar siempre a fuego lento.
4. Cuando falte 1 hora para acabar la cocción, agregar la col lavada y troceada, las berzas, el chorizo y la morcilla; al llegar al último cuarto de hora de cocción, añadir las patatas troceadas.
5. Colar el cocido y disponerlo en una fuente para servir, y hervir el caldo con el arroz y la hierbuena, hasta que el arroz esté en su punto.
6. Servir la sopa como primer plato y, a continuación, las carnes, las verduras y los garbanzos.

Cocido montañés

Para 6 personas
Tiempo de preparación: 1 hora y 45 minutos
Dificultad: baja

Ingredientes:

1/4 kg de costilla adobada • 1/4 kg de tocino fresco • 300 g de carne de cerdo • 100 g de chorizo • 2 morcillas • 1 hueso de codillo • 1 trozo de oreja de cerdo • 150 g de alubias blancas • 3 patatas • 1 berza de vena blanca • 1 nabo fino • sal

Preparación:

1. Lavar cuidadosamente todos los ingredientes; pelar y cortar a trozos pequeños la berza, las patatas y el nabo.
2. En una olla amplia, colocar las alubias, el hueso de codillo, la oreja de cerdo, la costilla, la carne y el tocino fresco; cubrir con agua fría, llevar al fuego y dejar cocer durante 1 hora, aproximadamente.
3. Cuando todos los ingredientes de la olla estén un poco tiernos, incorporar todas las verduras picadas y dejar cocer a fuego lento. Ha de quedar todo ligeramente cubierto por el agua; si es necesario, se puede añadir más agua, pero debe ser caliente.
4. Cuando todo esté cocido, sazonar con sal, añadir el chorizo en rodajas y las morcillas y dejar cocer durante 10 minutos más.
5. Cuando esté en su punto, retirar del fuego y trocear las carnes. Este plato es excelente preparado de un día para otro.

Cocido vasco

Para 6 personas
Tiempo de preparación: 3 horas, más tiempo de remojo
Dificultad: alta

Ingredientes:

500 g de carne de buey • 1/2 gallina • 200 g de jamón • 1 hueso de cerdo salado • 2 chorizos • 1 repollo • 250 g de garbanzos • 250 g de judías rojas • 250 g de tomates maduros • 2 pimientos grandes • 1 cebolla • aceite • sal

Preparación:

1. Poner a remojar en agua y sal los garbanzos, durante 12 horas.
2. En una olla al fuego con agua, cocer la carne lentamente, con el jamón y la gallina. Cuando empiece a hervir, espumar cuidadosamente; añadir los garbanzos y dejar hervir, procurando que no se pare el hervor, unas tres horas.
3. En otra olla aparte, poner en frío las judías rojas, el hueso de cerdo salado, una cebolla picada y un chorro de aceite; dejar hervir suavemente hasta que estén cocidas las judías.

4. En una tercera olla, puesta al fuego, cocer el repollo bien lavado y cortado menudo, con agua, y los chorizos. Esta cocción debe hervir un poco menos.
5. Cuando estén listas las tres ollas, escurrir el caldo en otro recipiente y mezclar los caldos en proporción de la mitad de caldo de los garbanzos, la mitad de caldo del repollo y un poco de caldo de las judías con el hueso de cerdo.
6. Con este caldo mezclado se prepara la sopa que puede ser de pasta.
7. Después de la sopa se sirven las verduras en fuentes separadas y, luego, las carnes, que se pueden acompañar con una fritada de pimientos y tomates.

Cocots de Valencia (empanadillas)

Para 6 personas
Tiempo de preparación: 1 hora y 30 minutos
Dificultad: alta

Ingredientes:

600 g de harina • 700 g de merluza (peso neto) • 2 pimientos rojos • 25 g de piñones • 1 huevo • 1 limón • 3 dl de aceite de oliva • 1 hoja de laurel • 1 cebolla • nuez moscada • sal

Preparación:

1. Formar un volcán con la harina sobre el mármol; en el centro, formar un hueco y poner 2 decilitros de aceite, y otros dos de agua y sal. Amasar absorbiendo poco a poco la harina, hasta formar una masa compacta.
2. Tapar con un paño de cocina y dejar descansar un rato.
3. Asar los pimientos en la llama del fuego, hasta que estén bien tostados pero sin que se quemen, pelar con cuidado y cortar en dados. Reservar.
4. Limpiar la merluza, ponerla a hervir en un cazo cubierta de agua, con la cebolla troceada, el zumo de limón, el laurel y sal. Mantener la ebullición sólo durante 10 minutos, escurrir y dejar enfriar.
5. Sacar la piel y espinas y desmenuzarla, mezclar con los pimientos asados, los piñones, aromatizar con nuez moscada y aliñarla con un decilitro de aceite de oliva, mezclar bien, comprobar el punto de sal y rectificar si es necesario. Reservar.
6. Cuando la masa está reposada, dividirla en doce trozos, formar unas bolas, espolvorear con harina el mármol y extender las bolas con el rodillo.
7. Procurar darles forma ovalada de unos cuatro milímetros de espesor.
8. Repartir el relleno por igual en el centro de cada una, pintar con huevo batido los bordes y doblar la masa sobre sí misma, con el relleno dentro, procurando que no rebose.
9. Presionar los bordes para que queden pegados, presionar un poco con un tenedor los bordes de cada «cocot» para que queden un poco rizados; esto, además de adorno, sirve para afianzar la unión de los bordes.
10. Colocar las «cocots» en una placa de horno untada, pintar con huevo batido. Con la punta de un cuchillo, hacer un dibujo como adorno y cocer a horno precalentado unos veinte minutos, hasta que adquieran un bonito color dorado.
11. Servir calientes.

Cogollos de Tudela

Para 4 personas
Tiempo de preparación: 1 hora
Dificultad: baja

Ingredientes:

4 lechugas del grumillo • 2 cucharadas de vinagre • aceite de oliva • sal

Preparación:

1. Retirar las primeras hojas de las lechugas, sumergir el resto en agua fría, y después sacudirlas con cuidado. Repetir esta misma operación varias veces.
2. Cortarlas a cuartos y disponerlas en una fuente para servir.
3. Espolvorearlas al gusto con sal y rociar con unas gotas de vinagre y aceite.
4. Dejar los cogollos en reposo durante unos 30 minutos.

Coliflor rebozada

Para 4 personas
Tiempo de preparación: 1 hora y 20 minutos
Dificultad: baja

Ingredientes:
1 coliflor • 2 huevos • perejil • harina • vinagre • aceite • sal

Preparación:
1. Lavar la coliflor y retirarle el troncho; ponerla en un recipiente sazonada con sal, recubierta con perejil bien picado y rociada con vinagre. Dejarla en reposo durante unas 3 horas.
2. Pasado este tiempo, cocerla en una cazuela con agua hirviendo durante unos 30 minutos; escurrirla y dejarla enfriar.
3. Cortar la coliflor en ramilletes, rebozarlos, primero en harina y seguidamente en huevo batido, y freírlos en una sartén con aceite abundante y caliente.
4. Escurrir bien los ramilletes de coliflor y servirlos en una fuente.

Consomé de hongos

Para 4 personas
Tiempo de preparación: 3 horas
Dificultad: media

Ingredientes:
1 1/2 kg de hongos • 2 kg de huesos de buey • 4 zanahorias • 2 puerros • 2 tomates maduros • agua • sal • pimienta

Guarnición
300 g de hongos • unas rebanadas de pan tostado

Preparación:
1. Limpiar cuidadosamente los hongos, cortarles los pies, para que no contengan tierra, pasarlos rápidamente por agua.
2. Pelar los puerros y las zanahorias, cortarlos bien pequeños; pelar los tomates, sacar las pepitas, picarlos pequeños.
3. Poner una olla al fuego con agua y los huesos de buey. Cuando empiece a hervir, espumar varias veces.
4. Una vez limpio, añadir los demás ingredientes picados pequeños.
5. Dejar hervir lentamente unas dos horas; de vez en cuando, añadir un poco de agua fría; salpimentar.
6. Cuando esté de color claro, colar.
7. Añadir las cabezas de los hongos de guarnición cortados en dados; dejar hervir 30 minutos más.
8. Comprobar el punto de sal. Al servir, adornar con dados de pan tostados. Servir caliente.

Costrada

Para - personas
Tiempo de preparación: 1 hora y 5 minutos
Dificultad: media

Ingredientes:
pan del día anterior (especial para sopas) • 100 g de chorizo de Pamplona • 4 zanahorias tiernas • 4 cebollas • 4 huevos` • caldo • aceite • sal

Preparación:
1. Cortar el pan en rebanadas finas y tostarlas en el horno.
2. Pelar y cortar a rodajas las zanahorias, pelar y triturar las cebollas, y cortar a cuadrados el chorizo.
3. En un puchero con agua hirviendo y sal, cocer las zanahorias y las cebollas. Colarlas y convertirlas en puré.
4. Mientras, en una sartén con aceite, sofreír el chorizo.
5. En una fuente semihonda refractaria, disponer una capa de pan; sobre ella, otra de chorizo y puré de zanahoria y cebolla, y rociar con la grasa del chorizo. Repetir la operación, terminando con una capa de pan.
6. Rociar con caldo y el resto de la grasa del chorizo, cascar los 4 huevos encima, e introducir en el horno muy caliente.
7. Retirar la fuente cuando los huevos estén cuajados. Servir sin cambiar la costrada de recipiente.

Crema de borrajas

Para 4 personas
Tiempo de preparación: 45 minutos
Dificultad: media

Ingredientes:
1 kg de hojas de borraja • 3 patatas medianas • 4 zanahorias tiernas • aceite • sal

Preparación:
1. Limpiar cuidadosamente las hojas de borraja con agua fría.
2. Pelar y trocear las patatas y las zanahorias.
3. En una cazuela con agua hirviendo, poner a cocer las verduras con un chorro de aceite y un poco de sal.

4. Cuando estén bien tiernas, triturarlas hasta conseguir una crema.
5. Dejar enfriar y servir como entrante.

Croquetas de marisco

Para 6 personas
Tiempo de preparación: 50 minutos
Dificultad: media

Ingredientes:

400 g de marisco variado (gambas, langostinos, cigalas) • 400 g de harina • 2 l de leche • 1 cebolla • 150 g de mantequilla • 2 huevos • nuez moscada • pan rallado • sal

Preparación:

1. Limpiar bien el marisco y ponerlo a cocer con poca agua.
2. Colar el marisco, pelarlo y trocearlo.
3. En un recipiente aparte, hervir toda la leche.
4. En una sartén con mantequilla, dorar la cebolla, previamente picada.
5. En otra cazuela, dejar fundir el resto de la mantequilla, echándole un poco de sal y nuez moscada.
6. Añadir la harina a la mantequilla, removiéndola constantemente para que no se pegue.
7. Agregar el sofrito de cebolla y remover.
8. Verter la leche y seguir removiendo hasta que se forme la pasta.
9. Cuando la bechamel esté bien cocida, agregar los trocitos de marisco, removiendo con cuidado y constantemente durante 5 minutos, aproximadamente.
10. Dejar enfriar la pasta en otra fuente.
11. Una vez fría la pasta y con ayuda de una cuchara, formar las croquetas.
12. Batir los dos huevos y bañar con ellos todas las croquetas.
13. Rebozar las croquetas en el pan rallado.
14. En una sartén, con aceite muy caliente, freír las croquetas y, seguidamente, pasarlas a una fuente, donde ya estarán dispuestas para servir.

Empanada de congrio

Para 6 personas
Tiempo de preparación: 1 hora y 10 minutos
Dificultad: alta

Ingredientes:

1 1/2 kg de congrio en filetes sin espinas • 5 cebollas • 2 pimientos morrones • 1/2 l de aceite • una pizca de azafrán • 1/2 l de aceite • sal

Para la masa

1 kg de harina • 40 g de levadura • 2 huevos • 1/4 l de agua • aceite • sal

Preparación:

Para la masa:

1. En un recipiente, mezclar agua tibia, levadura y sal.
2. Añadir la harina y los huevos y amasar.
3. Verter un chorrito de aceite.

Para el relleno:

4. Picar las cebollas y los pimientos. Echar en una cazuela y rehogarlos con aceite, la pizca de azafrán y la sal.
5. Trabajar la masa y dejarla reposar durante 15 minutos, tapándola con un paño.
6. Partir la masa en dos mitades y estirarla.
7. Colocar la masa en una placa previamente untada con aceite.
8. Repartir el relleno y los filetes de congrio hasta cubrir la masa.
9. Cubrir con el resto de la masa cerrando bien los bordes de la empanada.
10. Pinchar la masa para que no se hinche.
11. Introducir la placa en el horno a una temperatura de 200 °C, durante 15 minutos.

Empanada de lomo

Para 6 personas
Tiempo de preparación: 1 hora y 25 minutos
Dificultad: alta

Ingredientes:

Para la masa

800 g de harina • 100 g de manteca de cerdo • 3 huevos • 1 dl de aceite • 1 dl de vino blanco • 1 dl de agua • 30 g de sal

Para el relleno

250 g de lomo de cerdo • 250 g de cebolla picada • 2 pimientos morrones • 150 g de jamón o chorizo • 50 g de mantequilla • 1 dl de aceite • 3 dientes de ajo • 3 cucharadas de puré de tomate • 1 vaso de vino blanco • azafrán • pimienta molida • sal

Preparación:

Para la masa:

1. *Hacer una masa con la harina, dos huevos, la manteca blanda, el vino, el agua, el aceite y la sal.*
2. *Dejar reposar durante una hora.*

Para el relleno:

3. *En una sartén con aceite, dorar la cebolla, el jamón o el chorizo, los ajos y los pimientos, todo picado.*
4. *Añadir el lomo, previamente salado y dejar sofreír todo junto.*
5. *Agregar el puré de tomate, el vino, el azafrán y la pimienta y reducir hasta que absorba todo el caldo.*
6. *Partir la masa por la mitad y estirar con el rodillo una parte de la masa hasta conseguir una lámina de 5 milímetros de grosor.*
7. *En un molde especial para horno, extender la mitad de la masa, verter el relleno y tapar con la otra mitad, pegando los bordes con los dedos.*
8. *Decorar con trozos de pasta sobrante y pintar con huevo batido.*
9. *Pinchar la masa varias veces con la ayuda de un tenedor y poner a cocer en el horno a temperatura de 180 °C hasta que se dore.*

Empanada de vieiras

Para 6 personas
Tiempo de preparación: 1 hora y 10 minutos
Dificultad: alta

Ingredientes:

24 vieiras • 2 cebollas • 2 pimientos verdes • 2 pimientos rojos • 2 tomates • 2 hojas de laurel • 2 dientes de ajo • 1/2 l de aceite • una pizca de azafrán • sal

Para la masa

1 kg de harina • 40 g de levadura • 80 g de mantequilla • 3 huevos • 1/4 l de leche • 1/4 l de agua • sal

Preparación:

Para la masa:

1. *Mezclar la leche, el agua, la levadura, la mantequilla y la sal, todo templado.*
2. *Añadir la harina y los huevos, amasando bien hasta formar una pasta homogénea.*
3. *Dejar que la masa repose durante 15 minutos, tapándola con un paño.*

Para el relleno:

4. *En una cazuela con medio litro de aceite, freír los ajos picados y las dos hojas de laurel. Dejar dorar.*
5. *Añadir la cebolla y los pimientos picados y dejarlo dorar todo durante 15 minutos.*
6. *Añadir la sal, el azafrán y los tomates también triturados. Dejarlo sofreír durante 10 minutos más.*
7. *Abrir las vieiras con la ayuda de un cuchillo y reservarlas.*
8. *Estirar bien la masa y colocar la mitad en una placa para horno, previamente untada de mantequilla.*
9. *Añadir el relleno y las vieiras.*
10. *Cubrir con la otra mitad de la masa, cerrando los bordes. Pinchar la masa para que no se hinche.*
11. *Pintar con huevo por encima.*
12. *Poner la bandeja en el horno a 200 °C durante 10 minutos.*

Empanadillas de atún y aceitunas

Para 4 personas
Tiempo de preparación: 35 minutos
Dificultad: media

Ingredientes:

24 obleas para empanadillas • 200 g de atún en aceite • 200 g de aceitunas sevillanas deshuesadas • 4 cucharadas de puré de tomate • 1 huevo • aceite de oliva

Preparación:

1. *Cocer el huevo y, una vez frito, pelarlo y trocearlo.*
2. *Trocear el atún y mezclarlo con el huevo. Añadir el puré de tomate.*
3. *Distribuir el relleno entre la pasta y agregar 3 o 4 aceitunas en cada oblea.*
4. *Cerrar las empanadillas apretando bien los bordes con los dedos o con un tenedor.*
5. *Freír las empanadillas en una sartén con abundante aceite de oliva caliente.*

6. Dejar que escurran el aceite antes de servir.

Ensalada de bogavante y berros

Para 4 personas
Tiempo de preparación: 35 minutos
Dificultad: baja

Ingredientes:

1 bogavante de 1 1/2 kg • 3 manojos de berros • 2 nabos • 8 rabanitos • 1 diente de ajo • 1 limón • aceite • sal • hojas de hierbabuena • caldo de berberechos

Preparación:

1. Cocer el bogavante y dejarlo enfriar en la misma cazuela.
2. Cocer los nabos y reservarlos en fuente aparte.
3. Quitar la cáscara al bogavante y cortar la carne en rodajas.
4. Trabajar una salsa en un mortero: ajo, sal, 6 berros y las hojas de hierbabuena. Machacar todo muy bien hasta obtener una salsa muy fina.
5. Añadir a la salsa el zumo de limón, aceite y el caldo de los berberechos.
6. Cortar los nabos en rodajas.
7. Disponer el bogavante cortado en una fuente sobre una capa de berros; después, decorar con las rodajas de los nabos cocidos y los rabanitos crudos.
8. Rociar por encima con la salsa y dejar macerar durante 10 minutos.

Ensalada de escabeche

Para 6 personas
Tiempo de preparación: 30 minutos
Dificultad: baja

Ingredientes:

2 cogollos de lechuga muy tierna • 6 cebolletas • 150 g de aceitunas • 250 g de atún en escabeche • 4 tomates • 6 huevos • 8 cucharadas de aceite de oliva • 4 cucharadas de vinagre • sal

Preparación:

1. En un cazo con agua fría poner los huevos a cocer durante unos veinte minutos.
2. Lavar la lechuga debajo del grifo del agua fría, trocearla en pedazos no muy grandes y secarla.
3. Pelar y cortar en arandelas las cebolletas, conservando sólo la parte blanca.
4. Cortar en rodajas los tomates y los huevos una vez fríos.
5. Desmenuzar el atún.
6. En una ensaladera honda, disponer la lechuga, la cebolleta, los tomates y los huevos, añadir las aceitunas y el atún.
7. Espolvorear la ensalada con sal y rociar primero con el aceite y luego con el vinagre.
8. Poner la ensalada en el frigorífico 1 hora antes de servir y no mezclarla hasta el momento de comerla.

Ensalada de espinacas

Para 4 personas
Tiempo de preparación: 30 minutos
Dificultad: baja

Ingredientes:

1 kg de espinacas frescas y muy tiernas • 8 cebollitas tiernas • 4 zanahorias pequeñas • sal • aceite de oliva • vinagre de calidad

Preparación:

1. Poner las espinacas en remojo en un lebrillo de barro con agua fría. Escurrirlas y cortar las hojas en tiras finas.
2. Pelar y picar finamente las cebollitas y las zanahorias.
3. En un tazón, batir fuertemente 8 cucharadas de aceite, 4 de vinagre y un poco de sal.
4. Disponer las verduras en una ensaladera y dejarla en un sitio frío, unas dos horas.
5. Rociarlas con la salsa y servirlas junto con animales de caza en adobo.

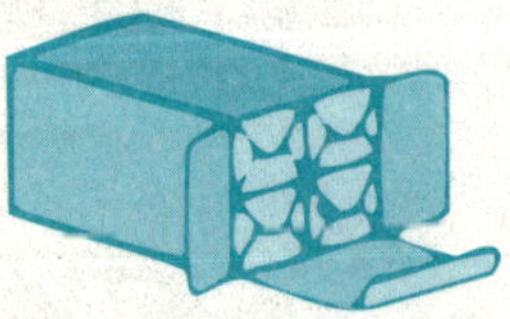

Ensalada de jamón y sesos

Para 6 personas
Tiempo de preparación: 25 minutos
Dificultad: media

Ingredientes:
2 sesos de ternera • jamón de pato • 2 claras de huevo • salsa de mayonesa • tomillo • laurel • vinagre • algunas hojas tiernas de berros • sal

Preparación:
1. Poner a macerar los sesos en agua, sal y un poco de vinagre. Dejarlos reposar en la nevera durante 12 horas.
2. Pasado este tiempo, escurrir los sesos y quitar los hilos.
3. En una cazuela, introducir los sesos y el agua justo para cubrirlos, un poco de sal, tomillo y una hoja de laurel.
4. Dejar cocer durante diez minutos.
5. Una vez cocidos, dejarlos enfriar y partirlos por la mitad.
6. Añadir el vinagre a la mayonesa ya preparada y, a continuación, añadir las claras montadas a punto de nieve. Batir suavemente.
7. Distribuir los sesos en una fuente, adornar con lonchas de jamón de pato y unos berros.
8. Verter la mayonesa por encima y servir frío.

Ensalada de judías tiernas

Para 6 personas
Tiempo de preparación: 45 minutos
Dificultad: media

Ingredientes:
1 kg de fréjoles bien tiernos • 2 cebollas • 1 l de agua • 2 cabezas de ajo • vinagre • aceite • un poco de caldo • sal

Preparación:
1. Deshilar los fréjoles y cortarlos por la mitad.
2. Pelar y triturar las cebollas.
3. Dejar las cabezas de ajo enteras, raspando un poco el telillo que las recubre.
4. En una cazuela con agua hirviendo y sal, cocer los fréjoles 25 minutos. Escurrirlos y dejarlos enfriar.
5. Mientras, en una sartén con aceite caliente, freír las dos cabezas de ajo y retirarlas.
6. En el aceite restante, sofreír ligeramente la cebolla triturada, rociar con 2 cucharadas de vinagre y 8 cucharadas de caldo de carne.
7. Disponer los fréjoles en una cazuela de barro plana, rociarlos con el sofrito anterior y dejar a fuego lento unos quince minutos.
8. Escurrirlos, dejarlos enfriar y servirlos como entrante.

Ensalada de verano

Para 4 personas
Tiempo de preparación: 50 minutos
Dificultad: baja

Ingredientes:
1 kg de patatas • 8 filetes de anchoa desalados • 1 pimiento morrón en lata o asado en casa • vinagre de calidad • aceite de oliva • sal • 2 huevos cocidos • perejil

Preparación:
1. En una olla con agua hirviendo y sal, cocer las patatas con su piel.
2. Cortar el pimiento en tiras.
3. Pelar los huevos y triturarlos.
4. Picar finamente el perejil.
5. En un tazón, preparar la salsa con 8 cucharadas de aceite, 3 de vinagre, sal y perejil. Batirla unos minutos con fuerza.
6. Pelar y cortar las patatas en cuadrados. Dejarlos enfriar y disponerlos en una ensaladera.
7. Encima de las patatas, colocar los filetes de anchoa en forma de cuadrados y las tiras de pimiento morrón.
8. Rociar con la salsa del tazón y recubrir con el huevo duro triturado.
9. Poner la fuente en la nevera hasta el momento de servir.
10. Otra forma de preparar esta ensalada, consiste en rociar con la vinagreta las patatas cuanto están todavía calientes y recubrir con los demás ingredientes. Las patatas obtendrán así un mejor sabor.

Ensalada murciana

Para 4 personas
Tiempo de preparación: 45 minutos
Dificultad: baja

Ingredientes:
3 pimientos rojos • 4 tomates rojos medianos • 4 cebollas medianas • 1 manojo de ajos tiernos • 3 berenjenas • 3 dientes de ajo • 1 dl de aceite de oliva • el zumo de 1 limón • sal

Preparación:
1. Precalentar el horno a una temperatura de 200 °C.

2. Colocar en una bandeja de horno los pimientos, las berenjenas, las cebollas, los tomates y los ajos tiernos, dejar asar lentamente, dándoles vueltas a menudo. Cuando estén en su punto, con la piel casi quemada, sacar los tomates y reservar. Los pimientos, las cebollas y berenjenas, sacarlos y envolverlos en un paño y dejarlos un rato, para poder pelarlos mejor.
3. Pasado un rato, cuando estén fríos, pelarlos y quitar las semillas.
4. En una bandeja grande, colocar ordenadamente formando grupos, los pimientos y berenjenas en tiras, los tomates enteros, las cebollas a gajos, los ajos tiernos enteros; salpicar por encima con los dientes de ajo picados pequeños.
5. Sazonar, poner aceite y rociar con zumo de limón.
6. Servir tibia.

Entrante de percebes

Para 4 personas
Tiempo de preparación: 10 minutos
Dificultad: baja

Ingredientes:

percebes • 3 granos de pimienta negra • laurel • sal

Preparación:

1. Lavar los percebes con agua fría.
2. En una cazuela con agua hirviendo y sal, echar los percebes, la pimienta y el laurel.
3. A partir del primer hervor, contar unos tres a cinco minutos de cocción.
4. Retirarlos del fuego y disponerlos inmediatamente en un recipiente con agua fría. Escurrir y servir.

Escudella i carn d'olla (cocido catalán)

Para 6 personas
Tiempo de preparación: 3 horas y 30 minutos
Dificultad: alta

Ingredientes:

500 g de carne de ternera • 1/4 de gallina • pollo • los menudillos del pollo • 200 g de oreja y morro y 1/2 pie de cerdo • 1 hueso de jamón seco • 100 g de tocino graso • 1 hueso de espinada • 1 hueso de rodilla de ternera • 150 g de butifarra blanca • 150 g de butifarra negra • 250 g de garbanzos remojados • 250 g de patatas • 1 col verde de olla • 1 nabo • 1 zanahoria • 1 chirivía • 1 puerro • 1 rama de apio

«Pilota»

150 g de carne de cerdo picada • 150 g de carne de ternera picada • 100 g de tocino vetado, picado • 1 huevo; un poco de miga de pan remojada en leche • 1 ajo • perejil • sal • canela en polvo • 1 cucharada de harina

Para la sopa de caldo

300 g de «galets» grandes

Preparación:

1. Limpiar, chamuscar, lavar el pie de cerdo, la oreja y el morro, la gallina y el pollo.
2. Poner una olla al fuego con 4 litros de agua, añadir todas las carnes y huesos, llevar a ebullición. Tan pronto empiece a hervir, espumar bien, quitando todas las impurezas que suben a la superficie. Echar entonces los garbanzos (previamente en remojo, en agua tibia, durante 12 horas) y dejar hervir un rato.
3. Añadir la zanahoria, nabo, chirivía, apio, puerro, volver a espumar. Dejar hervir 1 hora y 30 minutos, aproximadamente; entonces, las carnes ya estarán bastante blandas. Añadir la col, las patatas cortadas a trozos y la «pilota» (que ya habremos preparado), añadir también las butifarras. Dejar hervir 30 minutos. Rectificar de sal.
4. Cuando esté todo bien cocido, colar el caldo.
5. Preparar la sopa con el caldo colado y los «galets», que echaremos cuando el caldo hierva y los dejaremos cocer de 12 a 15 minutos.
6. Se sirve la sopa bien caliente y, luego, en una fuente bien puestas las verduras y en otra las carnes, cortadas a trozos, retirando los huesos. Se sirve todo bien caliente.

Preparación de la «pilota»:

7. En un cuenco, poner la carne de ternera, la de cerdo y el tocino vetado, todo picado, añadir el huevo, perejil y ajo picados, la miga de pan remojada en leche; sazonar con sal y pimienta y un poco de canela en polvo; trabajar bien primero con un tenedor, luego puede hacerse con las manos, hasta que quede todo amalgamado, formar entonces la «pilota», una pelota, en forma un poco ovalada, enharinar y poner al caldo.

Espárragos a la navarra

Para 4 personas
Tiempo de preparación: 1 hora
Dificultad: baja

Ingredientes:

1 manojo de espárragos de Tudela o trigueros • 100 g de jamón • 4 huevos • 3 dientes de ajo • aceite • sal

Preparación:

1. Pelar y limpiar los espárragos.
2. Poner en una cazuela con agua fría y sal sobre el fuego, y dejarlos cocer hasta que estén tiernos. A continuación, escurrirlos y reservarlos.
3. Picar los dientes de ajo pelados, cortar en pedazos el jamón, y en una cazuela con un poco de aceite, sofreírlos ligeramente.
4. Disponer los espárragos sobre el sofrito y cubrirlos con el jugo de su cocción.
5. Dejar cocer durante unos minutos sofrito y espárragos, y disponer encima los 4 huevos enteros y crudos, dejando que los mismos cuajen antes de servir.
6. Servir los espárragos en la misma cazuela.

Espárragos con salsa

Para 4 personas
Tiempo de preparación: 40 minutos
Dificultad: media

Ingredientes:

4 manojos de espárragos tiernos de Aranjuez • 3 huevos • 4 cucharadas de mantequilla • sal • 3 cucharadas de vinagre • agua

Preparación:

1. Raspar con cuidado los espárragos y retirar los hilos y telillas.
2. Separar las yemas de las claras de los huevos y conservarlas en una taza.
3. En una olla plana con agua hirviendo y sal, cocer los espárragos unos veinte minutos. Retirarlos del agua con cuidado y disponerlos en un plato hondo.
4. Cortar los espárragos en 3 trozos cada uno y conservarlos calientes, tapándolos con una tapadera o un lienzo.
5. En un plato hondo, disponer las yemas de huevo y la mantequilla desleída al calor. Añadir vinagre y sal.
6. Calentar en un cazo agua y disponer otro dentro con la mezcla de las yemas y mantequilla.
7. Ir removiendo despacio pero continuamente la salsa para que cuaje al baño María.
8. Disponer los espárragos en una fuente para servir precalentada y rociarlos con la salsa anterior.

Espinacas con garbanzos

Para 4 personas
Tiempo de preparación: 2 horas y 30 minutos
Dificultad: media

Ingredientes:

600 g de garbanzos • 1 kg de espinacas • 4 dientes de ajo • miga de pan de dos rebanadas • sal • pimienta molida • pimentón • vinagre

Preparación:

1. Poner en remojo los garbanzos la víspera.
2. Limpiar cuidadosamente las espinacas.
3. Pelar un diente de ajo y dejarlo entero. Pelar los otros tres y triturarlos en el mortero.
4. En una olla con agua caliente y muy poca sal, cocer los garbanzos hasta que estén bien blandos.
5. En otra olla con muy poca agua caliente y sal, cocer también las espinacas. Escurrirlas.
6. En una sartén con un poco de aceite caliente, dorar el diente de ajo y la miga de pan. Conservar todo en un plato.
7. En el aceite sobrante, echar el pimentón y añadir las espinacas. Bajar el fuego y mezclar, agregando pimienta, un poco de vinagre y la majada de pan y ajos desleída en un poco de agua tibia.
8. Escurrir los garbanzos ya hechos, disponer al lado las espinacas ya aliñadas y servir caliente.

Estofado de judías coloradas

Para 6 personas
Tiempo de preparación: 2 horas y 40 minutos
Dificultad: media

Ingredientes:

600 g de judías coloradas • 4 cebollas pequeñas • 5 dientes de ajo • 1 cucharada de pimentón • 1 hoja de laurel • harina • sal • aceite de oliva

Preparación:

1. Poner en remojo en agua fría las judías la víspera.
2. Pelar las cebollitas y triturarlas.
3. Pelar los dientes de ajo y dejarlos enteros.
4. En una olla con agua fría, poner a cocer las ju-días.
5. Mientras, en una sartén con aceite caliente sofreír la cebolla triturada y los dientes de ajo. Añadir el pimentón y la hoja de laurel, remover y echar inmediatamente el sofrito a la olla con las judías.
6. Dejar la olla a fuego lento hasta que las judías estén blandas.
7. Cuando estén casi cocidas, sofreír en una sartén pequeña con un poco de aceite caliente, una cucharadita de harina y sal.
8. Verter este sofrito en la olla con las judías.
9. Este sofrito servirá para espesar el guiso.
10. Servir caliente.

Fabada asturiana

Para 10 personas
Tiempo de preparación: 25 minutos más el tiempo de cocción de las «fabes»
Dificultad: media

Ingredientes:

1 kg de «fabes» (judías blancas) • 1 pedazo de lacón (paletilla de cerdo salada y curada como el jamón) • 1 oreja de cerdo • 1 morcilla asturiana • 1 longaniza • 1 pedazo de cecina • 250 g de tocino con costillas • 100 g de unto (manteca de cerdo ahumada) • 1 repollo • 4 berzas • 1/2 kg de patatas • nabizas

Preparación:

1. En un pote o marmita de buen tamaño, poner las «fabes» (que habrán estado en remojo durante toda la noche anterior), el lacón, la oreja, la morcilla, la longaniza, la cecina y el trozo de tocino con costillas.
2. Recubrir con agua fría y disponer la olla a fuego normal. Dejar hervir y espumar.
3. Quitar las primeras hojas y lavar el repollo con agua fría. Trocear las berzas.
4. Pelar las nabizas y las patatas. Hacer trozos grandes de estas últimas.
5. Cuando las judías y las carnes estén a medio cocer, añadir el repollo, las berzas, las nabizas y las patatas. Agregar también el unto.
6. Dejar cocer la marmita a fuego normal y retirarla cuando las «fabes», las carnes y hortalizas estén en su punto.
7. Comprobar el punto de sal y rectificar si es preciso (las carnes, al ser en buena parte sazonadas, ya dan el punto de sal).

Fideos con almejas

Para 4 personas
Tiempo de preparación: 40 minutos
Dificultad: baja

Ingredientes:

250 g de fideos • 750 g de almejas • 2 cebollas pequeñas • 1 pimiento morrón • 2 tomates maduros • ajo • perejil • laurel • aceite • sal • azafrán

Preparación:

1. Picar las cebollas, el ajo, el pimiento y el perejil; triturar los tomates.
2. En una cazuela, calentar aceite.
3. Añadir al aceite caliente las cebollas, el ajo, los pimientos, el perejil y los tomates. Mantener en el fuego hasta terminar el sofrito.
4. Cocer las almejas al vapor, con un poco de laurel.
5. Una vez abiertas las almejas retirarlas del fuego y sacarlas del agua.
6. Colar el agua de las almejas y añadirla al sofrito; dejar que hierva durante 10 minutos.
7. Añadir los fideos al sofrito y dejarlos cocer durante 20 minutos.
8. Añadir las almejas, el azafrán y rectificar de sal.
9. Este plato se sirve caliente.

Fideuà (fideos con pescado)

Para 4 personas
Tiempo de preparación: 40 minutos
Dificultad: baja

Ingredientes:

400 g de fideos curvados y huecos del n.º 2 • 4 cigalas • 300 g de rape • 1 cucharada de pimentón picante • 1 cebolla • 2 dientes de ajo • 400 g de tomates maduros • 1 dl de aceite de oliva • azafrán • perejil • caldo de pescado, el doble en volumen que fideos • sal • pimienta

Preparación:

1. En una paella, poner el aceite a calentar y rehogar en él las cigalas. Reservar.
2. En el mismo aceite, rehogar el rape cortado en trozos, añadir la cebolla cortada fina. Antes de que tome color, añadir los ajos y el perejil picados, luego los tomates pelados y picados pequeños. Salpimentar. Sofreír sin dejar de remover el pimentón picante, remover y ligar bien con los demás ingredientes.
3. Añadir enseguida los fideos bien repartidos, remover la paella con cuidado.
4. Añadir el caldo de pescado caliente, aromatizar con las hebras de azafrán tostado. Probar el punto de sal y rectificar, si es necesario.
5. Dejar hervir a fuego medio unos doce minutos.
6. Antes de finalizar la coccion, decorar con las cigalas reservadas, dejar 5 minutos; si fuera necesario, añadir un poco más de caldo.
7. Dejar reposar unos minutos y servir en la misma cazuela.

Filloas rellenas de centolla

Para 6 personas
Tiempo de preparación: 1 hora
Dificultad: alta

Ingredientes:

Para las filloas

1/2 l de leche fría • 100 g de harina • 4 huevos • 50 g de mantequilla • sal

Para el relleno

12 cucharadas de centolla (limpia) • 1/4 l de crema fresca • 1 copa de coñac • salsa americana

Preparación:

1. En un recipiente, batir la leche junto con la harina y los huevos.
2. Fundir la mantequilla.
3. Añadir la mantequilla caliente, la sal y volver a batir.
4. Pasar el líquido obtenido por el colador chino.
5. Colocar una sartén pequeña encima de la plancha caliente de la cocina.
6. Verter tres cucharadas de líquido en la sartén y esparcirlo bien.
7. Cuando la filloa haya cuajado por un lado, darle la vuelta para que cuaje por el otro lado.
8. Colocar las filloas en una fuente, unas encima de otras y taparlas con un paño. Introducirlas en el frigorífico.
9. Mezclar la centolla con la salsa americana. Reservar parte de la salsa para uso posterior.
10. Rellenar las filloas con una cucharada de la pasta resultante de mezclar la centolla con la salsa americana.
11. Untar un recipiente con mantequilla y poner dentro las filloas enrolladas.
12. Rociar las filloas con el coñac.
13. Verter en cada filloa un poco de salsa americana y crema fresca.
14. Introducir el recipiente en el horno unos minutos para que se gratinen las filloas.

Flan de coliflor

Para 6 personas
Tiempo de preparación: 1 hora y 15 minutos
Dificultad: media

Ingredientes:

1 coliflor de 1 kg y 200 g aproximadamente • 4 huevos • pimienta • nuez moscada • 40 g de harina • 30 g de mantequilla • 6 dl de leche • sal

Preparación:

1. Separar los ramos de la coliflor, lavarlos e introducirlos en una olla con abundante agua y una cucharadita de sal, cuando empiece a hervir. Dejar cocer destapada.
2. Cuando esté en su punto, escurrir. Reservar unos cuantos ramos y el resto chafarlos con un tenedor.
3. En un bol, batir los huevos, sazonar, verter la leche y añadir la coliflor chafada. Mezclar y verter en un molde de flan untado con mantequilla.
4. Precalentar el horno a fuego medio, cocer el flan al baño María durante unos 35 a 40 minutos. Comprobar el punto de cocción pinchando con una aguja.
5. Dejar enfriar y desmoldar en una bandeja de servir.
6. Para preparar la salsa, derretir la mantequilla en un cazo de fondo grueso, añadir la harina removiendo con una espátula. Dejar cocer un poco y verter la leche tibia; remover bien con las varillas hasta

que espese, sin dejar que llegue a hervir. Sazonar con sal, pimienta y un poco de nuez moscada.

7. Adornar con el resto de ramitos de coliflor colocadas alrededor del flan y cubrirlo con la salsa preparada. Si se desea, este plato puede gratinarse en el grill o servirse al momento.

Fondos de alcachofas rellenos de langostinos

Para 4 personas
Tiempo de preparación: 50 minutos
Dificultad: media

Ingredientes:

12 alcachofas grandes • 300 g de champiñones • 400 g de langostinos • 2 cebollas • 100 g de mantequilla • 2 cucharadas de extracto de tomate • 1 lata de trufa • 2,5 dl de crema de leche • 1 copa de brandy • 40 g harina • 80 g queso rallado • 3 limones • 1,5 dl de vino blanco seco • perejil • sal • pimienta

Preparación:

1. Limpiar bien las alcachofas, quitar las hojas externas que son las duras, eliminar el corazón, cortar la parte superior, pasar un limón para que no se pongan negras.
2. Hervir en abundante agua y sal unos diez minutos; escurrir, refrescar y dejar boca abajo sobre un paño para que se acaben de escurrir.
3. Rehogar los langostinos en un cazo con un poco de mantequilla. Reservar.
4. En la misma mantequilla empleada para los langostinos, rehogar las cebollas finamente picadas.
5. Luego, rehogar los champiñones muy picados y añadir la harina, el extracto de tomate, la trufa picada y los langostinos picados. Salpimentar.
6. Rociar con el brandy, flambear, añadir el vino. Mezclar con la crema de leche.
7. Disponer los fondos de las alcachofas en una fuente de servir, rellenar con esta preparación, espolvorear con el queso rallado y dejar cocer en el horno 10 minutos y 5 minutos para que se gratinen.
8. Cortar el limón en ruedas y decorar alrededor, espolvorear con el perejil picado.

Fritada de tomates y pimientos

Para 4 personas
Tiempo de preparación: 1 hora y 15 minutos
Dificultad: baja

Ingredientes:

1 kg de pimientos rojos • 1 kg de tomates maduros, pero fuertes • 2 cebollas medianas • 4 dientes de ajo • pan frito • 1 1/2 dl de aceite • 1 cucharadita de azúcar • sal

Preparación:

1. Escaldar los tomates, pelarlos, quitarles las semillas y trocearlos.
2. Colocar sobre el fuego una sartén grande con el aceite y, cuando esté caliente, añadir las cebollas peladas y cortadas muy pequeñas. Deben freírse lentamente; incorporar los dientes de ajo pelados y picados.
3. Cuando las cebollas estén un poco blandas, agregar los pimientos cortados en trozos pequeños y regulares, tapar y dejar cocer lentamente durante unos 10 minutos.
4. Incorporar entonces los tomates que tenemos preparados, sazonar con un poco de sal y la cucharadita de azúcar. Dejar cocer un rato más a fuego lento hasta que la fritada esté en su punto.
5. Presentar la fritada en una fuente ovalada, adornada con triángulos de pan frito alrededor.

Garbanzos a la andaluza

Para 4 personas
Tiempo de preparación: 2 horas y 10 minutos
Dificultad: media

Ingredientes:

500 g de garbanzos • 250 g de cebollas pequeñas • 250 g de tocino fresco • 1/4 de kg de pimientos verdes • 1 vaso de vino • 1 hoja de laurel • aceite • sal

Preparación:

1. Poner en remojo los garbanzos durante 12 horas.
2. Poner una olla al fuego con 1 1/2 litros de agua. Cuando empiece a hervir, echar los garbanzos y dejar cocer a fuego lento durante una hora.
3. Pasado este tiempo, y sin que deje de hervir, añadir las cebollas partidas por la mitad, el tocino en tro-

zos grandes, el vino, el laurel y un poco de sal. El agua debe cubrir justo los garbanzos.

4. Dejar cocer a fuego lento con la olla tapada hasta que los garbanzos estén tiernos.
5. Freír los pimientos en aceite y echar sobre los garbanzos.
6. Servir caliente.

Garbanzos con chorizo

Para 6 personas
Tiempo de preparación: 10 minutos, más el tiempo de cocción de los garbanzos
Dificultad: baja

Ingredientes:

1/2 kg de garbanzos • 1/2 kg de patatas • 100 g de jamón magro • 100 g de tocino • 3 chorizos • una pizca de azafrán • sal

Preparación:

1. Pelar y trocear las patatas.
2. Cortar el jamón en cuadraditos.
3. Cortar el tocino en tiras.
4. Poner a cocer los garbanzos en una olla junto con el jamón y el tocino. Espolvorear con el azafrán y la sal.
5. Cuando los garbanzos empiecen a ablandarse, añadir las patatas y dejarlas unos veinte minutos.
6. En un puchero aparte, cocer los chorizos.
7. Diez minutos antes de retirar la cazuela del fuego, cuando los garbanzos estén tiernos pero no deshechos y las patatas en su punto, añadir los chorizos con un poco de su jugo.
8. Escurrir el guiso, servir en una fuente los garbanzos y sus ingredientes y decorar con los chorizos.

Garbanzos con espinacas

Para 4 personas
Tiempo de preparación: 3 horas y 30 minutos
Dificultad: media

Ingredientes:

1/2 kg de garbanzos • 1 huevo • 12 almendras tostadas • 1/2 kg de espinacas • 1 tomate • 1 cebolla • 1 hoja de laurel • 2 dientes de ajo • 1/2 cucharadita de pimentón dulce • 1 cucharada de harina • aceite • sal

Preparación:

1. Poner los garbanzos en remojo la víspera en agua templada, un poco de sal y bicarbonato.
2. Al día siguiente, en una olla con agua y un poquito de sal, poner a cocer los garbanzos.
3. Pelar la cebolla y triturarla.
4. Picar los dientes de ajo pelados.
5. Añadir a los garbanzos la cebolla, el ajo y la hoja de laurel. Dejar a fuego lento los garbanzos hasta que estén muy tiernos.
6. Escurrir los garbanzos y reservar el caldo de cocción.
7. En una sartén con aceite caliente, rehogar una cucharada de harina y cuando empiece a tomar color añadir el pimentón. Rociar inmediatamente con un cucharón de caldo de cocción de los garbanzos.
8. En un cazo con agua fría, cocer el huevo unos veinte minutos hasta que quede duro. Dejarlo enfriar, pelarlo y triturarlo.
9. Lavar cuidadosamente las espinacas con agua fría y retirarles el tallo.
10. Escaldar el tomate, retirarle la piel y convertirlo en puré.
11. En una sartén grande con aceite, freír las espinacas troceadas y el tomate. Tapar la sartén, bajar el fuego y cocer unos instantes.
12. En una cazuela de barro plana, disponer los garbanzos escurridos, recubrirlos con el sofrito de harina y pimentón, las espinacas, las almendras peladas y picadas y el huevo triturado. Cocer 15 minutos a fuego lento.

Garbanzos estofados

Para 4 personas
Tiempo de preparación: 15 minutos
Dificultad: baja

Ingredientes:

1/2 kg de garbanzos cocidos • 1 hueso de jamón • 1/4 kg de ternera para guisar, en un trozo • 150 g de chorizo fresco • 1 muslo de gallina • 1 cebolla • 2 puerros • 2 zanahorias • 100 g de pasta para sopa • orégano • sal

Preparación:

1. Poner en remojo los garbanzos la víspera anterior y dejarlos toda la noche.
2. Pelar y trocear los puerros y las zanahorias; cortar a cuartos la cebolla.
3. En un puchero hondo, poner los garbanzos, el hueso de jamón, la carne, el chorizo, el muslo de gallina, la cebolla, los puerros, las zanahorias, sal y orégano y cubrir con agua.
4. Poner el puchero sobre fuego normal y dejar hasta que la carne y los garbanzos queden en su punto, es decir, cuando al aplastar con el dedo un garbanzo, éste se deshaga.
5. Colar el guiso y conservar el caldo que, junto con 100 g de pasta para sopa, puede representar un delicioso primer plato. En una fuente para servir, disponer los garbanzos en una parte y la carne en otra.

Gazpacho

Para 6 personas
Tiempo de preparación: 25 minutos
Dificultad: media

Ingredientes:

6 tomates maduros • 2 cebollas pequeñas • 1 pimiento verde • 1 pepino pequeño • 3 dientes de ajo • 1 cucharada pequeña de pimentón • 70 g de pan seco • 1 tacita de aceite • 1/2 tacita de vinagre • 1 cucharada pequeña de sal

Para acompañar

tomate • cebolla • pimiento • pepino • huevo duro • pan

Preparación:

1. Majar en el mortero (o en la batidora eléctrica), los tomates sin piel, las cebollas, el pimiento, el pepino, los ajos, el pimentón, la sal y el pan remojado y escurrido.
2. Una vez majado todo, añadir el aceite y después el vinagre, sin dejar de majar.
3. Poner toda la mezcla en un bol, añadir el agua necesaria y dejarlo unas horas en el refrigerador.
4. Servir acompañado de una bandeja en la que se habrá distribuido tomate, cebolla, pimiento, pepino y huevo duro, todo ello cortado en trozos pequeños. Trocear un poco de pan frito para acompañar.

Gazpacho antiguo de carnes

Para 6 personas
Tiempo de preparación: 1 hora y 40 minutos
Dificultad: alta

Ingredientes:

1 torta de pan sin levadura de 1 kg • 1 torta de pan de 1/2 kg, más delgada que la anterior • 1/2 conejo • 1/2 perdiz • 1/2 pollo • 4 pajaritos • 150 g de jamón • 200 g de carne magra de cerdo • 4 tomates maduros • 2 cebollas • aceite • sal

Preparación:

1. En una cazuela amplia, con aceite caliente, sofreír toda la carne, previamente troceada; retirarla y dejarla enfriar.
2. Mientras, en la grasa restante, sofreír la cebolla pelada y picada y el tomate triturado; dejar a fuego lento unos 20 minutos.
3. Partir con los dedos a pedazos pequeños la torta delgada.
4. Retirar todos los huesos de las aves y el conejo, cortar la carne en pedazos pequeños e incorporarla a la cazuela junto con los trozos de torta y las otras carnes; salar y dejar a fuego lento unos 15 minutos más.
5. Abrir por la mitad la torta grande, disponer las dos partes en una mesa con un lienzo y recubrirlas con las carnes. Presentarla entera para que cada comensal se sirva según su apetito.

Gazpacho extremeño

Para 4 personas
Tiempo de preparación: 1 hora
Dificultad: baja

Ingredientes:

miga de pan • 1 cebolla grande • 3 dientes de ajo • pimienta • vinagre • aceite • sal

Preparación:

1. En un recipiente con agua fría, poner a remojar un puñado de miga de pan.
2. Pelar los dientes de ajo, y pelar y picar finamente la cebolla.
3. En un mortero grande, machacar los dientes de ajo y rociar con 2 cucharadas de aceite, removiendo continuamente. Espolvorear con un poco de sal y agregar la miga de pan remojada y bien escurrrida.
4. Remover continuamente con la mano de mortero

hasta conseguir una pasta fina; espolvorear con pimienta y añadir agua hasta llenar el mortero; rectificar la salazón.
5. Poner la mezcla en una ensaladera honda y añadir de nuevo miga de pan remojada en agua y escurrida; remover sin cesar durante un buen rato.
6. Dejar en reposo durante un par de horas en un lugar fresco o dentro del frigorífico; rociar con un chorrito de vinagre, añadir la cebolla y servir a continuación.

Grelos con mariscos

Para 4 personas
Tiempo de preparación: 50 minutos
Dificultad: media

Ingredientes:

200 g de langostinos • 4 vieiras • 200 g de cigalas • 100 g de langosta • 200 g de almejas • 200 g de grelos • 1/2 l de crema de leche • 1/2 l de fumet de pescado • 70 g de mantequilla

Preparación:

1. En una cazuela con agua al fuego, poner a cocer todo el marisco.
2. Pelar el marisco.
3. En una sartén con mantequilla, dorar el marisco a fuego lento.
4. Agregar la crema de leche.
5. Cuando la crema de leche haya reducido un poco, añadir el fumet de pescado y los grelos, dejándolo cocer todo junto unos minutos.
6. Abrir las almejas al vapor.
7. En una fuente de servir, verter todo el marisco, la salsa y adornarlo con las almejas.

Guisantes a la maña

Para 4 personas
Tiempo de preparación: 1 hora y 5 minutos
Dificultad: baja

Ingredientes:

800 g de guisantes desgranados • 100 g de magro de jamón • 2 cebollas • perejil • harina • manteca de cerdo • aceite • sal

Preparación:

1. En una cazuela con aceite, disponer los guisantes, el perejil trinchado, las cebollas peladas y trituradas y el jamón cortado a dados, salar según gusto y colocar la cazuela sobre el fuego.
2. Verter agua hasta cubrir los guisantes y remover continuamente hasta que rompa a hervir.
3. Cuando lleve 20 minutos hirviendo, agregar una cucharada de manteca y espolvorear con un poco de harina.
4. Dejar el guiso durante 15 minutos más a fuego lento.
5. Servir caliente.

Guisantes con jamón

Para 4 personas
Tiempo de preparación: 40 minutos
Dificultad: baja

Ingredientes:

1/2 kg de guisantes desgranados • 1/4 kg de jamón serrano jugoso • 1 cebolla • 60 g de mantequilla • 1 dl de caldo de carne • 1 cucharadita de azúcar • sal

Preparación:

1. Hervir los guisantes en abundante agua, sal y 1 cucharadita de azúcar. Cuando estén tiernos, escurrirlos y reservarlos.
2. En un cazo grande al fuego con la mantequilla derretida, poner la cebolla picada muy pequeña y dejar rehogar muy lentamente.
3. Cuando la cebolla empiece a tomar color, añadir el jamón cortado en cuadrados pequeños y, seguidamente, los guisantes. Rehogar bien y añadir el caldo de carne. Dejar cocer lentamente durante 10 minutos y servir caliente.

Guiso de alubias

Para 4 personas
Tiempo de preparación: 1 hora y 10 minutos
Dificultad: baja

Ingredientes:

1/2 kg de alubias blancas • 1/4 kg de tocino entreverado • 150 g de longaniza fresca • 1 cebolla • 1 tomate maduro • 1 hoja de laurel • aceite • sal

Preparación:

1. Poner en remojo las alubias y dejarlas durante toda la noche.
2. En un puchero con agua fría, echar las alubias junto con la cebolla, pelada y cortada a cuartos, la hoja de laurel y un chorro de aceite.
3. Poner el puchero sobre fuego normal y, cuando dé el primer hervor, añadir el tocino, la longaniza y el tomate entero con un corte en el centro.
4. Mantener ahora a fuego lento hasta que las ju-días estén tiernas, cuidando de que siempre queden cubiertas, añadiendo pequeñas cantidades de agua fría durante la cocción, cuando sea necesario.
5. Mover el puchero de vez en cuando para que las alubias no se queden enganchadas en el fondo.
6. Cuando estén en su punto, salar y servir caliente.

Guiso de patatas

Para 4 personas
Tiempo de preparación: 1 hora y 5 minutos
Dificultad: baja

Ingredientes:

2 kg de patatas • 200 g de longaniza • 100 g de guisantes desgranados • 1 cebolla • 2 dientes de ajo • 4 huevos duros • 1 hoja de laurel • perejil • pimienta blanca molida • 8 cucharadas de queso rallado • caldo • aceite de oliva • sal

Preparación:

1. Pelar las patatas, la cebolla y los dientes de ajo.
2. Cortar las patatas en rodajas, picar la cebolla, machacar los dientes de ajo con el perejil y trocear la longaniza.
3. En la sartén con aceite hirviendo, freír las patatas.
4. En un cazo con un poco de agua hirviendo con sal, cocer unos veinte minutos los guisantes.
5. Una vez fritas, poner las patatas en una cazuela de barro formando capas con la longaniza y un sofrito de cebolla, perejil, ajo, una hoja de laurel, sal, pimienta y los guisantes.
6. Recubrir por completo las patatas con caldo.
7. Poner la cazuela a fuego normal y dejarla hasta que el caldo quede bastante mermado. Espolvo-rear con queso y decorar con rodajas de huevo duro.
8. Introducir la cazuela en el horno durante unos 5 minutos y servir caliente.

Habas a la asturiana

Para 4 personas
Tiempo de preparación: 1 hora y 30 minutos
Dificultad: alta

Ingredientes:

2 kg de habas tiernas • 1 cebolla • 1/2 kg de patatas nuevas (pequeñas) • 100 g de jamón • 1/2 cucharada de pimentón • 1 vaso de vino blanco • 6 zanahorias tiernas • 2 dientes de ajo • aceite • sal • pimienta molida

Preparación:

1. Desgranar las habas.
2. Cortar las zanahorias en rodajas.
3. Pelar y picar la cebolla y los dientes de ajo.
4. Trocear el jamón.
5. Pelar las patatas.
6. En una cazuela con aceite caliente, sofreír la cebolla, el ajo y el jamón.
7. Agregar el pimentón y enseguida añadir las habas y las zanahorias, rociando con el vino blanco y agua. Salpimentar.
8. Cuando las habas den el primer hervor, tapar la cazuela y dejar a fuego normal una media hora.
9. Añadir entonces las patatas peladas y enteras y dejarlas hasta que todo esté muy tierno.
10. Servir las habas en la misma cazuela.

Habas con almejas

Para 6 personas
Tiempo de preparación: 1 hora y 40 minutos
Dificultad: baja

Ingredientes:

600 g de habas secas • 1 1/4 kg de almejas • 1 pimiento rojo • 2 tomates • 1 cebolla grande • 3 dientes de ajo • 1 cucharada de pimentón dulce • aceite • sal

Preparación:

1. Poner las habas en remojo durante 12 horas (es preferible dejarlas la noche anterior).
2. En una cazuela con agua, agregar las habas y todos los demás ingredientes.
3. Dejar cocer durante una hora, a fuego lento.
4. Retirar el pimiento, el tomate, la cebolla y el ajo y pasarlo todo por el pasapurés.
5. Agregar de nuevo la salsa a las habas.
6. Cuando las habas estén tiernas, rectificar de sal y pimentón y añadir las almejas.
7. Dejar cocer hasta que se hayan abierto las almejas.

Habas con jamón

Para 4 personas
Tiempo de preparación: 1 hora y 15 minutos
Dificultad: media

Ingredientes:

5 kg de habas muy tiernas • 150 g de jamón serrano • 1 cebolla • 2 dientes de ajo • aceite • sal

Preparación:

1. Separar las habas de las vainas. Limpiar.
2. En una cazuela con aceite, rehogar el jamón cortado en trozos pequeños. Después, retirar el jamón de la cazuela.
3. En la misma cazuela, agregar la cebolla pelada y picada, los ajos en trocitos y las habas.
4. Cocer a fuego lento hasta que las habas estén tiernas (30 minutos, aproximadamente).
5. Casi al final de la cocción, añadir la sal y los trocitos de jamón rehogados.
6. Servir caliente.

Habas en calzón

Para 4 personas
Tiempo de preparación: 1 hora y 35 minutos
Dificultad: baja

Ingredientes:

1 1/2 kg de habas tiernas • 150 g de jamón con grasa • 3 cebollas • 2 dientes de ajo • harina • aceite • sal

Preparación:

1. Trocear las habas con su vaina, pelar y picar las cebollas y los dientes de ajo, y trocear el jamón.
2. En un puchero con agua hirviendo y sal, poner a cocer las habas. Escurrirlas y reservar su jugo.
3. En una cazuela plana de barro con aceite caliente, sofreír el jamón, la cebolla y el ajo.
4. Añadir las habas escurridas y mezclar con una cuchara de madera.
5. Espolvorear con una cucharada de harina y remover. Rociar con un poco del caldo de cocción de las habas, y dejar sobre fuego lento unos 10 minutos.

Hongos al horno

Para 4 personas
Tiempo de preparación: 25 minutos
Dificultad: baja

Ingredientes:

1 kg y 400 g de hongos frescos • 100 g de mantequilla • 0,5 dl de aceite de oliva • 4 dientes de ajo • 25 g de pan rallado • un ramito de perejil • sal • pimienta

Preparación:

1. Limpiar bien los hongos.
2. Separar el sombrero del tallo, cortar el sombrero en lonchas finas. Cortar bien finos los tallos.
3. Mezclar los ajos picados, el perejil picado y el pan rallado.
4. Salpimentar y rociar con el aceite y la mantequilla en trocitos, y repartir por encima de los hongos el picadillo.
5. Precalentar el horno a 220 °C, introducir la bandeja unos quince minutos. Servir bien caliente.

Huevos a la extremeña (1)

Para 4 personas
Tiempo de preparación: 20 minutos
Dificultad: baja

Ingredientes:

8 huevos • 8 rodajas de chorizo extremeño • aceite • sal

Preparación:

1. En una sartén amplia con aceite caliente, dorar el chorizo y cascar inmediatamente los huevos encima de él. Servir caliente.
2. Salar los huevos al gusto. Pueden servirse también en cazuelitas de barro individuales.

Huevos a la extremeña (2)

Para 4 personas
Tiempo de preparación: 55 minutos
Dificultad: baja

Ingredientes:

8 huevos duros • 2 cebollas grandes • 1 cucharada de pimentón • pimienta • 2 cucharaditas de harina • 1 tazón de leche • 4 cucharadas de mantequilla • sal

Preparación:

1. Pelar y cortar a rodajas las cebollas y los huevos.
2. En una sartén con la mantequilla caliente, sal-tear las cebollas hasta que queden transparentes, pero no quemadas.
3. Mientras, desleír la harina en la leche; agregarla a la sartén y mezclar; añadir los huevos duros y espolvorear con el pimentón, sal y pimienta.
4. Dejar la sartén a fuego lento durante unos 15 minutos. Servir enseguida.

Huevos a la flamenca

Para 4 personas
Tiempo de preparación: 40 minutos
Dificultad: media

Ingredientes:

8 huevos • 4 lonchas de jamón • 4 lonchas de chorizo • 150 g de habas desgranadas • 150 g de guisantes desgranados • 150 g de judías verdes • 150 g de zanahorias • 2 alcachofas • 1 cebolla • 2 dientes de ajo • 4 cucharadas de puré de tomate • aceite • sal

Preparación:

1. En una sartén con aceite, freír la cebolla y los dientes de ajo bien picados.
2. Antes de que la cebolla empiece a tomar color, añadir las habas, los guisantes, las judías y las zanahorias cortadas en trocitos; también las alcachofas, en trozos pequeños y la sal.
3. Dejar rehogar todo junto unos minutos y añadir el puré de tomate.
4. Dejar cocer a fuego lento durante 15 minutos.
5. En cuatro cazuelitas de barro individuales, distribuir las verduras, cascar encima los huevos y adornar con una loncha de jamón y otra de chorizo.
6. Introducir en el horno las cazuelitas por espacio de 5 minutos y servir.

Huevos a la trufa

Para 4 personas
Tiempo de preparación: 45 minutos
Dificultad: alta

Ingredientes:

2 trufas grandes • 8 huevos muy frescos • 8 tostadas • 1/2 l de leche • 40 g de harina • 70 g de mantequilla • 2 dl de vinagre • 2 l de agua • nuez moscada • sal • pimienta

Preparación:

1. De un pan de molde de kilo, cortar 8 rebanadas de unos tres centímetros de grosor.
2. Sacar la corteza y tostar las rebanadas por ambos lados en el grill.
3. Cuando aún estén calientes, hacer un pequeño agujero, con la punta de un cuchillo, sacando un poco de miga pero cuidando de no traspasar al otro lado.
4. Los huecos hechos en la miga servirán para poner luego los huevos escalfados.
5. Hacer una bechamel clarita con la leche, la harina y la mantequilla. Sazonar con sal, pimienta y nuez moscada.
6. Poner al fuego el agua y el vinagre en un cazo grande. Cuando empiece a hervir, bajar el fuego y mantener la ebullición muy suave.
7. Agregar los huevos de uno en uno; se echan en el agua con cuidado, seguidos, para que la cocción sea igual para todos. Esperar 2 minutos que el agua hierva muy despacio.
8. Pasado este tiempo, sacarlos con la espumadera y sumergirlos en un recipiente con agua fría; después, ponerlos sobre un paño seco para que escurran bien.

9. A medida que los vayamos sacando del paño colocarlos cuidadosamente uno en cada tostada.
10. Encima de cada huevo poner un poco de bechamel y unas láminas muy finas de trufa, salteada con la mantequilla. Servir enseguida.

Huevos al plato

Para 4 personas
Tiempo de preparación: 25 minutos
Dificultad: baja

Ingredientes:

8 huevos • 3 dientes de ajo • 1 rebanada de pan • almendras crudas • azafrán • canela en polvo • aceite • agua • sal

Preparación:

1. Dar un hervor a las almendras, dejarlas enfriar y pelarlas.
2. En una sartén al fuego con un poco de aceite, freír los ajos pelados y enteros, las almendras y el pan.
3. Retirar el frito y machacarlo en un mortero, añadiendo unas hebras de azafrán y un poco de canela en polvo.
4. Añadir un poco de aceite en el majado, un poco de agua y sal.
5. Repartir la picada en cuatro cazuelitas individuales, cascar dos huevos en cada una, procurando que no se rompan las yemas.
6. Introducir las cazuelitas en el horno caliente hasta que la clara quede cuajada, sazonar y servir.

Huevos con hortalizas

Para 4 personas
Tiempo de preparación: 1 hora y 35 minutos
Dificultad: media

Ingredientes:

8 huevos • 1 kg de patatas • 1/2 kg de tomates maduros • 1/2 kg de guisantes desgranados cocidos • 1 cebolla • 150 g de chorizo extremeño • 150 g de jamón magro • pimienta • aceite • sal

Preparación:

1. Pelar las patatas y cocerlas con agua y sal durante unos 30 minutos; dejarlas enfriar y cortarlas a cuadrados; pelar y picar la cebolla; escaldar los tomates durante unos minutos, retirarles la piel y triturarlos, y trocear el jamón y el chorizo.
2. En una cazuela amplia con aceite hirviendo, sofreír la cebolla y los tomates, y, cuando esté todo bien rehogado, añadir las patatas, el jamón y el chorizo; salpimentar, mezclar y dejar a fuego lento unos 15 minutos.
3. Añadir los guisantes ya cocidos, revolver y cascar encima de la mezcla los huevos.
4. Introducir la cazuela en el horno y dejarla hasta que la clara quede cuajada.

Huevos cuajados con espinacas

Para 4 personas
Tiempo de preparación: 55 minutos
Dificultad: media

Ingredientes:

8 huevos • 800 g de espinacas • 3 dientes de ajo • 1 tacita de caldo de carne • pimentón dulce • aceite • sal

Preparación:

1. Lavar bien las espinacas y escurrir.
2. En una olla al fuego con agua y sal, agregar las espinacas al primer hervor y dejarlas cocer durante 15 minutos.
3. Escurrir bien las espinacas y trocearlas.
4. En una sartén al fuego con aceite, freír los dientes de ajo previamente pelados y cortados en láminas, las espinacas y el pimentón; añadir un poco de caldo y sal.
5. Dejar cocer a fuego lento, chafando bien las espinacas hasta conseguir una pasta.
6. Repartir la pasta en cuatro cazuelitas individuales para horno.
7. Cascar dos huevos en cada cazuelita y llevar a horno caliente hasta que la yema quede cuajada.
8. Sazonar y servir caliente.

Huevos empanados

Para 4 personas
Tiempo de preparación: 1 hora y 5 minutos
Dificultad: media

Ingredientes:
8 huevos • 1/2 kg de tomates • 1/4 kg de carne de ternera picada • 150 g de carne de cerdo picada • 1 cucharadita de azúcar • 6 cucharadas de pan rallado • aceite • sal

Preparación:
1. En un recipiente con agua hirviendo, escaldar los tomates. Retirarles la piel y convertirlos en puré.
2. Mezclar las dos carnes, espolvorearlas con un poco de sal y saltearlas en una sartén.
3. A continuación, en otra sartén amplia con un poco de aceite, preparar un puré de tomate espolvoreándolo con azúcar para quitarle la acidez.
4. Juntar el puré de tomate con la carne picada. Disponer la mezcla en una fuente para horno formando una capa y estrellar encima los 8 huevos. Espolvorearlos con pan rallado, llevar a horno normal y servir.

Huevos en molde

Para 4 personas
Tiempo de preparación: 50 minutos
Dificultad: baja

Ingredientes:
4 cuadrados de pan del día anterior, de unos 4 cm de espesor • 4 huevos • aceite (o manteca de cerdo) • leche • sal

Preparación:
1. Con ayuda de la punta de un cuchillo de cocina afilado, formar en el centro de cada cuadrado de pan un pequeño hueco.
2. Separar las yemas de los huevos.
3. Batir las claras a punto de nieve.
4. Poner leche en un recipiente hondo.
5. En una sartén mediana pero honda, con abundante aceite o manteca caliente, dorar los cuadros de pan previamente rebozada la parte inferior en leche.
6. Disponer en cada hueco una yema de huevo. Espolvorear con un poco de sal.
7. Dejar unos minutos hasta que la parte baja esté bien tostada y verter con una cuchara aceite caliente en la yema.
8. Recubrir finalmente cada molde de pan con clara de huevo batida y rociarla con aceite hirviendo para que cuaje.
9. Escurrir bien para retirar todo el aceite impregnado en el pan y servir enseguida muy caliente.

Huevos fritos con jamón

Para 4 personas
Tiempo de preparación: 25 minutos
Dificultad: baja

Ingredientes:
8 huevos • 4 lonchas de jamón magro • 1/2 tazón de puré de tomate • 1 vaso de leche • manteca • sal • azúcar

Preparación:
1. Poner la leche y el jamón en un plato hondo. Dejar el jamón en remojo.
2. Untar con manteca 4 cazuelitas individuales.
3. Disponer en cada una, una loncha de jamón bien escurrido y, encima, dos huevos estrellados.
4. Calentar el puré de tomate, espolvorearlo con un poco de sal y azúcar.
5. Llevar las cazuelitas al horno y retirarlas cuando las claras de huevo estén cuajadas. Verter encima de cada una un poco de puré de tomate caliente. Servir enseguida.

Huevos rellenos

Para 4 personas
Tiempo de preparación: 45 minutos
Dificultad: baja

Ingredientes:
8 huevos frescos • 250 g de merluza fresca • 100 g de salsa de tomate • pimienta • nuez moscada • 40 g de harina • 40 g de mantequilla • 2 1/2 dl de leche • sal

Preparación:
1. Hervir los huevos con abundante agua y un poco de sal durante 12 minutos a partir del primer hervor. Pasarlos por agua fría.
2. Pelar y partir los huevos por la mitad a lo largo. Sacar las yemas cuidadosamente. Reservar.
3. Hervir la merluza con un poco de agua y sal, sólo durante unos minutos. Escurrirla, quitarle la piel y las espinas y desmenuzarla. Mezclar con la salsa de tomate formando una pasta para relleno. Con esta preparación, rellenar las claras de huevo.
4. En un cazo aparte, derretir la mantequilla, añadir la harina y dejar cocer, sin que tome color, removiendo con las varillas. Verter la leche tibia, remo-

viendo para que no se formen grumos; dejar espesar. Sazonar con sal, pimienta y nuez moscada.

5. *Cubrir los huevos con esta bechamel y adornar con el sobrante de yemas desmenuzadas.*

Huevos revueltos con bacalao

Para 4 personas
Tiempo de preparación: 25 minutos
Dificultad: media

Ingredientes:

8 huevos • 1/2 kg de bacalao • 4 dientes de ajo • 1/2 guindilla • aceite • sal

Preparación:

1. *Dejar el bacalao en remojo desde la noche anterior a su preparación.*
2. *Desmigajar el bacalao remojado, escurrirlo y secarlo; en una sartén amplia con un poco de aceite hirviendo, dorar los dientes de ajo pelados y la 1/2 guindilla. Retirar todos estos ingredientes y conservar.*
3. *En el aceite restante, saltear el bacalao unos instantes. Retirar y mezclar con los huevos batidos.*
4. *En otra sartén aparte con un poco de aceite sobre fuego suave, disponer el bacalao con los huevos, añadir el ajo y la guindilla machacados en mortero y revolver continuamente con una espátula de madera; rectificar de sal, mezclar un poco más, siempre a fuego muy lento.*
5. *Servir caliente.*

Huevos revueltos con espárragos

Para 4 personas
Tiempo de preparación: 45 minutos
Dificultad: baja

Ingredientes:

1 manojo de espárragos • 8 huevos • mantequilla • pimienta molida • sal

Preparación:

1. *Limpiar los espárragos y cortar la parte tierna en pedazos de 1 cm. Ponerlos a blanquear en una cazuela con agua hirviendo y sal durante unos 15 minutos. Escurrirlos.*
2. *Tras retirarlos y escurrirlos, rehogar los espárragos a fuego lento en una sartén con mantequilla.*
3. *En una cazuela aparte, cascar los huevos, salpimentarlos y añadir un poco de mantequilla, mezclándolos continuamente, a fuego vivo, con una cuchara de madera para evitar que se peguen.*
4. *Cuando los huevos estén cuajados, retirar la cazuela del fuego, incorporar los espárragos y mezclar.*
5. *Pueden decorarse con 4 espárragos cocidos enteros que se habrán reservado desde el principio.*

Judías blancas estofadas con chorizo

Para 6 personas
Tiempo de preparación: 2 horas y 10 minutos
Dificultad: baja

Ingredientes:

750 g de judías blancas • 4 chorizos • 1/4 kg de oreja de cerdo • 2 dientes de ajo • 1 cucharada de harina • 1/2 cucharada de pimentón • 1 hoja de laurel • 2 cebollas • aceite • sal

Preparación:

1. *Poner en remojo las judías en agua fría la víspera.*
2. *Pelar y triturar la cebolla.*
3. *Picar los dientes de ajo pelados.*
4. *En una olla con agua fría, cocer las judías junto con los chorizos y la oreja de cerdo.*
5. *Mientras, sofreír en una sartén la cebolla triturada. Cuando esté transparente, añadir la hoja de laurel, el ajo picado, la harina y el pimentón. Remover rápidamente y echar el sofrito en la olla. Espolvorear con sal 15 minutos antes de retirar la olla del fuego.*
6. *Cuando las judías estén tiernas, retirar el laurel, poner la judías en una fuente de servir, acompañadas por el chorizo troceado y la oreja cortada en tiras.*
7. *Servir muy caliente.*

Judías con magro de cerdo o morcilla

Para 6 personas
Tiempo de preparación: 2 horas y 30 minutos
Dificultad: media

Ingredientes:

600 g de judías blancas • 600 g de carne magra o 400 g de morcilla • 3 tomates maduros • 2 pimientos verdes • 2 cebollas • 4 dientes de ajo • 1 hoja de laurel • pimentón dulce • azafrán • sal• aceite

Preparación:

1. Poner las judías en remojo con agua fría durante 12 horas.
2. Escurrirlas y colocarlas en una olla; añadir el agua justa para que las cubra y llevar al fuego.
3. Al primer hervor, cambiar el agua y añadir una cebolla, un tomate, un pimiento y un diente de ajo, pelados y partidos por la mitad, y el laurel.
4. Dejar cocer a fuego lento hasta que las judías estén tiernas (dos horas), añadiendo agua.
5. Freír la carne cortada (o la morcilla), dejar dorar y añadir la cebolla, los ajos pelados y picados y, al rato, los tomates, los pimientos en trocitos, la sal, el pimentón y el azafrán.
6. Dejar cocer a fuego lento todo el sofrito y añadirlo a la olla poco antes de finalizar la cocción.

Judías de la huerta con almejas

Para 4 personas
Tiempo de preparación: 15 minutos, más el tiempo de cocción de las judías
Dificultad: baja

Ingredientes:

400 g de judías • 1/4 kg de almejas • 1 cebolla • 1 diente de ajo • perejil • una pizca de azafrán • sal • aceite

Preparación:

1. Poner las judías en remojo el día anterior.
2. El día de la preparación, cocerlas en una cazuela con agua fría con sal.
3. Pelar y picar la cebolla.
4. Trinchar el perejil.
5. Lavar las almejas y abrirlas a fuego lento, en una cazuela de barro con una pizca de agua.
6. En una sartén con aceite caliente, sofreír la cebolla, el ajo y el perejil.
7. Agregar el sofrito a las judías y espolvorear con una pizca de azafrán.
8. A media cocción, añadir las almejas al guiso y dejar a fuego lento hasta que las judías estén en su punto.

Judías estofadas

Para 8 personas
Tiempo de preparación: 2 horas y 15 minutos
Dificultad: media

Ingredientes:

3/4 kg de judías blancas • 100 g de tocino blanco • 150 g de morcilla • 250 g de oreja de cerdo • 100 g de chorizo • 1 cabeza de ajos • 1 cebolla • sal

Preparación:

1. Dejar las judías en remojo toda la noche.
2. Pelar y triturar la cebolla, pelar los dientes de ajo, cortar el chorizo a rodajas, trocear el tocino y la oreja.
3. Poner las judías remojadas al fuego en una olla con agua fría.
4. Cuando rompa a hervir, cambiar el agua y empezar a cocerlas de nuevo junto con la oreja de cerdo.
5. A los 15 minutos de ebullición agregar la cebolla, unos dientes de ajo (al gusto) el chorizo, el tocino y sal.
6. Cuando las judías estén casi hechas, añadir la morcilla.
7. Retirar la olla del fuego, dejar reposar unos instantes y servir caliente.

Judías verdes a la madrileña

Para 6 personas
Tiempo de preparación: 45 minutos
Dificultad: baja

Ingredientes:

1 kg de judías verdes • 1/2 kg de tomates maduros • 2 dientes de ajo • 1 cebolla • 6 costrones de pan cortados de forma triangular • aceite • sal • 3 lonchas finas de jamón del país magro (optativo) • 1/2 diente de ajo (optativo)

Preparación:

1. Limpiar cuidadosamente las judías partiéndolas por la mitad si son finas y a lo largo si son anchas.
2. Pelar y picar la cebolla y los dientes de ajo.
3. Pelar y triturar los tomates.
4. Freír los costrones de pan en una sartén con aceite hirviendo.
5. Mientras, poner en una cazuela con agua hirviendo y sal las judías verdes y dejarlas cocer unos veinte minutos. Escurrirlas.

6. En el aceite restante de freír los costrones, dorar la cebolla y los 2 dientes de ajo picados. Cuando empiecen a tomar color, añadir los tomates triturados. Dejar a fuego lento unos diez minutos.
7. Formar con el sofrito una salsa espesa.
8. Disponer las judías escurridas conservadas al calor en una fuente para servir recubriéndolas con el sofrito.
9. Es optativo echar 1/2 ajo picado en el puré de tomate o freír unas lonchas de jamón para acompañar.
10. Decorar las judías con los costrones de pan frito y con el jamón.

Judías verdes al estilo de Huesca

Para 4 personas
Tiempo de preparación: 1 hora y 10 minutos
Dificultad: baja

Ingredientes:

1 kg de judías tiernas finas • 1 cebolla • 2 dientes de ajo • 8 cucharadas de puré de tomate • pimienta molida • aceite • 1/2 cucharada de azúcar • sal

Preparación:

1. Limpiar las judías y quitarles los hilos; ponerlas en remojo con agua fría.
2. Pelar y picar la cebolla y los dientes de ajo.
3. En una olla con agua hirviendo y sal, cocer las judías con el recipiente destapado.
4. Escurrir las judías y rociarlas con agua fría.
5. En una cazuela amplia con aceite hirviendo, sofreír ligeramente la cebolla y los ajos y añadir enseguida las judías bien escurridas.
6. Dar la vuelta a la verdura y sofrito. Rectificar de sal y espolvorear con una pizca de pimienta.
7. Cuando las judías empiecen a tomar color, agregar el puré de tomate con un poco de azúcar; remover durante unos minutos y servir caliente.

Judías verdes con pimientos rojos asados

Para 4 personas
Tiempo de preparación: 1 hora y 25 minutos
Dificultad: media

Ingredientes:

1 kg de judías verdes tiernas • 3 pimientos rojos grandes • 2 dientes de ajo • perejil • sal • aceite

Preparación:

1. Limpiar las judías y cortarlas por la mitad.
2. Asar al horno los pimientos rojos untados con un poco de aceite. Dejarlos hasta que se desprenda su piel.
3. Pelar y picar finamente los dientes de ajo junto con el perejil.
4. En una olla con agua hirviendo y sal, cocer las judías tiernas unos veinte minutos.
5. Pelar los pimientos y cortarlos en tiras finas.
6. En una cazuela amplia de barro con aceite caliente, dorar el ajo y el perejil. Disponer encima del sofrito las judías ya escurridas.
7. Dejar la cazuela a fuego muy lento y añadir finalmente las tiritas de pimiento. Mezclar la verdura con el pimiento y retirar del fuego.
8. Servir en la misma cazuela.

L'empedrat (ensalada de judías y bacalao)

Para 4 personas
Tiempo de preparación: 1 hora y 30 minutos
Dificultad: baja

Ingredientes:

300 g de judías secas finas • 400 g de bacalao • 2 huevos duros • perejil • 4 tomates de ensalada • 4 cebollas tiernas • aceitunas negras y verdes • 2 dl de aceite • sal • vinagre

Preparación:

1. Cocer las judías; si son de buena calidad, no es menester ponerlas en remojo, cocerlas directamente en agua tibia. Poner la sal al final de la cocción. Cuando estén cocidas, dejar enfriar completamente, reservar.
2. Cortar el bacalao en tiras y ponerlo en remojo o desalarlo bajo el chorro de agua del grifo.
3. En cazuelitas individuales de barro o platos individuales, preparar en capas un poco de judías secas, bacalao, tomate cortado a gajos, las cebollas a trocitos; sazonar con el aceite, vinagre y sal. Colocar medio huevo duro encima y terminar de adornar con las aceitunas. Terminar el adorno con un poco de perejil finamente picado.

La calçotada de Valls (brotes de cebollas asadas)

Para 4 personas
Tiempo de preparación: 45 minutos
Dificultad: baja

Ingredientes:

18 «calçots» por persona

Salsa «salbitxada»

12 tomates maduros • 100 g de avellanas tostadas • 4 ajos • 1 ramita de menta • 1 ramita de perejil • 1/4 l de aceite • vinagre • pimentón rojo especial • sal y pimienta negra • 2 rebanaditas de pan

Preparación:

1. Cortar un poco las raíces de los «calçots», para poder desprender la tierra.
2. Asarlos sobre las brasas, darles la vuelta, poco a poco, para que queden quemados por fuera pero asados por dentro, durante unos quince minutos.
3. Finalmente se sirven sobre tejas, acompañados de la salsa.
4. Los «calçots» se toman con las manos; con una mano se tira de la parte quemada –que se desecha– y, en la otra, queda la parte asada, blanca y comestible. Se moja en la salsa y se come.

Salsa:

5. Asar los tomates sobre el fuego y los ajos también; pelarlos.
6. En el mortero picar los ajos, las avellanas, la menta, el perejil y el pan previamente mojado con el vinagre.
7. Después agregar el pimentón especial y los tomates; picar un poco más hasta convertirlo todo en una pasta. Entonces, añadir el aceite poco a poco; probar si se ha de rectificar la sal y la pimienta.

Lentejas con costrones

Para 4 personas
Tiempo de preparación: 1 hora y 20 minutos
Dificultad: baja

Ingredientes:

1/2 kg de lentejas • 1 cebolla • 1 pimiento • 5 dientes de ajo • 2 rebanadas de pan del día anterior • 1 hoja de laurel • 1/2 cucharada de pimentón • 8 cucharadas de manteca de cerdo • aceite • sal

Preparación:

1. Poner las lentejas en remojo con agua fría el día anterior.
2. Pelar y triturar la cebolla; y cortar por la mitad a lo largo los dientes de ajo pelados; cortar a cuadrados el pimiento, y partir en triángulos las rebanadas de pan y freírlas en aceite hirviendo.
3. En un puchero con agua fría, poner a cocer las lentejas. A media cocción, añadir la cebolla, los ajos, el pimiento, el pimentón, el laurel y sal; terminar la cocción y escurrir.
4. En una cazuela de barro amplia con la manteca de cerdo caliente, saltear las lentejas; rehogarlas bien y servirlas en la misma cazuela adornadas con los costrones de pan.

Lentejas con picatostes

Para 6 personas
Tiempo de preparación: 50 minutos
Dificultad: baja

Ingredientes:

1/2 kg de lentejas • aceite • manteca de cerdo • sal • pimienta molida • nuez moscada • perejil • harina • 6 rebanadas de pan del día anterior

Preparación:

1. Picar finamente el perejil.
2. Cortar las rebanadas de pan en cuadraditos.
3. Lavar en agua fría las lentejas puestas en remojo la víspera.
4. En una olla con agua fría, poner a cocer las lentejas hasta que estén en su punto. Es decir, cuando se aplasten fácilmente entre los dedos. Unos minutos antes de retirarlas, espolvorear con sal.
5. Una vez cocidas las lentejas, escurrirlas.
6. En una sartén con abundante aceite caliente dorar los picatostes de pan.
7. En una cazuela plana con manteca caliente, disolver una cucharadita de harina y, cuando ésta empiece a tomar color, añadir las lentejas y el perejil picado. Espolvorear con pimienta y un poco de raspadura de nuez moscada.

8. Rehogar unos minutos las lentejas y disponerlas en una fuente para servir junto con los picatostes de pan frito.

Lentejas con sobrasada

Para 4 personas
Tiempo de preparación: 2 horas y 20 minutos, más el tiempo de remojo
Dificultad: media

Ingredientes:

400 g de lentejas • 250 g de sobrasada • 1 cebolla • 200 g de tomates • 1 diente de ajo • 2 dl de vino blanco • 1/2 dl de aceite • 1 hoja de laurel • sal • pimienta

Preparación:

1. Poner las lentejas en remojo en abundante agua; dejar 12 horas.
2. Al día siguiente, escurrir las lentejas, lavarlas y ponerlas en una olla cubiertas de agua fría, ponerlas al fuego, añadir el laurel, llevar a ebullición, bajar la intensidad del fuego y dejar cocer lentamente.
3. En una sartén al fuego con el aceite caliente, rehogar la cebolla y el ajo picados pequeños.
4. Cuando empiecen a tomar color, añadir los tomates pelados, sin semillas y picados; dejar evaporar un poco el agua.
5. Agregar el vino, dejar evaporar, añadir la sobrasada, sin piel y cortada en dados, sofreír unos minutos, remover con cuchara de madera.
6. Volcar todo este sofrito en la olla donde las lentejas ya estarán casi cocidas. Si han quedado cortas de agua, añadir un poco, pues han de quedar caldosas, para tomarlas con cuchara.
7. Salpimentar; dejar cocer hasta estar al punto.
8. Servirlas en una fuente honda y bien calientes.

Lentejas estofadas

Para 4 personas
Tiempo de preparación: 1 hora y 5 minutos
Dificultad: baja

Ingredientes:

1/2 kg de lentejas • 100 g de arroz • 1/2 kg de patatas • 2 cebollas • 1 hora de laurel • aceite • sal

Preparación:

1. Poner las lentejas en remojo en agua fría el día anterior.
2. En un puchero con agua, poner a cocer las lentejas junto con la hoja de laurel, las 2 cebollas peladas y picadas, y por último un chorro de aceite y sal.
3. Cuando las lentejas estén cocidas, pasarlas por el pasapurés y poner el puré resultante en un puchero sobre el fuego junto con el caldo de su cocción.
4. Con el primer hervor, añadir las patatas peladas y cortadas a dados; pasado el segundo hervor, agregar el arroz y dejar sobre fuego lento hasta que las patatas y el arroz estén en su punto.
5. Finalmente, rectificar de sal y servir.

Lentejas manchegas

Para 6 personas
Tiempo de preparación: 1 hora y 10 minutos
Dificultad: baja

Ingredientes:

1/2 kg de lentejas • 2 huevos • 1 cebolla grande • aceite • vinagre • perejil • sal • pimienta

Preparación:

1. Poner en remojo las lentejas la víspera.
2. Pelar y triturar la cebolla.
3. Picar finamente el perejil.
4. En una cazuela con agua fría, cocer las lentejas. Espolvorearlas con sal, pimienta y escurrirlas. Conservar el caldo.
5. En una cazuela con aceite caliente, rehogar la cebolla y el perejil. Añadir las lentejas escurridas y rehogar unos instantes. Rociarlas con un poco de su caldo y dejarlas a fuego lento unos quince minutos.
6. Aparte, separar las yemas de los huevos y batirlas con una cucharada de vinagre. Echar la mezcla sobre las lentejas antes de retirarlas del fuego y servirlas en la misma cazuela.

Lombarda con tocino

Para 6 personas
Tiempo de preparación: 2 horas y 20 minutos
Dificultad: baja

Ingredientes:

2 lombardas de tamaño mediano • 8 cucharadas de manteca de cerdo • 200 g de tocino entreverado • 4 cebollas medianas • sal • pimienta molida • 4 cucharones de caldo de carne

Preparación:

1. Cortar la lombarda en 4 trozos, retirarle la parte más dura y cortar el resto en tiras muy finas. Ponerla a remojar en agua fría durante unos instantes.
2. Pelar y cortar la cebolla en arandelas delgadas.
3. Retirar la corteza del tocino y cortarlo en dados.
4. En una olla con agua hirviendo y sal, cocer durante 1 hora la lombarda hasta que quede tierna.
5. Escurrirla y ponerla en una cazuela de barro plana con la manteca.
6. Añadir la cebolla y salpimentar. Mezclar bien y disponer encima el tocino troceado.
7. Rociar con 4 cucharones de caldo, tapar la cazuela y dejar a fuego muy lento, por lo menos 1 hora.
8. Retirar la cazuela del fuego cuando el caldo quede mermado y servir en la misma cazuela de barro y bien caliente.
9. Puede acompañarse con unas patatas asadas o con unos costrones de pan frito en aceite hirviendo.

Manjar de gallina

Para 6 personas
Tiempo de preparación: 2 horas
Dificultad: media

Ingredientes:

1 gallina • 1 cebolla • 2 cucharadas de harina • 1 tazón de leche • azúcar • sal

Preparación:

1. En un puchero con agua hirviendo, sal y la cebolla pelada y troceada, cocer la gallina partida en cuartos.
2. Cuando esté tierna, quitar el puchero del fuego, retirar la gallina, y dejar enfriar el caldo.
3. Separar la carne de los huesos y reservarla.
4. Conservar el caldo durante una noche en el frigorífico. Pasado este tiempo, retirar la grasa de la superficie y ponerlo a cocer de nuevo, a fuego lento, añadiendo de vez en cuando 1 cucharada de leche y harina mezcladas.
5. Cuando el caldo esté espeso, agregar la carne de gallina cortada en pequeños trozos, rectificar de sal y espolvorear con bastante azúcar.
6. Dejar hervir durante unos 10 minutos a fuego lento, y servir.

Menestra de verduras

Para 4 personas
Tiempo de preparación: 1 hora y 15 minutos
Dificultad: baja

Ingredientes:

1/2 kg de guisantes desgranados • 8 espárragos de Tudela • 4 alcachofas • 4 pimientos • 2 dientes de ajo • 150 g de jamón con grasa • 4 huevos duros • perejil • manteca • sal

Preparación:

1. Trocear las alcachofas tras haber retirado las hojas duras.
2. Picar los ajos con el perejil y cortar el jamón a dados.
3. Asar los pimientos, pelarlos y cortarlos a tiras.
4. En una cazuela de barro amplia y baja con manteca caliente, saltear el ajo y el perejil, los guisantes, las alcachofas, los espárragos troceados y el jamón. Espolvorear con sal y canela.
5. Verter agua hasta cubrir las verduras, y dejar que hierva a fuego lento.
6. Cuando la menestra esté en su punto, disponerla en una fuente para servir y decorar con los huevos duros pelados y cortados a rodajas y los pimientos.

Menestra de verduras santanderina

Para 4 personas
Tiempo de preparación: 1 hora y 10 minutos
Dificultad: media

Ingredientes:

2 patatas • 2 pimientos rojos • 4 zanahorias • 250 g de judías tiernas • 2 cebollas • 2 tomates maduros • 1/2 kg de almejas frescas y grandes • 2 hojas de laurel • 20 g de harina • 2 dl de aceite de oliva • sal

Preparación:

1. Abrir las almejas al vapor, aromatizándolas con la hoja de laurel.

2. Pelar y cortar en dados las patatas y las zanahorias. Hervirlos en agua con un poco de sal; escurrir y reservar el caldo de cocción.
3. Sacar las puntas de las judías, trocearlas y hervir también en agua salada. Escurrir.
4. Cortar el pimiento en dados e, igualmente, cocerlo en agua durante unos minutos. Escurrir.
5. Pelar las cebollas, picarlas pequeñas y rehogarlas en aceite; añadir los tomates pelados y cortados, espolvorear con harina y dejar cocer.
6. Cubrir el fondo de una cazuela de barro con el sofrito; añadir todas las verduras, las almejas y un poco de agua de cocer las verduras; dejar cocer todo junto durante 5 minutos.
7. Servir en la misma cazuela.

Menestra gallega

Para 4 personas
Tiempo de preparación: 40 minutos
Dificultad: baja

Ingredientes:

4 tomates • 2 cebollas • 2 zanahorias • 1 kg de guisantes • 400 g de patatas nuevas • 200 g de judías • 1 pimiento verde • 4 espárragos frescos • 4 alcachofas • 4 huevos • 200 g de jamón • aceite • sal

Preparación:

1. Cortar el jamón en dados y rehogarlo en una cazuela con aceite.
2. Una vez rehogado, añadir las zanahorias, las cebollas, los guisantes, las patatas, las judías, los espárragos, las alcachofas y el pimiento troceados.
3. Dejar cocer durante 20 minutos.
4. Adornar la menestra con huevos escalfados, los tomates cocidos y algún espárrago también cocido.

Michirones (habas picantes)

Para 4 personas
Tiempo de preparación: 45 minutos
Dificultad: baja

Ingredientes:

3 kg de habas desgranadas • 2 chorizos murcianos • 1 hueso de jamón • 1 pimiento picante • 1 cucharadita de azúcar • sal • pimienta

Preparación:

1. Disponer una olla de barro al fuego, con las habas desgranadas, los chorizos, el hueso de jamón, el pimiento picante, limpio y sin pepitas.
2. Cubrir con agua, salpimentar, añadir la cucharadita de azúcar y dejar hervir lentamente, hasta que las habas estén tiernas y se haya consumido el caldo, dejando un jugo espeso y un poco de grasa. Servir caliente en la misma olla.

Migas a la pastora

Para 4 personas
Tiempo de preparación: 50 minutos
Dificultad: baja

Ingredientes:

1 pan de pueblo del día anterior • 200 g de tocino entreverado • 250 g de longaniza • uvas negras • 1 cebolla grande • 4 dientes de ajo • aceite • sal

Preparación:

1. Cortar el pan en trozos muy pequeños, depositarlo en una servilleta y salpicar de agua sin mojarlo demasiado; envolverlo y dejar en reposo la víspera anterior.
2. Pelar y picar la cebolla, cortar el tocino a cuadraditos y la longaniza a rodajas y desgranar las uvas.
3. En una cazuela de barro amplia y plana con aceite hirviendo, dorar ligeramente los dientes de ajo, pelados y enteros. Retirarlos.
4. Sofreír la cebolla, la longaniza y el tocino a fuego lento durante 2 minutos, aproximadamente.
5. Añadir las migas de pan, mezclar continuamente mientras se fríe y retirar cuando el pan esté tostado. Rectificar de sal.
6. Servir en la misma cazuela acompañado de las uvas.

Migas clásicas

Para 4 personas
Tiempo de preparación: 50 minutos
Dificultad: baja

Ingredientes:

1/2 pan del día anterior • 2 dientes de ajo • 4 huevos • 1 cucharada de pimentón picante • aceite • sal

Preparación:

1. En la víspera de la elaboración de las migas, poner en una vasija el pan troceado, humedecido con agua y espolvoreado con el pimentón y un poco de sal; dejarlo en adobo.
2. Pelar los dientes de ajo y freírlos en una sartén amplia con aceite. Retirarlos y, cuando el aceite esté hirviendo, agregar el pan humedecido y triturarlo con la espumadera hasta que las migas absorban el aceite y queden de esta forma aparentemente casi secas.
3. Mientras, freír los huevos en otra sartén y, cuando las migas queden completamente despegadas las unas de las otras, servirlas en la misma sartén o cazuela utilizadas para su elaboración acompañadas con los huevos fritos.

Migas con chorizo

Para 6 personas
Tiempo de preparación: 50 minutos
Dificultad: alta

Ingredientes:

1 kg de pan de pueblo del día anterior • 150 g de longaniza • 100 g de chorizo bien seco • 4 dientes de ajo • agua • aceite de oliva • sal

Preparación:

1. Colocar el pan, previamente desmenuzado, sobre una servilleta blanca, echar sobre él unas gotas de agua y envolverlo, dejándolo reposar durante 3 horas.
2. Calentar aceite en una sartén muy amplia y dorar en él los dientes de ajo pelados y enteros; retirarlos.
3. Añadir la longaniza y el chorizo cortado a rodajas y, a continuación, las migas de pan.
4. Remover continuamente hasta que queden muy fritas. Rectificar de sal.
5. Servir calientes.

Migas de matanza

Para 6 personas
Tiempo de preparación: 40 minutos
Dificultad: media

Ingredientes:

1 pan redondo de 3/4 kg • 150 g de tocino • 150 g de chorizo • 6 dientes de ajo • 1 vaso de leche • 1 cucharada de pimentón dulce • aceite • sal

Preparación:

1. Preparar el pan la noche anterior, humedeciéndolo con agua y un poco de leche.
2. En una sartén grande con aceite, freír el tocino y el chorizo cortados en trozos pequeños.
3. Cuando esté ligeramente frito, añadir los ajos pelados y todas las migas.
4. Remover continuamente con una espátula de madera y dejar cocer 15 minutos; sazonar con sal, el pimentón y remover.
5. Retirar del fuego y servir caliente.

Migas de Teruel

Para 6 personas
Tiempo de preparación: 35 minutos
Dificultad: baja

Ingredientes:

1 pan de pueblo de 2 días antes • 100 g de puntas de jamón magro • 6 cucharadas de puré de tomate • 3 dientes de ajo • aceite de oliva • sal

Preparación:

1. Desmenuzar la corteza y la miga del pan en pedazos del tamaño de un garbanzo.
2. Disponer el pan en un trapo de cocina bien limpio y salpicar con agua hasta que quede remojado por todas partes.
3. Espolvorear el pan humedecido con sal y taparlo con otra servilleta, dejándolo reposar toda la noche.
4. Cortar el jamón en trocitos.
5. En una sartén amplia con aceite caliente, freír los dientes de ajo ya pelados, retirarlos y añadir las migas de pan y el jamón, a la vez.
6. Ir removiendo con rasera o cuchara de madera durante 15 minutos, hasta que las migas queden secas.
7. Seguidamente añadir el puré de tomate y mezclar de nuevo.
8. Servir las migas bien calientes.

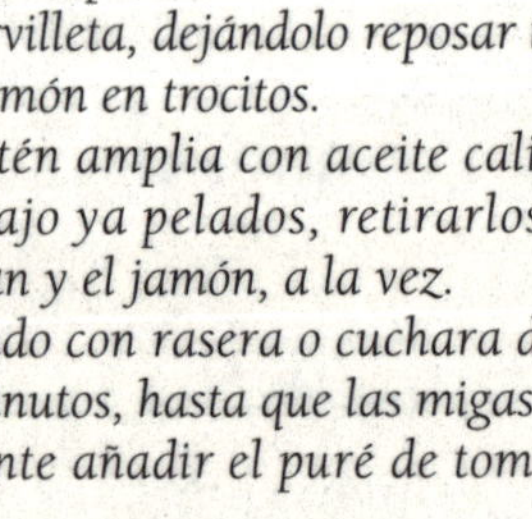

Migas extremeñas

Para 4 personas
Tiempo de preparación: 50 minutos
Dificultad: baja

Ingredientes:
1 pan del día anterior • 200 g de tocino • 2 pimientos secos • 2 dientes de ajo • aceite • sal

Preparación:
1. Partir el pan por la mitad, cortarlo en rebanadas horizontales y, seguidamente, en pequeños trozos del tamaño de una avellana.
2. Poner las migas de pan en una servilleta bien limpia, con agua y mezclar bien; envolverlas en la misma servilleta y dejarlas en reposo.
3. Cortar en cuadros el tocino y el pimiento. Pelar los dientes de ajo.
4. En una cazuela amplia con aceite hirviendo, dorar los dientes de ajo; retirarlos y añadir las migas, removiendo sin cesar; salar.
5. Añadir entonces el tocino y el pimiento, remover hasta que las migas los absorban y, por último, servir bien calientes en la misma cazuela.

Muñacos

Para 4 personas
Tiempo de preparación: 50 minutos
Dificultad: media

Ingredientes:
1 cebolla • unas cuantas hojas de berza • sangre de cerdo • manteca • harina de maíz • aceite • sal

Preparación:
1. Pelar y picar la cebolla.
2. Preparar una mezcla con la sangre de cerdo cuajada y cortada en trozos, la cebolla, sal, harina de maíz y amasar hasta que quede bien ligada.
3. Rellenar las hojas de berza con la mezcla anterior, enrollándolas hasta formar el tamaño de-seado y atar con un hilo.
4. En una olla con agua hirviendo y un poco de sal, cocer los muñacos durante unos quince minutos.
5. Al cabo de este tiempo escurrirlos y dejarlos enfriar.
6. En una sartén con aceite hirviendo y manteca, a partes iguales, freír los ataditos de berza y servirlos bien dorados.
7. Antes de presentarlos, retirar con cuidado el hilo.

Nabos al estilo de Badajoz

Para 4 personas
Tiempo de preparación: 1 hora y 10 minutos
Dificultad: baja

Ingredientes:
1/2 kg de nabos bien tiernos • 150 g de jamón de Montánchez • pimienta • sal • nuez moscada rallada • 1 cucharada de harina • 4 cucharadas de manteca de cerdo

Preparación:
1. Trocear el jamón y raspar cuidadosamente los nabos.
2. En una cazuela con la manteca caliente, saltear el jamón, espolvorear con la harina y rociar enseguida con 1/2 l de agua caliente.
3. Cuando el agua comience a hervir, añadir los nabos, salpimentar y echar la nuez moscada; dejar la cazuela a fuego lento unos 30 minutos aproximadamente.
4. Servir los nabos en la misma cazuela.

Olla aranesa

Para 6 personas
Tiempo de preparación: 2 horas y 40 minutos
Dificultad: alta

Ingredientes:
8 l de agua • 1 hueso de jamón • 1 hueso de rodilla de ternera • 1/2 oreja de cerdo • 1/2 morro • 200 g de tocino fresco • 1/4 de gallina • 1 butifarra cruda de 100 g • 1 butifarra negra de 300 g • 1 cebolla • 2 ramas de apio • 1 cabeza de ajos • 3 puerros • 6 zanahorias • 4 clavos de especia • 1 kg de patatas • 1/2 col verde • 200 g de judías ya cocidas • 150 g de fideos • 50 g de arroz • sal • pimienta

«Pilota»
300 g de carne de cerdo picada • 1 huevo • 1 cucharada de pan rallado • un poco de harina • sal • pimienta • aceite

Preparación:
1. Chamuscar en el fuego la oreja, el morro, la gallina, para que queden limpios; pasar por agua fría. Pelar las verduras y hortalizas y cortar en dados.
2. Poner una olla al fuego con el agua indicada, esperar a que empiece a hervir, añadir los clavos de es-

pecia, la cebolla, los ajos, la oreja de cerdo, la gallina y el tocino. Dejar que hierva lentamente, durante tres cuartos de hora (a partir de la ebullición), espumar con el cucharón varias veces, para eliminar las impurezas y grasas que suben a la superficie. Añadir entonces las verduras limpias y cortadas en dados y dejar que vuelva a hervir tres cuartos de hora más, destapada.

«Pilota»:

3. Mezclar la carne picada con el huevo, el pan rallado, sal y pimienta, trabajar primero con un tenedor y luego con las manos, formar una pelota, alargada, bien apretada, enharinarla y freírla con aceite.
4. Añadirla al caldo, junto con las butifarras. Dejar cocer durante 30 minutos.
5. Luego añadir los fideos y el arroz. Antes de finalizar la cocción, añadir las judías ya hervidas.
6. En el momento de llevar la olla a la mesa, retirar el apio, los ajos y los huesos. Cortar la «pilota», las carnes y las butifarras a trozos. Servir bien caliente.

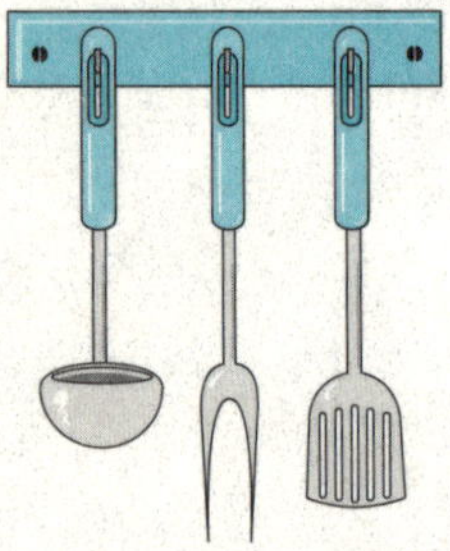

Olla de Córdoba

Para 6 personas
Tiempo de preparación: 2 horas y 45 minutos
Dificultad: media

Ingredientes:

600 g de garbanzos • 150 g de tocino • 2 dientes de ajo • 2 cebollas • 1 kg de acelgas • aceite • agua • sal

Preparación:

1. Dejar los garbanzos en remojo durante 12 horas.
2. En una olla al fuego con tres litros de agua, agregar los garbanzos, la cebolla y los ajos pelados y picados. Dejar cocer todo junto durante una hora.
3. Pasado este tiempo, añadir el tocino y la sal.
4. Al cabo de media hora, agregar las acelgas limpias y cortadas en trozos.
5. Dejar cocer todo junto unos cuarenta y cinco minutos, aproximadamente.
6. Cortar el tocino en trozos y servir caliente; el potaje debe quedar algo espeso.

Olla de invierno

Para 8 personas
Tiempo de preparación: 2 horas y 30 minutos
Dificultad: baja

Ingredientes:

1/4 kg de garbanzos • 1 punta de jamón magro de unos 200 g • 300 g de carne de ternera sin hueso • 150 g de tocino • 6 costillas de cerdo cortadas por la mitad • 2 morcillas de la matanza • 4 puerros • 3 zanahorias • 4 dientes de ajo • 2 cebollas grandes • sal

Preparación:

1. Poner en remojo los garbanzos la víspera.
2. Cortar en trozos pequeños la carne, el tocino y el jamón.
3. Pelar y picar finamente las cebollas, los puerros, las zanahorias y los dientes de ajo.
4. En una olla grande con bastante agua hirviendo y sal (dos litros y medio) cocer los garbanzos con las carnes, las verduras y las morcillas.
5. Dejar la olla a fuego muy lento hasta que los garbanzos estén muy tiernos y las carnes blandas.
6. Retirar del fuego cuando el caldo esté muy espeso.
7. Servir bien caliente.

Olla podrida

Para 4 personas
Tiempo de preparación: 5 horas
Dificultad: alta

Ingredientes:

250 g de carne de pecho de vaca • 250 g de espalda de carnero • 100 g de jamón magro • 1 oreja de cerdo • 200 g de chorizo de cocina • 1 pie de cerdo • 100 g de zanahorias • 100 g de rabo de cerdo • 100 g de puerros • 100 g de nabos • 1 repollo • 1 lechuga • 200 g de patatas • 100 g de garbanzos remojados • 1 cabeza de ajos • 1 ramillete de hierbas aromáticas • 1 gallina • 1 pichón • sal • pimienta • aceite

Preparación:

1. En una olla grande, marmita o puchero, con tapadera, poner todas las carnes lavadas con cuidado, menos la gallina, el pichón y el chorizo. Cubrir con agua fría, salpimentar y dejar cocer a fuego normal. Espumar de vez en cuando y añadir el ajo, el ramillete y los garbanzos. Seguir la cocción unas dos horas.
2. Mientras, pelar las hortalizas y cortarlas en trozos pequeños y las patatas en trozos desiguales.
3. Dorar en aceite la gallina vaciada y limpia, el pichón y el chorizo.
4. Al cabo de 2 horas de cocción de las carnes, añadir la gallina, el pichón y el chorizo. Dejar a fuego normal unos cuarenta minutos más.
5. Luego, añadir los vegetales, menos las patatas, que se añadirán 20 minutos antes de acabar la cocción.
6. Dejar la olla a fuego normal unas dos horas más; retirar las viandas que estén demasiado cocidas, con el fin de que no se deshagan, dejándolas con un poco de caldo y agregar a la olla justo en el momento de retirarla definitivamente del fuego.
7. Escurrir el caldo y conservarlo para servirlo como sopa con unas rebanadas de pan natural o bien con arroz o fideos.
8. Servir la «olla podrida» con las carnes en una fuente, las verduras en otra y la sopa en una sopera.

Paella a la aragonesa

Para 4 personas
Tiempo de preparación: 1 hora y 30 minutos
Dificultad: alta

Ingredientes:

4 tazas de arroz • 1/2 conejo tierno • 1/4 kg de carne magra • 2 calamares limpios • 8 cangrejos de río • 2 pimientos rojos • 150 g de guisantes desgranados • 3 dientes de ajo • 1 cebolla • 1/2 vaso de vino • 1 hoja de laurel • perejil • azafrán en rama • aceite • sal

Preparación:

1. Asar los pimientos, retirarles la piel y las pepitas y cortarlos a tiras iguales.
2. Lavar cuidadosamente los cangrejos y cocerlos en un cazo con agua hirviendo, una hoja de laurel, 1/2 vasito de vino y sal.
3. Cortar en arandelas los calamares; trocear el conejo y la carne magra.
4. En una cazuela de barro amplia con aceite hirviendo, dorar la carne magra y el conejo, espolvorear con sal y añadir los ajos picados.
5. Rehogar la carne con el sofrito y agregar los calamares, los guisantes y la cebolla. Rociar con un poco de agua y cocer todo ello hasta que la carne esté tierna.
6. Añadir la mitad del pimiento asado y el arroz; mezclar. Rociar con 10 tazas de agua hirviendo, rectificar de sal y añadir 1 diente de ajo previamente machacado en un mortero junto con el azafrán en rama y el perejil y disuelto todo ello en un poco de agua.
7. Mantener la cazuela sobre fuego normal durante 10 minutos y agregar finalmente los cangrejos. Proseguir la cocción durante 10 minutos más, aproximadamente.
8. Retirar la cazuela del fuego, adornar el arroz con el resto de tiras de pimiento y servir.

Paella a la marinera

Para 4 personas
Tiempo de preparación: 50 minutos
Dificultad: media

Ingredientes:

400 g de arroz • 400 g de mejillones • 250 g de rape • 200 g de gambas pequeñas • 4 cigalas • 250 g de calamares • 1 sepia • 1 cabeza de merluza y espinas de pescados • 100 g de tomates • 1 cebolla • 2 dientes de ajo • 2 dl de aceite • 1 1/4 l de caldo • azafrán • harina • pimentón • perejil • limón • sal • pimienta

Preparación:

1. Lavar y cortar el rape en trozos. Salar y pasar por harina.
2. En una cazuela al fuego, calentar aceite y freír el rape, sacar y reservar.
3. En el mismo aceite, freír la cabeza de merluza y las espinas, salpimentar, y echar el agua, dejar hervir unos treinta minutos. Colar con colador fino.
4. Mientras, en la paella, poner 1 decilitro de aceite, freír las gambas, las cigalas; retirar.
5. Poner la sepia, bien lavada y troceada, los calamares limpios y cortados en rodajas; rehogar y añadir la cebolla picada; antes de que se dore, poner el ajo y perejil picados, luego el tomate rallado.
6. Cuando esté todo bien rehogado, poner una cucharadita de pimentón y el arroz; remover vivamente, echar enseguida 1 1/4 litros de caldo caliente.
7. Cocer a fuego vivo unos minutos y volver a poner los otros pescados.

8. Cocer los mejillones al vapor, quitar una valva, colar el jugo y echarlo al arroz.
9. Dejar cocer a fuego medio unos 8 minutos más.

Paella valenciana

Para 4 personas
Tiempo de preparación: 1 hora y 20 minutos
Dificultad: alta

Ingredientes:

400 g de arroz • 1/2 pollo • 1/2 conejo • 250 g de costilla de cerdo • 16 caracoles «vaquetes» • 100 g de tomates • 1 pimiento rojo • 2 dientes de ajo • 1 dl de aceite • 200 g de «garrofons» frescos • 100 g de judías «ferraura» • 2 l de agua • perejil • azafrán • sal • pimentón • pimienta

Preparación:

1. Poner aceite en la paella y llevar al fuego. Cuando esté caliente el aceite, sofreír el pollo, cortado en trozos, el conejo y la costilla de cerdo, todo troceado; darle vueltas para que se dore todo por igual.
2. Retirar los trozos de carne y reservar.
3. En el mismo aceite, rehogar el pimiento cortado en dados, añadir las judías «ferraura» y los «garrofons». Sofreír un poco y añadir los ajos y el perejil finamente picados.
4. Antes de que tomen color, añadir el tomate rallado, rehogar un poco y poner el pimentón, remover vivamente, volver a poner las carnes y verter el agua caliente. Salpimentar.
5. Primer dejar cocer un poco a fuego vivo, luego bajarlo y dejarlo a fuego medio; debe cocer unos cuarenta minutos.
6. Comprobar el punto de cocción de las carnes, añadir los caracoles y una pizca de azafrán.
7. Volver a subir el volumen del fuego y echar el arroz, en forma de lluvia, procurando que quede bien repartido; dejar cocer durante unos doce minutos.
8. Comprobar el punto de sal y cocción. Dejar reposar unos cinco minutos y servir.

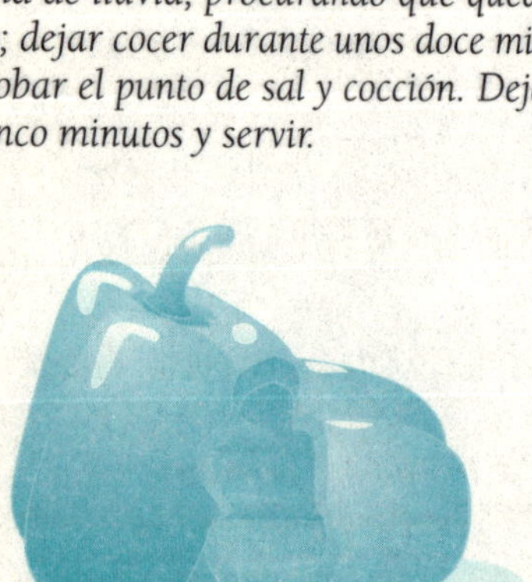

Pastel de setas y espárragos trigueros

Para 6 personas
Tiempo de preparación: 1 hora y 30 minutos
Dificultad: media

Ingredientes:

300 g de setas de primavera • 300 g de espárragos trigueros • 5 huevos • 3 dl de nata líquida • 25 g de mantequilla • 30 g de pan rallado • 1 chorrito de aceite

Salsa

100 g de setas • 100 g de espárragos • 100 g de cebolla • 25 g de mantequilla • 1 yema de huevo • 20 g de fécula • 0,5 dl de crema de leche • sal • pimienta

Preparación:

1. Limpiar bien los espárragos cortando las puntas y sacando los hilos que puedan tener; cortar en trozos pequeños.
2. Rehogarlos en una sartén con aceite.
3. Lavar y limpiar bien las setas y rehogarlas con un poco de mantequilla cortadas pequeñas.
4. Batir la nata con los huevos, sazonar con sal y pimienta.
5. Untar un molde rectangular tipo «cake», espolvorear con pan rallado.
6. Verter una capa del preparado de huevos-crema de leche: encima, poner las setas, otra capa de preparado; encima, los espárragos. Cubrir con otra capa de preparado.
7. Precalentar el horno a 200 °C; introducir el pastel al baño María, unos cuarenta y cinco minutos. Comprobar el punto de cocción pinchando (si sale el pincho limpio, ya está cocido).

Salsa:

8. Rehogar con la mantequilla la cebolla, las setas y los espárragos. Cuando esté bien dorado, pasarlo por la batidora eléctrica.
9. Añadir la fécula, salpimentar, mezclar la yema de huevo y la crema de leche. Dejar cocer unos minutos.
10. Servir el pastel en una bandeja cubierto con la salsa bien caliente.

Patatas a la extremeña

Para 4 personas
Tiempo de preparación: 1 hora y 10 minutos
Dificultad: baja

Ingredientes:

2 kg de patatas harinosas • 100 g de chorizo extremeño • 1 pimiento rojo • 1 pimiento verde • 2 dientes de ajo • 1/2 cucharada de pimentón • 1 hoja de laurel • aceite • sal

Preparación:

1. Primeramente pelar las patatas y cortarlas a trozos irregulares; cortar a cuadrados los pimientos y a rodajas el chorizo y machacar los dientes de ajo pelados.
2. En una cazuela de barro, disponer el aceite, los pimientos, las patatas, la hoja de laurel, sal y pimentón, y rociar con agua hasta cubrir las patatas.
3. Poner la cazuela sobre el fuego y, cuando dé el primer hervor, añadir los ajos machacados; mantener sobre fuego normal durante 30 minutos.
4. Colocar las rodajas de chorizo sobre las patatas, tapar la cazuela y dejar a fuego vivo 10 minutos más.
5. Servir en la misma cazuela.

Patatas a la mallorquina

Para 4 personas
Tiempo de preparación: 55 minutos
Dificultad: baja

Ingredientes:

1 kg de patatas de tamaño regular • 200 g de sobrasada • 30 g de queso rallado • 2 1/2 dl de leche • 25 g de harina • 50 g de mantequilla • nuez moscada • sal • pimienta

Preparación:

1. Lavar bien las patatas y, sin pelar, ponerlas en una olla al fuego con agua abundante y sal; dejar cocer unos treinta y cinco minutos, a partir de la ebullición (hasta que estén blandas); escurrir y pelar.
2. Partirlas por la mitad a lo largo y con una cuchara especial, vaciar la parte del centro de cada media patata.
3. En un bol, batir 25 gramos de mantequilla con la sobrasada, añadir los trozos de patata que hemos sacado, chafar con un tenedor y sazonar.
4. Rellenar las medias patatas con esta preparación.
5. Con los 25 gramos de mantequilla restantes, la harina y la leche, preparar una salsa, sazonar con sal, pimienta y nuez moscada, dejar cocer unos diez minutos, removiendo con el batidor de mano y a fuego suave.
6. Colocar las medias patatas en una fuente refractaria, cubrir con la salsa preparada, espolvorear con el queso rallado y gratinar en el grill del horno unos minutos. Servir caliente.

Patatas al ajo cabañil

Para 4 personas
Tiempo de preparación: 45 minutos
Dificultad: media

Ingredientes:

1 kg de patatas • 4 dientes de ajo • 50 g de manteca de cerdo • 200 g de chorizo • 4 huevos frescos • 1/2 dl de vinagre • 1 1/2 dl de aceite • 40 g de queso seco rallado • perejil • sal • pimienta

Preparación:

1. Pelar las patatas y cortarlas en rodajas de unos tres milímetros de espesor.
2. Poner una cazuela de barro al fuego con el aceite y la manteca de cerdo. Cuando se haya derretido la manteca, añadir las rodajas de patatas y dejarlo todo al fuego hasta que se doren.
3. Cuando se hayan dorado, retirar del fuego y sacarle un poco de aceite. Salpimentar.
4. Aparte, en el mortero, majar el perejil y los dientes de ajo, diluir con el vinagre mezclado con dos partes más de agua.
5. Verter este majado sobre las patatas que están en la cazuela, volver a poner al fuego, dejar dar un hervor. Retirar otra vez del fuego.
6. Colocar el chorizo cortado en rodajas sobre las patatas, de manera que queden todas bien cubiertas.
7. Sobre las rodajas de chorizo, cascar un huevo por persona y espolvorear con el queso rallado.
8. Precalentar el horno a temperatura media e introducir la cazuela hasta que se cuajen las claras de los huevos y se derrita el queso.
9. Retirar y servir enseguida. Debe servirse con pala de madera para que no se pegue.

Patatas con chirlas

Para 6 personas
Tiempo de preparación: 1 hora y 10 minutos
Dificultad: baja

Ingredientes:

1 1/2 kg de patatas • 1/2 kg de chirlas • 1 cebolla grande • 1 pimiento verde grande • 2 dientes de ajo • perejil • nuez moscada • pimienta • aceite de oliva • sal

Preparación:

1. Limpiar bien las chirlas en varias veces en aguas diferentes.
2. Pelar las patatas y cortarlas en trozos regulares.
3. Picar bien la cebolla pelada y rehogarla en una cazuela de barro con un poco de aceite; añadir el pimiento verde troceado.
4. Sin dejar que el pimiento verde se dore, añadir las patatas y rehogar todo muy bien, removiendo continuamente.
5. Incorporar las chirlas a las patatas, rehogándolas muy bien.
6. En un mortero machacar los ajos con abundante perejil, desleír con un poco de agua y verter por encima de las patatas; añadir más agua hasta cubrirlas.
7. Sazonar con sal, pimienta y nuez moscada. Dejar cocer lentamente hasta que las patatas estén tiernas. Servir en la misma cazuela.

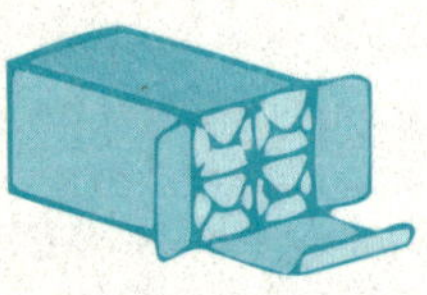

Patatas con pimiento

Para 4 personas
Tiempo de preparación: 40 minutos
Dificultad: baja

Ingredientes:

1 1/2 kg de patatas • 1 pimiento rojo • 1 tomate maduro grande • 2 dientes de ajo • 1 hoja de laurel • 1/2 cucharada de pimentón • aceite • sal

Preparación:

1. Pelar y cortar a rodajas las patatas; retirar la piel del tomate y triturarlo; cortar a cuadrados el pimiento, y pelar y machacar los dientes de ajo.
2. En una cazuela de barro con aceite, rehogar el pimiento y el tomate, mezclándolos; añadir las patatas, seguir mezclando durante unos minutos y espolvorear con sal y pimentón.
3. Recubrir las patatas con agua y añadir el ajo machacado y el laurel; dejar la cazuela sobre fuego normal hasta que las patatas estén algo deshechas y el caldo mermado.
4. Servir bien caliente.

Patatas con tiñosu (cabracho)

Para 4 personas
Tiempo de preparación: 55 minutos
Dificultad: baja

Ingredientes:

1 tiñosu de 1/2 kg, aproximadamente • 1 kg de patatas • 1 cebolla • 1 diente de ajo • aceite de oliva • sal

Preparación:

1. Pelar y trocear la cebolla.
2. Limpiar el pescado y retirarle la espina central. Espolvorearlo con sal.
3. Pelar y cortar las patatas en rodajas.
4. En una cazuela plana de barro con agua hirviendo, poner la cebolla. Cuando dé el primer hervor, añadir las patatas.
5. A media cocción, disponer el cabracho en la cazuela. Rociar con un poco de aceite.
6. Un cuarto de hora después, añadir el diente de ajo machacado, dejar que el guiso dé unos cuantos hervores más, moviendo la cazuela continuamente y retirar enseguida del fuego.
7. Servir enseguida.

Patatas con tocino o chorizo

Para 4 personas
Tiempo de preparación: 1 hora y 40 minutos
Dificultad: baja

Ingredientes:

2 kg de patatas • 150 g de chorizo o tocino curado • 1 pimiento seco • 2 dientes de ajo • aceite • sal

Preparación:

1. Pelar y cortar a trozos iguales las patatas.
2. Poner en remojo con agua caliente el pimiento seco, y cortar en cuadrados el chorizo o el tocino, según se haya elegido.
3. En una cazuela de barro plana con un poco de aceite caliente, sofreír el chorizo o el tocino, añadiendo enseguida las patatas.
4. Remover todo cuidadosamente, y al cabo de un rato, añadir el pimiento seco y los 2 dientes de ajo enteros y pelados.

5. A continuación, espolvorear con un poco de sal y recubrir las patatas con agua caliente.
6. Dejar la cazuela en fuego muy suave hasta que las patatas queden bien hechas, redondeadas y desgastadas.

Patatas en cazuela

Para 4 personas
Tiempo de preparación: 1 hora y 25 minutos
Dificultad: media

Ingredientes:

2 kg de patatas nuevas pequeñas • 2 pimientos secos • 2 dientes de ajo • 4 huevos • 4 cucharadas de vino blanco • aceite • sal

Preparación:

1. Pelar las patatas y ponerlas en remojo con agua fría.
2. Aparte, poner también en remojo, con agua caliente, los 2 pimientos rojos.
3. En una cazuela plana de barro con aceite caliente, dorar un diente de ajo pelado, retirarlo y añadir las patatas, escurridas y secas.
4. Moverlas con un tenedor hasta que queden doraditas.
5. Verter el vino blanco y añadir los pimientos remojados y el otro diente de ajo triturado.
6. Espolvorear las patatas con sal y cubrirlas con agua.
7. Retirar la cazuela del fuego y meterla en horno muy suave. Mantener hasta que queden hechas.
8. Disponer encima los huevos escalfados, tapar la cazuela y dejar en reposo durante unos 15 minutos, hasta que los huevos estén bien cuajados.

Patatas rellenas de carne

Para 4 personas
Tiempo de preparación: 1 hora y 35 minutos
Dificultad: media

Ingredientes:

16 patatas medianas • 200 g de carne magra de cerdo picado • 150 g de carne de ternera picada • 1 cebolla grande • 1 diente de ajo • 1 huevo • miga de pan • harina • pimienta molida • perejil • 1 vaso de vino blanco seco • caldo o agua • aceite • sal

Preparación:

1. Pelar y picar la cebolla.
2. Triturar el diente de ajo pelado y el perejil.
3. Poner la miga de pan en remojo con leche; escurrirla bien y reservarla.
4. En un recipiente hondo, mezclar las carnes picadas, el huevo, la miga de pan y el ajo y perejil; salpimienta.
5. Pelar las patatas y vaciarlas con la ayuda de una cucharilla o con la punta afilada de un cuchillo de cocina; rellenarlas con la mezcla anterior.
6. Rebozar las patatas rellenas con harina y freírlas ligeramente por todos los lados.
7. Disponer las patatas en una cazuela, añadir la cebolla y rociar con un chorro de aceite, un vaso de vino y agua hasta cubrirlas.
8. Dejar la cazuela a fuego lento hasta que las patatas estén tiernas.

Patatas viudas

Para 6 personas
Tiempo de preparación: 1 hora
Dificultad: baja

Ingredientes:

2 kg de patatas nuevas • 1/2 cucharada de pimentón • 1 cebolla grande • aceite de oliva • perejil • pimentón • sal

Preparación:

1. Pelar y cortar las patatas en trozos regulares.
2. Picar finamente 2 ramitas de perejil.
3. Pelar y triturar la cebolla.
4. En una cazuela de barro plana pero amplia, con aceite que recubra el fondo, y caliente, sofreír la cebolla.
5. Cuando la cebolla esté transparente, añadir las patatas lavadas y escurridas.
6. Dejar la cazuela a fuego normal, dándole vueltas continuamente a las patatas y cebolla hasta que todo tome un poco de color.
7. Espolvorear con sal y pimentón, remover de nuevo y rociar con agua hasta la mitad de las patatas.
8. Dejar a fuego muy lento hasta que estas últimas estén tiernas y el jugo de cocción quede casi absorbido.
9. Servir en la misma cazuela de barro.

Pencas de acelgas a la madrileña

Para 4 personas
Tiempo de preparación: 55 minutos
Dificultad: media

Ingredientes:
1 kg de pencas de acelgas • 100 g de jamón magro • 3 cucharadas de mantequilla • 4 huevos duros • sal

Preparación:
1. Cortar las pencas de acelgas en trozos de 8 centímetros de largo. Quitarles los hilos.
2. Cortar el jamón en trozos pequeños.
3. Pelar y cortar los huevos duros en cuartos, a lo largo.
4. En una cazuela con agua hirviendo y sal, cocer las pencas unos veinte minutos.
5. A continuación retirar el jugo de cocción y dejar las pencas en la cazuela.
6. Añadir la mantequilla, el jamón troceado y los huevos ya partidos en 4 trozos.
7. Rehogar el contenido de la cazuela a fuego normal y dejar hasta que las pencas queden bien impregnadas por la mantequilla y la grasa del jamón.
8. Disponer en una fuente para servir, calentada previamente.
9. Este plato puede ir acompañado de costrones de pan frito, con forma de triángulo y fritos en abundante aceite muy caliente. Escurrirlos con papel absorbente para que no queden aceitosos.

Pimientos arrastrados

Para 4 personas
Tiempo de preparación: 1 hora y 15 minutos
Dificultad: baja

Ingredientes:
8 pimientos rojos • sal

Preparación:
1. Limpiar y secar los pimientos.
2. Asarlos, preferiblemente sobre brasas; si no, sobre una plancha o en el horno.
3. Darles vueltas para que se asen por todos los lados, siempre a fuego muy lento.
4. Dejarlos enfriar, retirarles la piel con cuidado, vaciarlos y cortarlos en tiras alargadas; espolvorearlos con sal. Disponer éstas en un plato llano. Estos pimientos son llamados en Navarra «arrastraus», y sirven como acompañamiento de carnes, pescados o sencillamente entrantes.

Pimientos rellenos

Para 4 personas
Tiempo de preparación: 1 hora
Dificultad: baja

Ingredientes:
12 pimientos morrones frescos • 250 g de picadillo de cerdo • 2 tazas pequeñas de arroz blanco hervido • 2 yemas de huevo • 1 cebolla grande picada • 1 diente de ajo triturado • perejil picado • sal y pimienta molida • medio tazón de puré de tomate • 1 vaso de vino blanco seco • aceite de oliva

Preparación:
1. En una sartén con aceite caliente sofreír la cebolla y el picadillo de carne removiendo con una cuchara de madera. Salpimentar.
2. Añadir el arroz hervido y el perejil. Mezclar de nuevo y retirar del fuego. Agregar las dos yemas de huevo. Dejar enfriar.
3. Rellenar con la mezcla los pimientos, con la ayuda de una cuchara sopera humedecida con agua.
4. Poner los pimientos uno al lado del otro en una cazuela de barro.
5. En una sartén con aceite, calentar el puré de tomate añadiendo el ajo y el perejil.
6. Recubrir los pimientos con el puré de tomate. Disponer la cazuela sobre el fuego y, al primer hervor, rociar los pimientos con un chorrito de aceite y el vino blanco.
7. Tapar la cazuela y dejarla a fuego muy lento unos treinta minutos; remover de vez en cuando para evitar que se pegue el guiso.

Pimientos rellenos a la aragonesa

Para 4 personas
Tiempo de preparación: 1 hora y 30 minutos
Dificultad: alta

Ingredientes:
4 pimientos grandes • 400 g de carne de cerdo • 150 g de jamón • 3 dientes de ajo • 4 tomates grandes maduros • pimienta molida • una pizca de nuez moscada • 4 cucharadas de manteca de cerdo • aceite • sal

Preparación:
1. Asar los pimientos sobre la lumbre o en el horno.
2. Pelarlos cuidadosamente, realizar un corte y retirar las semillas y el origen de la raíz o centro.
3. Cortar la carne a trozos y el jamón a dados.
4. Pelar y triturar los dientes de ajo.
5. Escaldar los tomates en agua hirviendo, retirarles la piel y picarlos finamente.
6. En una sartén amplia con aceite hirviendo, freír la carne y el jamón. A los 10 minutos añadir el ajo triturado.
7. Picar la carne y el jamón.
8. En el aceite restante, freír los tomates y preparar un puré. Salpimentar y agregar nuez moscada.
9. Mezclar el picadillo de carne con la salsa de tomate y dejar enfriar.
10. Rellenar los pimientos con esta mezcla y cerrar el orificio con un palillo. Colocarlos en una fuente refractaria, rociarlos con la manteca derretida, y hornear durante unos minutos. Servir enseguida.

Pipirrana

Para 4 personas
Tiempo de preparación: 40 minutos
Dificultad: baja

Ingredientes:
1 pepino • 2 pimientos verdes • 3 ajos tiernos asados • 2 tomates rojos fuertes • 1 lechuga • 200 g de bacalao seco • aceite • vinagre • sal

Preparación:
1. Pelar el pepino y cortarlo en rodajas.
2. Cortar los pimientos en tiras y picar los tomates.
3. Limpiar la lechuga, cortarla en trozos y dejarla en agua fría.
4. Desmenuzar el bacalao, limpio de pieles y espinas, desalar bañándolo varias veces en agua fría y escurrir presionando con las manos para eliminar el resto de la sal.
5. Machacar los ajos y agregar un poco de aceite.
6. Poner todos los ingredientes en una fuente para servir. Añadir el ajo machacado, sazonar con el aceite, el vinagre y la sal. Servir frío.

Pisto aragonés

Para 4 personas
Tiempo de preparación: 55 minutos
Dificultad: baja

Ingredientes:
6 tomates maduros • 4 pimientos verdes • 4 calabacines • 2 cebollas • 3 dientes de ajo • 1/2 cucharadita de azúcar • aceite • sal

Preparación:
1. Pelar los tomates, las cebollas, los calabacines y el ajo.
2. Triturar los tomates, picar las cebollas y trocear los calabacines y los pimientos.
3. En una cazuela plana con aceite hirviendo, dorar ligeramente la cebolla y el ajo.
4. Cuando el ajo empiece a tomar color, añadir el pimiento, el calabacín y el tomate; espolvorear con sal y azúcar.
5. Dejar la cazuela a fuego lento hasta que todo esté cocido; servir en la misma cazuela.

Pisto bilbaíno

Para 4 personas
Tiempo de preparación: 1 hora y 10 minutos
Dificultad: media

Ingredientes:
1 kg de calabacines • 2 cebollas • 1/2 kg de patatas • 1 pimiento rojo • 250 g de tomates maduros • 4 huevos • 2 dl de aceite de oliva • unas rabanadas de pan frito • sal • pimienta

Preparación:
1. Calentar aceite en un cazo y freír las cebollas, peladas y cortadas en dados pequeños.
2. A media cocción, añadir el pimiento cortado pequeño. Cuando esté cocido, escurrir y reservar.
3. En el mismo aceite, freír los calabacines sin pelar y cortados pequeños. Cuando estén bien cocidos, escurrir y reservar.
4. En el aceite que queda, freír las patatas peladas y cortadas en dados. Cuando estén bien cocidas, sacar y reservar.
5. En el mismo cazo, sacando un poco de aceite, rehogar los tomates bien lavados y cortados en trozos; dejar cocer lentamente. Cuando estén en su punto, pasar por el colador chino.

6. Colocar todos los ingredientes que hemos frito separadamente, en una cazuela de barro. Añadir a la salsa de tomate los huevos batidos como para tortilla; sazonar con sal y pimienta.
7. Poner la cazuela al fuego sin dejar de remover.
8. Servir en la misma cazuela de barro, procurando que esté bien caliente. Finalmente, adornar con cuscurros de pan frito.

Pisto madrileño

Para 8 personas
Tiempo de preparación: 1 hora y 10 minutos
Dificultad: media

Ingredientes:
1 kg de calabacines • 1 kg de tomates maduros • 1/2 kg de pimientos verdes • 1 kg de cebollas • 4 huevos • aceite de oliva • sal

Preparación:
1. Pelar los calabacines y cortarlos en pedazos pequeños.
2. Cortar los pimientos en cuadraditos.
3. Pelar y triturar las cebollas.
4. En una olla con agua hirviendo, escaldar los tomates. Retirarles la piel y triturarlos.
5. Batir los huevos en un plato hondo.
6. En una cazuela plana de barro, calentar aceite y freír los calabacines durante unos minutos y retirarlos.
7. En el aceite restante, freír a continuación el pimiento y juntarlo con el calabacín.
8. Seguir friendo en el mismo aceite los pimientos. Deben quedar tiernos pero verdes, ya que si oscurecen cogerán un sabor amargo.
9. Finalmente, preparar el puré de tomate en el mismo aceite.
10. Cuando el puré esté en su punto, es decir, no demasiado espeso, añadirle los demás ingredientes ya fritos y dejar la cazuela siga cociendo a fuego lento hasta que se evapore todo el líquido.
11. Unos instantes antes de retirar del fuego el pisto, añadir el huevo batido. Remover con la espátula y servir.

Pisto manchego

Para 4 personas
Tiempo de preparación: 1 hora
Dificultad: baja

Ingredientes:
250 g de pimientos tiernos • 250 g de calabacines • 250 g de tomates maduros • 150 g de cebollas • 3 dientes de ajo • aceite • sal

Preparación:
1. Cortar los pimientos y calabacines en trozos pequeños.
2. Pelar los tomates, quitarles las semillas y triturarlos.
3. Pelar y picar las cebollas y los dientes de ajo.
4. En una cazuela plana y amplia con aceite hirviendo, dorar primero la cebolla y los ajos.
5. A los 2 minutos, y siempre a fuego lento, añadir los pimientos, los calabacines y los tomates.
6. Sazonar, tapar la cazuela y dejarla a fuego lento hasta que todos los ingredientes estén en su punto.

Pisto montañés

Para 4 personas
Tiempo de preparación: 45 minutos
Dificultad: baja

Ingredientes:
2 pimientos verdes, grandes • 1 cebolla grande • 2 calabacines • 3 tomates maduros • 4 huevos • pan tostado • 1/2 dl de vino blanco • 1 cucharada de azúcar • aceite de oliva • sal • pimienta blanca

Preparación:
1. Partir los pimientos, sacarles las semillas y partirlos en cuadrados. Pelar los calabacines y cortarlos en dados.
2. Pelar los tomates, trocearlos y freírlos en un poco de aceite, sazonar con sal y azúcar. Pasar por el chino y reservar.
3. En un cazo con un poco de aceite, rehogar la cebolla cortada fina y antes de que tome color, añadir los pimientos. Añadir el vino y dejar evaporar. Salpimentar y dejar cocer lentamente, con el cazo tapado.
4. Añadir los calabacines y volver a tapar. Cuando todo esté en su punto, echar los tomates que se habían reservado. Mezclar bien todo e incorporar los

huevos ligeramente batidos. Remover cuidadosamente con un tenedor mientras el pisto va cuajando.
5. Servir enseguida, acompañado de rodajas de pan tostado.

Porrusalda

Para 4 personas
Tiempo de preparación: 1 hora y 30 minutos
Dificultad: baja

Ingredientes:

1/2 kg de bacalao • 600 g de patatas • 1/2 kg de puerros • 2 dientes de ajo • 1 dl de aceite • 1 zanahoria • 1 pimiento choricero • 2 l de agua • sal

Preparación:

1. Poner en remojo el bacalao durante 24 horas.
2. En una olla al fuego, poner 2 litros de agua. Cuando empiece a hervir, echar los puerros bien limpios y troceados, de una longitud aproximada de 5 cm, aprovechando un poco la parte verde de los mismos.
3. Añadir el pimiento choricero sin pepitas, la zanahoria cortada pequeña y 2 cucharadas de aceite. Dejar hervir 15 minutos a fuego vivo y tapado.
4. Pasado este tiempo, echar las patatas troceadas y el bacalao en trozos. Dejar cocer 15 minutos más. Comprobar el punto de sal.
5. Calentar el resto del aceite en una cazuela, pelar los ajos y dorarlos ligeramente.
6. Verterlos en la olla; dejar cocer 30 minutos más.
7. La porrusalda debe quedar un poco espesa.
8. Servir en sopera y bien caliente.

Potaje a la tudelana

Para 4 personas
Tiempo de preparación: 1 hora y 40 minutos
Dificultad: baja

Ingredientes:

1/2 kg de garbanzos • 3 puerros • zanahorias • 1 kg de espinacas frescas • 1 diente de ajo • 2 yemas de huevo duro • perejil • 2 cucharadas de vinagre • aceite • sal

Preparación:

1. Poner en remojo los garbanzos y dejarlos durante toda la noche.
2. Picar finamente el perejil y pelar el diente de ajo, y trocear los puerros, las zanahorias y la cebolla.
3. Limpiar las espinacas con agua fría, trocearlas y saltearlas en una sartén con aceite.
4. Pelar y picar el diente de ajo.
5. En un puchero de barro con agua fría, colocar los garbanzos, las zanahorias, los puerros y el perejil; salar y ponerlo sobre fuego medio.
6. A media cocción, añadir las espinacas, la cebolla y el ajo picado.
7. Mientras, pasar por el chino las yemas de huevos duros rociadas con el vinagre. Agregar la mezcla al potaje.
8. Dejar el puchero sobre el fuego unos minutos más, remover bien y servir.

Potaje andaluz

Para 6 personas
Tiempo de preparación: 1 hora y 40 minutos
Dificultad: media

Ingredientes:

250 g de arroz • 3 cebollas • 1 kg de tomates maduros • 2 dientes de ajo • 2 l de caldo de carne • 1 pimentón morrón • harina • perejil • pimienta en grano • aceite • sal

Preparación:

1. En una sartén con aceite al fuego, freír las cebollas cortadas en aros, añadir los tomates pelados y picados y dejar sofreír. Echar una pizca de sal.
2. Añadir una cucharada de harina para que se tueste y agregar el caldo.
3. Machacar en el mortero los ajos previamente pelados, el perejil y la pimienta.
4. Añadir el majado a la sartén, sazonar y dejar cocer a fuego lento durante 35 minutos.
5. Pasar el caldo por el chino y agregarlo a una cazuela puesta al fuego y, cuando rompa a hervir, añadir el arroz y el pimiento cortado en tiras.
6. Dejar cocer 25 minutos más y servir.

Potaje castizo

Para 4 personas
Tiempo de preparación: 1 hora y 45 minutos
Dificultad: baja

Ingredientes:

5 tomates • 500 g de morcilla de vaca • 2 puerros • 1 cuello y una molleja de gallina • 2 zanahorias • 2 nabos • aceite • 2 claras de huevo • 1 copita de jerez • sal

Preparación:

1. Pelar y trocear los puerros, las zanahorias, los nabos y los tomates.
2. Retirar del cuello de la gallina la piel y los huesos.
3. Limpiar cuidadosamente la molleja y trocearla junto con el cuello de la gallina.
4. En una sartén con aceite caliente, saltear los tomates troceados y reservar en un plato.
5. En una cazuela con agua fría, poner a cocer la carne, el cuello y molleja troceados. Añadir las claras de huevo y el jerez.
6. Cuando empiece el primer hervor, añadir a la olla las hortalizas troceadas, excepto el tomate.
7. Dejar cocer el potaje a fuego muy lento durante al menos 1 hora y 30 minutos.
8. Añadir entonces el tomate, sazonar con sal y mezclar.
9. Retirar la carne que estará ya tierna y cortarla en pedazos pequeños. Incorporarla de nuevo a la olla y servir caliente.

Potaje con huevos duros

Para 4 personas
Tiempo de preparación: 2 horas y 30 minutos
Dificultad: baja

Ingredientes:

400 g de garbanzos • 1 kg de espinacas • 3 huevos duros • 2 vasitos de aceite • 3 tomates maduros • 2 cebollas • 2 zanahorias • 2 dientes de ajo • 1 hoja de laurel • sal • pimienta • perejil

Preparación:

1. Poner en remojo los garbanzos la víspera con agua templada y una pizca de bicarbonato y de sal.
2. Una vez escurridos ponerlos a cocer en una olla con agua templada y un poco de sal. Cuando rompan a hervir, espumarlos y añadir la hoja de laurel, una cebolla y las zanahorias. Dejar la cazuela a fuego lento hasta que los garbanzos estén tiernos.
3. En una sartén con aceite caliente, rehogar la otra cebolla y el ajo, todo bien trinchado, el tomate pelado y triturado y rociar con 2 cucharones del caldo de los garbanzos.
4. Lavar cuidadosamente las espinacas y agregarlas al sofrito de la sartén. Dejar a fuego normal unos quince minutos.
5. Escurrir los garbanzos, retirar la cebolla, las zanahorias y el laurel y añadir las espinacas. Remover para mezclar y dejar la olla a fuego suave unos quince minutos más.
6. Disponer el potaje en una fuente honda para servir y recubrirlo con los huevos duros pelados y cortados en gajos.
7. Adornar con el perejil.

Potaje de judías blancas y espinacas

Para 4 personas
Tiempo de preparación: 2 horas y 30 minutos
Dificultad: baja

Ingredientes:

250 g de judías blancas • 250 g de espinacas frescas • 100 g de tocino entreverado • 3 rebanadas de pan bien gruesas • agua • sal

Preparación:

1. Poner las judías en remojo el día anterior.
2. En una cacerola con agua fría, poner las judías a cocer.
3. Añadir el tocino en un trozo.
4. Dejar la cacerola sobre fuego lento unas 2 horas.
5. Mientras, lavar y trocear las espinacas y cocerlas en una cacerola con agua hirviendo unos treinta minutos.
6. Añadir las espinacas al cocido de la judías.
7. Al cabo de 2 horas más de cocción retirar el tocino y trocearlo. Apagar el fuego.
8. En una olla de barro plana, disponer las rebanadas de pan y verter encima el potaje. Dejarlo descansar unos diez minutos y servir en la misma olla.

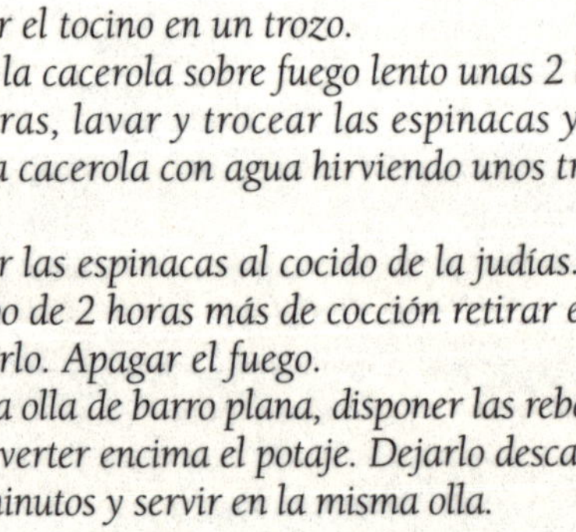

Potaje de acelgas

Para 4 personas
Tiempo de preparación: 2 horas y 45 minutos
Dificultad: baja

Ingredientes:

1/2 kg de acelgas • 150 g de tocino fresco • 100 g de garbanzos • 100 g de judías blancas • 2 dientes de ajo • 1/2 kg de patatas • sal • bicarbonato sódico • 1 pimiento seco

Preparación:

1. Poner la víspera los garbanzos y las judías en remojo con agua templada y una pizca de bicarbonato.
2. Lavar las acelgas, retirarles los hilos, cortar la parte blanca en trozos de 4 centímetros de largo y triturar las hojas verdes.
3. Cortar en dados el tocino fresco.
4. Pelar los ajos.
5. En una cazuela, poner los garbanzos y las judías bien escurridas y recubrirlos con agua fría; añadir las acelgas y el tocino.
6. Poner la cazuela al fuego y cuando dé el primer hervor dejarla a fuego lento 1 hora o 1 hora y 30 minutos, aproximadamente.
7. Diez minutos antes de retirar del fuego, agregar al potaje una mezcla preparada antes con los dientes de ajo y el pimiento seco frito en un poco de aceite, todo ello bien machacado en un mortero. Salar y retirar del fuego a los 10 minutos.
8. Dejar reposar unos instantes el potaje antes de servirlo.
9. Recalentado por la noche sigue siendo igual de sabroso.

Potaje de bacalao

Para 6 personas
Tiempo de preparación: 3 horas y 10 minutos
Dificultad: media

Ingredientes:

250 g de garbanzos remojados • 250 g de bacalao • 3 dientes de ajo • 1/2 kg de espinacas • 2 clavos • 2 cebollas grandes • 1 hoja de laurel • 4 zanahorias • 2 nabos • 6 costrones de pan frito • aceite • tomillo • perejil • sal

Preparación:

1. Pelar las zanahorias y los nabos y cortarlos en rodajas.
2. En una olla grande con agua hirviendo, escaldar unos instantes el bacalao. Retirarlo, dejarlo enfriar y quitarle las espinas. Volver a ponerlo en la olla.
3. Pelar las cebollas, pincharles los clavos y trocearlos.
4. Cuando rompa la ebullición, añadir los garbanzos puestos en remojo la víspera, las zanahorias, los nabos, las cebollas y dejarlos a fuego muy lento.
5. Hacer un atado con el tomillo, el laurel y el perejil para formar el ramillete compuesto.
6. Limpiar cuidadosamente las espinacas, lavarlas y cocerlas en un puchero aparte con agua y sal. Escurrirlas, trocearlas y añadirlas a los garbanzos. Agregar también el ramillete compuesto.
7. En una sartén con aceite hirviendo, dorar los dientes de ajo pelados y machacarlos en un mortero con los costrones. Añadir lo majado al potaje.
8. Cuando los garbanzos estén tiernos, retirar el ramillete y servirlos.

Potaje de carne y arroz

Para 6 personas
Tiempo de preparación: 1 hora y 25 minutos
Dificultad: baja

Ingredientes:

1/4 kg de carne de ternera • 6 cucharadas de arroz • 1 cebolla • 3 yemas de huevo • 1 cucharada de pimentón dulce • harina • perejil • vinagre • aceite • sal

Preparación:

1. Pelar y picar la cebolla.
2. Trinchar finamente el perejil.
3. Cortar la carne en pedacitos.
4. En una cazuela con aceite hirviendo, dorar la carne unos minutos, retirarla y conservarla aparte.
5. En el aceite restante, sofreír la cebolla a fuego lento, hasta que quede transparente.
6. Volver a poner la carne en la cazuela, espolvorearla con una cucharada de harina, mezclarla, retirar la cazuela del fuego y añadir el pimentón.
7. Rociar la carne con 1/4 de litro de agua, espolvorear con sal y dejar a fuego normal quince minutos.
8. Añadir el arroz, mezclarlo con la carne y dejar quince minutos más en el fuego.
9. Mientras, batir en una taza las tres yemas de huevo con una cucharada de vinagre y medio cucharón de caldo de la sopa.

10. Verter la mezcla anterior en la cazuela, mezclar durante unos segundos, recubrir con el perejil picado y servir caliente.

Potaje de espinacas extremeño

Para 4 personas
Tiempo de preparación: 1 hora
Dificultad: media

Ingredientes:

1/4 kg de espinacas • 400 g de garbanzos cocidos • 150 g de jamón en lonchas muy finas • 1 yema de huevo • 2 cucharadas de harina • aceite • sal

Preparación:

1. Limpiar cuidadosamente las espinacas bajo el grifo de agua fría; cocerlas en una cazuela con 1 litro de agua hirviendo y sal durante unos 20 minutos; escurrirlas y dejarlas enfriar.
2. Calentar unas 6 cucharadas de aceite en otra cazuela y diluir en él la harina; antes de que tome color, rociar con el jugo de las espinacas hasta formar una mezcla un poco clara; espolvorear con sal, dejar sobre fuego lento unos 5 minutos y retirar del fuego.
3. Pasar las espinacas por el pasapurés y añadirlas a la salsa anterior; remover la mezcla continuamente, ligar con la yema de huevo y agregar los garbanzos. Seguir mezclando durante un rato y añadir el caldo sobrante de las espinacas.
4. En una sartén con un poco de aceite, salterar las lonchas de jamón.
5. Por último, servirlas junto con el puré.

Potaje de lentejas con tropezones de cerdo

Para 6 personas
Tiempo de preparación: 1 hora y 30 minutos
Dificultad: media

Ingredientes:

1 kg de lentejas • 1 chorizo • 1 tomate • 1/2 pimiento rojo • 2 ajos • 1/2 kg de patatas • 1/2 cebolla • un trozo de panceta • un trozo de tocino con veta • una ramita de perejil • aceite • agua • sal

Preparación:

1. Dejar las lentejas en remojo durante 12 horas (es preferible dejarlas toda la noche en remojo).
2. En una olla con agua y sal, agregar las lentejas, la panceta, el tocino, el chorizo, el tomate, el pimiento rojo, los ajos, el perejil, la cebolla y un chorrito de aceite.
3. Dejar cocer a fuego lento. Sazonar.
4. Agregar las patatas a la olla y dejarlas cocer durante 20 minutos.
5. Retirar la olla del fuego y servir caliente.

Potaje de puerros

Para 6 personas
Tiempo de preparación: 1 hora y 10 minutos
Dificultad: baja

Ingredientes:

2 kg de patatas • 6 puerros grandes • 1 pan palentino (bobo) • manteca de cerdo • caldo de cocido • sal • pimienta molida

Preparación:

1. Pelar y trocear las patatas.
2. Cortar la parte blanca de los puerros en rodajas.
3. Cortar el pan en rebanadas pequeñas y asarlas en el horno.
4. En un puchero echar caldo de cocido, sin que llegue a hervir.
5. En una cazuela de barro con unas ocho cucharadas de manteca, rehogar los puerros.
6. Antes de que los puerros tomen color, agregar las patatas, sazonar con sal y pimienta y recubrir con caldo caliente. Dejar a fuego normal unos treinta minutos.
7. Disponer las rebanadas de pan tostado sobre cuencos de barro individuales y recubrirlas con el guiso.

Potaje de vigilia

Para 4 personas
Tiempo de preparación: 2 horas y 15 minutos
Dificultad: baja

Ingredientes:
400 g de garbanzos • 6 cucharadas de aceite • 1 ramita de hierbabuena • 1 cucharada de pimentón dulce • 2 dientes de ajo • pimienta y nuez moscada molidas • 8 cucharadas de pan rallado • sal

Preparación:
1. Poner los garbanzos en remojo en agua fría el día anterior.
2. Escurrirlos y ponerlos en una olla a fuego normal; dejarlos hasta que estén cocidos.
3. Calentar aceite en una sartén y dorar ligeramente los dientes de ajo. Machacarlos en el mortero.
4. Cuando los garbanzos estén casi en su punto, agregarles aceite frito, sal, la hierbabuena, el pimentón, los ajos machacados, pimienta, nuez moscada y pan rallado.
5. Dejar los garbanzos a fuego normal una media hora más, removiéndolos de vez en cuando.
6. Servir caliente.

Potaje gallego

Para 6 personas
Tiempo de preparación: 2 horas y 15 minutos
Dificultad: media

Ingredientes:
3 manos de cerdo saladas • 250 g de carne de ternera • 1 zanahoria • 100 g de cebollas • 150 g de jamón • 300 g de alubias • 300 g de patatas • 2 dientes de ajo • 2 cucharadas de pimentón • 1 hoja de laurel • 1 rama de perejil • aceite • sal

Preparación:
1. Dejar en remojo las alubias durante 12 horas.
2. Trocear las manos de cerdo y dejarlas en remojo durante 12 horas.
3. En una olla con agua, hervir las manos de cerdo y la ternera.
4. Agregar las cebollas y las zanahorias a trozos, la hoja de laurel y el perejil.
5. En otra olla, verter las alubias y llevar a ebullición. Una vez hervidas, incorporarlas al potaje. Sazonar.
6. Lavar y trocear las patatas. Añadir las patatas al potaje, cuando ya esté muy cocido.
7. En una sartén con aceite, hacer un sofrito con los ajos picados y el pimentón.
8. Verter el sofrito en el potaje y dejarlo cocer dos minutos.
9. Comprobar el punto de sal. Servir muy caliente.

Potaje navarro

Para 4 personas
Tiempo de preparación: 1 hora y 35 minutos
Dificultad: baja

Ingredientes:
300 g de tocino • 4 salchichas • 1 hueso de jamón • 1/4 kg de habas tiernas peladas • 1/4 kg de guisantes tiernos pelados • 1/4 kg de alubias verdes • 1/4 kg de berza • 1/2 kg de patatas • sal

Preparación:
1. Pelar las patatas y cortarlas en dados pequeños, trocear las alubias y picar finamente la berza.
2. En un puchero de barro hondo con agua hirviendo y sal, poner a cocer las habas, los guisantes y la berza.
3. Transcurrida ya la mitad de la cocción añadir las alubias, las patatas, el tocino, el hueso de jamón y las salchichas.
4. Dejar el puchero hasta que todo esté cocido y el potaje algo caldoso.

Pote a la asturiana

Para 4 personas
Tiempo de preparación: 55 minutos, más el tiempo de cocción de las judías
Dificultad: baja

Ingredientes:
200 g de judías blancas de la granja • 100 g jamón magro • 2 chorizos • 100 g de tocino magro • 1 cebolla • 1 diente de ajo • aceite • sal • pimienta

Preparación:
1. Poner las judías en remojo en agua fría la noche anterior.
2. Al día siguiente, ponerlas a cocer en agua fría hasta que estén tiernas.
3. Pelar y picar la cebolla y el diente de ajo.
4. Cortar el tocino, el chorizo y el diente de ajo.
5. Escurrir las judías ya cocidas y reservar el caldo de cocción.
6. En un pote con aceite caliente, sofreír la cebolla, el diente de ajo, el jamón, el chorizo y el tocino. Cuando todo empiece a tomar color, agregar las judías y 1/4 de litro del caldo de su cocción.
7. Salpimentar y dejar a fuego lento durante una media hora.

Pote de patatas

Para 4 personas
Tiempo de preparación: 2 horas
Dificultad: media

Ingredientes:
1 1/2 kg de patatas • 1/2 kg de carne de ternera • 1 chorizo • 100 g de tocino • 1 pimiento • 1/4 kg de zanahorias • 1 cebolla • 1/4 kg de tomate triturado • 1/2 cucharada de pimentón • 1 diente de ajo • 1 vaso de vino blanco • 2 huevos duros • una pizca de azafrán • perejil • aceite • sal

Preparación:
1. Trocear la carne.
2. Pelar y picar la cebolla.
3. Machacar en un mortero el diente de ajo pelado.
4. Cortar el chorizo y el tocino en trozos pequeños.
5. Picar el pimiento y el perejil.
6. Pelar las patatas y cortarlas en cuadrados.
7. Pelar los huevos duros y cortarlos en cuartos a lo largo.
8. En una cazuela grande y plana con aceite hirviendo, dorar la carne. Añadir un poco de ajo machacado, el chorizo y tocino y un poco de cebolla picada.
9. Una vez rehogado todo, añadir el tomate triturado, el pimiento, y ajo y perejil machacados des-leídos en vino blanco. Espolvorear con pimentón.
10. Dejar la cazuela a fuego lento durante unos tres cuartos de hora. Añadir las patatas, remover y agregar a continuación las zanahorias cortadas en rodajas.
11. Cubrir todos los ingredientes con agua hirviendo y un poco de azafrán. Espolvorear con sal y dejar a fuego lento hasta que la carne, las zanahorias y las patatas estén en su punto.
12. Antes de servir, adornar con los cuartos de huevo duro.

Pote marinero

Para 4 personas
Tiempo de preparación: 1 hora y 25 minutos
Dificultad: alta

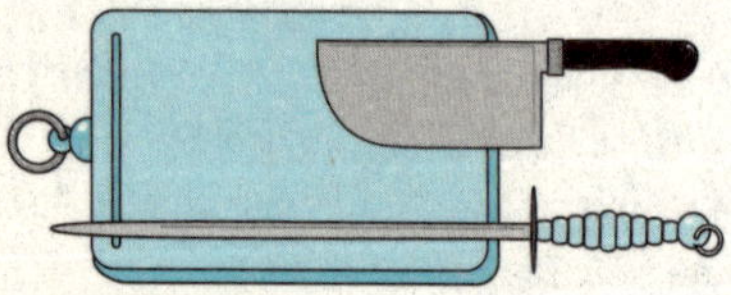

Ingredientes:
1 kg de rape, congrio, mero, chopa y tiñoso • 1 cebolla • 1 diente de ajo • 1 hoja de laurel • 2 zanahorias • aceite de oliva • una pizca de azafrán • 1/2 cucharada de pimentón • 1 vasito de vino blanco • tomillo • perejil • sal • pimienta en grano • 4 rebanadas de pan tostado

Preparación:
1. Limpiar el pescado retirando tripas y escamas, y ponerlo todo a hervir en una cazuela con agua y sal.
2. Añadir la cebolla pelada y triturada, las zanahorias cortadas en rodajas, el diente de ajo pelado y triturado con el perejil, el laurel, atado junto con el tomillo, y la pimienta.
3. Cuando el pescado y sus ingredientes estén cocidos, escurrirlos, reservar el caldo, retirar pieles y espinas y machacar la carne en un mortero.
4. En una sartén con aceite caliente, rehogar el pescado machacado.
5. En la olla con el caldo de pescado, echar la pasta de pescado, el vino, azafrán y pimentón.
6. Dejar la olla a fuego muy suave una media hora.
7. Servir la sopa en unos cuencos de barros sobre unas rebanadas de pan tostado.

Pringada extremeña

Para 4 personas
Tiempo de preparación: 30 minutos
Dificultad: baja

Ingredientes:
4 rebanadas de pan extremeño del día anterior • 4 lonchas grandes de tocino fresco • 200 g de chorizo extremeño • aceite

Preparación:
1. En una sartén amplia con aceite caliente, saltear las lonchas de tocino. A continuación, retirarlas y conservarlas aparte.
2. En el aceite restante, freír las rebanadas de pan de, aproximadamente, un dedo de grosor. Al darles la vuelta para que se frían por los dos lados, añadir el chorizo, cortado a rodajas para que suelten su jugo y el pan quede encarnado, y las lonchas de tocino.
3. Servir caliente a continuación.

Puré de arbeyos (guisantes)

Para 6 personas
Tiempo de preparación: 1 hora y 20 minutos
Dificultad: media

Ingredientes:

1/2 kg de guisantes desgranados • 1/4 kg de espinacas frescas • 1 pedazo de tocino a medio salar de unos 200 g • 1 hueso de jamón • aceite o manteca de cerdo • sal

Preparación:

1. En una olla con agua hirviendo, poner el hueso de jamón y cocerlo una media hora.
2. Lavar y picar las espinacas.
3. En otro recipiente aparte con medio litro de agua y el tocino, cocer los guisantes unos treinta minutos. Una vez en su punto, hacer con ellos un puré.
4. Retirar el tocino y mezclar puré de guisantes con un litro del caldo del hueso de jamón.
5. En una paella con aceite caliente, saltear las espinacas hasta que queden bien escurridas, añadirlas al puré y dejar al fuego unos diez minutos más. Rectificar el punto de sal.
6. Cortar el tocino en pedacitos y servirlo con el puré.
7. Se puede adornar con guisantes cocidos y triángulos de pan.

Puré de judías encarnadas

Para 4 personas
Tiempo de preparación: 2 horas y 10 minutos
Dificultad: baja

Ingredientes:

1/2 kg de habichuelas rojas • 2 zanahorias tiernas • 1 cebolla grande • 1 hoja de laurel • 6 rodajas de pan • perejil • tomillo • sal • aceite

Preparación:

1. Poner en remojo las habichuelas en agua fría el día anterior.
2. Pelar la cebolla y trocearla.
3. Raspar las zanahorias y cortarlas en rodajas finas.
4. Atar el tomillo en rama, el laurel y el perejil.
5. Cortar las rebanadas de pan en cuadrados muy pequeños.
6. En una olla con agua fría, cocer las habichuelas. Agregarles la cebolla, la zanahoria y el ramillete de hierbas.
7. Llevar la olla a fuego medio y dejarla hasta que las habichuelas estén muy tiernas.
8. Unos minutos antes de retirar del fuego, espolvorearlas con sal.
9. Mientras, en una sartén con aceite hirviendo freír los cuadraditos de pan. Escurrirlos sobre papel absorbente y dejarlos enfriar.
10. Cuando las habichuelas estén casi deshechas, pasarlas por el pasapurés; añadirles un poco de caldo, si fuera necesario, y servirlas con los picatostes de pan.

Puré de patatas horneado

Para 4 personas
Tiempo de preparación: 1 hora y 40 minutos
Dificultad: media

Ingredientes:

1 1/2 kg de patatas harinosas • 4 filetes de cerdo • 100 g de tocino fresco • 100 g de jamón • 2 dientes de ajo • 1 hoja de laurel • 5 cucharadas de mantequilla • 5 cucharadas de manteca • sal

Preparación:

1. Pelar las patatas y cocerlas en un puchero con agua hirviendo, sal y 1 hoja de laurel; pasarlas por el pasapurés y convertirlas en un puré fino.
2. En una sartén con un poco de manteca caliente, dorar ligeramente los filetes de cerdo; retirarlos y reservarlos.
3. Pelar y machacar los dientes de ajo, y picar el tocino y el jamón.
4. En una fuente refractaria disponer una capa con la mitad del tocino y del jamón picados y los ajos y encima una de puré de patatas; repetir la operación y acabar recubriendo las patatas con los filetes de carne.
5. Esparcir por encima unos pellizcos de mantequilla, introducir la fuente en el horno, a temperatura media, y dejarla durante unos 25 minutos.
6. Servir caliente.

Puré tudelano

Para 4 personas
Tiempo de preparación: 1 hora y 30 minutos
Dificultad: baja

Ingredientes:
200 g de garbanzos • 1 cebolla • 1 zanahoria • 2 tomates • 2 huevos • costrones de pan frito • 1/2 hoja de laurel • comino • perejil • caldo de pescado • aceite • sal

Preparación:
1. Poner en remojo los garbanzos y dejarlos durante toda la noche.
2. Raspar y cortar en rodajas la zanahoria, pelar y picar la cebolla, los tomates, y triturar el perejil.
3. En una cazuela con bastante agua, cocer los garbanzos junto con la zanahoria, la cebolla y 1/2 hoja de laurel.
4. Cuando estén en su punto, rehogarlos en una cazuela con aceite, el tomate, el perejil y unos granos de comino.
5. Una vez salteados, triturar los garbanzos hasta lograr un puré bien fino. Espolvorear con sal.
6. Poner el puré en una cazuela, aclararlo con caldo de pescado y mezclar continuamente, vertiendo mientras 2 yemas de huevo.
7. Disponer los costrones de pan frito en el fondo de la sopera, verter el puré y servir caliente.

Repollo con tocino

Para 4 personas
Tiempo de preparación: 1 hora y 5 minutos
Dificultad: baja

Ingredientes:
1 repollo de 1 kg, aproximadamente • 150 g de tocino entreverado • 1 cebolla grande • 2 zanahorias • sal • pimienta molida • 1 hoja de laurel • tomillo • 1 ramita de perejil

Preparación:
1. Retirar las primeras hojas del repollo y lavarlo cuidadosamente debajo del grifo de agua fría.
2. En una olla con agua hirviendo, escaldar durante unos segundos el repollo.
3. En otra olla con agua hirviendo también, cocerlo por segunda vez unos veinte minutos.
4. Mientras, pelar y cortar en rodajas la cebolla.
5. Cortar el tocino en forma de dados.
6. Raspar las zanahorias y cortarlas en rodajas.
7. En la olla limpia y seca disponer el repollo ya cocido, escurrido y cortado previamente en trozos, y además los dados de tocino, la zanahoria en rodajas, la hoja de laurel, el tomillo y una ramita de perejil.
8. Espolvorear con un poco de sal y pimienta.
9. Enseguida habría que rociar todos los ingredientes con un vasito de agua, tapar la olla y dejar a fuego muy lento unos treinta minutos, aproximadamente.
10. Servir caliente cuando la salsa quede mermada y los ingredientes tiernos.

Revuelto de grelos y gambas

Para 4 personas
Tiempo de preparación: 30 minutos
Dificultad: baja

Ingredientes:
500 g de gambas • 3 manojos de grelos • 8 huevos • 2 dientes de ajo • aceite • sal

Preparación:
1. En una sartén con aceite caliente, poner los dientes de ajo que previamente hemos picado y dejar rehogar.
2. Pelar las gambas y reservar, de momento.
3. Una vez rehogado el ajo, añadir las gambas crudas.
4. A continuación, añadir los grelos, previamente cocidos, escurridos y picados.
5. Batir los huevos y agregarlos a la sartén. Salar.
6. Mezclar bien y remover con cuidado hasta obtener un punto jugoso.
7. Este plato es especialmente sabroso si se sirve bien caliente y sin que quede quemado.

Revuelto de setas, ajos tiernos y jamón

Para 4 personas
Tiempo de preparación: 40 minutos
Dificultad: baja

Ingredientes:

8 huevos frescos • 400 g de setas • 100 g de ajos tiernos • 30 g de mantequilla • 1 dl de crema de leche • 100 g de jamón curado • perejil • rebanadas de pan tostado • sal • pimienta

Preparación:

1. Calentar la mantequilla en un cazo, rehogar los ajos tiernos cortados en trocitos; dejarlos cocer, tapados, a fuego lento sin que lleguen a dorarse; retirar.
2. Lavar y limpiar cuidadosamente las setas, cortarlas en láminas finas y rehogar en la misma mantequilla empleada con los ajos.
3. Cortar el jamón en tiritas.
4. En un cazo que no sea de aluminio, batir los huevos con la crema de leche, salpimentar. Cocer al baño María.
5. Cuando empiecen a cuajar, añadir los ajos tiernos, el jamón y las setas; remover bien.
6. Disponer el revuelto en cazuelas individuales y espolvorear con perejil picado. Servir caliente, adornado con rebanadas de pan tostado.

Revuelto de verduras

Para 4 personas
Tiempo de preparación: 50 minutos
Dificultad: media

Ingredientes:

200 g de yemas de espárragos trigueros (peso neto) • 200 g de ajos tiernos • 6 alcachofas • 250 g de champiñones • 4 huevos • 2 dl de aceite de oliva • 1/2 limón • sal • pimienta

Preparación:

1. Quitar las hojas externas; que son las más duras de las alcachofas, eliminar también la parte estropajosa del centro; utilizar sólo el corazón. Cortarlas en pequeños pedazos.
2. Pelar los ajos, cortarlos en cuadrados pequeños.
3. Limpiar cuidadosamente los champiñones hasta dejarlos libres de tierra, rociarlos con zumo de limón, cortarlos en trocitos.
4. Quitar los hilos a los espárragos, hervir 20 minutos en abundante agua con sal; cortar en trocitos, desechando las partes duras.
5. En una cazuela de barro, calentar el aceite, incorporar las verduras y dejar cocer lentamente. Comprobar el punto de sal y poner un poco de pimienta.
6. Cuando estén en su punto, batir los huevos y verterlos sobre las verduras.
7. Remover vivamente para que cuajen los huevos y queden bien mezclados con las verduras.
8. Servir con triángulos de pan frito.

Salmorejo

Para 4 personas
Tiempo de preparación: 25 minutos
Dificultad: baja

Ingredientes:

500 g de miga de pan • 2 dientes de ajo • 500 g de tomates maduros • 50 g de jamón • 2 huevos • vinagre de vino • agua • aceite • sal

Preparación:

1. Remojar la miga de pan, que debe ser del día anterior, y escurrirla bien con las manos.
2. En un mortero, machacar bien los ajos y los tomates pelados, añadir la miga de pan y mezclar bien. Agregar el aceite y después el vinagre; seguir removiendo hasta formar una pasta homogénea.
3. Verter la pasta en un bol y añadir agua fría hasta conseguir la mezcla al gusto.
4. Adornar con trocitos de huevo previamente cocidos y unos tacos de jamón.
5. Servir muy frío.
6. El salmorejo también se puede preparar con la batidora.

Salpicón de bogavante

Para 6 personas
Tiempo de preparación: 50 minutos
Dificultad: media

Ingredientes:

1 bogavante de 2 kg aproximadamente • 1 huevo • 2 pimientos morrones • aceitunas • 1 hoja de laurel • sal

Para la salsa vinagreta

aceite • vinagre • huevo duro • pepinillos o alcaparras • perejil • sal • pimienta blanca

Preparación:

1. Cocer el bogavante con agua hirviendo, sal y laurel durante 20 minutos.
2. Dejar enfriar.
3. Abrir el crustáceo con cuidado y sacar la carne de la cabeza y las patas y colocarla en una bandeja.
4. Cocer el huevo hasta que quede duro; finalmente pelarlo.
5. Sacar la cola del caparazón, que es la parte mayor del animal, cortarla en rodajas finas y colocarlas con cuidado encima de la base de la cabeza y las patas.
6. Adornar con el huevo duro troceado, las aceitunas y los pimientos morrones.
7. Trabajar una salsa vinagreta, picando todos los ingredientes y mezclándolos con el aceite, el vinagre, la sal y la pimienta.`
8. Aderezar el salpicón con la salsa vinagreta.
9. Este plato se sirve frío o templado como entrante.

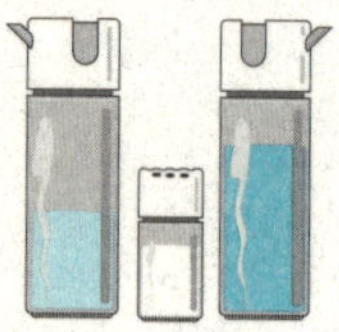

Setas a la navarra

Para 4 personas
Tiempo de preparación: 1 hora y 10 minutos
Dificultad: baja

Ingredientes:

1/2 kg de setas • 2 dientes de ajo • 12 almendras peladas sin tostar • 1/2 cucharada de pimentón • 4 cucharadas de vino blanco • manteca de cerdo • sal

Preparación:

1. Lavar cuidadosamente las setas con agua fría y sal.
2. Dejar enteras las pequeñas, trocear las más grandes cortando la parte terrosa y dejando el tronco, si no es demasiado seco. Desechar las que no estén en buen estado.
3. Calentar manteca en una sartén amplia y saltear en ella las setas con un poco de sal.
4. Dejar a fuego medio unos 10 minutos, rociarlas con el vino y agregar las almendras, previamente machacadas en un mortero. Espolvorear con pimentón. Mezclar y dejar unos minutos más.
5. Machacar los dientes de ajo pelados y añadirlos a la mezcla.
6. Remover continuamente y mantener la cocción durante unos 10 minutos más.

Setas con salsa de almendras

Para 4 personas
Tiempo de preparación: 55 minutos
Dificultad: baja

Ingredientes:

1 kg de setas • 12 almendras blancas sin piel • 1/2 cucharada de pimentón • pimienta molida • caldo de carne • harina • manteca de cerdo • aceite • sal

Preparación:

1. Lavar con mucho cuidado las setas y secarlas con un trapo bien limpio.
2. Machacar las almendras conjuntamente con un poco de sal en un mortero.
3. En una sartén con manteca, freír las setas. A continuación espolvorear las setas con un poco de sal, pimienta y 1 cucharada de harina. Remover.
4. Mezclar y rociar con un poco de caldo.
5. Dejar las setas a fuego lento hasta que la salsa quede espesa, y añadir las almendras trituradas. Seguir mezclando durante al menos 2 o 3 minutos.
6. Servir calientes.

Sopa a la maña

Para 4 personas
Tiempo de preparación: 1 hora
Dificultad: media

Ingredientes:

4 dientes de ajo • 300 g de pan del día anterior • 150 g de chorizo • 4 cucharadas de puré de tomate • 1 pimiento pequeño asado • 4 huevos • aceite • sal

Preparación:

1. Pelar los dientes de ajo y cortarlos por la mitad a lo largo.
2. Pelar y trocear el pimiento.
3. Cortar el pan en rebanadas finas.
4. En un perol de barro con aceite hirviendo, sofreír los ajos.
5. Añadir el puré de tomate y el pimiento.
6. Remover el sofrito durante unos segundos y agregar el chorizo troceado y el pan.
7. Rociar con 1 litro de agua hirviendo y espolvo-rear con sal.

8. Dejar el perol sobre fuego normal hasta que espese el caldo.
9. Introducir en el horno y gratinar durante unos segundos. Cascar los huevos encima e introducir de nuevo en el horno hasta que coagulen. Servir enseguida.

Sopa burgalesa

Para 4 personas
Tiempo de preparación: 1 hora y 20 minutos
Dificultad: baja

Ingredientes:

250 g de carne de cordero sin piel ni huesos • 250 g de colas de cangrejos • 1 cebolla • 1 1/2 l de caldo de cocido • perejil • harina • aceite o manteca de cerdo • sal • pimienta molida

Preparación:

1. Cortar la carne en trozos pequeños.
2. Lavar las colas de cangrejo y cocerlas en un poco de agua hirviendo.
3. Pelar la cebolla y picarla junto con el perejil.
4. En una cazuela con la manteca o el aceite caliente, freír los trozos de carne junto con la cebolla y el perejil.
5. Agregar una cucharada de harina y, cuando ésta empiece a tomar color, rociar con el caldo y dejar la cazuela a fuego lento hasta que el caldo quede reducido a la mitad.
6. Salpimentar, agregar las colas de cangrejo y servir caliente.

Sopa d'all (de ajo)

Para 6 personas
Tiempo de preparación: 40 minutos
Dificultad: baja

Ingredientes:

400 g de pan de «payés» • 3 cabezas de ajo • 1 dl de aceite • 2 1/2 l de caldo o de agua • 20 g de pimentón • 1 huevo • sal

Preparación:

1. Pelar los ajos y picarlos, rehogarlos en una sartén con el aceite caliente. Dejarlo todo hasta que esté bien dorado; remover continuamente para que no se queme. Escurrir el aceite y guardar.
2. Cortar el pan de «payés» en láminas finas, y poner en una cazuela; añadir el pimentón, poner el aceite (el sobrante de los ajos), calentar el caldo o el agua y verter sobre el pan, salar. Dejar hervir unos veinte minutos. Comprobar la sal.
3. Batir el huevo y añadir a la sopa preparada. Servir caliente.

Sopa de ajo a la Tía Remigia

Para 4 personas
Tiempo de preparación: 40 minutos
Dificultad: baja

Ingredientes:

4 dientes de ajo • 250 g de pan • 1 cucharada de pimentón dulce • sal • aceite de oliva • 8 cucharones de agua • 8 huevos

Preparación:

1. Pelar los dientes de ajo y triturarlos.
2. Cortar el pan en rodajas de 1/2 centímetro de espesor.
3. En una sartén con 8 cucharadas de aceite de oliva, freír un poco los dientes de ajo triturados.
4. Añadir 1 cucharada de pimentón y para que el pimentón no se queme, rociar con el agua hirviendo, agregar las rebanaditas de pan y la sal.

Sopa de ajo a la castellana

Para 4 personas
Tiempo de preparación: 40 minutos
Dificultad: baja

Ingredientes:

300 g de pan de barra • 4 huevos • 3 cabezas de ajo • 1 1/2 l de agua • sal • pimienta molida • aceite de oliva • azafrán

Preparación:

1. Cortar el pan en rebanadas de 1/2 centímetro de espesor.
2. Con un cuchillo de cocina, raspar un poco las cabezas de ajo.

3. En una fuente para horno, tostar las rodajitas de pan.
4. En una cazuela de barro con aceite hirviendo, rehogar las cabezas de ajo enteras y el azafrán unos segundos y verter un litro y medio de agua tibia.
5. Cuando empiece la primera ebullición, añadir el pan tostado y dejar a fuego moderado una media hora. Espolvorear con sal y pimienta.
6. Retirar la cazuela del fuego y agregar los huevos cascándolos de uno en uno. Tapar la cazuela y dejar reposar la sopa unos cinco minutos.
7. Servir en la misma cazuela.

Sopa de ajo a la leonesa

Para 6 personas
Tiempo de preparación: 55 minutos
Dificultad: media

Ingredientes:

400 g de pan • 6 huevos • 1 cebolla • 6 dientes de ajo • 1 cucharada de pimentón dulce • perejil • aceite de oliva • sal

Preparación:

1. Cortar el pan en rebanadas muy finas. Conservar aparte seis de ellas.
2. Pelar la cebolla y picarla junto con el perejil.
3. Pelar y triturar el ajo.
4. Tostar las rebanaditas de pan.
5. Disponer el pan en una cazuela amplia de barro y recubrirlo con 1 1/2 litro largo de agua. Espolvorear con un poco de sal.
6. En una sartén con aceite caliente, sofreír la cebolla y el perejil. Añadir el ajo picado y seguidamente espolvorear con el pimentón. Mezclar todo unos segundos y verter la mezcla en la cazuela de barro.
7. Llevarla a fuego normal y, cinco minutos después, disponer en la superficie las 6 rebanadas de pan tostado reservadas, y sobre ellas los huevos. Sazonarlos y rociarlos con unas gotas de aceite.
8. Llevarla al horno y dejarla hasta que las claras estén cuajadas.

Sopa de ajo al horno

Para 4 personas
Tiempo de preparación: 1 hora y 10 minutos
Dificultad: baja

Ingredientes:

300 g de pan de Otana, del día anterior • 5 dientes de ajo • 1/2 cucharada de pimentón dulce • 4 cucharadas de pan rallado • 3 huevos • 1 l de agua caliente • aceite de oliva • sal

Preparación:

1. Cortar el pan en rebanadas.
2. Pelar los dientes de ajo y dejarlos enteros.
3. En una olla, calentar agua.
4. Tostar el pan en el horno.
5. En una cazuela plana de barro con aceite hirviendo, dorar ligeramente los dientes de ajo. Retirarlos.
6. En el aceite restante, agregar el pan y la media cucharada de pimentón. Sazonar y rociar inmediatamente con el agua hirviendo.
7. Machacar en un mortero los dientes de ajo y echarlos en la cazuela.
8. Dejar la sopa a fuego lento unos veinticinco minutos.
9. Mientras, batir los huevos en un plato hondo.
10. A los veinticinco minutos de hervir la sopa, trasladarla a una cazuela refractaria, añadir los huevos batidos, mezclar y espolvorear la superficie con pan rallado.

Sopa de ajo andaluza

Para 4 personas
Tiempo de preparación: 45 minutos
Dificultad: baja

Ingredientes:

400 g de rebanadas de pan tostado • 100 g de jamón • 1 coliflor, pequeña • 4 huevos • 8 dientes de ajo • pimentón dulce • aceite • sal

Preparación:

1. Lavar y trocear la coliflor.
2. En una olla con agua y sal, dejar cocer la coliflor.
3. En otra olla con aceite al fuego, freír los ajos pelados, agregar una cucharada de pimentón dulce y tostar.
4. En la olla del sofrito, añadir el caldo de la coliflor colado, el pan tostado y sazonar. Dejar cocer todo

junto durante 20 minutos, apartar del fuego y retirar los ajos.
5. Batir los huevos y añadir a las sopas, mezclándolo todo muy bien con la ayuda de la batidora.
6. En una sartén con poco aceite, freír ligeramente las lonchas de jamón, distribuirlas en los platos y verter por encima la sopa muy caliente.

Sopa de ajo cacereña

Para 4 personas
Tiempo de preparación: 55 minutos
Dificultad: baja

Ingredientes:
1/2 pan del día anterior • 6 dientes de ajo • 2 cucharaditas de pimentón • 6 cucharones de caldo • aceite • sal

Preparación:
1. Pelar los dientes de ajo, machacarlos en un mortero y saltearlos en una sartén con aceite caliente. Pasar el aceite y el ajo a una cazuela de barro; rociarlos con el caldo y espolvorear un poco de sal y el pimentón. Disponer la cazuela sobre el fuego y dejar que hierva durante unos 5 minutos.
2. Cortar el pan en rebanadas finas y dorarlas en una sartén con aceite caliente; disponerlas en una cazuela de barro, verter el caldo y batir fuertemente hasta que el pan quede completamente deshecho.
3. Dejar unos minutos más sobre fuego lento, rectificar de sal y servir en la misma cazuela.

Sopa de ajo con jamón

Para 4 personas
Tiempo de preparación: 47 minutos
Dificultad: baja

Ingredientes:
5 dientes de ajo • 1/2 kg de pan de pueblo del día anterior • 100 g de jamón • agua • aceite • sal

Preparación:
1. Cortar el pan y el jamón en trozos pequeños.
2. Pelar los dientes de ajo.
3. En una sartén amplia con aceite bien caliente, rehogar los dientes de ajo con el jamón.
4. Añadir el pan y mezclar continuamente hasta que absorba toda la grasa.
5. Rociar el pan con mucha agua caliente y dejar sobre fuego normal hasta que quede una mezcla espesa. Espolvorear con un poco de sal.
6. Servir bien caliente.

Sopa de ajo zamorana

Para 6 personas
Tiempo de preparación: 1 hora
Dificultad: baja

Ingredientes:
400 g de pan de Otana de unos 3 días • 100 g de manteca de cerdo • 4 dientes de ajo • 1 cucharada de pimentón • sal

Preparación:
1. Pelar los dientes de ajo.
2. Trocear el pan y echarlo en una cazuela de barro típica de Zamora, cubriéndolo con agua caliente y disponiéndola sobre el fuego.
3. Mientras, en una cazuelita con manteca caliente, dorar los dientes de ajo. Retirar la cazuelita del fuego y machacar en un mortero los dientes de ajo junto con el pimentón.
4. Agregar a lo majado la manteca de freír los ajos y formar una pasta compacta. Espolvorear con sal.
5. Juntar esta pasta con el pan que se encuentra en la cazuela de barro. Dejar a fuego vivo unos diez minutos, mezclando todo continuamente con una cuchara de palo.
6. Rebajar el fuego hasta dejarlo lento y terminar de hacer la sopa unos quince minutos más.
7. Servir la sopa en la misma cazuela.

Sopa de ajos con chorizo

Para 6 personas
Tiempo de preparación: 1 hora y 30 minutos
Dificultad: media

Ingredientes:
50 g de chorizo curado • 300 g de pan tostado • 3 pimientos choriceros • 2 tomates • 8 dientes de ajo • 6 huevos • 3 1/2 l de agua • 1 dl de aceite • sal • pimienta

Preparación:

1. Poner una olla al fuego con el agua, los pimientos choriceros, sin las pepitas, y 4 dientes de ajo pelados. Dejar hervir lentamente unos treinta minutos.
2. Cortar los otros 4 dientes de ajo en láminas y dejar dorar en una cazuela, puesta al fuego con el aceite. Cuando estén bien dorados, sacar.
3. Añadir el chorizo cortado en dados bien pequeños, dejar rehogar un poco.
4. Añadir los tomates pelados, de los que se habrán eliminado las pepitas, y cortados en dados.
5. Probar y salpimentar al gusto.
6. Luego, poner el pan tostado cortado en rebanadas finas, dar unas vueltas.
7. Bañar todo lo anterior con el agua que ha hervido con los pimientos, bien colada.
8. En el mortero, machacar los ajos y los pimientos choriceros, añadir a la cazuela. Dejar hervir 5 minutos.
9. Pasado ese tiempo, cascar los huevos, uno a uno, sobre el pan; dejar cocer hasta que estén cuajadas las claras, cuidando que las yemas queden crudas.
10. Es importante servir enseguida, bien caliente.

Sopa de almendras

Para 9 personas
Tiempo de preparación: 1 hora
Dificultad: baja

Ingredientes:

450 g de almendras crudas sin piel • 2 yemas de huevo • 8 cucharadas de azúcar • 2 rebanaditas de pan • una pizca de canela en polvo • 3 cucharadas de mantequilla • 1 1/2 l de leche • sal

Preparación:

1. En un mortero, machacar las almendras.
2. Tostar las rebanaditas de pan y machacarlas en el mortero.
3. En una cazuela, poner a cocer la leche junto con las almendras, el pan picado, el azúcar, la mantequilla y sal.
4. Dejar la cazuela a fuego muy lento durante unos 30 minutos y remover para evitar que se pegue.
5. En una sopera, desleír las 2 yemas de huevo y cuando la sopa esté espesa agregarla a las dos yemas. Mezclar y espolvorear con la canela en polvo. Servir caliente.

Sopa de calabaza a la crema

Para 6 personas
Tiempo de preparación: 50 minutos
Dificultad: baja

Ingredientes:

1 1/4 kg de calabaza • 1 cebolla grande • 7 dl de agua • 1 1/4 dl de crema de leche fresca • 2 yemas de huevo • 25 g de mantequilla • 1 copa de vino blanco • sal • pimienta

Preparación:

1. Cortar la cebolla en láminas; dorarla con la mantequilla en un cazo; añadir la calabaza cortada en dados y rehogar durante un rato junto con la cebolla.
2. Añadir al cazo la copa de vino blanco, verter el agua, tapar y dejar cocer aproximadamente unos veinte minutos, hasta que la calabaza esté bien tierna.
3. Batir con las varillas, salpimentar y pasar por el pasapurés, volver a poner en el cazo y añadir la crema de leche reservando un poco para utilizarla más tarde; dejar hervir unos diez minutos más.
4. Retirar del fuego y añadir las 2 yemas de huevo diluidas en un poco de crema de leche que habremos reservado.
5. Batir bien con las varillas para que ligue un poco.
6. Servir caliente. También es deliciosa tomada bien fría.

Sopa de caldo con albóndigas

Para 6 personas
Tiempo de preparación: 1 hora
Dificultad: baja

Ingredientes:

1 l de buen caldo de cocido • 150 g de arroz • 200 g de carne de vaca picada • 200 g de lomo de cerdo picado • 1 cebolla • perejil • 5 huevos • sal • aceite

Preparación:

1. Pelar la cebolla y picarla.
2. Lavar el perejil y triturarlo.
3. En un recipiente hondo, mezclar las dos carnes picadas, sal, 1 huevo, la cebolla y el perejil.
4. Formar con la mezcla anterior unas albóndigas del tamaño de una avellana.
5. En una sartén con aceite hirviendo, freír las albóndigas sin que queden muy tostadas, simplemente hechas.
6. En una cazuela con el caldo, cocer el arroz unos 25 minutos, hasta que quede muy hecho.
7. Batir los 4 huevos restantes, y mezclarlos con 1 cucharada de caldo frío.
8. Disponer las albóndigas en una sopera para servir y verter encima el caldo con arroz.
9. Todavía muy caliente el caldo, añadir los huevos previamente batidos y batir fuertemente.
10. Servir enseguida.

Sopa de cangrejos al gusto navarro

Para 6 personas
Tiempo de preparación: 1 hora
Dificultad: media

Ingredientes:

6 docenas de cangrejos de río • pan del día anterior • 3 huevos duros • perejil • sal

Preparación:

1. Cortar el pan en rodajas muy finas, lavar con agua fría y sal los cangrejos, picar finamente el perejil, pelar y cortar en rodajas los huevos duros.
2. Cocer los cangrejos en agua hirviendo con sal. A continuación colocarlos y separar las colas; pelarlas y reservarlas. En un mortero, machacar el caparazón y las patas.
3. Poner de nuevo el caldo a hervir y echar la mezcla del mortero, con el caparazón y las patas.
4. Mientras, tostar las rodajas de pan en el horno.
5. Disponer el pan en pucheros individuales y rociar con el caldo hirviendo y colado. Agregar las colas de los cangrejos, el huevo duro troceado y perejil picado.
6. Servir muy caliente.

Sopa de cangrejos de río

Para 6 personas
Tiempo de preparación: 55 minutos
Dificultad: alta

Ingredientes:

30 cangrejos de río • 200 g de mantequilla • 1 dl de crema de leche • 1 copa de coñac • 3 dl de vino blanco • 1 l de agua • 150 g de arroz • 100 g de cebollas • 100 g de zanahorias • 3 chalotes • tomillo, laurel, perifollo, perejil, estragón • pimienta de cayena • sal

Preparación:

1. Pelar las cebollas, zanahorias y chalotes, picar todo bien pequeño.
2. En una cazuela, derretir la mantequilla, añadir las hortalizas y rehogar lentamente; añadir las hierbas aromáticas en poca cantidad y dejar estofar 15 minutos.
3. Lavar bien, escurrir y castrar los cangrejos (arrancar la aleta del medio de la cola y después sacar el intestino), saltear en la cazuela con el picadillo, hasta que estén bien rojos.
4. Rociar con el coñac y flambear, luego echar el vino blanco y el agua. Salpimentar y dejar cocer unos 15 minutos más, tapado.
5. Entretanto, lavar el arroz, poner a hervir agua (el doble que el volumen del arroz). Cuando hierva, echar el arroz, salpimentar y dejar hervir 18 minutos; luego, chafar con un tenedor.
6. Cuando estén cocidos los cangrejos, escurrir, pelarlos, separar las colas, cortar en dados y reservar.
7. Mientras en el mortero, machacar las cabezas, pasarlas por el colador, añadir todo lo de la cocción y el arroz machacado; poner al fuego, dejar arrancar la ebullición y remover cuidadosamente.
8. Fuera del fuego, añadir la mantequilla restante, batir vivamente, para que quede bien amalgamado.
9. Añadir los dados de colas de cangrejo.
10. Diluir con la crema de leche en el momento de servir.

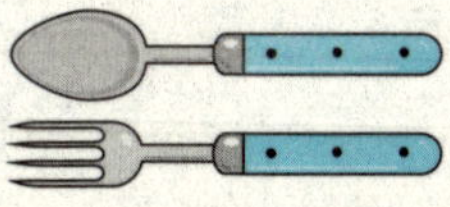

Sopa de castañas

Para 6 personas
Tiempo de preparación: 3 horas
Dificultad: media

Ingredientes:

2 l de agua • 1 1/2 kg de castañas • 2 cebollas • 1 diente de ajo • 1/2 oreja de cerdo • 1 vaso de aceite • un trozo de tocino • vinagre • sal

Preparación:

1. Mondar las castañas. Poner a cocer las castañas en agua con sal, hasta que empiecen a hervir.
2. Retirar las castañas del fuego y quitarles la piel.
3. En una olla al fuego con agua y sal, poner una cebolla, el ajo, el tocino, la oreja de cerdo y las castañas. Dejar cocer todo junto durante dos horas.
4. En una sartén con aceite caliente, hacer un sofrito de cebolla y echarle unas gotas de vinagre.
5. Agregar el sofrito al caldo, dejándolo hervir todo junto veinte minutos.
6. Retirar la olla del fuego y trocear el tocino y la oreja de cerdo.
7. En una sopera, poner el tocino y la oreja de cerdo troceados. Al mismo tiempo, verter el caldo caliente y las castañas.

Sopa de congrio y hortalizas

Para 4 personas
Tiempo de preparación: 1 hora y 10 minutos
Dificultad: media

Ingredientes:

1/2 kg de congrio • 4 zanahorias tiernas • 2 cebollas • 2 puerros • 1 hoja de laurel • 1 diente de ajo • aceite de oliva • sal • pimienta molida

Preparación:

1. Pelar las cebollas y los puerros, dejando sólo la parte blanca, las zanahorias, el diente de ajo y triturar todo.
2. Lavar el pescado y trocearlo.
3. En una cazuela con agua hirviendo, disponer las hortalizas y cocerlas unos cinco minutos. Añadir entonces el pescado, la hoja de laurel, rociar con un chorrito de aceite y salpimentar.
4. Dejar la cazuela a fuego lento, hasta que el pescado quede muy hecho. Pasarlo por el tamiz y convertir todo en un puré fino.
5. Poner el puré en la cazuela y ésta al fuego, dejándola unos minutos más.
6. Si la sopa quedase demasiado espesa, añadir un poco de agua caliente.

Sopa de espinacas

Para 4 personas
Tiempo de preparación: 1 hora y 10 minutos
Dificultad: media

Ingredientes:

500 g de espinacas frescas • 4 cucharadas de queso rallado • 1 l de caldo de cocido • 2 huevos • aceite • costrones de pan frito • sal

Preparación:

1. Limpiar cuidadosamente las espinacas. Dejar las hojas en remojo en agua fría.
2. Freír en aceite los costrones de pan.
3. En una cazuela honda con agua y sal, cocer las espinacas. Escurrirlas y picarlas finamente.
4. En una sartén amplia con un poco de aceite, rehogar las espinacas.
5. Cuando estén frías, añadir los huevos batidos y un poco de queso rallado.
6. Calentar el caldo y verterlo en la sopera sobre los costrones de pan frito.
7. Disponer en la sopera las espinacas y dejar reposar la sopa unos minutos con la sopera tapada.
8. Servir enseguida.

Sopa de gato de Cádiz

Para 6 personas
Tiempo de preparación: 25 minutos
Dificultad: baja

Ingredientes:

400 g de pan • 4 dientes de ajo • aceite • sal

Preparación:

1. Cortar el pan en rebanaditas muy finas y colocarlas en una cazuela de barro.
2. Pelar los ajos pero dejarlos enteros.
3. En una sartén con aceite al fuego, freír los ajos enteros y añadir agua y sal. Poner atención en esta operación ya que puede salpicar.

4. *Cuando rompa a hervir, verter el líquido sobre el pan, que debe quedar muy empapado.*
5. *Sazonar y colocar la cazuela al horno para gratinar.*

Sopa de habas

Para 4 personas
Tiempo de preparación: 1 hora y 35 minutos
Dificultad: medi

Ingredientes:

1 kg de habas frescas • 250 g de guisantes frescos • 4 cebollas tiernas • 1 1/2 l de agua • 2 ramitas de ajedrea • 1/2 dl de crema de leche fresca • 40 g de mantequilla • sal • pimienta

Preparación:

1. *Desgranar las habas, dejando la piel a las más tiernas.*
2. *Desgranar los guisantes.*
3. *En una olla o marmita, derretir la mantequilla y sofreír las cebollas cortadas finas; dejar en el fuego hasta que se doren un poco.*
4. *En la misma olla de las cebollas, añadir los guisantes, las habas y las ramitas de ajedrea, salpimentar, tapar y dejar que se rehoguen durante unos veinte minutos, lentamente.*
5. *Cuando esté bien rehogado, verter sobre las verduras 1 1/2 litro de agua hirviendo, aumentar el fuego y esperar a que vuelva a hervir, luego dejar cocer a fuego medio.*
6. *Cuando esté todo cocido, las habas deben haberse deshecho, sacar la ajedrea.*
7. *En el momento de servir, calentar una sopera, verter la crema de habas, añadir la crema de leche fresca y batir enérgica y cuidadosamente con las varillas.*
8. *Servir bien caliente. Se puede acompañar con unos cuscurros de pan fritos o tostados.*

Sopa de la huerta

Para 4 personas
Tiempo de preparación: 3 horas y 20 minutos
Dificultad: media

Ingredientes:

1/4 kg de «fabes» • 1 cebolla • 100 g de chorizo • 3 dientes de ajo • 100 g de tocino • 100 g de jamón • 2 rebanadas de pan del día anterior • pimienta molida • aceite • sal

Preparación:

1. *Pelar y picar la cebolla y triturar, una vez pelados, los dientes de ajo.*
2. *Trocear el jamón, el tocino y el chorizo.*
3. *Escurrir las judías puestas en remojo la víspera.*
4. *Cortar el pan en cuadraditos y freírlos en aceite hirviendo. Escurrirlos y conservarlos en un plato.*
5. *En una cazuela de barro con aceite caliente, rehogar la cebolla. Añadir el ajo picado, el tocino, el jamón y el chorizo. Remover y agregar las judías escurridas y 2 1/2 litros de agua fría. Salpimentar y dejar a fuego normal hasta que las judías estén blandas.*
6. *Cuando todo esté en su punto, echarlo en una sopera y añadir los costrones de pan fritos. Servir caliente.*

Sopa de la reina

Para 6 personas
Tiempo de preparación: 2 horas y 15 minutos
Dificultad: baja

Ingredientes:

5 tomates maduros fuertes • 4 cebollas • 2 pimientos rojos • 1 rama de apio y de tomillo • 2 cucharadas de harina • 2 1/2 l de caldo • aceite • sal

Preparación:

1. *En una cazuela de barro al fuego, agregar aceite y, cuando esté caliente, añadir las cebollas picadas muy finas.*
2. *Al rato, añadir los tomates, pelados y picados, el apio en trocitos, el tomillo y la sal. Dejar cocer todo junto.*
3. *Añadir el caldo y dejar cocer durante 1 1/2 horas; a continuación, pasarlo todo por el chino.*
4. *En una cazuela con un poco de aceite, tostar la harina y añadirla al caldo.*
5. *Servir la sopa caliente y adornada con unas tiritas de pimiento, previamente asado.*

Sopa de lentejas estilo Trujillo

Para 4 personas
Tiempo de preparación: 1 hora y 20 minutos
Dificultad: baja

Ingredientes:
200 g de lentejas • 100 g de arroz • 4 patatas • 2 cebollas • 1 hoja de laurel • 1 cucharada de jugo de carne concentrado • aceite • sal

Preparación:
1. Dejar en remojo las lentejas desde la noche anterior.
2. En un puchero con agua, sal y un chorrito de aceite poner a cocer las lentejas junto con la hoja de laurel y las cebollas picadas.
3. Cuando las lentejas estén en su punto, colarlas, reservando el caldo, y convertirlas en puré mediante el triturador.
4. Poner de nuevo el caldo de cocción en el puchero y éste, sobre el fuego; salar y añadir el arroz y las patatas cortadas a dados, y sobre fuego normal hasta que estén en su punto. Añadir el puré de lentejas.
5. Añadir entonces el jugo de carne, mezclar bien durante unos 15 minutos y servir.

Sopa de mariscos

Para 6 personas
Tiempo de preparación: 1 hora y 5 minutos
Dificultad: media

Ingredientes:
250 g de almejas • 250 g de mejillones • 250 g de gambas • 250 g de cigalas • 4 nécoras • 2 trozos de rape o de merluza • 1 cebolla • 2 dientes de ajo • 100 g de pan • perejil • una pizca de azafrán • sal • aceite • agua

Preparación:
1. Limpiar bien los mejillones y las almejas, dejándolas en remojo con agua y sal durante unas horas para que suelten toda la arena. A los mejillones conviene rasparles las conchas también para que queden bien limpios.
2. En una cazuela con agua y sal, poner a cocer todo el marisco conjuntamente con el pescado durante 10 minutos.
3. Una vez cocido todo, reservar el caldo.
4. Separar la carne del marisco de su concha y las espinas del pescado.
5. Colar el caldo y colarlo en otra olla.
6. En una sartén con aceite caliente, hacer un sofrito con el ajo y la cebolla, que previamente hemos picado.
7. Seguidamente agregar al sofrito toda la carne del pescado y del marisco, previamente troceadas, y rehogarlo todo junto durante 5 minutos, aproximadamente.
8. Verter todo lo que hay en la sartén en la olla del caldo. Salar y añadir una pizca de azafrán.
9. Dejar cocer todo junto durante unos 20 minutos.
10. Retirar la olla del fuego, añadir los tropezones de pan y espolvorear con perejil picado.

Sopa de menudillos de gallina

Para 6 personas
Tiempo de preparación: 1 hora
Dificultad: media

Ingredientes:
2 hígados, 2 mollejas y la sangre de 2 gallinas • 3 dientes de ajo • 1 1/2 l de caldo • perejil • pimentón • sal • aceite • unas cuantas rebanadas de pan • pimienta molida

Preparación:
1. Picar las mollejas, los higadillos y la sangre, junto con el perejil.
2. Pelar los dientes de ajo y cortarlos en filetes a lo largo.
3. En una sartén con aceite caliente, sofreír los menudillos picados, los dientes de ajo y, finalmente, espolvorear con pimentón.
4. Echar el sofrito en una cazuela con 1 1/2 litros de caldo caliente, machacando, antes de hacerlo, la mitad del sofrito en un mortero. Añadir enseguida lo machacado al caldo.
5. Sazonar con sal y pimienta. Dejar la cazuela a fuego normal para que dé unos cuantos hervores.
6. Poner las rebanadas de pan en unos cuencos individuales y verter la sopa encima.

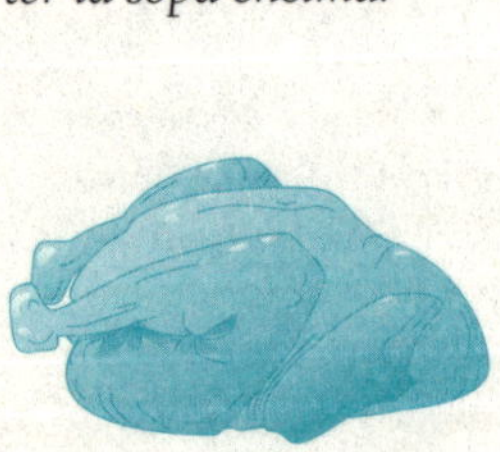

Sopa de menuts de pollastre (menudillos de pollo)

Para 4 personas
Tiempo de preparación: 40 minutos
Dificultad: baja

Ingredientes:
300 g de menudillos de pollo, hígados, mollejas, etc. • 3 huevos duros • 3 ajos • 4 tomates • 2 cebollas • 250 g pan tostado • sal • aceite

Preparación:
1. Lavar los menudillos y cortarlos a trozos.
2. Sofreír en una olla con aceite los menudillos, añadir las cebollas picadas pequeñas, los ajos y los tomates pelados y troceados, dejar dorar un poco y añadir 1 1/4 litros de agua y dejarlo hervir lentamente.
3. Cuando los menudillos estén cocidos, añadir el pan tostado; salpimentar. Dejar pasar unos minutos y batir con las varillas de mano, hasta que quede desmenuzado el pan.
4. Antes de servir, añadir los huevos duros cortados a dados. Servir caliente.

Sopa de musclos (de mejillones)

Para 6 personas
Tiempo de preparación: 45 minutos
Dificultad: baja

Ingredientes:
2 kg de mejillones • 2 tomates maduros • 2 cebollas • 2 dl de aceite • unas rebanadas de pan • pimienta • sal • 1 l de agua • unas ramitas de hinojo

Picada
3 ajos • perejil • unas hebras de azafrán

Preparación:
1. Limpiar los mejillones y abrirlos al vapor.
2. Retirar las valvas, reservar los mejillones, colar el agua que queda y reservar también.
3. En una cacerola al fuego, freír en aceite caliente las cebollas cortadas finamente; antes de que tome color, añadir los tomates, pelados y cortados pequeños, y el hinojo cortado pequeño. Cuando esté todo bien sofrito añadir las rebanadas de pan (pocas, pues la sopa no ha de quedar espesa), dar unas vueltas con el sofrito, añadir tres cuartas partes de los mejillones y el litro de agua. Dejar que empiece a hervir, batir con la batidora, dejar cocer lentamente unos treinta minutos.
4. Picar en el mortero los ajos, el perejil y el azafrán tostado. Ponerlo todo en la sopa y dejar hervir fuerte unos cinco minutos más. Añadir los mejillones enteros que tenemos reservados. Servir templado.

Sopa de ostras

Para 6 personas
Tiempo de preparación: 1 hora y 10 minutos
Dificultad: media

Ingredientes:
1 1/2 l de caldo de pescado • 20 ostras • 2 yemas de huevo • 1 bote de crema de leche • sal • agua

Preparación:
1. Limpiar bien las ostras bajo el grifo de agua fría para quitar todas las impurezas y la arena que pudieran tener.
2. En una cazuela con agua hirviendo, escaldar las ostras durante unos momentos y escurrirlas teniendo la precaución de recoger el agua.
3. Dejar reducir a fuego lento el agua de las ostras hasta que quede hacia la mitad y juntarla con el caldo de pescado.
4. Dejar hervir todo el caldo durante 10 minutos. Probarlo y rectificar la sal.
5. Al final del hervor, verter la crema de leche y las dos yemas de huevo, removiendo con cuidado hasta que esté bien ligado.
6. Por último, añadir al caldo las ostras que teníamos aparte.
7. Servir caliente repartiendo las ostras entre todos los plastos a modo de tropezones.

Sopa de perdices

Para 4 personas
Tiempo de preparación: 1 hora y 30 minutos
Dificultad: media

Ingredientes:
2 perdices • clavo • canela • pimienta

• 8 cucharadas de salsa española • 2 copas de vino de Jerez • sal

Preparación:

1. Limpiar bien y secar las perdices, disponerlas en una fuente refractaria y asarlas en el horno hasta que queden hechas por dentro y algo doradas por fuera.
2. Dejar enfriar las perdices y, después, retirarles huesos y pieles; machacar su carne en el mortero junto con la salsa española; rociar con el jerez.
3. En un puchero con 1 l de agua hirviendo y sal, cocer los huesos de las perdices durante unos 30 minutos.
4. Colar el caldo, ponerlo de nuevo en un puchero y añadir la majada de carne pasada por el cedazo. Sazonar al gusto de cada uno y dejar unos minutos más sobre el fuego.

Sopa de pescado

Para 6 personas
Tiempo de preparación: 1 hora y 45 minutos
Dificultad: media

Ingredientes:

1 cabeza de merluza • 300 g de rape • 200 g de congrio • 500 g de pescado de roca • 6 langostinos • 3 dientes de ajo • 100 g de cebollas • 100 g de zanahorias • 100 g de puerros • 100 g de tomates maduros • 1 cucharada de Pernod • 1 dl de aceite • laurel • perejil • pan • 2 l de agua • sal • pimienta

Preparación:

1. Lavar, escamar y vaciar todos los pescados.
2. En una olla un poco grande, calentar el aceite, poner los dientes de ajo, la cebolla, la zanahoria y el puerro, todo cortado pequeño; dejar sofreír y añadir el tomate pelado y cortado en trozos.
3. Añadir el pescado de roca y la cabeza de merluza, dejar rehogar bien a fuego lento.
4. Bañar con el agua, salpimentar, aromatizar con el laurel, perejil y el Pernod, dejar cocer unos treinta minutos.
5. Pasado ese tiempo, colar y reservar.
6. Volver a poner la olla al fuego con el caldo, añadir el rape, el congrio y los langostinos cortados en trozos. Cuando vuelva a hervir, dejar cocer unos quince minutos y añadir el pescado desmenuzado.
7. Verter en una sopera y servir caliente con unos cuscurros de pan previamente tostados y frotados con ajo.

Sopa de pimientos

Para 4 personas
Tiempo de preparación: 55 minutos
Dificultad: baja

Ingredientes:

3 pimientos rojos • 200 g de pan del día anterior • 2 dientes de ajo • 1/2 cucharada de pimentón • aceite • sal

Preparación:

1. Cortar el pan en rebanadas finas y tostarlas en el horno; retirarlas y reservarlas.
2. En una cazuela con bastante aceite, sofreír los pimientos cortados a cuadrados y el diente de ajo pelado.
3. Cuando estén bien rehogados, espolvorear con el pimentón y la sal, verter 1 l de agua caliente y dejar sobre fuego normal durante 20 minutos, aproximadamente.
4. Poner el pan tostado en una sopera y echar encima el caldo con los pimientos. Rectificar de sal y servir enseguida. Debe evitarse tanto que esta sopa quede clara como demasiado espesa.

Sopa de pollo

Para 4 personas
Tiempo de preparación: 1 hora y 5 minutos
Dificultad: baja

Ingredientes:

1/2 kg de pollo hervido y deshuesado • 150 g de arroz • 4 tomates maduros • 1 manojo de hiervas • perejil • sal

Preparación:

1. En una cazuela con agua hirviendo y sal, cocer el arroz durante unos 15 minutos. Colarlo y reservar.
2. Mientras, lavar y picar las hierbas para el caldo.
3. Poner las hierbas en un cazo, añadir agua hasta cubrirlas y echar una pizca de sal. Llevar el cazo al fuego y cocer durante 5 minutos. Después, añadir 1 l de agua y el pollo cortado a trozos pequeños y dejar el recipiente sobre fuego medio unos 5 minutos más.
4. Mientras, escaldar los tomates en agua hirviendo, pelarlos, trocearlos y añadirlos al cazo con el pollo.
5. Agregar perejil picado y dejar unos minutos más sobre fuego medio; añadir el arroz, mezclar y servir.

Sopa de rabo de buey

Para 4 personas
Tiempo de preparación: 2 horas y 30 minutos
Dificultad: baja

Ingredientes:

750 g de rabo de buey • 2 zanahorias • 1/2 bulbo de apio • 2 cebollas • 3 bayas de enebro • 1 cucharadita de pimienta en grano • 40 g de mantequilla • 50 g de harina • 1 copa de Madeira • 1 dl de nata líquida • salsa Worcester • salsa

Preparación:

1. Cortar el rabo de buey en trozos de 2 centímetros; lavar y escurrir.
2. Limpiar y trocear las verduras y las cebollas.
3. Poner una olla al fuego con los trozos de rabo de buey, las verduras y un litro de agua, añadir las bayas de enebro, la pimienta y la sal.
4. Dejar cocer lentamente unas dos horas, tapado. Controlar la cantidad de agua e ir añadiendo agua caliente (de modo que no se detenga la ebullición) para que al final de la cocción quede un litro de caldo.
5. Derretir la mantequilla en un cazo, añadir la harina y remover con una espátula hasta que se dore. Verter el caldo poco a poco, a través de un colador, removiendo con las varillas para que no se formen grumos.
6. Añadir la copa de Madeira y un poco de salsa Worcester.
7. Cuando hayamos comprobado que la carne del rabo está bien cocida, cortar en trozos pequeños y echar a la sopa.
8. Comprobar el punto de sal y añadir la nata líquida para suavizar su sabor.
9. Servir caliente.

Sopa de tomate

Para 4 personas
Tiempo de preparación: 1 hora
Dificultad: baja

Ingredientes:

1 cebolla • 1/2 kg de tomates • 100 g de pan rallado • 4 huevos • aceite • manteca • sal • pimienta molida • perejil

Preparación:

1. Pelar y picar fina la cebolla.
2. Escaldar en agua caliente los tomates, quitarles la piel y trocearlos.
3. En un plato hondo, batir los huevos enteros.
4. En una cazuela con manteca y aceite, sofreír la cebolla y los tomates.
5. Cuando el sofrito esté en su punto, rociar con 1 1/2 litros de agua hirviendo y añadir el pan rallado. Dejar a fuego lento una media hora.
6. Colar el caldo y ponerlo de nuevo en la cazuela, espolvoreándolo con sal y pimienta y, por último, añadir los huevos batidos.
7. Siempre a fuego lento, batir unos instantes la sopa para que los huevos formen unos hilos.
8. Adornar con perejil.

Sopa de vigilia

Para 4 personas
Tiempo de preparación: 1 hora
Dificultad: baja

Ingredientes:

100 g de rape • 1 cabeza de rape • 150 g de judías blancas cocidas • 1 cebolla • 4 puerros • 1 zanahoria • 1/2 col • 2 tomates maduros • 1 huevo duro • 1 hoja de laurel • tomillo • perejil • 1 1/2 l de agua • 3 gramos de pimienta negra • aceite • sal

Preparación:

1. En una olla al fuego con 1 1/2 l de agua, poner media cebolla troceada, la cabeza de pescado, el rape, una hoja de laurel, tomillo y perejil, sal y pimienta. Cuando empiece a hervir, espumar y dejar cocer a fuego fuerte durante unos 20 minutos.
2. En una cazuela aparte con aceite, rehogar la zanahoria y los puerros pelados y cortados en finas rodajas, la col bien lavada y troceada y el resto de cebolla laminada.
3. Remover y, al cabo de unos minutos, añadir los tomates pelados, sin semillas y picados pequeños. Dejar rehogar bien el conjunto.
4. Mojar con el caldo colado de la cocción del pescado y dejar hervir lentamente.

5. *Cuando las verduras estén tiernas, añadir las judías y el rape cortado en pequeños trozos; dejar cocer 10 minutos más y retirar del fuego.*
6. *En el momento de servir añadir el huevo duro picado.*

Sopa de yema

Para 4 personas
Tiempo de preparación: 45 minutos
Dificultad: baja

Ingredientes:

1/4 de gallina cocida y deshuesada • 4 yemas de huevo • 4 cucharadas soperas de harina • 1 l de caldo de ave • sal

Preparación:

1. *En un recipiente, preparar una masa con la yemas de huevo y la harina. Mezclar hasta que la masa quede bien fina y verter lentamente el caldo, sin parar de mezclar, hasta obtener un líquido fluido.*
2. *Colar la mezcla, ponerla en un puchero y salarla, añadir los 2 huevos restantes crudos y dejar a fuego lento, removiendo de vez en cuando para que el huevo no coagule.*
3. *Picar la carne de gallina y ponerla en el fondo de una sopera; añadir el caldo y cocer, durante unos 20 minutos. Servir bien caliente.*

Sopa Jijote

Para 4 personas
Tiempo de preparación: 2 horas y 25 minutos
Dificultad: alta

Ingredientes:

1/4 de gallina • 250 g de carne melosa de buey • 100 g de magro de jamón • 4 rebanadas de pan del día anterior • 3 tomates maduros • 1 cebolla • sal • aceite

Preparación:

1. *Cortar la carne a trozos.*
2. *Picar finamente la cebolla.*
3. *Cortar el jamón en pedazos pequeños.*
4. *Poner sobre el fuego una cazuela con agua y sal.*
5. *Cuando el agua esté tibia, añadir la carne, la gallina y el jamón. Dejar hervir a fuego normal hasta que la carne quede tierna.*
6. *Mientras, en un cazo con agua hirviendo, escaldar los tomates; retirarles la piel y triturarlos.*
7. *En una sartén con aceite caliente sofreír la cebolla y el tomate.*
8. *Colar el caldo con la carne, la gallina y el jamón, y reservarlo.*
9. *Retirar huesos y piel de la gallina y picar su carne junto con la de buey y el jamón.*
10. *En un puchero de barro poner el caldo, el sofrito y la carne picada. Rectificar de sal y dejar 20 minutos más.*
11. *Cortar el pan en pedacitos, freírlo en aceite muy caliente y ponerlo en una sopera. Rociar con el caldo hirviendo y servir.*

Sopa mallorquina

Para 4 personas
Tiempo de preparación: 40 minutos
Dificultad: baja

Ingredientes:

300 g de pan de payés • 2 cebollas tiernas • 2 tomates • 1/2 kg de col • 1/4 kg de alcachofas • 1 manojo de espárragos • 3 dientes de ajo • 1 manojo de perejil • 1 dl de aceite de oliva • 1 1/2 l de agua • 1 cucharada de pimentón • pimienta • sal

Preparación:

1. *En una cazuela de barro al fuego, rehogar las cebollas; antes de que tomen color, añadir los ajos y el perejil picados, los tomates pelados y cortados pequeños. Dejar rehogar un poco.*
2. *Limpiar la col, lavarla y cortarla en trozos pequeños, añadir a la cazuela, darle una vueltas, añadir los espárragos, pulidos y cortados también en trozos.*
3. *Sacar las hojas duras a las alcachofas, pulir y cortar en cuartos. Añadir a las otras verduras. Salpimentar.*
4. *Rehogar lentamente, hasta que esté bien dorado, poner el pimentón, remover y añadir rápidamente el agua caliente. Dejar cocer un poco, hasta que queden tiernas las verduras; sacarlas y reservar.*
5. *En el caldo, poner las rebanadas de pan cortadas muy finas. El pan ha de quedar bien remojado, embebiéndose el caldo.*

6. Añadir otra vez las verduras a la cazuela, dejar unos minutos al fuego, tapado. En el momento de servir, rociar con aceite crudo por encima.

Sopa manchega

Para 4 personas
Tiempo de preparación: 1 hora y 5 minutos
Dificultad: baja

Ingredientes:

1 cebolla • 1 diente de ajo • 1 manojo de espárragos finos • 1 1/2 l de caldo de cocido • aceite • unas hebras de azafrán • unas rebanadas de pan del día anterior • perejil • pimienta

Preparación:

1. Pelar y triturar la cebolla y el diente de ajo.
2. Picar finamente el perejil.
3. Pelar y retirar la parte más dura de los espárragos y trocearlos.
4. Machacar en un mortero el ajo, el perejil, el azafrán, sal y pimienta.
5. En una sartén con aceite caliente, sofreír los trocitos de espárragos junto con la cebolla.
6. En una cazuela de barro, colocar en el fondo las rebanadas de pan y verter encima el caldo caliente, el sofrito de cebolla y espárragos y la picada del mortero.
7. Llevar la cazuela a fuego muy lento y dejarla unos veinte minutos.
8. Servir en la misma cazuela.

Sopa marinera

Para 4 personas
Tiempo de preparación: 55 minutos
Dificultad: media

Ingredientes:

1/2 kg de berberechos • 1/2 kg de mejillones • 2 dientes de ajo • perejil • 12 rebanadas de pan • 2 cebollas medianas • 2 tomates maduros • 1/2 cucharada de pimentón • aceite • sal

Preparación:

1. Limpiar cuidadosamente los mejillones, quitándoles todas las barbas.
2. Poner en remojo los berberechos en un poco de agua fría con una pizca de sal.
3. Pelar y trocear finamente las cebollas y los dientes de ajo.
4. Retirar la piel de los tomates y triturar la pulpa hasta formar un puré.
5. En una cazuela que se pueda tapar y con un litro de agua hirviendo, dar unos hervores a los berberechos y los mejillones.
6. Colar el caldo y retirar las conchas de los moluscos.
7. En una sartén con un poco de aceite caliente, sofreír la cebolla y los ajos. Añadir el puré de tomate y dejar a fuego lento hasta que se espese.
8. Espolvorear el sofrito con el pimentón y retirar la sartén del fuego.
9. Juntar el sofrito con el caldo, agregar los berberechos y los mejillones.
10. Sazonar y dejar de nuevo al fuego unos diez minutos.
11. Tostar las rebanadas de pan, que deden ser delgaditas.
12. Colocar en una sopera las rebanadas tostadas de pan. Verter el caldo encima y decorar con perejil muy picado.

Sopa navarra

Para 8 personas
Tiempo de preparación: 1 hora y 25 minutos
Dificultad: media

Ingredientes:

pan especial para sopas (pistolas) • 150 g de chorizo de Pamplona • 125 g de jamón • 6 lechugas • 200 g de guisantes desgranados • 6 patatas • 6 puerros • 1 cebolla • 3 zanahorias • 1 coliflor pequeña • 1 kg de judías verdes • 3 dientes de ajo • caldo • pimienta molida • aceite • sal

Preparación:

1. Lavar, pelar y trocear las verduras y hortalizas, cortar en rebanadas el pan (unas 3 pistolas) y trinchar el chorizo y el jamón.
2. En un puchero amplio de barro con aceite caliente, dorar el chorizo y el jamón y añadir enseguida la cebolla pelada y los dientes de ajo bien picados.
3. Antes de que tome color, añadir el pan y rehogarlo todo, removiendo con una espátula de madera.
4. Seguidamente, agregar todas las verduras; mezclar

y rociar con caldo; rectificar de sal y espolvorear con pimienta.

5. Mantener a fuego muy lento hasta que las verduras estén muy tiernas.
6. Disponer la sopa en una cazuela amplia y baja, introducirla en el horno y gratinar durante unos quince minutos, hasta que se forme una corteza en la superficie.

Sopa torrada

Para 4 personas
Tiempo de preparación: 1 hora y 15 minutos
Dificultad: baja

Ingredientes:

1 l de caldo de ave • 400 g de carne picada de ternera • 1 diente de ajo • 50 g de harina • 1 huevo • 200 g de pan de payés • 2 dl de aceite de oliva • canela en polvo • perejil • pimienta • sal

Preparación:

1. En un bol, trabajar la carne de ternera con el huevo batido, añadir el ajo y perejil picados, salpimentar, aromatizar con un poco de canela en polvo, amasar bien. Preparar unas albóndigas pequeñas y pasarlas por harina.
2. Poner el caldo, ya preparado, al fuego. Cuando empiece a hervir, añadir las albóndigas y dejar cocer unos quince minutos. Sacar las albóndigas, reservar.
3. Reservar el caldo y ponerlo en algún lugar donde se mantega caliente.
4. En una cacerola aparte, calentar el aceite, poner el pan cortado en rebanadas, dejar dorar.
5. Añadir el caldo, en el que hemos cocido las albóndigas, dejar cocer lentamente, tapado, unos sesenta minutos, batir enérgicamente con las varillas, añadir las pequeñas albóndigas. Servir muy caliente.

Tarta de cebolla

Para 6 personas
Tiempo de preparación: 1 hora
Dificultad: media

Ingredientes:

Para la pasta
200 g de harina • 100 g de mantequilla • 3 cucharadas de agua • sal

Relleno

800 g de cebollas • 50 g de mantequilla • 2 huevos • 2,5 dl de leche • nuez moscada • sal • pimienta

Preparación:

1. Disponer la harina en círculo, sobre una superficie plana y resistente, con los demás ingredientes en el centro; amasar desmenuzando la pasta, hasta que quede humedecida, juntarla sin alisar, trabajar con la palma de la mano (brisar) tres veces, para que quede una pasta fina.
2. Formar una bola grande y dejar reposar en el frigorífico; mientras, preparar el relleno.
3. Cortar las cebollas en láminas finas y rehogarlas en mantequilla sin que llegue a dorarse; primero durante 5 minutos a fuego vivo; luego, más lento.
4. Forrar un molde de tarta desmoldable con la pasta preparada y cocerlo al horno precalentado unos ocho minutos.
5. Sacar del horno y rellenarlo con las cebollas que se han rehogado.
6. Cubrir con una crema preparada con los huevos ligeramente batidos, sazonar con sal, pimienta y nuez moscada, verter la leche caliente, mezclar bien y verter sobre la tarta.
7. Llevar al horno, unos veinticinco minutos.
8. Dejar enfriar un poco antes de sacarla del molde. Servir templada.

Titaina (pimiento, tomate y atún)

Para 4 personas
Tiempo de preparación: 50 minutos
Dificultad: baja

Ingredientes:

4 dientes de ajo • 50 g de piñones • 200 g de «tonyina» en salmuera • 2 kg de tomates maduros • 1/2 kg de pimientos rojos • 2 dl de aceite • 1 cucharada de azúcar • sal • pimienta

Preparación:

1. En una sartén al fuego, con un poco de aceite, rehogar los ajos picados, añadir los piñones, darles una vuelta a fuego lento. Antes de que tomen color, añadir la «tonyina» desmenuzada y remover todo con una espátula de madera unos segundos.
2. Añadir los pimientos rojos, dejar rehogar un poco, adicionar los tomates pelados y cortados en dados, echar la cucharada de azúcar, dejar cocer lenta-

mente, hasta que se evapore un poco el agua y empiece a verse un poco aceitoso.

3. *Salpimentar, dejar cocer 5 minutos y servir. Está en su mejor punto hecho de un día para el otro.*

Tiznao (guiso manchego de patatas y bacalao)

Para 6 personas
Tiempo de preparación: 1 hora
Dificultad: media

Ingredientes:

2 kg de patatas • 1/2 kg de bacalao • 10 pimientos rojos secos • 1 cabeza de ajos • 2 cucharadas de pimentón • 10 cebolletas tiernas • aceite • sal

Preparación:

1. *Asar en plancha, en brasas u horno, los dientes de ajo, las cebollas y el bacalao.*
2. *Pelar las patatas y cortarlas en trozos.*
3. *Cocer las patatas en agua hirviendo con sal. Cuando estén cocidas escurrirlas con la espumadera.*
4. *En una cazuela de barro, a fuego normal, echar aceite y los pimientos sin pepitas ni rabo y cortados en trozos. Añadir a continuación las patatas.*
5. *Disponer encima del bacalao deshojado, las cebolletas asadas, los dientes de ajo, el pimentón y un poco de sal. Rociar con un vaso de agua y dejar la cazuela a fuego normal unos diez minutos.*
6. *Servir en la misma cazuela.*

Tomatada

Para 4 personas
Tiempo de preparación: 1 hora y 15 minutos
Dificultad: baja

Ingredientes:

1 kg de tomates maduros • 100 g de jamón • 100 g de chorizo de Pamplona • 2 pimientos rojos • aceite • sal

Preparación:

1. *Cortar a pequeños dados el jamón y el chorizo.*
2. *Asar los pimientos que han de ser carnosos, retirarles la piel, una vez fríos, y cortarlos a tiras.*
3. *Limpiar y trocear los tomates, sin pelar.*
4. *En una sartén amplia con muy poco aceite, poner los tomates troceados, el jamón y el chorizo y llevarla al fuego.*
5. *Cuando dé el primer hervor, tapar la sartén y dejar sobre fuego lento unos 20 minutos, vigilando no se queme por los bordes.*
6. *Destapar la sartén y continuar la cocción durante 10 minutos más, aproximadamente.*
7. *Disponer la salsa de tomates en una fuente y colocar encima las tiras de pimiento a modo de adorno según los gustos personales. Rectificar la salazón antes de servir.*

Tomates de verano

Para 4 personas
Tiempo de preparación: 35 minutos
Dificultad: baja

Ingredientes:

8 tomates maduros • 200 g de bonito en escabeche • 1 lechuga • 16 puntas de espárragos • 2 huevos • 50 g de aceitunas sin hueso • zumo de limón • aceite • sal

Preparación:

1. *Lavar los tomates y perforarlos con la punta de un cuchillo, haciendo un redondel en su parte superior.*
2. *Vaciarlos cuidadosamente con una cucharita pequeña, evitando que se rompan. Dejarlos escurrir boca abajo sobre un plato durante 20 minutos.*
3. *Preparar el relleno con el bonito en escabeche, un huevo duro picado pequeño, y las aceitunas.*
4. *Preparar una salsa mahonesa, batiendo un huevo con el aceite y el zumo de limón; salar un poco y trabajar hasta lograr una salsa espesa y ligada.*
5. *Mezclar el relleno con la mahonesa y rellenar los tomates, que ya estarán escurridos.*
6. *Cubrir el fondo de una bandeja con las hojas bien limpias de la lechuga cortadas en juliana, colocar los tomates encima y adornar alrededor con las puntas de espárragos.*

Tomates horneados

Para 4 personas
Tiempo de preparación: 30 minutos
Dificultad: baja

Ingredientes:

8 tomates grandes, rojos pero fuertes • un poco de miga de pan • 4 dientes de ajo • 1/2 dl de aceite de oliva • 1 manojo de perejil • 1 cebolla • sal • pimienta

Preparación:

1. Lavar los tomates y partirlos por su parte más ancha, quitar las semillas y dejarlos boca abajo.
2. Picar finamente el ajo y el perejil, mezclar con la miga de pan y aceite, formar una pasta que servirá de relleno. Salpimentar.
3. Rellenar los tomates con el preparado.
4. Precalentar el horno, colocar los tomates en una fuente refractaria, rociar con aceite y poner al horno unos veinte minutos. Al sacarlos, espolvorear con perejil picado. Servir calientes.

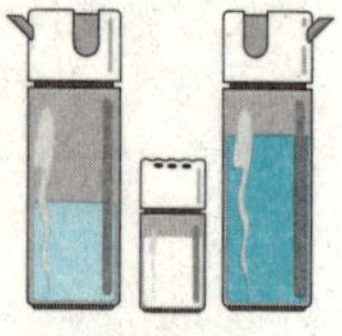

Torta de patatas

Para 4 personas
Tiempo de preparación: 1 hora y 25 minutos
Dificultad: baja

Ingredientes:

2 kg de patatas • 2 cebollas • pimienta molida • pimentón dulce • aceite de oliva • sal

Preparación:

1. Cocer las patatas con piel hasta que estén tiernas.
2. Pelarlas y triturarlas con un tenedor.
3. Pelar y picar las cebollas, y dorarlas en una sartén amplia con aceite hirviendo.
4. Cuando empiecen a estar transparentes, añadir las patatas, salpimentar y mezclar durante un rato; aplastar con la rasera para formar la torta.
5. Dar la vuelta a la torta y dorarla por el otro lado, procurando no se pegue a la sartén.
6. Disponerla en una fuente y espolvorearla con pimentón.
7. Servir caliente.

Tortilla a la maña

Para 4 personas
Tiempo de preparación: 1 hora y 20 minutos
Dificultad: media

Ingredientes:

8 huevos • 100 g de tocino de jamón • 100 g de arroz • 3 patatas medianas • 2 dientes de ajo • perejil • hinojo • aceite • sal

Preparación:

1. Pelar y cortar en rodajas muy finas las patatas, pelar los dientes de ajo y triturar una ramita de perejil.
2. En una cazuela con agua hirviendo y sal, cocer las patatas y el arroz durante veinte minutos. Escurrir y conservar el caldo.
3. Poner de nuevo al fuego el caldo obtenido, echando los dientes de ajo, el perejil y una pizca de hinojo.
4. Mientras, cortar a trozos el tocino y añadirlo a la cocción anterior, dejando a fuego lento durante unos 30 minutos, hasta reducir el caldo.
5. En dos platos hondos, batir por separado 4 huevos repartiendo entre ambos las patatas y el arroz; rectificar de sal.
6. Formar las dos tortillas dejándolas doradas, pero jugosas.
7. Disponerlas en una fuente para servir y rociarlas con el caldo.

Tortilla con tropezones

Para 4 personas
Tiempo de preparación: 45 minutos
Dificultad: baja

Ingredientes:

4 huevos • 50 g de jamón magro • 50 g de chorizo • 1/2 kg de patatas • 1 cebolla pequeña • aceite • sal

Preparación:

1. Pelar las patatas y cortarlas en cuadrados pequeños.
2. Cortar el chorizo y el jamón en trozos pequeños.
3. Pelar y triturar la cebolla.
4. Batir los huevos.
5. En una sartén con aceite hirviendo, freír las patatas a fuego normal. Tapar la sartén y dejar unos minutos más a fuego muy lento.
6. Antes de retirar las patatas de la sartén, añadir la cebolla triturada, el jamón y el chorizo.

7. Dejar 10 minutos más, revolviendo con una espátula de madera.
8. Disponer las patatas y sus ingredientes bien escurridos de aceite en la fuente con los huevos batidos. Espolvorear con sal.
9. Retirar el aceite de la sartén, dejar sólo unas dos cucharadas. Cuando esté bien caliente, formar una tortilla jugosa pero dorada por el exterior.

Tortilla de ajos tiernos

Para 4 personas
Tiempo de preparación: 20 minutos
Dificultad: baja

Ingredientes:
2 manojos de ajos tiernos • 6 huevos • aceite • sal • pimienta

Preparación:
1. Cortar las raíces de los ajos y pelarlos quitando la primera piel.
2. Quitarles las puntas de abajo y cortarlos pequeños.
3. En una sartén al fuego, calentar aceite y rehogarlos lentamente, añadiendo pequeñas cantidades de agua caliente, cuidando de que no se quemen.
4. Cuando estén blancos, escurrir.
5. Batir los huevos, mezclar los ajos, salpimentar y cuajar la tortilla en la sartén, dándole la vuelta y dorándola por ambos lados. Servir caliente.

Tortilla de bacalao

Para 4 personas
Tiempo de preparación: 30 minutos
Dificultad: baja

Ingredientes:
4 pimientos verdes • 4 dientes de ajo • 8 huevos • 300 g de bacalao • perejil • 1 dl de aceite • sal • pimienta

Preparación:
1. Tener remojado y desalado el bacalao. Desmenuzar, quitar la piel y las espinas.
2. En un cazo con un poco de aceite, rehogar los pimientos cortados en tiras, dejar cocer lentamente, para que queden blancos y que no cojan color.
3. Añadir el bacalao, rehogar un poco más y añadir el ajo y perejil bien picados. Salpimentar con moderación. Rehogar un poco más y retirar.
4. Repartir en cuatro partes.
5. Batir los huevos, dos cada vez, y mezclar con una de las partes del preparado de bacalao.
6. Poner un poco de aceite en una sartén y formar una tortilla redonda, dorándola por ambas caras.
7. Cuando tengamos las cuatro tortillas preparadas, presentarlas a la mesa rodeadas de ensalada verde.

Tortilla de camarones y gambas

Para 4 personas
Tiempo de preparación: 25 minutos
Dificultad: media

Ingredientes:
300 g de gambas y camarones • 200 g de harina de trigo • 200 g de harina de maíz • 200 g de cebolla tierna • perejil • aceite • sal

Preparación:
1. Picar la cebolla, el perejil y mezclar con las gambas y los camarones pelados y cortados en trozos pequeños.
2. Agregar la harina y mezclarlo todo y sazonar.
3. Añadir también un poco de agua templada, hasta conseguir una pasta de consistencia media.
4. Dejar reposar la pasta durante 3 horas.
5. En una sartén con abundante aceite muy caliente, verter un poco de pasta con la ayuda de una cuchara sopera.
6. Dejar dorar las tortillas por ambos lados. Deben quedar secas y crujientes.
7. Servir recién hechas.

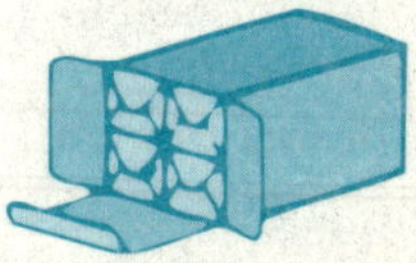

Tortilla de cangrejos

Para 4 personas
Tiempo de preparación: 40 minutos
Dificultad: media

Ingredientes:

500 g de colas de cangrejo • 6 huevos • 1 hoja de laurel • pimienta blanca molida • pimienta negra en grano • aceite de oliva • sal

Preparación:

1. En un cazo con agua hirviendo, 1 hoja de laurel, sal y 3 o 4 granos de pimienta negra, cocer durante aproximadamente cinco minutos las colas de cangrejo.
2. Retirar la carne de las colas y reservarlas; machacar el resto en un mortero, colando a continuación su jugo.
3. En un recipiente hondo, batir los huevos junto con el jugo de los cangrejos; rectificar de sal y espolvorear con un poco de pimienta blanca.
4. En una sartén plana, calentar 4 cucharadas de aceite. Cuando el aceite esté caliente, formar la tortilla con los huevos y las colas de cangrejo.
5. Darle 2 vueltas, dejándola bien esponjosa, pero no seca.
6. Servir caliente.
7. Dorar la tortilla por ambos lados, dándole la vuelta para que adquiera un bonito color dorado. Si la tortilla se cuece con fuego rápido queda dorada en menos tiempo pero no tan cocida por dentro. Por el contrario, a fuego lento queda más hecha.

Tortilla de costrones de pan

Para 4 personas
Tiempo de preparación: 25 minutos
Dificultad: baja

Ingredientes:

7 huevos • 2 rebanadas de pan • pimienta blanca molida • sal • aceite

Preparación:

1. Cortar las rebanadas de pan en cuadraditos de un centímetro de espesor, aproximadamente. Los costrones se formarán al freír la miga.
2. En una sartén mediana con aceite abundante y bien caliente, dorar los costrones de pan. Evitar que el aceite se queme.
3. Colar el aceite sobrante de freír los costrones para usarlo al hacer la tortilla.
4. Batir los huevos en una fuente honda. Si se desea una tortilla melosa, basta con batir los huevos unos instantes pero, si se desea la tortilla muy hecha, batir durante más tiempo los huevos.
5. En una sartén amplia con 3 cucharadas de aceite, poner los huevos batidos mezclados con los costrones de pan.
6. Espolvorear con sal y pimienta al gusto.

Tortilla de champiñones

Para 4 personas
Tiempo de preparación: 40 minutos
Dificultad: baja

Ingredientes:

200 g de champiñones • 4 huevos • 2 cucharadas de salsa de tomate • 1 cebolla pequeña • 3 pimientos de lata • 1 diente de ajo • 1 limón • 1 rebanada de miga de pan • pimienta • 50 g de mantequilla • aceite • sal

Preparación:

1. Limpiar, rociar con zumo de limón y cortar en láminas los champiñones.
2. Picar fina la cebolla y rehogarla con la mantequilla; añadir los champiñones, cociendo a fuego vivo. Sazonar con sal y pimienta.
3. Batir los huevos, añadir la miga de pan desmenuzada, las dos cucharadas de salsa de tomate, el diente de ajo picado y los champiñones.
4. En una sartén con un poco de aceite, cuajar la tortilla, dorándola por ambos lados, pero dejándola jugosa por dentro. Dejar descansar un momento en la sartén y servir.

Tortilla de espárragos

Para 4 personas
Tiempo de preparación: 45 minutos
Dificultad: baja

Ingredientes:

6 huevos • 1 manojo de espárragos trigueros • 1 cucharada de harina • sal • pimienta molida • manteca de cerdo • aceite

Preparación:

1. Lavar los espárragos y conservar sólo la punta tierna y blanca. Cortarlos en trozos de 2 centímetros de largo.

2. En una cazuela con 3 cucharadas de manteca, dorar las puntas de espárragos a fuego lento. Cuando estén bien tiernos, añadir una cucharada de harina, remover, rociar con un vasito de agua y espolvorear con sal y pimienta.
3. Cuando den el primer hervor, bajar el fuego dejándolo muy lento y cocerlos unos veinte minutos más.
4. En un recipiente batir 5 huevos y formar una tortilla en una sartén mediana.
5. Cuando esté dorada por ambos lados, disponerla en una fuente para servir.
6. Añadir a los espárragos una yema de huevo, mezclar y dejar un minuto más sobre el fuego.
7. Rellenar la tortilla con la mezcla anterior y doblar las 2 puntas sobre el relleno.
8. Servir enseguida, cuando todavía esté muy caliente.

Tortilla de gambas

Para 4 personas
Tiempo de preparación: 25 minutos
Dificultad: baja

Ingredientes:

400 g de gambas • 12 huevos • aceite • sal • laurel • agua

Preparación:

1. En una cazuela con agua al fuego, poner a cocer las gambas, añadiéndole el laurel y la sal.
2. Al cabo de 2 o 3 minutos, retirar la cazuela del fuego.
3. Pelar el marisco.
4. Batir tres huevos y sazonar.
5. En una sartén con aceite caliente, verter los huevos batidos y añadir las gambas peladas.
6. Remover bien y, cuando el huevo empiece a cuajar, formar la tortilla.

Tortilla de lacón

Para 4 personas
Tiempo de preparación: 35 minutos
Dificultad: media

Ingredientes:

4 huevos • 150 g de lacón • miga de pan del día anterior • leche • aceite • sal

Preparación:

1. Picar el lacón.
2. Poner en remojo 1/2 tazón de miga de pan en leche. Escurrir bien.
3. Batir en un plato hondo los huevos y espolvorearlos con sal.
4. Mezclar los huevos con la miga de pan y el lacón.
5. Calentar una sartén, verter unas 4 cucharadas de aceite. Cuando esté hirviendo, formar la tortilla.
6. Debe quedar dorada por fuera pero jugosa por dentro.
7. Puede hacerse también con 8 huevos en vez de 4.
8. Servir caliente.

Tortilla de patatas con lomo a caballo

Para 4 personas
Tiempo de preparación: 1 hora y 5 minutos
Dificultad: baja

Ingredientes:

1 kg de patatas • 400 g de lomo en 8 trozos • 8 huevos • 2 cebollas • 1/2 cucharada de pimentón • 1 manojo de hierbas (laurel, tomillo, perejil) • aceite • sal

Preparación:

1. En una fuente de barro poner los trozos de lomo, rociarlos con un buen chorro de aceite, añadir el pimentón y el manojo de hierbas. Dejarlo en adobo unas dos horas en un lugar fresco.
2. Pelar las patatas y cortarlas en rodajitas finas.
3. En una sartén con aceite hirviendo, freír las patatas. Cuando empiecen a adquirir un poco de color, tapar la sartén y dejarlas a fuego muy lento. Escurrirlas cuando estén blandas y conservarlas cerca del calor.
4. Retirar el aceite de la sartén y dejar sólo 3 cucharadas. Freír en él las cebollas peladas y trituradas. Añadirlas a las patatas.
5. Batir los huevos con un poco de sal en un recipiente hondo. Añadir las patatas y la cebolla.
6. En una sartén amplia con 4 cucharadas de aceite, formar la tortilla, redonda y gruesa. Darle la vuelta cuando esté dorada por abajo y acabar la cocción por el otro lado.

7. Disponer la tortilla en una fuente para servir.
8. Escurrir el lomo en adobo, secarlo, untarlo con un poco de aceite y dorarlo por ambos lados.
9. Cortar la tortilla en trozos y en cada uno de ellos disponer 2 trozos de lomo.

Tortilla de picatostes

Para 4 personas
Tiempo de preparación: 35 minutos
Dificultad: baja

Ingredientes:

8 huevos • 100 g de chorizo • 3 rodajas de pan del día anterior • aceite • sal • pimienta molida

Preparación:

1. Cortar el pan en tiras y después en cuadrados pequeños.
2. Retirar la piel del chorizo y cortarlo en rodajas.
3. En una sartén pequeña con aceite hirviendo, freír los picatostes.
4. En un recipiente hondo, batir los huevos y sazonarlos con sal y pimienta.
5. En el aceite sobrante de freír los picatostes, sal-tear las rodajas de chorizo.
6. En una sartén amplia con un poco de aceite hirviendo, saltear los picatostes y el chorizo ya fritos. Darles una vuelta con el tenedor y verter encima los huevos batidos.
7. Revolver y mezclar bien la mezcla de huevos, picatostes y chorizo. Cuando la tortilla esté dorada por abajo, darle la vuelta con la ayuda de un plato y dorarla por la otra parte.
8. La tortilla puede quedar dorada por fuera y jugosa por dentro o muy hecha, según el gusto de cada uno.
9. Servirla caliente.

Tortilla de Sacromonte

Para 4 personas
Tiempo de preparación: 30 minutos
Dificultad: baja

Ingredientes:

6 huevos • 2 sesos de cordero • 1 criadilla de cordero • 1 pimiento morrón (de lata) • 50 g de guisantes desgranados • aceite • sal

Preparación:

1. En una olla con poca agua y sal, dejar cocer los sesos y la criadilla durante 5 minutos.
2. Quitar las pieles y freír ligeramente en aceite. Dejar enfriar y cortar todo en trozos pequeños.
3. En el mismo aceite, freír el pimiento cortado a trocitos y los guisantes, previamente cocidos.
4. Añadir los sesos y la criadilla y dejar rehogar todo junto unos minutos.
5. Batir los huevos y sazonar. Mezclar con todos los demás ingredientes.
6. En una sartén con poco aceite caliente, hacer la tortilla. Debe quedar dorada por fuera y jugosa por dentro.
7. Es mejor servir caliente.

Tortilla del Madrid goyesco

Para 4 personas
Tiempo de preparación: 55 minutos
Dificultad: baja

Ingredientes:

2 mollejas pequeñas de ternera y varias de cordero • 1 cebolla pequeña • perejil • sal • pimienta molida • 1 cucharadita de jerez • aceite • queso rallado • manteca • 1 cucharada sopera de jamón picado • 2 tomates maduros • 6 huevos

Preparación:

1. Poner las mollejas en remojo con agua fría durante 1 hora.
2. Cocerlas en agua con sal unos minutos.
3. Escurrirlas, retirarles las grasas y telillas hasta dejarlas limpias y cortarlas en tiras finas.
4. Pelar y picar la cebolla para que quede bien fina.
5. Triturar el perejil.
6. Escaldar en agua hirviendo los tomates, quitarles la piel y las semillas y picarlos.
7. En una sartén con manteca caliente, saltear las mollejas a fuego vivo.
8. Añadir inmediatamente un poquito de cebolla picada, sal, pimienta, perejil y 1 cucharadita de jerez.
9. En otra sartén amplia, con un poco de aceite, freír una cucharada sopera de cebolla picada e igual cantidad de jamón.
10. Cuando el sofrito esté dorado, añadir los 6 huevos bien batidos, una cucharada de queso rallado y un poco de perejil.
11. Formar la tortilla plana y dorada por los dos lados y disponerla en una fuente redonda. Colocar en el centro el sofrito de las mollejas decorando cada lado

de la fuente con una cucharada de tomate preparado en sofrito con sal, azúcar y pimienta.

Tortilla extremeña

Para 4 personas
Tiempo de preparación: 25 minutos
Dificultad: baja

Ingredientes:
8 huevos • 250 g de chorizo extremeño • 1 guindilla picante • 1/2 cucharada de pimentón • aceite • sal

Preparación:
1. Cortar el chorizo en rodajas y retirarles la piel; trocear la guindilla, y batir los huevos en un recipiente hondo.
2. En una sartén con un poco de aceite caliente, saltear las rodajas de chorizo junto con la guindilla; espolvorear con un poco de sal y el pimentón y agregar enseguida los huevos batidos.
3. Formar una tortilla redonda, jugosa por dentro pero dorada por fuera, disponerla en una fuente para servir y dejarla reposar unos 5 minutos.

Tortilla navarra

Para 4 personas
Tiempo de preparación: 1 hora y 15 minutos
Dificultad: baja

Ingredientes:
400 g de patatas • 2 cebollas • 2 tomates maduros • 4 huevos • aceite • sal

Preparación:
1. Pelar las patatas y cortarlas a cuadrados pequeños y uniformes. A continuación, y por separado, pelar y triturar cuidadosamente los tomates y las cebollas.
2. Poner aceite en una sartén y freír en él los cuadros de patata a fuego lento.
3. A media cocción de las patatas, añadir la cebolla, tapar la sartén y dejar a fuego lento.

4. Finalmente, unos minutos antes de retirar, agregar el tomate, sazonar con sal y mezclar. Dejar unos 5 minutos más.
5. Agregar los huevos batidos, remover con cuidado y formar una tortilla jugosa por dentro y dorada por fuera.

Tortilla paisana

Para 4 personas
Tiempo de preparación: 30 minutos
Dificultad: baja

Ingredientes:
8 huevos • 10 espárragos blancos • 100 g de guisantes extrafinos • 100 g de jamón serrano • 100 g de chorizo «casero»

Preparación:
1. Conservar sólo la parte más blanca de los espárragos y cortar en trozos de unos dos centímetros, aproximadamente.
2. Retirar la piel del chorizo y cortarlo en cuadraditos.
3. Picar también el jamón.
4. En una sartén amplia con 4 cucharadas de aceite, saltear los espárragos, los guisantes desgranados, el jamón y el chorizo.
5. Batir en un recipiente hondo los huevos.

Tortilla piperada

Para 4 personas
Tiempo de preparación: 40 minutos
Dificultad: baja

Ingredientes:
8 huevos • 3 pimientos rojos • 250 g de cebollas • 4 tomates rojos y fuertes • 3 dientes de ajo • perejil • aceite • sal • pimienta

Preparación:
1. Lavar y cortar los pimientos en tiras finas, sacándoles las semillas.
2. Pelar las cebollas y cortarlas también en tiras finas.
3. En un cazo al fuego con un poco de aceite, sofreír los pimientos y cebollas a fuego suave, unos quince minutos; salpimentar.

4. Tapar con un papel de barba engrasado, hundiéndolo por el centro de manera que toque el pimiento y la cebolla; tapar, además, con la tapadera; dejar cocer unos diez minutos más.
5. Escaldar y pelar los tomates, cortarlos en cuadros pequeños, freír en cuadrados pequeños, freír en un cazo con muy poco aceite, añadir el ajo y perejil finamente picados.
6. Mezclar con las cebollas y los pimientos.
7. Dividir en cuatro partes y formar cuatro tortillas redondas, con dos huevos cada una. Dorar por ambos lados.
8. Es conveniente servir este plato bien caliente.

Tumbet mallorquí (verduras en cazuela)

Para 4 personas
Tiempo de preparación: 1 hora y 15 minutos
Dificultad: baja

Ingredientes:

1/2 kg de patatas • 1/2 kg de berenjenas • 1/2 kg de pimientos verdes • 1 kg de tomates maduros • 4 dientes de ajo • 1/2 l de aceite • 1 cucharadita de azúcar • perejil • sal • pimienta • huevos

Preparación:

1. Pelar las patatas, pasarlas por agua y cortarlas en rodajas de un centímetro.
2. Lavar bien las berenjenas y, sin pelar, cortarlas también en rodajas, ponerlas en una escurridera y espolvorearlas con sal; dejarlas una hora, aproximadamente.
3. Escaldar los tomates en agua hirviendo durante un rato para que la piel salte más fácilmente, pelarlos y picarlos pequeños.
4. Mientras, en aceite caliente, freír las patatas, salpimentarlas y colocarlas ordenadamente en una cazuela de barro.
5. Pasada la hora, secar las berenjenas (que ya habrán soltado el agua) con un paño de cocina; en el mismo aceite de las patatas, freír las berenjenas escurrir bien y colocarlas sobre las patatas.
6. Bajar un poco el fuego y freír los pimientos, lavados, quitado el péndulo y semillas y troceados, removiendo con cuidado para que no se quemen. Escurrir y poner en la cazuela sobre las berenjenas. Salpimentar.
7. Quitar un poco de aceite de la sartén, si vemos que es excesivo; rehogar a fuego lento los ajos y perejil finamente picados y, cuando empiecen a tomar color, agregar los tomates ya preparados. Dejar cocer a fuego medio, removiendo a menudo, poner sal y una cucharadita de azúcar.
8. Cuando la salsa esté en su punto, verter por encima de las verduras. Adornar con rodajas de huevo duro bien finas.
9. Servir. Se puede tomar como más apetezca: al gusto, caliente, tibio o bien frío.

Tupí d'hivern (olla de invierno)

Para 4 personas
Tiempo de preparación: 60 minutos
Dificultad: media

Ingredientes:

2 zanahorias • 2 puerros • 4 ramas de apio • 1/2 col de olla • 1/2 cebolla • 2 ajos • 2 patatas • 1/2 chirivía • 1/2 pollo • 1/2 butifarra blanca • 1/2 butifarra negra • 1 codillo de jamón fresco • 1 hueso de ternera • un puñado de arroz • 1 puñado de fideos gruesos • aceite • agua • sal

Preparación:

1. Pelar y lavar todas las verduras. Cortarlas en cuadrados pequeños.
2. Calentar aceite en una cacerola honda y sofreír todas las verduras. Antes de que se doren, añadir los huesos de jamón y de ternera y el pollo cortado a trozos; dejar sofreír un poco y añadir agua hasta cubrirlo escasamente. Dejar hervir tapado unos treinta minutos. Pasado este tiempo, añadir las butifarras, los fideos y el arroz, tapar nuevamente y dejar cocer 15 minutos más. Comprobar la sal. Retirar todos los huesos.
3. Servir con el pollo desmenuzado y las butifarras cortadas en cuatro trozos, uno por plato.

Verdura al ajoarriero

Para 4 personas
Tiempo de preparación: 55 minutos
Dificultad: media

Ingredientes:

1 coliflor bien blanca, de 1 kg aproximadamente • 1/2 cucharada de pimentón dulce • 4 dientes de ajo • 1 cucharada de vinagre • aceite de oliva • sal • perejil

Preparación:

1. Cortar a ras el tronco de la coliflor. Separar los ramilletes y ponerla a cocer en una cazuela con agua hirviendo y sal, durante unos veinte minutos. Escurrirla y dejarla en una fuente.
2. Pelar un diente de ajo y machacarlo en un mortero con un poco de perejil. Rociar con un poco de caldo de la cocción de la coliflor.
3. En una sartén con aceite caliente, dorar los 3 dientes de ajo pelados, retirarlos y, en el aceite restante, con la sartén fuera del fuego, diluir el pimentón y rociar enseguida con una cucharada de vinagre.
4. Añadir al sofrito de la sartén el majado del mortero, mezclar y verter sobre la coliflor.
5. Servir enseguida.

Xató de Sitges (ensalada)

Para 4 personas
Tiempo de preparación: 1 hora
Dificultad: baja

Ingredientes:

1 escarola grande • 100 g de bacalao sin espinas • 100 g de atún salado seco • 4 anchoas saladas • 150 g de aceitunas «arbequines» • 2 tomates rojos y fuertes

Salsa

2 ñoras secas • 2 dientes de ajo • 10 almendras tostadas • 2 tomates maduros • 1 cucharada de pimentón • sal • 1,5 dl de aceite de oliva • 4 cucharadas de vinagre • guindilla

Preparación:

1. Poner las ñoras, sin pepitas, en agua fría unas dos horas.
2. Desmenuzar el bacalao y el atún y dejarlos en remojo hasta que se desalen.
3. Sacar las espinas de las anchoas y hacer filetes, desalar pasándolos por agua.
4. Lavar bien la escarola y cortarla pequeña.
5. Ponerla en una ensaladera grande, añadir los tomates cortados a trozos regulares, las aceitunas, el bacalao bien escurrido y el atún, los filetes de anchoa por encima, adornando.
6. Aliñarla con la salsa preparada.
7. Servir el xató fresco.

Salsa:

8. Asar («escalivar») al fuego los dientes de ajo y los tomates, pelar. En el mortero, machacar las almendras hasta que queden bastante finas, añadir los ajos y los tomates, picar un poco más, la guindilla, el vinagre, el pimentón, trabajar.
9. Raspar con un cuchillo la pulpa de las ñoras y añadirla a la salsa, echar poco a poco el aceite, comprobar de sal.

CARNES

Las carnes constituyen unas de las viandas básicas de los platos principales en la sociedad occidental. Entre las más de 200 recetas que se incluyen en este apartado, la cocinera o cocinero encontrará los más diversos platos que tienen a las carnes vacuna, ovina, porcina, de aves y de caza como sus protagonistas. Pero no sólo la diversidad de carnes marca la pauta de este apartado. Las distintas técnicas culinarias (asados, guisos y frituras) desempeñan asimismo un papel importante en la consecución de platos, en cuya singularidad tampoco son ajenas las distintas salsas o adobos que los acompañan. Otra de las virtudes de este libro es ofrecer toda esa gama de posibilidades que hacen del buen comer un desafío permanente a la imaginación.

Albóndigas a la bilbaína

Para 4 personas
Tiempo de preparación: 1 hora
Dificultad: media

Ingredientes:

250 g de carne de cerdo • 250 g de carne de ternera • 50 g de miga de pan • 2 huevos • 2 dientes de ajo • aceite • harina • perejil • sal • pimienta • leche

Salsa

100 g de cebollas • 30 g de manteca de cerdo • 1,25 dl de vino blanco seco • 40 g de salsa de tomate • 1 zanahoria • 2,5 dl de caldo de carne • sal • pimienta • harina

Preparación:

1. *Picar las carnes de cerdo y de ternera.*
2. *En un bol grande, mezclar la miga de pan mojada con leche, las carnes picadas, añadir los dientes de ajo y el perejil finamente picados, los huevos batidos, condimentar con sal y pimienta. Trabajar hasta conseguir una masa bien amalgamada.*
3. *Moldear las albóndigas y pasarlas por harina. Poner aceite en una sartén y, cuando esté caliente, freír las albóndigas lentamente hasta que estén bien doradas.*
4. *Poner las albóndigas en una cacerola y cubrirlas con la salsa que prepararemos pasada por el chino.*
5. *Dejar cocer lentamente unos cuarenta minutos.*

Salsa:

6. *En un cazo, derretir la manteca de cerdo, freír las cebollas y la zanahoria cortadas finas.*
7. *Agregar la harina y un poco de caldo, la salsa de tomate y el vaso de vino, aromatizar con la pimienta, sazonar, dejar cocer lentamente unos treinta minutos.*

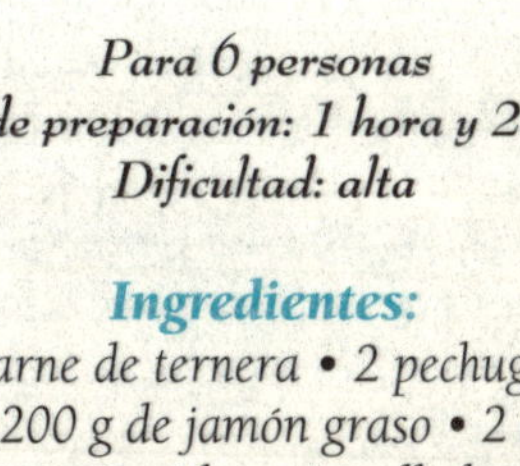

Albóndigas del sur

Para 6 personas
Tiempo de preparación: 1 hora y 25 minutos
Dificultad: alta

Ingredientes:

200 g de carne de ternera • 2 pechugas de pollo • 3 huevos • 200 g de jamón graso • 2 dientes de ajo • 1 limón • perejil • pan rallado • harina • pimienta negra • azafrán • aceite • sal

Preparación:

1. *Picar en la máquina la carne de ternera y las pechugas juntas.*
2. *En una fuente honda, colocar toda la carne picada y añadir el pan rallado, el ajo picado, el perejil picado, la pimienta, el azafrán, dos huevos, la sal y el zumo de limon.*

3. Amasar bien toda la pasta y hacer las albóndigas con las manos.
4. Pasar las albóndigas por harina y freírlas con abundante aceite.
5. En una olla al fuego con un poco de agua, agregar los huesos de las pechugas, el jamón graso y un poco de aceite de la sartén.
6. Dejar hervir 30 minutos y agregar las albóndigas.
7. Dejar cocer todo junto durante 40 minutos más.
8. Retirar los huesos, añadir una yema de huevo y el jamón magro picado. Servir caliente.

Albóndigas en salsa

Para 4 personas
Tiempo de preparación: 1 hora
Dificultad: media

Ingredientes:

400 g de carne de ternera picada • 100 g de tocino picado • 1 cebolla • 1 pimiento asado y pelado • 2 dientes de ajo • 1 huevo • 1 rebanada de pan • leche • perejil • pimienta • 1 hoja de laurel • pimentón • 100 g de harina • 1/2 dl de vino blanco • 3 dl de aceite de oliva

Preparación:

1. En un bol, amasar la carne de ternera y el tocino, junto con el ajo y perejil picados; incorporar la miga de pan remojada con leche y añadir el huevo fresco; salpimentar, trabajar bien y dejar descansar unos 20 minutos.
2. Pasado este tiempo, formar las albóndigas, enharinarlas y freírlas en una sartén con aceite caliente. Cuando estén doradas, retirarlas y disponerlas en una cazuela de barro.
3. En el mismo aceite, rehogar la cebolla cortada fina y, cuando empiece a tomar color, espolvorear con una cucharadita de harina y un poco de pimentón.
4. A continuación, bañar con el vino blanco y 2 dl de agua, aromatizar con la hoja de laurel y dejar dar unos hervores. Verter esta salsa sobre las albóndigas.
5. Dejar cocer lentamente, removiendo a menudo la cazuela. Cuando las albóndigas estén en su punto, rectificar de sal y pimienta, añadir el pimiento cortado en tiras y retirar el laurel. Servir en la misma cazuela.

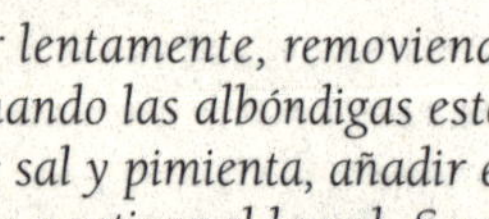

Ancas de rana al ajillo

Para 4 personas
Tiempo de preparación: 45 minutos
Dificultad: baja

Ingredientes:

800 g de ancas de rana • 6 dientes de ajo • perejil • guindilla • aceite • sal

Preparación:

1. Limpiar las ancas de rana y secarlas.
2. Pelar los dientes de ajo y picar 4 de ellos.
3. Picar finamente el perejil.
4. En una cazuela de barro amplia y baja con aceite hirviendo, dorar 2 dientes de ajo. A continuación retirarlos y sofreír las ancas de rana.
5. Pasados 10 minutos, añadir el ajo picado, una punta de guindilla y el perejil. Mezclar durante unos segundos y salar. Servir caliente.

Ànec amb naps (pato con nabos)

Para 5 a 6 personas
Tiempo de preparación: 2 horas y 30 minutos
Dificultad: alta

Ingredientes:

1 pato de unos 2 kg • 1 kg 250 g de nabos de la Cerdanya • 200 g de manteca de cerdo • 1,5 dl de aceite de oliva • 1/2 l de vino blanco • 4 dl de caldo de ave • 1 cebolla grande • 24 cebollitas • 2 zanahorias • 1 diente de ajo • 1 cucharada de harina • 1 limón • tomillo • laurel • sal • pimienta • perejil

Preparación:

1. Vaciar, chamuscar y limpiar bien el pato, rociarlo con zumo de limón.
2. En una cazuela, derretir la manteca de cerdo. Cuando esté caliente, poner el pato y dejar dorar lentamente, darle vueltas para que se dore por todos sus lados. Cuando esté bien dorado, sacarlo y reservar.
3. Sacar un poco de grasa de la cazuela y en la misma rehogar la cebolla, zanahoria y ajos todo cortado finamente (en juliana), dejar dorar, añadir el tomillo y el laurel.
4. Poner otra vez el pato en la cazuela y rociar con el

vino blanco, evaporar y mojar con el caldo, salpimentar y dejar cocer tapado y a fuego muy lento, como una hora.

5. Mientras, pelar los nabos de la Cerdanya (son nabos muy oscuros), cortar en palitos gruesos; poner un poco de la grasa que hemos retirado de la cazuela en una sartén, calentar y rehogar los nabos. Reservar.
6. Pelar las cebollitas pequeñas, sin quitarles el moñito de arriba, y ponerlas en un cazo con agua; salar y dejar cocer lentamente, unos 15 minutos, tapadas.
7. Pasada la hora, sacar el pato de la cazuela, añadir a la salsa la cucharada de harina, mezclar muy bien, dejar cocer 5 minutos y pasar por el chino.
8. Volver el pato a la cazuela, verter sobre la salsa colada. Añadir las cebollitas, coladas; los nabos, rehogados. Comprobar el punto de sal y añadir si hace falta.
9. Tapar la cazuela y dejar cocer a fuego muy lento, puede ser en el horno precalentado, unos cincuenta minutos más, hasta que esté tierno.
10. Para servir, calentar la fuente en que vayamos a presentarlo. Servir muy caliente, el pato en el centro, las cebollitas y nabos alrededor. Espolvoreado con perejil picado.

Cabeza de cerdo al jerez

Para 6 personas
Tiempo de preparación: 1 hora y 30 minutos
Dificultad: alta

Ingredientes:

1/2 cabeza de cerdo • 1 lengua de cerdo • 1 oreja de cerdo • 1 codillo de jamón • 2 puerros • 2 cebollas • 2 zanahorias • 1 cucharada de piñones • pimienta molida • 1/2 cuchara de pimienta en grano • perejil • 1 copa de jerez • sal

Preparación:

1. Limpiar cuidadosamente la cabeza y la oreja de cerdo; escaldar la lengua y pelarla.
2. En una olla grande con agua hirviendo y sal, poner a cocer los puerros pelados, las zanahorias raspadas y troceadas, las cebollas peladas y trituradas, perejil, pimienta y un trozo del codillo de jamón.
3. Dejar sobre fuego normal hasta que todo esté cocido. Deshuesar el cerdo y cortarlo a trozos pequeños y ponerlo en una escurridora rociándolo con la copita de jerez para que el cerdo absorba. Mezclar.
4. Poner un plato volcado sobre todo con un objeto pesado encima para que quede la mezcla bien prieta y salga todo el líquido sobrante por los agujeros de la escurridora.
5. Cuando esté frío, ponerlo en una fuente y cortar en rodajas como si fuera un entrante.

Cabrito a la castellana

Para 6 personas
Tiempo de preparación: 1 hora y 20 minutos
Dificultad: media

Ingredientes:

1 1/2 kg de cabrito (de la paletilla) • 3 dientes de ajo • 1/4 kg de zanahorias pequeñas y tiernas • 2 vasos pequeños de aceite • 3 cucharadas soperas de vinagre • un manojo pequeño de perejil • aceite • sal • pimienta blanca molida

Preparación:

1. Trocear la carne.
2. Pelar las zanahorias y a continuación cortarlas en tiritas, al estilo juliana.
3. Pelar los dientes de ajo.
4. En una sartén amplia con aceite hirviendo, sal-tear las zanahorias. Salpimentarlas y, una vez doradas, reservarlas en un plato.
5. En el aceite sobrante, dorar los dientes de ajo enteros y ponerlos en un mortero.
6. Freír en la sartén los trozos de cabrito. Espolvorearlos con sal y pimienta. Cuando estén bien dorados, disponerlos en una fuente adecuada para el horno.
7. Machacar los dientes de ajo en el mortero, añadir el perejil y seguir machacando, rociar con el vinagre y un vaso y medio de agua.
8. Verter la mezcla sobre la carne, introducir la fuente en el horno y dejarla unos treinta minutos.
9. Servir el cabrito en la misma fuente, recubriéndolo con las zanahorias.

Cabrito a la extremeña

Para 4 personas
Tiempo de preparación: 1 hora y 20 minutos
Dificultad: baja

Ingredientes:

1 kg de cabrito deshuesado • 1 hígado de cabrito • 1 pimiento morrón • 8 dientes de ajo • 1 cucharada de pimentón • aceite • sal

Preparación:

1. En una sartén con aceite caliente, dorar la carne cortada a trozos pequeños y ponerla en una cazuela de barro.
2. En el aceite restante, echar el pimentón, remover y retirar inmediatamente del fuego y verterlo sobre la carne, en la cazuela. Espolvorear con sal, recubrir con agua y disponer la cazuela sobre el fuego. Tras el primer hervor, dejar a fuego lento.
3. Mientras, en una sartén con aceite, freír el hígado y los dientes de ajo; machacar todo ello en un mortero junto con el pimiento morrón.
4. Agregar lo machacado a la cazuela y dejar, siempre a fuego lento, hasta que la salsa quede reducida. Servir caliente.

Cabrito al horno

Para 4 personas
Tiempo de preparación: 2 horas y 20 minutos
Dificultad: media

Ingredientes:

800 g de cabrito • 1 hoja de laurel • 3 dientes de ajo • 1 tomate • vinagre • manteca de cerdo • aceite • perejil • sal • pimienta

Preparación:

1. Cortar la carne en trozos no muy grandes.
2. Pelar los dientes de ajo y cortarlos en cuatro, a lo largo.
3. Triturar el perejil.
4. Trocear el tomate; quitarle la piel.
5. En una cazuela para horno, disponer la carne con un buen pedazo de manteca, un chorrito de aceite, 2 dientes de ajo, un poco de perejil, la hoja de laurel, sal y pimienta.
6. Llevar la fuente al horno y dejarla hasta que se dore la carne. Añadir entonces una tacita de agua tibia y el tomate.
7. Mientras, machacar en el mortero un diente de ajo, perejil y un poco de vinagre. Agregar esta salsa a la carne.
8. Dejarla en el horno hasta que esté muy tierna y se haya reducido la salsa. Servirla caliente junto con unos costrones de pan frito.

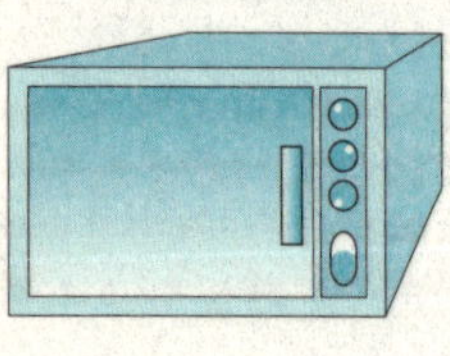

Cabrito de ajo caballín

Para 4 personas
Tiempo de preparación: 45 minutos
Dificultad: media

Ingredientes:

1/2 cabrito tierno • 2 dientes de ajo • 2 pimientos • 2 rebanadas de pan • pimentón dulce • orégano • pimienta blanca • aceite • vinagre • sal

Preparación:

1. Cortar el cabrito en trozos pequeños y sazonar.
2. En una sartén con aceite, freír los trozos de carne hasta que estén bien dorados.
3. Asar los pimientos, pelar y machacar en el mortero junto con los ajos, el orégano, el pimentón, la pimienta y la miga de pan empapada con vinagre.
4. Freír el hígado del cabrito y machacarlo también, aclarar el majado con un poco de agua y añadirlo todo junto a la sartén con la carne.
5. Dejar cocer unos minutos y servir caliente.

Cachopo

Para 4 personas
Tiempo de preparación: 50 minutos
Dificultad: baja

Ingredientes:

8 filetes de ternera de 100 g cada uno • 4 lonchas de jamón magro • 4 lonchas de queso tierno • 3 dientes de ajo • 3 huevos • pan rallado • aceite • sal

Preparación:

1. Aplastar los filetes de carne con el puño hasta dejarlos muy finos.
2. Pelar y triturar los dientes de ajo.
3. Disponer los filetes en un recipiente hondo, espolvoreándolos con sal y recubriéndolos con los dientes de ajo machacados. Dejarlos en reposo.
4. Mientras, batir los huevos en un plato hondo y disponer el pan rallado en otro.
5. Quitar la sal y el ajo a los filetes de carne.
6. Poner los filetes en la mesa o mármol de cocina, colocar encima de cada uno una loncha de queso, otra de jamón y recubrir, finalmente, con otro filete de carne.
7. Apretar con suavidad y dejar en reposo.
8. Unos minutos después, recoger la carne, rebozarla primero en huevo batido. Dejar que se impregne bien y finalmente pasarla en pan rallado.

9. Freírlos en una sartén con abundante aceite de oliva muy caliente.
10. Cuando estén dorados por ambos lados, retirarlos, escurriendo bien el aceite, servirlos con patatas fritas.

Caldereta de cordero

Para 6 personas
Tiempo de preparación: 1 hora y 40 minutos
Dificultad: media

Ingredientes:

1 1/4 kg de cordero • 150 g de jamón • 3 cebollas medianas • 2 pimientos verdes • 4 dientes de ajo • 1 vaso de vino tinto • 1 vaso de agua • 1 cucharada de harina • 1 hoja de laurel • perejil • pimienta • aceite • sal

Preparación:

1. Cortar el cordero en trozos pequeños y condimentarlo con sal y pimienta.
2. Picar las cebollas, los ajos, los pimientos, el jamón, el laurel y el perejil.
3. En una cazuela de barro, poner una parte del picadillo, añadir encima la mitad del cordero, cubrir con otra parte del picadillo; encima, la otra mitad del cordero y terminar con el resto del picadillo.
4. Rociar con el aceite, el vino y el agua, tapar la cazuela y cocer a fuego lento hasta que el cordero esté tierno.
5. Añadir la harina a la salsa para que espese y acabar de cocer unos minutos más.
6. Servir caliente en la misma cazuela.

Caldereta de lomo

Para 4 personas
Tiempo de preparación: 50 minutos
Dificultad: media

Ingredientes:

8 filetes de lomo de cerdo • 1 kg de alcachofas • 3 dientes de ajo • 6 huevos • 1 vaso de vino blanco • caldo de carne • harina • aceite • sal

Preparación:

1. Disponer un plato con harina y otro con 2 huevos batidos.
2. Aplanar un poco los filetes de lomo y rebozarlos, pasándolos por la harina y, seguidamente, por el huevo batido.
3. Pelar las alcachofas, cortarlas en octavos, cocerlas en agua hirviendo con sal y escurrirlas; rebozarlas con harina y reservarlas.
4. Pelar y picar los dientes de ajo; freírlos y reservarlos.
5. En una cazuela de barro con aceite caliente, freír los filetes de carne rebozados y agregar las alcachofas también rebozadas.
6. Añadir 1/2 l de caldo, el vino y los ajos fritos; dejar sobre el fuego normal hasta que el caldo merme.
7. Escaldar en la cazuela los 4 huevos. Servir en cazuelitas individuales.

Caldereta extremeña

Para 4 personas
Tiempo de preparación: 2 horas y 5 minutos
Dificultad: alta

Ingredientes:

1/2 kg de cabrito • 1 hígado del cabrito • 1 pimiento morrón • 4 dientes de ajo • 1 hoja de laurel • pimienta negra molida • una cucharada de pimentón • 1 vaso de vino (pitarra extremeña) • aceite • sal

Preparación:

1. En una cazuela con aceite hirviendo, dorar ligeramente dos dientes de ajo pelados. Retirarlos y reservarlos.
2. En el aceite sobrante, sofreír la carne troceada junto con la hoja de laurel, sal y pimentón. Remover y rociar con el vino. Dejar la cazuela sobre fuego normal.
3. Cuando el vino se haya consumido, echar de vez en cuando un poco de agua. Dejar a fuego lento hasta que la carne quede tierna.
4. Mientras, asar los otros 2 dientes de ajo y ponerlos en un mortero junto con los que ya estaban fritos. Asar también el hígado y añadirlo al mortero. Machacarlo todo bien, espolvorear con un poco de pimienta negra y rociar con unas gotas de aceite.
5. Agregar el pimiento morrón desmenuzado y seguir machacando. Incorporar la mezcla a la cazuela de la carne y mantener sobre el fuego hasta que la salsa esté espesa. Servir.

Caldero de pastor

Para 4 personas
Tiempo de preparación: 1 hora y 25 minutos
Dificultad: baja

Ingredientes:

1 kg de cordero o ternasco • 2 cebollas • 4 tomates maduros • 1 kg de patatas • pimienta blanca molida • aceite • sal

Preparación:

1. Trocear la carne.
2. Pelar y cortar las cebollas.
3. Pelar las patatas y cortarlas en rodajas de 1 cm de espesor. Freírlas en aceite y conservarlas.
4. Escaldar los tomates en agua hirviendo, retirarles la piel y convertirlos en puré.
5. En una cazuela de barro amplia y plana con aceite hirviendo, dorar la carne. A media cocción, añadir la cebolla y, cuando esté transparente, agregar el tomate. Salpimentar.
6. Cuando el sofrito esté en su punto, agregar las patatas y mezclar carne, patatas y sofrito.
7. Dejar la cazuela sobre fuego mínimo durante unos 20 minutos.
8. Servir caliente en la misma cazuela.

Callos a la asturiana

Para 6 personas
Tiempo de preparación: 2 horas y 35 minutos
Dificultad: alta

Ingredientes:

1 1/2 kg de callos • 1 mano de cerdo • 1 mano de vaca • 2 dientes de ajo • 100 g de chorizo • 100 g de jamón magro • salsa de tomate • 1 vasito de vino blanco • 1/2 tazón de caldo de carne • 2 cebollas pequeñas • 1/2 guindilla • garbanzos • manteca de cerdo • pimienta molida • perejil • pimentón • sal

Preparación:

1. Limpiar y trocear los callos, ponerlos en una cazuela con agua fría y cocerlos unos quince minutos. Escurrirlos y ponerlos en otra cazuela con un diente de ajo picado, cebolla triturada y perejil. Dejar al fuego hasta que queden muy tiernos.
2. Mientras, en otra cazuela cocer las manos de vaca y de cerdo bien limpias y cortadas en trozos desiguales.
3. Escurrir los callos y añadirlos a las manitas. Dejar la cazuela a fuego normal hasta que la salsa quede espesa.
4. Aparte, en una sartén con manteca caliente, rehogar la cebolla, el chorizo y el jamón cortados en trocitos. Mezclar y agregar la guindilla, el pimentón, la sal, la pimienta y la salsa de tomate. Rociar enseguida con un poco de caldo y con el vino. Dejar el guiso unos minutos más y añadir el sofrito.
5. Rectificar la sal.
6. Dejar que los callos prosigan su cocción con todos sus ingredientes y retirarlos cuando estén caldosos pero no espesos.
7. Dejarlos enfriar y servir al día siguiente, recalentados a fuego muy suave para evitar que el guiso se pegue.

Callos a la extremeña

Para 4 personas
Tiempo de preparación: 40 minutos
Dificultad: baja

Ingredientes:

1 kg de callos cocidos • 1 morcilla extremeña • 2 cebollas • 2 dientes de ajo • 1/2 cucharada de pimentón • perejil • harina • aceite • sal

Preparación:

1. Lavar y escurrir los callos; pelar y picar las cebollas, y machacar en el mortero los dientes de ajo pelados y el perejil.
2. En una cazuela con aceite caliente, sofreír la cebolla, añadiendo 1/2 cucharada de harina para que espese; agregar también un poco de pimentón, la morcilla picada y el ajo y el perejil picados. Rehogar todo el sofrito a fuego lento durante un rato; rectificar de sal, si es preciso.
3. Agregar los callos, tapar la cazuela y dejar durante 10 minutos más, aproximadamente.
4. Servir los callos calientes en la misma cazuela.

Callos a la madrileña

Para 6 personas
Tiempo de preparación: 1 hora y 45 minutos
Dificultad: baja

Ingredientes:

2 kg de callos • 1 kg de morro de vaca o ternera • 1 kg de pata de vaca o ternera • una punta de jamón • 100 g de tocino de jamón y un hueso de jamón • 2 morcillas • 2 chorizos • 1 cabeza de ajo • 1 cebolla pequeña • pimentón picante y una guindilla • 1 cucharadita de pimienta blanca molida • perejil • una hoja de laurel

Preparación:

1. Limpiar cuidadosamente los callos con agua fresca y un poco de vinagre.
2. Limpiar también el morro y la pata de ternera.
3. En una cazuela con agua hirviendo, poner a cocer los callos, el morro, la pata, el jamón, las morcillas, los chorizos, la cabeza de ajo, la guindilla, el perejil, el laurel, sal y pimienta. Dejar a fuego lento 1 hora y treinta minutos,
4. Mientras preparar un sofrito con la cebolla triturada, una cucharadita de harina y media cucharada de pimentón picante. Añadirlo a los callos y dejar hervir 15 minutos.
5. Servir en la misma cazuela si es de barro.

Cap i pota amb samfaina (cabeza y pata de ternera con pisto)

Para 4 personas
Tiempo de preparación: 1 hora
Dificultad: media

Ingredientes:

400 g de pata de ternera (comprados ya hervidos) • 400 g de cabeza de ternera (comprada ya hervida) • 2 butifarras crudas • 2 pimientos rojos • 3 pimientos verdes • guindilla • 500 g de tomates maduros • 3 berenjenas • 2 cebollas • 60 g de harina • 1 dl de jerez seco • 2 dl de agua • 3 dientes de ajo • perejil • sal • pimienta

Preparación:

1. En una sartén o cazo grande, con aceite, rehogar las cebollas cortadas en dados, y los pimientos rojos, dejar cocer un poco y añadir el pimiento verde cortado en dados y un trozo de guindilla; dejar cocer 5 minutos.
2. Seguidamente, añadir las berenjenas cortadas en dados (previamente peladas, saladas y dejadas en la escurridera una hora), remover con cuidado y añadir el jerez; dejar evaporar.
3. Añadir los tomates, pelados y cortados pequeños, dejar reducir un poco, espolvorear con la harina, dejar dorar. Cuando tome un poco de color, echarle el vaso de agua tibia; cocer muy lentamente 10 minutos.
4. En una cazuela, colocar cortados en trozos la pata y la cabeza de ternera, las butifarras crudas sin piel y un poco chafadas con un tenedor.
5. Verter en la cazuela encima del «cap i pota», todo lo preparado en la sartén, remover suavemente y dejar cocer 20 minutos más, muy lentamente.
6. Servir en la misma cazuela, caliente.

Capón asado

Para 6 personas
Tiempo de preparación: 4 horas
Dificultad: alta

Ingredientes:

1 capón • 100 g de jamón serrano en lonchas • 6 cebollas pequeñas • 4 dientes de ajo • 1/2 l de caldo de pollo • sal

Preparación:

1. Limpiar el capón, retirar la grasa de su interior y sazonar por dentro y por fuera.
2. Poner en su interior las cebollas peladas y enteras, los dientes de ajo y las lonchas de jamón. Cerrar la abertura del capón con un bramante.
3. Fundir la mitad de la grasa del capón y añadir el caldo del pollo. Añadir el resto de la grasa al capón.
4. Atravesar el capón con un asador y cocer en el horno muy lentamente. Colocar debajo del capón una bandeja con la grasa mezclada con el caldo y rociar varias veces el capón durante el tiempo de cocción.
5. Dejar cocer el capón en el horno por espacio de una hora y media o dos horas, según el tamaño.
6. Servir el capón entero.

Carne con salsa de pimientos

Para 4 personas
Tiempo de preparación: 55 minutos
Dificultad: baja

Ingredientes:

1/2 kg de carne de puchero tierna sin desperdicios • 5 tomates maduros • 2 pimientos rojos grandes • caldo • aceite • sal

Preparación:

1. Trocear la carne en dados. Escaldar los tomates, retirarles la piel y convertirlos en puré. Asar los pimientos, pelarlos y cortarlos a tiras.
2. En una cazuela de barro con aceite caliente, preparar un sofrito con el tomate y un poco de sal.
3. Pasados 15 minutos, agregar la carne y los pimientos. Rociar con un poco de caldo y dejar a fuego normal unos 15 minutos más.
4. Retirar del fuego y servir en la misma cazuela.

Civet d'isard (rebeco)

Para 6 personas
Tiempo de preparación: 2 horas, más la maceración
Dificultad: alta

Ingredientes:

2 1/2 kg de carne de rebeco • 1/4 l de aceite • 1 l de caldo de ave • harina • sal • pimienta

Maceración

2 zanahorias • 2 cebollas • 2 puerros • 1/2 l de vino tinto de buena calidad • canela en rama • pimienta negra en grano • laurel • tomillo

Preparación:

1. En un bol grande, preparar la maceración, poner la carne de rebeco, previamente limpia, cortada en dados grandes, incorporar las zanahorias, cebollas, puerros cortados en trocitos, añadir la pimienta negra en grano, el laurel, el tomillo, la canela en rama. Bañar con el vino tinto.
2. Dejar macerar 24 horas en lugar fresco
3. Pasado ese tiempo, colarlo todo y separar la carne de las verduras.
4. Enharinar la carne y, en una sartén al fuego con aceite caliente, dejar dorar los pedazos de carne dándoles vueltas para que se doren por igual.
5. Cuando esté toda la carne dorada, reservar en una cazuela de barro.
6. Poner otra vez la sartén al fuego, y en el mismo aceite poner todos los elementos de la maceración, menos el vino. Dejar rehogar. Pasados unos quince minutos, añadir el vino de la maceración, remover constantemente con espátula de madera.
7. En un cazo aparte, poner el caldo al fuego. Cuando esté caliente, añadir todo lo de la sartén, dejar hervir unos quince minutos más.
8. Retirar del fuego y pasar todo por el colador chino, incorporar a la cazuela de barro donde está la carne de rebeco, sazonar, y dejar a fuego lento hasta que la carne esté tierna.
9. Servir en la misma cazuela.

Civet de liebre

Para 4 personas
Tiempo de preparación: 1 hora y 40 minutos, más el tiempo de maceración
Dificultad: alta

Ingredientes:

1 liebre • 1 cebolla grande • 2 manzanas • 2 tomates • 1 puerro • 1 l de vino tinto • 1 dl de vinagre • tomillo • laurel • pimienta en grano • harina • aceite • sal • pimienta

Preparación:

1. Limpiar bien la liebre; reservar la sangre, el corazón y el hígado.
2. A continuación trocearla en porciones de tamaño regular y lo más semejantes posible, aprovechando los espaciones intercostales para no astillar los huesos.
3. En una cazuela de barro honda, poner la liebre, añadir la cebolla cortada, las manzanas troceadas y peladas, los tomates cortados, el puerro en rodajas, el corazón, el hígado y la sangre de la liebre, y todas las hierbas aromáticas y sazonar con las especias.
4. Verter el vino (que sea de buena calidad) por encima, de modo que lo cubra todo. Dejar marinar 2 días.
5. Pasado este tiempo de adobo, sacar los trozos de liebre, escurrirlos y pasarlos por harina, saltearlos en una sartén con aceite.
6. Pasar la liebre a una cazuela de barro, incorporar las hortalizas del adobo escurridas. Cuando empiecen a tomar color, mojar con el líquido del adobo. Dejar cocer todo junto unos treinta minutos.
7. Cuando la liebre esté tierna, sacarla de la cazuela y pasar el resto de los ingredientes por el chino. Comprobar el punto de sal y rectificar si es necesario.
8. Colocar otra vez la liebre en la cazuela, cubrir con la salsa y dejar dar un hervor todo junto.
9. Servir caliente.

Cochifrito

Para 4 personas
Tiempo de preparación: 50 minutos
Dificultad: baja

Ingredientes:

1/4 de cordero lechal • 1 cebolla • 2 dientes de ajo • 1 limón • 1 cucharada de pimentón • pimienta en grano • aceite • sal

Preparación:

1. Limpiar y cortar a trozos el cordero, y salarlo.
2. Pelar y trocear la cebolla y los dientes de ajo.
3. En una cazuela amplia de barro sobre el fuego, poner aceite abundante y, cuando esté bien caliente, dorar la carne.
4. Añadir la cebolla, los dientes de ajo, el pimentón, la pimienta machacada, el perejil picado y rociar con el zumo de un limón.
5. Rebajar el fuego al mínimo y remover de vez en cuando, hasta que la carne esté bien tierna. Servir en la misma cazuela.

Cochinillo navideño

Para 6 personas
Tiempo de preparación: 20 minutos, más el tiempo de cocción del cochinillo
Dificultad: media

Ingredientes:

1 cochinillo de 4 semanas • 1 hoja de laurel • 1 vaso de vino blanco • 6 dientes de ajo • orégano • sal • manteca de cerdo

Preparación:

1. Lavar, limpiar y secar el cochinillo. Untarlo con manteca derretida mezclada con el ajo machacado con sal y orégano.
2. Una vez bien untado, tanto por fuera como por dentro, disponer el cochinillo en una fuente grande y honda y dejarlo reposar unas cuatro horas.
3. Ponerlo en una cazuela alargada y honda para horno, añadir laurel y rociarlo con el vino blanco.
4. Llevar la cazuela a horno suave, y regar durante su cocción con el propio jugo. Pincharlo también de vez en cuando para comprobar que la corteza quede crujiente.

Codornices a la bilbaína

Para 4 personas
Tiempo de preparación: 40 minutos
Dificultad: media

Ingredientes:

8 codornices • 8 hojas de parra • 1 dl de brandy • 1 pan inglés de 1/2 kg • jugo de carne • aceite • sal • pimienta

Preparación:

1. Limpiar y chamuscar bien las codornices.
2. Salpimentar y envolver cada codorniz con una hoja de parra limpia y escurrida, atarlas con bramante y colocarlas en una bandeja untada de aceite.
3. Precalentar el horno a temperatura un poco fuerte, introducir la fuente con las codornices y dejar unos diez minutos.
4. Rociar con el brandy, flambear para reducir el alcohol y bañar con un poco de jugo de carne; volver a colocarlas en el horno unos quince minutos más.
5. Cuando estén cocidas las codornices, desatarlas.
6. Cortar un pan inglés en 8 rodajas, untarlas con un pincel con un poco de aceite y tostar en el grill.
7. Cuando estén tostadas, poner una codorniz encima de cada tostada.
8. Colocarlas en una fuente de servir, colar el jugo que ha quedado en el fondo de la fuente del horno y rociar con él las codornices.
9. Servir bien caliente.

Codornices a la parrilla con arroz y azafrán

Para 4 personas
Tiempo de preparación: 30 minutos
Dificultad: baja

Ingredientes:

8 codornices grandes • 50 g de mantequilla • 16 bayas de enebro • sal • pimienta

Arroz

250 g de arroz • 1/2 dl de aceite de oliva • 1 cebolla • 1 diente de ajo • 1/2 hoja de laurel • un poco de tomillo • unas hebras de azafrán • sal • pimienta

Preparación:

1. Limpiar y chamuscar las codornices, salpimentar el interior y poner 2 bayas de enebro en cada una.
2. Ensartar las codornices en una brocheta de dos en dos, untar con mantequilla, salpimentar. Reservar.
3. En una cacerola, poner 3 cucharadas de aceite. Cuando esté caliente, añadir la cebolla picada, poner el arroz y remover continuamente hasta que los granos pierdan su transparencia, verter el agua hirviendo (doble cantidad de agua que el volumen del arroz a hervir).
4. Salpimentar, añadir el ajo machacado, el azafrán, la media hoja de laurel y el tomillo, remover. Dejar el fuego suave, tapar y dejar cocer 16 minutos exactos, sin destapar.
5. Precalentar el horno, y colocar en la parrilla las brochetas.
6. Poner la parrilla bajo el grill del horno, dejar cocer unos veinte minutos y darles la vuelta varias veces para que se asen bien por todas partes.
7. Cuando esté listo el arroz, quitar las hierbas aromáticas, remover con dos tenedores y poner en la fuente de servir, previamente calentada y colocar las brochetas.
8. Servir enseguida.

Codornices a las uvas

Para 4 personas
Tiempo de preparación: 1 hora y 15 minutos
Dificultad: media

Ingredientes:

8 codornices • 16 lonchas de tocino entreverado • 8 rebanadas de pan sentado • 100 g de mantequilla • 400 g de uva blanca de grano grande • sal • pimienta

Salsa

1 lata de trufa • 50 g de jamón • 1 dl de Oporto • 1 copita de coñac • 1 1/4 dl de crema de leche • 25 g de mantequilla • 20 g de harina

Preparación:

1. Limpiar bien las aves, chamuscar, salpimentar por dentro y por fuera, introducir dentro de cada una de ellas un trocito de tocino y un grano de uva sin piel ni pepitas.
2. Rodear cada codorniz con una loncha de tocino muy fina, atar.
3. Calentar en una cacerola la mitad de la mantequilla. Cuando empiece a tomar color, añadir las codornices, darles la vuelta con frecuencia, una vez estén bien doradas, apartar la cacerola del fuego y llevar al horno precalentado unos diez minutos para terminar bien su cocción.
4. Mientras, vaciar un poco el centro de las rebanadas de pan, untarlas con mantequilla y tostarlas al horno por ambos lados.
5. Lavar y limpiar bien las uvas, sacar las pepitas, saltear en la misma grasa de saltear las codornices, rociar con el Oporto y el coñac y encender.

Salsa:

6. Calentar un poco de mantequilla en un cazo pequeño y freír el jamón cortado en tiras finas, añadir la trufa picada pequeña, remover, poner la harina, dejar dorar y rociar con la crema de leche y la preparación de las uvas, dejar cocer a fuego lento unos cinco minutos. Colocar sobre cada rebanada de pan una codorniz, rociar con salsa y con las uvas.

Codornices al estilo burgalés

Para 4 personas
Tiempo de preparación: 1 hora y 30 minutos
Dificultad: media

Ingredientes:

8 codornices • 1 cebolla • 1 zanahoria • 100 g de tocino entreverado • 2 hojas de laurel • 1 vaso de vino blanco seco • aceite

Preparación:

1. Desplumar, vaciar y limpiar las codornices.
2. Pelar la cebolla y picarla.
3. Raspar la zanahoria y cortarla en rodajitas.
4. Cortar el tocino en cuadraditos.
5. Hacer un caldo con las mollejas, el laurel y los hígados de las codornices.
6. En una sartén con un poco de aceite caliente, dorar las codornices y, cuando estén en su punto, retirarlas y disponerlas en una cazuela amplia.
7. En el aceite restante, freír ligeramente la cebolla y agregar de nuevo las codornices. Hacer lo mismo con la zanahoria y el tocino.
8. Juntar todos los ingredientes en la cazuela con el vino y el caldo.
9. Dejar la cazuela a fuego normal durante unos treinta minutos.

Codornices con ternera

Para 4 personas
Tiempo de preparación: 1 hora y 15 minutos
Dificultad: alta

Ingredientes:

8 codornices • 300 g de carne de ternera picada • 100 g de jamón • 1 cebolla pequeña • 50 g de aceitunas verdes • 1 vaso de vino blanco • 4 cucharadas de mantequilla • aceite • sal

Preparación:

1. Vaciar, limpiar y secar las codornices. Seguidamente salarlas, por dentro y por fuera.
2. Retirar el hueso de las aceitunas y picarlas finamente.
3. Cortar en pedazos el jamón y trocear la cebolla pelada.
4. En un recipiente hondo, mezclar la carne picada, las aceitunas, el jamón, mantequilla y sal.
5. Rellenar las codornices con la mezcla anterior.
6. En una cazuela plana de barro, disponer las codornices y la cebolla. Regar con aceite, 1 vaso de vino y 1/2 de agua.
7. Poner la cazuela sobre el fuego y, cuando dé el primer hervor, bajarlo, dejando cocer las codornices unos 45 minutos, a fuego lento.

Codornices con verdura al estilo aragonés

Para 4 personas
Tiempo de preparación: 1 hora y 25 minutos
Dificultad: media

Ingredientes:

4 codornices • 100 g de tocino entreverado • 2 cebollas • 8 zanahorias tiernas • 1 col • 2 tomates • perejil • harina • 1 vaso de vino blanco • manteca de cerdo • aceite • sal

Preparación:

1. Cortar el tocino en cuadrados, pelar y picar las cebollas, triturar el tomate sin piel, y picar finamente el perejil.
2. Limpiar la col y cocerla en agua hirviendo junto con las zanahorias enteras.
3. En una cazuela al fuego con manteca, saltear los pedazos de tocino. Retirar y reservar.
4. Limpiar, secar y salar las codornices, y, en el mismo aceite, dorarlas. Retirarlas de la cazuela, y reservarlas también.
5. Sofreír la cebolla en la misma cazuela y, cuando empiece a estar transparente, añadir el tomate y el vino.
6. A continuación, añadir las codornices y cocerlas a fuego lento. Rociarlas con 1/2 vaso de agua y dejar unos minutos más.
7. Escurrir y partir la col, en cuatro partes, y las zanahorias, en rodajas; espolvorear con un poco de harina y freír ligeramente con un poco de aceite.
8. Partir las codornices por la mitad y disponerlas en una fuente para servir, acompañadas de las verduras y el tocino; adornar recubriéndolo con el perejil picado.
9. Servir calientes.

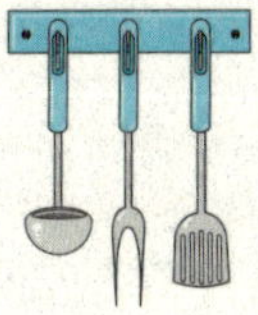

Conejo a la castellana

Para 4 personas
Tiempo de preparación: 1 hora y 5 minutos
Dificultad: media

Ingredientes:

1 conejo de 1 kg o 1 1/2 kg • 3 tomates maduros • 3 dientes de ajo • aceite de oliva • 1/2 cucharada de pimentón • 1 cucharada de vinagre • 4 cucharadas de vino blanco seco • sal

Preparación:

1. Limpiar y trocear el conejo.
2. Lavar los tomates y cortarlos en trozos.
3. Pelar y triturar los dientes de ajo.
4. En una cazuela plana de barro con aceite hirviendo, rehogar el conejo. Espolvorear con sal.
5. Cuando el conejo esté dorado por todas partes, espolvorearlo con pimentón y añadir enseguida el tomate troceado, los dientes de ajo y una cucharada de vinagre.
6. Dejar a fuego lento, durante tres cuartos de hora; añadir un poco de vino mezclado con agua, si el guiso se resecara.
7. Cuando el conejo esté bien tierno, retirar la cazuela del fuego.
8. La salsa debe de quedar muy espesa y el conejo dorado y crujiente.
9. Servir en la misma cazuela.

Conejo a la navarra

Para 4 personas
Tiempo de preparación: 3 horas y 15 minutos
Dificultad: media

Ingredientes:

1 conejo • 1/2 kg de patatas • 4 tomates maduros • 1/2 kg de cebollitas • 2 dientes de ajo • 1 limón • 1 hoja de laurel • romero • perejil • pimienta • 1 vasito de vino blanco • 100 g de manteca de cerdo • harina • sal

Preparación:

1. Limpiar, secar y trocear el conejo. Exprimir el limón y rociar con su zumo el conejo.
2. Pelar las cebollitas y pelar y picar los dientes de ajo, escaldar los tomates en agua caliente, pelarlos y trincharlos y pelar y cortar las patatas a rodajas.
3. Preparar un manojo de hierbas compuestos por el laurel, el perejil y el romero.
4. En una cazuela de barro plana con 100 g de manteca caliente, dorar los trozos de conejo pasados por harina. A continuación, agregar las cebollitas, dejándolas durante unos 5 minutos. Espolvorear con sal y añadir los ajos y el vino blanco.
5. Incorporar el tomate, el manojo de hierbas y la pimienta. Tapar la cazuela y dejar a fuego lento unas 2 horas.
6. Antes de terminar la cocción, retirar el ramo compuesto y poner las patatas encima del guiso. Introducir en el horno hasta que éstas estén en su punto, es decir, cuando tomen un tono dorado. Servir en la misma cazuela.

Conejo a la pastora

Para 4 personas
Tiempo de preparación: 1 hora y 20 minutos
Dificultad: baja

Ingredientes:

1 conejo gordo pero tierno • 1 cebolla pequeña • 1 rebanada de pan • 1 hoja de laurel • 1 vaso pequeño de vino tinto • 3 cucharadas de vinagre • aceite de oliva • ajo • perejil • sal • pimienta molida • media cucharadita de pimentón

Preparación:

1. Limpiar el conejo y trocearlo.
2. Pelar y picar la cebolla.
3. Triturar el ajo pelado y el perejil.
4. En una cazuela con aceite hirviendo, dorar por ambos lados la rebanada de pan. Retirarla y conservar en un plato, empapándola bien de vinagre.
5. En el aceite sobrante, freír la cebolla y añadir enseguida los pedazos de conejo. Remover y dejar a fuego lento hasta que quede bien rehogado.
6. Mientras, machacar en el mortero el ajo y el perejil triturados, el pan frito y espolvorear con sal y pimienta.
7. Espolvorear el conejo con un poco de pimentón y rociarlo con el vino tinto, poner el laurel, y con agua hasta cubrirlo. Añadir la majadilla, remover y dejar a fuego lento.
8. Dejar el guiso hasta llegar al punto justo de cocción.

Conejo al romero

Para 4 personas
Tiempo de preparación: 1 hora y 25 minutos
Dificultad: baja

Ingredientes:

1 conejo • 1 rodaja de pan frito • 3 dientes de ajo • romero en polvo • perejil • 1 vaso de vino blanco • aceite de oliva • sal

Preparación:

1. Limpiar y secar el conejo y trocearlo en 8 pedazos.
2. Pelar los dientes de ajo, picarlos junto con el perejil.
3. En un mortero, machacar un diente de ajo y el pan frito. Rociar con el vino.
4. Espolvorear el conejo con el romero en polvo y disponerlo en una cazuela de barro; bañarlo con un buen chorro de aceite, salar y agregar el ajo, pan y perejil picados. Dejar macerar durante 2 horas.
5. Añadir la picada del mortero y poner la cazuela a fuego medio. Mantener así hasta que el conejo esté tierno y la salsa espesa.

Conejo al vino

Para 4 personas
Tiempo de preparación: 50 minutos
Dificultad: media

Ingredientes:

1 conejo de 1 1/2 kg aproximadamente • 1 hoja de laurel • 1 vaso de vino blanco • 1/2 cucharada de pimentón • tomillo • aceite • manteca de cerdo • harina • sal • pimienta molida

Preparación:

1. Cortar en trozos regulares el conejo, una vez limpio.
2. En una sartén con una cucharada de manteca y aceite bien caliente, rehogar los pedazos de conejo. Sin dejar que se doren retirarlos y disponerlos en una cazuela de barro plana.
3. En la grasa sobrante de rehogar los trozos de conejo, dorar una cucharada de harina y rociar inmediatamente con un vaso de vino blanco y otro de caldo o de agua.
4. Remover continuamente y dejar que la salsa dé unos cuantos hervores.
5. Pasar la salsa por el tamiz y rociar los pedazos de conejo.
6. Añadir al guiso el pimentón, laurel, tomillo y dejar a fuego lento hasta que el conejo esté bien tierno y la salsa muy reducida.
7. Antes de servir, retirar el laurel y el tomillo.

Conejo con castañas

Para 6 personas
Tiempo de preparación: 1 hora y 10 minutos
Dificultad: media

Ingredientes:

2 conejos • 1/2 kg de castañas • 250 g de jamón • 2 dientes de ajo • 1 cebolla • 2 zanahorias • 1 copa de coñac • 1 copa de jerez seco • azafrán en rama • caldo • maicena • sal • aceite

Preparación:

1. Limpiar, trocear y salar el conejo.
2. En una cazuela con aceite, añadir el conejo troceado y los dientes de ajo picados.
3. Dejar dorar el conejo y luego añadir el jamón cortado en tacos muy pequeños, la cebolla, las zanahorias y el azafrán, todo bien picado con anterioridad. Mantener a fuego bajo para que se cueza lentamente.
4. Añadir el coñac, el jerez, el caldo y un poco de maicena, para que espese la salsa.
5. Dejar cocer todo junto durante 40 minutos.
6. En una cazuela aparte, dejar cocer las castañas; una vez hechas, pelarlas.
7. Una vez casi terminada la cocción, añadir las castañas peladas y cocidas.

Conejo con patatas

Para 4 personas
Tiempo de preparación: 1 hora y 40 minutos
Dificultad: baja

Ingredientes:

1 conejo • 3 cebollas • 1 kg de patatas • 1/2 tazón de puré de tomate frito • tomillo • 1 hoja de laurel • 1 vaso de vino tinto • aceite • 1 cucharada de azúcar • sal

Preparación:

1. Limpiar y trocear el conejo y dorarlo en una cazuela con aceite caliente, junto con las cebollas peladas y picadas.
2. Cuando la carne esté en su punto, rociar con el vino tinto y el puré de tomate. Espolvorear con sal y 1 cucharada de azúcar, añadir el tomillo y la hoja de laurel, y dejar a fuego vivo hasta que dé el primer hervor.
3. Bajar a fuego lento y mantener la cazuela durante unos 20 minutos; añadir las patatas cortadas a dados y dejar siempre a fuego muy suave, hasta que todo esté muy tierno.
4. Rectificar de sal y servir en la misma cazuela.

Conejo de monte a la alicantina

Para 4 personas
Tiempo de preparación: 1 hora y 10 minutos, más el tiempo de la maceración
Dificultad: media

Ingredientes:

2 conejos de monte, pequeños y tiernos • 2 kg de habas muy tiernas • 1 naranja agria • 1 trocito de guindilla • 2 dientes de ajo • 1 hoja de laurel • 50 g de harina • 1 ramita de tomillo y otra de orégano • 1 lechuga del tiempo • aceite para freír • «allioli» • sal • pimienta

Preparación:

1. Limpiar los conejos, trocearlos y macerarlos con el laurel, el tomillo y el orégano.
2. Machacar en el mortero los dientes de ajo y el trocito de guindilla, desleír la pasta con el zumo de naranja, trabajarlo un poco con la mano de mortero, mezclarle 1 decilitro de aceite crudo y añadir todo

este aliño a los trozos de conejo. Dejarlo macerar unas 24 horas, en sitio fresco.

3. Remover los trozos de conejo de vez en cuando.
4. Cortar las puntas de las vainas de las habas (que deben ser muy tiernas) enharinarlas y freírlas en abundante aceite.
5. Escurrir bien y salpimentar.
6. Sacar los trozos de conejo de la maceración, secar, sazonar y freír en el mismo aceite a fuego vivo, procurando que queden bien cocidos por dentro.
7. Lavar y cortar pequeña la lechuga, cubrir el fondo de una fuente de servir grande.
8. Colocar los trozos de conejo bien dorados encima, alrededor de las habas fritas.
9. Acompañar con «allioli».

Conejo del sur

Para 6 personas
Tiempo de preparación: 2 horas y 15 minutos
Dificultad: media

Ingredientes:

1 conejo grande • hígado del conejo • 2 cebollas • 3 tomates maduros • 4 dientes de ajo • 100 g de manteca de cerdo • 1 pastilla de chocolate fondant • 1 vaso pequeño de vino • 1 taza de caldo • almendras • piñones • perejil • pimienta • aceite • sal

Preparación:

1. Limpiar bien el conejo y cortarlo en trozos pequeños de igual tamaño.
2. Salpimentar.
3. En una cazuela de barro con manteca y aceite calientes, freír el conejo.
4. Añadir las dos cebollas, dos dientes de ajo pelados y picados y, más tarde, el tomate, pelado y troceado. Dejar cocer todo junto a fuego lento.
5. Machacar en un mortero dos ajos pelados, las almendras, unos piñones, el perejil, el hígado ya cocido del conejo y el chocolate fondant rallado.
6. Añadir el majado el vasito de vino y el caldo preparado previamente.
7. Incorporar todo junto a la cazuela, rectificar de sal y dejar cocer hasta que el conejo esté bien tierno.
8. Servir caliente en la misma cazuela.

Conejo en puchero al estilo de Cáceres

Para 4 personas
Tiempo de preparación: 2 horas y 10 minutos
Dificultad: alta

Ingredientes:

1 conejo de monte • 6 dientes de ajo • corteza de pan • 3 huevos • 1 hoja de laurel • 1 ramita de tomillo • orégano • perejil • 1/2 cucharada de pimentón • 3 cucharadas de pan rallado • 1 cucharada de vinagre • aceite • sal

Preparación:

1. En una sartén con bastante aceite caliente, sofreír los dientes de ajo junto con el laurel, el tomillo, el orégano, la corteza de pan desmenuzado y el perejil, mezclando bien todos los ingredientes.
2. Retirar todos estos ingredientes y disponerlos en un mortero.
3. En el aceite sobrante, dorar el conejo previamente troceado de forma regular. Retirar los trozos y echarlos en un puchero de barro de forma panzuda.
4. Dorar el hígado de la liebre, partido en 4 trozos, y ponerlo también en el mortero.
5. Machacar muy bien todos los ingredientes del mortero hasta obtener una mezcla con la consistencia de una pomada. Rociar con el vinagre y seguir mezclando.
6. Espolvorear con el pimentón y, por último, disolver la mezcla con agua caliente. Salar, pasar por un colador y verter sobre el conejo. Éste tiene que quedar cubierto por la salsa.
7. En una sartén con un poco de aceite preparar una tortilla con los huevos y el pan rallado. Cortarla en cuadrados y añadirla al puchero.
8. Tapar el puchero y dejarlo a fuego lento hasta que el conejo quede tierno y la salsa reducida.

Conejo en salmorejo

Para 4 personas
Tiempo de preparación: 55 minutos
Dificultad: media

Ingredientes:

1 conejo • 1 cabeza de ajos • 500 g de patatas pequeñas • 1 pimiento rojo • 1 cucharada de pimentón • 1/2 cucharada de comino • 1 hoja de laurel • tomillo • vinagre • aceite • sal

Preparación:

1. Limpiar y cortar el conejo en trozos.
2. Preparar el adobo con el aceite, unos dientes de ajo machacados, el laurel, el tomillo y un poco de sal.
3. Colocar el conejo en adobo y dejar reposar dos horas.
4. Transcurrido este tiempo, retirar el conejo y poner el líquido del adobo en una cazuela; agregar el conejo.
5. Dejar dorar el conejo; apartarlo.
6. Machacar en el mortero el pimiento, otros dientes de ajo, los cominos, el pimentón, un poco de sal y unos trozos de hígado de conejo ya cocidos.
7. Aclarar la salsa con un poco de agua, aceite y vinagre.
8. Verter la salsa sobre el conejo y dejar cocer unos minutos.
9. Servir caliente y adornado con unas patatas con piel.

Conejo escabechado

Para 4 personas
Tiempo de preparación: 50 minutos
Dificultad: baja

Ingredientes:

1 conejo • 1 l de aceite • 1/2 l de vinagre • 4 dientes de ajo • tomillo • 4 hojas de laurel • 6 cebollas pequeñas • 1 cucharadita de pimienta negra en grano • sal

Preparación:

1. Cortar en trozos el conejo y ponerle sal.
2. Pelar las cebollas y los dientes de ajo.
3. Lavar y secar 2 ramitas de tomillo. Atarlas con un cordel.
4. En una cazuela amplia de barro, disponer los trozos de conejo.
5. Rociarlo con el aceite y el vinagre; añadir los dientes de ajo, las cebollas, el laurel y los granos de pimienta.
6. Disponer encima de todos los ingredientes el ramillete de tomillo.
7. Llevar la cazuela al fuego y, cuando dé el primer hervor, cocer el conejo durante treinta minutos.
8. Tapar la cazuela con un papel de estraza y colocar encima la tapadera.
9. Dejar unos quince minutos más. Comprobar el sazonamiento y dejar reposar.
10. Servir el conejo cuando esté bien frío, rociándolo con su salsa y rodeado de las cebollas. Pueden también acompañar este plato unos pepinillos en vinagre o unos pimientos.

Conejo estofado

Para 4 personas
Tiempo de preparación: 2 horas y 10 minutos
Dificultad: alta

Ingredientes:

1 conejo de 1 1/2 kg • 200 g de tocino • 4 zanahorias • 2 nabos • 2 cucharadas de piñones • 100 g de manteca • 3 cebollas • 1/2 kg de patatas • 2 dientes de ajo • 1 vaso de sidra • 2 cucharadas de harina • perejil • orégano • pimienta molida • aceite • sal

Preparación:

1. Limpiar y trocear el conejo.
2. Pelar y picar las cebollas y los diente de ajo. Triturar el perejil.
3. Cortar el tocino en cuadrados.
4. Pelar las patatas, los nabos y las zanahorias y trocearlo todo.
5. Machacar los piñones. Añadir la harina y rociar con sidra.
6. En una cazuela con la mitad de la manteca, rehogar las patatas, los nabos, las zanahorias y rociar todo ello con la mezcla del mortero. Añadir orégano, sal, pimienta y aceite.
7. Dejar la cazuela a fuego muy lento y, mientras, en una sartén con el resto de manteca, freír el tocino y el conejo y unir al resto de la cazuela.
8. En la grasa anterior, sofreír la cebolla, el ajo y el perejil.
9. Agregarlas al conejo, con un vasito de agua y dejar la cazuela a fuego lento hasta quedar bien tierno.

Conill a l'allioli (conejo al «allioli»)

Para 4 personas
Tiempo de preparación: 1 hora
Dificultad: media

Ingredientes:

1 conejo grande • 100 g de manteca de cerdo • 1 tomate grande • 1 zanahoria • 1 cebolla • 2 dientes de ajo • 1 hoja de laurel • sal • pimienta • canela en polvo • 3/4 l de vino blanco

«Allioli»

2 dl de aceite • 4 dientes de ajo • sal

Preparación:

1. Frotar con limón el conejo ya limpio y cortarlo a trozos más bien grandes. Dorarlo en una cazuela al fuego con la manteca de cerdo derretida.
2. Añadir la cebolla cortada fina y la zanahoria; agregar la hoja de laurel. Cuando empiece a tomar color, añadir los ajos picados pequeños, remover y echar los tomates rallados, dejar rehogar un poco y rociar con el vino; dejar evaporar.
3. Cocer lentamente; si hace falta, añadir un poco de caldo, o bien de agua.
4. Comprobar su cocción, el punto de sal y, si está hecho, comprobar que esté tierno y esponjoso.
5. Cuando esté en su punto, pasarlo a una bandeja y servirlo bien caliente.
6. Presentar el «allioli» en salsera aparte.

«Allioli»:

7. En el mortero, machacar los ajos pelados con la mano de mortero, junto con la salsa, hasta convertirlos en una pasta finísima, sin ningún trozo; añadir despacio, con cuidado, y removiendo continuamente, el aceite, gota a gota, hasta conseguir una salsa bien espesa.

Conill amb xocolata (conejo con chocolate)

Para 4 personas
Tiempo de preparación: 1 hora y 15 minutos, más el tiempo de maceración
Dificultad: media

Ingredientes:

1 conejo • sal • pimienta
Maceración • 1/2 l de vino tinto • 1 copa de jerez seco • 1 cebolla • 1 puerro • 1 zanahoria • 4 ajos • tomillo • 1 hoja de laurel • canela en rama

Picada

4 ajos • 2 pastillas de chocolate de vainilla • 12 almendras • piñones • 1 copa de coñac

Para freír

200 g de harina • aceite

Preparación:

1. Trocear el conejo, salpimentarlo y ponerlo en maceración con todos los ingredientes indicados, cortados pequeños; dejar macerar 24 horas. Pasado este tiempo, sacar el conejo, secarlo, enharinarlo y freírlo en aceite bien caliente, hasta que esté dorado. Pasarlo a una cazuela de barro.
2. Escurrir bien las verduras de la maceración y freírlas también en el mismo aceite de freír el conejo. Cuando tomen un poco de color, añadir tres cucharadas de harina y dejar dorar un poco. Añadir el vino de la maceración y dejar cocer 5 minutos más. Pasarlo por el colador chino. Poner toda esta salsa por encima del conejo, en la cazuela. Dejarlo cocer tapado, 20 minutos.
3. Tostar los ajos, a la llama del fuego, pelarlos y pasarlos al mortero, picarlos junto con las almendras, piñones y el chocolate, hasta dejarlos como una pasta, añadir entonces la copa de coñac. Cuando esté bien amalgamado añadirlo al conejo, y mantenerlo 5 minutos más al fuego. Comprobar el punto de sal y servir.

Cordero al chilindrón al estilo navarro

Para 6 personas
Tiempo de preparación: 1 hora y 30 minutos
Dificultad: media

Ingredientes:

1 pierna de cordero de 1 kg y 800 g aproximadamente • 5 pimientos secos • 4 dientes de ajo • 1 corteza de limón • perejil • aceite • sal

Preparación:

1. Vaciar los pimientos y ponerlos en remojo en agua fría.
2. Trocear la carne de cordero en trozos más o menos regulares.
3. Pelar los dientes de ajo; dejar uno entero y picar los otros tres.
4. Picar el perejil. Pelar los pimientos, machacar 3 y trocear los dos restantes.
5. En un mortero, machacar el diente de ajo que se había reservado entero y el perejil, añadiendo un poco de sal.
6. En una cazuela con aceite, poner la carne, los 3 dientes de ajo picados, la corteza de limón y sal. Cubrir con agua.
7. Dejar la cazuela a fuego vivo y, cuando comience la ebullición, bajar el fuego hasta dejarlo lento. Mantener así y mover de vez en cuando la cazuela, que deberá estar destapada.
8. A media cocción, agregar todos los pimientos y la picada de ajo y perejil.

9. Cuando la carne esté tierna y la salsa en su punto, retirar del fuego. Servir bien caliente en la misma cazuela.

Cordero al estilo de Burgos

Para 6 personas
Tiempo de preparación: 1 hora y 30 minutos
Dificultad: baja

Ingredientes:
1/2 corderito lechal (la pierna y las costillas) • 4 dientes de ajo • sal gorda • manteca • agua

Preparación:
1. Cortar el cordero en dos partes: la pierna y el costillar.
2. Pelar y machacar en un mortero los dientes de ajo.
3. Untar con manteca una fuente para horno.
4. Untar también el cordero con trocitos de manteca y recubrirlo enteramente con sal gorda juntamente con los dientes de ajo picados.
5. Encender el horno. Tiene que ser horno fuerte.
6. Introducir la fuente con el cordero rociado con agua hasta llegar a la mitad de la carne.
7. Dejar en el horno unos treinta minutos.
8. Retirar la fuente, dar la vuelta al cordero y cocerlo de nuevo a horno fuerte, unos treinta minutos más.
9. La carne tiene que quedar crujiente por la parte exterior, jugosa por dentro pero despegada completamente del hueso.

Cordero asado a la cazadora

Para 6 personas
Tiempo de preparación: 1 hora y 15 minutos, más una noche de adobo
Dificultad: media

Ingredientes:
1 pierna de cordero de 1 1/2 kg aproximadamente • 5 dientes de ajo • 1 hoja de laurel • 1 limón • 2 tomates • orégano • sal • pimienta • pimentón dulce • manteca de cerdo

Preparación:
1. Pelar los dientes de ajo.
2. Exprimir el limón y conservar el zumo.
3. En una fuente honda y amplia, preparar un adobo con los dientes de ajo, una cucharada de pimentón, sal, pimienta, orégano, laurel y un poco de agua fría. Poner la pierna de cordero y dejarla durante toda la noche.
4. Al día siguiente retirar la pierna del adobo, secarla con un trapo y disponerla en una fuente para horno.
5. Untar toda la carne con la manteca de cerdo reblandecida cerca de la lumbre, rociarla con el zumo de limón, añadir el tomate triturado y llevarla al horno.
6. Cuando la carne esté dorada por ambos lados y no suelte agua al pincharla, retirar la pierna, servirla bien caliente, rociada con su jugo de cocción.
7. Trincharla en la mesa en el momento de servirla.

Cordero con verduras

Para 4 personas
Tiempo de preparación: 1 hora y 10 minutos
Dificultad: baja

Ingredientes:
3/4 kg de carne de cordero deshuesada • 4 zanahorias tiernas • 1/4 kg de guisantes desgranados • 1 cebolla • 1/2 kg de patatas • 4 alcachofas tiernas • verduras del tiempo al gusto • 4 cucharadas de manteca de cerdo • sal

Preparación:
1. Cortar a pedacitos la carne y las verduras.
2. En una cazuela con la manteca o aceite caliente, rehogar la carne.
3. Añadir la cebolla, y dar la vuelta a la carne; cuando la cebolla empiece a tomar color, agregar las verduras; espolvorear todo con sal, mezclar durante unos minutos y cubrir con agua.
4. Dejar la cazuela a fuego lento durante 30 minutos, aproximadamente. Servir caliente.

Cordero del mesonero

Para 4 personas
Tiempo de preparación: 1 hora y 10 minutos
Dificultad: baja

Ingredientes:

2 espaldas de cordero deshuesadas, de unos 500 g cada una (pero conservar los huesos para caldo) • 1 diente de ajo • una punta de guindilla • 1 cebolla • 1 pimiento choricero • unas hebras de azafrán • sal • pimienta • aceite • 1 vaso pequeño de vino blanco

Preparación:

1. Preparar un caldo con los huesos de las espaldas.
2. Sazonar la carne con sal y pimienta y trocearla.
3. Pelar y triturar la cebolla.
4. Trocear el pimiento.
5. Tostar un poco las hebras del azafrán.
6. Machacar en el mortero el ajo y el azafrán tostado.
7. En una cazuela grande con aceite hirviendo, rehogar los trozos de cordero.
8. Añadir la cebolla, la punta de guindilla y el pimiento.
9. Cuando la cebolla está transparente, rociar con el vino y recubrir la carne con el caldo de los huesos.
10. Al primer hervor, añadir la mezcla del mortero.
11. Dejar la cazuela a fuego normal y retirar cuando el jugo haya mermado y el cordero esté tierno.
12. Puede servirse el cordero en cazuelas de barro individuales.

Cordero en salsa picante

Para 4 personas
Tiempo de preparación: 1 hora y 40 minutosDificultad: media

Ingredientes:

1 pierna de cordero de 1 1/2 kg aproximadamente • 2 cebollas • 2 zanahorias • pimienta molida • aceite • sal • sal picante

Preparación:

1. Efectuar tres cortes en la pierna de cordero pasando el hueso pero sin llegar al final de la carne. Salpimentarla y poner en una fuente refractaria.
2. Pelar y cortar las cebollas y las zanahorias; disponerlas alrededor del cordero y rociar con un chorrito de aceite y 2 vasos de agua.
3. Introducir la fuente en horno normal y dejarla hasta que la carne quede crujiente en la superficie y jugosa por dentro. Añadir el agua que sea necesaria durante la cocción.
4. Trocear la carne, disponerla en una fuente y recubrirla con su salsa e ingredientes pasados por el chino.
5. Acompañar la carne con salsa picante.

Cordero lechal asado

Para 4 personas
Tiempo de preparación: 1 hora y 15 minutos
Dificultad: baja

Ingredientes:

1/2 cordero lechal • 4 dientes de ajo • manteca de cerdo • 2 dl de vino blanco • vinagre • sal

Preparación:

1. Picar en el mortero los dientes de ajo con un poco de sal.
2. Frotar con esta pasta el cordero y dejar macerar durante 30 minutos.
3. Precalentar el horno a temperatura media. Untar el cordero con la manteca de cerdo, salarlo y colocarlo a continuación en una fuente refractaria de barro.
4. Introducir en el horno y, cuando empiece a dorarse, regar con el vino. Darle la vuelta de vez en cuando para que vaya dorándose por igual. Cuando esté bien dorado y crujiente, sacarlo y mojarlo con un vasito de agua y una cucharada de vinagre.
5. Volver a meter en el horno y mantener unos 10 minutos más. Servir caliente.

Cordero lechal asado al estilo de Murcia

Para 4 personas
Tiempo de preparación: 1 hora y 45 minutos
Dificultad: alta

Ingredientes:

4 piernas de cordero de unos 500 g cada una • 6 manzanas medianas • 1 cucharada de piñones • 4 dientes de ajo • 3/4 l de vino blanco seco • 1 cebolla • 2 hojas de laurel • 1 tomate maduro • 100 g de manteca de cerdo • 1/2 kg de patatas pequeñas • 1/2 l de caldo de carne • perejil • tomillo • sal • pimienta

Preparación:

1. Deshuesar las piernas de cordero, reservar los huesos.
2. En una cazuela al fuego, derretir la manteca de cerdo. Cuando esté derretida, apartar 2 cucharadas en un bol pequeño.
3. Añadir a la cazuela los huesos de cordero troceados, la cebolla, el laurel, el tomillo y el tomate ra-

llado, rehogar a fuego lento unos quince minutos. Cubrir con el vino. Evaporar hasta reducir a 1/3.

4. Añadir el caldo de carne y dejar hervir 5 minutos más. Pasar por el colador chino; reservar esta salsa.
5. Salpimentar las piernas de cordero por dentro y por fuera, untar con la manteca de cerdo del bol pequeño.
6. Poner dentro de cada pierna dos trozos de manzana, cerrar con palillos.
7. Colocar las piernas de cordero en un rustidera, colocar las patatas alrededor, los piñones por encima y los ajos picados también.
8. Precalentar el horno a 200 °C. Rociar la carne con la salsa reservada y poner al horno una hora y cuarto.
9. Comprobar si está en su punto; debe quedar dorada por fuera; espolvorear con el perejil picado.
10. Servir bien caliente.

Costillas de ternera al horno

Para 4 personas
Tiempo de preparación: 1 hora y 10 minutos
Dificultad: media

Ingredientes:

1 1/2 kg de costillas de ternera • 600 g de patatas pequeñas • 2 cebollas • 1 pimiento rojo • 3 tomates • 4 dientes de ajo • 1 vaso de vino blanco • perejil • aceite • sal • azafrán

Preparación:

1. Mezclar en un mortero los ajos, el perejil, el azafrán, el aceite y un poco de vino blanco. Machacarlo bien todo junto.
2. A continuación, frotar las costillas de ternera con este adobo. Salar la carne.
3. En una cazuela de barro con aceite, añadir las cebollas, el pimiento rojo y los tomates que habremos picado y triturado con anterioridad. Añadir también las costillas de ternera.
4. Regar por encima todos los elementos de la cazuela con la salsa del adobo e introducir en el horno durante una hora, aproximadamente.
5. Pelar las patatas y trocearlas y ponerlas a dorar en una sartén con aceite.
6. Introducir las patatas en la cazuela que ya hemos colocado en el horno y dejarlas cocer durante 10 minutos con la salsa.
7. Servir caliente en la misma cazuela.

Criadillas de cordero en salsa

Para 4 personas
Tiempo de preparación: 40 minutos
Dificultad: baja

Ingredientes:

1 kg de criadillas o turmas • 1/2 tazón de puré de tomate • 100 g de manteca de cerdo • 3 cucharadas de harina • 2 huevos • 2 limones • 8 cucharadas de pan rallado • sal • pimienta • perejil

Preparación:

1. Retirar la piel de las criadillas, lavarlas, secarlas con un paño y cortarlas en escalopas delgadas o rodajas. Sazonarlas con sal y pimienta y rociarlas con zumo del limón exprimido con anterioridad.
2. En un plato, batir los 2 huevos, en otro poner harina y en un tercero el pan rallado.
3. Pasar las escalopas primero por harina, luego por huevo batido y finalmente por el pan rallado.
4. En una sartén con aceite caliente, freír las escalopas hasta que adquieran un color dorado por ambos lados.
5. Disponerlas en una fuente para servir sobre una servilleta puesta en ella.
6. Cortar el otro limón en rodajas y marcar unos triángulos en la cáscara para que ésta adopte la forma de unas margaritas.
7. En una sartén pequeña con aceite caliente, freír el puré de tomate y añadir un poco de perejil.
8. Decorar las escalopas con el limón y el perejil y servir enseguida.

Criadillas empanadas

Para 6 personas
Tiempo de preparación: 15 minutos
Dificultad: baja

Ingredientes:

700 g de criadillas de cordero o ternera • 4 huevos • 200 g de pan rallado • 1 limón • aceite • sal

Preparación:

1. Pelar y cortar las criadillas en rodajas. Sazonar.
2. Batir los huevos y poner el pan rallado en un plato.
3. Pasar las criadillas por el pan rallado, mojar bien con los huevos y volver a rebozar con el pan rallado.

4. En una sartén con abundante aceite caliente, freír las criadillas.
5. Servir calientes en una fuente y adornarlas con limón.

Chochas a la moda de Alcántara

Para 6 personas
Tiempo de preparación: 1 hora y 30 minutos
Dificultad: alta

Ingredientes:

2 chochas pequeñas • 2 lonchas de lomo de cerdo • 4 lonchas de tocino muy delgado • 1 diente de ajo • perejil • pimienta • sal

Preparación:

1. Partir las chochas por la mitad por el vientre; vaciarlas, limpiarlas y secarlas.
2. Picar los menudillos y el lomo, añadir el diente de ajo picado con el perejil y salpimentar. Mezclar bien todos estos ingredientes.
3. Rellenar las chochas con la mezcla anterior y envolverlas con las lonchas de tocino.
4. Disponer las aves en una fuente refractaria engrasada y asarlas en horno caliente hasta que estén en su punto.
5. Servir en la misma fuente.

Chuletas de Ávila

Para 4 personas
Tiempo de preparación: 1 hora y 10 minutos
Dificultad: media

Ingredientes:

4 chuletas de ternera de unos 250 g cada una • 3 huevos duros • 4 tomates rojos pero firmes • 1/4 kg de patatas hervidas con su piel • perejil • aceite de oliva • sal

Preparación:

1. Salar las chuletas por ambos lados.
2. Lavar y cortar por la mitad los tomates y asarlos en el horno.
3. Pelar los huevos y cortarlos en rodajas.
4. Retirar la piel de las patatas y cortarlas en cuartos.
5. Untar las chuletas por ambos lados con un poco de aceite.
6. Calentar al máximo la plancha de asar y cocer las chuletas por ambos lados, dándoles la vuelta con una espátula. Idealmente deben quedar tostadillas por fuera pero jugosas por dentro.
7. Mientras se prepara la guarnición, introducir unos minutos la carne en el horno caliente todavía pero apagado.
8. En una fuente amplia para servir o, si se dispone de una tabla de madera para servir, mejor, colocar en un extremo los tomates asados y espolvoreados con un poco de sal y perejil picado.
9. Al lado de los tomates, disponer las patatas también con sal y perejil y las rodajas de huevo duro adornando el plato.
10. Rociar los ingredientes con un chorrito de aceite.
11. Finalmente, retirar las chuletas del horno y colocarlas al lado de la guarnición.

Chuletas de buey a la vizcaína

Para 6 personas
Tiempo de preparación: 1 hora
Dificultad: media

Ingredientes:

3 chuletas de buey cebón, del lomo alto • 6 pimientos rojos grandes • 200 g de pan rallado • 3 limones • 3 dl de aceite de oliva • 6 dientes de ajo • 3 hojas de laurel • perejil • sal • pimienta

Preparación:

1. Las chuletas deben tener como un dedo de grueso, pulirlas un poco de la grasa sobrante, y ponerlas a macerar en una fuente un poco honda con una hoja de laurel encima de cada chuleta; rociarlas con el zumo de los limones y aceite; dejarlas así unas cuatro horas.
2. A las 2 horas, darles la vuelta y volver a poner la hoja de laurel encima de cada chuleta.
3. Mientras, cortar los pimientos de arriba abajo, quitarles las semillas partirlos en cuatro trozos y freírlos en aceite; salpimentarlos.
4. Pasado el tiempo de la maceración, y cuando vayamos a tomar las chuletas, escurrirlas, salpimentarlas, empanarlas con el pan rallado.
5. Asarlas a la parrilla, bien caliente, rociándolas de vez en cuando con el aceite que ha quedado de la

maceración; a medio asar, darles la vuelta y dejar hacer por el otro lado, esparcir por encima ajo y perejil picados. Dejarlas poco hechas.

6. *Colocarlas en una fuente rodeadas con los pimientos fritos y rodajas de limón. Servir bien caliente.*

Chuletas de cerdo a la madrileña

Para 6 personas
Tiempo de preparación: 30 minutos
Dificultad: baja

Ingredientes:

8 chuletas de cerdo • 6 dientes de ajo • 1 manojo pequeño de perejil • 1 hoja de laurel • tomillo • pimentón • sal • pimienta • aceite de oliva

Preparación:

1. *Pelar los dientes de ajo y triturarlos con el perejil.*
2. *Aplanar las chuletas con el puño de la mano.*
3. *Practicarles un pequeño corte con unas tijeras en la parte que tiene más grasa, para que no encojan en el momento de la cocción.*
4. *Disponer en una fuente honda el picadillo de ajo y perejil, aceite, la hoja de laurel, el tomillo, el pimentón, sal y pimienta.*
5. *Mezclar y añadir las chuletas de cerdo. Dejarlas en reposo una hora. Darles la vuelta de vez en cuando para que se impregnen bien.*
6. *Al cabo de este tiempo, disponer las chuletas escurridas en una fuente que vaya al horno y rociarlas con un chorrito de aceite.*
7. *Introducir la fuente en horno moderado y cocerlas unos veinte minutos.*
8. *Las chuletas tienen que quedar cocidas pero no secas.*

Chuletas de cordero a la navarra

Para 4 personas
Tiempo de preparación: 1 hora y 25 minutos
Dificultad: baja

Ingredientes:

1 kg de chuletas • 150 g de chorizo de Pamplona • 1 loncha de jamón • 2 cebollas medianas • 4 tomates grandes y maduros • azafrán en hebra tostado • manteca de cerdo • aceite • azúcar • sal

Preparación:

1. *Cortar en cuadraditos el jamón y a rodajitas el chorizo, pelar y picar finamente las cebollas y los tomates. Tostar el azafrán y machacarlo en el mortero.*
2. *En una sartén con aceite y manteca de cerdo calientes, freír por ambos lados las chuletas sazonadas con sal.*
3. *Una vez doradas, retirarlas y disponerlas en una fuente refractaria.*
4. *En la grasa restante, saltear el jamón y la cebolla. Añadir el tomate y espolvorear con sal, un poco de azúcar y el azafrán.*
5. *Pasados 5 minutos, echar el sofrito sobre las chuletas y meter la fuente en horno normal durante unos 10 minutos.*
6. *Después, recubrir las chuletas con las rodajas de chorizo, introducir en horno fuerte y dejar unos instantes.*
7. *Servir este exquisito plato caliente.*

Chuletas de cordero a la mañica

Para 4 personas
Tiempo de preparación: 1 hora y 50 minutos
Dificultad: media

Ingredientes:

1 kg de chuletas de cordero • 1/2 kg de tomates maduros • 2 dientes de ajo • 2 huevos • pan rallado • aceite • sal

Preparación:

1. *Rallar el tomate sin piel.*
2. *En una cazuela de barro, con aceite frío y los ajos picados y pelados colocar las chuletas y dejarlas en maceración durante 30 minutos, dándoles la vuelta de vez en cuando.*
3. *Batir los 2 huevos en un plato hondo y, en otro plato, formar un montículo de pan rallado.*
4. *Sacar las chuletas del aceite, espolvorear con sal y rebozarlas con huevo y pan rallado. Una vez rebozadas, freírlas en aceite hirviendo; retirarlas y reservarlas.*

5. En el mismo aceite sofreír el tomate y, cuando esté en su punto, añadir las chuletas, dejando la sartén sobre el fuego unos minutos más.
6. Disponer las chuletas en una fuente de hervir, cubriéndolas con el sofrito de tomate.

Chuletas de cordero al ajo cabañil

Para 4 personas
Tiempo de preparación: 45 minutos
Dificultad: media

Ingredientes:

1 kg de chuletas de cordero de riñonada • 1 cabeza de ajos • 1/2 dl de vinagre de vino blanco • 1 dl de agua • 2 dl de aceite de oliva • 1/2 cucharadita de azúcar • 1 kg de patatas • sal • pimienta negra

Preparación:

1. En una sartén con la mitad del aceite, freír las chuletas a fuego vivo, procurando que queden bien doradas y sazonar con sal y pimienta.
2. En otra sartén, con el resto del aceite, freír las patatas, peladas y cortadas en trozos (de unos 2 centímetros de ancho), sazonar con sal y pimienta.
3. Pelar los ajos y machacarlos en el mortero, agregarles el vinagre y el agua, mezclándolo bien. Repartir este majado, entre las dos sartenes, añadir un poquito de azúcar en cada una, dejar cocer lentamente unos quince minutos, moviendo las sartenes de vez en cuando. Para servir, poner las chuletas y las patatas juntas en la misma fuente.
4. Servir caliente.

Chuletas de ternera a la guipuzcoana

Para 4 personas
Tiempo de preparación: 1 hora y 20 minutos
Dificultad: media

Ingredientes:

4 chuletas de ternera pulidas • 500 g de cebollas • 500 g de patatas • 150 g de manteca de cerdo • 2,5 dl de sidra • 1 ramillete aromático • 2,5 dl de caldo de caom • 2 clavos de especia • unas briznas de orégano • sal • pimienta

Preparación:

1. Aplanar un poco las chuletas. En una sartén, derretir la manteca de cerdo y dorar las chuletas por ambos lados, salpimentar, reservar.
2. En la misma grasa que ha quedado en la sartén, rehogar las cebollas, cortadas en rodajas finas. Cuando empiecen a tomar color, pasarlas a una cazuela de barro.
3. Extender las cebollas por el fondo de la cazuela de modo que quede todo cubierto. Encima, colocar las chuletas que tenemos reservadas, poner el ramito aromático y el orégano y clavos.
4. Pelar las patatas y cortarlas en rodajas finísimas, enjuagarlas, sazonarlas con sal y pimienta, cubrir totalmente las chuletas con las rodajas de patatas.
5. Bañar con el caldo y la sidra hasta que quede completamente cubierto, tapar con un trozo de papel de barba del tamaño de la cazuela y encima tapar con la tapadera.
6. Precalentar el horno a 200 °C, introducir la cazuela y dejar cocer unos veinticinco minutos. Comprobar que las patatas estén bien cocidas.
7. Cuando estén en su punto, destapar la cazuela y dejar dorar un poco la superficie; debe quedar poco caldoso.
8. Sacar de la cazuela el ramito compuesto y las hierbas. Servir enseguida bien caliente.

Chuletas de ternera al vino

Para 4 personas
Tiempo de preparación: 1 hora y 5 minutos
Dificultad: media

Ingredientes:

4 chuletas • 1 vaso de vino blanco • 1/2 kg de patatas • 1 cucharón de caldo de cocido • 1/2 kg de cebollas pequeñas • 1 diente de ajo • sal • pimienta blanca molida • perejil • aceite de oliva

Preparación:

1. Freír las chuletas en una cazuela con aceite hirviendo y dejarlas hasta que estén doradas por ambos lados. Retirar el aceite y rociarlas con el vino, tapar la cazuela y dejar a fuego muy lento.
2. Mientras, pelar las cebollas y dejarlas enteras.
3. Pelar también las patatas y dejarlas del mismo tamaño que las cebollas.

4. En el aceite restante de las chuletas, y en una sartén, freír las cebollas y las patatas.
5. Cuando estén fritas, agregarlas a la carne, rociar con un cucharón de caldo y espolvorear con sal, pimienta molida y una picada de ajo y perejil.
6. Dejar la cazuela a fuego moderado unos veinte minutos.
7. Servir en la misma cazuela espolvoreando con un poco de perejil.

Chuletas en adobo

Para 6 personas
Tiempo de preparación: 1 hora y 55 minutos
Dificultad: baja

Ingredientes:

6 chuletas de cerdo magras • 1 vaso pequeño de aceite • 1 cucharada de pimentón dulce • perejil • 4 dientes de ajo • tomillo en polvo • 1 hoja de laurel • aceite • sal • pimienta molida

Preparación:

1. Pelar y picar los dientes de ajo con el perejil.
2. En una fuente redonda honda disponer el aceite, el pimentón, los dientes de ajo y el perejil ya picados, la pimienta, la hoja de laurel triturada, el tomillo y la sal.
3. Poner en adobo las chuletas en la mezcla anterior bien batida.
4. A los 30 minutos, darles la vuelta a las chuletas para que queden bien impregnadas y dejarlas 1 hora más.
5. En una cazuela plana con aceite hirviendo, dorar las chuletas una vez escurridas hasta que queden en su punto.

Chuletón a la parrilla

Para 4 personas
Tiempo de preparación: 1 hora y 40 minutos
Dificultad: baja

Ingredientes:

4 chuletones de ternera • 2 pimientos rojos • 1 limón • 3 dientes de ajo • aceite • sal

Preparación:

1. Pelar y machacar los dientes de ajo en el mortero.
2. Exprimir el limón y conservar el zumo.
3. En una fuente honda, disponer los chuletones, rociarlos con un buen chorro de aceite, zumo de limón y recubrirlos con los ajos machacados.
4. Mientras calentar unas parrillas sobre unas abundantes brasas de leña.
5. Cuando las brasas estén al rojo y las parrillas calientes, disponer sobre ellas los chuletones.
6. Darles la vuelta, rociándolos de vez en cuando con un poco de aceite de su maceración, logrando que queden hechos por fuera y jugosos por dentro.
7. Espolvorearlos con sal antes de retirarlos de la parrilla.
8. Conservarlas al calor y asar los pimientos. Pelarlos, cortarlos en tiras y acompañar la carne.

Churrasco de ternera

Para 6 personas
Tiempo de preparación: 1 hora y 40 minutos
Dificultad: baja

Ingredientes:

1 1/2 kg de carne para churrasco • 3 cebollas • 3 zanahorias • 4 dientes de ajo • 1 hoja de laurel • 1 vaso pequeño de vino blanco • 1 vaso de caldo de carne • perejil • aceite • pimienta blanca • sal

Preparación:

1. En una cazuela de barro, colocar el churrasco cortado en trozos, junto con las cebollas peladas, los ajos, las zanahorias, el laurel, el perejil y la pimienta, todo previamente picado.
2. Añadir también el vino y un chorro de aceite. Sazonar.
3. Introducir la cazuela en el horno y dejar cocer el churrasco, dándole vueltas; añadir caldo, si la salsa se reduce mucho.

Envueltitos de carne

Para 4 personas
Tiempo de preparación: 1 hora y 5 minutos
Dificultad: media

Ingredientes:

8 rodajas muy finas de carne de ternera • 1 cebolla • aceite • caldo • 2 huevos duros • 150 g de jamón extremeño • 1 vasito de vino blanco • perejil • harina

Preparación:

1. Aplanar un poco las tajadas de carne; triturar el jamón, picar el perejil, y pelar y picar finamente la cebolla y los huevos duros, todo ello por separado.
2. Rellenar las tajadas de carne con jamón picado, perejil y huevo duro, enrollarlas bien prietas y atarlas.
3. Rebozar los envueltillos con harina y freírlos en una cazuela con aceite caliente.
4. Rociar la carne con un poco de caldo y el vino blanco; añadir la cebolla picada y dejar sobre fuego normal durante 30 minutos, aproximadamente.
5. Añadir un poco de caldo de vez en cuando, si es necesario.
6. Servir los envueltillos en la misma cazuela.

Escabeche de perdiz

Para 4 personas
Tiempo de preparación: 2 horas y 45 minutos
Dificultad: media

Ingredientes:

4 perdices • 1/2 kg de cebollas • 1/4 de litro de aceite de oliva • 5 cucharadas de vinagre • 1/2 l de vino blanco • 1 cabeza de ajo • sal

Preparación:

1. Desplumar cuidadosamente las perdices, vaciarlas, lavarlas y atarlas con un cordel para que se mantengan enteras.
2. Pelar y trocear las cebollas.
3. Retirar el telillo de la cabeza de ajo.
4. Espolvorear con sal las perdices.
5. En una cazuela de barro amplia y plana, colocar las perdices, la cebolla, la cabeza de ajo y rociar con el aceite, el vinagre y el vino blanco.
6. Dejar sobre fuego muy lento la cazuela unos 30 minutos y dar la vuelta a las perdices dejando siempre a fuego muy lento unas 2 horas.

Escalopines con sobrasada

Para 4 personas
Tiempo de preparación: 45 minutos, más el tiempo de la maceración
Dificultad: baja

Ingredientes:

600 g de carne de ternera • 150 g de sobrasada en rodajas • 150 g de tocino • 50 g de manteca de cerdo • 1 dl de aceite de oliva • 1 limón • 1 cabeza de ajo • 2 dl de caldo • 1 hoja de laurel • sal • pimienta

Preparación:

1. Cortar la carne de ternera en escalopines muy finos.
2. Dejar macerar en una mezcla de aceite y el zumo de un limón, durante 30 minutos.
3. Pelar la sobrasada y cortarla en tiras.
4. Quitar la corteza del tocino y cortarla en dados, cortar el tocino en tiras.
5. Secar cuidadosamente con un paño los escalopines. Añadirles sal y pimienta.
6. Extenderlos, poner en el centro de cada uno una tira de sobrasada y una de tocino, enrollar y atar con un poco de bramante.
7. En un cazo al fuego con un poco de aceite, freír los dados de corteza de tocino hasta que estén bien dorados.
8. Retirar del fuego y añadir un poco de manteca de cerdo, toda la cabeza de ajo, sueltos y sin pelar, la hoja de laurel, los rollitos de escalopines y el caldo caliente.
9. Dejar cocer a fuego lento una media hora.
10. Para servir, desatar los escalopines, colocarlos en una fuente de servir, rociar con la salsa reducida de la cocción.
11. Colocar alrededor de los escalopines los dientes de ajo y los trocitos de corteza de tocino dorados.
12. Servir calientes.

Espalda de cordero con nabos

Para 6 personas
Tiempo de preparación: 2 horas y 35 minutos
Dificultad: media

Ingredientes:

1 espalda de cordero de 1 1/2 kg aproximadamente, deshuesada • 1/2 kg de nabos pequeños y tiernos • 10 cebollas pequeñas • aceite • manteca de cerdo • 1 clavo de especia • 3 dientes de ajo • harina • 1 hoja de laurel • tomillo • perejil • sal • pimienta

Preparación:

1. Quitar las pieles y el exceso de grasa de la espalda; abrirla completamente y salpimentarla por los dos lados.
2. Arrollarla bien y atarla con bramante.
3. Pelar las cebollas y dejarlas enteras.

4. Pelar y triturar los dientes de ajo y el perejil.
5. Pelar los nabos.
6. En una cazuela amplia con aceite y manteca muy caliente, dorar la espalda.
7. Cuando esté en su punto por todos los lados, añadir las cebollitas y al cabo de unos minutos rociarla con un poco de agua tibia.
8. Añadir a la carne el perejil, los ajos, la hoja de laurel, el tomillo y el clavo de especia.
9. Dejar la cazuela a fuego lento, dando la vuelta a la carne de vez en cuando.
10. En una sartén con aceite caliente, freír los nabos hasta que queden bien dorados.
11. Media hora antes de acabar la cocción de la carne, añadir los nabos fritos.
12. Rociar con un poco de harina disuelta en agua tibia.
13. Poner la carne en una fuente de servir, rociar con el jugo y adornar con los nabos.

Estofado de cordero mechado

Para 6 personas
Tiempo de preparación: 1 hora y 20 minutos
Dificultad: baja

Ingredientes:

1 pierna de cordero de 1 1/2 kg aproximadamente • 200 g de tocino • 3 cebollas • 3 zanahorias • 1 ramillete de hierbas aromáticas • caldo de carne • sal • pimienta

Preparación:

1. Deshuesar la pierna y mecharla con el tocino cortado a tiras (esta operación pueden hacerla en la carnicería); atarla y disponerla en una cazuela amplia.
2. Pelar y picar las cebollas. Trocear las zanahorias y añadirlas a la cazuela junto con el ramillete de hierbas; verter caldo hasta la mitad de la cazuela y salpimentar.
3. Poner la cazuela sobre fuego vivo, taparla y dejarla hasta que la carne esté en su punto y el jugo mermado.
4. Trocear la carne, disponerla en una fuente para servir y recubrirla con el jugo, previamente pasado por el chino.

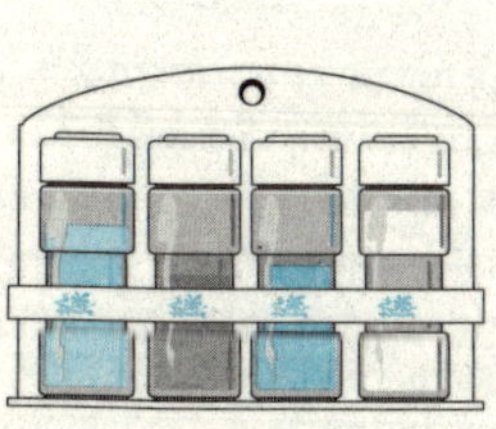

Estofado de ternera

Para 4 personas
Tiempo de preparación: 2 horas y 30 minutos
Dificultad: media

Ingredientes:

1 kg de carne de ternera, aguja o morcillo • 1 cebolla • 600 g de patatas • 1 cabeza de ajos • 1 hoja de laurel • tomillo • pimienta • 1 dl de vino blanco seco • 1/2 l de aceite • sal

Preparación:

1. Trocear la ternera en dados de unos 3 cm.
2. Pelar y cortar la cebolla y los ajos, éstos en forma de filete.
3. En una cazuela de barro, poner los dados de ternera, la cebolla y el ajo. A continuación, verter 1 1/2 dl de aceite, el vino, y 1 dl de agua. Añadir las hierbas aromáticas y salpimentar.
4. Tapar la cazuela y dejar que cueza lentamente durante 1 hora y 30 minutos, aproximadamente.
5. Pelar y cortar en dados las patatas; freírlas en abundante aceite.
6. Cuando el estofado esté en su punto, añadir las patatas fritas y escurridas, dar unas vueltas, y servir en la misma cazuela.

Faisán a las uvas

Para 4 personas
Tiempo de preparación: 1 hora y 35 minutos
Dificultad: media

Ingredientes:

1 faisán • 1 zanahoria • 1 cebolla • 4 dl de cava • 2 dl de caldo • 1 dl de vino de Oporto • 1/2 kg de uvas enteras • 50 g de mantequilla • 2,5 dl de agua • 30 g de azúcar • laurel • tomillo • sal • pimienta

Preparación:

1. Limpiar cuidadosamente y bridar el faisán.
2. En una cazuela, derretir la mantequilla, colocar el faisán junto con la zanahoria, la cebolla y las especias.
3. Dejar cocer hasta que el faisán tome color dorado. Cuando las verduras estén bien rehogadas, mojar con el cava y el caldo.
4. Dejar cocer lentamente. Cuando el faisán esté tierno, retirar, trocear y pasar las verduras de la cocción por el colador chino.

5. En un cazo pequeño, poner el agua y el azúcar, dejar cocer lentamente hasta que adquiera punto de hebra, retirar del fuego, añadir el oporto y las uvas peladas; dejar reducir un poco.
6. Incorporar a la salsa, comprobar y rectificar el punto de sal.
7. Colocar el faisán en la fuente de servir, que habremos calentado previamente; rociar con la salsa y los granos de uva alrededor.
8. Servir muy caliente.

Faisán asado

Para 4 personas
Tiempo de preparación: 1 hora y 30 minutos
Dificultad: alta

Ingredientes:
1 faisán • 100 g de tocino graso • 1 hígado de faisán • 150 g de manteca • sal • harina • pimienta • 8 triángulos de pan • vino rancio

Preparación:
1. Pelar, flamear, vaciar y limpiar el faisán.
2. Desprender la hiel del hígado y retirarle la piel con cuidado.
3. Volver a introducir el hígado en el interior del faisán.
4. Cortar el tocino en tiras finas.
5. Mechar la pechuga y los muslos del ave con las tiritas de tocino.
6. Untar un papel de estraza con manteca y envolver con manteca el faisán, ensartarlo en el asador y darle vueltas rociándolo continuamente con manteca derretida.
7. Asar el faisán 1 hora, aproximadamente.
8. Recoger el jugo que vaya soltando y con dicha grasa, freír los triángulos de pan.
9. Colar la grasa y ligarla con un poco de harina y una cucharada de vino rancio.
10. Disponer el faisán en una fuente para servir, decorar con el pan frito y descuartizar en la misma mesa.
11. Servir la salsa aparte.

Faldeta de cordero en salsa

Para 4 personas
Tiempo de preparación: 1 hora
Dificultad: media

Ingredientes:
1 kg de falda de cordero • 1 manojo de espárragos blancos • 3 dientes de ajo • 2 huevos • harina • aceite • sal

Preparación:
1. Pelar y triturar los dientes de ajo; limpiar y pelar los espárragos.
2. Partir la carne en pedazos pequeños y rehogarla en una cazuela de barro con aceite hirviendo; añadir el ajo picado, espolvorear con un poco de harina y rociar con 1/2 vaso de agua. Salar. Dejar a fuego muy lento durante unos minutos.
3. Mientras, se habrán cocido los espárragos en agua hirviendo con sal: añadirlos a la carne y verter un poco más del jugo de la ebullición.
4. Echar en la cazuela los 2 huevos batidos 10 minutos antes de retirar la cazuela del fuego.
5. Mezclar todo y, a continuación, servir.

Farbetas (pajaritos) al pimiento

Para 4 personas
Tiempo de preparación: 1 hora y 40 minutos
Dificultad: media

Ingredientes:
8 farbetas • 4 pimientos rojos grandes • 3 dientes de ajo • perejil • aceite • sal

Preparación:
1. Limpiar, lavar y secar bien las farbetas.
2. Pelar y picar los dientes de ajo y el perejil.
3. Con la punta de un cuchillo de cocina, cortar la parte superior de los pimientos retirar las semillas.
4. Rellenar cuidadosamente cada pimiento con 2 pajaritos, un poco de ajo y perejil picados, sal y un chorrito de aceite.
5. Disponer los pimientos en una parrilla y asarlos sobre brasas calientes, dándoles la vuelta de vez en cuando. El tiempo de cocción necesario es el mismo para el pimiento que para los pajaritos.
6. Retirar la piel de los pimientos y servirlos en la mesa todavía calientes.

Fardeles

Para 6 personas
Tiempo de preparación: 2 horas
Dificultad: alta

Ingredientes:
1/2 kg de hígado de cerdo troceado • 600 g de tocino entreverado • 1 diente de ajo • 2 huevos • nuez moscada rallada • perejil • pimienta molida • canela • una cucharada de piñones • 5 cucharadas de fécula de patata • 1/2 copa de anís • pan rallado • aceite • sal

Preparación:
1. Cocer el hígado en agua hirviendo con sal durante 20 minutos.
2. Cuando esté en su punto, escurrirlo y picarlo finamente junto con el tocino entreverado. Conservar el caldo de la cocción.
3. En un recipiente, mezclar el hígado, el tocino picado, los huevos crudos, un poco más de sal, pimienta, perejil picado, nuez moscada, piñones, ajo triturado, canela, anís, pan rallado, el caldo de cocción del hígado y la fécula de patata, hasta que quede una masa compacta.
4. Formar unas albóndigas pequeñas y aplastadas, envolverlas con telilla de cerdo y disponerlas en una fuente refractaria untada con aceite.
5. Introducir la fuente en el horno y asar las albóndigas por ambos lados.
6. Servir los fardeles calientes.

Fégadu con avellanas (hígado)

Para 4 personas
Tiempo de preparación: 1 hora y 5 minutos
Dificultad: media

Ingredientes:
1/2 kg de filetes de «fégadu» (hígado) de ternera • 2 cucharadas de avellanas tostadas y trituradas • 1 rodaja de pan tostado • 1 cebolla • 1 diente de ajo • 2 tomates maduros • 1/2 kg de patatas • 1/2 tazón de caldo • perejil • aceite

Preparación:
1. Pelar y picar la cebolla, y el diente de ajo junto con una ramita de perejil.
2. Retirar la piel de los tomates y triturarlos.
3. Pelar y cortar las patatas en rodajas.
4. Machacar en el mortero la rodaja de pan previamente frita en una cazuela con aceite hirviendo, y las avellanas trituradas.
5. En el aceite restante de freír el pan, dorar la cebolla, el diente de ajo, el perejil picado y el tomate triturado.
6. Añadir enseguida las rodajas de patatas. Darles unas vueltas hasta que estén bien impregnadas y agregar los filetes de «fégadu» para que se doren también.
7. Rociar el guiso con caldo o agua, añadir la picada del mortero y dejar la cazuela a fuego lento hasta que las patatas estén tiernas y el hígado en su punto.
8. Servir en la misma cazuela.

Filetes de ternera empanados

Para 4 personas
Tiempo de preparación: 50 minutos
Dificultad: baja

Ingredientes:
8 filetes de ternera de unos 100 g cada uno • 2 huevos • pan rallado • leche • aceite • sal

Preparación:
1. Aplastar los filetes con el puño para que queden bien aplanados.
2. En una fuente un poco grande, batir los huevos y mezclar con un vasito de leche.
3. Poner pan rallado en un plato.
4. Poner a remojar los filetes en la mezcla de huevo y leche. Dejarlos al menos una media hora para que queden bien impregnados de la mezcla.
5. Pasado ese tiempo retirarlos y salarlos.
6. Rebozarlos con el pan rallado y freírlos por ambos lados en una sartén con aceite de oliva muy caliente.
7. Antes de servirlos dejar que pierdan el exceso de aceite con un papel secante.

Flanes de carne de cerdo

Para 4 personas
Tiempo de preparación: 1 hora y 30 minutos
Dificultad: media

Ingredientes:

1/2 kg de carne de cerdo picada fina • 1 cebolla mediana • 2 dl de salsa de tomate • puré de patata • 3 dientes de ajo • 2 huevos • 40 g de miga de pan sentado • perejil • pimienta • mantequilla • leche • aceite • sal

Preparación:

1. Poner la miga de pan en remojo con leche durante unos 15 minutos.
2. En un bol, trabajar con un tenedor (o con las manos) la carne de cerdo picada y el ajo y perejil picados finos; salpimentar y dejar reposar 20 minutos.
3. En un cazo con un poco de aceite, freír la cebolla trinchada. Cuando empiece a tomar color, retirarla, escurrirla e incorporarla a la carne del bol.
4. Escurrir la miga de pan y añadirla también al bol. Batir los huevos e, igualmente, añadirlos. Trabajar bien la masa para que quede todo bien mezclado.
5. Engrasar ocho flaneras pequeñas con un poco de mantequilla y llenarlas con la masa preparada.
6. Precalentar el horno a 180 °C e introducir los flanes, que deben cocer al baño María durante unos 15 minutos.
7. Desmoldar en una fuente y cubrir con la salsa de tomate caliente.
8. Decorar con puré de patata espeso alrededor de los flanes con la ayuda de una manga pastelera con boquilla rizada.

Fricandó (carne con salsa)

Para 6 personas
Tiempo de preparación: 1 hora y 30 minutos
Dificultad: media

Ingredientes:

1 kg de carne de ternera (tapa plana) • 300 g de cebollas • 2 zanahorias • 40 g de «moixernons» (setas secas) • 2 dl de aceite de oliva • 1 cucharada de harina, más harina para rebozar • 2 dl de vino blanco seco • sal • pimienta • 1 ramito compuesto (laurel, tomillo, perejil)

Preparación:

1. Poner en remojo los «moixernons» en agua fría, durante 2 horas, luego aclararlos bien.
2. En una cazuela de barro, freír los filetes de ternera, cortados delgados, salpimentados y enharinados, dorar en aceite caliente, reservar.
3. En el mismo aceite, rehogar las cebollas picadas bien finas, las zanahorias también, dejar sofreír lentamente, removiendo para que se dore uniformemente. Cuando la cebolla quede como mermelada, añadir una cucharada de harina y dejar dorar para que le dé color a la salsa.
4. Rociar con el vino, evaporar, volver a poner la carne en la cazuela, añadir un poco de caldo o de agua, poner el ramito compuesto y dejar cocer lentamente, con la cazuela tapada, hasta que la carne esté tierna.
5. Cuando falten unos quince minutos para terminar la cocción, añadir los «moixernons» remojados, dejar acabar la cocción. Comprobar el punto de sal.
6. Retirar el ramito compuesto y servir.

Fricandó a la antigua

Para 4 personas
Tiempo de preparación: 1 hora y 50 minutos
Dificultad: media

Ingredientes:

600 g de carne de vaca • 100 g de tocino • 100 g de corteza de tocino • 2 zanahorias • 1 cebolla grande • 150 g de guisantes desgranados • 2 dientes de ajo • 1 ramillete de hierbas aromáticas • pimienta • 1 cucharada de harina • caldo o agua • aceite • sal

Preparación:

1. En una cazuela con aceite caliente saltear la cebolla y el diente de ajo, previamente pelados y machacados.
2. Mientras, en una sartén, dorar la carne junto con las cortezas y el tocino troceado. Añadir la carne al sofrito de cebolla y ajo y espolvorearlo con sal y pimienta. Agregar también las zanahorias peladas y cortadas a rodajas.
3. Mezclar y, cuando dé el primer hervor, echar los guisantes, espolvorear la harina, rociar con caldo y agregar el ramillete.
4. Dejar la cazuela sobre fuego lento durante más de 1 hora, hasta que todo quede muy tierno.
5. Servir bien caliente en la misma cazuela.

Fritada de cabrito

Para 4 personas
Tiempo de preparación: 35 minutos
Dificultad: baja

Ingredientes:
1 kg de cabrito • 2 manojos de ajos tiernos • aceite • sal

Preparación:
1. Cortar el cabrito en trozos grandes.
2. En una sartén con abundante aceite caliente, freír los trozos de cabrito.
3. Dorar bien por ambos lados y sazonar.
4. Pelar y cortar los ajos en trozos grandes y añadir a la sartén cuando el cabrito esté bien frito..
5. Mezclar bien y dejar cocer 2 o 3 minutos más.
6. Servir caliente.

Fritanga de pollo

Para 4 personas
Tiempo de preparación: 50 minutos
Dificultad: baja

Ingredientes:
1 pollo de 1 1/2 kg, aproximadamente • 1/2 kg de cebollas • pimienta negra en grano • harina • aceite • sal

Preparación:
1. Limpiar y trocear el pollo y ponerlo en un recipiente hondo con 2 cebollas peladas y trituradas, sal y unos granos de pimienta. Rociar con aceite abundante y dejar en maceración unas horas.
2. Escurrir el pollo, enharinarlo y freírlo en una sartén con el mismo aceite que se ha utilizado para la maceración.
3. Cuando el pollo esté bien dorado, retirarlo y conservarlo en una fuente para servir cerca del fuego, para mantenerlo caliente.
4. En el aceite restante, dorar las demás cebollas peladas y cortadas a rodajas.
5. Cuando la cebolla esté transparente, es decir, no demasiado frita, escurrirla y servirla junto con el pollo.

Frito extremeño

Para 4 personas
Tiempo de preparación: 45 minutos
Dificultad: baja

Ingredientes:
1 kg de carne de cabrito deshuesada • 1 cabeza de ajos • 1 cucharada de pimentón • 1 hoja de laurel • 1/2 l de vino blanco • aceite • sal

Preparación:
1. Espolvorear con sal la carne, que debe estar partida en trozos irregulares.
2. En una cazuela con bastante aceite hirviendo, dorar durante un rato la carne; espolvorearla con el pimentón, añadir el laurel y rociar con el vino blanco.
3. Machacar la cabeza de ajos y agregarla a la carne, dejando la cazuela sobre el fuego hasta que el vino quede consumido, vigilando no se queme la carne.
4. Servir en la misma cazuela bien caliente.

Gall d'indi farcit i rostit a la catalana (pavo relleno)

Para 6-8 personas
Tiempo de preparación: 3 horas y 30 minutos
Dificultad: alta

Ingredientes:
1 pavo de unos 2 1/2 kg • 200 g de lomo de cerdo • 150 g de salchichas • 100 g de ciruelas pasas • 50 g de orejones de melocotón • 50 g de pasas de Málaga • 30 g de piñones • 150 g de manteca de cerdo • 1/2 l de vino rancio seco • canela en polvo • pimienta • sal

Preparación:
1. Chamuscar y limpiar bien el pavo por dentro y por fuera, sacarle los tendones o nervios de los muslos, sacarle también el hueso en forma de horquilla del pecho y procurar dejarle suficiente piel en el cuello para doblar. Hecho esto, espolvorear por dentro con sal, pimienta, canela en polvo y un poco de vino rancio.
2. Dejar en remojo en agua tibia, un buen rato, las ciruelas, pasas, orejones y los piñones.
3. En una sartén al fuego con un poco de manteca de cerdo, sofreír el lomo escalopado, las salchichas, el hígado del pavo. Cuando tome un poco de color, añadir los orejones, pasas, ciruelas, piñones, todo bien escurrido; ponerle un poco de pimienta, canela en polvo y removerlo con cuchara de madera (a las ciruelas ya les habremos sacado el hueso). Rociar con un poco de vino rancio. Dejar enfriar.
4. Cuando esté todo a punto, rellenar el pavo por el buche. Cuando este bien relleno, coser todas las

aberturas con aguja de bridar y bramante. Sujetarle los muslos y los alones, procurando que la pechuga quede bien abombada, para que quede una buena presentación.
5. Untar totalmente el pavo con manteca de cerdo, espolvorear con sal, pinchar con la aguja la pechuga, cubrirlo con un papel de barba y ponerlo en una cazuela; taparlo.
6. Ponerlo al horno precalentado suave, que se vaya asando lentamente. Mientras, se va regando con la grasa que va desprendiendo el ave.
7. Cuando ya lleva en el horno 1 1/4 horas aproximadamente, sacar el papel de barba para que tome un poco de color superficialmente y rociar con el resto del vino y un poco de caldo, con el objeto de formar un excelente jugo. Seguir rociándolo con el jugo hasta que esté totalmente asado. Se podrá comprobar si está en su punto tocando los muslos, comprobando si su carne cede suavemente a la ligera presión de los dedos.
8. Sacar el pavo de la cazuela, desengrasar la salsa y pasarla por un colador fino.
9. Cuando vayamos a servirlo, sacar los bramantes del pavo, colocarlo en una fuente caliente y adornarlo con berros. Presentarlo así, si queremos trincharlo en la mesa.
10. Cuando se corta en la cocina, presentarlo primero a los comensales y luego, en la cocina, cortar el pavo por la mitad a lo largo, extraer el relleno, que se pone debajo de los trozos de pavo; poner encima los muslos fraccionados en tres trozos cada uno, las pechugas escalopadas, rociar con un poco de salsa, ponerla un momento al horno para que, al servirla, esté caliente. Adornar con los berros. Servir el resto de salsa.
11. Servir acompañado de una buena ensalada verde.

Gallina con fabes (judías de la granja)

Para 4 personas
Tiempo de preparación: 1 hora y 50 minutos
Dificultad: media

Ingredientes:

500 g de judías de la granja «fabes» • 1/2 kg de gallina cortada en trozos • aceite • 1/2 cucharada de pimentón • 1 diente de ajo • perejil • 1 cebolla • 3 lonchas de jamón magro • sal

Preparación:

1. Poner las «fabes» en remojo el día anterior.
2. El día de la preparación, pelar la cebolla y el ajo y picar junto con el perejil.
3. Cortar en pedacitos el jamón.
4. En una cazuela con aceite caliente, dorar los trozos de gallina, espolvorear con sal, rociar con agua y dejar a fuego lento hasta que la gallina esté tierna.
5. En otra olla con el caldo restante de la gallina, cocer las «fabes» como si fueran para un estofado, añadiendo un chorro de aceite, la cebolla, el ajo y el perejil.
6. Cuando estén casi cocidas, agregar la gallina, el jamón troceado y salteado en una sartén con aceite, un poco más de cebolla y el pimentón.
7. Dejar la cazuela a fuego lento hasta que la cocción esté en su punto. Servir el guiso caliente.

Gallina en pepitoria

Para 4 personas
Tiempo de preparación: 1 hora
Dificultad: baja

Ingredientes:

1 gallina • 200 g de tocino • 2 dientes de ajo • 1 ramita de perejil • 1 vaso de vino blanco • 2 pimientos rojos • 1 picadillo de almendras y avellanas • harina • sal • pimienta

Preparación:

1. Desplumar la gallina, vaciarla y limpiarla bien. Flamearla para quitarle los canutillos de las plumas y partirla en 8 trozos.
2. Cortar en trozos cuadrados el tocino.
3. Pelar y picar los dientes de ajo.
4. Triturar el perejil y trocear el pimiento.
5. En una sartén caliente, tostar 2 cucharadas de harina.
6. En un mortero, machacar 6 almendras y 6 avellanas tostadas sin piel, junto con la harina tostada.
7. En una cazuela plana de barro, sofreír los dados de tocino. Añadir a continuación los trozos de gallina y rehogarlos.
8. Agregar a la gallina el ajo, el perejil, el vino blanco, los pimientos y el picadillo de almendras y avellanas. Salpimentar.
9. Dejar al fuego la cazuela hasta que rompa el primer hervor. Seguidamente, llevar el fuego al mínimo y dejarlo unos quince o veinte minutos más, hasta que la gallina quede impregnada por el jugo.

Gallina en salsa

Para 4 personas
Tiempo de preparación: 2 horas y 10 minutos
Dificultad: baja

Ingredientes:

1 gallina • 1 cebolla • 1 tomate maduro mediano • 1 cabeza y 2 dientes de ajo • 1 huevo duro • canela en rama • 1 vaso de vino dulce • 1/2 vaso de vinagre • aceite • sal

Preparación:

1. *Limpiar y trocear la gallina, pelar y picar la cebolla y el tomate, aplastar con el puño la cabeza de ajos y pelar los otros 2 dientes, y retirar la yema del huevo duro.*
2. *En una cazuela de barro, poner los trozos de gallina y añadir la cabeza de ajo, la cebolla y un chorro de aceite. Salar y poner a cocer a fuego lento.*
3. *Pasados 15 minutos, agregar el vino, el vinagre, un vaso de agua, el tomate y una rama de canela.*
4. *Proseguir la cocción, esta vez a fuego normal.*
5. *Mientras, mojar en un mortero la yema de huevo con los dientes de ajo y un poco de agua.*
6. *Cuando la gallina esté bien tierna, recubrirla con la salsa del mortero.*
7. *Dejar hervir durante unos minutos más y servir.*

Gallina con pisto

Para 6 personas
Tiempo de preparación: 1 hora y 30 minutos
Dificultad: alta

Ingredientes:

1 gallina • manteca de cerdo • 1 cebolla • 1/4 kg de tomates maduros • 3 pimientos • 1 limón • 1 vaso de vino blanco • leche • pimienta molida • sal

Preparación:

1. *Limpiar la gallina y trocearla en pedazos pequeños.*
2. *Retirar la piel a los tomates y la cebolla y trinchar junto con los pimientos.*
3. *Exprimir el limón y reservar el zumo.*
4. *A continuación, en una cazuela de barro plana y amplia, con manteca caliente, saltear los pedazos de gallina. Salpimentar y rociar con un litro de leche.*
5. *Cuando la gallina lleve unos diez minutos hirviendo, añadir la cebolla, el pimiento y los tomates. Reducir el fuego, rociar con el vino y el zumo de limón y dejar hasta que la gallina quede tierna y el caldo reducido.*

Greixonera de patas de cerdo

Para 4 personas
Tiempo de preparación: 3 horas, más el tiempo de remojo
Dificultad: media

Ingredientes:

2 patas de cerdo saladas • 500 g de queso fresco • 250 g de tocino • 3 huevos • 60 g de harina • 1 dl de leche • 100 g de pan rallado • 50 g de manteca de cerdo • sal • pimienta

Preparación:

1. *Dejar las patas de cerdo en un recipiente completamente cubiertas de agua para que se desalen, es necesario cambiar el agua dos o tres veces.*
2. *Después, hervir en abundante agua. Cuando estén bien tiernas, sacar cuidadosamente los huesos y picar pequeñas.*
3. *Picar el tocino muy pequeño, luego mezclar con la carne de las patas.*
4. *Rallar el queso e incorporar a las carnes, batir un poco los huevos y ponerlos también en el recipiente, luego la harina, la leche y salpimentar; trabajar bien, mezclándolo cuidadosamente.*
5. *Untar las paredes y el fondo de un molde con manteca de cerdo, rellenar con la pasta preparada y espolvorear con el pan rallado.*
6. *Precalentar el horno e introducir el molde, dejar cocer a temperatura media. Cuando esté listo, dejar enfriar.*
7. *Este plato es mejor tomarlo frío.*

Guisado de carne de ternera

Para 4 personas
Tiempo de preparación: 1 hora y 30 minutos
Dificultad: baja

Ingredientes:

600 g de carne de pierna de ternera • 3 cebollas medianas • 3 zanahorias • 100 g de mantequilla • 2 dl de caldo de carne • 1/2 dl de aceite de oliva • sal • pimienta

Preparación:

1. Atar la carne con hilo de bramante para que no se deforme. Salpimentar.
2. En una cazuela de barro, colocar la carne y cubrirla con el aceite y la mantequilla. Seguidamente, rehogarla a fuego vivo, dorándola por todos sus lados.
3. A continuación, incorporar las zanahorias y las cebollas peladas y cortadas en trozos grandes. Dejar rehogar durante unos 20 minutos más.
4. Cuando esté todo bien dorado (carne, zanahorias y cebollas), bañarlo con el caldo de carne y dejar cocer lentamente, tapado, durante unos 50 minutos.
5. Cuando la carne esté cocida, retirarla del fuego, dejar enfriar, sacar el bramante y cortar en trozos regulares.
6. Disponer los trozos en una bandeja y servir rociados con la salsa de la cazuela previamente pasada por el chino.

Guiso de cordero

Para 4 personas
Tiempo de preparación: 1 hora y 15 minutos
Dificultad: baja

Ingredientes:

1 pierna de cordero de 1 1/2 kg • 1 kg de patatas • 1 tomate grande maduro • 1 cebolla • 1 pimiento verde • 1 pimiento rojo • 2 diente de ajo • perejil • aceite de oliva • 1 vaso pequeño de jerez

Preparación:

1. Trocear el cordero, retirar piel y grasa.
2. Pelar y picar la cebolla.
3. Cortar los pimientos en cuadraditos.
4. Retirar la piel y las pepitas del tomate y triturarlo.
5. Pelar y machacar el ajo en un mortero.
6. Pelar y trocear las patatas.
7. Picar finamente el perejil.
8. En una cazuela amplia con aceite caliente, rehogar la cebolla, el pimiento y el tomate. A media cocción, añadir el cordero y dejar la cazuela al fuego hasta que la carne tome color.
9. Mientras, machacar en un mortero el ajo, el perejil y rociar con el jerez.
10. Añadir la picada a la cazuela con el cordero, salar y agregar las patatas troceadas.
11. Mezclar todos los ingredientes con una cuchara de madera durante unos minutos.
12. Recubrir con agua y dejar al fuego una media hora hasta que el guiso esté en su punto.

Hígado a la andaluza

Para 6 personas
Tiempo de preparación: 55 minutos
Dificultad: media

Ingredientes:

1 kg de hígado de ternera • 1 cebolla • 250 g de puré de tomate • 3 dientes de ajo • 1 cucharada pequeña de harina • 2 hojas de laurel • 1/2 taza de caldo • 6 rebanadas de pan • perejil • aceite • vinagre • sal • pimienta negra molida

Preparación:

1. Cortar el hígado en filetes no muy grandes; sazonar con sal y pimienta.
2. En una sartén con aceite caliente, freír el hígado a fuego vivo unos instantes.
3. Retirar el hígado y ponerlo en una cazuela.
4. En otra sartén con un poco de aceite, freír la cebolla y, una vez dorada, añadir la harina dejándola tostar; a continuación, añadir el vinagre, el caldo, el laurel, el ajo machacado y el puré de tomate.
5. Dejar cocer durante unos minutos, removiendo.
6. Verter el sofrito en la cazuela del hígado y dejarlo cocer por espacio de 15 minutos.
7. Distribuir los filetes en una bandeja, adornar con pan frito, cubrirlos con la salsa y espolvorear con perejil picado. Servir caliente en la misma cazuela.

Hígado con cebolla

Para 4 personas
Tiempo de preparación: 40 minutos
Dificultad: baja

Ingredientes:

1/2 kg de hígado de ternera • 300 g de cebollas • 2 dientes de ajo • 1 cucharadita de pimentón • perejil • 1 1/2 dl de vino blanco • aceite • sal

Preparación:

1. Preparar el adobo picando muy pequeños los dientes de ajo y el perejil, ponerlos sobre los pedazos de hígado y dejarlos macerar durante 1 hora.
2. En una sartén con aceite caliente, rehogar la cebolla cortada muy fina, moviendo de vez en cuando la sartén para que no se queme la cebolla. Usar fuego lento.
3. Cuando la cebolla empiece a dorarse, añadir los pedazos de hígado; salar. Remover varias veces hasta

que esté en su punto, agregar el pimentón, removiendo enseguida para que no se queme. Verter el vino, dar unas vueltas, tapar y retirar del fuego.
4. Servir en cazuelitas de barro individuales.

Hígado con pimientos

Para 4 personas
Tiempo de preparación: 1 hora y 5 minutos
Dificultad: baja

Ingredientes:
8 filetes de hígado de ternera • 1/2 kg de pimientos verdes pequeños • 2 dientes de ajo • perejil • pan rallado • aceite • sal

Preparación:
1. Hacer un corte a lo largo de cada pimiento, retirar las semillas y salarlos por dentro y por fuera.
2. En un recipiente, poner los filetes de hígado junto con los ajos y perejil bien picados, y rociar con un buen chorro de aceite. Dejar en adobo durante 1 hora.
3. En una sartén con aceite bastante caliente, freír los pimientos enteros.
4. En otra sartén, también con aceite caliente, dorar los filetes de hígado, previamente escurridos, salados y pasados por pan rallado.
5. Disponer el hígado, con los pimientos a su alrededor, en una fuente para servir.

Hígado de cerdo a la manchega

Para 4 personas
Tiempo de preparación: 45 minutos
Dificultad: media

Ingredientes:
1/2 kg de hígado • 4 dientes de ajo • 1 hoja de laurel • canela • sal • manteca de cerdo

Preparación:
1. Lavar y secar el hígado cortado entero y trocearlo en pedazos pequeños. Espolvorear con sal.
2. Pelar y triturar 2 dientes de ajo.
3. En una cazuela con manteca caliente, rehogar el hígado. Añadir los 2 dientes de ajo y el laurel.
4. Mientras, machacar en el mortero 2 dientes de ajo pelados, la canela y un trozo de hígado frito.
5. Añadir el majado al hígado de la cazuela y rociarlo con un poco de agua hirviendo.
6. Rebajar totalmente el fuego hasta que quede muy lento; dejar que el hígado se vaya haciendo pero procurando que no hierva, ya que se endurecería.

Hígado de cordero a la molinera

Para 4 personas
Tiempo de preparación: 1 hora y 5 minutos
Dificultad: media

Ingredientes:
400 g de hígado de cordero • 1 cucharada de harina • 50 g de avellanas y piñones • 2 cebollas • 1 vasito de vino blanco seco • aceite de oliva • sal • pimienta molida • perejil picado

Preparación:
1. Cortar el hígado en filetes.
2. Machacar las avellanas y los piñones en el mortero.
3. Pelar y cortar las cebollas en tiritas.
4. En una sartén amplia con aceite hirviendo, so-freír ligeramente la cebolla.
5. Añadir inmediatamente el hígado y rehogarlo por unos cinco minutos.
6. Espolvorear el hígado con harina, rociar con el vino y añadir la picada de piñones y avellanas.
7. Salpimentar. Dejar cocer a fuego lento unos quince minutos.
8. Disponerlo en una fuente para servir, con perejil.
9. Puede servirse con costrones de pan frito.

Hígado de cordero al ajo cabañil

Para 6 personas
Tiempo de preparación: 25 minutos
Dificultad: baja

Ingredientes:
1 kg de hígado de cordero • 1 dl de aceite • 8 o 10 ajos • pimienta • 2 cucharadas de pimentón • 1/2 dl de vinagre • perejil • sal

Preparación:
1. En una cazuela, poner el aceite a calentar.
2. Una vez caliente, freír el hígado cortado en trozos.
3. Cuando el hígado esté frito, apartar del fuego.
4. Sacar un poco de aceite. Salpimentar.
5. En el mortero, machacar los ajos y un buen ramito de perejil, mezclar con el picadillo, el vinagre y el pimentón.
6. Verter este majado sobre el hígado troceado que hay en la sartén y volver a poner al fuego.
7. Dejar dar un hervor.
8. Retirar del fuego y servir enseguida ya que este plato es conveniente tomarlo caliente.

Jabalí al vino tinto

Para 4 personas
Tiempo de preparación: 2 horas y 45 minutos
Dificultad: alta

Ingredientes:
1 l de vino tinto de buena calidad • 900 g de jabalí • 3 cebollas • 4 tomates • 4 zanahorias • 250 g de patatas pequeñas • 150 g de harina • aceite • tomillo • orégano • sal • pimienta

Preparación:
1. Cortar la carne de jabalí en trozos, salpimentar, pasar por harina y saltear en aceite bien caliente.
2. Pasar los trozos a una cazuela de fondo grueso.
3. Pelar las cebollas y zanahorias y cortarlas en trozos regulares, saltearlas y pasar a la cazuela con el jabalí.
4. Añadir los tomates pelados, sin semillas, y troceados; rehogar, espolvorear con 40 gramos de harina; dejar dorar; aromatizar con unas briznas de orégano y de tomillo.
5. Verter el vino tinto y llevar a ebullición, tapado.
6. Dejar cocer lentamente unas dos horas. Remover de vez en cuando para que no se pegue al fondo. Si se evapora demasiado se le puede añadir un poco de caldo o de agua, calientes.
7. Debe quedar una salsa un poco ligada.
8. Comprobar el punto de sal, rectificar si es necesario. Servir bien caliente.

Jamón con tomate

Para 4 personas
Tiempo de preparación: 35 minutos
Dificultad: baja

Ingredientes:
300 g de jamón • 1/4 kg de tomates maduros • leche • 1 cucharadita de azúcar • aceite • sal

Preparación:
1. En un recipiente con leche, poner en remojo el jamón cortado en lonchas finas; dejar reposar 1 hora.
2. Mientras, escaldar los tomates en agua hirviendo, pelarlos y convertirlos en puré.
3. En una sartén con 4 cucharadas de aceite, cocer el puré de tomate con 1 cucharadita de azúcar durante unos 15 minutos, a fuego lento.
4. Añadir entonces el jamón escurrido y secado y dejar unos 5 minutos más sobre el fuego, dando la vuelta al jamón para que quede bien impregnado el tomate.

Jarrete guisado

Para 6 personas
Tiempo de preparación: 1 hora y 20 minutos
Dificultad: media

Ingredientes:
1 jarrete de ternera entero • 500 g de patatas • 1/4 l de vino blanco • 10 cebollas pequeñas • 1 cabeza de ajos • aceite • sal

Preparación:
1. Adobar la carne durante 8 horas con ajo, sal y vino blanco.
2. En una cazuela de barro con aceite, dorar la carne y las cebollas peladas y enteras.
3. Añadir el adobo de la carne. Tapar la cazuela y dejar cocer lentamente.
4. A media cocción, incorporar las patatas peladas y enteras.
5. Introducir todo junto en el horno hasta terminar la cocción.
6. Servir en la cazuela con la carne cortada a trozos, adornada con las patatas y regada con la salsa.

Judías con saladillo y oreja a la vizcaína

Para 4 personas
Tiempo de preparación: 2 horas
Dificultad: media

Ingredientes:
500 g de judías blancas o encarnadas • 250 g de saladillo (pecho de cerdo a medio curar) • 1 oreja de cerdo • 1 cebolla • 1 zanahoria • 1 ramito compuesto (laurel, tomillo, perejil) • 3 dientes de ajo • 1 cucharadita de pimentón • 0,6 dl de aceite • canela en polvo • sal

Preparación:
1. Dejar en remojo las judías, en agua tibia, unas tres horas.
2. Chamuscar la oreja de cerdo, bien limpia; si es salada, desalarla antes de cocer.
3. En una olla, cocer el asadillo, la oreja de cerdo, la cebolla y la zanahoria, todo pelado y entero. Añadir el ramito compuesto, con 2 litros de agua; dejar cocer suavemente y sin parar, hasta que todo esté cocido.
4. En otra cacerola con agua sólo para cubrir, cocer las judías lentamente, hasta que estén cocidas.
5. Cuando estén en su punto las judías, el saladillo y oreja, mezclar todo cortado en trozos. La cebolla y la zanahoria, picadas pequeñas.
6. Poner unos 2 decilitros del caldo de cocer el saladillo y añadir un sofrito hecho con 3 dientes de ajo fritos en el aceite; añadir la cucharadita de pimentón, remover rápidamente y volcarlo en la cacerola de las judías.
7. Dejar cocer unos minutos más, comprobar el punto de sal, espolvorear con canela en polvo; si fuera necesario, añadir un poco más de caldo. Debe quedar jugoso y más bien espeso.

Lacón con grelos

Para 6 personas
Tiempo de preparación: 2 horas y 20 minutos
Dificultad: alta

Ingredientes:
1 kg de lacón salado • 250 g de careta de cerdo salada • 250 g de oreja de cerdo salada • 600 g de chorizos gallegos • 1 1/2 kg de grelos • 6 patatas grandes • sal

Preparación:
1. Dejar en remojo durante 24 horas el lacón, la careta y la oreja de cerdo, cambiando el agua 2 o 3 veces.
2. Cortar los grelos en trozos, lavarlos y ponerlos a hervir en agua con sal durante 5 minutos, aproximadamente. Escurrirlos y reservarlos.
3. Pelar las patatas y cortarlas por la mitad.
4. Raspar con un cuchillo y lavar los trozos de cerdo previamente desalados.
5. En una olla al fuego con 3 o 4 litros de agua, poner a cocer el lacón, la careta y la oreja. Dejar cocer a fuego lento y, a media cocción, sazonar con sal.
6. Cocer durante 90 minutos, aproximadamente; a continuación, cortar los ingredientes en trozos, conservándolos calientes hasta el momento de servir.
7. El caldo debe seguir hirviendo; más tarde se le agregan los grelos, los chorizos y al final las patatas, dejándolo cocer todo junto durante 20 minutos más.
8. Dejar reposar el conjunto unos diez minutos y luego servirlo acompañado con el lacón, la careta y la oreja de cerdo.

Lacón trufado

Para 6 personas
Tiempo de preparación: 2 horas y 15 minutos
Dificultad: alta

Ingredientes:
1 lacón de 2 kg • 250 g de carne magra de cerdo • 6 trufas • 2 huevos • 1 copa de coñac • 1 copa de jerez • 1 cucharada de pan rallado • 2 zanahorias • 1 hoja de laurel • pimienta blanca molida • sal

Preparación:
1. Deshuesar el lacón.
2. Cortar la carne magra en trozos pequeños, mezclar con las trufas picadas, el coñac, el jerez, el pan rallado, un huevo crudo y amasarlo todo.
3. Rellenar el lacón con la masa y un huevo cocido. Coser el lacón y envolverlo en un paño blanco.
4. En una olla con agua cocer el lacón durante una hora y media, con las zanahorias y el laurel. Sazonar.
5. Una vez cocido, escurrir el lacón todavía caliente, prensándolo con las manos, para que suelte toda el agua.
6. Dejar enfriar el lacón, quitar el paño y los hilos. Cortar el lacón en lonchas finas.
7. Colocar el lacón en una bandeja y adornarlo con ensaladilla o verduras cocidas.

Lechazo de Palencia

Para 6 personas
Tiempo de preparación: 2 horas y 30 minutos
Dificultad: alta

Ingredientes:

1/2 lechazo con 3 cortes profundos • 4 dientes de ajo • 2 vasos pequeños de vino blanco seco • 2 cebollas • un ramillete de perejil • aceite de oliva • sal

Preparación:

1. Pelar las cebollas y triturarlas.
2. Picar finamente el perejil. Pelar los dientes de ajo y machacarlos junto con el perejil en un mortero.
3. En una cazuela amplia y alargada de barro, especial para asados, y muy utilizada en Palencia, disponer el lechazo.
4. Echar por encima del mismo la sal, los ajos machacados con el perejil, la cebolla y rociarlo con el vino blanco y 2 vasitos de aceite.
5. Tapar la cazuela, llevarla al horno y dejarla una hora, para que se cueza con su propio vapor.
6. Cuando la carne esté casi hecha, destapar la cazuela, introducirla de nuevo en el horno y dejarla hasta que el lechazo esté dorado. Servir caliente.

Lechona rellena

Para 10-12 personas
Tiempo de preparación: 3 horas y 15 minutos
Dificultad: alta

Ingredientes:

1 pieza de lechona • 100 g de pan • 3 huevos • 3 manzanas • 3 ciruelas • 150 g de manteca de cerdo • 3 dientes de ajo • clavo • azafrán • canela molida • un poco de leche • sal • pimienta

Preparación:

1. Limpiar y chamuscar bien la lechona
2. Hervir en abundante agua y sal el hígado, corazón, riñones y patas de la lechona. Cuando estén tiernos, picar muy pequeños. Reservar.
3. Remojar el pan con la leche, escurrir y triturar, picar los dientes de ajo, añadir el azafrán tostado, mezclar con los huevos batidos, salpimentar y aromatizar con algo de clavo y canela molida.
4. Incorporar todo lo que tenemos picado de los menudillos de la lechona, las manzanas peladas y cortadas en dados, las ciruelas deshuesadas, rectificar de sal.
5. Con esta preparación rellenar la lechona por la parte del vientre, luego coserla con la ayuda de una aguja. Salpimentar el exterior de la lechona, envolver las orejas con papel sulfurizado.
6. Poner la lechona en la grasera, untarla con la manteca de cerdo, en el fondo de la grasera poner un poco de agua.
7. Precalentar el horno a temperatura suave, introducir la grasera con la lechona, dejar cocer rociando a menudo con el jugo de la cocción, pincharla alguna vez con un cuchillo afilado para que penetre el jugo y se vaya cociendo mejor.
8. Dejar cocer lentamente unas dos horas o más, hasta que esté dorada y crujiente. Debe hacerse lentamente para que quede cocida por dentro y dorada por fuera. Servir con manzanas cocidas al horno, alrededor.

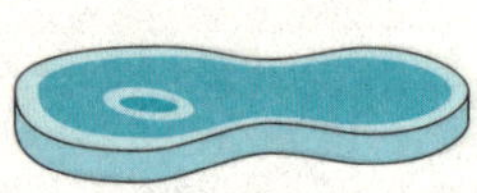

Lechoncito asado

Para 8 personas
Tiempo de preparación: 1 hora y 5 minutos
Dificultad: media

Ingredientes:

1 lechón pequeño • 3 cebollas pequeñas • 3 zanahorias tiernas • 1 clavo • 500 g de manteca de cerdo • 2 copas de vino de Jerez seco • sal • pimienta molida

Preparación:

1. Limpiar el cochinillo y cortarlo por la mitad a lo largo. Salpimentarlo y clavar en su carne un clavo de cocina.
2. Pelar las cebollas y trocearlas.
3. Raspar las zanahorias y cortarlas en rodajas.
4. Untar el cochinillo con manteca de cerdo derretida al calor.
5. Enmarcar también la fuente para horno y disponer en ella las dos partes del lechón, y encima y alrededor colocar la cebolla y la zanahoria.
6. Introducir la fuente en horno caliente, dejándolo unos treinta minutos. Cada 5 minutos, rociarlo con un poco de jerez y con la manteca derretida y caliente.
7. Al cabo de los 30 minutos, abrir el horno y si el cochinillo está dorado, clavarle la punta afilada de un cuchillo de cocina. Si éste entra con facilidad en cualquier lugar es que está en su punto.

Lengua a la maña

Para 4 personas
Tiempo de preparación: 2 horas y 30 minutos
Dificultad: media

Ingredientes:

1 lengua de vaca • 2 tomates maduros • 1 cebolla • 5 zanahorias • 1 cabeza de ajos • perejil • tomillo • 1 clavo • aceite • sal

Preparación:

1. En una cazuela con agua hirviendo, cocer la lengua durante 20 minutos.
2. Mientras, cortar a trozos el pimiento, pelar y picar la cebolla, triturar los tomates, picar finamente el perejil, pelar las zanahorias y machacar los ajos sin piel.
3. Retirar la lengua del fuego y limpiarla.
4. En una cazuela con aceite hirviendo, rehogar la lengua y agregar todas las verduras, el clavo, el tomillo, el perejil y sal.
5. Dejar la cazuela sobre fuego muy bajo durante casi 2 horas.
6. Cuando la lengua esté en su punto, cortarla en rodajas finas. Disponer estas rodajas en una fuente para servir, decorando con las zanahorias.
7. Pasar por un tamiz o triturador la salsa y rociar con ella las rodajas de lengua.

Lengua de ternera estofada

Para 4 personas
Tiempo de preparación: 2 horas y 25 minutos
Dificultad: alta

Ingredientes:

1 lengua de ternera de tamaño regular • aceite • perejil • 1 hoja de laurel y tomillo • 3 zanahorias • 1 cebolla • 2 dientes de ajo • 2 tomates maduros • sal • pimienta • 1 clavo de especia

Preparación:

1. Si la lengua no está ya cocida al comprarla, hervirla unas dos horas en una olla con agua hirviendo y sal.
2. Pelar las cebollas y zanahorias y cortarlas en rodajas.
3. Pelar los ajos.
4. Lavar los tomates.
5. Lavar también una rama de perejil.
6. Cuando la lengua esté cocida, rehogarla unos minutos con aceite hirviendo.
7. Poco a poco, añadirle la cebolla, las zanahorias, los dientes de ajo, los tomates enteros y la rama de perejil.
8. Cuando la lengua y los ingredientes empiecen a tomar algo de color, añadir el laurel, el clavo de especia, el tomillo, sal y pimienta. Rociar con un poco de agua tibia, tapar la cazuela y dejarla a fuego muy lento unas tres horas. Añadir caldo, si es necesario.
9. Retirar la lengua, cortarla en rodajas y disponerla en una fuente para servir, adornada con las zanahorias y rociada con la salsa pasada por un colador fino o por el chino.

Liebre con salsa de aceitunas

Para 4 personas
Tiempo de preparación: 2 horas y 15 minutos
Dificultad: media

Ingredientes:

1 liebre muy tierna • 2 cebollas grandes • 2 tomates maduros • 50 g de aceitunas sin hueso • 50 g de piñones • 1 vaso de vino tinto • tomillo • canela • aceite • sal

Preparación:

1. Limpiar, trocear la liebre y sazonar.
2. En una cazuela con aceite dorar las cebollas peladas y troceadas. Cuando estén blandas, añadir la liebre y rehogar.
3. Añadir también los tomates, pelados y troceados, la canela, el tomillo, el vino y una taza de agua.
4. Dejar cocer una hora y media.
5. Casi al final de la cocción, añadir las aceitunas previamente escaldadas y picadas, y también los piñones.
6. Distribuir los trozos de carne en una fuente, pasar la salsa por el chino; darle un hervor a la salsa y verterla sobre la liebre. Servir caliente.

Liebre en escabeche

Para 4 personas
Tiempo de preparación: 1 hora y 40 minutos
Dificultad: baja

Ingredientes:
1 liebre • 100 g de cebollitas • 100 g de zanahorias tiernas • 3 dientes de ajo • 1 limón • 1 hoja de laurel • tomillo • perejil • pimienta en grano • 1 vasito de vino • 1 vasito de vinagre • aceite • sal

Preparación:
1. Trocear la liebre, exprimir el limón, pelar las cebollitas, raspar las zanahorias, y pelar los dientes de ajo y picarlos junto con el perejil.
2. En una cazuela de barro con aceite hirviendo, rehogar los trozos de liebre hasta que tomen color.
3. Retirar la cazuela del fuego y rociar con el vino, el vinagre y 2 cucharadas de zumo de limón.
4. Añadir las cebollitas, las zanahorias, el perejil, el ajo, el laurel y el tomillo; salpimentar.
5. Colocar de nuevo la cazuela sobre el fuego y dejarla hasta que la liebre quede bien tierna.
6. Retirar los trozos de liebre, colocarlos en una fuente de barro y disponer alrededor las cebollitas, las zanahorias y el laurel. Colar el jugo de cocción y recubrir con él la liebre.

Liebre estofada con judías

Para 6 personas
Tiempo de preparación: 1 hora y 20 minutos
Dificultad: media

Ingredientes:
1 liebre • 400 g de judías cocidas • 1 vaso de vino blanco • 2 cucharadas de vinagre • 3 dientes de ajo • 3 cebollas • 1 hoja de laurel • 1 ramita de tomillo • 1 guindilla • aceite • sal

Preparación:
1. Limpiar la liebre y trocearla.
2. Pelar las cebollas y los dientes de ajo y triturarlos.
3. En una cazuela amplia de barro con aceite caliente, disponer los trozos de liebre. Darles unas vueltas con la ayuda de una espátula y agregar la cebolla y el ajo picados, el laurel, el tomillo y remover unos instantes.
4. Unos segundos después, rociar con el vino y el vinagre y dejar la cazuela a fuego moderado hasta que la carne de la liebre esté tierna. Añadir entonces la guindilla.
5. Un cuarto de hora antes de retirar el estofado del fuego, añadir las judías cocidas aparte y escurridas.
6. Mezclar de nuevo y servir.

Lomo de cerdo a la baturrica

Para 4 personas
Tiempo de preparación: 1 hora y 25 minutos
Dificultad: media

Ingredientes:
8 filetes de lomo • 100 g de jamón • 1 cebolla • 2 tomates maduros • 3 huevos duros • 100 g de aceitunas negras de Huesca • 1 copa de vino seco • harina • aceite • sal

Preparación:
1. Trocear el jamón; pelar y picar la cebolla; triturar las yemas de huevo, y convertir en puré los tomates.
2. Aplanar los filetes de carne, rebozarlos con harina y freírlos en una sartén con aceite hirviendo.
3. Retirar los filetes y disponerlos en una cazuela de barro.
4. En el aceite sobrante, sofreír el jamón y la cebolla. Agregar el tomate; espolvorear con sal y dejar unos 5 minutos de cocción.
5. Echar las aceitunas y el vino en la sartén y, cuando dé el primer hervor, retirar la salsa y cubrir con ella los filetes de carne.
6. Recubrir con la yema de huevo triturada y mantener unos minutos más a fuego lento.
7. Servir en la misma cazuela.

Lomo de cerdo con leche

Para 4 personas
Tiempo de preparación: 1 hora
Dificultad: media

Ingredientes:
3/4 kg de lomo de cerdo en un trozo • 1 cebolla • 50 g de almendras tostadas • 50 g de manteca de cerdo • 1 copita de jerez seco • 3 dl de leche • pimienta • sal

Preparación:

1. Cortar el trozo de lomo en lonchas sin llegar al final, como si se tratara de un libro. Entre loncha y loncha, sazonar y poner una capa de almendras bien picadas.
2. Cuando esté todo el lomo preparado, atarlo con un hilo de bramante fino, y salpimentar.
3. Derretir la manteca de cerdo en una cazuela y dorar el lomo por todos los lados. Rociar con el jerez y añadir la cebolla picada fina.
4. Cuando empiece a tomar color, verter la leche sobre el lomo, tapar y dejar cocer suavemente. Remover a menudo y darle la vuelta a la carne.
5. Cuando la carne esté tierna, sacar el bramante, dejar enfriar y cortar en lonchas al «biés».
6. Servir en la misma salsa, que debe quedar como una crema. El plato se puede acompañar con triángulos de pan frito o de puré de patata.

Lomo de cerdo en adobo

Para 4 personas
Tiempo de preparación: 2 horas y 30 minutos
Dificultad: media

Ingredientes:

1 lomo de 1 kg • 1 hoja de laurel • 2 cebollas • sal • pimienta molida • tomillo • aceite de oliva • manteca de cerdo

Preparación:

1. Espolvorear por todos los lados la carne con sal y pimienta.
2. Disponerla en un recipiente, añadir el laurel, el tomillo y rociar con bastante aceite. Dejarla en adobo unas cuantas horas, dándole la vuelta de vez en cuando.
3. Mientras, pelar y cortar las cebollas en arandelas.
4. Escurrir bien el lomo, secarlo con un trapo y disponerlo en una cazuela que vaya al horno con 4 cucharadas de manteca.
5. Llevar el lomo al horno y, cuando esté bien dorado por todos los lados, agregar las cebollas.
6. Introducir de nuevo la cazuela en el horno y dejar a fuego suave, removiendo a menudo la carne.
7. Puede servirse en la propia cazuela, cortando la carne en la mesa.

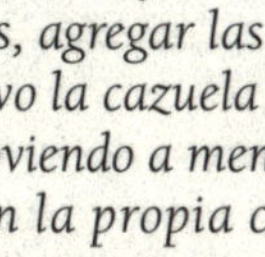

Lomo de ternera al vino

Para 4 personas
Tiempo de preparación: 40 minutos
Dificultad: baja

Ingredientes:

1 trozo de lomo de unos 600 g • 1 kg de patatas • 1 vaso de vino blanco • mantequilla • aceite • sal

Preparación:

1. Espolvorear la carne con sal.
2. En una cazuela con aceite caliente, dorar por ambos lados el lomo.
3. Disponer la carne en una fuente para horno y rociarla con el jugo de su cocción. Llevarla a horno normal y dejarla durante unos 20 minutos, aproximadamente.
4. Al cabo de ese tiempo, rociarla con el vino blanco y dejarla en el horno hasta que quede en su punto.
5. En una sartén con mantequilla derretida, añadir el jugo de cocción de la carne y darle unos hervores.
6. Disponer la carne cortada en rodajas en una fuente para servir, rociar con la salsa y acompañar con patatas fritas.

Llom amb mongetes (lomo con judías)

Para 4 personas
Tiempo de preparación: 20 minutos
Dificultad: baja

Ingredientes:

600 g de lomo cortado en lonchas • 800 g de judías cocidas • 2 cucharadas de manteca de cerdo • aceite de oliva

Preparación:

1. En una sartén al fuego, poner aceite y freír las lonchas de lomo previamente salpimentadas.
2. Dejar dorar por ambos lados. Cuando estén en su punto, sacar y reservar calientes.
3. En la misma sartén, añadir un poco de manteca de cerdo y rehogar las judías.
4. Después de pasarlos, dejar sofreír lentamente dándole vueltas con una cuchara de madera.
5. Cuando las judías estén doradas, servir en los platos o en una fuente acompañadas del lomo que antes hemos reservado caliente.

Madejas (tripas de cordero) al vino blanco

Para 4 personas
Tiempo de preparación: 1 hora
Dificultad: alta

Ingredientes:
1 kg de tripas de cordero • 1 cebolla mediana • 2 dientes de ajo • perejil • 1 hoja de laurel • pimienta en grano • 1 vaso de vino blanco • 1 copa de brandy • sal • aceite • agua

Preparación:
1. Limpiar con esmero las tropas de cordero, pues es fundamental para que el plato quede en su punto.
2. Pelar la cebolla y los dientes de ajo y triturarlos.
3. Picar finamente el perejil.
4. En una cazuela honda con agua hirviendo, sal, los granos de pimienta, la picada de cebolla y ajo, 1 hoja de laurel, brandy y vino blanco, se cuecen las tripas de cordero. Cuando ya están en su punto, se escurren y se dejan reposar durante 1 hora, aproximadamente.
5. Una vez se han enfriado las madejas, secarlas y trocearlas.
6. Calentar mucho aceite en una sartén amplia y, cuando hierva, freír las madejas, procurando tapar la sartén para evitar así que el aceite salte.
7. Servirlas recién hechas y espolvoreadas con un poco de perejil.

Magras a la maña

Para 4 personas
Tiempo de preparación: 1 hora
Dificultad: media

Ingredientes:
800 g de magro de jamón • 8 tomates maduros • 8 rebanadas finas de pan • 1/2 vaso de vino blanco • leche • 1/2 cucharada de azúcar • 2 cucharadas de vinagre • aceite • sal

Preparación:
1. Cortar el magro de jamón en 8 lonchas gruesas (si el magro es algo salado, remojarlo en leche fría una hora antes).
2. Rallar el tomate y freírlo en una sartén con aceite caliente.
3. En otra sartén con aceite hirviendo, dorar las magras por ambos lados. Retirarlas y en el mismo aceite, freír las rodajas de pan remojadas en un poco de leche. Retirarlas también.
4. Poner en la sartén 1/2 cucharada de azúcar, removiendo para que no se queme, y rociar con dos cucharadas de vinagre, el vino blanco y sal.
5. Disponer en una fuente para servir las magras y las rodajas de pan frito, verter toda la salsa de la sartén y colocar alrededor el puré de tomate.

Magras con tomate

Para 4 personas
Tiempo de preparación: 1 hora y 5 minutos
Dificultad: baja

Ingredientes:
8 magras de jamón (cortadas a lo largo) • 2 cebollas • 4 tomates maduros grandes • 2 dientes de ajo • 4 huevos duros • pimienta blanca molida • aceite • sal

Preparación:
1. Aplanar ligeramente las magras.
2. Pelar y picar las cebollas y los dientes de ajo; salpimentar.
3. Escaldar los tomates en agua hirviendo, retirarles la piel y triturarlos.
4. Pelar los huevos duros y cortarlos por la mitad.
5. En una sartén amplia con aceite hirviendo, so-freír la cebolla, el ajo y el tomate.
6. Agregar a la sartén las magras, darles la vuelta y añadir las mitades de huevo duro.
7. Retirar a continuación y servir caliente.

Manitas de cerdo a la vizcaína

Para 6 personas
Tiempo de preparación: 2 horas y 45 minutos
Dificultad: alta

Ingredientes:
6 manitas de cerdo • 50 g de harina • 2 cabezas de ajo • 1 cebolla • 2 puerros • 1 zanahoria • 1 huevo • perejil • pimienta en grano • sal • aceite

Salsa vizcaína

3 cebollas rojas • 1 cebolla blanca • 8 pimientos choriceros • 50 g de jamón curado • 1 diente de ajo • 30 g de mantequilla • 1 dl de aceite • sal • pimienta

Preparación:

1. Limpiar bien las manitas de cerdo, partirlas en dos a lo largo. Atar las dos mitades con un bramante para que no se deformen.
2. En una olla al fuego con abundante agua, poner las manitas de cerdo, añadir la cebolla, una cabeza de ajo, unos granos de pimienta negra, la zanahoria, los puerros, sal y perejil. Dejar cocer unas dos horas.
3. Mientras, remojar los pimientos choriceros sin semillas en agua fría, durante una media hora.
4. En una cazuela de barro con el aceite poner a cocer lentamente las cebollas rojas y la blanca, previamente cortadas finas, sin dejar dorar. Cocer durante una hora el jamón curado cortado pequeño, un poco de pimienta y el diente de ajo; remover, que no deje de hervir.
5. Pasada media hora, sacar los pimientos choriceros del agua, lavarlos bien en varias aguas, escurrir bien y pasarlos al mortero, machacarlos bien.
6. Cuando estén bien machacados en el mortero pasarlos por el colador chino, pasar por el mismo chino el sofrito de cebolla que ya estará listo. Si fuera necesario, colar dos veces para que la salsa quede bien fina. Añadir la mantequilla y salpimentar al gusto. Si la salsa ha quedado demasiado espesa, podemos diluirla con un poco de caldo de carne y dejar cocer una media hora más.
7. Entre tanto, las manitas de cerdo ya estarán tiernas; sacarlas del caldo y deshuesarlas con cuidado para no deformarlas.
8. Pasarlas por harina y huevo batido y freírlas; dejar dorar y escurrir bien.
9. En una cazuela de barro, poner la salsa vizcaína ya preparada, colocar las manitas de cerdo y dejar cocer el conjunto un rato.
10. Servir bien caliente, en la misma cazuela.

Manitas de cordero rebozadas

Para 4 personas
Tiempo de preparación: 1 hora y 40 minutos
Dificultad: media

Ingredientes:

2 manitas de cordero por persona • harina • 3 huevos • aceite de oliva • 1 hoja de laurel • 1 rama de tomillo • perejil • sal • unos granos de pimienta negra • pimienta blanca molida

Preparación:

1. Una vez las manitas partidas por la mitad, lavarlas.
2. Preparar un ramillete compuesto, atando el tomillo, la hoja de laurel y el perejil.
3. En una cazuela con agua hirviendo con sal, el ramillete compuesto, unos granos de pimienta negra y unas gotas de aceite, cocer las manitas hasta que éstas queden bien tiernas.
4. Deshuesarlas una vez escurridas, sacarlas y espolvorearlas con muy poca sal y pimienta.
5. Disponer harina en un plato, para el rebozado.
6. En otro plato colocar los huevos crudos y batirlos fuertemente.
7. Rebozar las manitas de cordero primeramente en harina y luego en el huevo batido y freírlas en aceite hirviendo.
8. Disponerlas en una fuente para servir colocadas una al lado de la otra y decorar con perejil.

Manitas y orejas de cerdo a la leonesa

Para 6 personas
Tiempo de preparación: 55 minutos
Dificultad: media

Ingredientes:

4 orejas y 4 manos de cerdo ya cocidas • 4 rebanadas de pan del día anterior • 4 tomates maduros • 1 hoja de laurel • 8 cucharadas de manteca de cerdo • 1 limón • 2 cucharadas de harina • 1 tazón de caldo de cocido • 1 copita de brandy • 1 cebolla • una pizca de tomillo • aceite • sal

Preparación:

1. Cortar las orejas en tiras y deshuesar las manos.
2. Pelar la cebolla y triturarla.
3. Escaldar los tomates en agua caliente y picarlos.
4. Exprimir el limón y reservar el zumo.
5. Cortar el pan en cuadrados pequeños y freírlos en aceite hirviendo.
6. En una sartén con el aceite colado de freír el pan y la manteca, sofreír la cebolla, el tomate y añadir harina. Mezclar y rociar con un tazón de caldo de cocido.
7. Disponer las orejas y manos de cerdo en una cazue-

la de barro. Añadir el laurel, el tomillo y echar encima la salsa preparada. Dejar a fuego normal unos quince minutos.

8. Retirar la carne y colocarla en una fuente. En el jugo restante y en la cazuela al fuego, rociar con el brandy y el zumo de limón, mientras da unos cuantos hervores. Acompañar con el pan frito.

Manos de cerdo a la jardinera

Para 4 personas
Tiempo de preparación: 3 horas y 30 minutos
Dificultad: media

Ingredientes:
4 manos de cerdo • 1 cebolla grande • 2 zanahorias • 1 nabo • 1 limón • 1 hoja de laurel • tomillo • perejil • sal

Para la guarnición
200 g de guisantes desgranados • 3 zanahorias • 2 cebollas medianas • 2 dientes de ajo • 4 cucharadas de tomate rallado • 1 vaso de vino • aceite • sal

Preparación:
1. Partir las manos de cerdo por la mitad, chamuscar, lavar y frotar con zumo de limón. Atarlas de dos en dos con un bramante.
2. Poner las manos en una olla al fuego con 3 litros de agua, la cebolla, las zanahorias, el nabo, el laurel, el tomillo, el perejil y la sal.
3. Dejar cocer todo junto a fuego lento hasta que las manos estén tiernas, aproximadamente dos horas a dos horas y media.
4. Una vez cocidas, quitar el bramante, eliminar los huesos grandes y ponerlas en una bandeja refractaria al horno.
5. Preparar la guarnición: en una sartén con aceite caliente, sofreír la cebolla, el ajo y el tomate, todo bien pelado y picado.
6. Añadir el vino, sazonar y dejar cocer la salsa.
7. Hervir los guisantes y las zanahorias cortadas en trocitos; escurrir.
8. Una vez cocida la verdura, agregarla a las manos de cerdo.
9. Rociar también las manos con el sofrito y dejar cocer a horno medio durante 20 minutos.
10. Servir caliente.

Manos de cordero a la vinagreta

Para 4 personas
Tiempo de preparación: 1 hora y 10 minutos
Dificultad: media

Ingredientes:
8 manos de cordero • 2 huevos duros • 1 cebolla • 2 pepinillos en vinagre • aceite • vinagre • sal • pimienta • perejil • alcaparras

Preparación:
1. Cocer las manos de cordero, escurrirlas, deshuesarlas y cortarlas en trozos regulares.
2. Picar finalmente los pepinillos, las alcaparras y los huevos duros.
3. En un recipiente hondo, preparar una vinagreta con 8 cucharadas de aceite de oliva, 4 de vinagre, la cebolla pelada y triturada, los pepinillos y alcaparras picadas, sal, pimienta y los huevos.
4. Mezclar la salsa con un batidor o con una espátula de madera. Echar en ella los pedacitos de mano y dejar reposar unas dos horas.
5. Cuando la carne esté bien empapada con la salsa, servirla adornando con perejil picado.

Menestra de cordero con alcachofas

Para 4 personas
Tiempo de preparación: 1 hora y 30 minutos
Dificultad: media

Ingredientes:
1 1/2 kg de paletilla de cordero con hueso • 8 alcachofas • 200 g de guisantes • 4 cebollas • 4 patatas • 3 dientes de ajo • 1 huevo duro • 1 limón • 1 hoja de laurel • pimienta • 1/2 l de vino blanco corriente • aceite • sal

Preparación:
1. Cortar la carne en trozos, sin quitar el hueso.
2. En una cacerola con aceite caliente, dorarla a fuego vivo. Poner las cebollas, cortadas en gajos, y rehogarlas, dándoles varias vueltas. Añadir los dientes de ajo pelados y picados, y la hoja de laurel. A continuación, salpimentar al gusto y remover.
3. Bañar con el vino blanco y mantener hasta que

merme un poco; añadir la cantidad de agua justa para cubrir la carne. Tapar y dejar cocer lentamente, durante casi 1 hora, añadiendo los guisantes a media cocción.
4. Mientras, quitar las hojas duras a las alcachofas, despuntarlas, frotarlas con el limón y cortarlas a cuartos. Seguidamente, hervir en abundante agua y sal, hasta que las alcachofas estén blandas.
5. Pelar las patatas y, cortadas a dados, freírlas en abundante aceite. Reservar.
6. Cuando el guiso esté casi terminado, añadir las alcachofas, escurridas, y las patatas fritas, dejándolo cocer todo junto unos minutos. Rectificar de sal y adornar con el huevo duro cortado en gajos.
7. Servir a continuación en la misma cazuela.

Menudillos de pollo con jamón

Para 6 personas
Tiempo de preparación: 1 hora y 30 minutos
Dificultad: media

Ingredientes:

3/4 kg de menudillos de pollo • 100 g de jamón extremeño • 1 diente de ajo • perejil • pimienta • migas de pan • picatostes de pan frito • 2 tazones de caldo • vinagre • aceite • sal

Preparación:

1. Lavar los menudillos en agua fría varias veces, echándoles vinagre en la última agua. Escurrirlos y cortarlos a trozos. Cortar a pedazos el jamón.
2. En una sartén con aceite hirviendo, saltear los menudillos con el jamón y, cuando estén algo dorados, rociar con el caldo. Dejar cocer a fuego lento.
3. Mientras, en una sartén con aceite caliente, dorar el diente de ajo, 4 cucharadas de migas de pan y el perejil. Retirar y machacar todo, aclarando con 2 cucharadas de caldo.
4. Echar la majada sobre los menudillos; salpimentar, mezclar y cocer unos 10 minutos más.
5. Disponer los menudillos en una fuente para servir con los picatostes y verter la salsa por encima.

Mollejas a la montañesa

Para 4 personas
Tiempo de preparación: 40 minutos
Dificultad: baja

Ingredientes:

300 g de mollejas • 1 cebolla • 3 dientes de ajo • 1/2 limón • perejil • pimienta • 1 hoja de laurel • 50 g de pan rallado • aceite • sal

Preparación:

1. Lavar las mollejas cuidadosamente en varias aguas.
2. En una olla al fuego con la cebolla, perejil, la hoja de laurel y el zumo de medio limón, añadir las mollejas y dejar cocer durante unos 15 minutos. Colar y refrescar con agua fría. Escurrir y quitar las pieles y las bolas de grasa que puedan tener las mollejas.
3. Cuando las mollejas se hayan enfriado y hayan vuelto a endurecer, cortarlas a trozos, mezclarlas con los ajos y el perejil picados y salpimentarlas.
4. Calentar aceite en una sartén, añadir las mollejas y espolvorear con el pan rallado; rehogar bien y servir calientes.

Mollejas al vino de Jerez

Para 4 personas
Tiempo de preparación: 1 hora y 30 minutos
Dificultad: media

Ingredientes:

1 kg de mollejas de ternera lechal • 50 g de tocino • 1 cebolla • 1 zanahoria • 2 dl de Jerez • 1 dl de caldo • 200 g de setas • 100 g de mantequilla • 30 g de harina • 4 rebanadas de pan • perejil • sal • pimienta • aceite

Preparación:

1. Cocer las mollejas bien limpias en una olla con 2 litros de agua; dejar hervir unos quince minutos. Dejar enfriar.
2. Cortar el tocino en tiritas finas y mechar las mollejas.
3. En una cazuela de barro, derretir la mantequilla y rehogar la cebolla y la zanahoria picadas finas, poner las mollejas encima, espolvorear con perejil picado, salpimentar; rociar con un poco de la mantequilla.
4. Precalentar el horno e introducir la cazuela en él, hasta que las mollejas tengan color rubio.
5. Cuando estén cocidas, sacar las mollejas de la ca-

zuela, espolvorear con harina y rociar con el Jerez y el caldo; dejar cocer lentamente hasta que la cebolla esté bien melosa.

6. Pasar esta salsa por el colador chino, volver a ponerla a la cazuela y añadirle las setas cortadas en tiras. Cocer 10 minutos.
7. Cortar 4 rebanadas de pan, del mismo tamaño, y freírlas en aceite; escurrir bien.
8. Colocarlas en una fuente de servir, poner las mollejas encima y cubrir con la salsa.

Mollejas de cordero con menestra

Para 4 personas
Tiempo de preparación: 2 horas
Dificultad: baja

Ingredientes:

1/2 kg de mollejas de cordero troceadas • 1 manojo de espárragos trigueros de monte • 1 diente de ajo • 1 hoja de laurel • 1 limón • 1 cebolla mediana • 1 vaso pequeño de vino blanco seco • 8 alcachofas bien tiernas • sal • pimienta • aceite de oliva • caldo de cocido • perejil • harina

Preparación:

1. Pelar la cebolla y el ajo y picar.
2. Retirar las hojas duras de las alcachofas, dejando solamente el corazón; cortarlas por la mitad y frotarlas con zumo de limón.
3. Cocer las alcachofas durante una hora a fuego lento.
4. Mientras, retirar la parte dura de los espárragos y cocerlos en otra olla con abundante agua y sal.
5. Limpiar y lavar las mollejas y darles un hervor de 10 minutos en agua hirviendo con sal y el laurel. Escurrirlas y saltearlas en aceite.
6. En una cazuela con aceite caliente, dorar la cebolla y el ajo y agregar las alcachofas cocidas y escurridas y los espárragos. Rociar con el vino y medio cucharón de caldo.
7. Dejar la cazuela a fuego lento y añadir las mollejas y un poco más de caldo. Espolvorear con una cucharada de harina, remover y salpimentar. Dejar espesar la salsa en el fuego y espolvorear el guiso con perejil picado y servir.

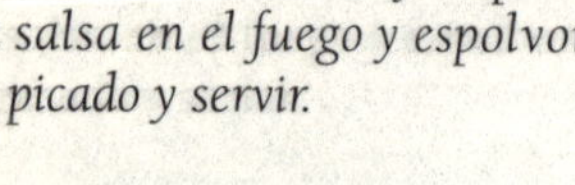

Morros a la casera

Para 4 personas
Tiempo de preparación: 1 hora y 30 minutos
Dificultad: media

Ingredientes:

morros de vaca hervidos y preparados (cantidad según el apetito) • 6 puerros • 6 zanahorias tiernas • 6 nabos pequeños • 1 rábano picante • tomillo • perejil • pimienta • 1 hoja de laurel • 1 vaso de vino blanco • sal

Preparación:

1. Cortar los morros en pedazos; pelar las hortalizas y dejarlas enteras; rallar el rábano; formar un ramillete con el tomillo, el perejil y la hoja de laurel.
2. Poner los morros, las hortalizas y el ramillete compuesto en una cazuela con agua hirviendo, sal y pimienta. Dejar sobre fuego normal hasta que todo quede tierno.
3. Escurrir todos los ingredientes y disponerlos en una fuente para servir. Mantener el caldo de cocción sobre fuego normal y añadir el vino blanco y un poco de rábano picante rallado; dejar hasta que el caldo quede reducido.
   Servir los morros con esta salsa en recipiente aparte.

Oca amb peres (oca con peras)

Para 6 personas
Tiempo de preparación: 1 hora y 30 minutos
Dificultad: alta

Ingredientes:

1 oca de 2 kg • 10 peras de carne fuerte • 50 g de manteca de cerdo • 250 g de cebollas • 2 zanahoria • 50 g de harina • agua • 1 limón • aceite • tomillo • laurel • pimienta • sal

Picada

50 g de almendras tostadas • 2 dientes de ajo • 2 galletas María o 2 almendrados • 2 cucharadas de vinagre • perejil

Preparación:

1. Chamuscar y limpiar la oca, que debe ser tierna. Cortar a trozos y salpimentar.

2. Derretir la manteca de cerdo en una cazuela de barro; poner un poco de aceite.
3. Cuando esté caliente el aceite, poner los trozos de oca y dorarlos a fuego vivo. Retirar.
4. En la misma grasa (sacar un poco, por la que habrá soltado la oca), rehogar la cebolla y la zanahoria cortadas finas, añadir la harina y dejar tostar lentamente.
5. Añadir luego el agua, justa para cubrir la oca. Cuando hierva, añadir los trozos de ave, cuidando de no poner la grasa que habrán soltado los trozos; dejar hervir lentamente, tapado, unos 45 minutos. Añadir el tomillo.
6. Mientras, pelar las peras, frotar con limón y hervir en agua unos tres minutos, enteras; sacar, dejar enfriar, pasar por harina y dorarlas en la sartén con un poco de aceite o la grasa de freír la oca.
7. Preparar la picada en el mortero: ajo, perejil, almendras tostadas, galletas. Cuando esté todo bien fino, añadir el vinagre y terminar de desleír la picada con un poco de salsa de la cazuela.
8. Cuando la oca esté a media cocción, añadir la picada, darle unas vueltas y terminar la cocción en el horno, a 180 °C.
9. Cuando falte un poco para terminar la cocción, agregar las peras, bien escurridas de grasa.
10. Terminar la cocción procurando en todo momento que la salsa quede un poca corta, para que sea más sustanciosa.
11. Comprobar el punto de sal y servir bien caliente en la misma cazuela.

Pajaritos con jamón

Para 4 personas
Tiempo de preparación: 55 minutos
Dificultad: media

Ingredientes:

8 a 10 perdigones • 150 g de jamón serrano • 1 limón • tomillo • pimienta • 1 hoja de laurel • 1 copa de brandy • caldo • harina • aceite • sal

Preparación:

1. Vaciar, limpiar, secar y atar cuidadosamente cada uno de los pajaritos o perdigones.
2. Cortar el jamón en lonchas finas.
3. Preparar una cazuela amplia con 5 cucharadas de aceite y disponer encima las lonchas de jamón. Salpimentar y rociar con el zumo de un limón.
4. Colocar sobre estos ingredientes los pajaritos.
5. Poner la cazuela sobre el fuego y, cuando empiece a calentarse, agregar 1 hoja de laurel, el tomillo, el brandy y 1/2 tazón de caldo.
6. Tapar la cazuela y dejarla a fuego lento durante aproximadamente 30 minutos.
7. Disponer en una fuente los perdigones partidos por la mitad o enteros, sin cordel y rociarlos con su salsa, espesada previamente con harina.

Paloma torcaz al vino tinto

Para 4 personas
Tiempo de preparación: 1 hora y 10 minutos
Dificultad: media

Ingredientes:

2 palomas • 50 g de grasa de oca • 100 g de jamón serrano • 2 cebollas • 1 zanahoria • 2 dientes de ajo

Salsa

50 g de harina • 50 g de mantequilla • 7 dl de caldo • 0,25 dl de vino tinto • 1 ramito compuesto (laurel, tomillo, perejil) • 1 clavo de especia • sal • pimienta

Preparación:

1. Vaciar y flambear las palomas, partirlas en cuartos.
2. Derretir la grasa de oca en una cazuela de barro y rehogar los trozos de paloma. Dorarlos y retirar.
3. En la misma grasa, rehogar el jamón cortado en dados y las cebollas cortadas a láminas finas, la zanahoria a rodajas finas, rehogar bien, añadir los ajos picados.

Salsa:

4. Fundir la mantequilla, añadir la harina, mezclar bien con la espátula de madera, dejar que tome color, bañar con el caldo y el vino, remover con la batidora de mano, añadir el ramito compuesto, el clavo, salpimentar y dejar cocer lentamente unos diez minutos.
5. Volver a poner los trozos de paloma en la cazuela, verter la salsa por encima, dejar cocer lentamente 15 minutos.
6. Calentar una fuente de servir y colocar las palomas, colar la salsa por el chino y verterla sobre los trozos de paloma. Servir muy caliente.

Palombos con guisantes (pichones)

Para 4 personas
Tiempo de preparación: 1 hora y 50 minutos
Dificultad: alta

Ingredientes:

2 pichones • 100 g de tocino • 6 cebollas pequeñas • 1/2 kg de guisantes frescos • manteca de cerdo • aceite • perejil • sal

Preparación:

1. Limpiar los pichones y atarlos.
2. Cortar el tocino en cuadrados.
3. Pelar las cebollas y triturar el perejil.
4. En una cazuela amplia y plana de barro con manteca y aceite caliente, rehogar los dos pichones junto con los trozos de tocino y las cebollitas.
5. Cuando esté todo dorado, rociar con agua tibia, espolvorear con sal y el perejil trinchado.
6. Tapar la cazuela y dejar a fuego lento 1 hora.
7. Añadir los guisantes desgranados y dejar una media hora aproximadamente, hasta que todo esté en su punto y quede muy poca salsa.

Papayuelas asadas (codornices)

Para 4 personas
Tiempo de preparación: 1 hora y 5 minutos
Dificultad: media

Ingredientes:

4 codornices • 150 g de lonchas de tocino • 2 cebollas • 1 vaso de vino blanco • 1 pimiento • 1 diente de ajo • perejil • manteca de cerdo • aceite • sal

Preparación:

1. Vaciar, limpiar y secar las codornices.
2. Untarlas por dentro con manteca de cerdo y rellenarlas con una loncha de tocino.
3. Pelar y picar las cebollas y el diente de ajo junto con una ramita de perejil.
4. Lavar, quitar las semillas y trocear el pimiento.
5. En una cazuela de barro con aceite caliente, sofreír la cebolla, los trozos de pimiento, el ajo y el perejil picados.
6. Enseguida añadir al sofrito las codornices ya preparadas.
7. Darles la vuelta unos segundos, espolvorear con sal y rociarlas con el vino.
8. Dejarlas cocer a fuego lento hasta que queden en su punto, es decir, hasta que se desprenda la carne de los huesos.
9. Pueden servirse con patatas fritas.

Pastel de carne murciano

Para 4 personas
Tiempo de preparación: 2 horas y 30 minutos
Dificultad: alta

Ingredientes:

Para la masa

• 500 g de harina • 150 g de manteca de cerdo • 1 huevo para pintar • un poco de agua • sal

Para el relleno

300 g de carne de ternera • 150 g de jamón serrano • 100 g de chorizo • 1 seso • 3 huevos • 2 dientes de ajo • 2 pimientos colorados • 300 g de tomates maduros • aceite • sal • pimienta

Preparación:

1. Formar una pirámide con la harina; en el centro, poner la manteca de cerdo, un poco de agua y sal. Amasar con las manos hasta dejar una masa fina.
2. Cuando esté amasada, extender con el rodillo hasta dejarla bien fina, doblarla tres veces, estirando cada vez con el rodillo y volviendo a doblar. Dejar reposar 2 horas en el frigorífico o en lugar fresco.
3. Mientras, preparar el relleno. Cocer los huevos 12 minutos. Refrescar.
4. Hervir el seso, reservar.
5. Asar los pimientos al horno, pelarlos.
6. En un cazo, sofreír con el aceite la carne cortada pequeña y los dientes de ajo picados. Cuando empiece a tomar color, pero sin llegar a dorarse, añadir los tomates pelados y cortados pequeños, dejar reducir un poco, salpimentar.
7. Sacar del fuego y añadir el jamón cortado en trozos, el chorizo en rodajas, el seso cortado en trozos.
8. Partir en dos la masa que está descansando, una parte un poco más grande que la otra. Estirar con la ayuda del rodillo. (Reservar un trocito).
9. Coger un molde, engrasarlo un poco y forrar con la mitad más grande, que cubra bien los laterales, lle-

nar con los ingredientes preparados, terminar de rellenar con los huevos duros cortados en rodajas y los pimientos en tiras.

10. Tapar con la otra mitad de masa, estirada también con el rodillo, pintar con huevo batido los bordes de las dos partes, unir bien los bordes formando un festón, pinchar un poco con un cuchillo afilado y pintar todo el pastel con el huevo batido.
11. Con un poco de masa reservada, hacer unos adornos encima del pastel; volver a pintar con huevo.
12. Precalentar el horno y cocer unos cuarenta minutos a 180 °C, hasta que el pastel esté dorado. Servir caliente o templado.

Pastel de pollo

Para 6 personas
Tiempo de preparación: 1 hora y 10 minutos
Dificultad: media

Ingredientes:

1 pollo de 1 kg y 250 g • 1 puerro • 1 zanahoria • 1 cebolla • 1 lechuga • 100 g de aceitunas verdes • 3 huevos • ralladura de limón • 1 trufa • 1 dl de nata líquida • 50 g de mantequilla • sal

Preparación:

1. Limpiar bien el pollo y partirlo en octavos. Cocerlo en agua con sal, 1 zanahoria, 1 puerro y 1 cebolla troceados, durante unos 40 minutos.
2. Dejar enfriar, sacar la piel y deshuesar. Picar la carne del pollo bien fina y pasarla a un bol hondo. Incorporar dos huevos batidos, la trufa picada fina, sal, la ralladura de limón, la nata y la mantequilla. Trabajar bien para mezclarlo y amasarlo todo.
3. Precalentar el horno a una temperatura media de 190 °C. Engrasar un molde redondo con mantequilla, verter el preparado en él e introducirlo en el horno, dejándolo cocer unos 30 minutos.
4. Dejar descansar unos momentos y desmoldar en una bandeja redonda.
5. Presentar a la mesa adornado con hojas de lechuga, aceitunas verdes y un huevo duro picado.

Patatas con pollo

Para 4 personas
Tiempo de preparación: 1 hora
Dificultad: baja

Ingredientes:

1 kg de patatas • 1/2 pollo en trozos • 150 g de guisantes frescos desgranados • 2 pimientos morrones • 1 cebolla • 1 diente de ajo • pimentón • pimienta • 1 1/2 dl de vino blanco • 1 dl de aceite de oliva • sal

Preparación:

1. Machacar en el mortero el diente de ajo, esparcirlo sobre el pollo, condimentar con sal y pimienta al gusto personal y dejar macerar un rato.
2. En una cacerola sobre el fuego, verter el aceite, dejar calentar y rehogar los trozos de pollo hasta que estén dorados.
3. Añadir la cebolla cortada fina, dejar dorar un poco, espolvorear con el pimentón, dar unas vueltas y, rápidamente, verter el vino blanco. Cubrir ligeramente con agua, incorporar los guisantes y dejar cocer unos 20 minutos.
4. Añadir las patatas peladas y troceadas. Rectificar de sal. Remover frecuentemente.
5. Aparte, rehogar los pimientos con un poco de aceite, añadirlos al guiso y dejar cocer 5 minutos más. Antes de servir dejar reposar un rato.

Pato a la jerezana

Para 6 personas
Tiempo de preparación: 55 minutos
Dificultad: alta

Ingredientes:

1 pato joven de 2 kg aproximadamente • 300 g de cebollas • 200 g de zanahorias • 300 g de tomates maduros • 3 dientes de ajo • 250 g de aceitunas verdes deshuesadas • 200 g de tocino • 50 g de manteca de cerdo • 1/4 l de caldo • 1 vasito de vino de Jerez • 3 clavos de especias y pimienta en grano • hierbas aromáticas (perejil, laurel, etc.) • vino blanco • aceite • sal

Para el adorno

pimiento morrón • patatas fritas

Preparación:

1. Limpiar el pato, vaciarlo y flambearlo; salpimentar y atarlo con un bramante.
2. En una cazuela de barro, derretir la manteca de cerdo, añadir un poco de aceite y freír el tocino ligeramente.
3. Añadir el pato y dorarlo bien por ambos lados.

4. Una vez dorado, incorporar las cebollas, las zanahorias y los ajos, todo bien picado.
5. Agregar los tomates cortados en cuartos, el ramillete de hierbas, unos granos de pimienta y los clavos.
6. Tapar la cazuela y dejar rehogar todo unos minutos.
7. Llevar la cazuela al horno, calentado a temperatura baja, y dejar cocer el pato, dándole la vuelta de vez en cuando.
8. Cuando esté casi cocido, escurrir la grasa, que hay que reservar, y añadir el jerez.
9. Volver a introducir la cazuela en el horno y añadir el caldo previamente calentado; volver a tapar y dejar cocer lentamente hasta que esté tierno.
10. Trinchar el pato, colocarlo en una fuente para servir, añadirle la grasa anteriormente escurrida y conservarlo caliente dentro del horno apagado.
11. Pasar el jugo de la cocción por el chino y las zanahorias, cebollas, ajos y tomates por el pasapurés. Mezclarlo todo, calentarlo y desgrasarlo.
12. Añadir un poco de vino blanco y dejar reducir.
13. Añadir también las aceitunas, previamente escaldadas y dejar cocer unos minutos. Verter esta salsa sobre el pato.
14. Servir caliente, adornado con unas tiras de pimiento morrón y las patatas fritas cortadas en redondelas y sin que estén muy secas.

Pato a la naranja

Para 6 personas
Tiempo de preparación: 1 hora y 45 minutos
Dificultad: alta

Ingredientes:

1 pato mudo (Barbarie) de unos 2 kg • 4 dl de caldo preparado con los menudillos • 50 g de manteca de cerdo • 1/2 dl de aceite • 40 g de harina • 50 g de azúcar • 1 copita de Cointreau • 6 naranjas • 1 cebolla grande • 1 zanahoria • 1 hoja de laurel • 1/2 rama de canela • perejil y tomillo • sal • pimienta

Caldo

1 l de agua • 1 zanahoria • 1 puerro • 1 nabo • 1 rama de apio • los menudillos del pato

Preparación:

1. Preparar el caldo con los elementos indicados, dejar hervir media hora, después de haberlo espumado bien. Reservar.
2. Chamuscar el pato, lavarlo bien, cortar las puntas de las alas, salpimentar y untar bien con la manteca de cerdo.
3. Precalentar el horno, colocar el pato en una fuente refractaria y llevar al horno a unos 250 °C. Dejar cocer hasta que está dorado por ambos lados.
4. Rociar con el zumo y la pulpa de 2 naranjas, añadir las hierbas, canela, la cebolla y la zanahoria, cortadas en láminas finas y dejar cocer destapado alrededor de unos 35 o 40 minutos, aproximadamente.
5. Espolvorear con la harina, dejar que se dore y rociar con el caldo; dejar cocer aproximadamente unos 20 minutos más.
6. Retirar y cortar el ave en cuartos; agregar a la cazuela los huesos que quedan de la carcasa y cocer unos minutos sobre el fuego.
7. Raspar las pieles de dos naranjas y a continuación reservarlas.
8. En un cazo, calentar el jugo de las 2 naranjas y el azúcar, cocer a fuego vivo hasta obtener un caramelo, añadir el licor y las pieles raspadas de las naranjas.
9. Sacar el pato de la fuente y reservarlo.
10. Pasar la salsa por el colador chino, procurando desgrasarla un poco.
11. Disponer nuevamente el pato en la fuente, rociar con la salsa y el caramelo preparado; dejar cocer 15 minutos más.
12. Cortar las dos naranjas restantes en rodajas finas (sin pelar), dentar la piel.
13. Disponer los trozos de pato en una fuente redonda, resistente al horno y que pueda llevarse a la mesa, rociar con la salsa. Decorar alrededor con las rodajas de naranja, y algunos gajos de naranja pelados.
14. Introducir unos instantes al horno para darle un tono un poco dorado.
15. Servir muy caliente.

Pato asado

Para 6 personas
Tiempo de preparación: 1 hora y 25 minutos
Dificultad: baja

Ingredientes:

1 pato • 1 jamón (el mismo peso que el del hígado, el corazón y la molleja del pato) • 5 lonchas de tocino • canela en polvo • sal

Preparación:

1. Vaciar, limpiar y secar el pato.
2. Picar finamente el hígado, la molleja y el corazón del ave, y también el jamón. Añadir sal y canela.

3. Rellenar el pato con la mezcla anterior, espolvorearlo por fuera y disponerlo en una fuente refractaria, recubriéndolo con el tocino.
4. Introducir la fuente en el horno y, a los 30 minutos, comprobar si la parte superior está dorada; en este caso, dar la vuelta al pato.
5. Poner de nuevo en el horno y continuar la cocción, en horno medio, durante 30 minutos más.
6. Trinchar el pato en 6 trozos, dejando en cada uno su parte de relleno. Servir caliente.

Perdices a la moda de Alcántara

Para 4 personas
Tiempo de preparación: 2 horas
Dificultad: alta

Ingredientes:

3 perdices • 200 g de higadillos de pato • 1 manzana mediana • 2 peras • pimienta molida • 2 trufas • 1/2 l de vino de Oporto • 100 g de manteca de cerdo • sal

Preparación:

1. En una sartén con 5 cucharadas de manteca, rehogar los higadillos con sal y pimienta. Pasarlos por un tamiz y reservarlos.
2. En un puchero pequeño con un vaso de vino de Oporto, cocer durante unos 20 minutos las frutas. Pasar también por el tamiz, juntar con los higadillos y mezclar.
3. Deshuesar las perdices, rellenarlas con la mezcla anterior y atarlas. Ponerlas a macerar durante unas horas en el Oporto.
4. Escurrirlas, secarlas y asarlas en una cazuela con el resto de manteca caliente. Espolvorearlas con sal.
5. Poner el vino de la maceración y las trufas en un puchero sobre fuego lento. Dejar unos 20 minutos.
6. Disponer las perdices, cortadas por la mitad, en una fuente para servir; rociarlas con el jugo del vino y las trufas troceadas, y servir.

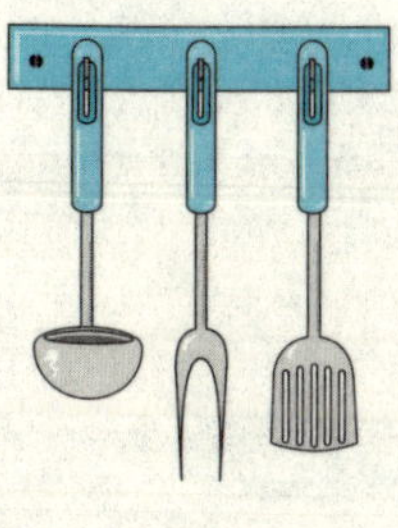

Perdices a lo Tío Lucas

Para 8 personas
Tiempo de preparación: 2 horas y 15 minutos
Tiempo de preparación: 1 hora
Dificultad: media

Ingredientes:

8 perdices • 8 lonchas de tocino • 100 g de carne de ternera • 100 g de sesos • 100 g de champiñones • 12 cebolletas • 50 g de miga de pan • 1 trufa mediana • perejil • 2 huevos batidos • 1 copita de jerez • sal • pimienta

Preparación:

1. Limpiar y secar cuidadosamente las perdices.
2. Pelar las cebolletas y picarlas bien finas.
3. Lavar y picar también una rama de perejil.
4. Limpiar con cuidado los champiñones y trocearlos.
5. En una cazuela de barro de buen tamaño (ya se sabe que esas cazuelas guisan mejor cuanto más usadas y requemadas estén) rehogar las perdices a fuego muy lento junto con 4 lonchas de tocino.
6. Mientras tanto, en un mortero grande, machacar la trufa, los champiñones, las cebolletas, el perejil, la miga de pan, una punta de sal y una pizca de pimienta. Cuando esté todo bien machacado, agregar la copita de jerez y acabar de mezclar.
7. Pasar por la picadora la carne de ternera y las 4 lonchas de tocino restantes y juntar con la mezcla del mortero, trabajando ligeramente la masa.
8. Batir los huevos y unirlos a la masa anterior. Mezclar de nuevo unos minutos.
9. Cuando las perdices lleven unos diez minutos en la cazuela, añadir la masa aplanándola uniformemente alrededor de las perdices.
10. Dejar la cazuela al fuego hasta que las aves estén doradas y la guarnición en su punto, es decir, bien cocida.

Perdices al rescoldo

Para 4 personas
Tiempo de preparación: 1 hora y 40 minutos
Dificultad: alta

Ingredientes:

2 perdices grandes • 2 cebollas • patatas • 3 dientes de ajo • 1 clavo • 1 hoja de laurel • 3 granos de pimienta • 1/2 cucharada de pimentón • 2 vasos de vino blanco seco • aceite • sal

Preparación:

1. Vaciar, limpiar y secar las perdices; espolvorearlas con sal y atarlas.
2. Disponerlas en una olla honda, una al lado de la otra, bien apretadas.
3. Recubrir con la cebolla y el ajo picados, el laurel, la pimienta, el clavo, el azafrán, el pimentón, un chorro de aceite y el vino blanco.
4. Tapar la olla y disponerla sobre fuego normal. Retirarla cuando dé el primer hervor y dejarla al rescoldo de la lumbre o a fuego mínimo.
5. Cuando las perdices estén cocidas y la salsa muy reducida, retirarlas, partirlas por la mitad, disponerlas en una fuente y recubrirlas con su jugo pasado por el tamiz. Servir acompañadas de patatas hervidas con su piel.

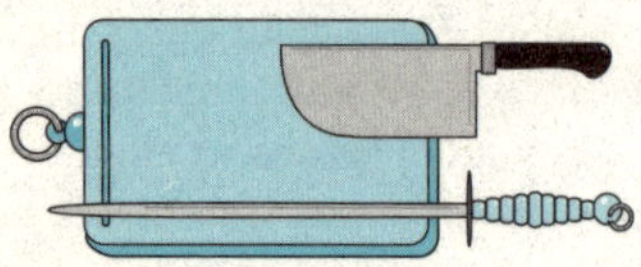

Perdices al vino blanco

Para 4 personas
Tiempo de preparación: 1 hora y 45 minutos
Dificultad: baja

Ingredientes:

2 perdices • 100 g de tocino • 1 vaso de vino blanco • aceite • pimienta molida • sal

Preparación:

1. Vaciar, lavar, secar, atar y sazonar con sal y pimienta las perdices.
2. En una sartén honda con bastante aceite caliente, dorar las perdices. Cuando estén en su punto, trasladarlas a una cazuela de barro, añadiendo el tocino cortado a pedacitos pequeños, la mitad del aceite restante de su fritura y el vino blanco. Según los gustos personales, rectificar de sal.
3. Dejar la cazuela a fuego lento y tapada hasta que las perdices estén muy tiernas y la salsa mermada.
4. Servir calientes.

Perdices con almendras

Para 4 personas
Tiempo de preparación: 1 hora y 30 minutos
Dificultad: media

Ingredientes:

2 perdices • 2 cebollas • 2 dientes de ajo • pan frito • perejil • pimienta • 1/2 cucharada de pimentón picante • 1 docena de almendras tostadas y peladas • pan rallado • 1 copa de jerez • aceite • sal

Preparación:

1. Limpiar y cortar en cuartos las perdices y dorarlos en una cazuela con abundante aceite caliente; salpimentarlas.
2. Retirar las perdices del fuego y, en la grasa restante, sofreír la cebolla picada y agregar 1 cucharada de pan rallado y el pimentón; mezclar bien y rociar con agua.
3. Añadir los trozos de perdiz y dejar sobre fuego lento unos 20 minutos.
4. Mientras, machacar en un mortero 2 dientes de ajo pelados, las almendras y perejil. Añadir a la cazuela el manojo del mortero y el jerez, y dejar sobre el fuego hasta que la salsa quede algo espesa. Esparcir unos cuadrados de pan frito y servir.

Perdices con chocolate

Para 4 personas
Tiempo de preparación: 1 hora y 5 minutos
Dificultad: media

Ingredientes:

4 perdices • 1/2 kg de cebollitas • 100 g de chocolate • 4 costrones fritos

Preparación:

1. Preparar las perdices como en la receta «perdiz en escabeche al estilo navarro» (pág. 147).
2. Cocer las perdices en su salsa de maceración, pero retirando las hierbas.
3. Cuando las perdices estén en su punto, retirarlas. En su jugo, echar las cebollitas peladas y cocerlas durante unos 20 minutos. Retirarlas del caldo y reservarlas.
4. Desleír el chocolate en el caldo restante, sin dejar espesar demasiado, a fuego lento. Añadir las perdices y las cebollitas y dejar unos minutos más sobre el fuego.
5. Disponer las perdices partidas por la mitad, en una fuente para servir con 4 costrones fritos y las cebollitas alrededor.
6. Rociar con su salsa y servir.

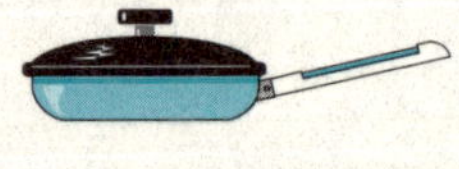

Perdices en salmorejo

Para 4 personas
Tiempo de preparación: 1 hora y 25 minutos
Dificultad: media

Ingredientes:
4 perdices pequeñas • 2 pimientos morrones de lata • 8 huevos • pimienta en grano • aceite • sal

Preparación:
1. Poner una olla al fuego con agua, sal y las perdices previamente limpias y vaciadas.
2. Dejar cocer las perdices durante 40 minutos.
3. A continuación, escurrir, secar bien y asarlas a la parrilla hasta que queden algo tostadas.
4. Terminada la cocción, sacar los huesos y desmenuzarlos.
5. Dejar cocer los huevos durante diez minutos, enfriar y pelar.
6. Machacar las yemas de huevo en el mortero junto con la pimienta y añadiendo poco a poco el aceite, un poco de caldo de la cocción de las perdices, la clara de huevo y los pimientos picados.
7. Mezclarlo todo junto con la carne de las perdices y dejarlo reposar.
8. Servir frío.

Perdigones extremeños

Para 4 personas
Tiempo de preparación: 1 hora y 20 minutos
Dificultad: baja

Ingredientes:
4 perdigones • 1 limón • 1 cucharada de harina • 1 vaso de vino blanco • 1 taza de caldo • 100 g de manteca de cerdo • pimienta • sal

Preparación:
1. Limpiar y atar los perdigones; salpimentarlos.
2. En una cazuela con 100 g de manteca de cerdo caliente, dorar los perdigones, dándoles vueltas hasta que queden hechos por todas partes.
3. Trasladarlos a una fuente cerca del fuego, tapándolos para que se mantengan calientes.
4. En la grasa restante, tostar la harina y rociar enseguida con el vino, y una taza de caldo; dejar sobre el fuego hasta que la salsa quede reducida a la mitad. Añadir entonces el zumo de un limón.
5. Quitar los hilos de los perdigones, partirlos por la mitad y rociarlos con la salsa. Servir calientes.

Perdiz a la manchega

Para 4 personas
Tiempo de preparación: 1 hora y 10 minutos
Dificultad: media

Ingredientes:
2 perdices • 1 punta de jamón magro • 2 dientes de ajo • 1 hoja de laurel • tomillo • sal • una pizca de canela • pimienta molida • aceite • manteca de cerdo

Preparación:
1. Limpiar cuidadosamente las perdices, secarlas, salpimentarlas y poner un poco de canela.
2. Cortar el jamón en pedazos muy pequeños.
3. Pelar los dientes de ajo y picarlos.
4. En una sartén grande con aceite y manteca de cerdo caliente, dorar las perdices por todos los lados y disponerlas en una cazuela de barro.
5. En la grasa restante, sofreír el jamón, el ajo, el laurel y el tomillo. Verter el sofrito sobre las perdices.
6. Tapar la cazuela con un plato con agua y dejarla a fuego muy lento, cuidando que no se pegue al fondo, removiendo con una cuchara de madera. No añadir agua.
7. Cuando estén tiernas las perdices, disponerlas en una fuente para servir, colar la salsa y rociar con ella las aves.
8. Servir enseguida bien caliente.

Perdiz en escabeche al estilo navarro

Para 4 personas
Tiempo de preparación: 1 hora y 15 minutos
Dificultad: baja

Ingredientes:
2 perdices • 4 pimientos rojos asados • 1 cabeza de ajos • 2 hojas de laurel • pimienta en grano • 2 clavos • 1 l de vino claro • 2 vasos de vinagre • aceite • sal

Preparación:
1. Vaciar, limpiar, secar y cortar en cuartos las perdices.
2. A continuación, pelar por encima la cabeza de ajos y aplastarla con el puño.
3. En una cazuela con bastante aceite, dorar las perdices; espolvorear con sal y añadir el vino, el vinagre,

el laurel, la cabeza de ajos, unos granos de pimienta y los clavos. Poner sobre fuego normal y dejar unos 15 minutos.

4. Mientras pelar los pimientos, cortarlos a tiras y disponerlos encima de la perdiz. Dejar a fuego lento unos 45 minutos.
5. Retirar del fuego, dejar enfriar las perdices y conservar en un tarro de cristal.

Perdiz estofada

Para 4 personas
Tiempo de preparación: 1 hora y 25 minutos
Dificultad: media

Ingredientes:

4 perdices • 500 g de cebollas pequeñas • 1 cabeza de ajos • 4 zanahorias • 750 g de tomates maduros • 3 hojas de laurel • 1 vaso de vino tinto • azafrán • pimienta negra molida • nuez moscada • agua • aceite • sal

Preparación:

1. Limpiar bien las perdices y sazonarlas con sal, pimienta, azafrán y nuez moscada.
2. En una cazuela de porcelana, añadir el aceite, las perdices y el resto de los ingredientes, sin trocear. Dejar cocer a fuego lento.
3. A media cocción, añadir el vino y dejar cocer 15 minutos más.
4. Añadir el agua necesaria para que cubra justo las perdices. Continuar la cocción hasta que las perdices estén bien tiernas.
5. Pasar la salsa de la cocción por el colador y verterla sobre las perdices. Puede acompañarse con unas patatas previamente fritas.

Perdiz pardilla en salsa

Para 4 personas
Tiempo de preparación: 2 horas y 30 minutos
Dificultad: alta

Ingredientes:

2 perdices • 1/4 kg de cebollas pequeñas • 100 g de manteca de cerdo • 100 g de tocino • 2 zanahorias • 1 cucharada de harina • 2 vasitos de sidra de Villaviciosa • 1 hoja de laurel • tomillo • perejil • una pizca de nuez moscada • un poco de caldo • sal • pimienta molida

Preparación:

1. Vaciar, limpiar y flamear las perdices. Cerrar y atarlas con un cordel.
2. Cortar el tocino en cuadrados.
3. Pelar las cebollas y dejarlas enteras.
4. Picar las zanahorias.
5. Formar un ramillete con las hierbas.
6. En una cazuela con la manteca derretida al calor, rehogar las perdices y añadir el tocino, las cebollas y la zanahoria.
7. Dejar la cazuela a fuego normal hasta que todo quede dorado y espolvorear con una cucharada de harina. Mezclar y rociar con la sidra, incorporando el ramillete compuesto, sal, pimienta y una raspadura de nuez moscada.
8. Cuando rompa a hervir el guiso, tapar la cazuela y dejar que continúe cociéndose a fuego muy lento durante 1 1/2 horas.
9. A media cocción, retirar las perdices, partirlas por la mitad a lo largo, disponiéndolas en otra cazuela de barro y regándolas con su propia salsa pasada por el tamiz.
10. Si la salsa queda un poco espesa, aclararla con un poco de caldo, tapar la cazuela de nuevo y dejarla a fuego muy lento hasta que acabe el tiempo de cocción.

Peus de porc a la catalana (pies de cerdo)

Para 4 personas
Tiempo de preparación: 2 horas y 30 minutos
Dificultad: media

Ingredientes:

4 pies de cerdo • 75 g de manteca de cerdo • 200 g de cebolla • 200 g de zanahorias • 3 dientes de ajo • 1 hoja de laurel • tomillo • perejil • 1 vaso de vino rancio

Picada

30 g de chocolate rallado • 25 g de almendras tostadas • canela en polvo

Preparación:

1. Partir los pies de cerdo por la mitad, tras haberlos pasado por el fuego y de haberlos limpiado bien.

2. Luego, atarlos otra vez juntos (para que no se deformen) y ponerlos en una olla, cubiertos de agua y con una hoja de laurel, una zanahoria, una cebolla. Dejar cocer lentamente unas dos horas.
3. Sacar del caldo, extraer los huesos más grandes y los que nos sea posible. Reservar.
4. Con la manteca de cerdo, rehogar cortados pequeños, el resto de zanahorias y cebollas. Cuando tomen color, poner los ajos picados, remover bien y añadir los pies de cerdo, rociar con el vino, evaporar, poner el ramito compuesto, mojar con un par de cucharones del caldo de haber cocido los pies; sazonar con sal y pimienta.
5. A media cocción, añadir la picada, hecha en el mortero, diluida con un poco de caldo.
6. Dejar cocer lentamente hasta que estén blandos y en su punto. Servir.

Pichones a la andaluza

Para 4 personas
Tiempo de preparación: 1 hora y 20 minutos
Dificultad: media

Ingredientes:

4 pichones • 12 cebollas pequeñas • 2 tomates • 2 dientes de ajo • 1 vaso de vino blanco • 4 rebanadas de pan • filetes de anchoas • perejil • pimienta • sal • aceite

Preparación:

1. Flambear y limpiar bien los pichones; salpimentar. Colocar por encima los filetes de anchoas y atar con un bramante para que no se suelten.
2. Poner al fuego una cazuela de barro con aceite, incorporar los pichones y rehogar.
3. Cuando estén dorados, añadir las cebollas peladas y enteras, los tomates pelados y picados, los ajos, el perejil y el vino.
4. Dejar cocer a fuego lento hasta que los pichones estén tiernos (una hora, aproximadamente).
5. Distribuir los pichones y la salsa en una fuente para servir.
6. Adornar con pan frito.

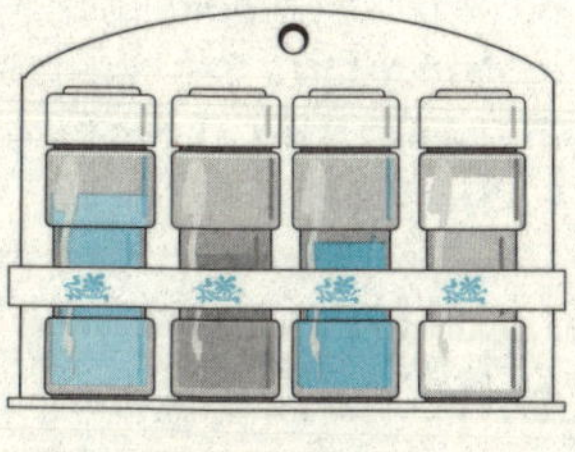

Pichones con salsa de piñones

Para 4 personas
Tiempo de preparación: 2 horas y 5 minutos
Dificultad: media

Ingredientes:

2 pichones • 2 lonchas de jamón magro • 3 cucharadas de piñones • 3 dientes de ajo • aceite • manteca de cerdo • sal • pimienta molida

Preparación:

1. Cortar el jamón a trocitos.
2. Limpiar cuidadosamente los pichones y cortarlos en pedazos.
3. Pelar los dientes de ajo.
4. En una cazuela con aceite caliente, sofreír los dientes de ajo y el jamón picadito.
5. Retirar los diente de ajo y el jamón y saltear en el aceite restante los pedazos de pichón. Salpimentar y añadir un poco de manteca.
6. Dejar la cazuela a fuego lento y, mientras, machacar en el mortero los dientes de ajo, el jamón y los piñones. Desleír con un poco de agua tibia.
7. Cuando los pichones estén bien dorados, verter encima la mezcla del mortero. Dejar a fuego lento para que queden completamente tiernos.
8. Agregar un poco de agua durante la cocción, si fuera necesario.

Pierna de cabrito estilo Badajoz

Para 6 personas
Tiempo de preparación: 2 horas y 5 minutos
Dificultad: media

Ingredientes:

2 piernas de cabrito • 6 dientes de ajo • manteca de cerdo • sal

Preparación:

1. Golpear durante un rato la pierna de cabrito con la ayuda de una mano de mortero de madera grande; formar unos agujeros que lleguen hasta el hueso y rellenarlos con los dientes de ajo; untar todos los lados con bastante manteca de cerdo, y, por último, espolvorear con mucha sal.

2. Disponer la pierna en una fuente refractaria untada a su vez con manteca e introducirla en el horno, a temperatura fuerte. La sal hará que la carne suelte todo su jugo: ir regándola con éste de vez en cuando.
3. Cuando la piel esté crujiente y el interior jugoso, retirar la pierna, trocearla y regarla con su propio jugo. Servir caliente.

Pierna de carnero estofada

Para 6 personas
Tiempo de preparación: 2 horas y 20 minutos
Dificultad: media

Ingredientes:
1 pierna de carnero • 1/2 kg de cebollas pequeñas • 4 zanahorias • 1 ramita de tomillo • pimienta molida • perejil • 1 hoja de laurel • 2 vasos de vino tinto • sal

Preparación:
1. Poner a macerar la pierna de carnero con el vino tinto y dejar durante 2 horas.
2. Raspar las zanahorias y cortarlas en rodajas gruesas.
3. Atar el tomillo, el perejil y la hoja de laurel.
4. En una cazuela muy amplia, poner a cocer con bastante agua las cebollas peladas y enteras, las zanahorias, el ramillete compuesto, sal y pimienta.
5. Cuando dé la primera ebullición, añadir a la cazuela la pierna de carnero.
6. Tapar la cazuela y dejar que continúe la cocción a fuego lento hasta que la carne esté muy tierna y el caldo mermado.
7. Retirar la carne y trocearla; disponer los trozos en una fuente para servir, rodearlos con las cebollas y rociarlo todo con la salsa, previamente colada.
8. Servir bien caliente en la misma fuente.

Pierna de cordero al estilo de Orense

Para 6 personas
Tiempo de preparación: 1 hora y 55 minutos
Dificultad: media

Ingredientes:
1 pierna de cordero • 4 cebollas • 4 zanahorias • 500 g de judías blancas cocidas • 1/2 l de caldo • 100 g de mantequilla • pimienta negra en polvo • perejil • aceite • sal

Preparación:
1. Deshuesar la pierna y atarla con un bramante.
2. Salpimentar y colocarla en una cazuela honda.
3. Agregar la mantequilla, el aceite y dejar rehogar hasta que se haya dorado por ambos lados.
4. Agregar las zanahorias y las cebollas peladas y enteras.
5. Continuar la cocción a fuego lento hasta que se doren las verduras y añadir el caldo.
6. Dejar cocer más lentamente y añadir más caldo, si hace falta.
7. Treinta minutos antes de finalizar la cocción, añadir las judías; de esta manera, absorberán todo el caldo.
8. Colocar la pierna en una fuente, adornarla con las judías, las zanahorias y las cebollas. Encima, espolvorear con perejil.

Pierna de cordero al horno

Para 6 personas
Tiempo de preparación: 40 minutos
Dificultad: baja

Ingredientes:
1 pierna de cordero lechal de 1 1/2 kg aproximadamente • 50 g de manteca de cerdo • 1/2 dl de aceite de oliva • 1 copa de coñac • sal • pimienta

Preparación:
1. Untar la pierna de cordero con la manteca de cerdo y salpimentar generosamente.
2. Colocar la pierna de cordero en una bandeja refractaria, rociar con el aceite de oliva e introducirla en el horno ya caliente, a 220 °C.
3. Cuando esté exteriormente dorada, regar con la copa de coñac y con su propio jugo.
4. Moderar la temperatura del horno y continuar rociando la pierna de cordero con su salsa.
5. Retirar del horno después de un total de 30 minutos de cocción.
6. Este plato se puede servir acompañado de una buena ensalada o de puré de patata.

Pierna de cordero rellena

Para 6 personas
Tiempo de preparación: 1 hora y 30 minutos
Dificultad: alta

Ingredientes:

1 pierna de cordero de 1 kg 400 g, aproximadamente • 200 g de carne de cerdo picada • 25 g de piñones • 1 huevo • 1 copa de brandy • 40 g de foie-gras de buena calidad • 20 g de pan rallado • 1 cebolla • 1 zanahoria • 2 dientes de ajo • 1 ramito compuesto (laurel, tomillo y perejil) • 30 g de harina • 1/2 l de caldo de carne • 1 copa de vino rancio • aceite • sal • pimienta

Preparación:

1. Deshuesar la pierna de cordero, abrir bien y sazonar con sal y pimienta.
2. En un bol, con la carne picada de cerdo, los piñones, el huevo, el pan rallado y la copa de brandy, hacer una masa.
3. Introducir esta masa en la pierna de cordero; en medio poner el foie-gras; una vez rellena, coser con hilo y poner al horno, precalentado suave, en una fuente con un poco de aceite de oliva.
4. Cuando se haya dorado un poco, añadir la cebolla, la zanahoria y los ajos, todo cortado en láminas finas; añadir el ramito compuesto.
5. Dejar cocer unos treinta minutos; rociar con el vino rancio y dejar cocer unos treinta minutos más rociando con frecuencia con el jugo de la cocción.
6. Cuando esté listo, sacar del horno la pierna y en la bandeja donde se ha asado, espolvorear con la harina dejar dorar un poco, bañar con el caldo.
7. Dejar hervir unos minutos y pasar por el chino.
8. Cortar la pierna en lonchas y colocar en una fuente, verter por encima la salsa y servir caliente.
9. Se puede acompañar con puré de patatas o con arroz hervido y salteado en mantequilla.

Pimientos del piquillo rellenos de carne

Para 6 personas
Tiempo de preparación: 1 hora
Dificultad: media

Ingredientes:

1 lata de pimientos del piquillo (18-20)

Relleno

300 g de carne magra en un trozo • 1/2 seso de cordero • 75 g de jamón del país • 1 cebolla • 1 tomate • 2 dl de leche • 1 copita de ratafía • 25 g de harina • 25 g de mantequilla • 1 huevo • aceite

Salsa

1 cebolla grande • 2 pimientos choriceros • 1 dl de vino blanco seco • 1,5 dl de crema de leche • 20 g de harina • 2,5 dl de caldo • aceite • sal

Preparación:

1. Poner en remojo en agua tibia los pimientos choriceros una media hora.
2. En una cazuela, dorar la carne en un poco de aceite. Cuando esté dorada, añadir la cebolla cortada en láminas, el tomate pelado, tapar y dejar cocer lentamente.
3. Rociar con la ratafía y añadir el seso de cordero y el jamón.
4. Picar bien pequeño.
5. En un cazo, derretir la mantequilla, añadir la harina, dejar dorar, bañar con la leche, remover con las varillas, salpimentar y añadir las carnes picadas. Dejar enfriar.
6. Escurrir bien los pimientos y rellenar con esta preparación.
7. Rebozar, freír y reservar.

Salsa:

8. Pelar la cebolla, cortar en láminas finas, freír con aceite en un cazo. Cuando esté dorada, añadir la harina; remover, añadir los pimientos choriceros, dejar unos minutos, rociar con el vino y el caldo. Dejar cocer unos minutos más.
9. Pasar la salsa por el colador chino, y posteriormente añadir la crema de leche.
10. Disponer los pimientos en una fuente de barro plana y cubrir con la salsa.
11. Precalentar el horno a 200 °C y dejar cocer unos doce minutos destapado.

Pinchitos morunos

Para 6 personas
Tiempo de preparación: 25 minutos
Dificultad: baja

Ingredientes:

600 g de carne magra de cordero o de cerdo • 3 cucharadas de pimentón dulce • aceite • sal

Preparación:

1. Cortar la carne en dados y sazonar.
2. En un bol, mezclar 4 o 5 cucharadas de aceite con el pimentón; batir bien para eliminar los grumos.
3. Embadurnar la carne con la salsa y dejarla reposar una hora.
4. A continuación, ensartar 3 o 4 trozos de carne en cada pinchito.
5. Asar los pinchitos en una plancha o a la parrilla, dándoles la vuelta varias veces para que se asen sin quemar.
6. Servir recién hechos y muy calientes.

Pintada al vino tinto

Para 4 personas
Tiempo de preparación: 1 hora y 15 minutos
Dificultad: media

Ingredientes:

1 pintada • 3 lonchas de bacon • 200 g de cebollas • 2 chalotes • 100 g de zanahorias • 100 g de tomates • 0,5 dl de aceite • 3 dl de vino tinto bueno • 1 dl de brandy • 0,5 dl de nata líquida • 2,5 dl de caldo de ave • 200 g de champiñones • mantequilla • sal • pimienta

Preparación:

1. Vaciar y flambear bien la pintada.
2. Reservar aparte el cuello, las patas, el hígado y las alas.
3. Salpimentar y bridar con el bacon.
4. Precalentar el horno hasta una temperatura de 250 ºC.
5. En una fuente resistente al calor del horno, colocar la pintada y dejar asar unos veinte minutos, rociada con 2 cucharadas de aceite.
6. Una vez asada, separar cuidadosamente las pechugas y los muslos, y guardar en un lugar que lo mantenga caliente.
7. Guardar aparte la carcasa de la pintada y la grasa.
8. En una cazuela al fuego, poner la grasa de la fuente y saltear en ella el cuello y las alas, añadiendo las cebollas, las chalotes y las zanahorias cortadas finas y los tomates pelados y sin pepitas.
9. Dejar que tomen color suavemente y, cuando estén a medio hacer las hortalizas, agregar el hígado triturado y la carcasa troceada. Dejar terminar la cocción.
10. Rociar con el brandy y el vino tinto y dejarlo en el fuego durante unos diez minutos para que se reduzca el líquido. Pasado este tiempo, añadir el caldo y dejar cocer hasta que se reduzca un poco.
11. Retirar los huesos de la carcasa y pasar el resto de ingredientes por el colador chino y añadir la nata líquida.
12. Pasar los trozos de pintada a la cazuela, bañar con la salsa y añadir los champiñones bien lavados, laminados y salteados en una sartén con un poco de mantequilla. Dejar cocer todo junto durante unos diez minutos.
13. Es conveniente que este plato se sirva bien caliente.

Pitorra (chocha) asada

Para 4 personas
Tiempo de preparación: 1 hora y 30 minutos
Dificultad: alta

Ingredientes:

1 chocha carnosa • 150 g de lonchas de tocino muy delgadas • berros • 2 trufas • picatostes fritos • mantequilla • sal

Preparación:

1. Limpiar cuidadosamente la pitorra y sus intestinos; lavar los berros bajo el agua fría. Preparar un relleno con los intestinos y las trufas triturados y unas 5 cucharadas de mantequilla.
2. Rellenar la chocha con esta mezcla; espolvorearla con sal y atar el orificio del relleno.
3. Envolver el cuerpo del ave con las lonchas de tocino y sujetarlas con hilo de bramante.
4. En una fuente refractaria untada con mantequilla, disponer la chocha, introducirla en el horno ya caliente y asarla a temperatura suave hasta que quede dorada por todas partes.
5. Retirar las lonchas de tocino, trocear el ave y disponerlo todo en una fuente para servir junto con los picatostes empapados de jugo y decorar en los berros.

Pollastre amb llagosta Costa Brava (pollo con langosta)

Para 4 personas
Tiempo de preparación: 1 hora y 10 minutos
Dificultad: alta

Ingredientes:

1 pollo de 1 1/2 kg • 2 langostas de 750 g cada una • 3 dl de aceite de oliva • 50 g de manteca de cerdo • 1 cebolla grande • 3 tomates • 2 dientes de ajo • 50 g de harina • unas ramitas de tomillo, orégano, perejil • 1 hoja de laurel • un poco de puerro • 1 copa de aguardiente seco • 1/4 l de vino rancio seco • un poco de caldo de pollo • sal • pimienta • canela en polvo

Picada

50 g de almendras y avellanas tostadas • 40 g de chocolate picado • sal • azafrán • pimienta

Guarnición

8 rebanadas de pan de molde

Preparación:

1. Cortar el pollo en trozos regulares.Salpimentar, espolvorear con la canela en polvo.
2. Poner una cazuela de barro al fuego con la manteca de cerdo y un poco de aceite, tapar y dejar cocer a fuego vivo.
3. Cuando empiece a dorarse, agregar la cebolla cortada a la pluma. Cuando coja color, añadirle los tomates pelados y troceados; dejar sofreír hasta que evaporen un poco el agua.
4. Agregar el vino rancio y el aguardiente, dejar reducir. Espolvorear la harina por encima y rociar con el caldo o agua, hasta cubrir el pollo escasamente; añadir el ramito compuesto con las hierbas aromáticas. Dejar cocer tapado, muy lentamente.
5. Quitar las patas de las langostas. Reservar.
6. Cortar las langostas en seis pedazos, de la cabeza a la cola, partir por la mitad a lo largo y prescindir de la bolsa del estómago, guardando el hígado. Reservar también la sangre o agüilla en un cacito.
7. Poner sal y algo de pimienta a los trozos y freír a fuego vivo.
8. Incorporar a la cazuela, junto al pollo.
9. En el mortero, preparar la picada con las almendras y avellanas, el ajo, perejil, el hígado de la langosta y el chocolate rallado; trabajar bien con la mano de mortero, hasta formar una pasta fina; mezclar con la agüilla de la langosta, que habíamos reservado, y un poco de salsa de la cazuela.
10. Verter en la cazuela la picada y dejar cocer hasta que esté en su punto; procurar que no haya exceso de salsa.
11. Comprobar el punto de sal y corregir si hace falta.
12. Presentar en cazuela de barro, pasar la salsa por el chino, colándola sobre los pedazos de pollo y de langosta.
13. Adornar con las patas de langosta y las rebanadas de pan cortadas en pico y tostadas.

Pollastre farcit a la catalana (pollo relleno)

Para 8 personas
Tiempo de preparación: 2 horas
Dificultad: alta

Ingredientes:

1 pollo de unos 3 1/4 kg • 50 g de manteca de cerdo • sal • aceite

Relleno

1 lata de trufa • 2 huevos • 300 g de carne de cerdo picada • 1 manzana golden mediana • 35 g de jamón del país • 25 g de piñones • 12 orejones • 12 ciruelas • 25 g de pasas • 1 hígado de pollo • 1 copa de brandy

Salsa

1 cebolla • 1 zanahoria mediana • 1/4 l de vino blanco seco • 1/4 l de caldo de pollo • 1/2 rama de canela • 1 ramito compuesto (laurel, tomillo, perejil) • sal • pimienta • aceite

Preparación:

1. Limpiar y chamuscar bien el pollo, salpimentar, reservar.
2. Retirar los huesos de las ciruelas y pasas, cortar a trozos, cortar también los orejones, pelar las manzanas y cortar en dados.
3. Poner todo en un bol grande, junto con la carne de cerdo picada, la trufa picada, el jamón cortado y el hígado de pollo.
4. Batir los huevos y añadirlos; luego, los piñones y la copa de brandy o coñac; remover bien con una espátula de madera y salpimentar.
5. Rellenar el pollo con este preparado, coser con hilo y aguja los orificios del pollo.
6. Colocarlo en una cazuela de barro, sazonar por los dos lados y repartir alrededor del pollo la cebolla, la zanahoria, el ramito compuesto y la canela; untar el pollo con aceite y manteca de cerdo.
7. Precalentar el horno a 210 °C, y dejar cocer 30 minutos más; rociar con el vino blanco y el caldo de pollo.
8. Reducir la temperatura del horno y dejar cocer unos veinte minutos más, rociándolo con frecuencia con su propio jugo. Servir bien caliente; se puede presentar en la misma cazuela.

Pollo a la andaluza

Para 4 personas
Tiempo de preparación: 1 hora y 20 minutos
Dificultad: media

Ingredientes:

1 pollo mediano • 1 cebolla grande • 2 tomates maduros • 4 dientes de ajo • 2 huevos • 1 hoja de laurel • 1 vaso pequeño de vino • 1 taza de caldo • almendras tostadas • azafrán • perejil • pimienta • sal • aceite

Preparación:

1. Limpiar y cortar el pollo en trozos medianos.
2. Salpimentar.
3. Poner una sartén al fuego con aceite, freír los ajos enteros, retirarlos y, en el mismo aceite, freír el pollo hasta que esté bien dorado. Colocar el pollo bien escurrido en una cazuela.
4. En el mismo aceite, freír la cebolla pelada y picada; luego el tomate. A media cocción, agregar el sofrito a la cazuela del pollo.
5. Poner la cazuela al fuego, rehogar bien y añadir el vino.
6. Dejar reducir el vino y añadir el laurel, el caldo y rectificar de sal. Dejar cocer todo a fuego lento.
7. En un mortero, machacar los ajos fritos, las almendras, el perejil, el azafrán y las yemas de huevo, previamente cocidas.
8. Aclarar el majado con un poco de agua.
9. Añadir la picada y dejar cocer hasta que todo esté tierno. Servir caliente en la misma cazuela.

Pollo a la extremeña (1)

Para 8 personas
Tiempo de preparación: 1 hora y 30 minutos
Dificultad: media

Ingredientes:

2 pollos pequeños • 150 g de jamón • 3 cebollas • 4 tomates maduros • 1 copa de brandy • aceite • sal

Preparación:

1. Cortar el jamón a tiras, los pollos a cuartos, y mezclar los pollos con las tiras de jamón.
2. Pelar y cortar a rodajas las cebollas; pelar y triturar los tomates.
3. En una cazuela de barro con aceite hirviendo, dorar los cuartos de pollo espolvoreados con un poco de sal.
4. Cuando estén dorados por todas partes, añadir la cebolla y el tomate. Mezclar y dejar a fuego lento durante 30 minutos, aproximadamente. Rociar el pollo con el brandy, introducir la cazuela en el horno y dejar hasta que el pollo esté bien tierno.
5. Servir en la misma cazuela.

Pollo a la extremeña (2)

Para 4 personas
Tiempo de preparación: 1 hora y 15 minutos
Dificultad: baja

Ingredientes:

1 pollo de 1 1/2 kg, aproximadamente • costrones de pan frito • pimienta molida • 1 vaso de vino tinto • caldo • manteca de cerdo • sal

Preparación:

1. En una cazuela de barro plana con manteca caliente, saltear el pollo cortado en octavos, hasta que quede ligeramente dorado por todas partes.
2. Rociarlo con el vino y 2 cucharones de caldo de carne.
3. Salpimentar, tapar la cazuela y mantener la cocción hasta que la salsa quede mermada y el pollo jugoso.
4. Servir acompañado de costrones de pan frito.

Pollo a la manchega

Para 6 personas
Tiempo de preparación: 2 horas y 10 minutos
Dificultad: media

Ingredientes:

1 pollo de 1 1/2 kg, aproximadamente • 1 punta de jamón de unos 300 g • 1 hoja de laurel • 4 dientes de ajo • tomillo • aceite • manteca de cerdo • sal • pimienta molida • un poco de canela en polvo

Preparación:

1. Vaciar, lavar y secar el pollo. Trocearlo en octavos.
2. Cortar el jamón en cuadraditos.
3. Pelar y triturar los dientes de ajo.
4. Atar el tomillo y la hoja de laurel.

5. En una sartén amplia con aceite y manteca bien caliente, saltear el pollo hasta que quede bien dorado por todos los lados. Retirarlo y disponerlo en una cazuela de barro.
6. En la grasa restante, dorar el jamón y juntarlo con el pollo.
7. Seguir friendo en la sartén los ajos, el tomillo y laurel y añadir enseguida los trozos de pollo. Espolvorearlo con sal, pimienta y canela. Tapar la cazuela con un plato que contenga agua.
8. Dejar la cazuela a fuego muy lento. Moverla de vez en cuando, para que los ingredientes no se peguen al fondo.
9. Cuando el pollo esté muy tierno, retirar el laurel y tomillo y, disponerlo en una fuente adecuada para servir, después colar la salsa y rociar el pollo.
10. Servir caliente.

Pollo a la navarra

Para 4 personas
Tiempo de preparación: 2 horas
Dificultad: media

Ingredientes:

1 pollo grande • 150 g de jamón • 3 zanahorias • 3 cebollas • estragón • perejil • 1 vaso de vino blanco • 7 cucharadas de mantequilla • sal

Preparación:

1. Vaciar, limpiar y secar el pollo.
2. Preparar una mezcla con la mantequilla, el estragón y el perejil bien picado; pelar y triturar las cebollas y las zanahorias, y cortar a dados el jamón.
3. Rellenar el pollo con la mitad de la mezcla realizada con la mantequilla.
4. Disponerlo en una fuente refractaria y meterla en el horno.
5. Cuando el pollo esté a medio hacer, retirarlo y pasarlo a una cazuela de barro.
6. Rociarlo con el jugo de su cocción y añadir la zanahoria, la cebolla y el jamón; espolvorear con sal.
7. Finalmente, untar el pollo con el resto de mantequilla y rociarlo con el vino y un vaso de agua.
8. Tapar la cazuela y terminar la cocción, sirviendo el pollo troceado y acompañado por los tropezones de jamón y su salsa.

Pollo a la sal

Para 6 personas
Tiempo de preparación: 1 hora y 30 minutos
Dificultad: baja

Ingredientes:

1 pollo de 1 kg y 800 g • 1 1/2 dl de jerez seco • 4 kg de sal gorda

Preparación:

1. Limpiar cuidadosamente el pollo por dentro y por fuera, dejándolo entero y procurando que su piel no se rompa. Sazonar por dentro.
2. Cubrir el fondo de una bandeja de horno en la que quepa bien el pollo con una capa de sal gruesa.
3. Colocar el pollo sobre la sal y rociar con el jerez. Cubrir con el resto de sal, sin dejar ninguna grieta. Apretar un poco la sal.
4. Precalentar el horno a unos 200 °C e introducir la bandeja del pollo. Deberá cocer durante 1 hora y 15 minutos, aproximadamente. La capa de sal se resquebrajará.
5. Presentar con la capa de sal rota, sacar el pollo y servir caliente.
6. Este pollo se puede acompañar con la salsa que más guste.

Pollo a la santanderina

Para 4 personas
Tiempo de preparación: 1 hora y 30 minutos
Dificultad: media

Ingredientes:

2 pollos tomateros • 2 cebollas • 2 tomates maduros • 2 zanahorias • 2 pimientos morrones • pimienta • 2 dientes de ajo • 2 cucharadas de coñac • 1 dl de vino blanco • 2 dl de aceite • sal

Preparación:

1. Limpiar bien los pollos, cortarlos en cuartos y salpimentarlos.
2. En una cacerola con el aceite caliente, dorar los cuartos de pollo, retirarlos y reservarlos.
3. En el mismo aceite, rehogar las cebollas cortadas finas, añadir los dientes de ajo picados y, cuando empiecen a tomar color, agregar las zanahorias, peladas y cortadas en rodajas finas.
4. Dejar que se dore y añadir los trozos de pollo. Mientras cuece, a fuego lento, cubrir con los tomates pe-

lados y cortados en dados y con los pimientos troceados.

5. Dar la vuelta de vez en cuando y rociar con el vino blanco y el coñac. Dejar que la salsa merme un poco y, si hace falta, verter un poco de agua caliente. Dejar cocer con la cazuela tapada y a fuego lento.
6. Cuando el pollo esté en su punto, disponerlo en una bandeja de servir; pasar la salsa por el chino y comprobar el punto de sal.
7. Verter la salsa bien caliente sobre los trozos de pollo y servir inmediatamente a continuación.

Pollo a las finas hierbas

Para 4 personas
Tiempo de preparación: 1 hora y 30 minutos
Dificultad: baja

Ingredientes:

1 pollo tierno • 150 g de tocino entreverado • 1/2 kg de cebollitas • 1/2 kg de patatas • 5 cucharadas de manteca • 1 hoja de laurel • tomillo • orégano • aceite • perejil • sal • pimienta

Preparación:

1. Pelar las cebollitas y dejarlas enteras.
2. Cortar a dados el tocino.
3. Pelar y trocear las patatas.
4. Picar finamente el perejil.
5. En una cazuela amplia y plana con manteca y aceite, dorar el tocino y las cebollitas.
6. Retirar tocino y cebolla, y dorar en la grasa restante el pollo entero.
7. Disponer alrededor del pollo las patatas y dejar la cazuela al fuego tanto tiempo como sea necesario para que tanto el pollo como las patatas estén dorados por ambos lados.
8. Añadir al pollo el tocino y las cebollitas, las hierbas, el perejil, sal y pimienta.
9. Tapar la cazuela y dejarla a fuego lento unos treinta minutos.

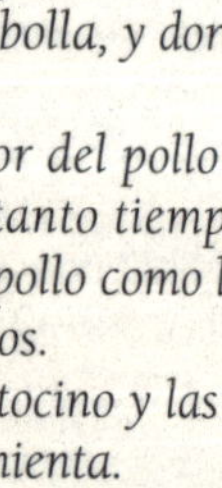

Pollo al chilindrón

Para 4 personas
Tiempo de preparación: 1 hora y 10 minutos
Dificultad: baja

Ingredientes:

1 pollo de 1 1/2 kg aproximadamente • 2 cebollas • 1 pimiento rojo • 3 pimientos verdes • 1/2 tazón de puré de tomate fresco • pimienta • aceite • sal

Preparación:

1. Limpiar y cortar en octavos el pollo; dorar en una sartén con aceite. Cuando esté hecho por todos los lados, retirarlo y conservarlo.
2. Cortar los pimientos en cuadraditos y trocear las cebollas, previamente peladas.
3. En el aceite sobrante de freír el pollo sofreír la cebolla y el pimiento; cuando estén casi en su punto, agregar el tomate. Salpimentar y añadir un poco de agua. Dejar a fuego lento durante 10 minutos aproximadamente.
4. Añadir los trozos de pollo y, dándoles la vuelta para que no se quemen ni enganchen, mantener durante unos 15 minutos más. Servir bien caliente.

Pollo al pimentón

Para 4 personas
Tiempo de preparación: 1 hora y 25 minutos
Dificultad: media

Ingredientes:

1 pollo • 250 g de arroz • 250 g de jamón extremeño • 1 cebolla • 1 buena cucharada de pimentón • aceite • sal

Preparación:

1. Vaciar, limpiar y secar el pollo. A continuación, pelar y cortar en rodajas la cebolla.
2. En una cazuela con aceite caliente, rehogar la cebolla, añadir el arroz y mezclar durante unos minutos con una cuchara de madera.
3. Añadir 5 tacitas de agua salada hirviendo, tapar la cazuela cuando dé el primer hervor y, a los 10 minutos, destaparla.
4. Dejar sobre el fuego unos 10 minutos más, hasta que el arroz quede bien seco.
5. Picar finamente el jamón, mezclarlo con el arroz y rellenar con la mezcla el pollo.

6. En una cazuela con aceite hirviendo, dorar el pollo por todos los lados y rociarlo de vez en cuando con su propio jugo.
7. Unos minutos antes de acabar la cocción, espolvorear con el pimentón. Trocear el pollo y servir caliente.

Pollo al vino tinto

Para 4 personas
Tiempo de preparación: 1 hora y 30 minutos
Dificultad: media

Ingredientes:

2 pollos pequeños • 1/4 kg de champiñones • 1/2 kg de cogollos de alcachofa • 3 cebollas pequeñas • 1/2 kg de patatas • perejil • pimienta molida • 1 vaso de vino tinto • aceite • sal

Preparación:

1. Vaciar y limpiar los pollos y a continuación partirlos por la mitad a lo largo y salpimentar.
2. Pelar y triturar las cebollas.
3. Limpiar y cortar en cuartos los champiñones y las alcachofas.
4. Pelar las patatas y cortarlas en rodajas de 1 cm de espesor.
5. En una cazuela al fuego con aceite, rehogar los pollos por todas partes durante unos 5 minutos.
6. Añadir la cebolla y, cuando empiece a transparentar, verter el vino tinto y dejar a fuego suave hasta que el jugo quede reducido.
7. Agregar las patatas, las alcachofas y los champiñones; echar 2 vasos de agua, rectificar de sal según el gusto personal y mantener a fuego lento durante 25 minutos con la cazuela tapada.
8. Disponer los pollos con las verduras y hortalizas en una fuente para servir, y espolvorear con perejil picado.

Pollo Alhambra

Para 4 personas
Tiempo de preparación: 55 minutos
Dificultad: media

Ingredientes:

1 pollo de 1 1/2 kg • 4 tomates • 10 pimientos verdes • 500 g de patatas • 1 vaso de vino blanco • 1 hoja de laurel • tomillo • pimienta • aceite • sal

Preparación:

1. Vaciar y limpiar bien el pollo, lavarlo y secarlo con un paño limpio. Después cortarlo en cuatro trozos.
2. Untar con aceite una fuente refractaria adecuada para ir al horno, poner el pollo y sazonar con sal y pimienta.
3. Pelar las patatas (mejor que sean pequeñas y enteras) y colocarlas en la fuente alrededor del pollo.
4. Llevar al horno a una temperatura fuerte; a media cocción, añadir una ramita de tomillo, la hoja de laurel y el vino.
5. Dejar cocer un rato más, finalmente añadir los tomates enteros y los pimientos.
6. Servir caliente.

Pollo batzoki

Para 4 personas
Tiempo de preparación: 1 hora y 20 minutos
Dificultad: media

Ingredientes:

1 pollo de 1 1/2 kg • 250 g de tomates • 150 g de cebollas • 1,5 dl de aceite de oliva • 1,25 dl de vino rancio • 6 pimientos choriceros • 1 yema de huevo duro • 3 dientes de ajo • 1,25 dl de caldo de ave • 2 rebanadas de pan • 1 cucharadita de azúcar • perejil • guindilla • sal • pimienta

Preparación:

1. Escaldar los pimientos choriceros y raspar la pulpa. Reservar. Guardar aparte las pieles.
2. Chamuscar y limpiar bien el pollo, trocearlo y salpimentarlo.
3. En una cazuela de barro al fuego, con el aceite, dorar los trozos de pollo; darles vueltas para que se doren todos por igual.
4. Cuando hayan tomado color, añadir las cebollas cortadas finas, los ajos y el perejil picados, junto con las rebanadas de pan.
5. Dejar rehogar bien, añadir los tomates pelados, troceados y sin pepitas, y el azúcar.
6. Bañar con el vino, dejar evaporar un poco, verter el caldo. Dejar cocer lentamente unos cuarenta minutos.
7. Antes de terminar la cocción, echarle la pulpa de los pimientos y la yema de huevo, desleídas con un poco de caldo de la cazuela. Añadir también una rodajita de guindilla.
8. Cuando esté tierno el pollo, pasarlo a una fuente honda, verter por encima la salsa de la cocción pasada por el chino, junto con las pieles de los pimientos para que den un poco de color. Servir caliente.

Pollo campurriano

Para 6 personas
Tiempo de preparación: 1 hora y 30 minutos
Dificultad: media

Ingredientes:

1 pollo de 2 kg • 250 g de arroz • 200 g de tocino entreverado • 4 pimientos • 2 cebollas • 300 g de cebollinos • 250 g de manteca de cerdo • 1/2 l de caldo • 1/4 l de vino blanco • 1 cucharada de harina • 1/2 cucharada de pimentón dulce • 2 hojas de laurel • pimienta negra molida • sal

Preparación:

1. *Limpiar el pollo, cortarlo en cuartos y cada cuarto por la mitad.*
2. *Salpimentar el pollo.*
3. *Dorar el pollo en una cazuela de barro, añadir el tocino cortado en tiras finas y una cucharada de manteca de cerdo.*
4. *A medio dorar, añadir la mitad de la cebolla, bien picada y el laurel. Después, añadir el vino y dejar reducir la salsa.*
5. *Añadir la harina para espesar la salsa; dejar rehogar y añadir el caldo hasta cubrir el pollo. Añadir los cebollinos y dejar cocer hasta que el pollo esté listo.*
6. *Cocer el arroz con agua y sal.*
7. *Sofreír el resto de la cebolla, previamente picada junto con los pimientos pelados y cortados a tiras.*
8. *Una vez hecho el sofrito, añadir el arroz escurrido y un poco de caldo caliente. Reservar.*
9. *Servir el pollo en la misma cazuela y acompañarlo con el arroz aparte en un bol.*

Pollo con caracoles Costa Dorada

Para 4 personas
Tiempo de preparación: 1 hora y 10 minutos
Dificultad: media

Ingredientes:

1 pollo de 1 kg y 300 g, aproximadamente • 60 o 70 caracoles previamente cocidos • 100 g de tocino entreverado • 250 g de cebollas • 200 g de tomates maduros • 1 dl de aceite • 1 ramito de hierbas aromáticas (laurel, tomillo, perejil) • 1 piel seca de naranja • canela en rama • 1 dl de vino rancio seco • 1/2 copita de aguardiente • 20 g de harina • perejil • sal • pimienta

Picada

50 g de almendras tostadas • 2 ñoras • 2 rebanadas de pan frito • 1 diente de ajo • perejil • unas hebras de azafrán

Preparación:

1. *Limpiar y chamuscar el pollo, cortar en trozos; de cada cuarto, tres trozos. Salpimentar.*
2. *Poner una cazuela de barro al fuego, con el aceite y el tocino cortado en trozos pequeños y largos.*
3. *Cuando el aceite esté caliente, poner el pollo, dejar dorar, rehogar también el hígado. Cuando esté frito, sacarlo y reservar.*
4. *Añadir las cebollas finamente picadas y el ramito compuesto. A continuación la piel seca de naranja y la canela en rama. Cuando empiece a tomar color la cebolla, incorporar los tomates rallados sin pepitas ni piel, regar con el vino y el aguardiente, dejar evaporar.*
5. *Tapar la cacerola, dejar que reduzca un poco el líquido, espolvorear con la harina, dejar dorar un poco.*
6. *Cubrir el pollo con agua o, mejor si tenemos caldo caliente, dejar cocer lentamente con la cazuela tapada, unos veinte minutos.*
7. *Preparar la picada con los ingredientes indicados, más el hígado del pollo frito, continuar machacando hasta que se forme una pasta fina, disolver con unas gotas de aceite crudo y un poco de salsa de la cazuela.*
8. *Cuando esté todo bien majado, verter encima del pollo.*
9. *Añadir los caracoles bien escurridos del caldo de cocción, y procurar que la salsa cubra bien el pollo y los caracoles, para que queden bien impregnados de ella. Comprobar el punto de sal, rectificar si es necesario y cocer unos quince minutos más.*
10. *Presentar a la mesa en la misma cazuela, retirando el ramito compuesto.*
11. *Salpicar de perejil picado. Servir bien caliente.*

Pollo con fideos

Para 6 personas
Tiempo de preparación: 1 hora y 15 minutos
Dificultad: media

Ingredientes:

1 pollo • 250 g de fideos gruesos • 1 cabeza de ajos • 1 pimiento rojo • 1 cebolla • 2 tomates • 1 l de caldo • 1/2 vaso de vino blanco • aceite • azafrán • sal

Preparación:

1. *Limpiar el pollo, trocearlo y ponerlo en adobo durante dos horas con la sal, el ajo y el vino.*
2. *En una sartén con aceite, dorar el pollo ya adobado y escurrido; más tarde, colocarlo en una cazuela junto con el caldo.*
3. *En el mismo aceite de freír el pollo, rehogar la cebolla, los tomates y el pimiento, todo previamente picado. Agregar el azafrán y el adobo del pollo.*
4. *Dejar sofreír todo junto y añadirlo a la cazuela del pollo, dejándolo cocer por espacio de unos minutos.*
5. *A media cocción, añadir los fideos, remover y poner la cazuela en el horno caliente durante unos 15 minutos.*
6. *Dejar reposar y servir muy caliente.*

Pollo con manzanas

Para 4 personas
Tiempo de preparación: 1 hora y 15 minutos
Dificultad: baja

Ingredientes:

1 pollo de 1 1/2 kg, aproximadamente • 1 kg de manzanas reinetas • 1 limón • 50 g de mantequilla • 2 dl de vino de Málaga • aceite • 50 g de azúcar • pimienta • sal

Preparación:

1. *Limpiar y chamuscar el pollo, cortarlo a octavos, salpimentar y rociar con zumo de limón.*
2. *Engrasar con aceite una bandeja de hornear y colocar en ella los trozos de pollo, cubriéndolos con trozos de mantequilla.*
3. *Precalentar el horno a 200 °C, introducir la bandeja y dejar cocer. A media cocción, regar con el vaso de vino dulce.*
4. *A continuación, lavar las manzanas, partirlas por la mitad y sacarles con cuidado el corazón y las pepitas. Disponerlas en una cazuela dejando un hueco en el centro para poner una cucharadita de mantequilla y un poco de azúcar. Rociar con un poco de vino y, cuando estén blandas, retirarlas.*
5. *Cuando el pollo esté bien dorado por todos los lados, ponerlo en una fuente de servir y colocar las manzanas alrededor.*

Pollo guisado con mollejas de ternera

Para 6 personas
Tiempo de preparación: 2 horas y 10 minutos
Dificultad: media

Ingredientes:

1 pollo de 1 1/2 kg o 2 kg • 400 g de mollejas de ternera • 200 g de tocino fresco • 1/4 l de vino blanco • perejil • 1 hoja de laurel • 1 ramita de tomillo • sal • media cucharadita de granos de pimienta • aceite

Preparación:

1. *Al comprar el pollo hay que pedir que lo deshuesen pero conservando la piel.*
2. *Cortar las mollejas de ternera en tiras finas.*
3. *Preparar el ramillete compuesto por la hoja de laurel, el tomillo y el perejil.*
4. *Cortar el tocino en lonchas muy finas.*
5. *En un cazo con agua hirviendo, unas gotas de aceite y unos granos de pimienta, cocer las mollejas durante unos veinte minutos. Una vez cocidas, escurrirlas.*
6. *Rellenar el pollo con la molleja y atarlo con un cordel de cocina; envolverlo con las lonchas de tocino.*
7. *En una cazuela con caldo, el vino blanco y el ramillete compuesto, cocer el pollo a fuego lento durante más de 1 1/2 horas.*
8. *Retirar el pollo, quitarle el hilo, trocearlo y disponerlo en una fuente para servir acompañado de una salsa española.*

Rabo de toro estofado

Para 6 personas
Tiempo de preparación: 1 hora y 25 minutos
Dificultad: baja

Ingredientes:

2 kg de rabo de toro • 6 cebollas • 3 zanahorias • 4 dientes de ajo • 2 puerros • tomillo • perejil • 1 hoja de laurel • pimienta molida • nuez moscada • 1 clavo • 1 vaso de vino blanco • 1 vaso de vino tinto • caldo • 2 cucharadas de vinagre • aceite • sal

Preparación:

1. *Trocear el rabo de toro.*

2. Pelar y triturar las cebollas, las zanahorias y los dientes de ajo.
3. Atar los puerros, el perejil, el tomillo y la hoja de laurel.
4. En una cazuela de barro con aceite caliente, rehogar los trozos de rabo, las verduras, las hierbas, pimienta molida, sal, nuez moscada y 1 clavo.
5. Mezclar bien los ingredientes durante unos minutos, rociando con el vino, el vinagre y caldo hasta cubrir.
6. Dejar la cazuela sobre fuego lento hasta que el rabo esté tierno. Rectificar de sal.
7. Disponerlo en una fuente para servir y recubrirlo con la salsa y los ingredientes cuidadosamente pasados por el chino.

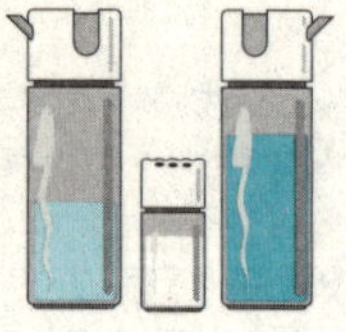

Ragú de cordero a la valenciana

Para 6 personas
Tiempo de preparación: 1 hora y 45 minutos
Dificultad: media

Ingredientes:

600 g de espalda de cordero • 600 g de pecho de cordero • 300 g de carne magra de pierna de cerdo • 50 g de manteca de cerdo • 250 g de arroz • 1 cebolla • 2 dientes de ajo • 1 ramito de hierbas aromáticas • 1 1/2 l de caldo de carne o de ave • sal • pimienta de Cayena

Preparación:

1. Cortar la espalda y pecho de cordero en trozos regulares.
2. Calentar la manteca de cerdo en una cazuela de barro. Rehogar los trozos de cordero; dejar dorar.
3. Cortar la carne de cerdo en dados, añadir a la cazuela y dorar.
4. Una vez doradas las carnes, añadir la cebolla y ajos picados pequeños, añadir un poco de pimienta de Cayena y dorar un poco más.
5. Rociar la carne con el caldo tibio y añadir el ramillete aromático, llevar a ebullición, luego dejar a fuego lento una hora y cuarto.
6. Cuando el cordero esté casi cocido, echar el arroz y dejar que prosiga la cocción quince minutos más.
7. Sacar el ramito aromático.
8. Servir en la misma cazuela.

Riñones al jerez

Para 4 personas
Tiempo de preparación: 50 minutos
Dificultad: media

Ingredientes:

2 riñones de ternera • 2 cebollas • 4 dientes de ajo • 50 g de manteca de cerdo • 2 rebanadas de pan • 1 vaso de vino de Jerez • 1 vaso de agua • vinagre • perejil • pimienta molida • aceite • sal

Preparación:

1. Limpiar bien los riñones y cortarlos en rodajas finas.
2. Escaldar los riñones en agua hirviendo con un chorrito de vinagre, para quitarles el olor.
3. En una sartén con la manteca de cerdo y un poco de aceite, freír 2 dientes de ajo, 2 rebanadas de pan y 4 trocitos de riñón. Una vez frito, majarlo todo en el mortero, añadiendo un poco de agua.
4. En la misma sartén, agregar los riñones y además, todo muy picado, la cebolla, el perejil y el ajo. Poner también el vino y la pimienta.
5. Dejar cocer a fuego lento; añadir el agua y sazonar.
6. Continuar la cocción hasta que los riñones estén tiernos.
7. Al servir, espolvorear con perejil picado y acompañar con arroz.

Riñones al vino tinto

Para 6 personas
Tiempo de preparación: 25 minutos
Dificultad: media

Ingredientes:

1 kg de riñones • 2 cebollas • 3 tomates maduros • 2 dientes de ajo • 1 l de vino tinto • 2 dl de aceite • 1 cucharada de harina • 1 ramita de perejil • 300 g de arroz blanco hervido • sal • vinagre • pimienta

Preparación:

1. Picar las cebollas, los dientes de ajo, los tomates pelados y el perejil.
2. En una sartén con un poco de aceite, rehogar todo el conjunto y remover hasta conseguir un sofrito.
3. Dejar los riñones en remojo con agua a la que se le habrá añadido un chorrito de vinagre. Secar bien y cortar en lonchitas.

4. *En otra sartén con el resto del aceite, poner las lonchas de riñón y dejar cocer a fuego lento para que suelten su jugo.*
5. *Escurrir y añadir al sofrito, dejándolo rehogar todo junto unos minutos.*
6. *Incorporar la harina y el vino tinto y dejar cocer hasta que los riñones estén tiernos.*
7. *Salpimentar y servir, acompañados con arroz blanco.*

Riñones con salsa de tomate

Para 4 personas
Tiempo de preparación: 1 hora y 40 minutos
Dificultad: media

Ingredientes:
3/4 kg de riñones de lechal • 1/2 kg de tomates maduros • 1 cebolla • 2 dientes de ajo • 1 huevo duro • costrones de pan fritos • 1 hoja de laurel • orégano • tomillo • comino • 1/2 cucharada de pimentón • pimienta • 1 vaso de vino rancio • caldo • manteca de cerdo • vinagre • aceite • sal

Preparación:
1. *Cortar a rodajas los riñones y ponerlos a macerar unas 2 horas en vinagre y sal. Pasado ese tiempo, escurrirlos y saltearlos en manteca caliente.*
2. *Escaldar los tomates en agua hirviendo, retirarles la piel y las semillas y trocearlos. Pelar y picar la cebolla y los ajos.*
3. *En una cazuela amplia con aceite caliente, poner los tomates, la cebolla, los ajos, el laurel, todas las hierbas, el pimentón y la yema de huevo duro picada y desleída en un poco de caldo. Salpimentar y dejar a fuego muy lento hasta que quede la salsa espesa.*
4. *En un cazo sobre el fuego, echar el vino rancio y dejarlo hasta que quede reducido a la mitad. Entonces añadirlo a la salsa de tomate.*
5. *Agregar los riñones salteados, y mezclar, siempre a fuego lento; ir removiendo y, cuando comiencen a dar el primer hervor, retirar enseguida la cazuela.*
6. *Servir los riñones con tomate en la misma cazuela, muy calientes y acompañados de unos costrones de pan frito, según sea el gusto de cada comensal.*

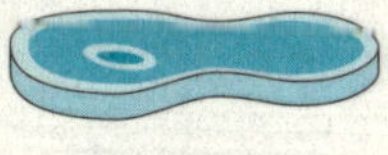

Riñones de cordero en salsa

Para 4 personas
Tiempo de preparación: 1 hora y 5 minutos
Dificultad: baja

Ingredientes:
8 riñones de cordero • 8 lonchas finas de jamón magro • 4 huevos duros • 2 cucharadas soperas de guisantes extrafinos ya cocidos • 100 g de champiñones • 2 cucharadas de manteca de cerdo • 1/2 copa de vino de jerez • 2 cucharones a medio llenar de salsa española • 8 costrones de pan cortados en triángulos • perfil picado • sal • pimienta molida • aceite

Preparación:
1. *Recortar la grasa y la telilla que recubre los riñones, cortarlas en trozos regulares y sazonarlos con sal y pimienta.*
2. *Pelar y cortar en cuartos los huevos duros.*
3. *En una sartén con aceite caliente, freír los costrones de pan. Freír las lonchas de jamón.*
4. *Picar el perejil.*
5. *En una sartén con manteca caliente, saltear los riñones a fuego vivo. Escurrirlos y ponerlos en una cacerola.*
6. *En la misma sartén verter el jerez y, a fuego normal, dejarlo que reduzca a la mitad. Incorporar los guisantes y los champiñones cortados en laminillas. Dejar reducir unos cinco minutos y verter sobre los riñones.*
7. *Disponer los riñones en una fuente para servir caliente, disponer encima los cuartos de huevo duro y alrededor el jamón y los costrones. Decorar con el perejil.*

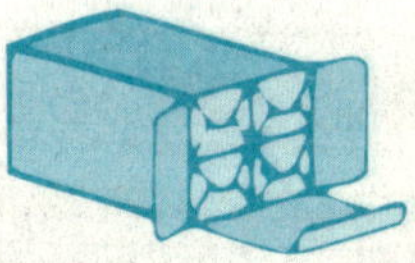

Riñones en salsa de pan

Para 4 personas
Tiempo de preparación: 25 minutos
Dificultad: baja

Ingredientes:
1/2 kg de riñones de ternera • 1 cebolla grande • 1 vaso pequeño de vino blanco • 2 dientes de ajo • azafrán • sal • pimienta molida • pan rallado • vinagre • aceite

Preparación:

1. Cortar en rodajitas los riñones, retirarles un poco de la parte interior, lavarlos y ponerlos en remojo en agua tibia, con unas cucharadas de vinagre.
2. Pelar los dientes de ajo.
3. Triturar la cebolla, una vez pelada.
4. Freír en una sartén con un poco de aceite los dientes de ajo y retirarlos. Machacarlos en un mortero con pimienta.
5. En una sartén amplia con aceite caliente, saltear los riñones escurridos y secados. Apartarlos y, en el aceite restante, preparar una salsa con lo machacado en el mortero, azafrán, la cebolla frita anteriormente en aceite y el pan rallado. Espolvorear con sal y pimienta.
6. Mezclar bien y rociar con el vino blanco. Dejar unos minutos a fuego lento.
7. Cuando la salsa esté espesa, echarla sobre los riñones y servir bien caliente.

Rollo de fiambre

Para 6 personas
Tiempo de preparación: 1 hora y 15 minutos
Dificultad: baja

Ingredientes:

100 g de jamón de York • 300 g de carne de cerdo • 300 g de carne de ternera • 50 g de panceta • 3 dientes de ajo • 1 huevo • pimienta • nuez moscada • 1 trufa • 40 g de pan rallado • 1 copa de coñac • sal

Preparación:

1. Picar la carne de cerdo, la de ternera, el jamón, la panceta, los dientes de ajo y la trufa con máquina picadora. Sazonar con sal, pimienta y nuez moscada.
2. Poner toda la masa de carne en un bol un poco hondo, trabajar con las manos; rociar con el coñac, añadir el huevo batido y el pan rallado y seguir amasando hasta que quede todo bien amalgamado.
3. Formar un rollo, envolverlo con papel de aluminio y depositarlo en una cacerola con caldo de carne preparado con anterioridad. Dejar cocer durante unos 35 minutos.
4. Cuando esté cocido, sacar de la cacerola y dejar enfriar. Retirar el papel de aluminio y envolverlo con otro nuevo para dejar descansar en el frigorífico. Tomar el día siguiente, frío, con alguna salsa o puré.

Ropa vieja (restos de cocido)

Para 4 personas
Tiempo de preparación: 30 minutos
Dificultad: baja

Ingredientes:

pedazos de carne sobrante del cocido • 2 cebollas medianas • harina • un poco de caldo sobrante • aceite de oliva

Preparación:

1. Pelar las cebollas y cortarlas en arandelas muy finas.
2. Cortar la carne sobrante en rodajas.
3. En una sartén con aceite caliente, rehogar la cebolla, dejándola unos instantes a fuego lento hasta que quede transparente, es decir, no debe de quedar cruda, pero tampoco quemarse en las puntas, ya que le daría un sabor amargo al guiso.
4. Cuando las cebollitas estén en su punto, agregar entonces una cucharada de harina, removiendo rápidamente para que no se formen grumos y, a continuación, añadir un poco de caldo.
5. Seguir mezclando la salsa con la ayuda de una espátula de madera y dejarla a fuego lento unos quince minutos.
6. Espolvorear con sal y pimienta molida.
7. Disponer en una fuente refractaria la carne sobrante del cocido que habremos cortado en rodajas y verter encima la salsa.
8. Introducir la fuente en el horno a fuego medio unos diez minutos antes de servirla.

Salmorejo de conejo

Para 4 personas
Tiempo de preparación: 1 hora y 20 minutos
Dificultad: media

Ingredientes:

1 conejo de monte • 2 pimientos rojos grandes • 1 tomate • 2 cabezas y 1 diente de ajo • orégano • pimienta molida • vinagre • aceite • sal

Preparación:

1. Efectuar unos pequeños cortes en las partes más carnosas del conejo después de haberlo lavado y secado. Untarlo con manteca y asarlo a horno fuerte en una fuente refractaria.

2. *Cuando esté ligeramente dorado, retirarlo, cortarlo en octavos y reservarlo.*
3. *Mientras, asar los pimientos, las 2 cabezas de ajo y el tomate. A continuación, pelarlos y trocearlos.*
4. *En un recipiente, mezclar y batir 2 vasitos de vinagre, el orégano, la pimienta, el diente de ajo crudo pelado y triturado y sal.*
5. *Disponer los trozos de conejo en una fuente para servir y recubrirlo con los pimientos, el tomate y el ajo, rociándolo todo con la salsa preparada con anterioridad y un buen chorro de aceite.*
6. *Servir caliente en la misma fuente.*

Sesos rebozados

Para 4 personas
Tiempo de preparación: 20 minutos
Dificultad: baja

Ingredientes:

3 sesos de cordero • 2 dientes de ajo • 3 huevos • 150 g de pan rallado • 1 limón • aceite • sal

Preparación:

1. *Lavar los sesos y cocerlos en agua hirviendo con un poco de sal y los ajos.*
2. *Escurrirlos cuidadosamente y dejar enfriar.*
3. *Cortarlos en rodajas de igual tamaño.*
4. *Batir los tres huevos, pasar los trozos de seso por el pan rallado y, a continuación, por los huevos.*
5. *En una sartén al fuego con abundante aceite, freír los sesos ya rebozados.*
6. *Es conveniente servir caliente este plato.*
7. *Acompañarlo de rodajas de limón cortadas finas.*

Solomillo al jerez

Para 4 personas
Tiempo de preparación: 25 minutos
Dificultad: baja

Ingredientes:

4 filetes de solomillo de ternera gruesos • 3 cebollas pequeñas • 1 diente de ajo • 2 tomates maduros • 1 vaso de vino de Jerez • alcachofas • harina • aceite • agua • sal

Preparación:

1. *Calentar el aceite en una sartén, añadir el ajo pelado y picado, dejarlo freír sin que tome color, después retirarlo; añadir la cebolla rallada y al rato el tomate, también pelado y rallado.*
2. *A media cocción, añadir los solomillos, dejar cocer todo junto durante 10 minutos, dándole vueltas a la carne y sazonar.*
3. *Diluir una cucharadita de harina con un poco de agua y agregar a la carne. A continuación, añadir el vino.*
4. *Dejar cocer 4 o 5 minutos más y servir.*
5. *Puede acompañarse con alcachofas cocidas y partidas por la mitad y unas tiras de pimiento morrón.*

Solomillo al queso de Tresviso

Para 6 personas
Tiempo de preparación: 40 minutos
Dificultad: media

Ingredientes:

1 kg y 200 g de solomillo • 180 g de queso de Tresviso • 1 cebolla • perejil • pimienta • 5 dl de leche • 1/2 dl de coñac • aceite • sal

Preparación:

1. *Cortar el solomillo en raciones de 200 g cada una; dorarlas en la sartén, con un poco de aceite y a fuego vivo. Sazonar.*
2. *En un cazo de fondo grueso, con un poco de aceite rehogar la cebolla cortada fina. Cuando empiece a tomar color, flambear, con el coñac.*
3. *Incorporar el queso, remover con las varillas y dejar cocer a fuego lento hasta que quede una crema. Verter la leche poco a poco y dejar reducir, trabajando con cuidado para ligar la salsa. Salpimentar. Retirar y reservar manteniendo caliente.*
4. *Cubrir con esta salsa los solomillos recién hechos y espolvorear con el perejil picado. Servir enseguida.*

Solomillo con salsa de tuétano

Para 4 personas
Tiempo de preparación: 50 minutos
Dificultad: alta

Ingredientes:

1 kg de solomillo • 4 huesos de tuétano • 100 g de bacon • 500 g de patatas pequeñas • 14 cebollitas • 2 tomates • 3 zanahorias • 2 dientes de ajo • 2 nabos • 2 trufas • 1 copa de coñac • 1 copa de jerez • aceite • pimienta negra molida • sal

Preparación:

1. Limpiar el solomillo, mecharlo con unas tiras de bacon y salpimentar.
2. Cortar el solomillo en 4 trozos y colocarlo en una cazuela de barro junto con el resto del bacon, los tomates cortados en trozos grandes, la mitad de las cebollitas ya peladas y enteras, los ajos, las zanahorias troceadas, el coñac y el jerez, dejándolo macerar todo junto por espacio de 8 o 9 horas.
3. Una vez macerado, apartar el solomillo del resto de los ingredientes.
4. En una sartén al fuego, poner el solomillo, el aceite y esperar hasta que esté dorado.
5. Colocar el solomillo en una bandeja resistente al calor de horno junto con los ingredientes y el jugo de la maceración, dejándolo cocer unos minutos.
6. Una vez cocido el solomillo, pasar toda la salsa y los demás ingredientes (también el tuétano, previamente separado de los huesos) por el chino.
7. Verter esta salsa encima del solomillo, y servirlo adornado con las patatas, los nabos y las cebollas, todo previamente cocido. También con las trufas picadas.

Solomillo de vaca al vino

Para 4 personas
Tiempo de preparación: 1 hora y 5 minutos
Dificultad: alta

Ingredientes:

1 kg de solomillo • 100 g de tocino en dos tajadas • 4 zanahorias • 1 vaso de vino blanco • 2 cebollas • 1 hoja de laurel • sal • pimienta molida • manteca de cerdo • 200 g de setas

Preparación:

1. Cortar el tocino en tiras.
2. Pelar las cebollas y las zanahorias y cortarlas en rodajas de 1/2 centímetro de espesor.
3. Limpiar las setas y cortarlas en cuatro.
4. Mechar el solomillo con las tiras de tocino.
5. Espolvorear la carne con sal y pimienta y disponerla en una fuente para horno.
6. Rodearla con las cebollas y zanahorias cortadas en rodajas, una hoja de laurel; distribuir unos trocitos de manteca alrededor y rociar con el vino blanco.
7. Llevar la fuente a horno moderado y cocer la carne e ingredientes unos treinta o cuarenta minutos, rociándolo de vez en cuando con su salsa.
8. Terminada la cocción, disponer la carne en una fuente para servir rodeada con los champiñones, que previamente habremos salteado en un poco de mantequilla.
9. Cortar la carne en la mesa con ayuda de un cuchillo afilado. Al servir en el plato, rociarla con su salsa de cocción colada.

Solomillo de vaca en cazuela

Para 6 personas
Tiempo de preparación: 2 horas y 30 minutos
Dificultad: media

Ingredientes:

1 kg de solomillo • 4 puerros • aceite • 2 tomates • perejil • sal • vinagre • 3 cebollas • 1 hoja de laurel • tomillo • 2 clavos • pimienta

Preparación:

1. Atar la carne con un hilo de cocina.
2. Pelar las cebollas y picarlas bien finas.
3. Lavar los tomates y partirlos en varios trozos.
4. Picar el perejil.
5. Trocear los puerros una vez limpios.
6. En una cacerola grande con aceite, disponer la carne con todos los ingredientes alrededor y de una sola vez.
7. Llevar la cazuela al fuego y cuando dé el primer hervor dejarla a fuego lento.
8. Dar vueltas a la carne de vez en cuando y, al adquirir ésta un ligero tono dorado, añadir un poco de agua tibia.
9. Dejar a fuego lento.
10. Cuando la carne esté tierna, (lo cual se conoce cuando al pincharla con una aguja o la punta de un cuchillo ésta no ofrece resistencia) destapar la cazuela para que la salsa quede espesa.
11. Retirar la carne, cortarla en rodajas y rociarla con la salsa pasada por el colador «chino».

Ternasco asado

Para 4 personas
Tiempo de preparación: 1 hora y 15 minutos
Dificultad: baja

Ingredientes:

3/4 kg de carne de cordero • 1 limón • 1 vaso de vino clarete • manteca de cerdo • sal

Preparación:

1. Cortar a dados la carne y espolvorearlos con sal.
2. Disponer la carne en una cazuela de barro y rociarla con 4 cucharadas de manteca derretida y el vaso de vino.
3. Introducir la cazuela en el horno y, cuando la carne esté dorada, echar una cucharada de zumo de limón.
4. Mantener la cocción unos minutos más y servir en la misma cazuela.

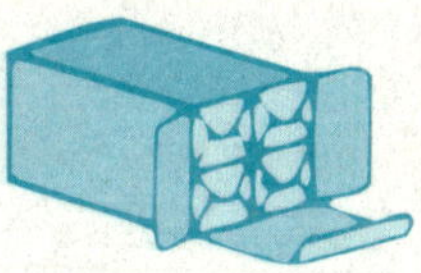

Ternera mechada a la extremeña

Para 4 personas
Tiempo de preparación: 1 hora y 30 minutos
Dificultad: media

Ingredientes:

1 redondio de ternera de 1 kg, aproximadamente • 1 cebolla • 4 tomates maduros • 2 dientes de ajo • canela en rama • pimienta • sal • caldo • 1 vasito de jerez • 8 cucharadas de manteca de cerdo

Preparación:

1. Mechar la carne con la canela en rama. Pelar y picar la cebolla y los tomates, y triturar el ajo sin piel.
2. En una cazuela con la manteca caliente, dorar por todos los lados la carne; añadir la cebolla y el ajo, mezclar y agregar los tomates, el vino, un tazón de caldo, sal y pimienta.
3. Cuando rompa a hervir, tapar la cazuela y dejar sobre fuego lento hasta que la carne esté tierna.
4. Disponer la carne cortada en rodajas en una fuente para servir y rociada con su salsa previamente pasada por el chino.

Ternera con sidra a la Villaviciosa

Para 4 personas
Tiempo de preparación: 1 hora y 50 minutos
Dificultad: alta

Ingredientes:

8 medallones de babilla de ternera • 1 vaso de sidra • perejil • 1 cucharada de harina • 100 g de tocino cortado en tiras • 3 dientes de ajo • 1 cebolla • 250 g de guisantes desgranados y cocidos • 1 tazón de caldo • aceite • sal

Preparación:

1. Pelar y picar finamente las cebollas y el ajo; triturar el perejil.
2. Mezclar los medallones de carne con las tiras de tocino.
3. En una cazuela plana de barro con aceite caliente, sofreír la cebolla durante unos segundos y añadir ajo y perejil.
4. Rociar el sofrito con un toque de sidra natural y dejar cocer a fuego lento hasta que la sidra se haya mermado.
5. Disolver en la salsa una cucharada de harina, rociar con el caldo y agregar los guisantes. Espolvorear con sal.
6. Aparte, en una sartén con un poco de aceite caliente, dorar los medallones de carne por ambos lados. Disponerlos en la cazuela con la salsa y dejarlos a fuego lento una media hora.
7. Rectificar la sal.
8. Servir la carne adornada con los guisantes a su alrededor.

Ternera en salsa roja

Para 4 personas
Tiempo de preparación: 1 hora
Dificultad: media

Ingredientes:

700 g de ternera (babilla) • 5 pimientos choriceros secos • 2 cebollas • 2 dientes de ajo • 1 dl de aceite de oliva • 1 dl de caldo de carne • 0,5 dl de vino blanco seco • 1 huevo cocido • 80 g de manteca de cerdo • harina • miga de pan • sal • pimienta

Preparación:

1. Remojar los pimientos choriceros en agua tibia durante unos treinta minutos.
2. Cortar la ternera en trozos gruesos, salpimentar.
3. En una cazuela de barro, derretir la manteca de cerdo y un poco de aceite, sofreír la carne a fuego vivo, luego pasarla por harina, volver a freír lentamente, moviendo la cazuela y dándole la vuelta a menudo.
4. Cortar las cebollas en trozos pequeños y rehogar en aceite, lentamente, hasta que queden como una mermelada. Añadir los dientes de ajo picados y la pulpa de los pimientos choriceros.
5. En el mortero, picar los pellejos de los pimientos choriceros y la miga de pan frita, incorporar a la salsa, salpimentar.
6. Cocer lentamente y echar a la cazuela los trozos de ternera y el vino blanco; dejar cocer un poco para que absorba los sabores. Añadir un poco de caldo y el huevo picado.
7. Servir caliente en la misma cazuela.

Ternera en su jugo

Para 4 personas
Tiempo de preparación: 1 hora
Dificultad: media

Ingredientes:

800 g de solomillo de ternera, en un trozo • 1 cebolla • 1 zanahoria • 1/2 kg de patatas • 2 dientes de ajo • harina • 30 g de mantequilla • 1/2 dl de leche • 2 dl de vino blanco seco • aceite • sal • pimienta

Preparación:

1. Salpimentar y enharinar el solomillo.
2. En una cacerola al fuego, calentar el aceite y dorar el solomillo a fuego vivo. Mantener hasta dorar todo por igual formando una costra.
3. Verter el vino y añadir la cebolla troceada, la zanahoria pelada y cortada en rodajas y los dientes de ajo en láminas. Dejar cocer a fuego moderado.
4. A medio cocer, añadir un poco de agua caliente y dejar que acabe de cocer lentamente.
5. Cuando esté en su punto, retirar y dejar que se enfríe. Pasar la salsa por el colador chino y verterla sobre la carne.
6. Mientras, hervir las patatas en agua y sal hasta que estén blandas. Pasar enseguida por el pasapurés y mezclar con la mantequilla y un poco de leche. Trabajar un poco el puré para que quede fino y suave. Disponerlo en un bol para servir.
7. Calentar de nuevo la carne en la salsa y servir con puré de patatas, en recipientes separados.

Ternera estofada a la castellana

Para 6 personas
Tiempo de preparación: 3 horas y 30 minutos
Dificultad: media

Ingredientes:

1 kg de ternera (redondo, contratapa o solomillo) • 2 jícaras de aceite • 1/2 vaso pequeño de vinagre • 2 tomates • 4 puerros • 2 cebollas • 1/2 cabeza de ajos • 1/2 hoja de laurel • 2 clavos • una ramita de perejil • sal • pimienta • agua

Preparación:

1. Pulir el trozo de carne y retirar toda clase de grasas, nervios y gordos.
2. Pelar y trocear las cebollas, los puerros, los tomates, los dientes de ajo.
3. Picar el perejil.
4. Disponer el trozo de carne en una cazuela alargada, especial para asados.
5. Añadir a la carne las verduras y hortalizas que previamente hemos troceado, el laurel, los clavos, sal, pimienta y rociar con el aceite, el vinagre y un vaso de agua.
6. Poner la cazuela a fuego normal, tapándola casi herméticamente. Dejar cocer y, de vez en cuando, dar la vuelta a la carne.
7. Al cabo de unos 20 minutos añadir un poco más de agua, si fuera necesario y rebajar el fuego y dejar la cazuela unas tres horas.
8. Cuando la carne esté muy tierna, destapar la cazuela para que la salsa quede dorada.
9. Quitar del fuego, recoger la salsa y pasarla por el chino.
10. Trinchar la carne en lonchas delgadas y verter encima la salsa. Finalmente puede adornarse con costrones de pan frito.

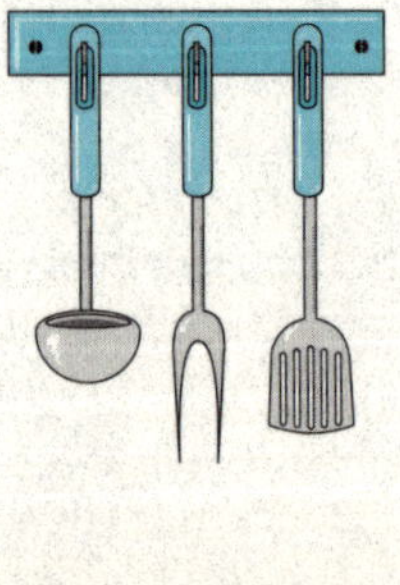

Ternera mechada

Para 4 personas
Tiempo de preparación: 2 horas y 10 minutos
Dificultad: alta

Ingredientes:

1 redondo de ternera de 1 kg, aproximadamente • 2 huevos duros • 2 pimientos morrones • 1 pimiento verde • 150 g de bacon • 150 g de zanahoria cocida • 400 g de zanahoria cruda • 2 cebollas • 150 g de tomates • 500 g de patatas • 200 g de guisantes • 1 taza de caldo • 1 vasito de vino blanco • 1 copita de jerez • 2 dientes de ajo • maicena • perejil • pimienta • aceite • sal

Preparación:

1. Mechar el redondo con el huevo duro, el pimiento morrón, el bacon y la zanahoria cocida. Salpimentar al gusto.
2. Colocar el redondo en una cazuela de barro sobre una base de aceite, cebollas, tomates, pimiento verde, zanahorias, ajos, perejil, todo frío y bien picado.
3. Poner la cazuela al fuego y dejar cocer durante una hora, aproximadamente, rociando la carne de vez en cuando con el vino blanco y el jugo de la cocción.
4. Apartar el redondo de la cazuela y agregar el caldo sobrante a la salsa; pasar por el chino y ligar la salsa con un poco de maicena, previamente diluida en el jerez.
5. Pelar y limpiar las patatas y freírlas en una sartén con aceite.
6. Dejar cocer los guisantes y las zanahorias en una cazuela aparte, con agua y sal.
7. Cortar el redondo en lonchas y colocarlo en una bandeja, adornarlo con las patatas y la verdura, regarlo con la salsa o servirla en una salsera aparte.

Tomatada corellana

Para 4 personas
Tiempo de preparación: 1 hora y 35 minutos
Dificultad: media

Ingredientes:

4 codornices • 100 g de jamón • 4 tomates maduros • 3 dientes de ajo • 1 guindilla • aceite • sal

Preparación:

1. Limpiar y secar las codornices tanto por dentro como por fuera, pelar los dientes de ajo, asar, pelar y triturar los tomates, y picar finamente el jamón.
2. En una cazuela con aceite caliente, rehogar las codornices con los dientes de ajo. Cuando las codornices estén doradas, retirar los ajos.
3. Añadir el jamón picado, mezclar y agregar el tomate, la guindilla y sal.
4. Dejar la cazuela sobre fuego muy lento hasta que las aves estén tiernas y la salsa espesa y picante.
5. Este plato puede servirse acompañado por patatas asadas o cocidas enteras, para untarlas en la salsa.

Tordos al vino blanco

Para 4 personas
Tiempo de preparación: 1 hora y 5 minutos
Dificultad: media

Ingredientes:

8 tordos grandes • albardas de tocino • 10 bayas de enebro • pimienta • 1 vaso de vino blanco • 150 g de manteca de cerdo • sal

Preparación:

1. Limpiar cuidadosamente los tordos, secarlos, envolverlos con albardas de tocino y bridarlos.
2. En una cazuela de barro con manteca de cerdo, saltear los tordos a fuego vivo.
3. Añadir las bayas de enebro, sal y pimienta, y rociar con el vino blanco.
4. Tapar la cazuela y dejar cocer durante unos 25 minutos a fuego moderado.
5. Servirlos rociados con su salsa.

Tordos de Tudela

Para 4 personas
Tiempo de preparación: 55 minutos
Dificultad: media

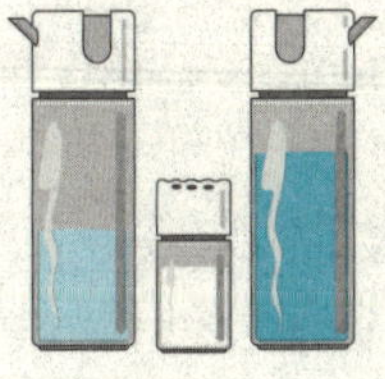

Ingredientes:

8 tordos • 150 g de jamón • 4 cebollas • 3 dientes de ajo • 1 hoja de laurel • 1 clavo • 1 vaso de vino • 1 vaso de aceite • sal

Preparación:

1. *Limpiar cuidadosamente los tordos, cortar el jamón en 8 pedazos, y pelar y picar bien las cebollas.*
2. *Meter dentro de cada tordo un pedazo de jamón.*
3. *En una cazuela plana con aceite, dorar los tordos. Añadir al mismo tiempo y en crudo la cebolla, los dientes de ajo sin pelar y enteros, el laurel, el clavo, el vino y sal.*
4. *Dejar la cazuela a fuego lento y, cuando los pájaros estén tiernos, retirarlos y servirlos rociados con su salsa, previamente, pasada por el tamiz.*

Tostón zamorano asado

Para 6 personas
Tiempo de preparación: 2 horas
Dificultad: alta

Ingredientes:

1 cochinillo de unos 15 o 20 días • cortezón de buen tocino • salmuera

Preparación:

1. *Degollar el cochinillo y sumergirlo por completo en un caldero de agua hirviendo.*
2. *Una vez limpio y blanco, rajarlo por el vientre, abriéndole en canal desde el hociquillo hasta el rabo inclusive, enjugándolo bien con un paño de arpillera.*
3. *Extender el animalito cual si fuera una piel curtida; atravesarlo en toda su longitud de forma que no se cierre, con la lanza del asador.*
4. *Con un hisopo, remojado en una salmuera sencilla, hecha con agua y sal, untarlo y humedecerlo bien por todas partes y disponerlo sobre fuego de brasa de leña, dándole vueltas de continuo.*
5. *A cada vuelta, frotarlo con un cortezón de tocino, mojarlo con la salmuera hasta que la piel forme ampollas y adquiera un color avellana.*
6. *Bastará con una hora y media para la operación.*
7. *El tocino es preferible a la manteca porque ésta reblandece lo que se tuesta, mientras que aquél lo pone crujiente.*
8. *Finalmente se puede servir en una fuente sobre una capa de lechuga y adornado con tomates.*

Vedella amb bolets (carne de ternera con setas)

Para 4 personas
Tiempo de preparación: 1 hora y 15 minutos
Dificultad: media

Ingredientes:

1 kg y 200 g de ternera de la parte de la culata • 800 g de setas («pinetells», «rovellons», «rossinyols») • 1 cebolla • 1 zanahoria • 4 tomates maduros • 150 g de harina • 50 g de manteca de cerdo • 2 dl de aceite • sal • 1 hoja de laurel • pimienta en grano • 3 clavos de especia • 1 dl de aguardiente

Preparación:

1. *Cortar la carne en lonchas de unos cuarenta gramos cada una, sazonar, enharinar.*
2. *Freír en una sartén con manteca de cerdo y aceite mezclado. Dorar, retirar y reservar.*
3. *En una cazuela de barro, poner el aceite sobrante de la sartén, rehogar la zanahoria cortada en rodajas finas, la cebolla cortada a la pluma y el laurel. Dejar cocer y añadir los tomates en trozos.*
4. *Cuando esté todo bien sofrito, salpimentar, añadir los clavos de especia, el aguardiente y agua caliente hasta cubrirlo. Dejar hervir unos minutos y añadir la carne; dejar cocer poco a poco.*
5. *Cuando esté casi cocido, retirar del fuego. Sacar la carne y colar la salsa por el chino.*
6. *Poner la carne en la cazuela y derramar la salsa por encima.*
7. *Lavar bien las setas, cortarlas en trozos, rehogar un poco en la sartén con aceite caliente.*
8. *Añadir las setas a la cazuela, junto con la carne y salsa. Dejar cocer unos diez minutos todo junto.*
9. *Rectificar de sal y servir caliente.*

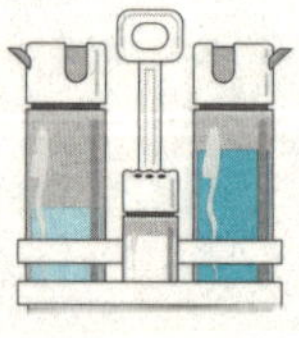

Vedella picada (alparagate de ternera)

Para 4 personas
Tiempo de preparación: 1 hora
Dificultad: baja

Ingredientes:

750 g de carne de ternera • 150 g de jamón • 50 g de pan rallado • 4 huevos • 1 1/4 dl de aceite • 250 g de cebollas • 2 dl de vino • 1 diente de ajo • perejil • 1 dl de caldo de carne • canela en polvo • laurel • sal • pimienta

Preparación:

1. *Picar la carne de ternera y el jamón, añadir un diente de ajo, perejil y el pan rallado, trabajarlo con un tenedor, salpimentar y añadir las yemas de los huevos batidas. Reservar las claras. Amasar bien.*
2. *Poner una sartén al fuego con el aceite y calentarlo. Poner la carne amasada, freír ligeramente formando una masa muy unida y apretada.*
3. *Cuando esté frita, darle forma de suela de alpargata, rebozar con las claras de huevos batidas y volver a freír procurando que conserve la forma.*
4. *Dorar y escurrir encima de un papel absorbente.*
5. *En la misma sartén y en el mismo aceite, rehogar las cebollas bien picadas, volver a poner la carne, rociar con un poco de caldo, el vino blanco, un poquito de canela en polvo y una hoja de laurel, dejar cocer lentamente unos quince minutos, hasta que se forme en la sartén una salsa fina y clara. Servir caliente.*

PESCADOS Y MARISCOS

Los pescados y los mariscos son los responsables de dar su toque de distinción y refinamiento a un buen número de preparados. Son numerosísimas las especies de pescados y mariscos que enriquecen el campo gastronómico gracias a la extraordinaria variedad y textura de sus carnes y a las muchas posibilidades culinarias a las que se prestan.

La gran selección de recetas que se ha hecho en este apartado ha sido guiada por el afán de dar una amplia muestra de las posibilidades que brindan las muchas clases de pescados y mariscos de acuerdo con el tratamiento y la técnica que se empleen para su elaboración.

Abadejo al horno

Para 4 personas
Tiempo de preparación: 1 hora y 10 minutos
Dificultad: media

Ingredientes:

800 g de abadejo cortado en filetes • 1/2 kg de espinacas frescas • 1 limón • 2 dientes de ajo • 4 lonchas de queso tierno • 1 cebolla grande • aceite • sal

Preparación:

1. *Lavar bien las espinacas con agua fría y cortarlas en tiras finas.*
2. *Pelar y trinchar finamente la cebolla y los dientes de ajo.*
3. *Exprimir el limón y conservar el zumo.*
4. *En una sartén amplia con 8 cucharadas de aceite, rehogar el ajo y la cebolla. Añadir las espinacas, sazonarlas y saltearlas durante unos quince minutos.*
5. *En una fuente refractaria, disponer las espinacas y el sofrito y encima colocar los filetes de abadejo. Rociarlos con zumo de limón y recubrirlos con las lonchas de queso.*
6. *Poner la fuente en el horno caliente y dejarla unos quince minutos.*
7. *Servir enseguida en la misma cazuela.*

Almejas a la marinera

Para 4 personas
Tiempo de preparación: 45 minutos
Dificultad: baja

Ingredientes:

1 1/4 kg de almejas • 1 cebolla • 1/4 l de aceite • una hoja de laurel • 1/2 cucharada de pimentón dulce • una pizca de pimentón picante • 1 vaso de vino blanco • 1 cucharada de harina • perejil • sal

Preparación:

1. *En un recipiente con agua fría y sal, dejar algunas horas en remojo las almejas, para que suelten bien la arena.*
2. *En una sartén con aceite caliente, rehogar la cebolla previamente picada.*
3. *En cuanto la cebolla haya tomado color, añadir las almejas a la sartén.*
4. *Cuando las almejas se empiecen a abrir, agregar el vino blanco, el pimentón dulce, el pimentón picante, el laurel, el perejil y, finalmente, la harina.*
5. *Dejar cocer todo junto durante 10 minutos, removiendo constantemente para evitar que la harina haga grumos hasta que la salsa espese.*

Almejas al limón

Para 4 personas
Tiempo de preparación: 45 minutos
Dificultad: baja

Ingredientes:

1 kg de almejas • 1 copa de vino blanco • 1 cebolla • 2 dientes de ajo • 1/2 hoja de laurel • 1 cucharada de pan rallado • perejil • el zumo de 1/2 limón • aceite de oliva • sal

Preparación:

1. Lavar las almejas con agua y sal.
2. Pelar la cebolla y los dientes de ajo y picarlos finamente.
3. Trinchar el perejil.
4. En un puchero con un vaso de agua, abrir las almejas a fuego lento. Escurrirlas y disponerlas en una cazuela plana. Reservar el jugo.
5. En una sartén con aceite caliente, sofreír la cebolla y el ajo. Espolvorear con pan rallado y rociar con el jugo de las almejas. Añadir el laurel, el vino y el zumo de limón.
6. Verter la salsa anterior sobre las almejas, disponer la cazuela al fuego, y dejarla unos diez minutos. Rectificar la sal y decorar con perejil picado.

Almejas con setas

Para 4 personas
Tiempo de preparación: 45 minutos
Dificultad: baja

Ingredientes:

500 g de almejas • 1 kg de setas • 2 pimientos • 1 cebolla grande • 2 dientes de ajo • 1 ramita de azafrán • 1/2 guindilla • 1 copa de vino blanco seco • un manojo de perejil • aceite • sal

Preparación:

1. Limpiar las setas quitándoles bien la tierra, pero sin lavarlas con demasiada agua.
2. Picar los pimientos, la cebolla, los ajos y el perejil.
3. En una cazuela apropiada verter aceite y calentarlo.
4. Añadir los pimientos, la cebolla, los ajos, el perejil y el azafrán para hacer un sofrito.
5. A continuación, agregar las setas, la copa de vino y la media guindilla. Sazonar.
6. Remover bien y añadir las almejas, dejándolas cocer hasta que se abran.

Anguila adobada

Para 4 personas
Tiempo de preparación: 1 hora y 30 minutos
Dificultad: media

Ingredientes:

2 anguilas medianas • 3 dientes de ajo • 2 huevos • pimienta • 1 l de vino blanco • pan rallado • aceite • sal

Preparación:

1. Despellejar, limpiar y trocear las anguilas y ponerlas a macerar durante unas 3 horas con los dientes de ajo pelados y triturados y sal.
2. En una cazuela con el vino y la misma cantidad de agua, poner a cocer el pescado y mantenerlo durante 30 minutos, aproximadamente.
3. Retirar, escurrir, dejar enfriar y espolvorear con pimienta el pescado.
4. Batir los huevos crudos en un plato hondo y, en otro, poner el pan rallado.
5. Rebozar los trozos de anguila, pasándolos primero por el huevo batido y, seguidamente, por el pan rallado. Asarlos por los dos lados en una parrilla o plancha durante unos minutos.
6. Evitar que el pan rallado se queme y servir enseguida caliente.

Anguila en salsa

Para 4 personas
Tiempo de preparación: 1 hora
Dificultad: media

Ingredientes:

800 g de anguila • 200 g de tomates • 1 rebanada de pan • 40 g de almendras tostadas • 30 g de piñones • 1 diente de ajo • 100 g de harina • 2 dl de aceite de oliva • perejil • sal • pimienta

Preparación:

1. Frotar la anguila con sal para quitarle la sustancia viscosa de la piel (también se puede despellejar, pero no resulta tan gustosa).
2. Sacar la tripa, lavarla bien y trocearla.
3. Sazonarla, pasarla por harina y freír.
4. En una cazuela de barro con un poco de aceite, freír la rebanada de pan y reservarla.
5. En el mismo aceite, rehogar los tomates pelados, sin pepitas y cortados pequeños.
6. En el mortero, machacar el ajo, perejil y el pan frito, luego las almendras y los piñones.
7. Echar esta majado a la cazuela junto con los tomates, verter un poco de agua para diluir la salsa. Sazonar con sal y pimienta.
8. Dejar hervir unos minutos y luego incorporar el pescado, dejar cocer lentamente unos treinta minutos. Servir en la misma cazuela.

Anguilas con habichuelas al estilo aragonés

Para 4 personas
Tiempo de preparación: 1 hora y 55 minutos
Dificultad: media

Ingredientes:

1 kg de anguilas • 250 g de judías blancas • 4 dientes de ajo • 1 rebanada de pan frito • 1/2 limón • azafrán • 1 clavo • 1 cucharada de piñones • 8 avellanas • aceite • vinagre • sal

Preparación:

1. Poner en remojo las judías en agua fría la noche anterior.
2. Tres horas antes de preparar las judías, poner en remojo las anguilas en un barreño hondo con agua y vinagre.
3. En un cazo con agua fría echar las judías y dejar que cuezan a fuego normal hasta que estén tiernas. Reservar el jugo de la cocción para su posterior utilización.
4. Retirar las anguilas del agua, escurrirlas, secarlas y frotarlas con medio limón.
5. Seguidamente, en una cazuela de barro amplia y baja con aceite caliente, dorar los dientes de ajo pelados.
6. Añadir las anguilas troceadas y, cuando estén bien doradas, añadir el clavo, la sal y el azafrán. Verter 2 tazones del jugo caliente de la cocción de las judías.
7. Mientras, machacar en el mortero los piñones y avellanas junto con el pan frito. Agregar este majado a las anguilas.
8. Mezclar durante un rato y a continuación añadir las judías cocidas y escurridas.
9. Dejar la cazuela cerca del fuego para conservar una elevada temperatura, pero evitando que siga cociendo. Servir enseguida.

Angulas a la ovetense

Para 4 personas
Tiempo de preparación: 15 minutos
Dificultad: media

Ingredientes:

1/2 kg de angulas • 4 dientes de ajo • 1/2 guindilla • aceite • sal

Preparación:

1. Pelar los dientes de ajo y cortar la guindilla en 4 trozos.
2. Formar 4 partes iguales de angulas.
3. En cazuelitas individuales de barro, poner aceite. Cuando esté caliente, dorar ligeramente los dientes de ajo (un ajo para cada una de las cazuelitas).
4. Añadir enseguida una rodaja de guindilla a cada cazuelita y, a fuego muy vivo, agregar, a continuación, las angulas.
5. Espolvorear con un poco de sal, mezclar con una espátula de madera, retirar la cazuelita del fuego rápidamente y taparla. Cuando estén las cuatro, servir enseguida hirviendo.
6. Conservar las primeras cazuelas cerca de la lumbre y conservar el diente de ajo en ella, a gusto de cada uno.

Angulas a la vasca

Para 4 personas
Tiempo de preparación: 30 minutos
Dificultad: media

Ingredientes:

600 g de angulas vivas • 1 guindilla • 4 dientes de ajo • aceite de oliva • sal

Preparación:

1. Preparar 2 litros de agua hirviendo.
2. Poner las angulas vivas en una olla y echar el agua hirviendo sobre ellas vigilando para que no se salgan; dejar un momento para que mueran.
3. Escurrir bien, echar las angulas en agua limpia, lavar tantas veces como sea necesario con agua nueva, hasta que salga limpia.
4. Cuando lo hayamos conseguido, pasaremos a cocinarlas.
5. Pondremos las angulas en cazuelitas individuales; en cada una pondremos aceite crudo. Cuando esté caliente, echar los ajos fileteados.
6. Cuando los ajos estén dorados, añadir un poco de guindilla y seguidamente incorporar las angulas a las cazuelitas.
7. Al mismo tiempo, separar las cazuelitas del fuego, remover rápidamente, tapar con un plato y servir.

Angulas en cazuela

Para 4 personas
Tiempo de preparación: 20 minutos
Dificultad: baja

Ingredientes:

400 g de angulas • 4 dientes de ajo • 4 aros de guindilla • 1 1/2 dl de aceite de oliva • sal

Preparación:

1. En una cazuela de barro, verter el aceite y poner al fuego a calentar. Cuando esté caliente, añadir los ajos cortados en láminas y los aros de guindilla y, al ir tomando color los ajos, retirar la cazuela del fuego y dejar enfriar un poco.
2. Entonces, echar las angulas previamente cocidas y volver la cazuela al fuego, dando vueltas con un tenedor de madera, siempre a fuego muy vivo. Salar.
3. Antes de que hiervan, retirar del fuego y servir rápidamente en cazuelitas individuales de barro.

Atascaburras

Para 4 personas
Tiempo de preparación: 1 hora
Dificultad: baja

Ingredientes:

250 g de bacalao • 3 patatas • 3 dientes de ajo • 3 yemas de huevo • 1 huevo duro • nueces troceadas • aceite • perejil • sal

Preparación:

1. Preparar 3 patatas cocidas al vapor, ponerlas en un mortero grande y aplastarlas con la mano del mortero, añadir el bacalao cortado en migas o en tiritas, machacar también, trabajarlo, añadir aceite poco a poco, chafar también el huevo duro, agregar las yemas de huevo de una en una trabajando cada vez.
2. En otro mortero, picar bien los tres dientes de ajo, un poco de perejil, verter en el otro mortero y mezclar bien, añadirle unas nueces troceadas, probar el punto de sal. Servir.

Atún a la asturiana

Para 4 personas
Tiempo de preparación: 1 hora y 20 minutos
Dificultad: baja

Ingredientes:

400 g de atún cortado en 8 rodajas de 1/2 cm • 4 cucharadas de harina • 2 dientes de ajo • 1 cucharada de vinagre • 1 cebolla • perejil • 1/2 cucharadita de pimentón • pimienta • aceite de oliva • sal

Preparación:

1. Pelar la cebolla y los dientes de ajo y picarlos junto con el perejil.
2. Lavar y secar las rodajas de atún.
3. Poner harina en un plato.
4. En una sartén con aceite abundante y caliente, dorar las rodajas de pescado pasadas por harina.
5. Cuando estén hechas por los dos lados, retirarlas de la sartén y disponerlas en una fuente para servir, tapándolas para que conserven el calor.
6. En el aceite restante, sofreír la cebolla, el ajo y el perejil.
7. Añadir el vinagre y el pimentón, dejar cocer una media hora; salpimentar y recubrir con esta salsa las rodajas de atún.
8. Servir enseguida.

Bacalao a la antigua

Para 4 personas
Tiempo de preparación: 1 hora y 10 minuto
Dificultad: baja

Ingredientes:

1/2 kg de bacalao • 2 cebollas • 2 pimientos rojos • 1 kg de patatas • 4 huevos duros • harina • aceite de oliva • sal

Preparación:

1. *Poner el bacalao en remojo la noche anterior.*
2. *Pelar y cortar a rodajas las patatas; pelar y cortar en arandelas las cebollas.*
3. *Asar los pimientos, pelarlos y cortarlos a tiras.*
4. *Retirar la cáscara de los huevos duros y cortarlos a cuartos a lo largo.*
5. *Escurrir bien el bacalao, rebozarlo con harina y freírlo en una sartén con aceite hirviendo.*
6. *Poner los trozos de bacalao en una fuente.*
7. *A continuación, en una fuente refractaria, disponer una capa de patatas y sobre ella otra de cebolla. Rociar con el aceite de freír el bacalao y rectificar de sal.*
8. *Introducir la fuente en el horno y, cuando las patatas estén casi tiernas, disponer encima los trozos de bacalao. Mantener hasta que las patatas estén bien tiernas.*
9. *Adornar con las tiras de pimiento y los huevos duros.*
10. *Servir caliente en la misma fuente refractaria.*

Bacalao a la cantábrica

Para 4 personas
Tiempo de preparación: 1 hora
Dificultad: baja

Ingredientes:

1/2 kg de bacalao seco • 2 cebollas • 2 dientes de ajo • 1 limón • perejil • 200 g de harina • 1 dl de vino blanco • 2 dl de agua • 3 dl de aceite de oliva • sal

Preparación:

1. *Poner en remojo el bacalao 24 horas antes de su preparación, cambiando el agua varias veces. Comprobar el punto de salazón, cortar en cuadrados y enharinar.*
2. *En una cazuela de barro con aceite caliente, dorar las cebollas cortadas finas, a fuego lento. Añadir una cucharada de harina, remover y dejar rehogar bien. Verter el vino y el agua; dejar hervir durante 5 minutos.*
3. *En un mortero, picar los dientes de ajo y un ramito de perejil, diluir con zumo de limón y verter en la cazuela. Evitar que se enganche la salsa. Incorporar el bacalao.*
4. *Dejar cocer lentamente unos 20 minutos. Comprobar el punto de sal y servir bien caliente.*

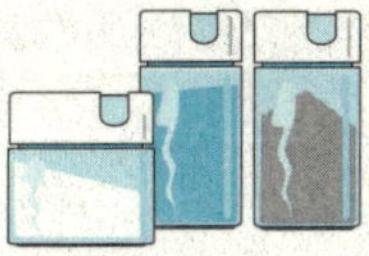

Bacalao a la madrileña

Para 4 personas
Tiempo de preparación: 1 hora y 20 minutos
Dificultad: baja

Ingredientes:

600 g de bacalao • harina • 1 kg de patatas • 1 cebolla grande • 1 diente de ajo • 2 ramitas de perejil • 3 tomates maduros • sal • pimienta molida • aceite • 1 vaso pequeño de agua o caldo

Preparación:

1. *Poner en remojo el bacalao la víspera y cambiar el agua dos o tres veces durante la mañana siguiente.*
2. *Escurrir el bacalao, secarlo y cortarlo en pedazos de 4 centímetros de largo y 2 centímetros de ancho.*
3. *Pelar las patatas y cortarlas en rodajas de un centímetro de espesor.*
4. *Pelar y cortar la cebolla en arandelas.*
5. *Pelar el diente ajo y picarlo junto con el perejil.*
6. *Asar los tomates y retirarles la piel.*
7. *En una sartén con aceite hirviendo, freír el bacalao rebozado en harina.*
8. *Disponer el bacalao en una cazuela plana.*
9. *En el aceite restante, freír las patatas y disponerlas encima del bacalao y seguidamente sofreír la cebolla, el ajo y el perejil y el tomate.*
10. *Recubrir con todo ello el bacalao y patatas, rociar con agua, salpimentar y dejar a fuego lento unos diez minutos.*

Bacalao a la vizcaína

Para 4 personas
Tiempo de preparación: 1 hora y 10 minutos
Dificultad: media

Ingredientes:

1/2 kg de bacalao seco de la parte del morro • 400 g de cebollas • 600 g de tomates maduros • 2 pimientos morrones grandes y frescos • 3 dientes de ajo • 3 pimientos choriceros • 1 hoja de laurel • 60 g de harina • 40 g de pan rallado • 3 dl de aceite • perejil

Preparación:

1. *Asar los pimientos al horno. Cuando estén, envolverlos en un paño, dejar enfriar y pelar.*
2. *Poner en remojo en agua templada los pimientos choriceros, unos treinta minutos.*
3. *Sacar el bacalao del remojo (lo habremos tenido en agua 24 horas, cambiándole el agua 4 veces).*
4. *Poner una cacerola al fuego con el bacalao, una hoja de laurel, perejil; cubrir escasamente con agua. Cuando empiece la ebullición, retirar del fuego. Dejar enfriar.*
5. *Luego, sacar, si quedan, las espinas, enharinar y freír en abundante aceite, sin dorar. Reservar.*
6. *Cortar las cebollas en láminas y sofreírlas en un cazo con aceite. Antes de que se doren, añadir el perejil y los ajos picados, remover bien.*
7. *Añadir los tomates pelados y sin pepitas, dejar cocer, raspar la pulpa a los pimientos choriceros y añadirla al sofrito, dejar cocer lentamente un poco más, tapado.*
8. *En una fuente refractaria y que pueda presentarse a la mesa, poner una capa de la salsa preparada; encima, los trozos de bacalao frito, cubrir con el resto de la salsa, extender sobre ésta los pimientos asados y cortados en tiras delgadas.*
9. *Espolvorear con el pan rallado, mezclado con perejil picado; dejar cocer el bacalao 10 minutos en el horno, gratinar en el grill.*

Bacalao al «pil-pil»

Para 4 personas
Tiempo de preparación: 40 minutos
Dificultad: media

Ingredientes:

800 g de bacalao de la parte delgada • 2 dl de aceite de oliva • 7 u 8 dientes de ajo • guindillas

Preparación:

1. *Cortar el bacalao en cuatro trozos y ponerlo en remojo en abundante agua fría durante un día, más o menos, cambiándole el agua 4 veces.*
2. *Comprobar el punto de sal, escurrir, lavar, sacar las espinas que puedan tener.*
3. *Calentar en una cazuela de barro (cuanto más plana mejor) el aceite. Cuando esté caliente, añadir los ajos cortados en rodajas, dejar dorar uniformemente y luego retirar y reservar.*
4. *A continuación, poner el bacalao en el aceite con la piel tocando a la cazuela. Si el bacalao es de buena calidad, el tiempo de cocción será de quince minutos.*
5. *Una vez cocido, retiraremos la cazuela del fuego, sacando el exceso de aceite.*
6. *Seguidamente, darle a la cazuela con el bacalao movimientos circulares y de vaivén, añadiendo poco a poco el aceite que hemos quitado anteriormente hasta que se haga una salsa espesa y haya ligado lo suficiente.*
7. *Decorar con los ajos que se han empleado para freír el aceite y con las rodajas de guindilla.*
8. *Servir en la misma cazuela hirviendo, es decir, «pilpileando».*

Bacalao al ajoarriero

Para 4 personas
Tiempo de preparación: 40 minutos
Dificultad: baja

Ingredientes:

600 g de bacalao desalado • 6 dientes de ajo • 2 huevos • 1 cucharada de pimentón • pimienta • perejil • 1 cucharada de vinagre • aceite • sal

Preparación:

1. *Colocar el bacalao en una cazuela con agua al fuego. Cuando empiece a formarse una espuma blanca, y antes de que empiece a hervir, retirar del fuego.*
2. *Escurrir bien el bacalao, quitarle las espinas y desmigar cuidadosamente.*
3. *En una cazuela de barro con aceite caliente, poner los ajos enteros y pelados y, cuando estén dorados, agregar el bacalao. Remover, tapar la cacerola y dejar cocer lentamente unos 20 minutos, removien-*

do de vez en cuando para que no se pegue. Salpimentar.

4. A media cocción, añadir el pimentón diluido en vinagre.
5. En un bol, batir los huevos y verterlos sobre el bacalao 1 minuto antes de retirarlo del fuego. Remover bien, espolvorear con perejil picado, y servir en la misma cazuela.

Bacalao al estilo Yuste

Para 4 personas
Tiempo de preparación: 1 hora y 5 minutos
Dificultad: alta

Ingredientes:

1/2 kg de bacalao desalado • 1 kg de patatas • 1/2 l de leche • mantequilla • aceite • sal

Preparación:

1. Retirar todas las espinas del bacalao y desmenuzarlo. Seguidamente, pelar y trocear las patatas.
2. En una cazuela con agua hirviendo, poner a cocer el bacalao y las patatas; salar y dejar cocer durante 20 minutos; retirar, escurrir y triturar bacalao y patatas hasta obtener una pasta; rociar con la leche tibia y un chorro de aceite, mezclar bien los ingredientes y disponerlos en una fuente refractaria formando una capa compacta.
3. Disponer sobre dicha capa unos pellizcos de mantequilla, introducir la bandeja en el horno y gratinar a temperatura normal durante unos 10 minutos.

Bacalao bejarano

Para 4 personas
Tiempo de preparación: 1 hora
Dificultad: baja

Ingredientes:

600 g de bacalao • 2 dientes de ajo • 1 cebolla • 1 cucharada de harina • 1 hoja de laurel • vinagre • perejil • aceite de oliva

Preparación:

1. Poner en remojo el bacalao el día anterior. Cambiar el agua 2 veces a la mañana siguiente. Retirarle piel y espinas y trocearlo.
2. Pelar los dientes de ajo.
3. Pelar la cebolla y picarla.
4. Triturar el perejil.
5. En una sartén con aceite hirviendo, saltear 2 dientes de ajo, laurel y perejil. Retirar enseguida y machacar en un mortero.
6. En el mismo aceite, sofreír la cebolla y espolvo-rear con una cucharada de harina. Rociar con una cucharada de vinagre y un poco del agua de remojar el bacalao.
7. Disponer los trozos de bacalao en una cazuela, recubrirlos con el sofrito anterior y dejar la cazuela unos veinte minutos a fuego lento.
8. Servir en la misma cazuela.

Bacalao club Ranero

Para 4 personas
Tiempo de preparación: 55 minutos, más el tiempo de remojo del bacalao
Dificultad: media

Ingredientes:

4 trozos de bacalao de unos 200 g cada uno • 2 cebollas • 2 pimientos choriceros • 200 g de pimientos verdes • 600 g de calabacines • 1/2 l de aceite de oliva • 2 patatas • 3 dientes de ajo • 400 g de tomates maduros

Preparación:

1. Desalar el bacalao en agua fría, durante unas 24 horas, cambiando el agua tres veces. Cuando esté desalado, quitar las espinas, secar.
2. Poner una cazuela de barro al fuego con el aceite, dejar calentar, echar los dientes de ajo laminados. Cuando estén dorados, retirar de la cazuela.
3. En el mismo aceite, colocar el bacalao con la piel arriba, dejar cocer unos ocho minutos a fuego lento.
4. Añadir la pulpa de los pimientos choriceros, dar la vuelta al bacalao.
5. Mover la cazuela haciendo girar los pedazos de bacalao en movimientos de vaivén, para que suelten la gelatina.
6. Aparte en una sartén con aceite caliente, freír los calabacines cortados en cuadrados, las cebollas, el pimiento verde, las patatas y el tomate.
7. Cocer lentamente durante una media hora todo junto, escurrir la grasa.
8. Verter este pisto encima del bacalao, dar un hervor al conjunto y servir en la misma cazuela.

Bacalao con garbanzos

Para 4 personas
Tiempo de preparación: 1 hora
Dificultad: baja

Ingredientes:

600 g de bacalao desalado • 400 g de garbanzos cocidos • 1 cebolla grande • 2 dientes de ajo • perejil • 1 hoja de laurel • harina • 1 vasito de vinagre • aceite • sal

Preparación:

1. *Partir el bacalao en pedazos pequeños y cocerlo durante unos 15 minutos; pelar y picar la cebolla y el diente de ajo y triturar el perejil.*
2. *En una sartén con aceite caliente, dorar la cebolla y añadir el ajo y el perejil. A media cocción, agregar el laurel y 2 cucharadas de harina, rociar con 1 vasito de vinagre y otro de jugo del bacalao.*
3. *Poner los trozos de bacalao en una cazuela y rociarlos con el preparado anterior. Rectificar de sal y dejar a fuego vivo durante 5 minutos, aproximadamente.*
4. *Agregar los garbanzos, seguir la cocción unos 5 minutos más y, por último, servir.*

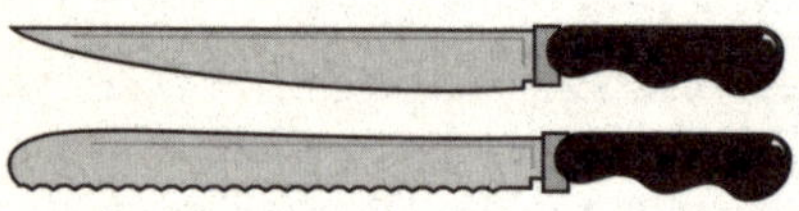

Bacalao con grelos

Para 6 personas
Tiempo de preparación: 50 minutos
Dificultad: baja

Ingredientes:

6 trozos grandes de bacalao • 1 1/2 kg de grelos • 1 1/2 kg de patatas • 4 dientes de ajo • aceite • sal

Preparación:

1. *Poner el bacalao en remojo durante 24 horas, cambiarle el agua 2 o 3 veces.*
2. *Limpiar y cortar los grelos. Una vez limpios, ponerlos en una cacerola con agua y sal y dejarlos cocer durante 10 minutos.*
3. *Añadir un poco de aceite a los grelos y dejar cocer.*
4. *Lavar, pelar y cortar a dados las patatas, añadirlas a los grelos.*
5. *Agregar también el bacalao con la piel hacia arriba. Rectificar de sal y dejar cocer.*
6. *Al terminar la cocción, escurrir y disponer el bacalao en una bandeja y decorar colocando a su alrededor las patatas y los grelos.*
7. *En una sartén con aceite, freír los ajos previamente picados y verter la salsa obtenida sobre el bacalao y la guarnición.*
8. *Servir muy caliente.*

Bacalao desmenuzado con almejas

Para 4 personas
Tiempo de preparación: 40 minutos
Dificultad: baja

Ingredientes:

1/2 kg de bacalao • 400 g de almejas • 2 cebollas • 2 dientes de ajo • 2 huevos duros • perejil • pimienta • 20 g de harina • 1 dl de vino blanco seco • aceite de oliva • sal

Preparación:

1. *Poner el bacalao en remojo 24 horas antes de su preparación, cambiando el agua por los menos cuatro veces.*
2. *Escurrir el bacalao y secarlo bien con un paño; quitar todas las espinas y desmenuzar muy pequeño, volver a secar bien y reservar.*
3. *Cortar muy finas las cebollas y rehogarlas en una cazuela de barro, con aceite caliente. Antes de que tomen color, añadir el bacalao y remover bien con cuchara de madera, dándole varias vueltas para rehogarlo bien.*
4. *En un mortero, picar los dientes de ajo y el perejil, sazonar con sal y pimienta, verter el vino blanco y pasarlo a la cazuela con el bacalao. Remover de vez en cuando, espolvorear con la harina y dejar cocer.*
5. *Incorporar las almejas, bien lavadas, e ir moviendo la cazuela.*
6. *Cuando esté en su punto, echar por encima los huevos duros picados.*

Bacalao en agujas

Para 4 personas
Tiempo de preparación: 35 minutos
Dificultad: baja

Ingredientes:

600 g de bacalao • 2 huevos • 1 cebolla • 1 hoja de laurel • 1 pizca de estragón • aceite • vinagre • nuez moscada • pimienta molida • perejil • pan rallado • harina

Preparación:

1. Poner en remojo el bacalao el día anterior.
2. Cambiarle el agua al día siguiente 2 veces.
3. Escurrirlo, secarlo y cortarlo a tiras de un centímetro de grueso, y ponerlo a marinar en un recipiente con aceite, vinagre, las especias, las hierbas aromáticas y la cebolla pelada y triturada.
4. Poner en un plato los 2 huevos batidos, en otro harina y, en el tercero, pan rallado.
5. A las 2 horas de poner a marinar el bacalao, retirarlo y secarlo. Rebozarlo primero en harina, luego en huevo batido y, finalmente, en pan rallado.
6. En una sartén con aceite abundante y caliente, freír el bacalao hasta que quede dorado.
7. Disponerlo en una fuente para servir, adornando con ramilletes de perejil.

Bacalao en borrida

Para 4 personas
Tiempo de preparación: 50 minutos
Dificultad: media

Ingredientes:

400 g de bacalao seco, de la parte delgada • 100 g de almendras sin piel • 1 limón • 1 dl de aceite de oliva • 10 g de pimentón dulce • 1 hoja de laurel • la piel seca de una naranja • sal • pimienta

Preparación:

1. Dejar el bacalao en remojo en abundante agua, cambiándola 4 veces, durante 24 horas.
2. Machacar en el mortero las almendras hasta reducirlas a polvo, echar unas gotas de agua para que no suelten tanto aceite.
3. Cuando estén bien machacadas, disolver en 3/4 de litro de agua, pasarlas por un paño exprimiéndolas bien, para extraer el máximo de jugo; ya tendremos la leche de almendras.
4. En una cacerola al fuego, poner a cocer el bacalao, cubierto con agua y con una hoja de laurel, dejar cocer 2 minutos a partir de la ebullición.
5. Sacar los trozos de bacalao del agua y disponerlos en una cazuela con tapadera; rociar con el zumo de limón, la piel de la naranja cortada en tres o cuatro trozos, el pimentón, el aceite y un poco de pimienta; cubrirlo todo con la leche de almendras.
6. Cocer al principio a fuego vivo y luego lentamente con la cazuela tapada; rectificar de sal, no debe quedar demasiado caldoso.
7. Servir en la misma cazuela, destapar en la mesa delante de los comensales.

Bacalao en salsa

Para 4 personas
Tiempo de preparación: 1 hora y 5 minutos
Dificultad: media

Ingredientes:

3/4 kg de bacalao • 4 dientes de ajo • 1 cucharada de harina • aceite de oliva • medio tazón de miga de pan • 3 ramilletes de perejil

Preparación:

1. Poner el bacalao en remojo el día anterior.
2. El día de la preparación, pelar los dientes de ajo.
3. Picar finamente el perejil.
4. Escurrir el bacalao remojado y conservar el agua aparte.
5. En una cazuela de barro con aceite hirviendo, dorar el ajo. Retirarlo y dejar la cazuela fuera del fuego.
6. Quitar las espinas del bacalao, escurrirlo con las palmas de las manos, recubrir los trozos por ambas partes con la miga de pan.
7. Disponer el bacalao con la parte de la piel hacia arriba en el aceite de la cazuela, espolvorear con harina y recubrir con el perejil.
8. Rociar con el agua de remojar el bacalao y poner la cazuela de barro a fuego normal.
9. Cuando dé el primer hervor, rebajar el fuego y dejar la cazuela unos sesenta minutos, moviéndola frecuentemente para que el bacalao no se pegue en el fondo. Servir.

Bacalao en salsa verde

Para 4 personas
Tiempo de preparación: 50 minutos
Dificultad: media

Ingredientes:

800 g de bacalao grueso seco • 1 cebolla • 4 patatas • 3 dientes de ajo • perejil • pimienta • 100 g de harina • 1 dl de aceite de oliva • sal

Preparación:

1. Cortar el bacalao en trozos grandes y ponerlo en remojo en abundante agua unas 36 horas.
2. Quitar las espinas, escurrir, enharinar y reservar.
3. En una cazuela de barro un poco plana y amplia con el aceite caliente, poner la cebolla cortada fina. Cuando empiece a tomar color, añadir las patatas peladas y cortadas en rodajas finas.
4. En un mortero, picar los dientes de ajo y el perejil; diluir la picada con un poco de agua y verterla sobre las patatas; seguidamente, rehogarlo todo junto.
5. A media cocción, agregar el bacalao que tenemos enharinado, dejar cocer lentamente y, si hace falta, añadir un poco de agua caliente.
6. Ir moviendo la cazuela de vez en cuando para que la salsa ligue. Rectificar de sal y pimienta.
7. Cuando esté en su punto, retirarlo y dejarlo reposar un poco. Espolvorear con un poco de perejil picado fino y servir.

Bacalao a la baturrica

Para 4 personas
Tiempo de preparación: 50 minutos
Dificultad: alta

Ingredientes:

400 g de bacalao grueso • 4 dientes de ajo • 1/4 kg de patatas • 4 huevos duros • 1/2 tazón de salsa mahonesa • aceite • sal

Preparación:

1. Dejar el bacalao remojar durante 24 horas en agua fría, cambiándola dos veces.
2. En un cazo cocer las patatas enteras y con piel durante unos 25 minutos.
3. En otro cazo con agua fría poner a hervir los huevos durante 15 a 20 minutos.
4. Machacar los dientes de ajo pelados en un mortero y añadir la salsa mahonesa.
5. Escaldar el bacalao en agua hirviendo y posteriormente desmenuzarlo.
6. Pelar las patatas y los huevos duros y cortar en rodajas.
7. En una fuente honda para servir, colocar una capa de patatas. Espolvorear todo con un poco de sal.
8. Encima, disponer otra capa de huevos duros y sobre ésta otra de bacalao. Repetir la operación y recubrir con la salsa mahonesa con ajo.
9. Servir el plato un poco tibio.

Bacallà a l'empordanesa (bacalao con pasas y piñones)

Para 4 personas
Tiempo de preparación: 1 hora
Dificultad: media

Ingredientes:

700 g de bacalao de la parte del morro • harina

Salsa

200 cm³ de aceite • 1 cebolla mediana • 2 dientes de ajo • 4 anchoas • 50 g de piñones • 50 g de pasas • 1 vaso de vino blanco • 1/2 l de leche • 50 g de mantequilla • perejil • sal • pimienta

Preparación:

1. Poner el bacalao en remojo cortado en trozos durante 24 horas, cambiándole el agua al menos unas tres veces.
2. Cuando esté desalado, sacarlo del agua y secar con un paño limpio. Pasarlo por harina y colocarlo en una cazuela.
3. En una sartén con aceite, freír la cebolla cortada fina, los ajos picados, freír a fuego suave.
4. Lavar bien las anchoas, sacar con cuidado las espinas y chafarlas.
5. Añadir el perejil picado fino, mezclar bien y añadir a la sartén con el sofrito.
6. Poner el vino blanco sobre este preparado, dejar reducir, añadir la leche y la mantequilla, dejar cocer unos minutos.
7. Verter esta salsa en la cazuela, encima del bacalao, poner por encima los piñones y las pasas, mover un

poco la cazuela y llevarla al horno, hasta que la salsa se consuma un poco.

8. Servir en la misma cazuela.

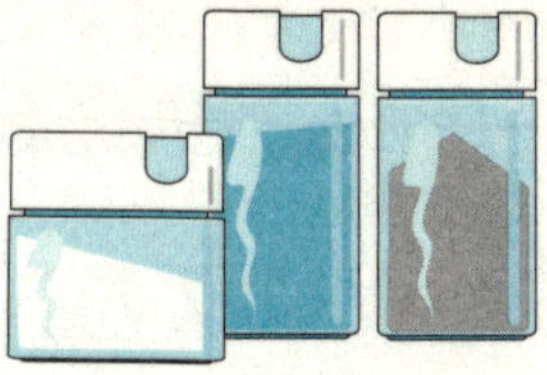

Bacallà amb mel (bacalao con miel)

Para 4 personas
Tiempo de preparación: 35 minutos
Dificultad: media

Ingredientes:

800 g de bacalao, de la parte del morro • 1/2 l de aceite • 200 g de harina • canela en rama • 2 tazas de las de café, con miel • 1 hoja de laurel • 1/4 l de agua • perejil • sal

Preparación:

1. *Colocar el bacalao con la piel hacia arriba, en una cazuela, cubierto de agua, con la hoja de laurel, la canela en rama y el perejil. Dejar cocer sin que hierva el agua, unos minutos (hasta hacer una espumilla blanca).*
2. *Sacar el bacalao y poner en una bandeja con servilleta para escurrir. Dejar enfriar.*
3. *Cortarlo en tiras de un dedo de ancho, aproximadamente.*
4. *Preparar una pasta con el agua, la harina y la miel; debe quedar una pasta ligera, ni clara ni espesa, que vaya bien para recubrir el bacalao.*
5. *Enharinar el bacalao cortado (con un poco de harina que habremos reservado) y después pasarlo por la pasta preparada.*
6. *En una sartén al fuego con el aceite, no demasiado caliente, freírlo.*
7. *Servir inmediatamente, tras sacarlo del fuego.*

Besugo a la aragonesa

Para 4 personas
Tiempo de preparación: 2 horas y 5 minutos
Dificultad: alta

Ingredientes:

1 besugo de 1 1/2 kg aproximadamente • 3 dientes de ajo • 1 limón • pimentón dulce • 1 copa de brandy • 1 vaso de caldo de pescado • 1 cucharada de harina • aceite de oliva • sal

Preparación:

1. *Vaciar y limpiar el besugo. Abrirlo por la mitad con cuidado y retirar las espinas y la piel.*
2. *Cortar el limón en rodajas y partirlas por la mitad.*
3. *Rellenar el pescado con los trozos de limón, doblarlo, dejándolo entero, y rebozarlo en harina.*
4. *En una fuente refractaria con aceite, colocar el besugo; introducir en el horno y dejar que se dore un poco.*
5. *Rociar el pescado con el brandy y mantenerlo de nuevo en el horno hasta que esté en su punto.*
6. *Mientras, en una sartén con aceite caliente, sofreír los dientes de ajo pelados. Dejar enfriar el aceite y espolvorear con un poco de pimentón, 1/2 cucharada de harina y sal.*
7. *Verter en el sofrito un vaso de caldo de pescado; mezclar bien, pasar por el colador y rociar sobre el pescado, ya hecho, un instante antes de servirlo.*
8. *Servir caliente en la misma fuente en que se ha cocinado.*

Besugo a la donostiarra

Para 4 personas
Tiempo de preparación: 1 hora y 45 minutos
Dificultad: baja

Ingredientes:

1 besugo bien fresco de 1 kg • 6 dientes de ajo • 3 dl de aceite • 1 limón • sal • pimienta

Preparación:

1. *Limpiar y descamar bien el besugo, pasarle limón, salpimentar, ponerle unas gotas de aceite y zumo de limón, dejarlo en maceración en sitio fresco durante una hora. Pasada la hora, calentar las parrillas y colocar el besugo encima.*
2. *Con la ayuda de un pincel, untar el pescado con aceite dándole vueltas para que se vaya tostando por igual, hasta que esté con la piel bien tostada.*
3. *Freír los ajos pelados y cortados en láminas. Cuando hayan tomado un poco de color, machacarlos en el mortero, añadir el resto del aceite de freír, echar un poco de sal y 2 cucharadas de zumo de limón, trabajar esta salsa con las varillas removiéndola bien hasta que quede uniforme.*

4. Cuando el besugo esté bien asado, colocarlo en una fuente y rociarlo con la salsa preparada. Servir enseguida.

Besugo a la madrileña

Para 4 personas
Tiempo de preparación: 1 hora y 20 minutos
Dificultad: baja

Ingredientes:

1 besugo de 1 1/2 kg, aproximadamente • 1 copa de vino blanco • 1 diente de ajo • 6 tomates maduros • 4 cucharadas de pan rallado • perejil • 1 limón • sal • pimienta

Preparación:

1. Vaciar, descamar y lavar el besugo sin estropear la piel. Practicarle unos cinco o seis cortes transversales en la parte superior.
2. Cortar el limón en medias rodajas.
3. Escaldar en agua hirviendo unos minutos los tomates, retirarles las pepitas y la piel y triturarlos hasta formar un puré.
4. Pelar el diente de ajo y picarlo junto con el perejil.
5. Disponer el besugo bien seco con un trapo limpio en una fuente para horno e introducir las medias rodajas de limón en los cortes de la parte superior.
6. Sazonar el pescado con sal y pimienta, rociarlo con el vino y cubrirlo con el puré de tomate.
7. Esparcir por encima del besugo el pan rallado, la picada de ajo y perejil y rociarlo con aceite de oliva.
8. Introducir la fuente en el horno caliente y dejarla hasta que el pescado esté bien cocido y dorado en la parte superior.

Besugo al horno

Para 4 personas
Tiempo de preparación: 1 hora y 20 minutos
Dificultad: baja

Ingredientes:

1 besugo de 1 1/2 kg, aproximadamente • 3 limones • 1 diente de ajo • 4 cucharadas de buen vinagre • aceite de oliva • sal • pimienta molida • una punta de guindilla • 1 ramillete de perejil fresco

Preparación:

1. Vaciar, descamar, lavar y secar el besugo.
2. Con la punta de un cuchillo de cocina afilado, formar unos pequeños cortes en la parte superior del pescado. Disponerlo en una fuente refractaria.
3. Salpimentar el besugo por fuera y por el interior a través de las agallas. Colocar trozos de limón en forma de gajos en cada corte.
4. Cortar otro limón en rodajas y retirarle el zumo al último.
5. Disponer las rodajas de limón alrededor del besugo.
6. En una sartén con aceite hirviendo, dorar ligeramente el diente de ajo pelado y triturado y la punta de guindilla.
7. Rociar el pescado con el zumo de limón, el aceite, con el ajo y la guindilla, e introducir la fuente en el horno caliente.
8. Dejar el pescado en el horno a una temperatura media durante una hora, aproximadamente.
9. Servir el pescado adornándolo con perejil.

Besugo en cazuela

Para 4 personas
Tiempo de preparación: 1 hora y 30 minutos
Dificultad: media

Ingredientes:

1 besugo • 1 cebolla grande • sal • pimienta molida • tomillo en polvo • 1 hoja de laurel • aceite de oliva • harina • vinagre • 1 diente de ajo • 12 almendras tostadas • 2 yemas de huevo duro

Preparación:

1. Limpiar y vaciar el besugo. Cortarlo a trozos y salar.
2. Pelar suficiente y picar la cebolla.
3. En un mortero, machacar las almendras tostadas sin piel, el diente de ajo pelado y triturado y las yemas de huevo duro. Rociar la mezcla con un poco de vinagre o unas cucharadas de caldo de pescado.
4. Poner suficiente harina en un plato.
5. En una sartén con aceite hirviendo, freír los trozos de pescado pasados por harina. Disponerlos, una vez dorados por ambos lados, en una cazuela plana de barro.
6. En el aceite restante, dorar la cebolla, añadir el laurel y el tomillo. Rociar con el vinagre, un vaso de agua y pimienta.
7. Añadir al sofrito la picada del mortero y disponer todo sobre el pescado.

8. Poner la cazuela a fuego lento y dejar cocer el besugo unos 20 minutos.
9. Servir en la misma cazuela bien caliente.

Besugo con almendras

Para 6 personas
Tiempo de preparación: 1 hora y 30 minutos
Dificultad: media

Ingredientes:

1 besugo de 1 1/2 kg, aproximadamente • 7 cucharadas de almendras (unos 70 g) • 1 limón • aceite de oliva • 2 cebollas • sal • pimienta molida • perejil

Preparación:

1. Cortar la punta del limón, en una rodaja de unos tres centímetros de grosor, aproximadamente.
2. Pelar las almendras y cortarlas por la mitad a lo largo.
3. Pelar y cortar las cebollas en arandelas.
4. Limpiar, vaciar, lavar el besugo y practicarle en la parte superior unos cinco cortes. Introducir en ellos el trozo de limón cortado en 5 pedazos iguales.
5. Disponer el besugo en una fuente para horno (mejor en una besuguera).
6. Clavar las almendras en la carne del pescado.
7. Disponer alrededor del besugo las arandelas de cebolla y el perejil picado.
8. Rociar todo con un buen chorro de aceite de oliva.
9. Introducir la fuente en horno suave y dejarla una hora, aproximadamente.
10. Ir mojando de vez en cuando con su jugo para que así no se reseque la parte superior del pescado.
11. Servir bien caliente en una besuguera.

Bocartes al ajillo

Para 4 personas
Tiempo de preparación: 35 minutos
Dificultad: baja

Ingredientes:

700 g de bocartes • 4 dientes de ajo • un trozo de guindilla • perejil • 2 dl de vino blanco • 1 cucharada de vinagre • aceite • sal

Preparación:

1. Limpiar los bocartes sin utilizar agua, solamente pasándoles papel de cocina. Salar.
2. Cubrir el fondo de una cazuela plana de barro con el aceite, añadir los dientes de ajo pelados y troceados y la guindilla. Dorar ligeramente, sacudir la cazuela y disponer los bocartes.
3. Dejar que se hagan a fuego lento sacudiendo la cazuela de vez en cuando. Verter el vino blanco y el vinagre, tapar la cazuela y dejar durante unos minutos.
4. Espolvorear con el perejil picado y servir en la misma cazuela.

Bogavante a la gijonesa

Para 4 personas
Tiempo de preparación: 1 hora y 5 minutos
Dificultad: alta

Ingredientes:

1 bogavante de 3/4 kg, aproximadamente • 1 zanahoria • 1 tomate • 1 cebolla pequeña • 1 copita de brandy • 1 vasito de vino blanco • 1 hoja de laurel • 1 diente de ajo • pimienta molida • perejil • aceite • sal

Preparación:

1. Cocer el bogavante con el vino blanco, durante unos 25 minutos.
2. Mientras, pelar la cebolla, el ajo, la zanahoria, el tomate y picar junto con el perejil.
3. Seguidamente, retirar el bogavante de la olla, dejarlo reposar unos instantes, abrirlo longitudinalmente, separar las pinzas y cortar su carne en rodajas.
4. En una sartén con aceite caliente, sofreír la cebolla, el ajo, la zanahoria, el perejil, el tomate y añadir el laurel y la pimienta.
5. Cuando el sofrito esté en su punto, salar y rociar con el resto del vino de la cocción del bogavante y una copita de brandy.
6. Disponer las rodajas del bogavante en una cazuela y rociarlas con la salsa preparada anteriormente y colada, dejar la cazuela al fuego unos instantes y servir enseguida.

Bonito al horno

Para 6 personas
Tiempo de preparación: 1 hora y 10 minutos
Dificultad: media

Ingredientes:

1 kg y 200 g de bonito • 750 g de patatas • 4 cebollas • 1 copa de vino blanco • 100 g de jamón • 100 g de chorizo • ajo machacado • perejil • aceite

Preparación:

1. Cortar el bonito en 4 lomos, sacarle las espinas y lavarlos.
2. Mezclar con el jamón y el chorizo, frotando los lomos con ajo y perejil.
3. En una cazuela de barro con aceite, poner el bonito, las patatas y las cebollas en rodajas, el pimiento rojo y una copa de vino blanco.
4. Meter en el horno a temperatura baja, durante 45 minutos.
5. Pelar y pulir las patatas para que queden todas del mismo tamaño (también pueden escogerse antes de pelarlas para obtener el mismo resultado).
6. Ponerlas al fuego cubiertas de agua fría, sazonarlas y llevar a ebullición.
7. Mantener el hervor hasta que estén cocidas. Retirarlas del fuego y dejarlas sin escurrir hasta el momento de servirlas.
8. Al servirlas, se pueden rociar con un poco de mantequilla derretida y zumo de limón, y espolvorearlas con perejil picado.
9. Servir caliente en la misma cazuela, acompañado de patatas cocidas.

Bonito encebollado

Para 4 personas
Tiempo de preparación: 45 minutos
Dificultad: media

Ingredientes:

4 rodajas de bonito fresco • 400 g de cebollas • 2 pimientos verdes frescos • 2,5 dl de aceite • 1 guindilla • 100 g de harina • 1 kg de patatas • sal • pimienta

Preparación:

1. Pelar las cebollas y cortarlas a la pluma, muy finas, ponerlas a sofreír con bastante aceite, dejar cocer lentamente hasta que queden como una mermelada. A medio cocer, añadir los pimientos cortados finamente. Deben quedar blandos.
2. Salpimentar el bonito, enharinarlo.
3. Con aceite del que hemos sofrito las cebollas y pimientos, freír el bonito procurando que no llegue a tomar color.
4. Freír las rodajas de bonito por los dos lados y colocarlas en una cazuela, verter las cebollas y pimientos por encima, dejar durante unos cinco minutos. Añadir unas rodajitas de guindilla, y cocer unos minutos más.

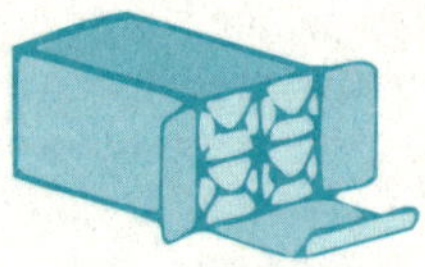

Bonito escabechado

Para 4 personas
Tiempo de preparación: 1 hora
Dificultad: baja

Ingredientes:

600 g de bonito cortado en filetes • 1 cebolla grande • 3 cebollitas muy pequeñas • 1 cucharada de pimentón dulce • harina • 4 dientes de ajo • 10 cucharadas de vinagre • 12 cucharadas colmadas de aceite de oliva • 1 ramita de romero • 1 hoja de laurel • perejil • una ramita de tomillo • 2 zanahorias grandes • 1 vaso de vino blanco • sal

Preparación:

1. En una cazuela de barro, poner el bonito sin espinas recubierto con agua y con un ramillete compuesto por las hierbas, el laurel y el perejil. Dejar macerar unas diez horas.
2. Pelar la cebolla grande y trocearla.
3. Pelar los dientes de ajo y las cebollitas y dejarlos enteros.
4. Raspar las zanahorias y cortarlas en rodajas muy finas.
5. En la misma cazuela de barro con el bonito, el agua y el ramillete de hierbas, dar un ligero hervor al pescado. Escurrir y conservar el ramillete compuesto.
6. En la cazuela de barro pero con aceite caliente, freír los filetes de bonito previamente rebozados en harina. Retirarlos.
7. En el aceite restante, sofreír la cebolla troceada, los dientes de ajos enteros y las cebollitas. Añadir las hierbas y las zanahorias.

8. Rociar la cazuela con el vino, el vinagre y espolvorear con el pimentón. Dejar a fuego lento unos quince minutos; añadir el bonito para que dé un hervor de unos 2 minutos.
9. Al igual que cualquier otro escabeche, no estará dispuesto para consumir hasta pasadas, al menos, veinticuatro horas.

Boquerones rebozados

Para 4 personas
Tiempo de preparación: 1 hora
Dificultad: baja

Ingredientes:

1 kg de boquerones • 3 huevos • harina • sal • aceite • limón

Preparación:

1. Limpiar los boquerones y quitarles la cabeza y la espina central.
2. Secar los boquerones con un paño limpio.
3. Salar y enharinar el pescado.
4. Batir los huevos y rebozar los boquerones.
5. En una sartén al fuego con aceite caliente, freír los boquerones por ambos lados.
6. Distribuir los boquerones hechos en una fuente para servir; decorarla con rodajas de limón.

Brandada de bacalao

Para 4 personas
Tiempo de preparación: 1 hora
Dificultad: media

Ingredientes:

600 g de bacalao ya desalado (ventresca) • 2 dl de aceite de oliva • 2 dl de crema de leche • 6 rebanadas de pan tostado • 3 dientes de ajo • sal • pimienta

Preparación:

1. Poner el bacalao ya desalado al fuego, en un cazo cubierto escasamente de agua.
2. Cocer hasta arrancar el hervor, retirar y dejar tapado unos 20 minutos.
3. Pasado ese tiempo, quitar la piel y espinas.
4. Desmenuzarlo hasta que quede bien pequeño.
5. Poner un cazo al fuego con un poco de aceite y 2 dientes de ajo picados pequeños, remover y añadir el bacalao desmenuzado.
6. Trabajarlo, removiendo con la batidora de mano para facilitar la unión del aceite con la pasta del bacalao.
7. A continuación, verter poco a poco el resto del aceite caliente, alternando con la crema de leche, también caliente.
8. Tiene que echarse muy lentamente y conservándola sobre el fuego con un mínimo de calor, removiendo constantemente, hasta lograr que quede bien ligado. Sazonar.
9. Cuando el bacalao haya absorbido la totalidad del aceite y la crema de leche (toda la operación la haremos con la batidora de mano), entonces, si se desea, muy fina, puede pasarse la batidora eléctrica para que quede un puré bien fino y espeso.
10. Se puede servir en cazuelitas individuales, o en una fuente, puesto en forma de pirámide. Adornar con triángulos de pan tostado y frotados con ajo.
11. Servir caliente.

Caballa asada

Para 4 personas
Tiempo de preparación: 20 minutos
Dificultad: baja

Ingredientes:

4 caballas de 200 g aproximadamente • 4 tomates • 4 cebollas pequeñas • 2 pimientos verdes • aceite • vinagre • sal

Preparación:

1. Limpiar bien el pescado y sazonar.
2. En una plancha caliente, asar el pescado previamente untado con aceite.
3. Picar 2 tomates, las cebollas y los pimientos.
4. Cortar los otros 2 tomates en rodajas.
5. Repartir el pescado en cuatro platos, adornar con el picadillo y las rodajas de tomate.
6. Aliñar con aceite, vinagre y sal.

Caballa guisada

Para 4 personas
Tiempo de preparación: 35 minutos
Dificultad: baja

Ingredientes:
4 caballas medianas • 1 limón • 1 cebolla • 1 hoja de laurel • 1 vaso pequeño de vino blanco • 1 huevo • aceite de oliva • sal • pimienta molida

Preparación:
1. Vaciar y lavar las caballas.
2. Pelar y trocear la cebolla.
3. Cortar 3 rodajas de limón.
4. Retirar la yema del huevo.
5. En una cazuela plana con aceite caliente, rehogar las caballas junto con la cebolla, el laurel, el vino blanco, sal, pimienta y 3 rodajas de limón.
6. Dejar la cazuela a fuego lento y, cuando el pescado esté en su punto, sacarlo de la cazuela y dejar reducir la salsa restante.
7. Colar la salsa, volver a ponerla en la cazuela y agregar la yema de huevo bien batida. Mezclar unos segundos.
8. Disponer el pescado en una fuente precalentada y rociarlo con la salsa bien caliente.
9. Servir enseguida.

Cabracho al ajillo

Para 4 personas
Tiempo de preparación: 35 minutos
Dificultad: baja

Ingredientes:
1 1/2 kg de cabracho • 1 kg de patatas • 1 cebolla • 1 pimiento verde • 2 dientes de ajo • perejil • harina • 1 dl de vino blanco seco • 1/2 dl de aceite de oliva • sal

Preparación:
1. En una cazuela de barro con el aceite caliente, añadir la cebolla, los dientes de ajo picados muy pequeños y el perejil picado. Freír lentamente.
2. Pelar las patatas y cortarlas en rodajas de 1 cm, aproximadamente; picar pequeño el pimiento y añadirlo junto con las patatas a la cazuela. Cubrir con agua y dejar cocer a fuego lento.
3. Cuando las patatas estén casi cocidas, agregar el cabracho partido en rodajas, previamente sazonado. Espolvorear con un poco de harina, rociar con el vino y dejar hervir unos 5 minutos más. A continuación, dar la vuelta al pescado y mantener otros 5 minutos la cocción.
4. Mover la cazuela en vaivén varias veces. Dejar reposar unos minutos y servir.

Calamarcitos al jerez

Para 4 personas
Tiempo de preparación: 40 minutos
Dificultad: media

Ingredientes:
1 kg de calamares pequeños • 1 kg de cebollas • 1 vaso de vino de Jerez • 2 hojas de laurel • unas ramitas de hierbabuena • nuez moscada • unas hebras de azafrán • aceite • sal

Preparación:
1. En una sartén con aceite, preparar un sofrito con la cebolla picada, la hierbabuena y el laurel.
2. Limpiar bien los calamares. Añadirlos a una cazuela de barro, junto con el sofrito, el jerez, el azafrán y la nuez moscada y la sal.
3. Dejarlo cocer todo junto a fuego lento por espacio de 10 minutos. Servir caliente.

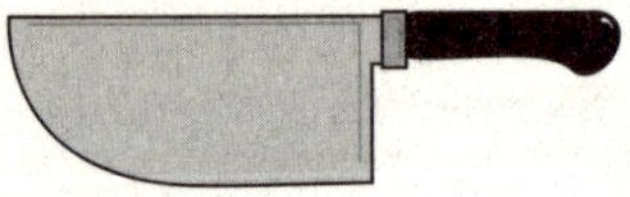

Calamares en su tinta

Para 6 personas
Tiempo de preparación: 1 hora
Dificultad: baja

Ingredientes:
2 1/2 kg de calamares grandes • 700 g de tomates • 300 g de cebollas • 2 pimientos verdes • 1 vasito de vino blanco • 1 cucharada de pimentón • aceite

Preparación:
1. Limpiar bien los calamares y trocearlos.
2. Reservar las bolsas de tinta de los calamares.
3. Dorar en una sartén con aceite la cebolla, previamente picada, y los calamares troceados.
4. Una vez dorados, añadir el tomate triturado, los pimientos y el pimentón. Dejar cocer todo junto.

5. *Cuando estén cocidos, añadir el vino y una bolsa de tinta de los calamares. Dejar reducir y servir caliente.*

Calamares encebollados

Para 4 personas
Tiempo de preparación: 45 minutos
Dificultad: baja

Ingredientes:
600 g de calamares pequeños • 2 cebollas • 2 pimientos verdes • 2 tomates maduros • 3 dientes de ajo • 2 ramas de perejil • pimienta • 20 g de pan rallado • 1 1/2 dl de vino blanco • aceite • sal

Preparación:
1. Limpiar cuidadosamente los calamares en varias aguas y cortarlos en aros.
2. Pelar y picar los dientes de ajo y cubrir con ellos los calamares. Dejar macerar en la nevera durante 7 u 8 horas.
3. Colocar los calamares en una cazuela de barro y cubrirlos con las cebollas picadas, los pimientos verdes troceados, el perejil picado y los tomates pelados y rallados, sin pepitas. Salpimentar, espolvorear con el pan rallado y rociar con aceite.
4. Dejar cocer muy lentamente, removiendo de vez en cuando para que se mezclen bien los diversos ingredientes.
5. A media cocción bañar con el vino blanco. Cuando los calamares estén tiernos, retirar del fuego y dejar reposar antes de servir.

Calamares guisados

Para 6 personas
Tiempo de preparación: 1 hora y 45 minutos
Dificultad: baja

Ingredientes:
2 kg de calamares grandes • 1 kg de patatas • 2 cebollas • 2 tomates • 2 pimientos • 2 dientes de ajo • sal • aceite

Preparación:
1. Limpiar bien los calamares y trocearlos.
2. Reservar dos bolsas de tinta de los calamares.
3. Picar las cebollas, los tomates, los pimientos y los ajos.
4. En una cazuela de barro con aceite bien caliente, dorar las cebollas, los tomates, los pimientos y los ajos.
5. Una vez hecho el sofrito, añadir los calamares y, cuando ya estén blandos, incorporar las patatas peladas y troceadas y dos bolsas de tinta de calamar.
6. Dejar cocer a fuego lento durante una hora.
7. Rectificar de sal.
8. Servir caliente

Calamares rellenos

Para 6 personas
Tiempo de preparación: 1 hora y 25 minutos
Dificultad: alta

Ingredientes:
12 calamares • 1 kg de tomates maduros • 1 lata de pimiento morrón • 75 g de piñones • 3 huevos cocidos • 2 cebollas • 3 dientes de ajo • sal • pimienta • aceite

Preparación:
1. Limpiar los calamares y quitarles aletas y patas.
2. Picar las aletas y las patas de los calamares, también una cebolla y un diente de ajo.
3. En una sartén con aceite, freír ligeramente todo lo que se ha picado anteriormente y añadirle sal y pimienta.
4. Picar los huevos cocidos y el pimiento morrón.
5. Escaldar los piñones.
6. Mezclar bien todos los ingredientes y empezar a rellenar los calamares, cerrándolos con la ayuda de un palillo.
7. En una cazuela de barro con aceite caliente, hacer un sofrito con la cebolla finamente picada, los dientes de ajo, también picados, y el tomate rallado.
8. Una vez hecho el sofrito, añadir todos los calamares a la cazuela, verter un poco de agua, tapar la cazuela y dejar cocer todo junto durante media hora. Rectificar de sal si es necesario.
9. Servir caliente en la misma cazuela que se ha utilizado para su preparación.

Calamares rellenos de gambas

Para 6 personas
Tiempo de preparación: 1 hora
Dificultad: media

Ingredientes:

1 kg de calamares • 15 gambas • 3 huevos duros • 2 vasos de vino blanco seco • 1/2 kg de cebollas • 3 dientes de ajo • 4 tomates • sal • aceite

Preparación:

1. Limpiar bien los calamares, separándoles las patas y reservándolas.
2. En una cazuela con aceite caliente, añadir la cebolla, el ajo y el tomate, previamente picados.
3. Una vez dorado todo, reservar una parte del sofrito para más tarde y añadir a la cazuela las patas de los calamares.
4. Mientras, dejar cocer en agua y sal las gambas. Escurrir y pelarlas.
5. Añadir las gambas peladas a la cazuela. Sazonar.
6. Dejar cocer todo junto unos 5 minutos y añadir un vaso de vino blanco. Remover y esperar a que el alcohol se evapore.
7. Retirar la cazuela del fuego y picar todos los ingredientes, añadiéndoles también los huevos duros.
8. Con dicha pasta, rellenar los calamares y cerrarlos con un palillo.
9. En una cazuela de barro, distribuir los calamares ya rellenos y rociarlos con el sofrito reservado anteriormente, añadiéndole también un vaso de vino blanco.
10. Servir caliente en la misma cazuela.

Calamares rellenos de lacón

Para 4 personas
Tiempo de preparación: 2 horas y 10 minutos
Dificultad: alta

Ingredientes:

8 calamares medianos • 300 g de lacón • 1 cebolla pequeña • 1 diente de ajo • 1 hoja de laurel • 50 g de pan rallado • 1 vaso de vino seco • 2 cucharadas de aceite o de manteca de cerdo • perejil • pimienta • sal

Preparación:

1. Poner el lacón en agua fría, para desalarlo, durante 24 horas.
2. Ir cambiando el agua cada 4 o 6 horas.
3. En una olla con agua suficiente como para que cubra el lacón, cocerlo durante una hora. Reservar el caldo.
4. Limpiar los calamares, separar las cabezas de las patas y picar finamente las patas.
5. En una cazuela al fuego con aceite o manteca de cerdo, sofreír la cebolla, los ajos y el laurel, previamente picados.
6. Dejar rehoga y, antes de que tome color la cebolla, añadir el picadillo del calamar y el vino; remover durante 10 minutos.
7. Agregar el lacón bien picado, el perejil trinchado y la pimienta, remover y añadir el pan rallado y rectificar de sal. Formar una pasta compacta.
8. Rellenar las bolsas de los calamares con la pasta obtenida y cerrarlas con un palillo.
9. Colocar los calamares en una cazuela de barro y cubrirlos hasta la mitad con el caldo de cocer el lacón.
10. Espolvorear con pan rallado y perejil e introducir en el horno a temperatura media durante 20 o 25 minutos.
11. Servir caliente.

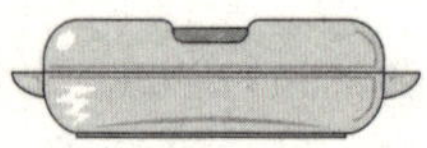

Caldeirada de merluza

Para 6 personas
Tiempo de preparación: 35 minutos
Dificultad: baja

Ingredientes:

1 kg y 200 g de merluza • 3 tomates • 2 cebollas • 1 1/2 kg de patatas • 6 dientes de ajo • 1 cucharada de pimentón dulce • 2 dl de aceite • 1 dl de vinagre • sal

Preparación:

1. Cortar el pescado en rodajas de 2 a 3 centímetros de grosor. Sazonar.
2. Pelar y cortar las patatas en trozos y cocerlas con poca agua.
3. Cuando las patatas estén casi cocidas, agregar el pescado. Dejar cocer. Escurrir y reservar el caldo.
4. En una sartén con aceite, hacer un sofrito con los ajos cortados en pequeñas láminas, las cebollas en aros y el tomate en trozos.
5. Retirar el sofrito de la sartén y, en la misma, freír el

pimentón; a continuación, añadir el vinagre y parte del caldo de la cocción del pescado, las patatas y la merluza.

6. Dejar cocer a fuego lento durante 10 minutos y servir caliente.

Caldereta asturiana

Para 6 personas
Tiempo de preparación: 1 hora y 15 minutos
Dificultad: baja

Ingredientes:

1 kg de pescado de rocas costeras y bajos asturianos (salmonete, lubina, tiñoso, escorpión, pica, macete, dorada, escamón y barbudas) • 1/2 kg de marisco (langostinos, amasuelas, esguilas y lapas) • 2 cebollas • 1 cucharadita de pimentón murciano • 1 copa de jerez • 1 pimiento morrón • 1/2 guindilla • pimienta en grano • nuez moscada • aceite de oliva • perejil • sal

Preparación:

1. Limpiar cuidadosamente los pescados, dejar enteros los más pequeños y trocear los grandes.
2. Lavar el marisco.
3. Pelar y picar las cebollas.
4. Machacar en un mortero la pimienta, la guindilla y el pimiento.
5. En una cazuela amplia y honda, disponer el pescado ya preparado. Añadir un vasito de aceite, la cebolla picada, el pimentón, 1 1/4 litros de agua y salpimentar.
6. Dejar la cazuela a fuego normal. Cuando dé el primer hervor, añadir el perejil picado, lo machacado en el mortero, el jerez, la nuez moscada y dejar la caldereta al fuego unos cuarenta y cinco minutos. Quince minutos antes añadir el marisco.
7. Al cabo de ese tiempo, la caldereta estará en su punto.

Caldereta mallorquina

Para 6 personas
Tiempo de preparación: 1 hora
Dificultad: alta

Ingredientes:

1/2 kg cabeza de rape • 200 g de gambas • 1 sardina fresca • 1 anchoa salada • 1 pescadilla de 200 g • 30 g de jamón • 30 g de sobrasada • 50 g de almendras • 25 g de piñones • 1/2 kg de tomates • 2 cebollas • 1/2 dl de coñac • 1/2 dl de Jerez • rebanadas de pan • aceite • sal • pimienta

Preparación:

1. Preparar un caldo de pescado, poniendo a sofreír las gambas en un cazo.
2. Cuando se hayan rehogado bien, retirar y pelar.
3. En el mismo aceite, sofreír las cebollas cortadas finas. Cuando empiece a tomar color, añadir 200 gramos de tomates, bien lavados y cortados en trozos pequeños, agregar las cabezas de las gambas y las pieles, dorar un poco y poner la cabeza de rape, cortada en trozos. Cocer un poco todos los ingredientes.
4. Mojar con 2 1/2 litros de agua caliente, salpimentar y hervir; dejar cocer unos treinta minutos. Cuando esté listo, colar y reservar.
5. Aparte, en una cazuela de barro, sofreír un poco de cebolla picada, añadir el jamón cortado pequeño y la sobrasada también, luego el resto de los tomates, aromatizar con el coñac y el jerez. Dejar evaporar un poco.
6. Freír la sardina y la merluza; quitar las espinas.
7. En el mortero, picar las almendras y los piñones. Añadir la sardina y la merluza desmenuzadas, y la anchoa (desalada).
8. Cuando esté bien majado, verter en la cazuela de barro y remover.
9. Cuando esté bien mezclado, verter todo este preparado en el cazo donde tenemos el caldo de pescado y dejar cocer unos quince minutos.
10. Servir en sopera bien caliente, y, en bandeja aparte, las rebanadas de pan tostado.

Cangrejos de río

Para 4 personas
Tiempo de preparación: 30 minutos
Dificultad: baja

Ingredientes:

48 cangrejos de río vivos • 100 g de cebollas • 1 hoja de laurel • 400 g de tomates • 2 dl de vino blanco • 0,5 dl de brandy • 1 dl de aceite de oliva • salsa Perrins • unas gotas de salsa tabasco • sal • pimienta

Preparación:

1. Lavar bien, escurrir y castrar los cangrejos (arrancar la aleta del medio de la cola y después sacar el intestino).
2. En una cazuela con el aceite caliente, sofreír la cebolla picada fina y los tomates pelados, de los que habremos eliminado todas las semillas, y picados pequeños, dejar cocer un poco.
3. Incorporar los cangrejos preparados previamente, el laurel, sal, pimienta, un poco de salsa Perrins y unas gotas de Tabasco, el brandy y el vino blanco. Dejar hervir 10 minutos hasta que estén listos.
4. Servirlos inmediatamente.

Cazuela de pescados y mariscos

Para 6 personas
Tiempo de preparación: 45 minutos
Dificultad: media

Ingredientes:

trocitos de rape, merluza, raya, congrio, lenguado, etc. • 1 o 2 calamares • 6 cigalas • 6 gambas • almejas • 1 copa de coñac • aceite • harina • sal

Para la salsa americana

1 taza de mayonesa • 1 taza de crema de leche • 2 cucharadas de salsa Ketchup • 1 cucharadita de mostaza en polvo • unas gotas de limón • sal • pimienta

Preparación:

1. Preparar la salsa americana según las instrucciones que abajo se detallan.
2. Lavar, salar y enharinar los trozos de pescado.
3. Vaciar y limpiar los calamares. Partir en trozos.
4. En una cazuela de barro con aceite, agregar los trozos de pescado y los trozos de calamar.
5. Mientras, lavar con agua corriente las cigalas y las gambas. Eliminar la arenilla de las almejas.
6. Cuando se hayan dorado, flambear con el coñac.
7. En la misma cazuela, agregar las gambas, las cigalas y las almejas.
8. Poner un punto de sal.
9. Introducir la cazuela en el horno durante 5 minutos. Sacarla del horno y servir caliente.
10. Presentar la salsa americana en una salsera.

Salsa americana:

11. En un recipiente hondo mezclar bien la salsa mayonesa, que debe ser recién hecha o lo más fresca posible, junto con la salsa ketchup. Hay que batir con cuidado y luego añadir todo lo demás evitando que se corte. Guardarla en el frigorífico.

Cazuela de pulpo

Para 6 personas
Tiempo de preparación: 1 hora y 15 minutos
Dificultad: media

Ingredientes:

2 kg de pulpo • 800 g de patatas • 1 cebolla entera

Para la ajada

1 vaso de aceite • 2 dientes de ajo • 1/4 de cebolla • 1 hoja de laurel • 1/2 cucharadita de pimentón dulce • 1 pizca de pimentón picante • vinagre

Preparación:

1. En una cazuela al fuego con agua, poner la cebolla.
2. Cuando empiece a hervir el agua, sumergir el pulpo cogido por la cabeza y sacarlo. Repetir esta operación tres veces y después dejarlo hervir durante 15 minutos.
3. Pelar las patatas y cortarlas en dados.
4. Añadir las patatas en el cocido del pulpo.
5. Pinchar el pulpo y las patatas y dejar cocer todo durante 20 minutos.
6. Retirar la olla del fuego y reservar el pulpo y las patatas.
7. En una sartén con aceite, dorar los ajos picados, la cebolla y el laurel. Retirar del fuego y dejar enfriar.
8. Enseguida agregar a la salsa el pimentón dulce, una pizca de pimentón picante y un chorrito de vinagre.
9. Cortar el pulpo en rodajas y colocarlo encima de las patatas. Agregarle la salsa.

Cazuela marinera

Para 4 personas
Tiempo de preparación: 55 minutos
Dificultad: media

Ingredientes:
1 kg de merluza • 1/4 kg de almejas • 2 dientes de ajo • 1 cebolla • 1/2 tazón de guisantes pelados • harina • perejil • aceite • sal

Preparación:
1. Pelar la cebolla y los dientes de ajo; picarlos junto con el perejil.
2. Cortar la merluza en 8 rodajas.
3. Poner las almejas en remojo, en agua fría con un poco de sal.
4. En una cazuela de barro sofreír la cebolla, el ajo y un poco de perejil. Añadir los guisantes y las almejas. Dejar a fuego lento.
5. Mientras, rebozar la merluza en harina y freírla en una sartén con aceite hirviendo. Retirarla una vez dorada por ambos lados y disponerla en la cazuela con el sofrito.
6. Espolvorear el guiso con un poco más de perejil picado y dejar a fuego lento unos doce minutos más.
7. Servir en la cazuela.

Cazuelita de angulas

Para 6 personas
Tiempo de preparación: 10 minutos
Dificultad: baja

Ingredientes:
600 g de angulas (100 g por persona) • 6 dientes de ajo • 6 guindillas • caldo de carne • aceite

Preparación:
1. En una cazuelita de barro individual con aceite, freír el ajo y las guindillas.
2. Cuando el ajo empiece a dorarse, añadir dos cucharadas de caldo de carne y 100 gramos de angulas.
3. Dejar cocer las angulas durante un minuto y retirar enseguida del fuego.
4. Servir caliente.
5. Repetir la misma operación cinco veces.

Centollo al vino blanco

Para 8 personas
Tiempo de preparación: 25 minutos
Dificultad: baja

Ingredientes:
2 centollos grandes de unos 2 kg cada uno • 1 vaso de vino blanco • 1 hoja de laurel • 2 zanahorias • sal • perejil

Preparación:
1. Limpiar cuidadosamente los centollos con agua fría (si es posible, lavarlos con abundante agua de mar).
2. Pelar y picar finamente las zanahorias.
3. En una cazuela con agua fría y sal, cocer los centollos.
4. Añadir el vaso de vino blanco, las dos zanahorias picadas y la hoja de laurel.
5. Cuando dé el primer hervor, dejar al fuego unos diez minutos, aproximadamente.
6. Retirar la cazuela de la lumbre y retirar los centollos ya a punto de servirlos 2 minutos después.
7. Adornar la fuente con ramilletes de perejil.

Centollo en salpicón

Para 4 personas
Tiempo de preparación: 1 hora y 10 minutos
Dificultad: media

Ingredientes:
6 centollos muy frescos de tamaño corriente • 150 g de mantequilla • 250 g de cebollas • 2 dientes de ajo • 100 g de salsa de tomate • 2 copas de brandy • caldo de carne • crema de leche • 60 g de pan rallado • perejil • sal • pimienta

Preparación:
1. Cocer los centollos unos veinte minutos en agua salada. Cuando estén cocidos, separar toda la carne que contengan, cortar la de las patas en trozos no demasiado pequeños.
2. En un cazo con la mantequilla, rehogar las cebollas y los ajos picados finamente.
3. Cuando empiecen a tomar color, incorporar el tomate y el brandy, dejar reducir a la mitad el líquido y añadir el salpicón de centollo, añadir perejil picado y pimienta un poco picante, sal y un poco de caldo.
4. Dejar cocer unos minutos, debe quedar un conjunto ni caldoso, ni demasiado espeso; diluir con un poco de nata líquida.
5. Limpiar y cepillar bien 4 caparazones de centollo de los 6 que tenemos, reservar los otros 2.
6. Repartirles por igual el salpicón preparado.

7. Espolvorear por encima con el pan rallado y perejil picado, salpicar con un poco de mantequilla fundida, y gratinar al horno a fuego fuerte.
8. Presentarlo a la mesa bien caliente en bandeja con servilleta.

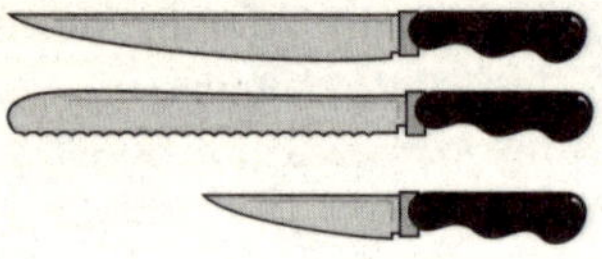

Cigalas al azafrán asadas en brocheta

Para 5 personas
Tiempo de preparación: 2 horas y 40 minutos, Dificultad: media

Ingredientes:

15 cigalas grandes • 3 g de azafrán • 1 dl de aceite de oliva • 100 g de mantequilla • 1/4 kg de arroz • 1/4 kg de setas frescas • 1 cebolla • 2 hojas de laurel • tomillo • 1 ramito de perejil • 5 brochetas • sal • pimienta

Preparación:

1. Quitar el caparazón a las cigalas, conservar sólo las colas.
2. En un bol, poner las colas de cigalas, salpimentarlas, agregar las hojas de laurel, el perejil, el tomillo, un poco de azafrán y rociar con un poco de aceite y dejar en adobo unas dos horas.
3. En una cacerola al fuego, poner el resto de aceite, sofreír la cebolla cortada fina, añadir el arroz, remover con una cuchara de madera, aromatizar con el resto de azafrán, remover.
4. Cuando los granos de arroz empiecen a perder su transparencia, bañar con el doble del volumen del arroz de agua caliente, salpimentar, tapar, dejar cocer suavemente dieciséis minutos exactos, sin destapar bajo ningún pretexto.
5. Encender el grill del horno.
6. Lavar las setas (champiñones) utilizar sólo los sombreritos (guardar los pies para otra receta).
7. Coger las brochetas y ensartar en cada una, alternativamente, una cigala, un sombrerito de seta; a razón de tres cigalas por brocheta.
8. Llevar al horno y dejar asar unos cuatro minutos de cada lado.
9. Extender el arroz en una fuente de servir, rociar con la mantequilla derretida, poner las brochetas encima, espolvorear con perejil picado. Servir rápidamente.

Cocotxas de bacalao

Para 4 personas
Tiempo de preparación: 30 minutos
Dificultad: baja

Ingredientes:

1/2 kg de cocotxas de bacalao • 1,25 dl de aceite de oliva • 2 cebollas • 2 huevos • 60 g de pan rallado • 1 cucharadita de pimentón • perejil • sal • pimienta

Preparación:

1. Desalar las cocotxas de bacalao en agua fría, durante 24 horas, cuidando de cambiar el agua tres o cuatro veces.
2. Escurrirlas y lavarlas.
3. Sofreírlos en una sartén con el aceite bien caliente.
4. Cocer luego en una cacerola con agua, junto con una cebolla partida y un poco de perejil.
5. En la misma sartén de freír las cocotxas, rehogar la otra cebolla cortada fina y perejil picado. Añadir la sal.
6. Poner las cocotxas previamente escurridas en la sartén con la cebolla y el perejil.
7. En un mortero, picar las dos medias cebollas que se cocieron con el pescado, un par de yemas de huevo duro, el pan rallado, una cucharadita de pimentón y pimienta; machacar hasta obtener una pasta fina.
8. Añadir al guiso la pasta obtenida.
9. Dejar cocer el conjunto unos veinte minutos y servir bien caliente.

Congrada (congrio seco)

Para 4 personas
Tiempo de preparación: 1 hora y 10 minutos
Dificultad: media

Ingredientes:

200 g de congrio seco • 3 cebollas grandes • 1 cabeza de ajo • 12 avellanas tostadas • aceite • sal

Preparación:

1. Poner el congrio en remojo con agua fría la víspera y mantenerlo durante toda la noche para que quede bien ablandado.
2. Pelar y picar finamente las cebollas, aplastar con el puño la cabeza del ajo, y machacar en un mortero las avellanas y las nueces.

3. A continuación, en un puchero con agua caliente y sal, cocer el congrio con la cebolla picada y la cabeza de ajo.
4. Cuando el congrio esté cocido, retirarlo del puchero y triturar finamente con la batidora la cebolla y los ajos junto con las avellanas y nueces machacadas.
5. Seguidamente, añadir todo ello al caldo de cocción del congrio, dejar a fuego lento y rociar con un poco de aceite.
6. A este caldo también puede añadírsele unas rodajas de pan.

Congrio al ajoarriero

Para 4 personas
Tiempo de preparación: 1 hora y 5 minutos
Dificultad: baja

Ingredientes:

600 g de congrio • 3 dientes de ajo • perejil • pimienta • harina • aceite • sal

Preparación:

1. Lavar el congrio, partirlo en trozos regulares, y rebozarlos con harina.
2. En una sartén con aceite hirviendo, freír los trozos de congrio rebozados e ir disponiéndolos en una cazuela plana de barro.
3. En el aceite sobrante, saltear el ajo y perejil picados, añadir un cucharón de agua, sal y pimienta. Dejar a fuego vivo unos minutos y, después pasar por el colador chino.
4. Verter esa salsa sobre el congrio y dejar la cazuela sobre fuego lento durante 20 minutos, aproximadamente.

Congrio con almejas y guisantes

Para 6 personas
Tiempo de preparación: 1 hora y 20 minutos
Dificultad: media

Ingredientes:

12 rodajas de congrio, bien fresco • 36 almejas • 500 g de guisantes frescos, desgranados • 2 dientes de ajo • 1 cebolla • 100 g de harina • 1,5 dl de aceite de oliva • 1 cucharadita de azúcar • guindilla • perejil • sal • pimienta

Preparación:

1. En una cazuela de barro, poner 50 centímetros cúbicos de aceite y sofreír la cebolla picada fina. Cuando empiece a tomar color, añadir los guisantes, dejar rehogar un poco, poner sal y la cucharadita de azúcar.
2. Espolvorear con 2 cucharadas de harina, cubrir escasamente de agua, llevar a ebullición, dejar cocer unos veinte minutos lentamente.
3. Vigilar la evaporación del agua; si hace falta, añadir un poco más.
4. Lavar bien el congrio, salpimentar y enharinar.
5. En otra cazuela de barro, poner el resto del aceite y, cuando esté caliente, incorporar el congrio.
6. Mover la cazuela para que no se pegue el congrio, añadir los ajos picados, remover, añadir las almejas, lavadas en varias aguas.
7. Cuando las almejas empiecen a abrirse, incorporar a esta cazuela el guiso de los guisantes. Dejar cocer unos quince minutos.
8. Comprobar el punto de sal. Añadir la guindilla cortada en rodajitas.
9. Espolvorear con perejil picado y servir caliente en la misma cazuela.

Congrio con fideos

Para 6 personas
Tiempo de preparación: 45 minutos
Dificultad: media

Ingredientes:

6 rodajas abiertas de un congrio de 8 kg • 300 g de fideos • 300 g de guisantes • 2 cebollas • 4 tomates pelados • 1 pimiento verde • 1 ramita de azafrán • aceite • agua • pimentón • perejil • sal

Preparación:

1. En una cazuela de barro con aceite, añadir una cebolla picada, el pimiento verde troceado, los guisantes, una ramita de azafrán, una pizca de pimentón y un cucharón de agua. Sazonar.
2. Dejar hervir todo junto durante 10 minutos.
3. Añadir los fideos y dejar hervir 15 minutos más.

4. Agregar el congrio y los tomates troceados.
5. Dejar cocer lentamente durante 10 minutos y servir caliente espolvoreado con perejil picado.

Congrio con patatas

Para 4 personas
Tiempo de preparación: 1 hora
Dificultad: alta

Ingredientes:
1 trozo de congrio de unos 3/4 kg • 1 vaso de vino blanco • 1 hoja de laurel • perejil • 1/2 kg de patatas • 1 cebolla pequeña • aceite • sal

Preparación:
1. Retirar con cuidado la piel del congrio y tirarla.
2. Pelar y picar la cebolla.
3. Triturar el perejil.
4. Pelar y cortar las patatas.
5. En una fuente de barro, poner el congrio. Añadir vino y agua a partes iguales, la cebolla picada, el perejil y el laurel.
6. Media hora después, trasladar todos los ingredientes a una cazuela y disponerla a fuego normal. Cuando dé el primer hervor, rociar con aceite.
7. Veinte minutos después, retirar el pescado, cortarlo en rodajas, retirar todas las espinas y volverlo a disponer en la cazuela. Dejarlo hervir unos cinco minutos más.
8. Mientras, cocer las patatas en una olla con agua hirviendo y sal. Escurrirlas.
9. Disponer el pescado en una fuente para servir rodeado de las patatas y rociado con el caldo escurrido.

Congrio en salsa marinera

Para 4 personas
Tiempo de preparación: 1 hora y 30 minutos
Dificultad: media

Ingredientes:
3/4 kg de congrio • 4 dientes de ajo • 1 vasito de vino blanco • 1/4 kg de tomates maduros • aceite de oliva • pimienta molida • sal • perejil

Preparación:
1. Cortar el congrio en cuatro raciones.
2. Pelar y picar los dientes de ajo.
3. Triturar el perejil.
4. Escaldar los tomates, retirarles la piel y triturarlos.
5. Verter aceite en una cazuela plana de barro y disponer en ella el tomate, el ajo y el perejil. Colocar seguidamente los cuatro pedazos de congrio, recubrir con una capa de tomate, perejil y ajo, salpimentar y rociar con el vino blanco y un chorrito de aceite.
6. Disponer la cazuela al fuego. Cuando dé el primer hervor, retirarla; llevarla al horno hasta que acabe la cocción del guiso.
7. Regar de vez en cuando el pescado con su propio jugo para que no se reseque la piel y la carne quede impregnada con su sabor.
8. Servir caliente en la misma cazuela.

Changurro relleno (centollo)

Para 4 personas
Tiempo de preparación: 1 hora y 30 minutos
Dificultad: alta

Ingredientes:
2 centollos • 150 g de rape o de merluza hervidos • 1/2 kg de tomates • 1 cebolla • 1 hoja de laurel • 6 granos de pimienta negra • 1 copita de jerez • 1/2 copa de brandy • aceite de oliva • una pizca de pimienta de Cayena • queso rallado • sal

Preparación:
1. Desmenuzar el rape o la merluza, retirándole piel y espinas.
2. En una olla con agua hirviendo y sal, cocer los centollos unos minutos. Dejarlos en una fuente.
3. Mientras, pelar y triturar los tomates.
4. Picar finamente la cebolla.
5. Extraer el caparazón y de las patas del centollo la carne. Mezclar con el rape desmenuzado.
6. En una cazuela limpia y plana con aceite hirviendo, sofreír la cebolla y el tomate, añadir unos granos de pimienta, la hoja de laurel y una pizca de pimienta de Cayena. Rociar con una copita de jerez y el brandy.
7. Una vez la salsa esté en su punto, es decir, espesa, pasarla por el chino y mezclarla con la molla del centollo y del pescado hervido.
8. Poner de nuevo todo en la cazuela y dejar a fuego lento unos minutos.
9. Rellenar con la mezcla los caparazones de los centollos y servir.

10. Puede prepararse también recubriendo con bechamel los centollos; espolvorear con un poco de queso rallado y gratinar.

Chipirones en su tinta

Para 4 personas
Tiempo de preparación: 1 hora
Dificultad: media

Ingredientes:

24 chipirones • 4 cebollas grandes • 2 tomates • 2 dientes de ajo • perejil • aceite • pan • sal • pimienta

Preparación:

1. Separar la cabeza de los chipirones, cogiéndola por debajo de los ojos. Separar de la cabeza las tripas del chipirón, pero con cuidado, ya que en ellas está la bolsa de tinta, separar sin que se rompa. Reservar.
2. En una cazuela de barro con aceite, rehogar las cebollas picadas.
3. Cuando esté la cebolla blanda, agregar los tomates en trozos, los chipirones y los ajos picados. Dejar cocer lentamente unos cincuenta minutos aproximadamente, con la cazuela tapada.
4. Cuando los chipirones estén a medio hacer, agregar la tinta disuelta en un poco de agua. Rectificar de sal y pimienta.
5. Cuando estén tiernos los chipirones, sacarlos.
6. Pasar la salsa por el colador chino.
7. Volver a poner los chipirones en la cazuela y la salsa por encima, dejando hervir el conjunto unos cinco minutos. Comprobar el punto de sal y esparcir un poco de perejil picado.
8. Servir adornado con triángulos de pan frito.

Delicias de lenguado al txacolí

Para 4 personas
Tiempo de preparación: 30 minutos
Dificultad: media

Ingredientes:

8 filetes de lenguado • 8 langostinos • 100 g de champiñones • 50 g de mantequilla • 1 dl de vino txacolí • 1 chalote • 30 g de queso rallado • 1 limón • sal

Preparación:

1. Cocer los langostinos en agua y sal, unos tres minutos, refrescar, pelar y partir por la mitad a lo largo.
2. Lavar bien los champiñones, cortarlos en láminas y rociarlos con zumo de limón.
3. En una cacerola plana, derretir la mantequilla, añadir la chalote picada fina, dejar dorar un poco.
4. Rociar con txacolí, poner los filetes de lenguado encima. Sazonar.
5. Al estar en su punto, retirar.
6. Colocarlos en una fuente, encima las láminas de champiñones y los langostinos cocidos, agregar la salsa que ha quedado de cocer el pescado.
7. Precalentar el horno a temperatura media, espolvorear el pescado con el queso rallado y llevar al gratinador unos minutos. Servir enseguid.

Dorada a la sal

Para 4 personas
Tiempo de preparación: 1 hora
Dificultad: baja

Ingredientes:

1 dorada de 1 1/4 kg, aproximadamente • 1 kg de sal gruesa • 1/4 l de salsa «allioli»

Preparación:

1. Lavar el pescado sin quitarle las vísceras ni las escamas.
2. Cubrir el fondo de una bandeja con sal gruesa, mojar un poco.
3. Colocar encima de la sal la dorada, cubrir con el resto de sal gruesa.
4. Precalentar el horno, introducir la bandeja durante unos treinta minutos hasta que la sal empiece a resquebrajarse.
5. Retirar la caparazón de sal; al retirarla seguirá la piel de la dorada.
6. Servir inmediatamente, acompañada de salsa «allioli» en salsera aparte.

Dorada al horno

Para 4 personas
Tiempo de preparación: 1 hora
Dificultad: media

Ingredientes:

1 dorada de 1 kg aproximadamente • 1 cebolla • 2 dientes de ajo • 1/2 kg de patatas • 2 tomates • 1 copa de brandy • 1 vasito de vino blanco • 1 hoja de laurel • perejil • aceite • sal • pimienta blanca

Preparación:

1. Limpiar y salpimentar el pescado.
2. Untar con aceite una bandeja para horno.
3. Pelar y cortar las patatas en rodajas no muy gruesas; distribuirlas bien en la bandeja y salpimentar. Colocar la dorada encima.
4. Picar la cebolla y los ajos, pelar los tomates y cortarlos en rodajas. Distribuir todo encima del pescado. Añadir el laurel y el perejil picados a la bandeja del pescado.
5. Rociar con el brandy, el aceite y, al final, el vino.
6. Llevar la bandeja al horno a temperatura media, durante 35 a 40 minutos.
7. Rociar el pescado con el mismo jugo de la cocción. Servir caliente.

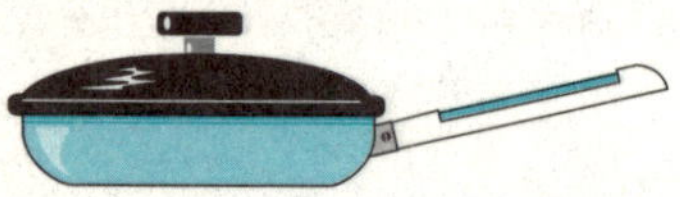

Dorada de Alcántara

Para 4 personas
Tiempo de preparación: 1 hora y 40 minutos
Dificultad: media

Ingredientes:

1 dorada de 1 kg, aproximadamente • 200 g de lucio • 1/2 kg de mejillones • 50 g de miga de pan • 1 cebolla • 2 huevos • 1 vasito de vino tinto • aceite • sal

Preparación:

1. Limpiar cuidadosamente la dorada, vaciarla, lavarla y secarla; limpiar los mejillones y cocerlos al vapor; por último, pelar y picar finamente la cebolla.
2. Preparar un relleno con el lucio picado, la miga de pan muy desmenuzada, la cebolla picada y una yema de huevo.
3. Espolvorear la dorada con sal por fuera y por dentro; rellenarla con la mezcla anterior, coser el vientre y disponerla en una fuente refractaria untada con aceite.
4. Rociar el pescado con el vino tinto y meter la fuente en el horno, dejándola 1 hora. Durante la cocción, untar la superficie con el propio jugo de la dorada.
5. Disponer con cuidado el pescado en una fuente para servir, rodearlo con los mejillones y rociarlo con su jugo batido junto con un chorrito de aceite y la otra yema de huevo.
6. Servir caliente.

Empanada de sardinas

Para 4 personas
Tiempo de preparación: 30 minutos, más el tiempo de cocción de la empanada
Dificultad: alta

Ingredientes:

1/2 kg de masa para empanadas • 1/2 kg de sardinas • 1 huevo duro • 2 tomates maduros y un pimiento • 1 cebolla y un diente de ajo • 1/2 vasito de vino blanco • 1 huevo • aceite • sal

Preparación:

1. Limpiar cuidadosamente las sardinas: vaciarlas, retirarles la piel, las escamas y las espinas.
2. En una sartén con aceite caliente, sofreír el pimiento cortado en trocitos, la cebolla y el diente de ajo triturados. Cuando esté dorado el sofrito, añadir el tomate sin piel y picado.
3. A los 5 minutos, espolvorear con un poco de sal y rociar con el vino blanco.
4. Retirar del fuego, dejar enfriar el sofrito y espesarlo con la yema del huevo duro bien triturada.
5. Aplastar con un rodillo la mitad de la masa de empanadas.
6. Rellenar las sardinas con el sofrito preparado, doblarlas y disponerlas sobre la masa de la empanada. Seguidamente recubrir con el resto del sofrito.
7. Disponer encima la otra mitad de la empanada aplanada con el rodillo y cerrar los bordes. Untar toda la superficie con huevo batido y llevarla al horno hasta que esté en su punto.

Ensalada de carabineros

Para 4 personas
Tiempo de preparación: 30 minutos
Dificultad: baja

Ingredientes:
24 carabineros • 500 g de champiñones frescos • salsa de marisco • lechuga • pimienta • salsa mayonesa • brandy • sal

Preparación:
1. Primeramente cortar los champiñones en rodajas muy finas.
2. Hacer una salsa con la mayonesa y la salsa de marisco, el brandy y una pizca de pimienta. Esta última especia ponerla al gusto.
3. En una sartén sin aceite, dejar cocer los champiñones con la propia agua que suelten.
4. Añadir los champiñones a la salsa.
5. En una fuente para servir, añadir una capa de lechuga, previamente picada; cubrirla con los champiñones.
6. En una olla al fuego con agua y sal, dejar cocer los carabineros por espacio de 10 minutos.
7. Pelar los carabineros y cortarlos por la mitad, en sentido longitudinal.
8. Añadir los carabineros a la fuente. Servir con la salsa sobrante, que puede servirse aparte.

Ensalada de rape muy especial

Para 6 personas
Tiempo de preparación: 20 minutos
Dificultad: baja

Ingredientes:
1/2 kg de lomo de rape • 1 lechuga • 3 tomates • 3 cebollas • 1 dl de vinagre de jerez blanco • 2 dl de aceite • sal

Preparación:
1. Cortar el rape en láminas y dejar en vinagre 12 horas.
2. Cortar los tomates en rodajas, las cebollas en gajos y la lechuga en juliana, distribuir las láminas de rape sobre la ensalada y aliñar con una salsa vinagreta.

Escopinyes gravades a la crema (almejas)

Para 4 personas
Tiempo de preparación: 30 minutos
Dificultad: baja

Ingredientes:
24 «escopinyes gravades» • 3/4 l de leche • 80 g de harina • 1 cebolla • 2 huevos • 50 g de pan rallado • 1 dl de aceite de oliva • nuez moscada • sal • pimienta

Preparación:
1. Rehogar la cebolla cortada a la pluma. Antes de que tome color, añadir la harina; dorar ligeramente sin dejar de remover.
2. Calentar un poco la leche, verter encima de la harina removiendo con el batidor para que no se formen grumos; cocer unos minutos sin dejar de remover; salpimentar; añadir nuez moscada; retirar.
3. Sacar las «escopinyes» de las conchas y añadir a la crema preparada, volver al fuego unos minutos, removiendo. Dejar enfriar.
4. Cuando esté fría la pasta, coger porciones con una cuchara, procurando coger cada vez una «escupinya», y rebozar con huevo y pan rallado.
5. Poner en una fuente y dejar dorar a fuego medio en el horno, por los dos lados.
6. Servir enseguida.

Espencat (ensalada)

Para 4 personas
Tiempo de preparación: 45 minutos
Dificultad: baja

Ingredientes:
200 g de bacalao seco • 4 berenjenas grandes • 4 pimientos rojos • 2 huevos • 25 g de piñones • 2 tomates de ensalada • aceite de oliva • sal • pimienta

Preparación:
1. Asar al horno los pimientos y las berenjenas unos treinta minutos. Cuando estén, envolver con papel, dejar enfriar y pelar.
2. Enseguida cortarlos en tiritas, colocarlos en una fuente que pueda ir a la mesa, sazonar con sal y pimienta.

3. Mientras hervir los huevos unos doce minutos, enfriar y pelar.
4. En la fuente, añadir los tomates, bien lavados y cortados en gajos.
5. Desmenuzar el bacalao, lavar para sacar un poco la sal y repartir por encima de la ensalada.
6. Esparcir los piñones sobre el bacalao.
7. Aliñar con sal y aceite de oliva, y adornar con los huevos duros cortados pequeños por encima. Servir frío.

Esqueixada de bacallà (ensalada de bacalao)

Para 4 personas
Tiempo de preparación: 30 minutos
Dificultad: baja

Ingredientes:
300 g de bacalao grueso «morro» • 4 cebollitas tiernas • 2 tomates maduros grandes • 1,5 dl de aceite • 0,5 dl de vinagre • 150 g de aceitunas negras y verdes • 2 pimientos verdes • 2 huevos duros • sal s• pimienta

Preparación:
1. Desalar el bacalao, dejándolo en remojo 3 o 4 horas, después de haberlo cortado en tiras, cambiar el agua un par de veces, después prensar y secar con un trapo.
2. Escaldar los tomates y pelarlos, quitar las pepitas.
3. En una fuente de servir, poner el bacalao bien escurrido, comprobar el punto de sal (tiene que tener un punto salado).
4. Añadir las cebollitas cortadas a lo largo, los tomates en gajos, los pimientos en aros, poner las aceitunas por encima.
5. Preparar una vinagreta mezclando el aceite, el vinagre, sal y pimienta con un batidor de mano; sazonar con esta salsa el plato.
6. Adornar con los huevos duros cortados a gajos. Servir fresco.

Estofado de congrio

Para 4 personas
Tiempo de preparación: 1 hora
Dificultad: media

Ingredientes:
1 kg de congrio • 4 cebollas • 1 diente de ajo • 1 dl de aceite • 2 dl de vino blanco seco • 2 dl de agua • 1 cucharada de vinagre • 1 ramillete de hierbas aromáticas (laurel, perejil, tomillo) • 1 clavo de especia • un ramito de perejil • sal • pimienta

Preparación:
1. Cortar el congrio en cuatro trozos (de la parte ancha sin espinas).
2. En una salteadora, calentar aceite y saltear los trozos de congrio, dejar dorar por ambos lados, sacar y reservar.
3. En el mismo aceite, poner la cebolla, picada pequeña y el ajo picado, rehogar a fuego lento, rociar con el vino y evaporar.
4. Bañar con el agua y añadir el ramito de hierbas, el clavo y la cucharada de vinagre; salpimentar.
5. Incorporar otra vez el congrio a la salteadora, dejar cocer a fuego lento y agregar un poco de pimienta.
6. Cuando el congrio esté cocido, colocar los trozos en una fuente de servir, previamente calentada.
7. Rociar el pescado con la salsa de cocción y espolvorear con perejil picado. Servir bien caliente.

Filetes de bacalao fresco al horno

Para 4 personas
Tiempo de preparación: 45 minutos
Dificultad: baja

Ingredientes:
4 trozos de bacalao fresco de 200 g cada uno • 2 manzanas reinetas • 4 puerros • 1 diente de ajo • 1 limón • pimienta • perejil • 60 g de mantequilla fresca • 2 dl de vino blanco seco • aceite • sal

Preparación:
1. Colocar el bacalao en una bandeja y verter encima el zumo de 1 limón con un diente de ajo y perejil, dejar macerar durante 30 minutos.

2. En una bandeja de horno, verter un poco de aceite y forrar el fondo de la bandeja con los puerros pelados y cortados en rodajas.
3. Pelar las manzanas, partirlas en rodajas y colocarlas encima de los puerros. Empapar con el vino blanco, salar y espolvorear con pimienta.
4. Precalentar el horno e introducir la bandeja; cocer a temperatura suave, durante unos 30 minutos.
5. Sacar del horno, colocar encima las rodajas de bacalao, escurridas del adobo, y esparcir pedacitos de mantequilla. Meter otra vez en el horno y mantener durante unos 10 minutos más. Espolvorear con perejil picado y servir.

Frutos de mar con salsa mallorquina

Para 6 personas
Tiempo de preparación: 1 hora y 20 minutos
Dificultad: alta

Ingredientes:

12 vieiras • 24 gambas grandes • 24 almejas • 24 mejillones grandes • 1 dl de aceite de oliva • 700 g de tomates maduros • 300 g de cebollas • 1 manojo de perejil • 4 dientes de ajo • 50 g de almendras en polvo • 50 g de piñones • 1 cucharada de pimentón • 1 pizca de pimienta de Cayena • sal • pimienta

Preparación:

1. Lavar cuidadosamente las almejas, raspar y lavar bien los mejillones.
2. Ponerlos en una cazuela, tapar y dejar abrir al vapor, escurrir y reservar el jugo que sueltan, colado con un colador fino.
3. Abrir las vieiras con un cuchillo, cuidadosamente, pasándolo entre las dos valvas, sacar la vieira y el coral; reservar.
4. Pelar y cortar pequeñas las cebollas. Poner una cazuela al fuego y calentar el aceite, rehogarlas; dejar dorar un poco.
5. Escaldar y pelar los tomates, sacar las semillas, picar y añadir a la cazuela, tapar y dejar cocer lentamente 15 minutos, remover de vez en cuando con la cuchara de madera.
6. En el mortero, picar los ajos pelados, el perejil y los piñones.
7. En un bol, mezclar lo majado del mortero, las almendras en polvo, el pimentón, la pimienta de Cayena, trabajar bien hasta obtener una pasta homogénea.
8. Cuando lo de la cazuela esté rehogado, echar el jugo que hemos reservado de los mejillones.
9. Añadir las vieiras y las gambas a la cazuela, dejar cocer 10 minutos a fuego lento. Salpimentar.
10. Sacar las vieiras y las gambas, escurridas.
11. Pasar la salsa por el colador chino, volver a poner la cazuela al fuego, mezclarle la salsa preparada con las almendras.
12. Añadir a la cazuela las vieiras, las gambas y luego los mejillones y las almejas.
13. Sacar una valva de las almejas y los mejillones.
14. Dejar espesar removiendo con la cuchara de madera.
15. Calentar una fuente de servir que sea honda y verter todo lo de la cazuela en ella. Presentar a la mesa bien caliente.

Gambas al ajillo

Para 4 personas
Tiempo de preparación: 15 minutos
Dificultad: baja

Ingredientes:

1/2 kg de gambas • 3 dientes de ajo • 1/2 guindilla • 2 dl de aceite de oliva • sal

Preparación:

1. Pelar las gambas en crudo, dejando las colas enteras.
2. En una cazuela de barro con el aceite caliente, poner los dientes de ajo, previamente picados; dejar que se doren.
3. Añadir la guindilla cortada en rodajitas, las gambas y sal. Remover sin parar haciendo bailar la cazuela. Cocer durante aproximadamente 2 o 3 minutos, cuidando que no se quemen los ajos.
4. Por último, servir las gambas bien calientes, en cazuelitas de horno individuales.

Gazpacho de mero

Para 6 personas
Tiempo de preparación: 1 hora y 15 minutos
Dificultad: media

Ingredientes:
1 cabeza de mero • 1 kg de mero limpio y pulido • 1 kg de cebollas • 1 kg de tomates maduros • 6 dientes de ajo • 1 hoja de laurel • 2 dl de aceite • 250 g de pan en rebanadas

Picada
4 ñoras • 2 dientes de ajo • 100 g de avellanas tostadas • sal • pimienta

Preparación:
1. Remojar las ñoras durante unas dos horas en agua tibia, sin semillas.
2. En una cacerola con un decilitro de aceite freír 2 dientes de ajo fileteados. Cuando empiecen a tomar color, añadir la mitad de las cebollas cortadas a la pluma; dejarlas dorar un poco; añadir 1/2 kilo de tomates cortados en trozos pequeños; rehogar unos cinco minutos, salpimentar, poner 1 hoja de laurel.
3. Añadir la cabeza de mero en trozos, rehogar y añadir 2 litros de agua, dejar hervir media hora, pasar por el colador chino, reservar.

Picada:

4. Freír las ñoras, pasar al mortero, picar las avellanas tostadas, 2 dientes de ajo y sal, picar finamente.
5. En el mismo aceite de freír las ñoras, poner 2 dientes de ajo picados. Cuando empiecen a tomar color, añadir el resto de las cebollas cortadas finas; se rehogan a fuego muy lento unos cinco minutos.
6. Pasado ese tiempo, incorporar el mero limpio y pulido, cortado en trozos pequeños, y añadir las mollas que se puedan sacar de la cabeza hervida.
7. Rehogar otros cinco minutos, añadir el caldo, la picada; dejar cocer 10 minutos más y añadir las rebanadas de pan desmenuzadas, dejándolo cocer otros 10 minutos.

Guiso de melgacho

Para 4 personas
Tiempo de preparación: 1 hora
Dificultad: media

Ingredientes:
1 kg y 300 g de melgacho • 750 g de patatas • 4 dientes de ajo • 1 cebolla • aceite • perejil • sal • azafrán • 1 copa de vino blanco

Preparación:
1. Pelar y trocear el melgacho.
2. Lavarlo y adobarlo con un majado de ajo, perejil, sal, azafrán y un poco de vino.
3. Dejar macerar el pescado durante 2 horas.
4. En una cazuela de barro con aceite caliente, dorar una cebolla y un diente de ajo, previamente picados.
5. Añadir las patatas cortadas en rodajas y un poquito de agua.
6. Dejar cocer unos minutos y agregar el pescado.
7. Mantener la cocción de todo a fuego lento durante 20 minutos, aproximadamente.

Guiso de pulpo con patatas

Para 6 personas
Tiempo de preparación: 1 hora y 20 minutos
Dificultad: media

Ingredientes:
1 1/2 kg de pulpo • 1 1/2 kg de patatas • 3 cebollas • 2 pimientos morrones rojos • 4 dientes de ajo • 1/2 l de aceite • 2 hojas de laurel • 1 cucharadita de pimentón dulce • sal

Preparación:
1. En una cazuela al fuego con agua y sal, poner una cebolla entera.
2. Cuando empiece a hervir el agua, sumergir el pulpo cogido por la cabeza y sacarlo del agua. Repetir esta operación tres veces y después dejarlo cocer durante 15 minutos.
3. Sacar el pulpo de la cazuela y trocearlo.
4. Pelar las patatas y cortarlas en dados.
5. Introducir las patatas en el agua del pulpo y dejarlas cocer durante 15 minutos.
6. En una sartén con aceite, añadir los pimientos, las cebollas y los ajos picados. Salar y dejar sofreír ligeramente.
7. En la misma sartén, añadir los trocitos de pulpo, remover y echarle un poco de pimentón dulce y las hojas de laurel. Dejar cocer todo junto unos diez minutos.
8. Verter el pulpo con la salsa a la cazuela de las patatas, dejándolo cocer unos minutos. Retirar la cazuela del fuego.
9. Introducir la cazuela en el horno durante 15 minutos. Servir caliente.

Ijadas de merluza

Para 6 personas
Tiempo de preparación: 30 minutos
Dificultad: baja

Ingredientes:
6 ijadas de merluza • 12 gambas • 400 g de almejas • 1 cucharada de harina • 6 dientes de ajo • perejil • 100 g de guisantes • fumet de pescado • aceite • sal

Preparación:
1. En una cazuela apropiada, verter aceite y dorar los dientes de ajo, previamente picados.
2. Incorporar la harina y el fumet de pescado.
3. Dejar cocer un rato para que espese y, a continuación, añadir las ijadas, y dejarlas cocer por un lado.
4. Dar la vuelta a las ijadas y agregar las almejas, las gambas y los guisantes. Sazonar.
5. Introducir la cazuela en el horno a temperatura media durante 8 minutos.
6. Espolvorear con perejil picado y servir en la misma cazuela.

Lamprea a la cazuela

Para 6 personas
Tiempo de preparación: 2 horas
Dificultad: media

Ingredientes:
3 lampreas • 150 g de jamón • 1 cebolla • 2 dientes de ajo • 1 hoja de laurel • 300 g de pan • 2 tomates pelados • 1/4 l de vino tinto • aceite • mostaza • sal

Preparación:
1. En una cazuela de barro con aceite, poner los ajos y el jamón picados y la hoja de laurel.
2. Dejar dorar y luego añadir la cebolla picada.
3. Agregar también el tomate triturado, dejándolo cocer todo junto durante 5 minutos.
4. Añadir el vino flambeado.
5. Agregar el pan frito y triturado para espesar la salsa, dejándola reducir durante 5 minutos.
6. En una olla con agua muy caliente, introducir las lampreas y sacarlas enseguida.
7. Raspar la primera piel de las lampreas y separar con cuidado las cabezas, cuidando de no desperdiciar la sangre.
8. Quitarle las tripas al pescado y también el nervio central.
9. Trocear el pescado y añadirlo a la cazuela del sofrito, incluida la sangre.
10. Seguidamente, dejar cocer durante 30 minutos. Transcurrido ese tiempo agregar la mostaza y la sal.
11. Se puede servir en la misma cazuela de barro, decorándola con arroz blanco y pan frito.

Lamprea al vino blanco

Para 4 personas
Tiempo de preparación: 2 horas
Dificultad: alta

Ingredientes:
1 lamprea de 1 kg • 3 cebollas • 1 vaso de vino blanco • aceite • sal

Preparación:
1. Lavar cuidadosamente la lamprea, reservando su hígado y sangre.
2. Pelar las cebollas y cortarlas.
3. Poner la lamprea en una cazuela, añadir la sangre, el vino, el aceite, las cebollas, el hígado picado y sal.
4. Tapar la cazuela y dejar a fuego muy lento durante 1 1/2 horas.
5. Disponer la lamprea en una fuente y rociarla con su salsa pasada por el colador.

Lamprea guisada

Para 4 personas
Tiempo de preparación: 35 minutos
Dificultad: media

Ingredientes:
1 lamprea de 1 kg • 1 cebolla • 3 dientes de ajo • 2 dl de vino de Ribeiro • 2 hojas de laurel • perejil • aceite • vinagre • pimienta blanca • nuez moscada • pan • arroz • sal

Preparación:
1. Lavar el pescado en agua tibia raspándolo con un cuchillo.
2. Sacarle la piel, darle unos cortes en la base de la cabeza y cola.

3. Cortar la lamprea en trozos, sin separarlos del todo, y recoger la sangre que suelte.
4. En una cazuela con aceite, agregar la sangre, la cebolla picada, el vinagre, el vino, la pimienta, el laurel, la nuez moscada, el perejil trinchado y el ajo picado.
5. Colocar la lamprea sobre el conjunto. Sazonar y cocerlo todo a fuego lento durante 20 minutos, aproximadamente.
6. Una vez que está cocido todo, retirar la salsa, pasarla por el colador chino y añadirla de nuevo al pescado.
7. Servir adornado con pan frito y arroz hervido.

Langostinos al ajo

Para 4 personas
Tiempo de preparación: 20 minutos
Dificultad: baja

Ingredientes:

600 g de langostinos • 1 cebolla • 6 dientes de ajo • 1/2 dl de vino blanco seco • un buen ramillete de perejil • sal • pimienta

Preparación:

1. En una cazuela de barro con aceite de oliva, rehogar la cebolla cortada finamente.
2. Cuando empiece a tomar color, poner unas cuantas ramitas de perejil picado. Antes de que se dore la cebolla, añadir los langostinos y rehogar hasta que cambien de color (toman un color rosado).
3. Machacar los ajos en el mortero y desleír con un poco de vino blanco seco.
4. Añadir a la cazuela, mezclar bien y salpimentar.
5. Dar unos hervores fuertes, sacar y servir en la misma cazuela, bien caliente.

Lenguado al albariño

Para 4 personas
Tiempo de preparación: 40 minutos
Dificultad: alta

Ingredientes:

4 lenguados • 8 gambas • 1 vaso de vino albariño • 1 dl de crema de leche • 2 yemas de huevo • 50 g de mantequilla • 1 limón • perejil • sal • pimienta blanca

Preparación:

1. Limpiar los lenguados y cortarlos en filetes.
2. Untar con mantequilla una fuente de hornear y disponer encima los filetes de lenguado.
3. Salpimentar y cubrir los filetes con el vino albariño y la crema de leche.
4. Cocer en el horno a temperatura media por espacio de 25 minutos. Transcurrido este tiempo, sacar los filetes de la fuente y reservar.
5. Agregar al jugo de la cocción de los lenguados las yemas de huevo, previamente batidas. Calentar todo al baño María y remover constantemente hasta conseguir una crema homogénea.
6. Colocar los filetes en una fuente de servir, cubrir con la salsa. Espolvorear con perejil picado. Calentar en el horno por espacio de unos tres minutos.
7. Es bueno servir este plato caliente, adornándolo con las gambas que habremos cocido previamente y las rodajas de limón.

Lenguado en adobo

Para 4 personas
Tiempo de preparación: 25 minutos
Dificultad: baja

Ingredientes:

4 lenguados medianos • 1 limón • 2 huevos • sal • pimienta negra • pan rallado • aceite de oliva

Preparación:

1. Vaciar, limpiar y lavar los lenguados.
2. En un recipiente de barro o de cristal, preparar un adobo con aceite, sal y pimienta negra en grano, machacada en el mortero.
3. Disponer el pescado en el adobo, dejándolo en un lugar frío unas cuantas horas.
4. Quince minutos antes de sacar los lenguados a la mesa, rebozarlos en huevo batido y, seguidamente, en pan rallado.
5. En una sartén amplia con abundante aceite hirviendo, dorar por ambos lados los lenguados previamente empanados.
6. Disponerlos en una fuente para servir, rodeados con rodajas de limón y unas hojas de lechuga.

Lubina a la crema de azafrán

Para 4 personas
Tiempo de preparación: 40 minutos
Dificultad: media

Ingredientes:

1 lubina de 1 1/2 kg • 2,5 dl de crema de leche • 50 g de mantequilla • hebras de azafrán • queso rallado • sal

Preparación:

1. Limpiar la lubina bien y desescamarla.
2. Abrirla de arriba abajo y sacar la espina, formar cuatro supremas.
3. En una fuente refractaria, poner las supremas de lubina, sazonar, rociar con la crema de leche, la mantequilla derretida y el azafrán tostado y picado en el mortero. Esparcir el queso rallado.
4. Precalentar el horno a temperatura un poco fuerte.
5. Introducir la fuente unos quince minutos; retirar, sacar la lubina y ponerla en una fuente de servir caliente.
6. Pasar la salsa por el chino y rociar con ella la lubina.
7. Adornar con patatas cocidas al vapor. Servir caliente.

Lubina a la leonesa

Para 4 personas
Tiempo de preparación: 55 minutos
Dificultad: media

Ingredientes:

8 rodajas de lubina • 1/2 kg de almejas • 1/2 cucharada sopera de pimentón dulce • 4 rebanadas de pan • 1/2 l de vino blanco seco • 4 cucharadas de harina • 3 cebollas • pimienta blanca molida • perejil • aceite de oliva • sal

Preparación:

1. Lavar, secar las rodajas de lubina y espolvorearlas con sal y pimienta.
2. Poner en remojo las almejas en agua fría con un poquito de sal.
3. Picar el perejil.
4. Freír en aceite hirviendo las rodajas de pan.
5. Pelar y triturar la cebolla.
6. Cocer al vapor las almejas.
7. En una fuente para horno, disponer las rodajas de lubina, espolvorearlas con un poco de harina, rociarlas con aceite y el vino y poner un poco de pimentón.
8. Introducir en el horno y, a los 20 minutos, agregar la cebolla picada y las almejas.
9. Dejar en el horno unos veinte minutos más.
10. Disponer el pescado y las almejas en una fuente, recubrir con perejil picado y terminarlo de adornar con el pan frito.

Lubina con almejas

Para 6 personas
Tiempo de preparación: 1 hora y 5 minutos
Dificultad: media

Ingredientes:

1 1/2 kg de lubina cortada en rodajas • 6 costrones de pan frito • 800 g de almejas bien frescas • 1/2 l de vino blanco • 1/2 cucharada de pimentón • perejil • harina • aceite de oliva • sal

Preparación:

1. En un recipiente con agua fría con un poco de sal, poner en remojo las almejas.
2. Mientras, picar el perejil.
3. Escurrir las almejas y disponerlas en un cazo con muy poca agua. Dejarlas unos minutos a fuego lento, hasta que estén todas abiertas.
4. En una fuente para horno, disponer las rodajas de lubina, espolvorearlas con sal y harina, rociarlas con un chorro de aceite y con el vino, y, finalmente, añadir el pimentón.
5. Introducir la fuente en horno caliente y dejarla una media hora.
6. Añadir entonces las almejas y acabar la cocción, siempre en el horno, durante unos quince minutos.
7. Antes de servir el pescado, espolvorearlo con el perejil y acompañar con los costrones de pan frito.

Lucio a las hierbas

Para 4 personas
Tiempo de preparación: 1 hora y 40 minutos
Dificultad: alta

Ingredientes:

1 lucio de 1 1/2 kg • 1 hoja de apio • 1 rama de tomillo • 1 hoja de laurel • 2 zanahorias tiernas • 2 cebollas • 1 vasito de vino blanco • pimienta • sal

Preparación:

1. Vaciar y limpiar el pescado. Cortarlo en trozos.
2. Pelar las cebollas y las zanahorias y cortarlas en rodajas.
3. Trocear el apio.
4. Atar el tomillo y la hoja de laurel.
5. En una cazuela con un litro de agua cocer la zanahoria, la cebolla, el apio, las hierbas, sal, el vino blanco y los granos de pimienta. Dejar a fuego normal unos veinticinco minutos. Escurrir el caldo.
6. Disponer los pedazos de lucio en una cazuela plana de barro, rociarlos con el caldo preparado con anterioridad y colocar la cazuela al fuego.
7. A los 5 minutos del primer hervor, dejar el pescado a fuego lento con la cazuela tapada, hasta que quede casi mermado el caldo.
8. Retirar del fuego y servir enfriado.

Llagosta a la catalana (langosta)

Para 2 personas
Tiempo de preparación: 35 minutos
Dificultad: media

Ingredientes:

1 pieza de langosta un poco grande • 150 g de cebollas • 1 diente de ajo • 4 tomates maduros • 1 dl de aceite • sal • canela en polvo • pimienta • laurel • 1 copa de vino rancio seco

Picada

30 g de chocolate • 50 g de almendras tostadas • 1 «borrego» • 1 diente de ajo • perejil

Preparación:

1. Picar la cebolla muy fina y rehogar en una cazuela de barro con el aceite, añadir el ajo picado, darle unas vueltas y añadir el tomate rallado; dejar cocer lentamente.
2. Mientras, preparar la langosta, cortarla de arriba abajo, prescindir de la bolsa del estómago, guardar el hígado.
3. Cortarla en trozos, que se van echando a la cazuela con cuidado de que la carne no se salga de su cáscara. Colocada toda la langosta, aromatizar con canela en polvo, pimienta, sal y un trozo de hoja de laurel. Rociar con el vino rancio.

Picada:

4. En el mortero picar bien finas las almendras tostadas, el chocolate rallado, el diente de ajo, perejil y el «borrego»; cuando tengamos una pasta fina, desleír con un poco de caldo o de agua y añadir a la langosta.
5. Dejar cocer solo durante unos veinte minutos y servir.

Llampugas amb pebres (dorados con pimientos)

Para 6 personas
Tiempo de preparación: 45 minutos
Dificultad: baja

Ingredientes:

1 kg y 200 g de dorados • 2 kg de pimientos rojos • 1 cabeza de ajos • 3 dl de aceite • 100 g de harina • perejil • sal • pimienta

Preparación:

1. Limpiar el pescado, salpimentar y enharinar.
2. En una sartén, calentar el aceite y freír el pescado, bien dorado. Pasarlo a una cazuela de barro plana.
3. En el mismo aceite, colado, rehogar los pimientos lavados y cortados en trozos irregulares, quitándoles las semillas.
4. Añadir los ajos separados de la cabeza y habiéndoles hecho un corte a cada uno.
5. Tapar y cocer lentamente para que queden blandos. Cuando estén en su punto, añadir un puñado de perejil picado, dejar cocer un momento y verter sobre el pescado.
6. Dejar descansar por lo menos una hora y tomarlo a temperatura ambiente, es cuando está más sabroso.

Lluç de Cadaqués (merluza con champiñones)

Para 4 personas
Tiempo de preparación: 30 minutos
Dificultad: baja

Ingredientes:
4 rodajas de merluza, cortadas un poco gruesas

Salsa
2 dientes de ajo • 2 tomates maduros • 100 g de piñones • 1 dl de vino blanco seco • 1 tacita de agua • 1/2 limón • 1/2 hoja de laurel • aceite • sal • perejil • pimienta

Preparación:

1. *Asar los tomates sobre la llama; los ajos también, pelar y picar en el mortero; añadir los piñones; picar finamente (puede hacerse con la batidora eléctrica), añadir el vino blanco y un poco de agua.*
2. *En una cazuela de barro, poner un poco de aceite de oliva, añadir los ingredientes preparados anteriormente. Sazonar con sal y pimienta blanca, añadir el laurel. Cocer unos diez minutos a fuego lento, hasta que la salsa se reduzca un poco. Añadir las rodajas de merluza crudas, rociadas con el zumo de limón, cocer 10 minutos, a fuego lento, tapado.*
3. *Servir espolvoreado con perejil finamente picado.*

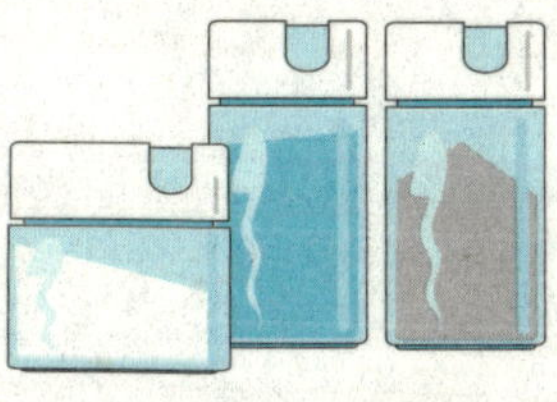

Madrillas al tomillo

Para 4 personas
Tiempo de preparación: 45 minutos
Dificultad: media

Ingredientes:
1 kg de madrillas • 3 dientes de ajo • 2 pepinillos en vinagre • zumo de limón • 1 rama de tomillo • tomillo en polvo • perejil • 1 hoja de laurel • 1/2 guindilla • vinagre • aceite • sal

Preparación:

1. *Limpiar cuidadosamente el pescado.*
2. *Picar los pepinillos y un diente de ajo.*
3. *Triturar el laurel y la guindilla.*
4. *En una sartén con aceite hirviendo, dorar 2 dientes de ajo previamente pelados, la rama de tomillo, la guindilla y el laurel. Retirar el ajo y el tomillo y, en el aceite, freír las madrillas y disponerlas en una fuente para servir.*
5. *En un recipiente hondo, batir 4 cucharadas de aceite, 1 de zumo de limón y otra de vinagre, la picada de pepinillo y ajo, una pizca de tomillo en polvo y sal; cuando esté todo bien mezclado.*
6. *Verter la salsa sobre el pescado y servir.*

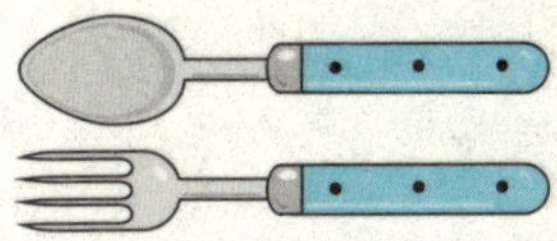

Maganos santanderinos (calamares)

Para 4 personas
Tiempo de preparación: 1 hora y 15 minutos
Dificultad: media

Ingredientes:
8 calamares medianos • 2 cebollas • 3 dientes de ajo • 3 huevos frescos • perejil • pimienta • 50 g de pan rallado • 100 g de harina • 1 dl de vino blanco • aceite • sal

Preparación:

1. *Limpiar los calamares; reservar sus tintas y cortar en trozos pequeños los tentáculos; dejar enteras las bolsas del cuerpo. Secarlos con un paño.*
2. *En un cazo con aceite, rehogar una cebolla cortada fina a fuego muy lento, añadir dos dientes de ajo picados, los tentáculos, perejil picado, sal y pimienta.*
3. *Cuando esté todo rehogado, espolvorear con el pan rallado, verter un chorro de vino blanco y remover.*
4. *En un bol, batir los huevos, echarlos al cazo, remover varias veces y dejar que cuaje, con el fuego muy suave.*
5. *Rellenar las bolsas de los calamares con este preparado, cerrarlas con un palillo, pasarlos por harina y freírlos en aceite. Finalmente ponerlos en una cazuela.*
6. *En el aceite de freír los calamares, rehogar una cebolla pequeña y un diente de ajo. Cuando empiece a tomar color, espolvorear con una cucharada de harina, dejar cocer y verter el resto de vino blanco.*
7. *En un poco de agua, disolver las bolsas de tinta de los calamares; añadirlo todo a la cazuela, moviéndola varias veces hasta que los calamares estén tiernos. Debe cocerse siempre con el fuego muy lento.*

Marisco a la plancha

Para 6 personas
Tiempo de preparación: 35 minutos
Dificultad: baja

Ingredientes:
1 langosta de 2 kg • 1 lubigante o bogavante de 2 kg • 18 cigalas de 200 g cada una • 80 g de mantequilla • 2 limones • sal • aceite

Preparación:
1. Abrir las piezas por el centro, desde la cabeza hasta la cola.
2. Sazonar todas las piezas.
3. Disponer todas las piezas sobre la plancha (el lado de la carne debe estar primero sobre la plancha).
4. Encima, verter un poco de aceite y dejar dorar; luego, darle la vuelta a cada pieza.
5. El tiempo de cocción de la langosta y el lubigante es de 25 minutos. El de la cigala es de 10 minutos, aproximadamente.
6. Mientras, en una sartén, fundir la mantequilla y el zumo de los limones.
7. Disponer todo el marisco en una fuente y rociarlo con la salsa. Servir caliente.

Marmita de bonito

Para 4 personas
Tiempo de preparación: 55 minutos
Dificultad: baja

Ingredientes:
800 g de bonito • 1 kg de patatas • 2 cebollas pequeñas • 4 rebanadas de pan • aceite • sal

Preparación:
1. Retirar la piel del bonito y cortarlo en trozos no demasiado pequeños.
2. Pelar y trocear las patatas.
3. Triturar las cebollas, una vez peladas.
4. En una cazuela de barro honda con agua hirviendo y sal, cocer las patatas.
5. Mientras, en una sartén con aceite hirviendo, dorar ligeramente las cebollas y añadir el sofrito a la olla con las patatas.
6. Veinte minutos después, agregar el bonito, tapar la cazuela y dejar unos quince minutos más a fuego normal.
7. Cinco minutos antes de retirar del fuego, agregar las rebanadas de pan, darles un ligero hervor y servir enseguida.

Marmita de jibia

Para 6 personas
Tiempo de preparación: 1 hora y 15 minutos
Dificultad: baja

Ingredientes:
1 kg de jibias • 1 cebolla grande • 2 pimientos verdes • 1 1/2 kg de patatas • 1/2 guindilla • costrones de pan • perejil • 1 dl de vino blanco • 3 dl de aceite de oliva • sal

Preparación:
1. Lavar las jibias, limpiarlas y, a continuación, cortarlas en trocitos.
2. En una cazuela de barro, calentar el aceite y rehogar la cebolla y los pimientos verdes cortados muy pequeños.
3. Antes de que la cebolla coja color, rehogar las jibias durante 30 minutos, hasta que se consuma toda el agua que han soltado y quede sólo el aceite.
4. Pelar las patatas, trocearlas y rehogarlas con las jibias durante 5 minutos. Añadir el vino blanco y la guindilla y dejar hervir aproximadamente 5 minutos más.
5. Cubrir las patatas y las jibias con agua y dejar cocer hasta que las jibias estén tiernas. Comprobar el punto de sal y servir adornadas con costrones de pan fritos y perejil picado espolvoreado.

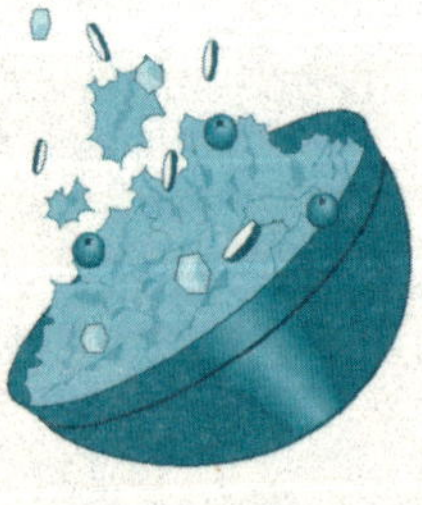

Marmita de pescado y mariscos

Para 6 personas
Tiempo de preparación: 35 minutos
Dificultad: media

Ingredientes:

6 rodajas de rape • 6 rodajas de merluza • 6 gambas • 6 cigalas • 2 puerros • 2 zanahorias • 1 escalonia • medio vaso de crema de leche • 1 taza de salsa de tomate • 1 taza de caldo de pescado • 4 hebras de azafrán • 600 g de arroz • mantequilla • una copa de brandy • sal • aceite

Preparación:

1. Cortar en juliana los puerros, la escalonia y las zanahorias.
2. En una sartén con mantequilla, dejar rehogar las verduras cortadas.
3. Una vez doradas, añadir el rape, la merluza, las gambas enteras sin pelar y las cigalas. Remover.
4. Añadir el brandy y la crema de leche.
5. Dejar reducir un poco la salsa y añadir la salsa de tomate, dejándolo cocer todo junto durante 10 minutos.
6. Si durante la cocción se redujera la salsa, añádase un poco de caldo de pescado y las hebras de azafrán.
7. Rectificar de sal, si hace falta.
8. En una olla con agua, aceite y sal, dejar cocer el arroz durante 15 minutos y escurrir.
9. Distribuir el arroz en platos al igual que el pescado, vertiendo la salsa por encima. Servir caliente.

Marmitako

Para 6 personas
Tiempo de preparación: 1 hora y 20 minutos
Dificultad: media

Ingredientes:

1 1/2 kg de bonito fresco • 1 kg de patatas • 6 pimientos verdes • 1 dl de aceite • 1 puerro • 3 cebollas • 3 pimientos choriceros • 250 g de tomates maduros • 2 dientes de ajo • guindilla • pimentón • perejil • sal

Preparación:

1. Escaldar los pimientos choriceros, quitarles la pulpa (la piel se tira) y reservar.
2. En una olla con 1 1/2 litro de agua, poner la cabeza y la cola del bonito, un puerro cortado en rodajas, 2 pimientos verdes cortados en cuadrados muy pequeños, una cebolla pelada entera. Dejar hervir unos treinta minutos. Colar.
3. En una cazuela de barro, calentar el aceite y rehogar las cebollas cortadas finas, a fuego lento, dejar sofreír unos veinte minutos.
4. Cuando las cebollas estén bien doradas, pero suaves, añadir en la cazuela la pulpa de los pimientos choriceros y los tomates, pelados sin pepitas y cortados pequeños, los dientes de ajo y el perejil, ambos finamente picados. Dejar cocer 15 minutos a fuego lento. Agregar una rodajita de guindilla y el pimentón; remover rápidamente.
5. Añadir los pimientos verdes cortados pequeños y las patatas cortadas en dados. Remover bien.
6. Verter el caldo hirviendo, aproximadamente 3/4 litro; debe cubrir las patatas.
7. Cuando las patatas estén cocidas, agregar el bonito, previamente lavado y cortado en trozos, sazonar, remover cuidadosamente para evitar que se rompan las patatas o el bonito.
8. Dar un hervor de 8 minutos, apagar el fuego. Dejar reposar una hora más o menos.
9. En el momento de servir, volver a calentar, servir en la misma cazuela.

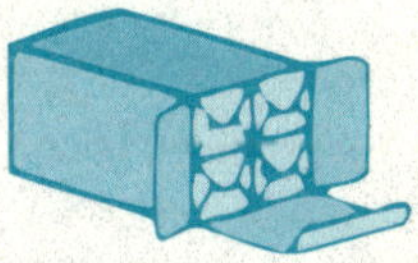

Mejillones a la marinera

Para 6 personas
Tiempo de preparación: 45 minutos
Dificultad: baja

Ingredientes:

3 kg de mejillones • 1 cebolla grande • 400 g de tomates maduros • 1 pimiento pequeño • 2 dientes de ajo • 1 vaso de vino • harina • perejil • aceite • pimienta blanca • sal

Preparación:

1. Primeramente, lavar con abundante agua los mejillones; a continuación, raspar cuidadosamente las valvas.
2. En una cazuela con un poco de aceite, sofreír la cebolla bien picada y, antes de que tome color, añadir los tomates pelados y troceados previamente y el pimiento cortado en tiras.
3. Cuando todo esté cocido, añadir una cucharadita de harina, remover bien.
4. Agregar los mejillones.
5. Añadir sal y pimienta blanca a la cazuela al gusto.
6. Machacar bien los ajos y el perejil en un mortero, diluir con el vino y agregar la salsa a los mejillones.
7. Tapar la cazuela y dejar cocer a fuego lento hasta que se abran.
8. Servir bien calientes en la misma cazuela.

Mejillones a la panadeira

Para 6 personas
Tiempo de preparación: 1 hora y 5 minutos
Dificultad: media

Ingredientes:

3 kg de mejillones • 100 g de bacon • 6 cebollas pequeñas • 3 tomates • 1 pimiento rojo grande • 1 pimiento verde grande • 6 dientes de ajo • 1 cucharada de pimentón dulce • 2 hojas de laurel • 1 copa de vino blanco • perejil • pan rallado • azafrán • aceite • sal

Preparación:

1. Limpiar los mejillones bajo un chorro abundante de agua fría, raspando sus valvas con un cuchillo hasta dejarlas completamente limpias.
2. Abrir los mejillones al vapor en una cazuela donde se habrá añadido el vino blanco y las hojas de laurel.
3. Colar y reservar el caldo de la cocción.
4. Preparación de la salsa: en una cazuela con aceite previamente calentado, agregar las cebollas, los ajos, los pimientos, y el bacon finamente picados. Sazonar con sal. Dejar cocer todo junto a fuego lento.
5. A media cocción, añadir el pimentón y después mezclar el tomate triturado, dejándolo cocer 5 minutos.
6. Añadir el azafrán y el caldo de los mejillones.
7. Dejar hervir otros 5 minutos hasta que estén bien cocidos.
8. Eliminar la valva superior de los mejillones y colocar la inferior, con la carne hacia arriba, en una placa resistente al calor.
9. Verter la salsa por encima de los mejillones, añadir el pan rallado, el perejil trinchado e introducir en el horno hasta que esté bien gratinado.
10. Servir muy caliente.

Mejillones a la vinagreta

Para 4 personas
Tiempo de preparación: 25 minutos
Dificultad: baja

Ingredientes:

1 1/2 kg de mejillones • 1 cebolla • 1 vaso de vino blanco • 2 pimientos morrones • 2 pimientos verdes • 1 hoja de laurel • perejil • pepinillos en vinagre • alcaparras • aceite • vinagre • sal

Preparación:

1. Lavar bien los mejillones y ponerlos a cocer en una olla con agua y sal.
2. Añadir a la olla la hoja de laurel, un chorrito de vino blanco y tapar. Dejar cocer.
3. Una vez cocidos, dejarlos enfriar y retirarles las valvas.
4. Picar finamente todos los ingredientes y mezclarlos con el aceite, el vinagre y la sal.
5. Colocar bien los mejillones en una fuente y verter por encima todo el picadillo.

Mejillones en salsa

Para 6 personas
Tiempo de preparación: 45 minutos
Dificultad: baja

Ingredientes:

2 1/2 kg de mejillones • 4 puerros • 1 vaso de vino blanco seco • harina • limón • pimienta blanca • perejil • mostaza • aceite • sal

Preparación:

1. Limpiar bien los mejillones.
2. Poner los mejillones en una cazuela al fuego con un poco de agua. Una vez abiertos, sacarlos de su concha reservándolos.
3. Verter el jugo de los mejillones encima de éstos.
4. En una sartén al fuego con aceite caliente, añadir los puerros finamente picados.
5. Cuando los puerros empiecen a dorarse, añadir la harina, el vino blanco y el caldo de los mejillones, un poco de mostaza, el zumo de medio limón y la pimienta blanca. Sazonar.
6. Añadir esta salsa a los mejillones; espolvorear con perejil, finamente picado. Servir frío.

Mejillones rebozados

Para 4 personas
Tiempo de preparación: 45 minutos
Dificultad: baja

Ingredientes:

700 g de mejillones • 1 huevo • 30 g de harina • pan rallado • 1 1/2 dl de leche • 30 g de mantequilla • aceite • sal

Preparación:

1. Limpiar cuidadosamente los mejillones y, después, cocerlos en un cazo tapados hasta que se abran. Sacarlos de sus conchas y colar el jugo obtenido.
2. Picar bien pequeña la carne de los mejillones y reservar las conchas.
3. En un cazo, derretir la mantequilla, añadir la harina y dejar cocer, removiendo con una espátula de madera. Verter el jugo de cocer los mejillones, añadir la leche y remover ahora con las varillas.
4. Incorporar la carne de los mejillones y, cuando esté todo bien unido y la salsa espesa, retirar del fuego. Rectificar de sal. Con esta preparación, rellenar las conchas de los mejillones que habíamos reservado. Dejar enfriar.
5. Batir el huevo y pasar por él la cara de las conchas (el lado del relleno) y pasarlas después por el pan rallado. Dorarlas en aceite bien caliente y servir enseguida.

Merluza a la baturrica

Para 4 personas
Tiempo de preparación: 45 minutos
Dificultad: baja

Ingredientes:

8 rodajas de merluza • 1 cebolla • 2 cucharadas de puré de tomate • pimienta molida • caldo de pescado • harina • aceite • sal

Preparación:

1. Pelar y picar finamente la cebolla.
2. Limpiar y secar la merluza; espolvorear con sal y harina y poner seguidamente las rodajas en una cazuela plana.
3. Recubrir la merluza con la cebolla, el puré de tomate, un poco de pimienta, un chorro de aceite y 3 cucharadas de caldo.
4. Introducir en el horno ya muy caliente y mantener durante 25 minutos, aproximadamente, a temperatura alta.
5. Servir bien caliente en la misma cazuela plana.

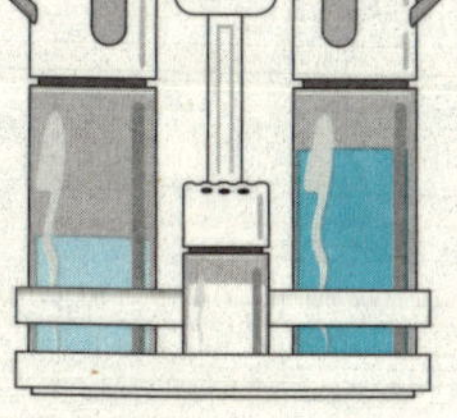

Merluza a la castellana

Para 6 personas
Tiempo de preparación: 1 hora
Dificultad: media

Ingredientes:

1 merluza de 1 kg, aproximadamente • 3 dientes de ajo • 2 cebollas pequeñas • 200 g de guisantes cocidos • 5 cucharadas soperas de harina • caldo de pescado • aceite de oliva • sal • harina • perejil

Preparación:

1. Vaciar, limpiar y cortar en rodajas la merluza, conservando la cabeza.
2. Pelar y picar las cebollas y los dientes de ajo.
3. Triturar el perejil.
4. Poner harina en un plato.
5. Preparar un poco de caldo con la cabeza de merluza.
6. En una cazuela amplia y plana con aceite caliente, sofreír la cebolla y los dientes de ajo.
7. Antes de que tomen color, disponer encima las rodajas de merluza rebozadas en harina y espolvorearlas con sal.
8. A los 10 minutos, dar la vuelta al pescado para que quede bien empapado con el sofrito por los dos lados.
9. Añadir el perejil, los guisantes y el caldo.
10. Dejar la cazuela a fuego muy lento, hasta que el jugo quede muy reducido. Servir en la misma cazuela.

Merluza a la extremeña

Para 4 personas
Tiempo de preparación: 55 minutos
Dificultad: baja

Ingredientes:

600 g de merluza • 1 cebolla • 1 diente de ajo • perejil • pimienta • 1 clavo • azafrán • aceite • sal

Preparación:

1. Limpiar y vaciar la merluza; pelar y picar finamente la cebolla y triturar el perejil y el diente de ajo pelado.
2. En una sartén con aceite hirviendo, freír la merluza y disponerla en una cazuela.

3. En el aceite restante, dorar la cebolla, el ajo, el perejil, 1 clavo y el azafrán. Añadir 3 vasitos de agua caliente y a continuación sazonar con sal y pimienta.
4. Verter el sofrito sobre la merluza y dejar la cazuela sobre fuego lento hasta que el jugo quede muy reducido.

Merluza a la tudelana

Para 4 personas
Tiempo de preparación: 1 hora y 15 minutos
Dificultad: baja

Ingredientes:

8 rodajas de merluza • 8 espárragos de Tudela • 1 pimiento rojo asado • 200 g de guisantes desgranados • 3 dientes de ajo • 1 limón • 1 punta de guindilla • harina • vinagre • aceite • sal

Preparación:

1. Limpiar y secar la merluza, rebozarla con harina y dorarla en una sartén con aceite. Retirarla y disponerla en una cazuela de barro.
2. En el aceite restante, dorar los dientes de ajo y la guindilla. A continuación, rociar con el zumo de limón y unas gotas de vinagre.
3. Añadir el sofrito a la cazuela y espolvorear con sal.
4. Agregar los guisantes y los espárragos y dejar a fuego lento unos 15 minutos. Espesar la salsa con una cucharada de harina.
5. Dejar unos minutos más sobre el fuego y servir en la cazuela, adornando con el pimiento cortado a cuadrados.

Merluza a la vasca

Para 4 personas
Tiempo de preparación: 45 minutos
Dificultad: media

Ingredientes:

1 merluza entera de 1 kg • 12 espárragos • 1,25 dl de vino blanco • 12 almejas • 40 g de mantequilla • 1 escalonia • 1 limón • 1,25 dl de agua • perejil • sal • pimienta

Picada

25 g de almendras tostadas • 2 yemas de huevo duro

Preparación:

1. Lavar y abrir la merluza de arriba abajo, quitarle la espina y la cabeza.
2. Partir formando 4 filetes. Salpimentar y añadir el zumo de limón.
3. Precalentar el horno a temperatura regular.
4. En una cazuela de barro, poner el agua y la escalonia picada fina, colocar los filetes y rociar con el vino, llevar al horno unos doce minutos.
5. Dejar enfriar. Retirar el pescado y poner en el mismo jugo las almejas, cocer unos momentos, hasta que se abran, sacarlas y reservar.
6. En el mortero, picar las almendras tostadas con las yemas de huevo, desleír con un poco de jugo de la cocción del pescado.
7. Verter esta picada en la cazuela. Volver a poner al fuego, remover vivamente con el batidor, ligando la salsa, sin dejar que llegue a hervir. Retirar del fuego.
8. Colocar los espárragos en grupos de tres, entre los filetes.
9. Volver a poner unos minutos al horno.
10. Al sacar, rociar con la mantequilla derretida, dejando que tome un color dorado y con un poco de zumo de limón, terminar el plato espolvoreando con perejil picado fino. Servir en la misma cazuela.

Merluza al horno

Para 4 personas
Tiempo de preparación: 35 minutos
Dificultad: baja

Ingredientes:

800 g de merluza • 2 tomates maduros • 1 cebolla • pimienta blanca molida • caldo de pescado o agua • harina • aceite • sal

Preparación:

1. Limpiar, secar, cortar a rodajas y salar la merluza.
2. En un plato con harina, rebozar las rodajas de merluza y disponerlas en una fuente refractaria.
3. Pelar y picar la cebolla.
4. Escaldar, pelar y hacer puré los tomates.
5. Recubrir el pescado con la salsa de tomate y la cebolla picada. Salpimentar y verter un chorro de aceite y un poco de caldo de pescado o agua.
6. Introducir la fuente en el horno normal y dejarla unos 20 minutos, aproximadamente.

Merluza al vino blanco al estilo de Aragón

Para 4 personas
Tiempo de preparación: 1 hora
Dificultad: baja

Ingredientes:
8 rodajas de merluza • 2 cebollas • 4 pimientos verdes • 4 cucharadas de puré de tomate • 2 dientes de ajo • 1 limón • perejil • pimienta molida • 2 copas de vino blanco seco • caldo de pescado • pan rallado • aceite • sal

Preparación:
1. Pelar y picar las cebollas, los ajos y el perejil.
2. Cortar los pimientos a trocitos.
3. En una sartén con aceite hirviendo, dorar la cebolla y el pimiento.
4. Cuando la cebolla empiece a tomar color, añadir el ajo y el perejil.
5. Rociar enseguida con el vino blanco, bajar el fuego y, cuando la salsa se consuma, añadir la salsa de tomate y el caldo; mantener sobre el fuego durante unos minutos más.
6. Mientras, untar con aceite una fuente refractaria y disponer sobre ella las rodajas de merluza; salpimentar, verter el zumo de un limón y recubrir con la salsa de tomate, un poco de pan rallado y un chorro de aceite.
7. Introducir en el horno y mantener durante unos 20 minutos.

Merluza caprichosa

Para 4 personas
Tiempo de preparación: 1 hora y 5 minutos
Dificultad: media

Ingredientes:
1 kg de merluza • 750 g de almejas • 400 g de cocochas • 200 g de angulas • 3/4 l de caldo de pescado • 3 dl de aceite • 1 cebolla • 2 dientes de ajo • perejil • sal

Preparación:
1. Cortar la merluza en filetes delgados y salar.
2. En una sartén con suficiente aceite, añadir la cebolla, el ajo y las almejas.
3. Dejar cocer hasta que las almendras se abran.
4. En una sartén con aceite, freír la merluza durante 10 minutos.
5. En otra sartén con aceite, freír las cocochas durante 7 minutos.
6. Agregar un poco de caldo de pescado y perejil picado en cada sartén.
7. En una cazuela de barro, añadir primero la merluza, y enseguida las almejas y las cocochas, reservando las demás salsas para más tarde.
8. Juntar las tres salsas en una sola, y dejarlas cocer hasta que espesen un poco. Espumar y rectificar de sal.
9. Añadir la salsa obtenida a la cazuela del pescado.
10. Dejar cocer durante 20 minutos, luego añadir las angulas, y retirar del fuego enseguida.

Merluza con acelgas

Para 6 personas
Tiempo de preparación: 55 minutos
Dificultad: baja

Ingredientes:
6 colas de merluza de unos 200 g cada una • 1 kg de acelgas • 700 g de patatas • aceite • sal

Preparación:
1. Limpiar bien las acelgas con abundante agua.
2. Poner una olla con agua y sal y, cuando empiece a hervir, agregar las acelgas.
3. Dejar cocer durante 10 minutos y añadir las patatas, peladas y troceadas.
4. Añadir las colas de merluza cuando las patatas estén ya casi cocidas. Dejar cocer la merluza unos minutos más.
5. Colocar las colas de pescado en una fuente adornándola con las patatas y las acelgas. Aliñar con un poco de aceite.
6. Es importante servir recién hecho.

Merluza con avellanas al txacolí

Para 6 personas
Tiempo de preparación: 50 minutos
Dificultad: media

Ingredientes:

6 trozos de merluza de 300 a 500 g cada uno • 6 dl de txacolí • 20 avellanas tostadas • 5 dientes de ajo • 30 g de pan tostado • 8 cucharadas de aceite • sal

Preparación:

1. Colocar una cazuela al fuego con el txacolí. Cuando empiece a hervir, echar la merluza sazonada con sal. Tapar la cazuela y dejar cocer 5 minutos. Luego, retirar del fuego.
2. Picar en el mortero las avellanas, tres ajos y el pan tostado. Machacarlo bien hasta formar una crema. Reservar.
3. Sacar con cuidado todo el caldo de la cazuela donde se ha cocido la merluza, reservándolo en un cazo. Añadir todo lo majado en el mortero y dejar hervir unos cinco minutos. Cuando el caldo se haya reducido con todo lo majado a unos 300 centímetros cúbicos, retirar del fuego.
4. Colocar en el fuego otra cazuela de barro con el aceite y dos ajos que restan picados pequeños. Cuando empiecen a dorarse, añadir los trozos de merluza que previamente habían hervido 5 minutos con el txacolí. Añadir por encima la salsa de avellanas, pan y ajos. Dejar cocer 5 minutos más y servir en la misma cazuela.

Merluza con patatas a la malagueña

Para 4 personas
Tiempo de preparación: 2 horas y 5 minutos
Dificultad: media

Ingredientes:

1 merluza de 2 kg • 500 g de patatas • 2 cebollas • 1 diente de ajo • 10 almendras tostadas • tomillo • laurel • pimienta en grano • azafrán • clavo • nuez moscada • aceite • sal

Preparación:

1. Hacer un caldo con la cabeza y la cola de la merluza, añadiéndole, además, la cebolla cortada en lonchas, el tomillo y el laurel, dejándolo cocer todo junto por espacio de una hora.
2. Quitar las espinas de la merluza y cortarla en filetes.
3. Preparar un majado con el ajo, 2 hebras de azafrán, las almendras, una pizca de clavo, la pimienta en grano y la nuez moscada.
4. Cuando esté todo bien machacado, añadir un poco de caldo.
5. Cuando le falten 15 minutos al caldo para terminar de cocer, añadirle las patatas, cortadas en rodajas.
6. En una cazuela aparte, añadir los filetes de merluza, un poco de caldo, el suficiente para que cubra el pescado. También las patatas ya cocidas, el majado y sazonar.
7. Poner la cazuela al fuego y dejar cocer todo junto por espacio de 10 minutos.
8. Servir bien caliente en la misma cazuela.

Merluza con patatas

Para 4 personas
Tiempo de preparación: 40 minutos
Dificultad: baja

Ingredientes:

4 rodajas de merluza (de 200 g cada una) • 700 g de patatas • 50 g de guisantes • 1 cebolla pequeña • 4 dientes de ajo • 1 cucharadita de pimentón dulce • 1 manojo de perejil • aceite • sal

Preparación:

1. En una cazuela con agua al fuego, añadir las patatas cortadas en rodajas, la cebolla, un diente de ajo, el perejil y la sal.
2. A media cocción, agregar la merluza y los guisantes.
3. En una sartén con aceite caliente, freír los tres ajos restantes y, una vez dorados, añadir el pimentón. Retirar la sartén del fuego, para evitar que el pimentón se queme.
4. Escurrir las patatas y la merluza y colocarlas en la fuente.
5. Verter la salsa por encima.

Merluza con sidra

Para 4 personas
Tiempo de preparación: 1 hora y 15 minutos
Dificultad: media

Ingredientes:

8 rodajas de merluza • 3 cebollas • 1 botella de sidra • 1 docena de almejas grandes • 1 guindilla • perejil • aceite de oliva • sal

Preparación:

1. En una sartén a fuego moderado, poner las almejas, moverlas con el mango y retirarlas cuando estén todas abiertas. A continuación retirar las valvas.
2. Pelar las cebollas y picarlas.
3. Trinchar finamente el perejil.
4. Cortar una arandela de la guindilla.
5. Untar con aceite una fuente para horno, disponer en ella la merluza, recubrirla con la cebolla picada y encima las almejas.
6. Rociar con la sidra, salpicar con el perejil y poner encima la arandela de guindilla. Salar.
7. Llevar la merluza a horno moderado y dejarla hasta que la salsa de cocción la veamos reducida a la mitad.
8. Servir bien caliente en la misma fuente.

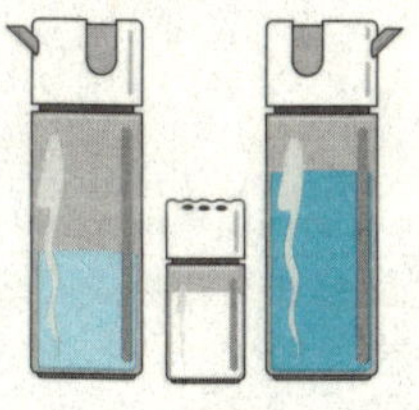

Merluza de Alcañiz

Para 4 personas
Tiempo de preparación: 1 hora
Dificultad: baja

Ingredientes:

1 kg de merluza • 1 kg de patatas • 1 cebolla pequeña • 1/2 tazón de puré de tomate • 2 dientes de ajo • 1 hoja de laurel • 1 vaso de vino blanco • caldo de pescado • harina • aceite • sal

Preparación:

1. Poner las patatas a hervir, enteras y con piel.
2. Limpiar bien, secar, cortar a rodajas, salar y enharinar la merluza.
3. En una sartén con aceite hirviendo, freír la merluza hasta que se dore por ambos lados; retirarla y disponerla sobre una cazuela de barro.
4. En el mismo aceite, sofreír ligeramente la cebolla y los dientes de ajo pelados y triturados y una hoja de laurel.
5. Espolvorear el sofrito con un poco de harina, mezclar y rociar con el vino y caldo de pescado; añadir el tomate y dejar unos 3 minutos sobre el fuego.
6. Rociar la merluza con la salsa y poner la cazuela sobre el fuego. Mantener a fuego lento hasta que la salsa espese.
7. Servir el pescado en la misma cazuela, añadiendo las patatas cocidas, peladas y cortadas en cuartos a lo largo.

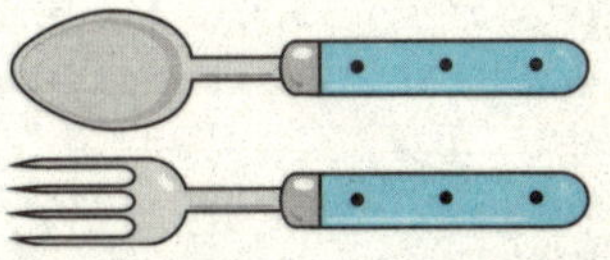

Merluza del mesonero

Para 6 personas
Tiempo de preparación: 50 minutos
Dificultad: baja

Ingredientes:

1 kg de merluza bien fresca de la parte de la cola • 6 cucharadas de pan rallado • aceite de oliva • 2 dientes de ajo • perejil • sal • pimienta blanca molida

Preparación:

1. Pelar y picar los 2 dientes de ajo.
2. Triturar el perejil.
3. Lavar debajo del grifo de agua fría la merluza y recortar un poco la punta de la cola.
4. Disponer el pescado en una fuente que pueda ir al horno. Sazonarlo con sal y pimienta, recubrirlo con pan rallado, ajo picado y perejil triturado y, finalmente, rociar con bastante aceite de oliva.
5. Introducir la merluza en horno muy suave y dejarla hasta que la piel de la parte superior quede dorada.
6. Rociar el pescado de vez en cuando con su propio jugo.
7. Puede servirse en la misma fuente.

Merluza en salsa

Para 4 personas
Tiempo de preparación: 25 minutos
Dificultad: baja

Ingredientes:

1 kg de merluza cortada en 4 rodajas • 4 dientes de ajo • 20 g de harina • 1 dl de aceite de oliva • 2 dl de caldo de pescado • 0,2 dl de vinagre • perejil • sal • pimienta

Preparación:

1. En un cazo con un poco de aceite caliente, sofreír los ajos picados sin que lleguen a dorarse.
2. Añadir un poco de perejil picado, la harina, unas gotas de vinagre, y dos decilitros de caldo de pescado; remover con cuchara de madera y dejar hervir durante unos diez minutos, aproximadamente.
3. Disponer cada rodaja en una cazuelita individual de barro, salpimentar, y cubrir con la salsa preparada.
4. Tapar cada cazuelita y poner al fuego dejando cocer unos cinco minutos.
5. Espolvorear con perejil picado.
6. Servir caliente.

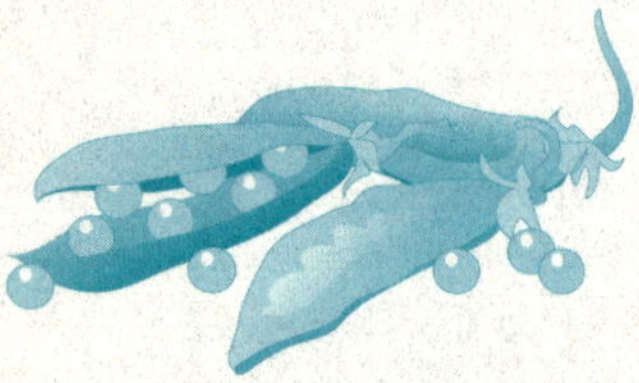

Merluza en salsa de avellanas

Para 4 personas
Tiempo de preparación: 55 minutos
Dificultad: baja

Ingredientes:

750 g de merluza fresca • 12 avellanas tostadas • harina • aceite de oliva • 2 dientes de ajo • sal • pimienta en grano • perejil

Preparación:

1. Machacar en el mortero las avellanas sin piel, los dientes de ajo pelados, los granos de pimienta y el perejil.
2. Limpiar la merluza debajo del grifo de agua fría y cortarla en rodajas de un centímetro de espesor, aproximadamente.
3. Poner harina en un plato.
4. Secar el pescado y rebozarlo en harina.
5. En una sartén con aceite hirviendo, freír la merluza hasta que se dore.
6. Disponer las rodajas de pescado en una cazuela de barro.
7. Verter un poco de agua en el machacado del mortero y echar ese líquido sobre todas las rodajas de merluza.
8. Espolvorear un poco de sal y poner la cazuela a cocer con fuego muy lento.
9. Dejar hasta que hierva un par de veces.
10. Durante los últimos minutos de cocción de la merluza, mover de vez en cuando la cazuela para que no se pegue el pescado. También se puede empujar con cuidado con una espátula de madera.
11. Servir caliente en la misma cazuela.

Merluza en salsa verde

Para 6 personas
Tiempo de preparación: 35 minutos
Dificultad: baja

Ingredientes:

1 merluza de 1 1/2 kg • 1 cebolla • 4 dientes de ajo • 2 dl de aceite de oliva • un buen ramillete de perejil • sal • pimienta

Preparación:

1. Lavar y limpiar bien la merluza, salarla.
2. Dejarla un rato en la escurridera para que suelte agua. Cortar en rodajas.
3. En una cazuela de barro al fuego, poner el aceite, dejar calentar y echar la cebolla picada pequeña. Cuando empiece a tomar color, añadir los ajos finamente picados y casi enseguida las rodajas de merluza.
4. Se va moviendo la cazuela continuamente para que la merluza no se pegue al fondo y vaya ligando la salsa.
5. Pasados 5 minutos darle vueltas a las rodajas con la espátula, cuidadosamente, para evitar estropearlas.
6. Espolvorear con una buena cantidad de perejil finamente picado y seguir moviendo la cazuela en vaivén unos cinco minutos más.
7. La salsa debe quedar espesa por el movimiento de vaivén y por sí misma, por lo que no hace falta poner harina.
8. Comprobar el punto de sal, añadir pimienta y servir en la misma cazuela.

Mero a la parrilla

Para 4 personas
Tiempo de preparación: 30 minutos
Dificultad: baja

Ingredientes:

4 rodajas de mero (cada rodaja 250 g) • 1 limón • sal • aceite • cogollitos de lechuga • patatas al vapor

Preparación:

1. Antes de comenzar la receta hay que tener en cuenta que si secamos el agua del pescado, evitaremos que se nos pegue en la parrilla.
2. Sazonar el pescado y untarlo con aceite.
3. Colocar el pescado encima de una parrilla caliente.
4. Dejar dorar durante 5 minutos.
5. Darle la vuelta al pescado y dejarlo dorar 5 minutos más.
6. Retirar el pescado de la parrilla y colocarlo en una fuente para servir, adornándolo con rodajas de limón y acompañándolo con patatas al vapor y cogollitos de lechuga.

Mero estilo Cangas

Para 4 personas
Tiempo de preparación: 1 hora
Dificultad: media

Ingredientes:

600 g de mero • 100 g de setas • 2 cebollas • 1 cucharada de harina • 1 vasito de vino blanco seco • 40 g de chocolate • 6 cucharadas de mantequilla • 1 limón • 8 costrones de pan frito • tomillo • orégano • perejil • aceite • sal

Preparación:

1. Cortar en trozos iguales el mero.
2. Pelar y triturar las cebollas.
3. Limpiar y trocear las setas.
4. Picar el perejil de forma muy fina.
5. Rallar el chocolate.
6. Exprimir el limón y conservar el zumo.
7. En una cazuela plana con aceite hirviendo, rehogar las setas y las cebollas. Sazonar con sal, añadir una ramita de tomillo y un poco de orégano. Agregar la mantequilla, el perejil, la harina. Cuando ésta tome color, rociar con el vino blanco, el zumo de limón y dos cucharones de agua.
8. En otra cazuela, disponer el mero sazonado con sal, recubrirlo con el chocolate y rociar con la salsa anterior. Dejar a fuego lento hasta que se espese la salsa y servir con costrones fritos.

Mero con mejillones

Para 4 personas
Tiempo de preparación: 1 hora y 5 minutos
Dificultad: baja

Ingredientes:

1/2 kg de mero • 1/2 kg de mejillones • 1 vaso de vino blanco • 1/2 cucharada de pimentón • 1 cucharada de puré de tomate • 2 cebollas • aceite de oliva • harina • perejil • sal

Preparación:

1. Limpiar el pescado y cortarlo en rodajas de 1 1/2 centímetros de espesor. Pelar y picar las cebollas.
2. Limpiar cuidadosamente los mejillones y abrirlos al vapor. Retirar las valvas. Picar el perejil.
3. En una cazuela amplia de barro, disponer las rodajas de pescado, junto con la cebolla, los mejillones, 2 cucharadas de puré de tomate y espolvorear con el pimentón y 2 cucharadas de harina.
4. Rociar todos los ingredientes con el vino, un buen chorro de aceite y un vasito de agua.
5. Poner la cazuela a fuego normal y dejar unos diez minutos a fuego vivo y seguidamente a fuego lento, hasta que esté todo en su punto.
6. Disponer el mero en una fuente para servir, adornar con los mejillones, recubrir con la salsa pasada por el tamiz y espolvorear con perejil picado.

Molls a la catalana (salmonetes)

Para 4 personas
Tiempo de preparación: 30 minutos
Dificultad: baja

Ingredientes:

4 salmonetes grandes • 3 dientes de ajo • 2 tomates maduros • 25 g de pan rallado • 2 dl de aceite de oliva • 1 dl de vino blanco seco • perejil • sal • pimienta

Preparación:

1. Cuando tengamos limpios los salmonetes, con un cuchillo bien afilado, hacerles unos cortes en diagonal sobre el lomo, a distancias regulares.
2. Escaldar los tomates, pelarlos y picarlos pequeños, pelar los ajos.
3. Untar una bandeja que pueda ir al horno y colocar los salmonetes, salpimentados, espolvorear por enci-

ma con los ajos y el perejil, los tomates cortados en macedonia y el pan rallado por encima.

4. Bañar con el aceite y el vino blanco y llevar al horno precalentado, 20 o 25 minutos, hasta que estén bien cocidos. (Cuando se les ponen blancos los ojos ya están en su punto.)
5. Servir inmediatamente, en la misma bandeja.

Molls al forn (salmonetes)

Para 4 personas
Tiempo de preparación: 1 hora
Dificultad: baja

Ingredientes:

4 salmonetes grandes de ración • 4 patatas • 4 cebollas • 50 g de piñones • 1 1/2 dl de aceite • zumo de 1 limón • un ramito de perejil • sal • pimienta

Preparación:

1. Limpiar bien el pescado, escamar y lavar; aliñar con un poco de sal y pimienta.
2. Precalentar el horno a unos 160 °C.
3. Untar con aceite una fuente refractaria al calor y llenar el fondo con una capa de cebollas peladas y cortadas en rodajas finas; luego, una capa de patatas cortadas en rodajas finas y otra de cebollas.
4. Encima colocar los salmonetes ordenadamente.
5. Esparcir por encima los piñones pelados y enteros y el perejil, finamente picado.
6. Rociar con el zumo de limón y el aceite.
7. Llevar al horno unos cuarenta minutos, y servir en la misma fuente caliente.

Musclos a la catalana (mejillones)

Para 4 personas
Tiempo de preparación: 25 minutos
Dificultad: baja

Ingredientes:

1 kg de mejillones (mejor de roca) • 2 dl de aceite de oliva • 1 cebolla grande • 2 tomates maduros • 1 diente de ajo • 2 dl de vino blanco seco • perejil • sal • pimienta

Preparación:

1. Raspar y lavar bien los mejillones bajo el chorro de agua del grifo.
2. En una cazuela al fuego, abrir los mejillones al vapor, tapados, pasados unos minutos; rociar con un poco de vino. Colar el caldo, reservar los mejillones.
3. En la misma cazuela, sofreír con el aceite caliente, la cebolla picada fina, luego los tomates sin piel ni pepitas; cortados pequeños; añadir el diente de ajo y perejil picados; colar el caldo de los mejillones en la cazuela; dejar cocer lentamente.
4. Cuando esté bien rehogado, rociar con el vino restante, reducir un poco.
5. Añadir los mejillones, dejar que absorban el sabor del sofrito, unos cinco minutos.
6. Al momento de servir, espolvorear los platos con perejil finamente picado.

Ostras a la pimienta negra

Para 4 personas
Tiempo de preparación: 45 minutos
Dificultad: media

Ingredientes:

24 ostras • 2 cebollas • pimienta negra • vinagre • limón • sal

Preparación:

1. Abrir y vaciar las ostras; colocarlas en un colador de alambre tupido.
2. Sumergir el colador en agua hirviendo con un poco de sal, durante 4 o 5 segundos.
3. Retirar el colador, dejar escurrir las ostras y ponerlas a enfriar en agua con hielo.
4. Colocarlas en un recipiente de cristal y sazonar con la pimienta.
5. Añadir la cebolla picada muy fina, el vinagre y el limón.
6. Dejar reposar unas dos horas dentro del frigorífico, sobre hielo picado.
7. Servir en el mismo recipiente de cristal encima del hielo picado.

Ostras fritas

Para 6 personas
Tiempo de preparación: 55 minutos
Dificultad: media

Ingredientes:
36 ostras grandes • harina de maíz • 1 limón • 2 huevos • aceite

Para acompañar
1 botella de salsa especiada

Preparación:
1. Abrir las ostras y separar la carne de las valvas.
2. Las valvas deben limpiarse muy bien; luego se secarán y reservarán.
3. Rociar la carne de las ostras con un chorrito de zumo de limón.
4. Pasarlas por huevo batido y la harina de maíz.
5. En una sartén con aceite muy caliente agregaremos las ostras rebozadas y dejaremos que se doren.
6. Retirarlas procurando que escurran el aceite.
7. Colocar cada ostra en su concha y servirlas en platos individuales.
8. En una salsera aparte serviremos la salsa especiada.

Pampanada (empanada de pescado)

Para 4 personas
Tiempo de preparación: 1 hora y 30 minutos
Dificultad: media

Ingredientes:
1 kg de sardinas • 5 huevos • 1 kg de harina • pimienta • aceite • sal

Preparación:
1. En un recipiente hondo, mezclar la harina con 4 huevos, sal y agua suficiente para obtener una masa compacta. Taparla y dejarla reposar unas 2 horas.
2. Mientras, limpiar las sardinas, retirándoles la cabeza, tripas y espinas. Secarlas y salpimentarlas. Dejarlas reposar también.
3. Cortar la masa en dos partes, aplastar una con un rodillo y recubrir con una de ellas el fondo de un molde para empanadas.
4. Disponer en su interior los filetes de pescado y rociar con un poco de aceite.
5. Recubrir con la otra mitad de masa, cerrar los bordes y untar cuidadosamente toda la superficie con huevo batido.
6. Introducir la empanada en horno medio y dejarla durante 30 minutos, aproximadamente.
7. Servir templada.

Panojas malagueñas

Para 6 personas
Tiempo de preparación: 35 minutos
Dificultad: baja

Ingredientes:
1 1/2 kg de boquerones • harina • aceite • sal

Preparación:
1. Limpiar bien los boquerones y escurrir.
2. Secarlos con un paño limpio.
3. Salarlos.
4. Enharinarlos uniéndolos por la cola, cada media docena, en forma de abanico.
5. En una sartén con aceite caliente, freír los boquerones, cuidando que no se peguen unos con otros.
6. Sacar los boquerones de la sartén.
7. Servir bien caliente y recién hecho.

Parrillada de mariscos

Para 6 personas
Tiempo de preparación: 35 minutos
Dificultad: baja

Ingredientes:
600 g de almejas • 750 g de gambas • 750 g de langostinos • 1 kg de nécoras • 1 kg de santiaguiños • 1 kg de cigalas • 1 bogavante de 800 g • 1 langosta de 800 g • 600 g de camarones • 1/2 lechuga • 1 limón • un manojo de perejil • aceite • sal

Preparación:
1. Partir las nécoras en cuatro partes cada una.
2. Partir por la mitad los santiaguiños, las cigalas, el bogavante y la langosta.
3. Ponerle sal a todas las piezas.

4. Disponer todas las piezas sobre una plancha muy caliente y con un poco de aceite.
5. Para cocer la langosta se necesitan 20 minutos; en cambio, las demás piezas se pueden cocer en sólo 10 minutos.
6. En otra plancha, disponer las almejas y las nécoras. Colocar un punto de sal y, al cabo de 10 minutos, retirarlas del fuego.
7. Una vez que tengamos cocido todo, disponemos todas las piezas en una fuente y decoramos con rodajas de limón, perejil picado y algunas hojas de lechuga.

Pastel de bonito

Para 8 personas
Tiempo de preparación: 1 hora y 30 minutos
Dificultad: media

Ingredientes:
2 kg de bonito • 4 zanahorias • 6 tomates maduros • 1 cebolla • 3 cebollitas tiernas • 12 huevos • 1 limón • pan rallado • mantequilla • 1 dl de aceite • sal • pimienta

Preparación:
1. Picar pequeña la cebolla, pelar y rallar los tomates.
2. Limpiar bien el bonito y retirarle la piel y las espinas. Cortar a dados.
3. En una cazuela con aceite, sofreír el bonito. Añadir la cebolla y los tomates. Salpimentar, tapar y dejar cocer unos 30 minutos.
4. Pasado este tiempo, triturar todo con una batidora.
5. En un bol grande, batir los huevos, añadir la mezcla anterior, y amalgamarlo bien.
6. Comprobar el punto de sal y rectificar si es necesario.
7. Untar un molde rectangular con mantequilla y, seguidamente, espolvorear con pan rallado.
8. Verter la mitad de la mezcla en el molde y, encima, disponer una capa de cebollas tiernas y zanahoria hervida. Cubrir con el resto del preparado de bonito.
9. Precalentar el horno a 180 °C e introducir el molde, al baño María. Mantener durante 1 hora, aproximadamente.
10. Dejar enfriar un poco, desmoldar y adornar el pastel con rodajas de limón.

Patatas con rape

Para 6 personas
Tiempo de preparación: 55 minutos
Dificultad: media

Ingredientes:
500 g de rape • 1 1/2 kg de patatas • 2 cebollas grandes • 4 tomates maduros • 2 dientes de ajo • 1 pimiento rojo • azafrán • pimentón dulce • aceite • sal

Preparación:
1. En una cazuela de barro con aceite, agregar las cebollas y los ajos pelados y picados finos.
2. Una vez rehogado, añadir los tomates pelados y picados y el pimiento limpio y cortado en trozos pequeños.
3. Dejar rehogar e incorporar las patatas peladas y cortadas en trozos; añadir unas hebras de azafrán, un poco de pimentón y sal.
4. Agregar agua hasta cubrir las patatas; dejar cocer durante veinticinco minutos, aproximadamente.
5. Casi al final de la cocción, agregar el rape y rectificar de sal.
6. Dejar cocer el rape durante 5 minutos y, a continuación, apartar la cazuela del fuego.
7. Servir caliente.

Patatas con sardinas

Para 4 personas
Tiempo de preparación: 1 hora y 5 minutos
Dificultad: baja

Ingredientes:
1 kg de patatas • 12 sardinas frescas • 1 hoja de laurel • 1 cebolla grande • 2 pimientos rojos • 1 hoja de laurel • aceite de oliva • sal • perejil

Preparación:
1. Pelar y cortar las patatas en rodajas finas.
2. Retirar la cabeza y la espina central a las sardinas, lavarlas y secarlas.
3. Pelar y picar la cebolla.
4. Triturar el perejil.

5. Una vez asados los pimientos, quitarles la piel y las pepitas y cortarlos en tiritas.
6. Cortar en trozos la hoja de laurel.
7. En una cazuela adecuada para ir al horno poner un chorrito de aceite de oliva y, disponer las rodajas de patatas.
8. Una vez colocadas las patatas, poner encima la cebolla picada y el perejil triturado. Sobre la cebolla y el perejil, disponer las sardinas una al lado de la otra, abiertas y sin la espina.
9. Habiendo colocado las sardinas, proceder a recubrir con otra capa de cebolla y perejil y espolvorear con sal.
10. Finalmente, disponer una última capa de patatas y el laurel. Recubrir todo con las tiras de pimiento. Rociar con un buen chorro de aceite, poner un poco más de sal y llevar al horno hasta que las patatas estén hechas.

Pescados y mariscos a la sidra

Para 4 personas
Tiempo de preparación: 55 minutos
Dificultad: baja

Ingredientes:

2 lenguados de unos 500 g cada uno • 12 langostinos • 1/2 l de sidra • 1/4 kg de almejas • 1 cebolla • aceite • sal • perejil

Preparación:

1. Limpiar el pescado, retirar tanto aletas como cabezas y cortarlos por la mitad.
2. Pelar y picar la cebolla.
3. Lavar los langostinos.
4. Poner en remojo las almejas en agua fría con un poco de sal.
5. En una cazuela de barro plana con aceite caliente, dorar la cebolla. Espolvorear con el perejil picado finamente.
6. Disponer enseguida los lenguados encima, sazonar y colocar las almejas abiertas al vapor y sin su concha, así como los langostinos sin caparazón.
7. Sin remover el guiso, rociar con la sidra y dejar la cazuela a fuego muy lento hasta que el pescado esté en su punto.
8. Regar de vez en cuando el pescado e ingredientes con su propia salsa.
9. Cuando ésta esté reducida, servir caliente.

Pimientos rellenos de bacalao

Para 4 personas
Tiempo de preparación: 2 horas y 40 minutos
Dificultad: media

Ingredientes:

12 pimientos rojos del pico • 750 g de bacalao ya remojado • 1 cebolla • 2 pimientos rojos • 75 g de jamón curado • 3 dientes de ajo • aceite • 2 huevos • 50 g de harina • sal

Salsa

1/2 kg de cebollas • 1 dl de vino blanco • 2 pimientos choriceros • 3 dientes de ajo • 400 g de tomates • 100 g de tocino entreverado

Preparación:

1. Poner en una cacerola al fuego con el bacalao cubierto escasamente de agua; en el momento de empezar a hervir, retirar. Sacarle todas las espinas, desmigarlo.
2. En un cazo al fuego, con un poco de aceite, rehogar el jamón cortado pequeño junto con la cebolla muy picada, dejar cocer lentamente. Cuando empiece a tomar color, añadir el ajo picado. Sazonar.
3. Asar los pimientos rojos, pelarlos y cortarlos muy pequeños.
4. En un bol, mezclar el bacalao desmigado, la cebolla con el jamón, ajo y los pimientos troceados, dejar enfriar, agregar el huevo batido.
5. Con este preparado, rellenar los pimientos del pico, rebozarlos y freírlos. Reservar.
6. Preparar la salsa poniendo en una cazuela de barro el tocino cortado pequeño, añadir las cebollas cortadas, los pimientos choriceros, dejar cocer un poco, añadir unos dientes de ajo enteros, dejar cocer muy lento una hora.
7. Añadir el vino poco a poco. Pasada la hora, añadir los tomates troceados y cocer una media hora.
8. Cuando esté en su punto, pasarlo por el colador chino.
9. En una cazuela de barro plana, poner los pimientos fritos, verter por encima la salsa preparada y dejar cocer lentamente tres cuartos de hora. Servir en la misma cazuela.

Popets amb ceba i tomàquet (pulpitos con cebolla y tomate)

Para 4 personas
Tiempo de preparación: 45 minutos
Dificultad: baja

Ingredientes:
900 g de pulpitos • 2 cebollas • 400 g de tomates maduros • 6 dientes de ajo • 1 vaso de vino blanco seco • 1,5 dl de aceite • sal • pimienta • perejil

Preparación:
1. Limpiar los pulpitos, pelar las cebollas y cortarlas finas, escaldar los tomates en agua hirviendo, pelarlos y picarlos pequeños, pelar los ajos y cortar a láminas.
2. En una cazuela de barro, con el aceite, poner los pulpitos y todos los demás ingredientes en crudo, regar con el vino blanco, tapar y dejar que se vayan cociendo lentamente, a fuego muy suave.
3. Pasado un rato, comprobar que el caldo que desprenden los pulpitos se va reduciendo, quedando solamente el aceite en la cazuela. Salpimentar.
4. Dejar sofreír un poco más y ya estarán a punto de servir. Comprobar el punto de sal y espolvo-rear con perejil finamente picado. Servir caliente en la misma cazuela.

Pudín de cabracho

Para 6 personas
Tiempo de preparación: 1 hora y 30 minutos
Dificultad: media

Ingredientes:
1 kg de cabracho • 1 cebolla • 1 zananahoria • 1 lechuga • 1 lata de espárragos • 1 dl de salsa de tomate • 4 huevos • perejil • 1 hoja de laurel • pimienta • 1 dl de nata líquida • 1/2 dl de vino blanco

Preparación:
1. En un cazo con agua, dejar cocer durante 10 minutos la cebolla, la zanahoria, 1 hoja de laurel, perejil, el vino blanco y sal. Pasado ese tiempo, añadir el pescado y dejar cocer durante 15 minutos.
2. Quitar las pieles y espinas al cabracho, desmenuzar y reservar.
3. En un bol, batir los huevos, añadir el tomate y la nata líquida; sazonar y añadir el pescado desmenuzado. Batir todo hasta que quede una pasta fina.
4. Engrasar un molde de pastel, poner un papel, también engrasado, en el fondo y verter todo el preparado anterior.
5. Precalentar el horno a temperatura media e introducir en él el molde al baño María. Dejar cocer durante unos 40 o 45 minutos. Comprobar el punto de cocción, pinchando con una aguja.
6. No desmoldar hasta que esté frío. Se sirve acompañado con salsa mahonesa y decorado con los espárragos y la lechuga.

Pulpo a feira

Para 4 personas
Tiempo de preparación: 45 minutos
Dificultad: baja

Ingredientes:
2 kg de pulpo • 1 kg de patatas • 100 g de pimentón picante • sal • aceite

Preparación:
1. Lavar el pulpo en agua fría.
2. En una olla con agua al fuego, cocer el pulpo y meterlo y sacarlo del agua tres veces, dejando que en cada intervalo vuelva a hervir el agua.
3. Pelar y cortar las patatas en dados. Incorporar las patatas al agua del pulpo.
4. Dejar cocer el pulpo y las patatas durante 15 minutos y retirar las patatas. Al cabo de 5 minutos, retirar la olla del fuego y dejar reposar el pulpo 5 minutos más en el agua.
5. Introducir las patatas en el horno durante 5 minutos.
6. Sacar el pulpo del agua y cortarlo a trozos.
7. Poner el pulpo y las patatas en una fuente y condimentarlo todo con sal, pimentón, picante y aceite.

Pulpo a la asturiana

Para 4 personas
Tiempo de preparación: 30 minutos, más el tiempo de cocción del pulpo
Dificultad: media

Ingredientes:

1 kg de pulpo fresco • 2 dientes de ajo • 1 pimiento morrón • 1 cebolla • 1 vasito de vino blanco • 1 hoja de laurel • 1 tomate maduro grande • aceite • sal

Preparación:

1. Limpiar y vaciar la cabeza de pulpo, si es posible, con agua de mar.
2. Golpear al pulpo durante unos minutos, ya que es el procedimiento indicado para que se ablande.
3. En una olla con agua hirviendo, una hoja de laurel y el vino blanco, cocer el pulpo, cogiéndolo por la cabeza e introducirlo primero por los tentáculos. (No poner sal hasta el final, eso lo endurecería.)
4. Los 20 primeros minutos, el pulpo debe cocer a fuego muy vivo y el resto de tiempo a fuego medio.
5. Mientras, en una cazuela con aceite caliente, sofreír la cebolla pelada y triturada. Cuando esté transparente, añadir el pimiento morrón, el tomate sin piel y el ajo, todo bien picado.
6. Retirar el pulpo, trocearlo e incorporarlo a la cazuela con el sofrito, dejándolo al fuego hasta que quede en su punto.

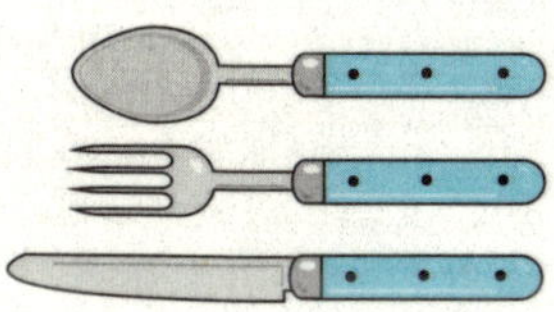

Pulpo a la granadina

Para 4 personas
Tiempo de preparación: 1 hora y 25 minutos
Dificultad: media

Ingredientes:

1 pulpo de 1 kg o 1 1/2 kg • 1/2 kg de pimientos rojos • 300 g de cebollas • 1 limón • 6 dientes de ajo • 1 hoja de laurel • aceite • vinagre • sal

Preparación:

1. Limpiar cuidadosamente el pulpo y ablandarlo.
2. En una olla al fuego con abundante agua, añadir una hoja de laurel y abundante sal.
3. Cuando empiece a hervir el agua, introducir el pulpo un momento, sacarlo, esperar a que el agua vuelva a hervir e introducir de nuevo el pulpo.
4. Repetir la misma operación dos veces más.
5. A continuación, dejar cocer el pulpo durante una hora, aproximadamente.
6. Retirar el pulpo del agua, escurrirlo y eliminar la piel que haya podido quedar. Trocearlo.
7. Asar los pimientos, sacarles la piel y cortarlos en tiras de igual tamaño.
8. Picar la cebolla, los dientes de ajo, añadir el zumo de limón, previamente exprimido, el aceite, el vinagre y la sal.
9. Mezclar todo bien y añadir el pulpo.
10. Dejar reposar durante dos horas.
11. Servir frío, en cazuelitas de barro.

Pulpo al ajoarriero

Para 4 personas
Tiempo de preparación: 30 minutos, más el tiempo de cocción del pulpo
Dificultad: baja

Ingredientes:

1 kg de pulpo • 1 cebolla • 6 dientes de ajo • pimentón picante • pimienta • 2 cucharadas de vinagre • aceite • sal

Preparación:

1. Golpear fuertemente el pulpo con un mazo para ablandarlo.
2. En una olla al fuego con muchas agua, poner 1 cebolla cortada pequeña. Cuando el agua hierva, hay que introducir el pulpo y sacarlo en seguida. repitiendo la operación tres o cuatro veces.
3. Cuando vuelva a hervir el agua, dejar el pulpo dentro y cocer hasta que esté tierno. Escurrir y cortar el pulpo en tiras de unos 2 cm. A continuación, colocarlo en una cazuela de barro.
4. En un cazo con aceite caliente, rehogar los dientes de ajo picados; retirar el cazo del fuego y añadir el pimentón picante. Poner de nuevo al fuego y verter el vinagre.
5. Rociar con este refrito el pulpo, sazonarlo con sal y pimienta, darle unas vueltas y servir.

Rabas fritas (calamares)

Para 4 personas
Tiempo de preparación: 15 minutos
Dificultad: baja

Ingredientes:

600 g de rabas • 2 dientes de ajo • 1 limón • 150 g de harina • 100 g de pan rallado • aceite • sal

Preparación:

1. Lavar las rabas, quitarles la piel, cortarlas en rodajas y secarlas.
2. Picar los dientes de ajo en el mortero, esparcirlos sobre las rodajas de rabas y dejar macerar durante 30 minutos.
3. En un plato, mezclar la harina y el pan rallado. Salar el pescado, pasarlo por las harinas y sacudirlo.
4. Calentar abundante aceite en una sartén y freír las rabas con el aceite caliente, pero no demasiado para que se cuezan por dentro y se doren por fuera. Servir enseguida rodeados con rodajas de limón.

Ranas de Tafalla

Para 4 personas
Tiempo de preparación: 50 minutos
Dificultad: baja

Ingredientes:

ancas de rana (cantidad según apetito) • 2 huevos • leche • harina • aceite • sal

Preparación:

1. Despellejar, limpiar y secar las ranas y, después, ponerlas en remojo con leche. Dejarlas durante 1 hora.
2. Secar las ranas, espolvorearlas con sal y rebozarlas en harina y huevo batido.
3. Calentar aceite en una sartén y, cuando esté bien caliente, freír las ancas de rana.
4. Disponer las ancas de rana en una fuente para servir y comerlas bien calientes.

Rap a l'all cremat (rape al ajo quemado)

Para 4 personas
Tiempo de preparación: 1 hora
Dificultad: media

Ingredientes:

1 kg de rape (puede ser otro pescado) • 6 dientes de ajo • 1 tomate maduro, grande • 1,5 dl de aceite • 1 kg de patatas • 4 rebanadas de pan finas • 1 hoja de laurel • un poco de guindilla • perejil • sal • pimienta • 7 dl de fumet de pescado

Fumet

1 litro de agua • 400 g de espinas y cabezas de pescado • 1/2 cebolla • tallos de champiñón • 1 vasito de vino blanco • perejil • sal

Preparación:

1. Poner un litro de agua en un cazo con todos los ingredientes indicados, sazonar y dejar cocer a fuego lento unos veinte minutos a partir de la ebullición, tapado. Colar y reservar.
2. Calentar aceite en una cacerola tapada, pelar los ajos y cortarlos en rodajas; ponerlos en el aceite, hasta que adquieran un color oscuro, casi quemados (pero sin que se quemen, pues amargarían la salsa). En el mismo aceite, una vez retirados los ajos, sofreír las rebanadas de pan, el laurel, el perejil y la guindilla.
3. Pasarlo todo al mortero, junto con los ajos.
4. En el aceite que queda sofreír el tomate, remover bien. Volver a poner el sofrito picado en la cacerola y remover con cuidado, para que quede un sofrito oscuro (los pescadores lo llaman chocolate).
5. Cuando esté en su punto, añadir el «fumet» bien caliente, teniendo en cuenta el agua que pueda soltar el pescado utilizado. Dejar hervir tapado unos cinco minutos.
6. Añadir las patatas cortadas en dados y, a media cocción, incorporar el pescado cortado en rodajas y sazonado. Terminar la cocción a fuego vivo. Servir bien caliente.

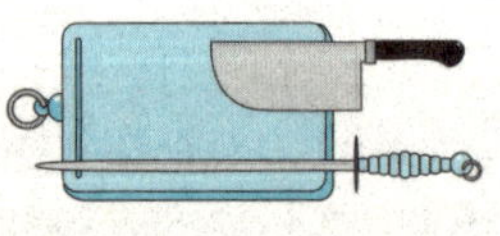

Rape a la catalana

Para 4 personas
Tiempo de preparación: 45 minutos
Dificultad: baja

Ingredientes:

1 kg de rape • 3 dientes de ajo • 1 cebolla grande • 50 g de chocolate rallado • 1 cucharada de vinagre • 1 hoja de laurel • 200 g de harina • 1/4 l de aceite • 1 cucharón de caldo de pescado, o agua • sal • perejil • pimienta

Preparación:

1. Preparar los filetes de rape sin piel, salarlos y pasarlos por harina; freírlos en una sartén con el aceite bien caliente.
2. Cuando estén dorados, colocarlos en una cazuela de barro grande, de manera que queden holgados.
3. Picar la cebolla finamente y poner sobre los filetes de rape, añadir los ajos pelados, enteros, el vinagre, el laurel, el chocolate rallado y el aceite que ha quedado de freír el pescado, añadir un cucharón de caldo de pescado o, en su lugar, de agua.
4. Tapar la cazuela y dejar cocer lentamente unos treinta minutos. Servir en la misma cazuela, espolvoreado con perejil picado.

Rape a la marinera

Para 4 personas
Tiempo de preparación: 45 minutos
Dificultad: baja

Ingredientes:

800 g de rape cortado en 8 trozos • 1/4 de aceite de oliva • sal • pimienta

Picada

2 rebanadas de pan • 2 tomates maduros • 1 cabeza de ajos • 1 vaso de vino blanco seco • 2 ñoras • 100 g de almendras tostadas • azafrán • perejil picado

Preparación:

1. En una cazuela de barro puesta al fuego, con el aceite, sofreír todos los elementos de la picada, primero el pan, sacarlo y ponerlo en el mortero, añadir los ajos, tomates, almendras, azafrán, a medida que se vayan dorando, sacarlos y disponerlos en el mortero.
2. Picarlos finamente, hasta que se logre una pasta, diluir con el vino blanco y añadir aceite otra vez. Terminar de sofreír y añadir agua caliente, la necesaria para cubrir, justo, el pescado.
3. Poner el rape en la cazuela, salpimentado, y dejarlo cocer a fuego lento, unos veinte minutos.
4. Se le pueden añadir unas almejas o unas chirlas, cuando falten unos cinco minutos, para terminar la cocción del plato. Servir en la misma cazuela, espolvoreado con perejil picado.

Rape al jerez

Para 4 personas
Tiempo de preparación: 50 minutos
Dificultad: media

Ingredientes:

8 rodajas de rape • 250 g de champiñones frescos • 200 g de gambas • 1 vaso de vino de Jerez seco • 4 tomates y un limón • 2 cucharadas de pan rallado • mantequilla • aceite • sal

Preparación:

1. Dejar macerar el rape con zumo de limón unos veinte minutos, aproximadamente.
2. Entretanto triturar los tomates y sofreírlos en una sartén con aceite y sal.
3. Reservar la salsa.
4. En una cazuela de barro, amplia y honda, puesta al fuego con agua y sal, dejar cocer las gambas por espacio de 10 minutos, más o menos. Pasado este tiempo, escurrir cuidadosamente y dejar enfriar.
5. Salar el pescado e introducirlo en una cazuela de barro.
6. Añadir unos trocitos de mantequilla encima del rape y verter un poco de aceite por encima.
7. Pelar las gambas y reservar la mitad.
8. La otra mitad ponerla en el mortero junto con el vino de Jerez seco, los champiñones finamente cortados, un poco de agua, sal y pan rallado. Machacar todo junto hasta que quede una pasta.
9. Añadir dicha pasta a la cazuela del pescado y llevar al horno por espacio de unos 10 minutos, aproximadamente.
10. Servir el rape en la misma cazuela adornado con las gambas restantes.
11. Servir la salsa de tomate en una salsera aparte, para que cada comensal pueda ponerse a su gusto.

Rape con avellanas

Para 8 personas
Tiempo de preparación: 1 hora y 10 minutos
Dificultad: media

Ingredientes:

1 rape de 1 kg, aproximadamente • 4 tomates maduros • 5 cucharadas de avellanas trituradas • harina • 1 rebanada de pan • 4 dientes de ajo • perejil • 1 hoja de laurel • sal • pimienta en grano • aceite de oliva • pimentón dulce

Preparación:

1. Cortar el rape en 8 trozos y conservar la cabeza.
2. En un olla con agua hirviendo, escaldar los tomates durante unos minutos. Dejarlos enfriar y quitarles la piel y las semillas.
3. Pelar y triturar los dientes de ajo con el perejil.
4. En una cazuela con agua hirviendo, sal, laurel, unas gotas de aceite, una cucharada de puré de tomate y un poco de picada de perejil y ajo, cocer la cabeza de rape hasta dejar un caldo corto.
5. Mientras, pelar las avellanas tostadas y triturarlas o machacarlas en el mortero.
6. Retirar las pieles del pescado, sazonarlo, rebozarlo en harina y dorarlo en una sartén con aceite hirviendo.
7. En el resto del aceite, dorar la rebanada de pan.
8. Seguidamente, sofreír el tomate en la misma sartén, añadir los ajos y perejil picados, el pan frito y las avellanas. Espolvorear con una cucharada de pimentón, mezclar y disponer el sofrito en una cazuela de barro.
9. Poner la cazuela al fuego y rociar con el caldo de la cabeza de rape.
10. Cuando comience el primer hervor, agregar el rape. Dejarlo cocer a fuego muy lento durante unos veinte minutos.

Rape de Cantabria

Para 4 personas
Tiempo de preparación: 1 hora y 10 minutos
Dificultad: media

Ingredientes:

800 g de rape • 150 g de gambas • 250 g de almejas • 3 dientes de ajo • 1 lata de espárragos • 3 huevos • perejil • pimienta • 60 g de harina • 3 dl de aceite • sal

Preparación:

1. Cortar el rape en rodajas y salpimentar.
2. En un mortero picar los dientes de ajo y el perejil. Esparcir sobre las rodajas de rape y dejar macerar durante 30 minutos.
3. Pasado este tiempo, pasar las rodajas de rape por harina, y huevo batido.
4. Calentar aceite en una sartén y freír el pescado; escurrirla y reservar.
5. Abrir la lata de espárragos, escurrir y reservar el agua.
6. En una cazuela de barro con un poco de aceite de freír el rape, echar una cucharada de harina, remover bien y añadir el agua de los espárragos.
7. Incorporar el rape a la cazuela, añadir las almejas y las gambas. Comprobar el punto de sal. Mover la cazuela con regularidad hasta que vaya espesando la salsa y se vayan abriendo las almejas. Debe cocer unos 10 minutos.
8. Cuando todo el conjunto esté en su punto, añadirle los espárragos troceados.

Rape mozárabe

Para 4 personas
Tiempo de preparación: 30 minutos
Dificultad: media

Ingredientes:

1 l de fumet de pescado • 2 kg de rape • 100 g de cebollas • 100 g de zanahorias • 25 g de pasas de Corinto • coñac • aceite • sal

Preparación:

1. En una cazuela de barro con aceite caliente, rehogar la cebolla y las zanahorias finamente picadas con anterioridad.
2. Sazonar y enharinar el rape y dejarlo freír en una sartén, dándole vueltas.
3. Añadir el rape a la cazuela del sofrito junto con las pasas y el coñac.
4. Cubrir el rape con el fumet de pescado y dejar cocer todo junto durante 15 minutos.

Raya con ajada

Para 4 personas
Tiempo de preparación: 50 minutos
Dificultad: media

Ingredientes:

1 kg de raya • 750 g de patatas • pimentón dulce • aceite • 50 g de unto • 3 dientes de ajo • 1 cebolla • perejil • vinagre • sal • agua

Preparación:

1. Raspar la raya con un cuchillo y trocearla.

2. Poner una cazuela con agua al fuego y verter las patatas cortadas en rodajas, la cebolla, el perejil y la sal.
3. A media cocción, añadir la raya troceada y dejar cocer hasta que las patatas estén tiernas.
4. En una sartén con aceite, dorar los ajos y un poco de cebolla.
5. Retirar la sartén del fuego.
6. Dejar reposar unos minutos la ajada y agregar una cucharada de pimentón y un poco de vinagre.
7. Escurrir el pescado y colocarlo en una fuente; también las patatas.
8. Rociar el pescado y las patatas con la ajada y dejar reposar unos minutos. Servir caliente.

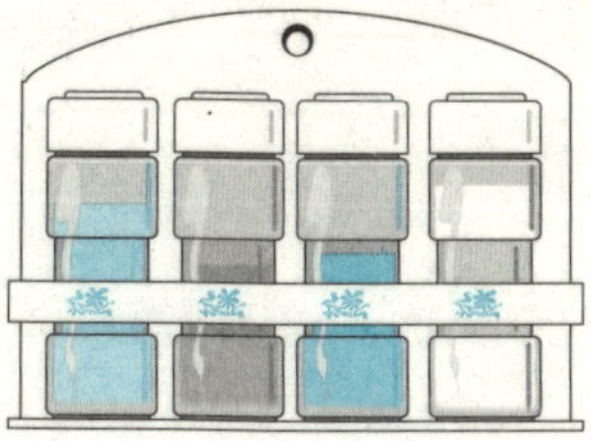

Rodaballo a la malagueña

Para 4 personas
Tiempo de preparación: 45 minutos
Dificultad: alta

Ingredientes:

1 rodaballo de 800 g • 600 g de patatas • 100 g de mantequilla • 1 cebolla • 2 limones • 3 yemas de huevo • 1 cucharada de nata • zumo de limón • perejil • aceite • sal

Preparación:

1. Pelar y hervir las patatas enteras en agua y sal.
2. Limpiar el pescado y añadirlo a una cazuela con agua y sal.
3. Añadir una cebolla al pescado, un chorrito de aceite y dejarlo cocer durante 20 minutos.
4. En una cazuelita aparte, añadir 3 cucharadas de caldo de pescado, las yemas de huevo y dejar cocer a fuego lento removiendo constantemente con el batidor. Añadir también la cucharada de nata.
5. Retirar la cazuelita del fuego y añadirle la mantequilla y el zumo de limón. Se obtendrá una crema homogénea.
6. Presentar el pescado en una fuente, adornar con las patatas, unas ramitas de perejil y las rodajas de limón.
7. Presentar la crema en una salsera aparte.

Romesco de peix (pescado en salsa)

Para 4 personas
Tiempo de preparación: 1 hora y 20 minutos
Dificultad: alta

Ingredientes:

4 rodajas de rape • 4 rodajas de dentón • 4 gambas grandes • 4 cigalas • 600 g de langosta • 20 mejillones • 2 cebollas • 4 tomates • 3 ajos • 150 g de harina • 1 vaso de vino blanco • 3 dl de aceite de oliva • sal

Picada

2 ñoras • 50 g de almendras tostadas • 2 dientes de ajo • 1 rebanada de pan • perejil • sal • guindilla • pimienta

Preparación:

1. Poner en remojo las ñoras sin las pepitas, en agua tibia durante unas dos horas.
2. En una sartén, poner el aceite; cuando esté caliente, freír la rebanada de pan para la picada y, cuando esté dorada, retirar.
3. Salpimentar y pasar por harina el pescado, en la misma sartén con el aceite bien caliente, freír; cuando esté dorado, retirar y colocar con cuidado en una cazuela de barro, que quede holgado. Poner el resto de pescados.
4. En el mismo aceite de freír el pescado, rehogar la cebolla, picada fina; al tomar color, añadir tres ajos picados y los tomates rallados. Cuando todo esté bien sofrito y tenga un poco de color, rociar con el vino, evaporar, añadir un poco de agua o de caldo de pescado, dejar cocer lentamente 5 minutos. Sazonar.
5. Bañar con este sofrito el pescado que tenemos en la cazuela.

Picada:

6. En el mortero, picar las almendras, añadir los ajos escalivados y pelados, el pan frito, la guindilla, perejil, sal y la pulpa de las ñoras. Picar bien, poner un poco de la salsa para diluir la pasta y verter en la cazuela. Dejar cocer unos quince minutos, tapado y a fuego suave.
7. Retirar del fuego y dejar reposar. Servir en la misma cazuela.

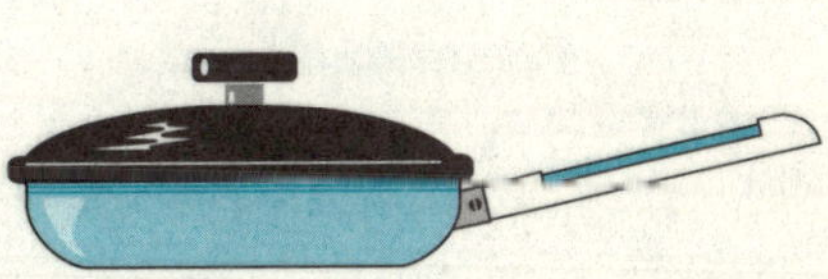

Salmón a la ribereña

Para 6 personas
Tiempo de preparación: 30 minutos
Dificultad: media

Ingredientes:

6 rodajas de salmón de 250 g cada una • 1 vaso de vino blanco • 1 vaso de caldo de pescado • mantequilla • tocino • harina • sal

Para el adorno

patatas al vapor • tomates asados

Preparación:

1. Salar y enharinar las rodajas de salmón.
2. En una sartén, fundir un poco de mantequilla y grasa de tocino y dejar freír ligeramente el salmón por ambos lados.
3. Rociar el salmón con el vino y el caldo de pescado.
4. Introducir la sartén en el horno durante 4 o 5 minutos y retirarla.
5. Limpiar el salmón de piel y espinas y colocar las rodajas en una fuente.
6. Poner la piel y las espinas en la misma sartén y ligarlo todo con la grasa de la fritura. Luego tamizar finamente la pasta resultante pasándola por un colador chino.
7. Bañar las rodajas de salmón con el jugo y acompañarlas con algunas patatas al vapor y unos tomates asados.
8. Preferentemente este plato debe servirse caliente.

Salmón al estilo de Limpias

Para 4 personas
Tiempo de preparación: 35 minutos
Dificultad: baja

Ingredientes:

4 rodajas de salmón de 150 g cada una • 4 lonchas finas de jamón • 1 diente de ajo • 100 g de miga de pan rallado • 1 limón • pimienta blanca • 1 manojo de perejil • aceite • sal

Preparación:

1. Pasar un trapo húmedo por las rodajas de salmón, sazonar con sal y pimienta, y rociar con zumo de limón.
2. Colocarlas en una fuente un poco honda, regar con un poco de aceite, dejar macerar durante unos 20 minutos.
3. En un bol, mezclar la miga de pan con el jamón cortado pequeño y el ajo y el perejil muy picados.
4. Unos 25 minutos antes de servir el pescado, rebozar las rodajas de salmón con el picadillo preparado en el bol.
5. Seguidamente, asar el pescado en una parrilla a fuego vivo durante unos 2 o 3 minutos por cada lado.
6. Disponer el salmón en una fuente, rociar con zumo de limón y servir.

Salmón al vino tinto de Liébana

Para 4 personas
Tiempo de preparación: 40 minutos
Dificultad: media

Ingredientes:

4 rodajas de salmón fresco de 200 g cada una • 2 escalonias • 400 g de patatas • perejil • pimienta verde • 1 l de vino tinto de Liébana • 2 dl de nata líquida • 1 dl de aceite de oliva • sal

Preparación:

1. En una cazuela con aceite caliente, rehogar las escalonias finamente picadas, dejar freír unos segundos y añadir las rodajas de salmón, previamente sazonadas con sal y pimienta verde. Freír durante 2 minutos cada lado del pescado.
2. Retirar el aceite y verter el vino tinto. Cocer durante unos 8 minutos. Retirar el salmón de la cazuela.
3. Mantener la cazuela a fuego muy suave, añadir la nata líquida, espolvorear con pimienta verde molida, dejar unos 15 minutos para reducir y ligar la salsa.
4. A continuación, pasarla por el colador chino, verter la salsa en una fuente de servir caliente, colocar el salmón encima y adornar con las patatas cortadas a dados, fritas y espolvoreadas con perejil.

Salmón en papillot

Para 6 personas
Tiempo de preparación: 50 minutos
Dificultad: media

Ingredientes:
1/2 kg de salmón fresco en rodajas • 300 g de setas de temporada o champiñones • 4 chalotes o escalonias • 3 dl de salsa de tomate • perejil • pimienta • 250 g de mantequilla • 5 dl de crema de leche • sal

Preparación:
1. En un cazo, derretir la mantequilla y rehogar las chalotes picadas pequeñas. Antes de que tomen color, añadir las setas, bien limpias y troceadas, y dejar cocer durante unos segundos.
2. Verter la salsa de tomate, aromatizar con el perejil finamente picado y salpimentar. Dejar cocer un poco y verter la crema de leche, que espesará un poco el conjunto.
3. Disponer 6 rectángulos de papel de aluminio de 50 × 30 cm. Salpimentar las rodajas de salmón y colocarlas en un extremo de cada uno de los rectángulos de papel de aluminio; repartir proporcionalmente la salsa sobre las rodajas de salmón y formar unas bolsas herméticas uniendo cuidadosamente los extremos del aluminio.
4. Precalentar el horno a 250 °C. Colocar las bolsas sobre una bandeja, introducir en el horno y dejar cocer durante 12 minutos aproximadamente.
5. Servir enseguida, con las bolsas bien hinchadas; no se abrirán hasta que estén en la mesa.

Salmón marinado

Para 4 personas
Tiempo de preparación: 1 hora y 10 minutos
Dificultad: baja

Ingredientes:
1 kg de salmón en 8 trozos • 2 cebollas • 1/2 tazón de salsa de tomate casera • perejil • aceite • sal

Preparación:
1. Limpiar y secar el pescado, pelar y picar las cebollas, y triturar el perejil.
2. En un recipiente hondo, poner a macerar el salmón con aceite, la cebolla picada, el perejil y sal. Dejar todo en reposo durante 1 hora, aproximadamente.
3. Con la ayuda de unas pinzas de cocina, retirar el pescado y asarlo sobre unas parrillas calientes.
4. Untar el pescado con el jugo de la marinada y servirlo en una fuente conjuntamente con una salsa de tomate casera.

Salmonetes al vino

Para 4 personas
Tiempo de preparación: 30 minutos
Dificultad: media

Ingredientes:
12 salmonetes de 100 g cada uno • 2 cebollas • 1 copa de vino • romero • aceite • limón • sal • pimienta

Preparación:
1. Limpiar y abrir los salmonetes desde la cabeza a la cola, por la parte del vientre, para poder quitar la espina.
2. Sazonar los salmonetes.
3. Enharinarlos.
4. En una sartén con aceite caliente, freír los salmonetes, dándoles vuelta.
5. Introducir los salmonetes en una cazuela de barro y poner el romero encima. Añadir el aceite restante de la sartén encima de los salmonetes.
6. Picar finamente la cebolla y añadirla a la cazuela; agregar la copa de vino.
7. Introducir la cazuela en el horno durante 10 minutos.
8. Servir bien caliente en la misma cazuela y adornarlo con rodajas de limón.

Salmonetes fritos

Para 6 personas
Tiempo de preparación: 25 minutos
Dificultad: baja

Ingredientes:
1 1/2 kg de salmonetes pequeños • 200 g de harina • aceite • limón • sal

Preparación:

1. Lavar bien los salmonetes.
2. Sazonar el pescado.
3. Rebozarlo con la harina.
4. En una sartén con aceite caliente, freír los salmonetes cuidando que no se peguen unos a otros.
5. En una fuente de servir, verter todos los salmonetes y adornar con unas rodajas de limón.
6. Servir recién hecho.

Salmonetes primaverales

Para 4 personas
Tiempo de preparación: 40 minutos
Dificultad: baja

Ingredientes:

8 salmonetes medianos • 1 rama de apio • 1 tomate maduro • 1 cebolla • 1 zanahoria • 2 dl de vino blanco • 3 tomates de ensalada • 2 endivias • 1 limón • tomillo, perejil, laurel e hinojo • sal y pimienta

Preparación:

1. Con las hierbas aromáticas formar tantos ramitos como salmonetes haya.
2. Limpiar, escamar y lavar bien los salmonetes. Rociar con limón.
3. Salpimentar, introducir un ramito de hierbas aromáticas en el interior de cada uno.
4. Preparar un caldo corto con un litro de agua, el apio, tomate, zanahoria, cebolla y el vino blanco.
5. Dejar hervir unos treinta minutos. En los últimos 5, añadir un chorro de aceite e introducir los salmonetes cuidadosamente, dejando hervir muy suavemente, para que no se rompa su delicada piel.
6. Cuando estén listos, escurrir y servir en una bandeja rodeados de las endivias cortadas en tiras y de rodajas de tomate. Aliñar con aceite, sal y zumo de limón.

Salpicón de mariscos

Para 4 personas
Tiempo de preparación: 1 hora
Dificultad: baja

Ingredientes:

500 g de pulpo • 200 g de calamares • 200 g de gambas • 200 g de mejillones • 4 cigalas • 2 pimientos verdes • 4 tomates rojos • 2 cebollas • pimiento morrón • sal • aceite • vinagre

Preparación:

1. En una cazuela con agua hirviendo y sal, introducir y sacar el pulpo tres veces.
2. Finalmente, introducirlo en la misma cazuela y dejarlo cocer unos treinta minutos, aproximadamente.
3. En otra cazuela hervir el marisco restante y dejarlo enfriar.
4. Pelar y picar el marisco, menos las cigalas y el pulpo.
5. Distribuir el marisco y el pulpo en los platos a partes iguales.
6. Trocear los pimientos verdes, los tomates y las cebollas y distribuirlos también en los platos.
7. Distribuir asimismo el pimiento morrón.
8. Adornar cada plato con una cigala.
9. Sazonar con aceite, sal y vinagre.

Sardinas a la navarra

Para 4 personas
Tiempo de preparación: 1 hora y 5 minutos
Dificultad: baja

Ingredientes:

1 kg de sardinas • 2 cebollas • 3 dientes de ajo • perejil • 1 cucharada de pimentón dulce • orégano • 3 cucharadas de pan rallado • aceite • sal

Preparación:

1. Limpiar las sardinas, quitándoles tripas, cabeza y espina.
2. Pelar y triturar las cebollas, el perejil y los dientes de ajo.
3. Mezclar en un mortero, la cebolla, el perejil, los ajos, el orégano, el pan rallado, sal y el pimentón.
4. En una cazuela de barro refractaria, disponer una capa de sardinas, esparcir por encima la mitad del picado y rociar con un chorro de aceite.
5. Repetir la operación otra vez y si fuera necesario, otra más.

6. *Introducir la cazuela en horno fuerte y dejarla unos 25 minutos.*
7. *Servir en la misma cazuela.*

Sardinas a la santanderina

Para 4 personas
Tiempo de preparación: 45 minutos
Dificultad: baja

Ingredientes:

16 sardinas frescas • 1 cebolla • 4 tomates maduros • 4 dientes de ajo • perejil • 100 g de harina • 3 dl de aceite de oliva • sal

Preparación:

1. *Limpiar, salar y enharinar las sardinas.*
2. *Freírlas con la mitad del aceite y colocarlas en una cazuela de barro.*
3. *Pelar y picar bien la cebolla y los tomates. Rehogarlos en un poco de aceite y verter encima de las sardinas.*
4. *Freír los dientes de ajo pelados y cortados en láminas; añadir el perejil picado, y verter también sobre las sardinas.*
5. *Dejar cocer unos 2 minutos todos los ingredientes. Servir inmediatamente en la misma cazuela de barro.*

Sardinas al estilo andaluz

Para 4 personas
Tiempo de preparación: 50 minutos
Dificultad: media

Ingredientes:

24 sardinas • 5 tomates • 1 cebolla • 1 hoja de laurel • 1 cucharadita de pimentón dulce • aceite • sal

Preparación:

1. *Escamar bien las sardinas; seguidamente, quitarles la tripa y la cabeza. Secarlas con un paño limpio.*
2. *Colocar las sardinas en una cazuela de barro, sazonar y rociar con aceite.*
3. *Pelar y picar la cebolla, agregarla encima de las sardinas.*
4. *Con el tomate, el aceite y la sal, preparar una salsa; agregarla también a las sardinas, junto con una hoja de laurel y un poco de pimentón dulce.*
5. *Poner la cazuela al fuego y dejar cocer lentamente las sardinas durante 15 o 20 minutos.*
6. *Servir caliente.*

Sardinas al estilo gallego

Para 4 personas
Tiempo de preparación: 30 minutos
Dificultad: baja

Ingredientes:

16 sardinas grandes • 500 g de patatas • pimientos de Herbón • un poco de pimentón dulce • harina • ajo • orégano • aceite • sal

Preparación:

1. *Limpiar y descamar bien las sardinas y hacer un pequeño corte en el lomo.*
2. *Machacar en un mortero el ajo, junto con el pimentón, el orégano y la sal.*
3. *Rellenar los lomos de la sardinas con lo majado.*
4. *Enharinar las sardinas y freírlas en una sartén con abundante aceite.*
5. *Acompañar las sardinas con patatas cocidas y pimientos fritos.*

Sardinas con patatas

Para 6 personas
Tiempo de preparación: 1 hora y 20 minutos
Dificultad: baja

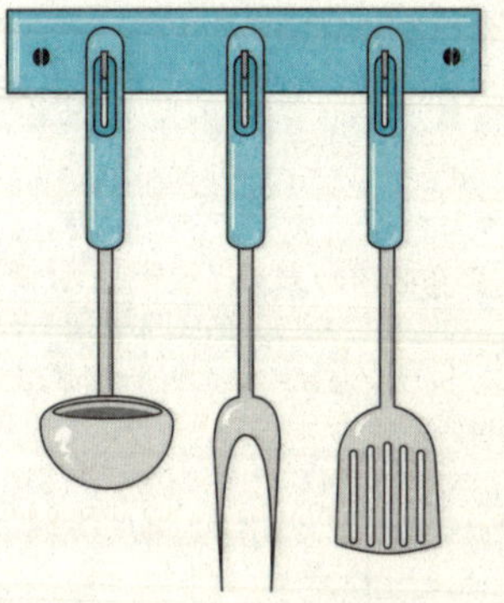

Ingredientes:

1 1/2 kg de sardinas • 1 kg de patatas • 1 1/2 kg de pimientos de Herbón • 1 hoja de laurel • aceite • sal

Preparación:

1. Limpiar las sardinas y salarlas.
2. Dejarlas reposar durante dos horas, para que se impregnen de sal.
3. Colocarlas en una parrilla y asarlas por los dos lados.
4. Cortar las patatas con la piel a trozos grandes y ponerlas a cocer con agua, sal y laurel.
5. A media cocción, escurrir el agua y taparlas con un paño.
6. Dejar las patatas al lado del fuego para que se sequen y se terminen de cocer.
7. En una cazuela con abundante aceite, freír lentamente los pimientos y, una vez fritos, escurrir y espolvorear con sal.
8. Colocar las patatas en una bandeja, poner encima las sardinas y adornar con los pimientos.

Sardinas en escabeche

Para 6 personas
Tiempo de preparación: 30 minutos
Dificultad: baja

Ingredientes:

1 kg de sardinas frescas • 2 dientes de ajo • 2 hojas de laurel • pimentón • estragón • 2 dl de vino blanco • 1 dl de vinagre de vino • aceite • sal

Preparación:

1. Limpiar bien las sardinas, sacándoles la cabeza. Secarlas con un paño, salarlas y, seguidamente, freírlas en una sartén con abundante aceite caliente.
2. Colocarlas en una cazuela de barro, bien dispuestas.
3. Pelar los ajos, cortarlos en láminas y rehogarlos en el mismo aceite de freír las sardinas.
4. Añadir el pimentón, remover y retirar del fuego. A continuación, poner las hojas de laurel partidas en trozos y las hojas de estragón; añadir el vino blanco y el vinagre.
5. Volver a poner sobre el fuego y dejar hervir unos minutos más. Echar sobre las sardinas, cubriéndolas bien. Dejar enfriar.
6. No tomarlas hasta pasados dos días; entonces estarán más en su punto.

Sardinas en pepitoria

Para 4 personas
Tiempo de preparación: 55 minutos
Dificultad: baja

Ingredientes:

1 kg de sardinas frescas • 1 cebolla grande • 1 manojo de perejil • 4 dientes de ajo • pan rallado • aceite de oliva • sal • 1 lechuga

Preparación:

1. Descamar, lavar y vaciar las sardinas.
2. Pelar y triturar la cebolla.
3. Pelar y picar los dientes de ajo junto con el perejil.
4. Lavar debajo del grifo de agua fría la lechuga, retirar las hojas más verdes y conservar las hojas de en medio. (Guardar el cogollo para una ensalada.)
5. En una cazuela de barro amplia, disponer una capa de pan rallado con el ajo, el perejil picado y la cebolla triturada.
6. Colocar encima unas cuantas sardinas, espolvorearlas con sal y recubrirlas con dos o tres hojas de lechuga. Repetir la misma operación hasta acabar con las sardinas.
7. Rociar el pescado con un buen chorro de aceite, introducir la fuente o cazuela (refractaria) en el horno durante unos veinte minutos.

Sardinas en salmorejo

Para 4 personas
Tiempo de preparación: 1 hora y 10 minutos
Dificultad: media

Ingredientes:

8 sardinas de bota o cubo • 4 huevos • 2 dientes de ajo • 1 hoja de laurel • perejil • 1/2 l de caldo de pescado o 1 pastilla de caldo de pescado • harina • 3 cucharadas de vinagre • aceite de oliva • sal

Preparación:

1. Limpiar cuidadosamente las sardinas, retirándoles la cabeza y las vísceras. Ponerlas en remojo en un

recipiente de barro con agua y vinagre. Dejarlas toda la noche.
2. Pelar los dientes de ajo y picar bien el perejil.
3. Escurrir, secar y aplanar un poco las sardinas; pasarlas por harina.
4. En una sartén con aceite hirviendo, freír las sardinas; retirarlas y reservarlas.
5. Verter el aceite sobrante en una cazuela de barro plana y, cuando esté bien caliente, sofreír los dientes de ajo; añadir enseguida el caldo de pescado, el perejil y el laurel.
6. Dejar hervir la mezcla durante unos 15 minutos a fuego normal. Salar.
7. Ir echando los huevos de uno en uno en la cazuela procurando que no se enganchen entre ellos, ni se deshagan. Mover continuamente la cazuela cogiéndola por las 2 asas.
8. Cuando los huevos estén con la clara cuajada, añadir las sardinas; retirar del fuego y servir.

Sardinas encebolladas

Para 6 personas
Tiempo de preparación: 1 hora
Dificultad: media

Ingredientes:
1 1/2 kg de sardinas • 6 cebollas tiernas • 2 tomates maduros • 2 dientes de ajo • 2 hojas de laurel • pimentón dulce • nuez moscada • pimienta negra en grano • azafrán • comino • perejil • harina • aceite • sal

Preparación:
1. Limpiar bien las sardinas quitándoles la cabeza y las espinas.
2. Salar las sardinas, enharinar y freírlas en una sartén con abundante aceite caliente.
3. Retirar las sardinas de la sartén y, en el mismo aceite, freír la cebolla y el tomate picados. Verter una cucharada de harina y dejar tostar, agregar 1/2 cucharada de pimentón y dejar cocer todo junto.
4. Hacer un majado en el mortero con los ajos pelados, el comino, el azafrán, la nuez moscada rallada, unos granos de pimienta, el perejil y la sal; diluir con un poco de agua.
5. Verter el majado en el sofrito y dejar cocer todo durante 5 minutos.
6. A continuación, añadir las sardinas y dejar cocer unos minutos más. Añadir agua, si queda demasiado espeso.
7. Se sirve tanto frío como caliente.

Sardinas estofadas

Para 4 personas
Tiempo de preparación: 50 minutos
Dificultad: media

Ingredientes:
1 kg de sardinas de buen tamaño • 4 tomates maduros pero fuertes • 2 vasos pequeños de vino blanco seco • 2 cebollas • aceite de oliva • sal • tomillo en rama • 1 hoja de laurel • unas ramitas de perejil

Preparación:
1. Vaciar, retirar la cabeza y limpiar debajo del grifo de agua fría las sardinas.
2. Pelar y cortar las cebollas en arandelas.
3. Escaldar los tomates y convertir dos de ellos en puré.
4. Cortar los otros dos tomates en rodajas.
5. Formar y atar un ramillete compuesto por el tomillo, la hoja de laurel y el perejil.
6. En una cazuela de barro plana con aceite caliente, dorar las cebollas. Añadir el puré de tomate y los otros dos tomates cortados en rodajas. Disponer encima las sardinas.
7. Sazonar el guiso con sal y pimienta y agregar el ramillete compuesto.
8. Tapar la cazuela y dejarla a fuego muy lento hasta que merme el puré de tomate.
9. Rociar con el vino blanco y dejar unos minutos más hasta terminar la cocción.
10. Servir en la misma cazuela, retirando el ramillete compuesto.

Sepia guisada

Para 6 personas
Tiempo de preparación: 1 hora
Dificultad: media

Ingredientes:
1 1/2 kg de sepia • 3 cebollas • 4 dientes de ajo • 1 pimiento rojo • 3 tomates • 3 patatas • 1 hoja de laurel • caldo de gallina • sal • perejil • aceite

Preparación:

1. Limpiar bien la sepia y cortarla en dados.
2. Picar las cebollas, los ajos, trocear el pimiento, trinchar el perejil y triturar los tomates.
3. En una cazuela con aceite caliente, sofreír las cebollas, los ajos, el pimiento, el perejil, los tomates y el laurel.
4. Dejar cocer hasta conseguir una salsa homogénea. Remover con una espátula de vez en cuando.
5. Añadir los dados de sepia, sazonar y añadir poco a poco el caldo.
6. Pelar y lavar las patatas. Cortarlas en dados y sazonar.
7. Cuando falten 20 minutos para el final de la cocción, añadir las patatas y dejar cocer. Servir caliente y en la misma cazuela.

Sípia amb mandonguilles (sepia con albóndigas)

Para 4 personas
Tiempo de preparación: 1 hora y 15 minutos
Dificultad: media

Ingredientes:

300 g de carne de ternera picada • 100 g de carne de cerdo picada • 1 huevo • 1 diente de ajo • 1 rebanada de pan • un poco de leche • 1 cebolla • 200 g de tomates maduros • 100 g de harina • 1 atado de hierbas aromáticas • 1/4 l de caldo • 1/4 l de vino tinto • 600 g de sepia • 25 g de piñones • 1/2 cucharadita de canela en polvo • 1 cucharada de harina • unas rebanadas de pan tostado • perejil • aceite

Preparación:

1. Mezclar las carnes picadas, añadir el ajo y perejil también picados, la rebanada de pan remojado en la leche y el huevo un poco batido. Mezclar bien, trabajando con un tenedor hasta que la mezcla quede homogénea, salpimentar y poner un poco de canela en polvo.
2. Con la masa preparada, formar bolitas, pasarlas por harina y freírlas en un cazo con abundante aceite. Reservar.
3. Limpiar la sepia, trocear y cocer en un cazo pequeño con el vino tinto, tapado, unos quince minutos.
4. En el cazo de freír las albóndigas, y con el mismo aceite, rehogar la cebolla cortada fina. Cuando empiece a tomar color, añadir el vino (que queda al terminar la cocción de la sepia) y la salsa de la sepia, mezclar con una cucharada de harina, dejar dorar y agregar los tomates cortados a trozos sin pelar, el atado de hierbas y el caldo; tapar y dejar cocer unos quince minutos.
5. Pasar la salsa por el colador chino.
6. Colocar las albóndigas y la sepia en una cazuela de barro, cubrir con la salsa, cocer en el horno tapado unos veinte minutos a 180 °C; a media cocción, añadir los piñones remojados. Servir adornado con el pan tostado, en la misma cazuela.

Soldaditos de Pavía

Para 6 personas
Tiempo de preparación: 1 hora y 5 minutos
Dificultad: media

Ingredientes:

750 g de bacalao grueso • 400 g de judías verdes • 6 patatas • 200 g de harina • 1 copita de aguardiente • 2 limones • levadura • pimentón dulce • azafrán en polvo • pimienta negra molida • aceite • sal

Preparación:

1. Cortar el bacalao en trozos; dejarlo en remojo durante 24 horas, cambiando el agua 4 veces.
2. Una vez desalado el bacalao, escurrirlo, secarlo y cortar por la mitad cada trozo a lo largo.
3. Poner el bacalao en adobo durante una hora en un recipiente con el aceite, el zumo de limón, el pimentón y la pimienta.
4. En otro recipiente, poner la harina, aceite, azafrán, el aguardiente, levadura y un poco de sal.
5. Mezclar bien y añadir un poco de agua templada hasta conseguir una pasta algo líquida.
6. Dejar reposar hasta que la pasta fermente, aproximadamente una hora.
7. Pasar las tiras de bacalao por la pasta y freírlas en abundante aceite muy caliente, hasta que se doren.
8. Servir muy caliente, acompañado con las judías verdes y las patatas, previamente cocidas.

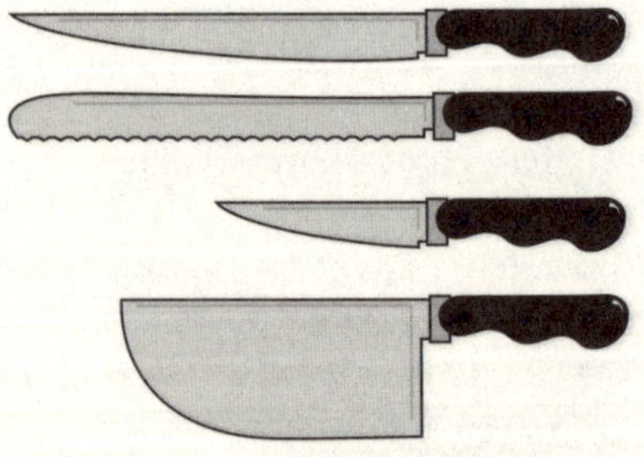

Suc de llobarro (lubina con patatas)

Para 6 personas
Tiempo de preparación: 40 minutos
Dificultad: baja

Ingredientes:

1 lubina de 1 1/2 kg • 3 dl de aceite • 4 dl de agua • 1/2 kg de patatas • 1 cucharada de harina • 3 cucharadas de pimentón rojo • sal • pimienta

Picada

2 guindillas • 1 cabeza de ajos

Preparación:

1. Picar en el mortero las guindillas y los ajos con un poco de sal, hasta hacer una pasta.
2. Calentar el aceite en una cazuela de barro y verter en él la picada preparada, sin dejar de remover, agregar la harina, dejar dorar un poco, añadir el pimentón, mezclar rápidamente y rociar con el agua. Llevar a ebullición y echar las patatas peladas y cortadas en rodajas.
3. Cortar la lubina en rodajas, salpimentar y enharinar. Cuando las patatas estén casi cocidas, añadir las rodajas de lubina, dejar cocer 5 minutos removiendo la cazuela, en vaivén, para que no se rompa el pescado.
4. La salsa no debe cubrir del todo las rodajas de lubina. Servir en la misma cazuela.

Suquet d'anxoves (cazuela de anchoas)

Para 4 personas
Tiempo de preparación: 40 minutos
Dificultad: baja

Ingredientes:

1 kg de anchoas • 600 g de patatas • 1 cebolla • 5 tomates maduros • 1 cabeza de ajos • pan • aceite • pimienta • sal

Picada

1 rebanada de pan • 10 almendras tostadas • 1 cucharadita de harina • 4 ajos • perejil • sal

Preparación:

1. Poner el aceite en una cazuela de barro en el que freiremos las rebanadas de pan. Retirar y reservar. En el mismo aceite, sofreír la cebolla cortada fina, la cabeza de ajos y los tomates picados pequeños y sin pepitas; añadir un poco de agua y las patatas peladas y cortadas a rodajas. Dejar cocer lentamente.
2. Cuando esté a media cocción, añadir las an-choas, limpias y sazonadas con sal y pimienta.
3. Preparar la picada con la rebanada de pan, las almendras, los ajos y el perejil; cuando esté todo bien picado, agregar una cucharadita de harina y un poco de agua, remover bien para que quede bien ligado.
4. Verter la picada en la cazuela, remover con cuidado, comprobar el punto de sal y servir.

Suquet de bacallà amb llagostins (cazuela de bacalao con langostinos)

Para 4 personas
Tiempo de preparación: 1 hora y 15 minutos
Dificultad: media

Ingredientes:

4 trozos de bacalao desalado de 150 g cada uno • 12 langostinos • 8 tomates • 1 cebolla • 6 patatas

Picada

12 almendras tostadas • 1 huevo duro • 1 diente de ajo • perejil • 2 rebanaditas de pan tostado • aceite

Preparación:

1. Secar el bacalao con un paño, enharinar y freír en aceite de oliva.
2. Pelar las patatas y dejarlas en agua para que suelten el almidón.
3. En una cazuela, poner el aceite que queda de freír el bacalao, y sofreír la cebolla cortada fina, añadir los tomates pelados y cortados toscamente.

4. Añadir las patatas cortadas en rodajas gruesas, rehogar un poco y cubrirlas escasamente con agua caliente.
5. En el mortero, preparar la picada con todos los ingredientes indicados, machacar hasta formar una pasta cremosa, añadirlo a la cazuela con las patatas. Dejar cocer lentamente unos diez minutos.
6. Añadir entonces los langostinos y dejar 5 minutos más.
7. Cuando esté listo, sacar del fuego y añadir el bacalao, que ya tenemos frito, dejarlo 30 minutos para que coja el aroma del sofrito.
8. Seguidamente, ponerlo otra vez al fuego para calentar, procurando que no se deshaga el bacalao; ya estará listo para servirlo.

Suquet de peix (pescado en cazuela)

Para 4 personas
Tiempo de preparación: 50 minutos
Dificultad: media

Ingredientes:

4 rodajas gruesas de rape • 4 rodajas de dorada • 4 rodajas de escórpora • 4 gambas grandes • 8 mejillones • 1/2 kg de patatas • 1 cebolla • 1/2 l de caldo o de agua • 2 dl de aceite • 1 dl de vino blanco • unas gotas de aguardiente • sal

«Allioli»

1/8 l de aceite • 4 ajos

Picada

hígado de rape • 50 g de almendras tostadas • 1 cucharada de harina • 1 rebanada de pan frito • guindilla • perejil • azafrán • 1 cucharada pequeña de pimentón dulce

Preparación:

1. Limpiar bien todos los pescados, salar. Raspar los mejillones.
2. En una cazuela de barro al fuego, con el aceite de oliva, freír los ajos y la rebanada de pan; cuando estén dorados, retirar, freír el hígado.

Picada:

3. En el mortero, picar la rebanada de pan, las almendras, los ajos fritos, el hígado de rape, la guindilla, perejil y el azafrán tostado. Añadir el pimentón, una cucharada de harina y un poco de aceite de freír el pescado. Mezclar bien y verter de nuevo en la cazuela de barro, rehogar a fuego lento, añadir el caldo de pescado o agua y las patatas cortadas en dados.
4. A media cocción, añadir los pescados. Comprobar el punto de sal. Rociar con el vino blanco y las gotas de aguardiente.
5. Añadir las gambas y los mejillones. Cocer tapado, unos quince minutos.
6. Hacer un «allioli» en el mortero, picando los ajos finamente y añadiendo el aceite poco a poco. Tiene que quedar regado. Añadir al guiso, mover la cazuela en rotación, para que quede repartido. Servir en la misma cazuela.

Tenca a la cacereña

Para 4 personas
Tiempo de preparación: 2 horas y 10 minutos
Dificultad: alta

Ingredientes:

1/2 kg de tenca • 2 kg de patatas • 200 g de cebollas • 3 dientes de ajo • 1 limón • 2 huevos • 1 hoja de laurel • perejil • pimienta molida • 100 g de harina • 1/2 vasito de vinagre de vino • aceite • sal

Preparación:

1. En una cazuela con agua hirviendo y sal, cocer las patatas con su piel; escurrirlas, retirarles la piel, aplastarlas con un tenedor y salpimentarlas; hacer unas albóndigas con las patatas aplastadas y formar unas tortitas presionando con la hoja de un cuchillo.
2. Pasar estas tortitas de patata por huevo batido y freírlas en una sartén con aceite hirviendo; retirarlas de la sartén y ponerlas en una cazuela.
3. Lavar el pescado, cortarlo en rodajas, rociarlas con zumo de limón, salarlas y rebozarlas con un poco de harina; finalmente, freír la tenca en el aceite sobrante de freír las tortitas; colocar los pedazos de tenca en la cazuela junto con las tortitas de patatas.
4. En el mismo aceite, sofreír 3 dientes de ajo pelados y 2 ramitas de perejil; retirar y reservar.
5. A continuación, sofreír la cebolla pelada y picada y la hoja de laurel; rociar con el vinagre, rebajar el

fuego, tapar la sartén y dejar que el caldo se reduzca a la mitad.

6. *Espolvorear la salsa con 2 cucharadas de harina, remover continuamente y añadir unos 3/4 l de agua hirviendo; dejar sobre el fuego unos 5 minutos; verter la salsa sobre el pescado, tapar la cazuela, llevarla al fuego y dejar cocer durante 20 minutos.*
7. *Machacar los ajos y el perejil fritos, rociando con una cucharada del caldo de cocción del pescado. Agregar la majada al guiso, dejar unos minutos más y retirar del fuego.*
8. *Servir frío al día siguiente.*

Tronco de merluza con almejas

Para 4 personas
Tiempo de preparación: 1 hora y 10 minutos
Dificultad: media

Ingredientes:

1 merluza de 1 1/2 kg • 600 g de almejas vivas • 2 dientes de ajo • un poco de harina • 2,5 dl de aceite • 1 zanahoria • 1 hoja de laurel • 1 cebolla • perejil • sal • pimienta

Preparación:

1. *Hacer un caldo de pescado con la cabeza y un trozo de cola de la merluza con 3/4 de litro de agua, un tallo de perejil, una cebolla troceada, la hoja de laurel, una zanahoria en trozos. Llevar a ebullición y dejar hervir 30 minutos tapado. Después, colar y reservar el caldo.*
2. *De la parte central de la merluza, cortar 4 troncos del mismo tamaño.*
3. *Enharinar, salpimentar y freír en el aceite sin dejar dorar.*
4. *En la misma cazuela, sacando el aceite, añadir 1/4 de litro de caldo preparado, volver a poner la merluza, añadir las almejas, los ajos y un poco de perejil picado.*
5. *Cuando las almejas se abran, añadir un poco de harina, y ligar sin dejar de remover. Comprobar el punto de sal.*
6. *Se deja a fuego lento para que vaya cociendo el tronco y las almejas.*
7. *Servir en la misma cazuela, caliente.*

Truchas a la aragonesa

Para 4 personas
Tiempo de preparación: 45 minutos
Dificultad: media

Ingredientes:

4 truchas de 200 g, aproximadamente • 1 cebolla • 1 limón • 1 hoja de laurel • 5 granos de pimienta negra • 1 vaso de vino blanco • harina • aceite • sal

Preparación:

1. *Limpiar, secar y salar las truchas.*
2. *Cortar el limón a trozos pequeños, triturar la hoja de laurel y pelar y picar la cebolla.*
3. *En una cazuela de barro, colocar las truchas con los pedazos de limón entre ellas.*
4. *Añadir el laurel, los granos de pimienta, la cebolla, un vaso de agua y uno de vino blanco.*
5. *Poner la cazuela sobre el fuego (normal) y mantener durante 20 minutos, aproximadamente.*
6. *En una sartén con aceite caliente dorar 1 cucharada de harina; añadir un poco del caldo de cocer las truchas y dejar a fuego alto durante unos 5 minutos.*
7. *Verter la salsa sobre las truchas y servir caliente.*

Truchas a la asturiana

Para 4 personas
Tiempo de preparación: 55 minutos
Dificultad: media

Ingredientes:

4 truchas • 400 g de sal • 250 g de manteca de cerdo ahumado o grasa de tocino de jamón un poco rancio • harina

Preparación:

1. *Lavar y secar las truchas.*
2. *En un recipiente hondo, disponer la sal.*
3. *En una cazuela con agua hirviendo, cocer unos minutos las truchas. Escurrirlas y dejarlas enfriar.*
4. *Ponerlas enseguida en el recipiente con la sal, embadurnándolas por todos los lados y dejarlas en maceración una hora.*

5. Poner la grasa en una sartén amplia. Cuando esté hirviendo, freír las truchas rebozadas con harina.

Truchas a la navarra

Para 4 personas
Tiempo de preparación: 1 hora y 25 minutos
Dificultad: baja

Ingredientes:

4 truchas de 1/4 kg cada una, aproximadamente • 4 lonchas de jamón delgadas y anchas • 1 kg de patatas medianas • 2 limones • 5 cucharadas de harina • aceite • sal

Preparación:

1. Vaciar, limpiar, y secar las truchas.
2. Exprimir un limón y cortar a rodajas el otro.
3. Espolvorear las truchas con un poco de sal y rociarlas con zumo de limón.
4. Pasar el pescado por harina y envolver cada trucha con la loncha de jamón, dejando la cabeza al descubierto, y unir los extremos del jamón con un palillo.
5. Cocer las patatas, con piel, en agua hirviendo con sal.
6. En una sartén amplia con abundante aceite hirviendo, dorar las truchas y disponerlas en una fuente para servir colocando alrededor a modo de adorno las patatas hervidas, ahora ya peladas.
7. Decorar el plato con las rodajitas de limón, y servir.

Truchas a la turolense

Para 4 personas
Tiempo de preparación: 1 hora y 30 minutos
Dificultad: media

Ingredientes:

4 truchas de tamaño mediano • 200 g de jamón magro turolense • 2 puerros gruesos • 3 cebollas • 2 pimientos verdes • [illegible] dientes de ajo • 1/2 cucharada de pimentón dulce • 1 hoja de laurel • 1 vaso de vino blanco seco • caldo de pescado • aceite • sal

Preparación:

1. Lavar y cortar en juliana toda la verdura.
2. Cortar el jamón en trozos pequeños.
3. Vaciar y limpiar cuidadosamente las truchas.
4. En una sartén amplia con aceite caliente, rehogar la verdura y la mitad del jamón. Añadir el vino blanco y mantener a fuego lento unos 10 minutos. Rectificar de sal. Retirar del fuego y disponer sobre una fuente refractaria.
5. Rellenar las truchas con la otra mitad del jamón, enharinarlas y freírlas en otra sartén con aceite caliente.
6. Sacar las truchas de la paella y, a continuación, salar.
7. En el aceite restante, sofreír el pimentón, añadir la hoja de laurel y rociar con caldo de pescado.
8. Colocar las truchas sobre la verdura y rociar todo con el sofrito de pimentón. Introducir en el horno y dejar durante 5 minutos. Servir enseguida.

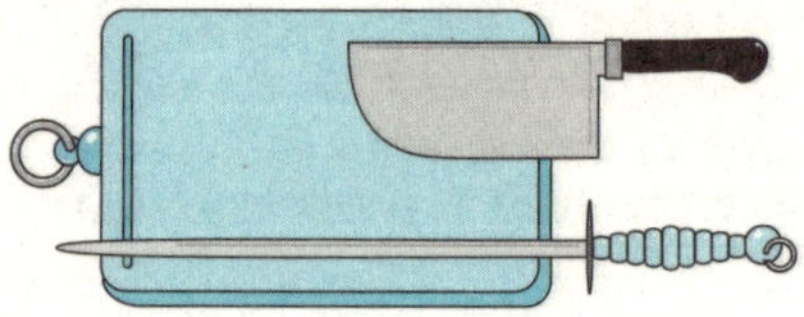

Truchas al jamón

Para 4 personas
Tiempo de preparación: 1 hora y 5 minutos
Dificultad: baja

Ingredientes:

4 truchas de 1/4 kg cada una, aproximadamente • 4 lonchas de jamón grandes • 200 g de tocino entreverado • aceite • sal

Preparación:

1. Vaciar, limpiar, secar y sazonar las truchas.
2. En una sartén amplia con aceite, freír el tocino troceado. Retirar los chicharrones y, en la grasa sobrante, saltear las lonchas de jamón.
3. Retirar las lonchas de jamón y disponerlas en una fuente para servir.
4. Seguidamente, freír las truchas en la misma sartén. Retirarlas, disponerlas encima del jamón y servir enseguida.

Truchas al vino tinto

Para 4 personas
Tiempo de preparación: 1 hora
Dificultad: media

Ingredientes:

4 truchas de unos 250 g cada una • 1 zanahoria • 1 cebolla pequeña • 150 g de mantequilla • 1 manojo compuesto de tomillo, laurel y perejil • 1 cucharada de harina • 2 vasos de vino tinto seco • sal • pimienta molida

Preparación:

1. Vaciar, limpiar y lavar las truchas. Secarlas y espolvorearlas con sal y pimienta por dentro y por fuera.
2. Raspar y cortar la zanahoria en rodajas.
3. Pelar y cortar la cebolla en arandelas.
4. En una sartén con un poco de mantequilla, sal-tear la zanahoria y la cebolla.
5. Enmantecar una fuente para horno disponer en ella la zanahoria y la cebolla rehogadas y encima las truchas. Recubrir con las hierbas y rociar con el vino tinto hasta cubrir apenas el pescado.
6. Tapar, introducir la fuente en el horno y dejarla unos quince minutos.
7. Escurrir las truchas y conservarlas al calor entre 2 platos.
8. Colar el jugo de cocción y ponerlo en un cazo, dejándolo a fuego lento hasta que se reduzca a la mitad. Añadir 3 cucharadas de mantequilla y una de harina. Mezclar y dejar unos tres minutos a fuego lento.
9. Retirar el cazo del fuego y completar la salsa con un poco más de mantequilla hecha trocitos, verterla sobre las truchas y servir caliente.

Truchas con aceitunas

Para 4 personas
Tiempo de preparación: 55 minutos
Dificultad: baja

Ingredientes:

4 truchas de 250 g cada una

Para la salsa

1 cebolla tierna • 100 g de aceitunas deshuesadas • 1 cucharada sopera de vinagre • 1 dl de aceite de oliva • sal • pimienta

Para el caldo de cocción

1 cebollita • 1 zanahoria • 1 hoja de laurel • perejil • tomillo • 8 granos de pimienta • 2 l de agua • 1/2 dl de vinagre • sal

Preparación:

1. Preparar el caldo de cocción con todos los ingredientes indicados. Seguidamente, mantener durante unos 30 minutos a partir del primer hervor.
2. Limpiar las truchas. Introducir las truchas, bien limpias, en el caldo y dejar cocer 10 minutos más. A continuación, retirar del fuego y dejar que se enfríen dentro del caldo de cocción.
3. Escurrir las truchas y disponerlas cuidadosamente en una fuente de servir.
4. Picar bien las aceitunas y la cebollita tierna, ponerlas en un bol y mezclarlas con el aceite y el vinagre; salpimentar a continuación según el gusto personal.
5. Servir las truchas frías, rociadas con la salsa.
6. Pueden acompañarse, en una fuente aparte, con patatas simplemente cocidas al vapor o con una buena ensalada.

Truchas con crema de ajos

Para 4 personas
Tiempo de preparación: 1 hora y 10 minutos
Dificultad: media

Ingredientes:

4 truchas de 1/4 kg cada una, aproximadamente • 10 dientes de ajo • harina • manteca de cerdo • aceite • sal

Preparación:

1. Vaciar, limpiar y secar las truchas; espolvorearlas con sal y enharinarlas.
2. En un mortero, machacar los dientes de ajo pelados con un poco de sal.
3. Rociar con un chorrito de aceite y seguir machacando hasta obtener una pasta fina y blanda.
4. Recubrir el fondo de una cazuela con la pasta obtenida.
5. En una sartén con manteca caliente, freír las truchas.
6. Disponerlas encima de la pasta de ajo, tapar la cazuela y dejar sobre fuego suave de 5 a 7 minutos por cada lado de la trucha.
7. Servir en la misma cazuela.

Truchas en escabeche

Para 4 personas
Tiempo de preparación: 30 minutos
Dificultad: media

Ingredientes:
4 truchas • 1/2 l de vinagre • 1/2 l de aceite • 1 cucharada de pimentón picante • 2 hojas de laurel • sal

Preparación:
1. Limpiar bien las truchas.
2. Sazonarlas y freírlas en una sartén con abundante aceite. Reservar.
3. Dejar enfriar un poco el aceite de la sartén y añadir el pimentón, el vinagre y el laurel. Dejar reposar un buen rato.
4. Añadir las truchas, que deben quedar bien cubiertas por el escabeche.

Truchas frescas «Mesón de Cándido»

Para 6 personas
Tiempo de preparación: 55 minutos
Dificultad: baja

Ingredientes:
6 truchas de unos 250 g cada una • 6 lonchas finas de jamón magro • 3 limones • 1 punta de jamón • 1 diente de ajo • perejil • sal • pimienta molida • aceite de oliva • harina

Preparación:
1. Limpiar y secar las truchas; sazonarlas con sal y pimienta.
2. Exprimir 2 limones y reservar el zumo.
3. Cortar el otro limón en rodajas.
4. Pelar y picar el diente de ajo junto con el perejil.
5. Trocear y picar el jamón.
6. Poner harina en un plato.
7. En una sartén con aceite abundante y muy caliente, dorar las truchas, una vez rebozadas en harina.
8. Disponerlas en una fuente cerca del calor.
9. En un pucherito aparte con un poco del aceite sobrante de freír las truchas, sofreír el jamón picado, el ajo y el perejil. Cuando esté dorado, rociar con el zumo de los 2 limones.
10. Cubrir las truchas con las lonchas de jamón fritas ligeramente, en una sartén con un poco de aceite y rociar con la salsa.
11. Adornar el pescado con las rodajas de limón y servir enseguida.

Truchas fritas

Para 6 personas
Tiempo de preparación: 20 minutos
Dificultad: baja

Ingredientes:
6 truchas grandes • 50 g de mantequilla • 1/2 kg de patatas al vapor • 2 limones • sal • aceite

Preparación:
1. Limpiar las truchas abriéndolas por la parte del vientre, quitarles la cabeza y salarlas.
2. En una sartén, derretir la mantequilla y añadir el aceite. Una vez bien caliente, freír en él las truchas hasta que estén bien doradas.
3. Retirar las truchas del fuego y colocarlas en una fuente, decorándolas con las patatas al vapor y las rodajas de limón.
4. Las truchas se pueden freír también con una loncha de jamón o de tocino encima del vientre. En este caso, reducir la cantidad de mantequilla.

Truchas rellenas

Para 4 personas
Tiempo de preparación: 50 minutos
Dificultad: media

Ingredientes:
4 truchas de 200 g cada una • 250 g de pescado blanco (rape, merluza, bacalao) • 1 ramito de cebollino • 1 yema de huevo • 2 claras de huevo • 1 limón • 1 dl de jerez seco • 0,5 dl de crema de leche • perejil • sal • pimienta

Salsa

2 dl de crema de leche • 40 g de pasas sultanas • 1 dl del jugo de cocer las truchas

Preparación:

1. Abrir las truchas por el dorso y quitar la espina, lavarlas y quitar cuidadosamente todas las espinas posibles, sazonar con sal, pimienta y rociar con zumo de limón.
2. Picar finamente los filetes de pescado blanco, mezclar con la yema de huevo y la crema de leche, aromatizar con el cebollino y perejil picados finos, salpimentar y añadir las claras montadas a punto de nieve.
3. Rellenar con esta preparación las truchas y, para evitar que se derrame, sujetarlas con un hilo.
4. Rociar con el jerez y 1 decilitro de agua.
5. Precalentar el horno a 190 °C, introducir una bandeja alargada con las truchas y dejar cocer unos veinte minutos.
6. Recoger el jugo de la cocción de las truchas, juntar con las pasas y la crema de leche, dejar cocer a fuego lento y remover con una espátula hasta obtener una salsa fina.
7. Retirar del horno, pelar las truchas, rociar con la salsa preparada, y llevar de nuevo al horno, encender el gratinador y dejar 5 minutos. Servir caliente.

Truchas rellenas con queso de Cantabria y anchoas

Para 4 personas
Tiempo de preparación: 40 minutos
Dificultad: media

Ingredientes:

4 truchas de aproximadamente 200 g cada una • 250 g de queso de Cantabria • 8 filetes de anchoa • 4 escalonias • 200 g de judías tiernas • tomillo • pimienta verde molida • 25 g de mantequilla • aceite • sal

Preparación:

1. Limpiar cuidadosamente las truchas, abrirlas por la parte del vientre y sacarles las espinas, sin estropearlas. Salpimentarlas.
2. Cortar el queso en lonchas finas, rellenar las truchasy colocar los filetes de anchoa enmedio del queso.
3. Cortar las judías tiernas en juliana fina y hervirlas unos 10 minutos en agua.
4. Pelar, picar pequeñas y rehogar en una sartén con aceite las escalonias. Cuando empiecen a tomar color, añadir las judías tiernas bien escurridas; aromatizar con el tomillo. Retirar y escurrir el aceite.
5. Preparar 4 cuadrados de papel de aluminio de unos 40 cm de lado cada uno.
6. Untar con un poco de mantequilla cada papel, repartir las verduras entre los 4 y colocar una trucha encima de cada uno.
7. Cerrar bien los dos extremos del papel de aluminio para que no salga el vapor. Seguidamente, introducir en el horno precalentado.
8. Cuando el papel esté bien hinchado (lo que sucederá aproximadamente a los 10 minutos) sacar del horno y servir.

Truites de riu farcides (truchas rellenas)

Para 4 personas
Tiempo de preparación: 50 minutos
Dificultad: baja

Ingredientes:

4 truchas de 200 g cada una • 200 g de pescado blanco (merluza o rosada) • 1 yema de huevo • 2 claras • 1 cucharada de cebollino • 1 limón • 1 dl de jerez seco • 0,5 dl de crema de leche • perejil • pimienta • sal

Salsa

2 dl de crema de leche • 40 pasas sultanas • 1 dl del jugo de cocer las truchas

Preparación:

1. Abrir las truchas por el dorso y sacarles la espina, lavar y retirar las espinas posibles; sazonar con sal y pimienta y rociar con zumo de limón.
2. Picar los filetes de pescado blanco y mezclar bien con la yema de huevo y la crema de leche, añadir el cebollino y el perejil finamente picados, salpimentar. Montar las claras a punto de nieve y mezclar con cuidado con el preparado.

3. Rellenar con esta preparación las truchas, dejarlas aplanadas; si es necesario, sujetas con un hilo. Rociar con el jerez y un decílitro de agua. Poner en una bandeja y dejar cocer en el horno precalentado a 180 °C, unos veinticinco minutos.
4. Al retirar las truchas del horno, pelarlas. Servir caliente en una fuente alargada.

   Salsa:
5. Recoger el jugo de la cocción de las truchas, mezclar con las pasas y la crema de leche, dejar cocer a fuego lento hasta obtener una crema fina.
6. Rociar con esta salsa las truchas y poner un rato más en el horno gratinador, unos cinco minutos. Servir caliente.

Txirlas a la marinera

Para 6 personas
Tiempo de preparación: 1 hora
Dificultad: baja

Ingredientes:

1 1/2 kg de txirlas (almejas) • 1 cebollita • 1 limón • perejil • 1 cucharada de pan rallado • aceite • sal

Preparación:

1. Lavar cuidadosamente las txirlas en agua fría con sal, cuidando de que suelten toda la arena.
2. Pelar y picar las cebollitas y el perejil.
3. Poner las txirlas en una cazuela de barro con un poco de agua. Llevar sobre el fuego y retirarlas cuando estén abiertas. Colar el agua con un paño fino.
4. En una sartén con aceite muy caliente, freír la cebolla. Luego, añadir el perejil, el pan rallado, un tazón de jugo de las txirlas y el zumo de un limón.
5. Dejar el sofrito sobre el fuego durante unos minutos y recubrir con él las txirlas.
6. Servir enseguida, bien caliente.

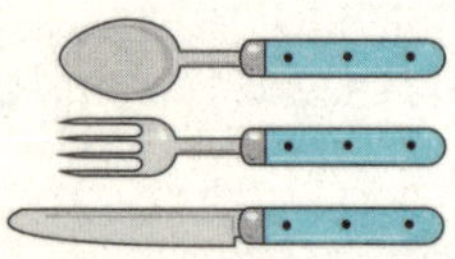

Urta guisada

Para 6 personas
Tiempo de preparación: 1 hora
Dificultad: media

Ingredientes:

1 pescado de 1 1/2 kg cortado en filetes • 3 cebollas medianas • 4 dientes de ajo • 6 tomates rojos • 4 pimientos verdes • 400 g de patatas nuevas • 1 cucharada de harina • 2 hojas de laurel • aceite • nuez moscada • pimienta • sal

Preparación:

1. En una cazuela con aceite, rehogar dos cebollas y los tomates pelados y picados, los pimientos cortados en aros y el ajo picado. Dejar cocer todo junto durante unos minutos.
2. Añadir más tarde el laurel, la sal, la pimienta y la nuez moscada; remover de vez en cuando y dejar cocer unos minutos más.
3. En una fuente de horno, poner aceite, una cebolla picada y dejar dorar.
4. Enharinar los filetes de pescado, distribuirlos en la fuente y cubrirlos con la salsa hecha antes.
5. Freír ligeramente las patatas y agregarlas al pescado.
6. Dejar cocer todo junto unos quince minutos, aproximadamente.
7. Servir caliente en la misma fuente.

Vieiras a la plancha

Para 4 personas
Tiempo de preparación: 35 minutos
Dificultad: media

Ingredientes:

12 vieiras • 1 limón • perejil • aceite de oliva • sal

Preparación:

1. Abrir las vieiras en vivo.
2. Picar finamente el perejil.
3. Exprimir el limón.
4. Disponer las vieiras sobre una plancha bien caliente y previamente untada con aceite.
5. Darles la vuelta de vez en cuando.
6. A media cocción, disponer 3 vieiras en la concha de una y espolvorear con perejil.
7. Rociar con unas gotas de aceite y de zumo de limón y espolvorearlas con un poquito de sal.
8. Servir enseguida.

Vieiras al albariño

Para 6 personas
Tiempo de preparación: 1 hora
Dificultad: media

Ingredientes:

18 vieiras • 300 g de champiñones • 1 limón • 1 vaso de albariño • 1 dl de crema de leche • 50 g de mantequilla • aceite • pimienta blanca • perejil • sal

Preparación:

1. Abrir las vieiras con un cuchillo de hoja fuerte. Una vez abiertas, separar las carnes de la parte viscosa y lavarlas bien bajo un abundante chorro de agua fría.
2. En una cazuela, agregar la carne de las vieiras, salpimentar; agregar también el vino blanco y la crema de leche.
3. Dejar cocer a fuego medio durante 10 minutos.
4. Lavar bien los champiñones y cortarlos en láminas.
5. En una cazuela, agregar el zumo de limón, la mantequilla y 2 cucharadas de agua. Cuando empiece a hervir, agregar los champiñones, tapar y dejar cocer a fuego fuerte durante 6 minutos.
6. Con las conchas de las vieiras bien limpias, llenar los fondos con los champiñones bien escurridos, poner encima la carne de las vieiras, cubrir con la salsa, aliñar con aceite, espolvorear con perejil picado y cocer a horno fuerte durante 3 minutos.
7. Servir caliente.

Vieiras al natural

Para 4 personas
Tiempo de preparación: 25 minutos
Dificultad: baja

Ingredientes:

8 vieiras • 1 cebolla • vinagre • aceite • sal

Preparación:

1. Limpiar y abrir las vieiras desechando la tapa plana.
2. Disponerlas en una placa para horno.
3. Encima de las vieiras agregar la cebolla, previamente picada, un chorrito de vinagre, un poco de aceite y sal.
4. Introducir la placa en el horno a temperatura baja y mantenerla durante 15 minutos, aproximadamente.
5. Las vieiras deben llegar a la mesa aún calientes.

Vieiras estofadas

Para 6 personas
Tiempo de preparación: 45 minutos
Dificultad: baja

Ingredientes:

36 vieiras • aceite • 2 cebollas • 100 g de jamón cortado en trocitos • un manojo de perejil • una pizca de azafrán • un vaso de vino blanco

Preparación:

1. Limpiar y abrir las vieiras. Separarlas de su concha, limpiándoles los flecos y lavándolas en abundante agua fría.
2. En una cazuela verter aceite; cuando esté bien caliente, poner la cebolla y el perejil, previamente picados, y dejar que se dore.
3. Añadir una pizca de azafrán.
4. Cuando el sofrito haya tomado color, agregar las vieiras y dejarlas dorar a fuego lento unos 10 minutos.
5. Añadir los trocitos de jamón y un vaso de vino blanco.
6. Dejar reducir la salsa y servir caliente.

POSTRES

Los postres son la sorpresa y al mismo tiempo la expresión más cabal para culminar una buena comida. En ellos la cocinera o el cocinero depositan gran parte de su esfuerzo y de su deseo de satisfacer y agradar a sus comensales.

Por esta misma razón, la selección de recetas de postres ha tenido el mismo rigor que la de las demás recetas que componen este volumen. Si bien los ingredientes principales y las técnicas culinarias son otros, la actitud de la cocinera o el cocinero ante el postre es la misma. Es decir, que desea dar lo mejor de sí y obtener el mejor de los resultados. No en vano, el postre es el número con que se cierra la extraordinaria función que es una gran comida y el que predispone el cuerpo para una feliz hartura. De modo que el postre ha de ser, en definitiva, un manjar tan exquisito como armónico con el resto de los platos que han constituido el menú.

Alfajores

Para 6 personas
Tiempo de preparación: 55 minutos
Dificultad: alta

Ingredientes:

700 g de harina • 400 g de azúcar • 8 huevos • 50 g de mantequilla • 50 g de coco rallado • mermelada de melocotón o fresa (al gusto) • levadura • vainilla en polvo

Preparación:

1. En un bol, poner la mantequilla reblandecida, las ocho yemas de huevo, una clara, el azúcar y la vainilla. Mezclar todo bien.
2. Formar un volcán con la harina mezclada con la levadura; añadir la mezcla anterior y trabajar la masa hasta formar una pasta homogénea.
3. Dejar reposar la masa un rato y estirarla con la ayuda del rodillo previamente enharinado, dándole unos seis milímetros de grosor.
4. Cortar la pasta en forma de círculos con la ayuda de un vaso.
5. Colocar los discos en una placa previamente untada con mantequilla.
6. Introducir la placa en el horno a temperatura media durante veinticinco minutos, aproximadamente.
7. Dejar enfriar los alfajores, cubrir con un poco de mermelada, unirlos de dos en dos y espolvorear con el coco rallado por ambos lados.

Almoixàbenes (almojábanas)

Para 4 personas
Tiempo de preparación: 1 hora y 15 minutos
Dificultad: media

Ingredientes:

500 g de harina • 1/4 l de aceite • 1/2 l de agua • 6 huevos • 50 g de azúcar

Almíbar

400 g de azúcar • 6 dl de agua • la piel de 1 limón

Preparación:

1. Lavar y cepillar bien el limón.
2. Preparar el almíbar, poniendo un recipiente al fuego con el agua indicada; añadir el azúcar y la piel de limón, procurando cortar sólo la parte amarilla. Dejar cocer 10 minutos, a partir de la ebullición.
3. En un cazo al fuego, poner 1/2 litro de agua, el aceite y el azúcar; llevar a ebullición. Echar toda la harina, trabajar con la espátula de madera, removiendo para que no se formen grumos, con el fuego más suave hasta que se despegue la pasta de las paredes del cazo.
4. Retirar del fuego y dejar enfriar un poco.
5. Añadir los huevos uno a uno, esperando que se absorba uno antes de añadir el siguiente. Queda una masa espesa pero elástica y manejable.
6. Precalentar el horno a 170 °C.

7. Untar una fuente para horno. Con dos cucharas, poner porciones en la fuente, algo separadas, para evitar que se peguen cuando se hinchen al cocer.
8. Cuando estén todas bien puestas, hacer un agujero en el centro, con el dedo untado de aceite.
9. Cocer en el horno a 180 °C, unos veinte minutos, hasta que se doren.
10. Sacar del horno, dejar enfriar y pasar por el almíbar conservado caliente; colocarlas en una fuente. Servir frías.

Arroz con leche

Para 4 personas
Tiempo de preparación: 35 minutos
Dificultad: baja

Ingredientes:

1 l de leche fresca • 200 g de arroz • 100 g de azúcar • 1 limón • un poco de canela en rama • canela en polvo • sal

Preparación:

1. En un cazo al fuego, poner el arroz con agua que lo cubra escasamente, dejar hervir 5 minutos a fuego moderado, escurrir y refrescar.
2. Volver a poner en el cazo y verter la leche hirviendo sobre el arroz, también un pellizco de sal, el azúcar, la piel de medio limón cortada fina y la canela en rama.
3. Dejar hervir lentamente hasta que el arroz esté cocido.
4. Colocar en una fuente plana, y espolvorear con canela en polvo.
5. Servir fresco.

Baltazares de nueces

Para 4 personas
Tiempo de preparación: 1 hora y 10 minutos
Dificultad: media

Ingredientes:

4 huevos y 2 yemas • nueces trituradas (igual peso que el de los 4 huevos más las 2 yemas) • azúcar (el mismo peso que las nueces) • harina (la mitad del peso del azúcar) • mantequilla derretida (el mismo peso que la harina) • 1 limón • 2 copitas de ron, o de brandy • azúcar lustre

Preparación:

1. En un recipiente hondo, poner los 4 huevos y las 2 yemas, las nueces, el azúcar, la harina, la mantequilla derretida, la ralladura de 1/2 limón y el licor.
2. Mezclar bien y batir durante un buen rato.
3. Cuando la masa esté en su punto, formar a continuación unas pequeñas tortillas.
4. Seguidamente en una sartén pequeña con un poco de mantequilla, saltear las tortillas, dándoles la vuelta.
5. Cuando las piezas estén doradas por los dos lados, enrollarlas rápidamente.
6. Disponerlas en una fuente una al lado de la otra y espolvorearlas con azúcar lustre.

Bartolillos (pestiños madrileños con mermelada)

Para 4 personas
Tiempo de preparación: 55 minutos
Dificultad: media

Ingredientes:

1/2 kg de harina • 100 g de mantequilla • 100 g de azúcar • 20 g de levadura de panadería (2 cucharadas) • 15 g de levadura en polvo (1 1/2 cucharadas) • 2 1/2 vasos pequeños de leche • mermelada de melocotón

Preparación:

1. En un recipiente hondo, disponer la harina, la mantequilla derretida al calor, el azúcar, la levadura de panadería disuelta en un poco de agua tibia, la levadura en polvo y la leche fría.
2. Mezclar todos los ingredientes, amasar durante un buen rato hasta que la masa quede flexible, recubrirla con un lienzo y dejarla reposar.
3. Disponer la masa sobre una superficie lisa y aplanarla con el rodillo, dejándola delgada.

4. Con una rueda de pastelería, cortar unos rectángulos de 10 por 5 centímetros, aproximadamente.
5. Espolvorear la mesa con harina y disponer encima los triángulos de masa. Pincelarlos en la superficie con un poco de leche.
6. Rellenar cada triángulo con un montículo pequeño de mermelada de melocotón (se puede usar también crema pastelera). Doblarlos por la mitad y unir los bordes con el cortapastas.
7. Dejar reposar los bartolillos durante unos veinte minutos y luego freírlos en una sartén con aceite hirviendo.
8. Retirarlos de la sartén, disponerlos en una fuente y espolvorearlos con azúcar.

Bizcocho de nueces

Para 6 personas
Tiempo de preparación: 45 minutos
Dificultad: media

Ingredientes:
4 huevos • 200 g de harina • 2 cucharaditas de levadura • 100 g de nueces picadas • ralladura de limón • 125 g de mantequilla • 200 g de azúcar

Preparación:
1. En un bol, mezclar los huevos, el azúcar y la ralladura de limón trabajando con las varillas; batir hasta que esté espumoso y añadir la mantequilla derretida. Después, incorporar la harina mezclada con la levadura, poco a poco, sin amasar demasiado.
2. Untar con mantequilla un molde redondo de 24 cm de diámetro y verter en él la mitad del preparado. Esparcir las nueces picadas por encima y, sobre éstas, el resto del preparado, cubriéndolas.
3. Precalentar el horno a 170 °C, entrar la masa del bizcocho y dejar cocer unos 30 minutos. Comprobar el punto de cocción, retirar del horno y dejar enfriar.

Bizcocho de manzanas

Para 4 personas
Tiempo de preparación: 50 minutos
Dificultad: baja

Ingredientes:
3 huevos • 125 g de harina • 2 cucharaditas de levadura en polvo • 3 manzanas reinetas • ralladura de limón • 100 g de mermelada de albaricoque • 125 g de mantequilla

Preparación:
1. En un bol, trabajar la mantequilla reblandecida junto con el azúcar, luego, añadir los huevos y la ralladura de limón y seguir trabajando hasta formar una masa espumosa.
2. Agregar la harina mezclada con la levadura y batir con las varillas hasta que esté bien amalgamado.
3. Untar un molde de 24 cm de diámetro, forrar el fondo con un papel y volver a untar. Verter la preparación anterior en el molde.
4. Pelar las manzanas, cortarlas en gajos muy finos y cubrir toda la masa en forma circular.
5. Precalentar el horno a 180 °C, introducir el molde, y dejar cocer unos 30 minutos. Comprobar el punto de cocción, pinchando con una aguja, que debe salir limpia.
6. Cuando esté en su punto, sacar del horno y desmoldar en rejilla.
7. En un cazo pequeño, disolver la mermelada con 2 cucharadas de agua y 1 de azúcar, remover y dejar hervir unos segundos. Cubrir el pastel con este almíbar y servirlo en bandeja con blonda.

Bizcochos de Calatayud

Para 4 personas
Tiempo de preparación: 1 hora
Dificultad: media

Ingredientes:
200 g de harina • 2 cucharadas de levadura • 3 cucharadas de azúcar fino • 125 g de azúcar molido • 6 huevos • aceite

Preparación:
1. Batir las yemas de los huevos con el azúcar molido hasta lograr una mezcla esponjosa.
2. Batir también las claras de huevo a punto de nieve.
3. Mezclar la levadura con la harina
4. Poner en un recipiente hondo las yemas batidas con el azúcar, la mezcla de harina y levadura y las cla-

ras a punto de nieve. Mezclar y agregar el azúcar fino.
5. Untar con aceite rectángulos de papel de barba para pastelería.
6. Con la ayuda de una manga pastelera con boquilla ancha, formar unos bizcochos alargados en estos papeles.
7. Disponerlos sobre una placa de hornear y cocerlos en el horno, a temperatura suave, durante 20 minutos.

Bizcochos de reina

Para 4 personas
Tiempo de preparación: 40 minutos
Dificultad: baja

Ingredientes:
harina • 2 huevos • azúcar • almendras ralladas • mermelada • manteca

Preparación:
1. Separar las yemas de las claras de los huevos y batir, en un recipiente, las 2 yemas con 2 cucharadas de azúcar y, en otro, las 2 claras a punto de nieve; mezclarlas, añadir 2 cucharadas de harina y remover de nuevo.
2. Introducir la mezcla en una manga pastelera con boquilla lisa y formar porciones sobre una placa de pastelería enmantecada y espolvoreada con harina. Precalentar el horno y meter la placa.
3. Cuando los bizcochos estén a medio hacer, espolvorearlos con las almendras trituradas y un poco de azúcar. Dejar de nuevo en el horno.
4. Cuando ya estén en su punto de cocción, retirar los bizcochos, poner entre cada 2 de ellos un poco de mermelada y juntarlos en forma de bocadillo.

Bollos de Pascua asturianos

Para 4 personas
Tiempo de preparación: 55 minutos
Dificultad: media

Ingredientes:
500 g de harina • 6 cucharadas de manteca derretida • levadura • azúcar

Preparación:
1. Mezclar la levadura con la harina y pasar por el tamiz.
2. Disponer en un recipiente la harina con la levadura y agua, trabajar estos ingredientes hasta obtener una masa. Trabajarla continuamente y formar un bollo.
3. Disponerlo en una lata pastelera y cocer a horno suave.
4. Cuando esté en su punto, retirar el bollo del horno, desmenuzarlo y mezclar con la manteca unos instantes y agregar el azúcar.
5. Servir enseguida.

Boronitas

Para 4 personas
Tiempo de preparación: 25 minutos
Dificultad: baja

Ingredientes:
1/2 l de leche • 200 g de harina de maíz • 100 g de azúcar • 5 cucharadas de mantequilla • azúcar vainillada • aceite

Preparación:
1. En un recipiente hondo, desleír la harina de maíz con la leche fría. Verter la leche poco a poco.
2. Añadir la mantequilla y el azúcar vainillada.
3. Disponer la mezcla en una cazuela y ésta a fuego normal. Cuando empiece el primer hervor, remover suavemente y, cuando la mezcla esté bien espesa, volcarla sobre un mármol y dejar enfriar.
4. Cortar la masa en cuadraditos.
5. En una sartén con aceite caliente, freír las boronitas hasta que queden doradas; disponerlas en una fuente y espolvorearlos con azúcar.

Borrachos de Guadalajara

Para 4 personas
Tiempo de preparación: 50 minutos
Dificultad: media

Ingredientes:

150 g de harina • 3 huevos • 1/4 kg de azúcar • 1 copita de manzanilla • canela en polvo

Preparación:

1. Separar las yemas de las claras de huevo.
2. Batir las claras a punto de nieve.
3. Aparte, batir las yemas con 5 cucharadas de azúcar. Añadir las yemas batidas a las claras y echar la harina poco a poco.
4. Mezclar continuamente hasta que quede una pasta lisa.
5. En un molde para bizcochos, verter la mezcla anterior y cocerla a horno moderado.
6. Mientras, preparar un almíbar en un puchero pequeño con el resto del azúcar, la copa de manzanilla y un poco de agua.
7. Cuando el bizcocho esté en su punto, dejarlo enfriar, desmoldarlo y cortarlo en cuadrados de unos cuatro centímetros de lado.
8. Mojar los bizcochos en el almíbar y espolvorearlos con canela en polvo.
9. Disponerlos en una fuente de cristal.

Brazo de gitano

Para 6 personas
Tiempo de preparación: 30 minutos
Dificultad: alta

Ingredientes:

6 huevos • 150 g de harina • 150 g de azúcar • 1 limón • mantequilla • azúcar lustre

Para el relleno

crema, chocolate, trufa o nata

Preparación:

1. Forrar con papel blanco una fuente para horno, untar el papel con un poco de mantequilla y espolvorear con harina.
2. Cascar los huevos y poner sólo las yemas en un bol.
3. Batir los huevos y añadir la piel de limón rallada y el azúcar, mezclar bien.
4. Montar las claras a punto de nieve e incorporarlas a las yemas con cuidado de que no se deshagan; añadir la harina y mezclar poco a poco con una espátula de madera hasta conseguir una pasta homogénea.
5. Extender la pasta encima del papel de la fuente y estirarla hasta obtener 5 milímetros de grosor.
6. Llevar la fuente al horno a temperatura media y dejar cocer durante 10 minutos.
7. Sacar del horno y separar la pasta del papel.
8. Colocar la pasta sobre otro papel previamente espolvoreado con harina.
9. Cubrir la pasta con el relleno que se quiera y enrollarla, dándole forma de tubo y cuidando de que el relleno no salga por los lados.
10. Espolvorear con azúcar lustre, dejar enfriar y servir.

Bunyols del Pirineu (buñuelos del Pirineo)

Para 6 personas
Tiempo de preparación: 35 minutos
Dificultad: media

Ingredientes:

1/4 l de agua o leche • 125 g de harina • 4 huevos • 100 g de mantequilla • canela en polvo • vainilla líquida • corteza de limón • 10 g de azúcar • aceite • azúcar lustre • sal

Para el relleno

crema o nata • 200 g de chocolate • almendras picadas

Preparación:

1. Verter la leche, o agua, en un cazo junto con la sal, la mantequilla, la canela y unas gotas de vainilla. Poner al fuego y, cuando empiece a hervir, echarle de un golpe la harina removiendo vivamente con un batidor de varillas; trabajarlo hasta conseguir una pasta muy unida y que se despegue del cazo (tarda unos dos minutos).
2. Retirar el cazo del fuego y añadir de uno en uno los huevos, procurando que, antes de echar uno, el anterior haya sido absorbido por la masa. Dejar reposar unos quince minutos.
3. Calentar aceite abundante en una sartén, freír pequeñas porciones de la pasta preparada; al sacarlos, ponerlos sobre papel absorbente. Dejar enfriar.
4. Abrir los buñuelos por la mitad y rellenarlos con crema o nata (según gusto).
5. En un cazo, derretir al baño María el chocolate. Cuando este bien deshecho y caliente, bañar los buñuelos.

6. Colocar en una bandeja los buñuelos cubiertos de chocolate y espolvoreados con las almendras picadas. Servir.

Buñuelos de manzanas

Para 4 personas
Tiempo de preparación: 30 minutos, más el tiempo necesario para la cocción
Dificultad: media

Ingredientes:

1/2 kg de manzanas • 1/4 kg de harina • 2 huevos • 3 cucharadas de azúcar • 1 copita de ron • levadura en polvo • aceite • sal

Preparación:

1. Retirar el corazón de las manzanas, pelarlas y cortarlas en rodajas de 1/2 dedo de grosor.
2. Poner el ron y el azúcar en un plato, mezclar y añadir las rodajas de manzana, dándoles la vuelta de vez en cuando durante 15 minutos.
3. Mientras, poner en un recipiente hondo la harina mezclada con la levadura y tamizada, un poco de sal, un vasito de agua y dos yemas de huevo.
4. Batir las dos claras a punto de nieve.
5. Mezclar los ingredientes del recipiente y añadir enseguida las claras batidas a punto de nieve.
6. Calentar aceite en una sartén honda. Cuando esté hirviendo, freír las rodajas de manzana rebozadas en la mezcla anterior.
7. Cuando los buñuelos estén dorados, escurrirlos, disponerlos en una fuente y espolvorearlos con azúcar.

Buñuelos de San José

Para 4 personas
Tiempo de preparación: 1 hora
Dificultad: media

Ingredientes:

150 g de harina • 100 g de mantequilla • 5 huevos • sal • aceite • 250 g de nata de pastelería

Preparación:

1. En un cazo, calentar 1/4 l de agua y la mantequilla. Cuando rompa a hervir, añadir la harina y remover continuamente. Retirar del fuego tras unos minutos.
2. Seguir removiendo y volver a colocar el cazo sobre el fuego, mezclando hasta obtener una masa que se despegue de las paredes del cazo.
3. Retirar el recipiente del fuego y, cuando esté tibio, agregar los huevos de uno en uno y mezclar. Espolvorear con un poco de sal.
4. En una sartén con abundante aceite hirviendo, ir friendo la masa en porciones de una cucharada cada una, hasta lograr unos buñuelos redondos.
5. Abrirlos con la ayuda de una tijera y rellenarlos con nata.

Calabazate cocido

Para 4 personas
Tiempo de preparación: 1 hora
Dificultad: baja

Ingredientes:

1 kg de calabaza • 1 kg de azúcar • 1 corteza de limón • 1 1/2 vaso de agua

Preparación:

1. Pelar y trocear la calabaza. Seguidamente, ponerla en remojo con agua fría durante un mínimo de 2 horas.
2. En un puchero con agua caliente, cocer los pedazos de calabaza; escurrirlos y ponerlos de nuevo en el puchero.
3. Añadir el azúcar, la corteza de limón y el agua; poner sobre el fuego y remover durante unos minutos, hasta que la calabaza esté en su punto.
4. Servir fría.

Cañas de nata con chocolate

Para 6-8 personas
Tiempo de preparación: 1 hora y 20 minutos
Dificultad: alta

Ingredientes:

Para el hojaldre

500 g de harina • 1/4 l de agua` • 1 cucharadita de sal • 400 g de mantequilla • aceite para freír

Para el relleno

500 g de nata • 250 g de chocolate «fondant» • 1/4 l de leche

Preparación:

1. Para hacer el hojaldre, mezclar la harina con el agua y la cucharadita de sal y amasar bien.
2. Extender la pasta con el rodillo e incorporar la mantequilla troceada y cubrir con la masa.
3. Estirar con el rodillo y proceder de la siguiente manera: dar una vuelta sencilla, una vuelta doble, una vuelta sencilla y, por fin, otra vuelta doble. Dejar reposar unos veinte minutos aproximadamente.
4. Transcurrido este tiempo, estirar la pasta con el rodillo y cortar unas tiras de unos dos centímetros de ancho por diez de largo.
5. Enrollar cada tira en cilindros de acero inoxidable y freír en abundante aceite muy caliente.
6. Una vez fritas, retirar y poner a escurrir el aceite sobrante sobre un papel. Cuando estén frías, sacar los cilindros.
7. Rellenar con la nata.
8. Derretir el chocolate junto con la leche y, una vez esté caliente, verter sobre las cañas.

Carbayón

Para 4 personas
Tiempo de preparación: 1 hora más el tiempo de cocción del hojaldre
Dificultad: alta

Ingredientes:

1/2 kg de harina • 1/2 kg de azúcar • 200 g de almendras tostadas • 8 huevos • 1 copa de licor • mantequilla

Pasta de hojaldre

1/2 kg de harina • 1 cucharada de sal • 1/2 kg de mantequilla • 1 tacita de agua

Preparación:

1. Preparar la masa de hojaldre.
2. Pelar las almendras y machacarlas en un mortero hasta que queden muy molidas.
3. Separar las yemas de las claras de huevo.
4. En un recipiente, batir las yemas y, antes de terminar, añadir 6 cucharadas de azúcar. Seguir batiendo hasta que quede una mezcla espesa.
5. Aparte, proceder de igual forma con las claras.
6. Juntar las dos mezclas y agregar la almendra, 10 cucharadas de harina, 100 gramos de mantequilla derretida al calor y el licor.
7. Mezclar todos los ingredientes durante unos tres minutos aproximadamente.
8. Estirar con el rodillo la masa de hojaldre, rellenar unos moldes especiales para este dulce, de forma alargada, con la masa y disponer dentro el preparado anterior.
9. Colocar los moldes en una placa de horno para pasteles.
10. Llevar la placa a horno moderado y retirar cuando el hojaldre esté en su punto.
11. Dejar enfriar los carbayones, sacarlos del molde y disponerlos en otro de papel rizado. Bañarlos con cobertura de pastelería.

Preparación de la pasta de hojaldre:

1. Sobre la mesa de cocina, poner la harina, formar un hueco en el centro y espolvorear con sal.
2. Rociar con agua y amasar.
3. Aplanar la masa con el rodillo, extender en el centro pedacitos de mantequilla y unir los bordes hasta recubrir la mantequilla.
4. Aplastar de nuevo con el rodillo hasta formar un rectángulo; doblarlo en forma de cuadro. Repetir la operación unas cuantas veces, cuidando que la mantequilla no se salga de la masa.
5. Dejar reposar la pasta y repetir la operación unas seis veces más.

Casadielles (dulces típicos de Oviedo)

Para 4 personas
Tiempo de preparación: 1 hora y 10 minutos
Dificultad: alta

Ingredientes:

1/2 kg de masa de hojaldre • 1/2 copita de anís • 150 g de nueces peladas • 8 cucharadas de azúcar • mantequilla

Preparación:

1. Machacar las nueces en un mortero.
2. En un recipiente hondo, mezclar las nueces peladas, el azúcar, la media copita de anís y 100 gramos de mantequilla.
3. Aplastar con un rodillo la masa de hojaldre y cortar unos triángulos. Disponer en cada uno de ellos una cucharada del relleno anterior, doblarlos y unir los bordes con ayuda de un tenedor.
4. Disponer los dulces en una placa de pastelería, llevarlos a horno moderado y retirarlos cuando estén dorados.
5. Espolvorearlos por encima con azúcar.

Coca de Sant Joan (torta de San Juan)

Para 4 personas
Tiempo de preparación: 1 hora y 25 minutos
Dificultad: media

Ingredientes:

2 dl de leche tibia • 300 g de harina • 50 g de mantequilla • 30 g de levadura prensada • la ralladura de 1 limón • 1 huevo • 150 g de cerezas confitadas, melón confitado • 50 g de piñones • sal

Mazapán rebajado:

200 g de polvo de almendras • 200 g de azúcar lustre • 1/8 l de leche

Preparación:

1. Mezclar la levadura con la leche tibia. Amasar con la mantequilla, la ralladura de limón y 200 gramos de harina; trabajar bien, que quede todo bien unido, ir incorporando el resto de la harina hasta que forme una bola lisa y blanda.
2. Poner un poco de harina en el mármol, pasar la masa al mármol y trabajar un poco con el azúcar hasta que éste se incorpore totalmente en la masa.
3. Untar una lata con mantequilla y extender la masa, aplanándola por igual y formando un reborde alrededor. Dejar reposar a temperatura templada, tapada con un paño. La masa ha de subir el doble.
4. Cuando haya doblado su volumen, pintar con mazapán rebajado y adornar con la fruta confitada laminada y los piñones.
5. Introducir la bandeja en el horno precalentado, unos treinta minutos.

Mazapán rebajado:

6. Mezclar cuidadosamente la leche con el azúcar lustre, añadir el polvo de almendras, formando una crema ligera y apta para pintar.

Compota de manzanas

Para 4 personas
Tiempo de preparación: 50 minutos
Dificultad: baja

Ingredientes:

1 kg de manzanas • 10 cucharadas de azúcar • agua

Preparación:

1. Pelar las manzanas, retirar las semillas, y trocearlas.
2. En una cazuela, colocar las manzanas y el azúcar; cubrir con agua.
3. Poner la cazuela sobre fuego normal y dejar hasta que las manzanas estén blandas.
4. Dejar enfriar y conservar la compota en un tarro de cristal. Guardado en un lugar fresco y resguardado de la luz se mantiene durante semanas.

Compota de Navidad

Para 6 personas
Tiempo de preparación: 30 minutos
Dificultad: baja

Ingredientes:

200 g de ciruelas secas • 200 g de orejones • 3 peras de invierno • 3 manzanas reinetas • 100 g de almendras crudas • 100 g de pasas • 125 g de azúcar • 1 rama de canela • 1 l de vino tinto

Preparación:

1. En un cazo al fuego, poner el vino junto con el azúcar y la rama de canela; dejar derretir el azúcar y añadir los orejones. Cuando empiece a hervir, dejar cocer unos diez minutos.
2. Luego, incorporar las ciruelas y las pasas y dejar cocer unos diez minutos más.

3. *Añadir las manzanas cortadas en seis trozos sin pepitas, dejar 5 minutos y poner las peras también peladas y cortadas en seis trozos, sin pepitas; añadir las almendras y cocer todo junto unos 5 minutos.*
4. *Si ha quedado muy caldoso, dejar reducir un poco más, pero vigilando pues, cuanto más hierva más dulce quedará, y la fruta no estará tan entera.*
5. *Debe cocerse siempre con la tapa puesta.*
6. *Este postre puede servirse templado o bien frío.*

Compota de peras al vino

Para 6 personas
Tiempo de preparación: 45 minutos
Dificultad: baja

Ingredientes:

1 kg de peras de invierno • 250 g de azúcar • 1 ramita de canela • 1 corteza de limón • 3 dl de vino tinto • 1/2 dl de coñac

Preparación:

1. *Pelar las peras, quitarles el corazón y las semillas y partirlas en trozos.*
2. *En un cazo al fuego, poner las peras cubiertas de agua, añadir la canela, el azúcar y, por último, la cáscara de limón. Cuando estén a medio cocer, verter el vino y el coñac.*
3. *Dejar cocer hasta que las peras estén tiernas y el jugo quede reducido.*
4. *Retirar la canela y la piel del limón. Enfriar y servir.*
5. *Esta compota puede acompañarse de nata batida.*

Compota ribereña

Para 6 personas
Tiempo de preparación: 1 hora
Dificultad: baja

Ingredientes:

4 melocotones grandes • 2 manzanas grandes • 5 peras maduras • 1 rama de canela • 1 l de vino tinto afrutado • azúcar

Preparación:

1. *Pelar y trocear las frutas a un tamaño parecido.*
2. *En un puchero de barro con el vino tinto y 4 cucharadas de azúcar, poner la fruta. Cuando empiece a hervir, rebajar el fuego y dejar cocer hasta que la fruta esté tierna.*
3. *Retirar los pedazos de fruta, añadir azúcar, al gusto de cada uno, y agua si se considera que el caldo está demasiado fuerte.*
4. *Cuando vuelva a hervir de nuevo, añadir la fruta y la rama de canela, y mantener hasta que las frutas estén casi deshechas.*
5. *Retirar del fuego y dejar enfriar. Servir bien frío.*

Confitura de calabaza

Para 4 personas
Tiempo de preparación: 1 hora por kilo de calabaza, más 24 horas de maceración
Dificultad: media

Ingredientes:

1 kg de calabaza • 600 g de azúcar cristalizado • 2 limones

Preparación:

1. *Lavar y cepillar bien los limones, cortar en láminas finas.*
2. *Sacar la cáscara a la calabaza y limpiar de semillas, cortar la pulpa en dados y pesar.*
3. *Colocar en un bol, junto con las láminas de limón y el azúcar (que debe ser 600 gramos por kilo de calabaza); remover de vez en cuando y dejar en maceración 24 horas.*
4. *Después, poner en una cazuela de barro para confituras toda esta preparación, y dejar cocer una hora por kilo de calabaza, contando a partir de empezar la ebullición; espumar un par de veces, dejar cocer suavemente.*
5. *Preparar los tarros donde va a guardar la confitura, escaldándolos y dejándolos sobre un paño limpio, sin secar: se secarán solos.*
6. *Enseguida colocar la confitura en los tarros, todavía caliente, dejar enfriar destapados y cubiertos con un paño limpio, luego tapar con tapas de rosca. También se pueden tapar los tarros con un celofán o papel parafinado sujeto con un cordel o una goma.*

Confitura de higos

Para 4 personas
Tiempo de preparación: 1 hora y 20 minutos
Dificultad: baja

Ingredientes:
1 kg de higos maduros • 3/4 kg de azúcar • 2 limones • 2 dl de agua

Preparación:
1. Esterilizar los tarros, escaldarlos y dejarlos boca abajo, sobre un paño limpio y seco, sin secarlos.
2. Lavar los higos sin que se rompan y pelarlos.
3. En una cazuela de barro para confituras, poner el azúcar con el agua, hervir sin remover unos quince minutos, hasta alcanzar el punto de bola blanda (se toma un poco de almíbar con una espátula que tenga agujeros, se sopla y si se forman pequeñas bolas, entonces estará en su punto).
4. Añadir los higos al jarabe, debe cubrirlos, dejar reposar una noche.
5. Al día siguiente, escaldar los limones, secar, rallar la piel y escurrir el jugo, añadir el jarabe. Mezclar con cuidado.
6. Poner al fuego la cazuela, remover con cuchara de madera y dejar hervir de 20 a 30 minutos, hasta que los higos estén transparentes.
7. Poner en los tarros esterilizados, tapar y esterilizar al baño María unos quince minutos.
8. Al sacar, enfriar cuidadosamente, para que no se rompan los frascos; primero, dejar correr el agua caliente encima de la olla donde están los frascos, ir enfriando el chorro de agua poco a poco hasta poner solamente agua fría.

Confitura de naranja

Para 4 personas
Tiempo de preparación: 2 horas y 10 minutos
Dificultad: baja

Ingredientes:
1 kg de naranjas • 1 kg de azúcar • 2 limones • 2 dl de agua • canela en rama

Preparación:
1. Esterilizar los tarros donde vamos a guardar la confitura, dejarlos boca abajo, sobre un paño limpio y seco, sin secarlos.
2. Lavar y cepillar las naranjas, raspar con un rallador la piel de color, dejar sólo la piel blanca.
3. Colocar las naranjas en un bol cubiertas de agua. Dejar 24 horas.
4. Después de este remojo, ponerlas en una olla, cubiertas con agua fría y dejarlas hervir lentamente, hasta que, tocando con el dedo, se hunda como si la naranja fuera de goma.
5. Escurrir el agua y dejar enfriar.
6. Cuando estén bien frías, cortar en rodajas lo más finas posible.
7. Hacer un almíbar con el agua y el azúcar, añadir el zumo de los limones y un trocito de canela en rama; dejar hervir 10 minutos.
8. Añadir las naranjas cortadas, dejar hervir lentamente durante 40 minutos, hasta que las naranjas se vuelvan translúcidas.
9. Cuando la confitura esté en su punto, llenar los tarros y tapar.
10. Esterilizar en una olla cubierta de agua, hirviendo unos quince minutos; al sacar, enfriar cuidadosamente para que no se rompan los frascos.
11. Primero dejar correr el agua caliente sobre los tarros, ir enfriando lentamente hasta poder dejar el agua fría.

Coquillos

Para 4 personas
Tiempo de preparación: 50 minutos
Dificultad: media

Ingredientes:
100 g de coco rallado • crema pastelera • 1/2 kg de harina • 2 cucharadas de levadura prensada • 5 cucharadas de azúcar • 4 huevos • ralladura de la corteza de un limón • 2 vasitos de leche • 1 copita de brandy • 5 cucharadas de mantequilla • sal

Preparación:
1. Poner la harina en un recipiente, formando un hueco en el centro para echar en él la levadura, la leche, 1 huevo, la mantequilla cortada a pedacitos, la raspadura del limón, 1/2 vaso de agua, un poco de sal, el azúcar y el brandy. Mezclar todos los ingredientes durante un rato y amasarlos un poco.
2. Tapar con un lienzo la masa y dejarla reposar hasta que aumente al doble de su tamaño.

3. Trabajar un poco más la masa, aplanarla con un rodillo y cortarla en trozos pequeños; estirarlos, poner sobre cada uno de ellos crema pastelera y coco y enrollarlos.
4. Disponer los trozos de masa rellena en una placa pastelera engrasada, dejarlos reposar durante 10 minutos y pintar cada coquillo con yema de huevo bien batido.
5. Introducir la bandeja en horno caliente y dejarla hasta que los coquillos estén dorados.

Crema catalana

Para 4 - 5 personas
Tiempo de preparación: 30 minutos
Dificultad: media

Ingredientes:

1/2 l de leche • 4 yemas de huevo • 125 g de azúcar • 20 g de almidón en flor • canela en rama • la piel de un limón • 40 g de azúcar para quemar la crema

Preparación:

1. Lavar y cepillar un limón. Pelar cortando lo amarillo. Reservar un poco de leche fría y deshacer en ella el almidón. Poner el resto de leche en un cazo al fuego con la piel de limón y la canela en rama; dejarla hasta que rompa a hervir y retirar del fuego.
2. En otro cazo, mezclar las yemas de los huevos con el azúcar, trabajarlo hasta que forme una masa suave y esponjosa. Verter encima de esta preparación la leche, removiendo con un batidor de mano; añadir el almidón pasado por un colador fino. Poner el cazo al fuego, removiendo sin parar hasta que espese pero procurando que no llegue a hervir. Cuando haya espesado un poco, sacar del fuego y remover todavía unos momentos con el batidor para evitar que se corte.
3. Verter en una fuente de servir o en platos individuales.
4. Dejar enfriar a temperatura ambiente. Cuando esté totalmente fría, y en el momento de servir, espolvorear con el azúcar y quemar con la pala especial que habremos puesto a calentar al rojo vivo, formando de esta manera una fina capa de caramelo.

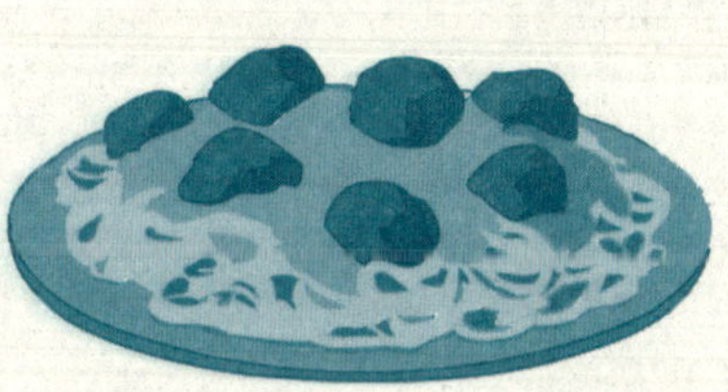

Crema de chocolate

Para 4 personas
Tiempo de preparación: 30 minutos
Dificultad: baja

Ingredientes:

5 cucharadas de chocolate en polvo • 1/4 l de leche • 3 huevos • 100 g de mantequilla • 2 cucharadas de maicena • 8 cucharadas de azúcar fino

Preparación:

1. Separar las yemas de las claras de los huevos, y disolver el chocolate en la leche.
2. En un cazo, poner el azúcar, las yemas de huevo y la maicena, y verter la leche con el chocolate.
3. Llevar el cazo al fuego y remover continuamente con una cuchara de madera.
4. Pasados 5 minutos desde el primer hervor, añadir la mantequilla.
5. Seguir mezclando la crema unos minutos más, y retirar del fuego. Dejar enfriar y disponer la crema en una fuente redonda para servir.

Crema frita

Para 6 personas
Tiempo de preparación: 40 minutos
Dificultad: baja

Ingredientes:

4 huevos • 5 dl de leche fresca • 50 g de harina • 80 g de maicena • ralladura de limón • canela en polvo • canela en rama • 30 cl de Cointreau • mantequilla • aceite • 100 g de azúcar • sal

Preparación:

1. En un cazo de porcelana, verter la leche (reservar un poco para disolver la maicena), añadir el azúcar, la canela en rama, la ralladura de limón y una pizca de sal; remover para mezclarlo todo, poner sobre el fuego y dejar hervir 5 minutos.
2. Mezclar la leche reservada con la maicena, añadir 3 yemas de huevo, batir con las varillas y mezclar con la leche del cazo, sin dejar de remover; cocer unos minutos más hasta que espese.
3. Verter en una fuente plana, untada con un poco de mantequilla y dejar enfriar.
4. Cuando la crema esté fría, cortarla en cuadros regulares, pasarla por harina y a continuacion por el huevo restante batido.

5. Calentar aceite en una sartén y freír los cuadros con crema. Colocarlos en una fuente de servir, rociarlos con el Cointreau y espolvorearlos con la canela en polvo.
6. Servir calientes.

Crema frita con salsa de frambuesa

Para 4 personas
Tiempo de preparación: 45 minutos
Dificultad: media

Ingredientes:

1/2 l de leche • 3 huevos • 40 g de maicena • 125 g de azúcar

Para freír

2 dl de aceite • 1 huevo • 100 g de harina • 100 g de azúcar

Salsa

100 g de frambuesa • 100 g de azúcar • 100 g de nata líquida • 0,4 dl de kirsh

Preparación:

1. Trabajar el azúcar con las yemas de los huevos, hasta que se forme una pasta blanquecina, añadir la maicena y mezclar bien.
2. Añadir la leche tibia, remover bien con las varillas y llevar a ebullición sin dejar de remover. Retirar. Continuar batiendo unos minutos hasta que se enfríe un poco.
3. Untar una bandeja con aceite y poner la crema en porciones en forma de tortitas de unos cuatro centímetros de diámetro. Dejar enfriar bien.
4. Cuando las tortitas estén sólidas, pasarlas por harina, huevo batido y freírlas en aceite caliente. Sacar, escurrir, pasarlas por azúcar y poner en una fuente.
5. Preparar la salsa, mezclando en la batidora todos los ingredientes indicados.
6. Cubrir las tortitas de crema con la salsa de frambuesas.

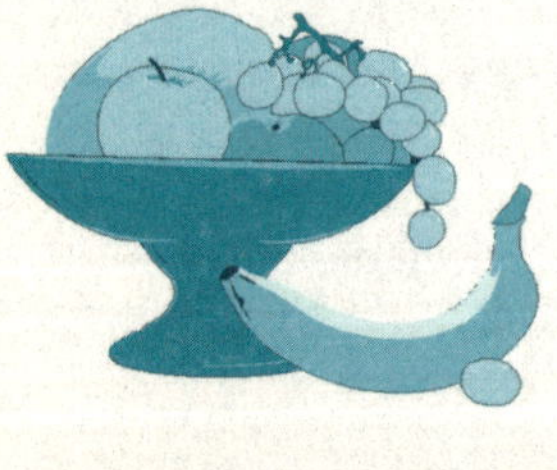

Crema quemada con hojaldre

Para 6 personas
Tiempo de preparación: 1 hora y 30 minutos
Dificultad: alta

Ingredientes:

500 g de pasta de hojaldre • 1 l de leche • 100 g de harina • 250 g de azúcar • 6 yemas de huevo • 1 ramita de canela • azúcar para quemar

Preparación:

1. Poner la leche a hervir en una cazuela con la canela en rama.
2. En un poco de leche fría, desleír la harina, el azúcar y las yemas de huevo, batiendo constantemente para que no se formen grumos.
3. Cuando la leche empiece a hervir, agregar la mezcla y remover sin cesar, hasta que espese. Retirar la ramita de canela.
4. Hacer el hojaldre y, una vez conseguido, extenderlo.
5. Encima del hojaldre, disponer una capa de crema, una capa de hojaldre y, finalmente, una capa más de crema.
6. Recubrir esta última capa de crema con azúcar y quemarlo por contacto con una plancha de hierro muy caliente.

Churros a la madrileña

Para 4 personas
Tiempo de preparación: Unos 45 minutos de elaboración
Dificultad: media

Ingredientes:

1 l de leche • 4 cucharadas de sal • 800 g de harina • 4 huevos • azúcar

Preparación:

1. En una cazuela de unos dos litros de capacidad poner a hervir la leche y la sal.
2. En el momento del hervor, añadir la harina previamente tamizada, batiendo fuertemente la mezcla con una cuchara de madera.
3. No retirar el recipiente del fuego hasta que al agitar notemos que la masa no se pega a las paredes del mismo.
4. A continuación, añadir los huevos enteros, agitando enérgicamente hasta que quede todo muy bien mezclado.

5. En una sartén honda con aceite abundante y muy caliente, escudillar la masa con ayuda de una manga de boquilla rizada, o mejor aún con un aparato adecuado, dejando que los churros queden bien dorados.
6. Una vez los churros estén crujientes al tacto, retirarlos de la sartén, ponerlos en una fuente y espolvorearlos con azúcar.

Emparedados de membrillo y queso

Para 4 personas
Tiempo de preparación: 25 minutos
Dificultad: baja

Ingredientes:
700 g de queso del país, fresco • 350 g de membrillo • 100 g de azúcar • 3 huevos • 100 g de harina • pan rallado • canela en polvo • aceite para freír

Preparación:
1. Cortar el queso en lonchas muy finas.
2. Cortar también en lonchas el membrillo.
3. Disponer cada loncha de membrillo entre dos de las de queso.
4. Rebozar con harina, huevo batido y, finalmente, con pan rallado cada uno de los emparedados de membrillo y queso.
5. Poner abundante aceite en una sartén; cuando esté muy caliente, freír en ella los emparedados de membrillo y queso.
6. Una vez fritos, escurrir bien y espolvorear con azúcar y canela en polvo.

Espuma de chocolate

Para 4 personas
Tiempo de preparación: 45 minutos
Dificultad: media

Ingredientes:
200 g de chocolate fondant • 30 g de mantequilla • 75 g de azúcar • 3 yemas de huevo • 4 claras • 1 cucharada de brandy • 300 g de nata

Preparación:
1. Fundir el chocolate en un cazo junto con una cucharada de agua y la mantequilla; hacerlo al baño María, sin que el agua llegue a hervir.
2. Trabajar las yemas con el azúcar, hasta que esté disuelto, aromatizar con el brandy.
3. Trabajar un poco más y añadir el chocolate derretido, remover bien y dejar enfriar.
4. Montar la nata con la batidora y añadirla con cuidado.
5. Montar las claras a punto de nieve fuerte, trabajarlo con cuidado de abajo arriba, sin resolver para que no se baje y quede esponjoso.
6. Servir muy frío, pero sin que llegue a estar helado, repartido en copas altas con un adorno de nata y virutas de chocolate.

Fariñes (gachas de harina de maíz)

Para 6 personas
Tiempo de preparación: 1 hora
Dificultad: media

Ingredientes:
200 g de harina de maíz • 6 tazones de agua • sal • miel

Preparación:
1. En un cuenco hondo, disponer la harina de maíz y mezclar con agua, revolviendo continuamente con una espátula de madera hasta que quede una mezcla lisa y sin grumos.
2. Ponerla en una olla al fuego, espolvorearla con un poco de sal y seguir mezclando hasta que comience a hervir.
3. Las «fariñes» tienen que ir cociendo durante bastante rato; remover hasta que la harina quede completamente cocida.
4. Servir las gachas en platos individuales y recubrirlas con un poco de miel.

Filloas con crema

Para 6 personas
Tiempo de preparación: 1 hora y 10 minutos
Dificultad: alta

Ingredientes:

Para la masa

6 huevos • 75 g de harina • 1/2 l de leche • azúcar lustre • mantequilla • sal

Para la crema

1/2 l de leche • 100 g de azúcar • 6 yemas de huevo • 50 g de harina • canela molida • 1 limón • aceite

Preparación:

1. Hacer las filloas como en la receta anterior y, a continuación, confeccionar la crema.
2. Poner a hervir la leche con la ramita de canela y dejar enfriar.
3. En un cazo, echar las yemas de huevo y el azúcar, batirlo todo junto.
4. Cuando empiece a estar fino, añadir la harina desleída en un poco de leche fría y mezclar con la leche hervida y ya templada junto con la corteza de limón.
5. Poner a cocer a fuego muy suave hasta que se espese, pero cuidando de que no arranque el hervor.
6. Verter en un recipiente de porcelana o cristal y seguir trabajando hasta que se haya enfriado. Sacar la corteza de limón.
7. Rellenar las filloas con la crema y freír en abundante aceite.
8. Escurrir y espolvorear con azúcar y canela molida.

Filloas de matanza

Para 6 personas
Tiempo de preparación: 15 minutos
Dificultad: baja

Ingredientes:

1 l de leche • 4 huevos • 250 g de harina • 1 vaso de sangre de cerdo recién matado • 1 cucharadita de canela en polvo • 1 limón • manteca de cerdo • sal • azúcar • canela en polvo

Preparación:

1. Batir bien los huevos en un recipiente hondo y echar a continuación la leche, la canela en polvo y la ralladura de la piel del limón. Añadir un poco de sal.
2. Mezclar todo bien e incorporar, poco a poco, la harina removiendo todo hasta que quede una masa homogénea y sin grumos. A continuación se la añade la sangre de cerdo y se mezcla todo bien.
3. Untar una sartén con manteca de cerdo y poner al fuego.
4. Cuando esté caliente, echar un cacito de la pasta hecha anteriormente, extendiéndola por toda la sartén.
5. Dejar cuajar bien la pasta y dejar que se doren bien por los dos lados. Esta operación se repite con todas las filloas.
6. Disponer en una fuente y espolvorear con azúcar y canela en polvo.

Flan de frutas cántabro

Para 4 personas
Tiempo de preparación: 1 hora
Dificultad: media

Ingredientes:

4 huevos • 5 dl de leche • 1/2 kg de peras • ralladura de limón • 2 dl de agua • 160 de azúcar

Preparación:

1. Caramelizar un molde de flan con 60 g de azúcar. Dejar enfriar.
2. Pelar las peras y cortarlas en trocitos pequeños. Cocerlos con los 2 dl de agua y 3 cucharadas de azúcar. Cuando estén cocidas, colar y repartir los trocitos de pera sobre el caramelo.
3. En un bol, batir los huevos, añadir 100 g de azúcar y la ralladura de limón, verter la leche templada y batir bien para mezclarlo todo. Rociar por encima de las peras.
4. Precalentar el horno a temperatura media. Introducir el flan en el horno a baño María y dejar cocer unos 40 minutos. Comprobar el punto de cocción.
5. Demoldar cuando ya esté frío.

Flan de manzana

Para 6 personas
Tiempo de preparación: 1 hora y 30 minutos
Dificultad: media

Ingredientes:

1 kg de manzanas • 300 g de azúcar • 6 huevos • 100 g de mantequilla • 1 dl de vino blanco • 1 limón • 30 g de azúcar para caramelizar el molde

Preparación:

1. Pelar las manzanas, partirlas y quitarles las semillas y frotarlas con limón.
2. En un cazo al fuego, poner la mantequilla junto con las manzanas troceadas y el vino blanco; remover constantemente para que no se peguen.
3. Cuando estén blandas las manzanas, unos diez minutos, pasarlas por el pasapurés, obteniendo así un puré fino y seco.
4. Batir los huevos con el azúcar, hasta que forme relieve, añadir el puré y mezclar muy bien todos los ingredientes.
5. Caramelizar el fondo de un molde rectangular con un poco de azúcar, y verter en él la preparación.
6. Precalentar el horno y cocer el flan al baño María unos cuarenta y cinco minutos, hasta que esté cuajado.
7. Desmoldar cuando aún esté tibio, dejar enfriar y cortar en rebanadas. Servir bien fresco. Se puede acompañar con nata.

Flan de naranja

Para 4 personas
Tiempo de preparación: 55 minutos
Dificultad: media

Ingredientes:

4 huevos enteros • 2 yemas de huevo • 1/2 l de zumo de naranja • 150 g de azúcar • 1 naranja • 75 g de azúcar para caramelo • 1 cucharada de fécula

Preparación:

1. En un cazo pequeño puesto al fuego, añadir 75 gramos de azúcar con unas gotas de agua, dejar derretir hasta que llegue al punto de caramelo.
2. Cuando esté hecho el caramelo, verterlo en un molde para flanes, dejar enfriar.
3. En un cazo que no sea de aluminio, poner el zumo de naranja y el azúcar; remover y añadir cuidadosamente la cucharada de fécula, poner al fuego y remover con la batidora de mano procurando que no se formen grumos.
4. Cuando haya espesado un poco, retirar del fuego y, sin dejar de remover, esperar a que espese un poco más.
5. Cuando esté todo bien mezclado, verter la preparación en un molde acaramelado y poner al baño María hasta que cuaje.
6. Dejar en el molde hasta que esté frío; luego, desmoldar en una fuente adornándolo con la naranja en gajos o en rodajas. Servir fresco.

Flaó (torta de queso)

Para 6-8 personas
Tiempo de preparación: 1 hora
Dificultad: media

Ingredientes:

Para la masa

250 g de harina • 50 g de manteca de cerdo • 1 huevo • 30 g de azúcar • 1/2 dl de leche • 1 cucharadita de anís seco • una pizca de sal

Para el relleno

400 g de queso tierno • 250 g de azúcar • 4 huevos • unas 15 hojas de hierbabuena fresca

Preparación:

1. Hacer un volcán con la harina y poner en el centro todos los ingredientes de la masa.
2. Trabajar primero con un tenedor y luego con las manos, hasta formar una pasta homogénea, suave y elástica. Dejar descansar 15 minutos.
3. Precalentar el horno a 160 °C.
4. Preparar el relleno en un bol, batir un poco los huevos con el azúcar.
5. Incorporar el queso, desmenuzado, trabajar un poco y añadir las hojas de hierbabuena picadas finas y el anís; mezclar bien.
6. Extender con el rodillo la pasta preparada anteriormente, forrar un molde, de manera que cubra hasta el borde.
7. Rellenar con el preparado del queso y llevar al horno una media hora.
8. Dejar enfriar el «flaó» y espolvorear con un poco de azúcar lustre.

Flores extremeñas

Para 4 personas
Tiempo de preparación: 1 hora
Dificultad: media

Ingredientes:

1/4 kg de harina • 6 huevos • 2 cucharadas de azúcar • aceite

Preparación:

1. En un recipiente hondo, batir los huevos, añadir 2 cucharadas de aceite y 8 de agua, mezclar y agregar la harina, batiendo continuamente. Cuando esté todo bien mezclado y sin grumos, dejar la masa en reposo durante un rato.
2. Calentar bastante el aceite en una sartén y, cuando empiece a hervir, poner el molde especial que se utiliza para la preparación de las flores.
3. Cuando el molde esté bien caliente, retirarlo del fuego, introducirlo en la masa y volver a ponerlo en el aceite hirviendo; repetir esta operación varias veces y, cuando las flores estén doradas, sacarlas del aceite, escurrirlas bien y disponerlas en una fuente, espolvorearlas con azúcar.

Florones

Para 4 personas
Tiempo de preparación: 55 minutos
Dificultad: media

Ingredientes:

100 g de harina • 1 huevo • 1/4 l de leche • 5 cucharadas de azúcar • raspadura de la piel de un limón • aceite • azúcar lustre para espolvorear

Preparación:

1. En un recipiente, batir el huevo junto con el azúcar. Enseguida agregar la harina, la raspadura de limón y la leche. Mezclar durante un buen rato.
2. Cuando se haya obtenido una masa ligeramente espesa, dejarla reposar unos instantes.
3. En una sartén amplia y honda con aceite abundante y muy caliente, introducir los moldes para florones. Retirarlos, una vez estén calientes.
4. Introducir los moldes en la pasta sin llegar a rellenarlos totalmente y volver a introducirlos seguidamente en el aceite hirviendo, dejándolos unos segundos hasta que la masa se desprenda del molde.
5. Una vez dorados los florones, retirarlos con una espumadera y disponerlos sobre papel absorbente.
6. Colocar las pastas en una fuente plana para servir postres y espolvorearlas con azúcar lustre.
7. Repetir la operación hasta acabar la pasta.

Freixós de calabaza

Para 6 personas
Tiempo de preparación: 1 hora y 30 minutos
Dificultad: baja

Ingredientes:

1 kg de calabaza • 8 huevos • 250 g de harina • 200 g de pasas pequeñas • canela en polvo • 200 g de azúcar • sal • azúcar lustre • aceite para freír

Preparación:

1. Limpiar la calabaza, quitándole la piel y las semillas y poner a cocer en agua con un poco de sal.
2. Una vez cocida, colarla y reducir a una pasta chafándola bien.
3. Mezclar la pasta con la harina, los huevos, el azúcar y las pasas.
4. Formar tortas aplastadas y freír en una sartén con abundante aceite.
5. Una vez fritas, espolvorear con azúcar y canela en polvo.

Frixuelos

Para 4 personas
Tiempo de preparación: 25 minutos, más el tiempo necesario para freír los frixuelos
Dificultad: baja

Ingredientes:

1 l de leche • 4 huevos • harina • azúcar • aceite • sal

Preparación:

1. En un cuenco hondo, disponer los huevos con un poco de sal. Batirlos unos instantes y agregar la leche. Seguir mezclando.
2. Añadir la harina en forma de lluvia y batir fuertemente hasta lograr una mezcla fina.
3. En una sartén caliente, con el fondo recubierto por un poco de aceite, derramar cucharadas de la masa procurando que quede bien derretida y fina.
4. Cuando esté una parte dorada, darle la vuelta y disponerlas en una fuente, espolvoreándolas con azúcar blanca molida.

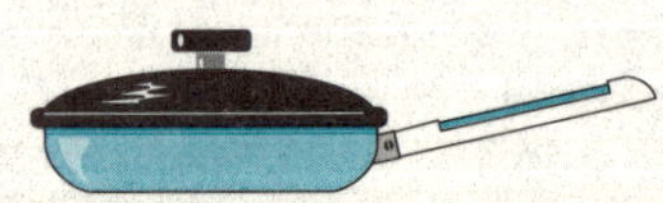

Gâteau Basque (pastel)

Para 6 personas
Tiempo de preparación: 1 hora y 20 minutos, más el tiempo de reposo
Dificultad: media

Ingredientes:
300 g de harina • 200 g de mantequilla • 1 huevo entero • 2 yemas de huevo • 200 g de azúcar • 1 cucharada de ron • raspadura de 1 limón • sal

Crema de relleno
2,5 dl de leche • 2 yemas de huevo • 25 g de maicena • 75 g de azúcar • 1 copa de ron • 1 yema para pintar

Preparación:
1. Disponer la harina en forma de volcán. Hacer un hueco en el centro y poner la mantequilla reblandecida, el azúcar, el huevo entero y las 2 yemas, la ralladura de limón, una pizca de sal y una cucharada de ron.
2. Trabajar muy suavemente con la ayuda de un tenedor, primero los huevos y la mantequilla, seguidamente la harina, y luego todos los ingredientes, hasta conseguir una pasta suave pero consistente.
3. Dejar reposar la pasta una hora en lugar fresco.
4. Mientras, preparar el relleno; trabajar en un cazo con una espátula, primero el azúcar con las yemas de huevo, luego la maicena, añadir la leche, llevar al fuego y remover sin parar hasta que espese sin llegar a hervir. Cuando esté lista, aromatizar con el ron. Dejar enfriar.
5. Preparar un molde de unos veinticuatro centímetros de diámetro, untado con mantequilla y espolvoreado con harina.
6. Dividir la pasta anteriormente preparada en dos partes: una un poco más grande que la otra.
7. Enharinar un poco el mármol y estirar con el rodillo enharinado la parte más grande, forrar el molde preparado cubriendo bien los bordes y dejando un pequeño reborde.
8. Rellenar con la crema al ron.
9. Tapar con la otra pasta, estirada también con el rodillo, enrollar los bordes. Pintar con un pincel y el huevo batido toda la superficie.
10. Con la punta de un cuchillo hacer un enrejado. Volver a pintar.
11. Precalentar el horno a temperatura suave 160 °C, y dejar cocer el pastel 35-40 minutos.
12. Servir en bandeja con blonda y totalmente fría.

Gató (tarta de almendras)

Para 4 personas
Tiempo de preparación: 1 hora y 20 minutos
Dificultad: media

Ingredientes:
175 g de almendras molidas • 175 g de azúcar • 1/2 cucharadita de canela en polvo • 6 huevos • la ralladura de 1 limón • mantequilla • azúcar lustre

Preparación:
1. Separar las claras de las yemas, trabajar las yemas con el azúcar, hasta formar una crema clara, suave y esponjosa; añadir la ralladura de limón, aromatizar con la canela en polvo, adicionar las almendras molidas, continuar batiendo para lograr una mezcla homogénea.
2. Batir las claras a punto de nieve y añadirlas al preparado anterior, con mucho cuidado para que no baje la crema.
3. Untar el fondo y las paredes interiores de un molde redondo con un poco de mantequilla, verter la mezcla preparada, procurando que quede lleno sólo en sus tres cuartas partes, para que al subir la masa preparada no se derrame.
4. Precalentar el horno a 170 °C. Introducir el molde en el horno durante unos 50 minutos. Para comprobar si ya está en su punto, pinchar la tarta con un pinchito o aguja gruesa; cuando lo saquemos seco indicará que la tarta ya está hecha.
5. Apagar el horno y dejar 5 minutos dentro.
6. Desmoldar en una bandeja para servir y espolvorear con azúcar lustre.

Granizado de limón

Para 4 personas
Tiempo de preparación: 25 minutos, más la refrigeración
Dificultad: baja

Ingredientes:
1/2 l de agua • 150 g de azúcar • 6 limones

Preparación:
1. Lavar y cepillar bien uno de los limones, rallar la piel y ponerla junto con el agua y el azúcar en un cazo al fuego. Dejar cocer unos diez minutos a fuego suave.

2. Exprimir los 6 limones y colar el zumo.
3. Cuando el almíbar esté frío, pasarlo por el chino y mezclarlo bien con el zumo de los limones.
4. Poner este preparado en un molde en el congelador, graduar el frigorífico al máximo de frío.
5. Remover varias veces el granizado para que no se formen grumos.
6. Debe estar en el congelador como mínimo, 3 horas. Cuando esté en su punto no remover más. Servir en vasos largos con una paja o cañita de plástico.

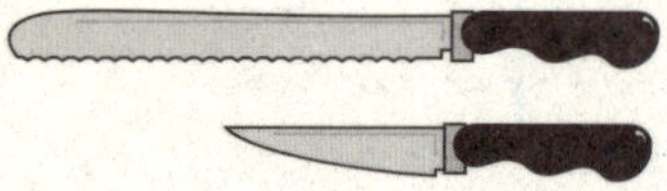

Helado de miel

Para 4 personas
Tiempo de preparación: 30 minutos, más el tiempo de congelación
Dificultad: media

Ingredientes:

1 l de leche • 100 g de miel de romero • 100 g de miel azahar • 100 g de miel de lavanda • 8 yemas de huevo • 200 g de nata para montar

Preparación:

1. En un recipiente al fuego, hervir la leche y añadir la miel disolviéndola cuidadosamente.
2. Retirar un momento del fuego y añadir las yemas de huevo batidas; volver al fuego suave y dejar cocer hasta que se espese; remover continuamente.
3. Retirar del fuego esta crema y ponerla a enfriar dentro de otro recipiente con agua, removiendo continuamente.
4. Montar la nata bien fuerte. Cuando la crema esté casi fría, añadir la nata con mucho cuidado.
5. Preparar un molde (pasándolo por agua y poniéndolo un rato en el congelador); luego, verter el preparado dentro y volver a poner en el congelador, como mínimo tres horas.
6. Servir.

Hojuelas

Para 4 personas
Tiempo de preparación: 1 hora y 5 minutos
Dificultad: baja

Ingredientes:

300 g de harina • 2 huevos • 100 g de azúcar • 1 copita de anís • una cucharadita de levadura en polvo • ralladura de la piel de 1 limón • sal • aceite

Preparación:

1. En un recipiente hondo y amplio, disponer la harina. Formar un hueco en el centro y en él poner los huevos, la levadura disuelta en un poco de agua tibia, una pizca de sal, el anís, la raspadura de limón y, si fuera necesario, un poco de leche.
2. Mezclar todos los ingredientes y amasarlos durante un buen rato, hasta obtener una masa espesa que pueda estirarse con el rodillo.
3. Formar una bola con la masa, espolvorearla de harina y dejarla reposar una media hora.
4. Estirar la pasta con el rodillo hasta dejarla muy fina y formar unos triangulitos con un corta-pastas.
5. En una sartén amplia con aceite hirviendo, freír las hojuelas por ambos lados y escurrirles el aceite con un papel absorbente.
6. Disponerlas en una fuente plana, espolvorearlos con azúcar, o con miel, y servirlas.

Hojuelas de canutillo

Para 4 personas
Tiempo de preparación: 2 horas
Dificultad: media

Ingredientes:

250 g de harina • 3 cucharadas de azúcar • 1 cucharada de cacao • 2 cucharadas de mantequilla • 1 cucharada pequeña de café • 1 vaso pequeño de vino espumoso • 1 huevo

Para el relleno

300 g de requesón • 150 g de azúcar lustre • 1 copita de licor, a gusto • 100 g de fruta confitada picada • 2 cucharadas de cacao dulce

Preparación:

1. En un recipiente hondo, disponer la harina, el cacao, el café, el vino espumoso, la mantequilla y el huevo. Amasar trabajándolo mucho para que quede bien mezclado y después dejar reposar una hora.
2. Mientras, batir en una fuente el requesón con el azúcar y el licor. Separar la mezcla en dos mitades; en una, poner un poco de fruta y en la otra el cacao dulce.
3. Aplastar la masa con el rodillo dejándola muy fina. Cortarla en cuadros de 8 centímetros, enrollarlos

untándolos con clara de huevo para unirlos en forma de canutillos.

4. Freír los canutillos en una sartén con abundante aceite bien caliente y disponerlos en una fuente.
5. Rellenarlos con la mezcla preparada con anterioridad y espolvorearlos con azúcar lustre.

Huesos de santo

Para 4 personas
Tiempo de preparación: 55 minutos
Dificultad: alta

Ingredientes:

250 g de almendras tostadas • 250 g de azúcar • 1 vaso pequeño de agua • 2 claras de huevo • 1 limón • 3 cucharadas de azúcar para glasear • miel

Preparación:

1. Exprimir el limón y conservar el zumo.
2. En un mortero, machacar las almendras desprovistas de su cáscara hasta convertirlas en harina.
3. En un cazo con el vaso de agua, el azúcar y unas gotas de limón, formar un almíbar dejando el cazo a fuego lento.
4. Añadir al almíbar las almendras y las claras de huevo y dejar a fuego lento unos cinco minutos removiendo continuamente.
5. Espolvorear la mesa o el mármol de cocina con azúcar para glasear y extender encima la masa.
6. Dejarla enfriar y cortarla en tiras de unos seis centímetros de largo por 4 centímetros de ancho.
7. Enrollar los rectángulos de masa en un canuto para pastelería.
8. Disponer los rollos en una fuente y llevarla al horno durante unos minutos, hasta que la masa quede compacta, tostada y bien enrollada en los tubos.
9. Rellenarlos con un poco de miel. En vez de rellenarlos, puede también untarse la superficie con la misma miel.

Intxaursalsa

Para 6 personas
Tiempo de preparación: 1 hora y 15 minutos
Dificultad: baja

Ingredientes:

1/2 kg de nueces peladas • 1/2 kg de azúcar • 1 palito de canela • 1 1/2 l de leche

Preparación:

1. Picar las nueces con un cuchillo o, mejor, machacarlas en el mortero.
2. En un cazo al fuego, poner a hervir un litro de leche.
3. Cuando empiece a hervir, añadir las nueces machacadas, añadir el azúcar y el palito de canela.
4. Dejar hervir lentamente, unos tres cuartos de hora, vigilando que no se derrame y añadiendo poco a poco el medio litro de leche, según se vaya reduciendo.
5. Debe quedar de una consistencia como de natillas.
6. Dejar enfriar y servir en tazas. Retirando la canela en rama.

Leche frita

Para 4 personas
Tiempo de preparación: 1 hora
Dificultad: baja

Ingredientes:

3/4 l de leche • 2 huevos • harina • 6 cucharadas de azúcar • 8 cucharadas de sémola • vainilla • 1 corteza de limón

Preparación:

1. Poner en un cazo la leche con el azúcar, la corteza de limón y un poco de vainilla.
2. Cuando dé el primer hervor, añadir poco a poco la sémola, removiendo continuamente, y dejar sobre fuego lento unos 15 minutos, vigilando no desborde en ningún momento el cazo.
3. Verter en una fuente, dejar enfriar y cortar la masa a cuadrados iguales.
4. Rebozar los cuadraditos con harina y huevo batido y, finalmente, con harina. Freírlos en una sartén con aceite hirviendo y espolvorearlos con azúcar.

Magdalenas

Para 4 personas
Tiempo de preparación: 30 minutos
Dificultad: media

Ingredientes:
200 g de harina • 200 g de huevos • 200 g de azúcar • 5 cucharadas de mantequilla • 150 g de manteca bien blanca

Preparación:
1. Derretir la mantequilla al calor de la lumbre.
2. En un recipiente hondo, poner los huevos y batirlos con fuerza durante un buen rato. A continuación añadir la manteca, el azúcar y seguir batiendo.
3. Añadir a la mezcla anterior sin dejar de batir, la mantequilla y la harina. Mezclar hasta lograr una pasta homogénea.
4. Rellenar con la mezcla unos moldes especiales de papel para magdalenas pero no del todo, para que no sobrepasen del filo del molde al subir la masa en el momento de la cocción.
5. Disponer las magdalenas en una placa de hor-near para pastelería y cocerlas hasta que la superficie quede dorada.
6. Retirar del horno, dejar enfriar y servir.

Malenas (magdalenas aragonesas)

Para 4 personas
Tiempo de preparación: 1 hora y 5 minutos
Dificultad: baja

Ingredientes:
150 g de harina • 150 g de miel • 75 g de mantequilla • 2 huevos • 1 cucharada de agua de azahar

Preparación:
1. Separar las yemas de las claras de huevo.
2. En un recipiente hondo, mezclar las yemas de huevo y la miel. A continuación, añadir la mantequilla y el agua de azahar.
3. Poco a poco ir echando la harina, mezclando hasta obtener una pasta fina y sin grumos.
4. Añadir, finalmente, las claras de huevo batidas a punto de nieve y seguir mezclando hasta que la masa tenga una consistencia esponjosa.
5. Rellenar unos moldes de papel para magdalenas con la masa obtenida e introducirlos en el horno, a temperatura media, 35 minutos.

Mamia (cuajada vasca)

Para 4 personas
Tiempo de preparación: 2 horas
Dificultad: baja

Ingredientes:
1 l de leche de oveja • 1 g de cuajo de cordero o 1 cucharadita de cuajaleche • sal

Preparación:
1. En un cazo, poner a hervir la leche con un poquito de sal. Dejar hervir bien, retirar del fuego y dejar entibiar.
2. Desleír el cuajo o la cucharadita de cuajaleche en agua y añadir a la leche a casi 26 ºC de temperatura.
3. Remover vivamente con una espátula y repartir seguidamente en los moldes adecuados para servir la cuajada; dejar reposar en lugar fresco y no moverlos hasta que la leche haya cuajado.
4. Servir acompañada de azúcar o de miel.

Manjar de monjas

Para 4 personas
Tiempo de preparación: 35 minutos
Dificultad: baja

Ingredientes:
1 l de leche • 200 g de harina de arroz • 200 g de azúcar • 1 rama de canela

Preparación:
1. En un recipiente, disolver el azúcar y la harina en un poco de leche, removiendo para que no se formen grumos.
2. Añadir el resto de la leche con canela en rama.
3. Poner la mezcla en un cazo sobre fuego normal, e ir dando vueltas constantemente con una cuchara de madera hasta que dé el primer hervor.
4. Dejar sobre el fuego durante unos minutos más y, cuando la pasta esté en su punto, verterla en una fuente plana y ancha. Dejarla enfriar, cortarla a trozos y servirla.

Mantecadas borrachas

Para 4 personas
Tiempo de preparación: 50 minutos
Dificultad: baja

Ingredientes:

200 g de manteca de cerdo • 150 g de azúcar • 150 g de harina • 1/4 l de vino • unas gotas de esencia de limón

Preparación:

1. En un recipiente, batir unos instantes la manteca.
2. Añadir poco a poco, al batir, el vino, la harina y unas gotas de esencia de limón.
3. Seguir mezclando unos instantes más y agregar el azúcar.
4. Cuando que una masa manejable, aplastarla con un rodillo y dejarla de 1 centímetro de espesor.
5. Cortar unos redondeles con ayuda de unos moldes especiales de pasteleria o con la ayudu de una copita o vaso de vino.
6. Espolvorear con harina una lata de pastelería para horno y disponer encima las mantecadas recubiertas previamente con un poco de azúcar.
7. Introducirlas en horno muy suave y cocerlas unos veinte minutos.

Mantecadas de Astorga

Para 4 personas
Tiempo de preparación: 40 minutos
Dificultad: media

Ingredientes:

1/2 kg de harina • 1/2 kg de azúcar • 1/2 kg de manteca • 12 huevos • 1/2 cucharada de canela en polvo

Preparación:

1. En un recipiente hondo y amplio, disponer la manteca batida y derretida cerca de la lumbre, el azúcar y batir continuamente hasta mezclar bien.
2. Añadir la docena de huevos y, cuando la masa esté bien batida, agregar la harina y la medida de canela en polvo.
3. Cuando todos los ingredientes estén bien mezclados y amasados, sin formar grumos, dejar reposar la masa unos instantes.
4. Mientras, disponer en una fuente para horno, unos moldes de papel engrasado con forma cuadrada y rellenarlos con unas cucharadas de la masa anterior.
5. Introducir la fuente en horno regular o templado y dejar cocer las mantecadas unos diez minutos.
6. Dejarlas enfriar, retirar los papeles con cuidado para que no se partan y disponerlas en una fuente plana de cristal para postre.
7. Pueden también espolvorearse con un poco de canela en polvo.
8. Guardadas en unas cajas de metal puede durar su conservación unos cuantos días.

Mantecadas manchegas

Para 4 personas
Tiempo de preparación: 40 minutos
Dificultad: media

Ingredientes:

150 g de manteca de cerdo • 350 g de harina • 1/2 naranja • 1/2 vaso pequeño de vino blanco • azúcar

Preparación:

1. Exprimir la media naranja y reservar el zumo.
2. En un recipiente amplio, amasar la manteca, agregar el vino y seguir amasando.
3. Añadir seguidamente el zumo de naranja y la harina, haciéndolo poco a poco y agregar un poco de azúcar.
4. Seguir amasando la mezcla y, cuando quede una pasta manejable, aplastarla con un rodillo dejándola con medio centímetro de espesor.
5. Con ayuda de una copita o vasito de vino, como molde, cortar la masa en redondeles.
6. Engrasar con aceite o manteca una placa de pastelería para horno y disponer encima las mantecadas.
7. Introducir la placa en horno muy suave, unos diez minutos.
8. Disponer las mantecadas en una fuente para servir y espolvorearlas con azúcar.

Mantecados

Para 4 personas
Tiempo de preparación: 1 hora y 15 minutos
Dificultad: baja

Ingredientes:

1 3/4 kg de harina • 1/2 l de aceite • 600 g de azúcar • 1/2 kg de manteca • 150 g de avellana molida • 3 huevos • 1/2 copa de anís

Preparación:

1. En un recipiente hondo, amasar el aceite, la manteca y el azúcar.
2. Agregar la avellana molida y la harina en forma de lluvia, y mezclar continuamente.
3. Añadir 2 huevos y el añís. Continuar amasando.
4. Aplanar la masa con un rodillo hasta dejarla con un grosor de 1 1/2 cm.
5. Con la ayuda de un vaso pequeño, cortar la masa en forma de círculos.
6. Disponerlos en placa de horno enmantecada, untarlos con huevo batido y espolvorearlos con azúcar.
7. Cocerlos en horno no muy fuerte, durante 30 minutos, aproximadamente.

Manzanas «panpandojas» gratinadas

Para 4 personas
Tiempo de preparación: 50 minutos
Dificultad: media

Ingredientes:

1 kg de manzanas reinetas • 250 g de azúcar • 100 g de maicena • 1/2 l de leche • 2 huevos • 1 yema de huevo • 1 limón • 50 g de mantequilla • 50 g de avellanas tostadas • 1 ramita de canela • corteza de naranja y de limón

Preparación:

1. Lavar bien las manzanas, partirlas por la mitad, quitarles el corazón y las semillas y frotar las mitades con limón.
2. En un cazo al fuego, poner las manzanas, cubrir escasamente con agua y poner las cortezas de naranja y de limón cortadas muy finas. Añadir la canela en rama y 60 gramos de azúcar.
3. Ponerlas a cocer a fuego moderado, de 10 a 15 minutos, cuidando que no se deshagan.
4. En un cazo aparte, trabajar el azúcar restante con las claras y las yemas de los dos huevos, añadir la otra yema, trabajar con las varillas, añadir la maicena y remover bien.
5. Calentar la leche, e incorporarla batiendo bien, poner al fuego, no dejar de remover con una espátula de madera, hasta el momento que empiece a hervir, retirar del fuego y batir vivamente. Añadir el jugo de cocción de las manzanas.
6. En una fuente refractaria que pueda llevarse a la mesa, colocar las manzanas, con la parte abombada hacia arriba, cubrir con la crema preparada, picar las avellanas finamente, espolvorear las manzanas y poner unos trocitos de mantequilla.
7. Pasar la bandeja al horno con el grill encendido, gratinar hasta que queden ligeramente doradas.

Manzanas salteadas con ajonjolí

Para 4 personas
Tiempo de preparación: 30 minutos
Dificultad: media

Ingredientes:

4 manzanas grandes ácidas • 4 cucharadas soperas de ajonjolí (granos de sésamo) • 2 cucharadas soperas de azúcar • 4 cucharadas de mantequilla • unas ramitas de menta o de berros para adornar

Preparación:

1. Calentar el horno hasta que esté fuerte.
2. Poner bien repartido el ajonjolí en una placa para horno e introducirlo en el horno medio minuto para que se tueste.
3. Sacudir la placa de horno de vez en cuando. Retirar el ajonjolí y conservarlo en un plato.
4. Pelar las manzanas retirándoles previamente el corazón con ayuda de un cuchillo de cocina de punta afilada.
5. Cortar las manzanas en aros de medio centímetro. Disponerlos en una fuente y espolvorearlos con azúcar sólo en la parte superior.
6. En una sartén grande con mantequilla caliente, disponer los aros de manzanas uno al lado del otro con el lado azucarado hacia abajo y saltearlos en fuego lento medio minuto.
7. Espolvorearlos de nuevo en azúcar; volverlos del revés con una espátula y saltearlos medio minuto más, hasta que queden tiernos y acaramelados.
8. Disponer los aros salteados en una fuente para servir en forma de corona, espolvorearlos con el ajon-

joli tostado y colocar en el centro un ramillete de menta o de berros.

9. Servirlas calientes.

Marañuelas

Para 4 personas
Tiempo de preparación: 35 minutos
Dificultad: alta

Ingredientes:

8 huevos • 8 cucharadas de azúcar • 8 cucharadas de mantequilla • 3 copas de vino blanco de Luanco • harina • sal

Preparación:

1. En un recipiente hondo, batir 7 yemas de huevo y uno entero. Añadir el azúcar, la mantequilla, el vino blanco de Luanco y un poco de sal.
2. Mezclar los ingredientes y añadir harina hasta conseguir una masa consistente.
3. Después de amasada, cortar en dos partes iguales la masa y formar unas marañuelas en forma de ocho.
4. Disponerlas en una placa de pastelería para horno, llevarla a horno moderado y dejarla hasta que las marañuelas estén doradas.

Marañuelas leonesas

Para 4 personas
Tiempo de preparación: 40 minutos
Dificultad: media

Ingredientes:

250 g de mantequilla • 1/2 kg de harina • 5 huevos • 250 g de azúcar • 1 copita de anís • 1 cucharada pequeña de levadura en polvo • 1 cucharada sopera de aceite • 1 limón • sal

Preparación:

1. En un recipiente colocado cerca de una fuente de calor, batir fuertemente la mantequilla durante unos diez minutos, añadiendo despacio el azúcar.
2. Agregar el anís, el zumo de un limón, un poco de sal y 3 huevos. Seguir batiendo con una espátula de madera y añadir también la harina y la levadura.
3. Trabajar la masa con las manos. Espolvorear el mármol con un poco de harina y extender encima la pasta. Formar con ella unas bolas del tamaño de un huevo.
4. Untar con aceite una placa de pastelería para horno y disponer encima las marañuelas. Pintarlas con los 2 huevos batidos con un poco de agua.
5. Introducir la placa en horno fuerte y retirarla cuando las pastas estén doradas.
6. Una vez frías, servirlas.

Marrón glacé

Para 4 personas
Tiempo de preparación: 3 horas y 4 días de reposo
Dificultad: alta

Ingredientes:

3 kg de castañas • 3 kg de azúcar • 1 1/2 l de vino tinto • 3 ramitas de vainilla • 3 g de crémor tártaro • 2 a 3 metros de tela transparente o gasa clara

Preparación:

1. Una vez mondadas las castañas, darles un hervor y quitarles la segunda piel.
2. Colocar cada castaña dentro de un trocito de tela y sujetar las puntas con un hilo blanco.
3. Poner los paquetitos en remojo en agua durante 2 horas. A continuación, escurrir y poner en una cacerola grande para que no queden demasiado amontonados.
4. Añadir el vino y un litro de agua y cocer a fuego lento hasta que las castañas queden blandas.
5. Escurrir y volver a colocar en la misma cacerola. Añadir, a continuación, 3 litros de agua, el azúcar, la vainilla y el crémor tártaro. Cocer a fuego lento por espacio de 10 minutos. Apartar la cacerola del fuego y dejar descansar durante 24 horas.
6. Transcurrido este tiempo, colocar de nuevo al fuego y hervir 5 minutos, dejándolo descansar otras 24 horas y repitiendo esta última operación durante 4 días, al cabo de los cuales el almíbar se habrá vuelto espeso.
7. Cuando estén frías, escurrir, sacarles la gasa y colocar, cuidadosamente, sobre un tamiz o rejilla.
8. Pasar el almíbar por un colador y poner al fuego, dejándolo reducir. Cuando empiece a acaramelarse, echar sobre las castañas con ayuda de una cuchara. Una vez frías, envolver con papel de aluminio.

Mazapanes

Para 4 personas
Tiempo de preparación: 35 minutos
Dificultad: baja

Ingredientes:
1 kg de azúcar • 1 kg de almendras crudas • agua

Preparación:
1. En una cazuela con agua hirviendo, escaldar las almendras.
2. Escurrirlas y retirarles la piel.
3. Triturar las almendras hasta que queden casi harinosas pero todavía húmedas.
4. Volver a repetir la operación, pero esta vez junto con el azúcar.
5. Volver a triturar las almendras y el azúcar hasta obtener una masa.
6. Añadir un poco de agua fría a la mezcla y dejarla reposar unos instantes.
7. Disponer en una fuente para horno unas cuantas obleas y, sobre ellas, el mazapán convertido en pequeñas figuras.
8. Introducir las figuras en el horno y dorarlas ligeramente.
9. Las obleas, hojas muy delgadas de masa de harina y agua, pueden disponerse debajo de las figuritas de mazapán antes de colocar estas últimas en la fuente para hornear.
10. Disponer los mazapanes en una fuente con papel puntilla y dejarlos enfriar antes de consumirlos.

Mel i mató (miel y requesón)

Para 4 personas
Tiempo de preparación: 30 minutos
Dificultad: baja

Ingredientes:
1 l de leche de cabra o de vaca • 10 g de cuajo en polvo • 2 dl de agua

Preparación:
1. Primero mezclar el agua con el cuajo en polvo.
2. Poner la leche en un cazo al fuego y que hierva. Cuando ya ha hervido y esté aún caliente, añadirle 4 cucharadas de la mezcla del cuajo.
3. Seguidamente, colar la leche en un recipiente, con cuidado, con un colador de malla muy fina. Comprobar que el suero que desprende la leche pasa al recipiente y en el colador queda el «mató».
4. Este «mató» se puede servir con azúcar o con almendras picadas, pero la manera más exquisita de tomarlo es con miel.
5. Se pone el «mató» obtenido repartido en 4 platos y se vierte una cucharada de miel sobre cada porción de «mató».

Merengue de arroz

Para 6 personas
Tiempo de preparación: 1 hora y 10 minutos
Dificultad: media

Ingredientes:
200 g de arroz • 1 l de leche fresca • 150 g de azúcar • 2 huevos • 4 manzanas • 60 g de mantequilla • sal • 1 vaina de vainilla • 1/2 cucharadita de canela en polvo

Preparación:
1. Lavar el arroz, ponerlo en una cacerola al fuego cubierto de agua y dejar hervir aproximadamente 5 minutos a fuego lento.
2. En otra cacerola, poner a hervir la leche con la vaina de vainilla abierta.
3. Escurrir cuidadosamente el arroz, echarlo en la leche hirviendo, añadir unos 20 g de mantequilla y con la cacerola tapada dejar cocer durante 25 minutos muy lentamente, procurando no remover.
4. Mientras, pelar las manzanas, sacarles el corazón y las pepitas y trocearlas. Derretir unos 30 g de mantequilla en un cazo y dorar las manzanas en él.
5. Separar las claras de las yemas de los huevos. Cuando el arroz esté cocido, escurrirlo y mezclar con unos 80 g de azúcar, las 2 yemas de huevo y un poco de canela.
6. Con el resto de la mantequilla, untar una fuente que pueda ir al horno.
7. Colocar el arroz en el fondo de la fuente, disponer los trozos de manzana sobre él y espolvorear con un poco de azúcar.
8. Montar las claras a punto de nieve, añadirles el resto de azúcar, y extender sobre las manzanas.
9. Introducir en el horno precalentado a 220 °C. Mantener durante unos minutos, hasta que cuaje.

Merengues dobles

Para 4 personas
Tiempo de preparación: 40 minutos
Dificultad: media

Ingredientes:
6 huevos • 200 g de azúcar • 1 limón

Preparación:
1. Separar las claras de los huevos y batirlas a punto de nieve con el azúcar y una raspadura de limón.
2. En una fuente para hornear, disponer papel blanco de pastelería.
3. Cuando las claras estén bien batidas y absorbido el azúcar y la raspadura de limón, disponer con una cuchara unos pequeños montículos sobre el papel blanco. Espolvorearlos con azúcar.
4. Encender el horno y dejarlo flojo.
5. Introducir los merengues en el horno y, cuando estén un poco doraditos, sacarlos y dejarlos enfriar.
6. Retirarlos con mucho cuidado de los papeles para que no se estropeen, disponerlos en una fuente y servirlos fríos.

Moñitas extremeñas

Para 4 personas
Tiempo de preparación: 55 minutos
Dificultad: baja

Ingredientes:
harina • levadura en polvo • 1 taza de azúcar • 2 huevos • 2 copitas de anís • leche • aceite • miel

Preparación:
1. En un recipiente hondo, poner los 2 huevos, el anís, el azúcar, 1 taza de aceite y leche y amasar continuamente.
2. Añadir la levadura y harina en cantidad suficiente para lograr una masa fluida.
3. Aplanar la masa con un rodillo y a continuación cortarla en tiras de aproximadamente 8 cm de largo por 2 de ancho.
4. En una sartén con aceite abundante y bien caliente, freír las moñitas, escurrirlas y rebozarlas generosamente con miel.
5. Servir frías.

Natillas

Para 4 personas
Tiempo de preparación: 50 minutos
Dificultad: media

Ingredientes:
1 l de leche • 6 yemas de huevo • 1 cucharada de harina • 4 cucharadas de azúcar • 2 ramas de canela

Preparación:
1. Cocer la leche junto con la canela. Colarla y dejarla enfriar.
2. En una cazuela, poner las yemas de huevo, el azúcar y la harina. A continuación mezclar y agregar la leche ya fría.
3. Poner la cazuela sobre el fuego y remover continuamente hasta que rompa a hervir.
4. En ese momento, bajar el fuego y, sin dejar de remover, mantener durante 5 minutos, aproximadamente.
5. Finalmente, retirar el cazo del fuego, verter las natillas en una fuente de postre y dejar hasta que se enfríe.
6. Servir espolvoreado con canela.

Orejones de Navidad

Para 4 personas
Tiempo de preparación: 1 hora y 10 minutos
Dificultad: baja

Ingredientes:
1/2 kg de orejones de melocotón • 1/2 kg de ciruelas • 200 g de higos secos • 4 cucharadas de moscatel • 2 ramas de canela • azúcar

Preparación:
1. Poner en remojo los orejones, las ciruelas y los higos en un recipiente con agua fría y dejarlos durante toda la noche.
2. En una cazuela con un poco de agua del remojo, el moscatel, la canela y el azúcar, poner los orejones, las ciruelas y los higos.
3. Disponer la cazuela sobre el fuego y, cuando empiece a hervir, dejarla a fuego lento durante 1 hora.
4. Dejar enfriar, poner en un recipiente de cristal y servir.

Orellas de carnaval

Para 6-8 personas
Tiempo de preparación: 30 minutos
Dificultad: media

Ingredientes:

1/2 kg de harina • 100 g de azúcar • 3 huevos • 1 dl de leche • 1 naranja • 1 limón • 50 g de mantequilla • 1 cucharadita de anís • canela en polvo • aceite para freír • azúcar para espolvorear

Preparación:

1. *En un bol grande, amasar la harina con un huevo entero, las dos yemas restantes, la mantequilla fundida, un poco de canela, el zumo de la naranja y el del limón, el anís, el azúcar y la leche.*
2. *Trabajar bien todos los ingredientes, hasta conseguir una masa homogénea.*
3. *Batir las claras de huevo a punto de nieve e incorporar a la pasta mezclándolas a la misma.*
4. *Colocar la masa sobre una superficie plana, enharinar por encima y estirar con el rodillo.*
5. *Cortar en trozos rectangulares.*
6. *Freír en una sartén con aceite a fuego no muy fuerte.*
7. *Una vez fritas, espolvorear con azúcar.*

Pan de caridad

Para 4 personas
Tiempo de preparación: 40 minutos
Dificultad: media

Ingredientes:

400 g de harina • 1 cucharada de levadura • 100 g de azúcar • 1 cucharada de cominos • sal • aceite

Preparación:

1. *Cocer los cominos en un cazo con aproximadamente 2 decilitros de agua.*
2. *Colar y conservar el agua, disolviendo en ella la levadura.*
3. *En un recipiente hondo, disponer la harina, el azúcar y un poco de sal, y verter encima el agua con la levadura. Mezclar con cuidado y amasar durante un rato.*
4. *Formar una bola de masa, ponerla en un recipiente y taparla con un lienzo húmedo.*
5. *Dejar reposar la masa durante 15 minutos.*
6. *Cortar la masa en forma de panecillos de unos 5 cm de largo, y disponerla en una placa pastelera untada con un poco de aceite.*
7. *Introducir en el horno, a temperatura media, y retirarlos cuando las porciones de masa estén doradas.*

Pan de higo casero

Para 4 personas
Tiempo de preparación: 30 minutos
Dificultad: baja

Ingredientes:

1 kg de higos de Fraga • harina • 1/4 kg de almendras tostadas sin piel • 100 g de nueces peladas • 5 cucharadas de anís en grano

Preparación:

1. *Partir por la mitad los higos y ponerlos a secar al sol o en el horno.*
2. *Enharinar un molde alargado y disponer en él una capa de higos secos y, encima otra de almendras, anís y nueces. Repetir la operación varias veces.*
3. *Prensar bien las capas y, seguidamente, introducir en horno suave y dejar hasta que se caliente.*
4. *Dejar enfriar, retirar del molde, y envolver en papel transparente para su presentación.*

Pan de higos

Para 4 personas
Tiempo de preparación: 30 minutos
Dificultad: media

Ingredientes:

800 g de higos secos • 500 g de almendras tostadas • 400 g de avellanas tostadas • 5 cucharadas de azúcar • 3 pastillas de chocolate • canela en polvo • 1 limón • 1 copita de anís

Preparación:

1. *Pelar las almendras y las avellanas y triturarlas.*
2. *Picar seguidamente los higos hasta que formen una pasta.*

3. Rallar el chocolate y derretirlo en un recipiente al calor. (Puede disponerse el chocolate en un plato sobre una olla con agua caliente).
4. En un recipiente hondo, disponer los higos picados, las almendras y las avellanas trituradas, el chocolate deshecho, la canela, la ralladura del limón, el azúcar y la copita de anís.
5. Amasar bien la mezcla hasta formar una masa compacta.
6. Disponer la masa en una lata para galletas y poner encima del pan de higos un peso para prensarlo. (Pero similar al que se usa para la confección de patés).
7. Una vez dispuesto el pan de higos, dejarlo reposar unas cuarenta y ocho horas.

Panellets (mazapanes)

Para 8 - 10 personas
Tiempo de preparación: 1 hora y 15 minutos
Dificultad: media

Ingredientes:

Para la masa

500 g de almendras molidas • 500 g de azúcar • 150 g de patatas hervidas • raspadura de un limón

Guarniciones

100 g de piñones • 100 g de almendras crudas picadas • 100 g de coco rallado • 25 g de cacao en polvo • 2 huevos • maicena

Preparación:

1. Hervir las patatas con piel, pelarlas, chafarlas con un tenedor, dejar enfriar.
2. Mezclar con las almendras molidas, añadir el azúcar en pequeñas cantidades, trabajar con la espátula de madera, raspar la piel del limón, añadir a la masa, trabajar ligeramente con las manos.
3. Dividir la masa en partes, según las clases de «panellets» que queramos hacer.

Piñones:

4. Formar bolitas, pasar por maicena, clara de huevo batida y por los piñones, pintar la superficie con yema de huevo, con un pincel.

Almendra:

5. Formar tiras y después medias lunas, pasar por maicena, por clara de huevo, cubrir con las almendras picadas y pintar con huevo.

Coco:

6. Mezclar la masa con la mitad del coco, formar pirámides, pasar por coco rallado, pintar con huevo, sólo la punta.

Chocolate:

7. Mezclar con 25 gramos de cacao en polvo, formar bolitas, pasar por clara y por azúcar.
8. Untar las placas del horno con mantequilla, colocar los «panellets».
9. Precalentar el horno a 220 °C; introducir las bandejas, dejar cocer unos 10 a 12 minutos. Servir en bandeja con blonda. Esperar a que estén fríos.

Pastel cordobés

Para 4 personas
Tiempo de preparación: 1 hora y 10 minutos
Dificultad: alta

Ingredientes:

400 g de harina • 50 g de manteca de cerdo • 200 g de mantequilla • 2 huevos • 400 g de cabello de ángel • 1 vaso de agua • canela • azúcar • vinagre • sal

Preparación:

1. Mezclar la harina con el agua, la manteca, un poco de sal y un chorrito de vinagre; amasar bien hasta conseguir una pasta homogénea.
2. Dejar reposar un rato, estirar la masa con el rodillo enharinado, untar la masa con la mantequilla blanda.
3. Doblar la masa seis veces (como para hacer el hojaldre) y partirla por la mitad.
4. Estirar cada mitad, dándole la misma forma redonda.
5. Cubrir una mitad con cabello de ángel, tapar con la otra mitad.
6. Pintar los extremos con huevo batido y cerrar las dos capas dándoles forma de trenza.
7. Ponerlo en el horno a temperatura alta por 30 o 35 minutos.
8. Una vez cocido, pintar toda la superficie con huevo batido y espolvorear con azúcar y canela.
9. Volver a introducir unos instantes el pastel en el horno ya apagado.
10. Servir caliente o frío.

Pastel de dátiles

Para 6 personas
Tiempo de preparación: 50 minutos
Dificultad: baja

Ingredientes:

1/4 l de agua • 1/4 kg de azúcar • 350 g de dátiles • 350 g de nueces sin cáscara • 50 g de azúcar lustre

Guarnición

100 g de dátiles frescos • 50 g de nueces

Preparación:

1. En un cazo, mezclar el azúcar con el agua, añadir los dátiles sin hueso y dejar cocer lentamente hasta que se forme una mermelada.
2. Retirar del fuego. Dejar enfriar.
3. Añadir las nueces troceadas. Remover con cuidado hasta que quede todo bien amalgamado.
4. Preparar una hoja de papel de aluminio, espolvorear con azúcar lustre y colocar el preparado de dátiles, envolver formando un rollo.
5. Colocar el rollo obtenido en el congelador unas dos horas, hasta que tome consistencia.
6. Cuando esté en su punto, ya se puede servir, adornar con unos dátiles frescos y medias nueces.

Pastel de gloria

Para 6 personas
Tiempo de preparación: 1 hora y 5 minutos
Dificultad: alta

Ingredientes:

20 huevos (sólo las claras) • 250 g de almendras molidas • 500 g de azúcar • 100 g de almidón • azúcar lustre

Para la crema

6 dl de leche • 350 g de azúcar • 50 g de harina • 1/4 de nata líquida • 60 g de gelatina neutra • 1 limón • canela en rama

Preparación:

1. Montar las claras a punto de nieve.
2. Añadir, removiendo poco a poco, el azúcar, el almidón y las almendras. Mezclar y rellenar una manga pastelera con el merengue.
3. Sobre un papel de estraza, hacer tiras de merengue de unos 20 cm de largo por ocho de ancho.
4. Poner el papel de estraza con las tiras de merengue sobre una fuente para horno.
5. Llevar al horno a temperatura media durante 30 minutos.
6. Retirar el merengue del horno y dejar enfriar.
7. Distribuir la crema sobre la mitad de las tiras de merengue; tapar la crema con la otra mitad.
8. Espolvorear las tiras con azúcar lustre y servir.

Para la crema:

9. Calentar un recipiente con la leche, una rama de canela y un trozo de piel de limón.
10. En otro recipiente, mezclar bien el azúcar, la harina, cuatro yemas de huevo y la nata líquida.
11. Añadir la mezcla a la leche cuando ésta esté ya tibia; dejar cocer todo hasta el momento en que empiece a hervir, sin dejar de remover.
12. Apartar la crema del fuego y agregar la gelatina previamente disuelta en un poco de agua caliente. Mezclar bien y dejar enfriar.

Pastel de manzanas con aguardiente de sidra

Para 8 personas
Tiempo de preparación: 1 hora y 30 minutos
Dificultad: alta

Ingredientes:

Pudding

1 kg de manzanas reinetas • 100 g de mantequilla • 150 g de azúcar • 6 yemas de huevo • 1 l de leche • 80 g de azúcar para el caramelo • ralladura de 1 limón

Sambayón

3 dl de aguardiente de sidra • 150 g de azúcar • 5 yemas de huevo • 1 huevo entero

Preparación:

1. Pelar las manzanas, quitarles las pepitas; cortarlas en gajos y ponerlas en una sartén, junto con 75 gramos de azúcar y la mantequilla, hasta que estén cocidas.
2. En un cazo pequeño, poner los 75 gramos de azúcar, unas gotas de agua y ponerlo al fuego hasta que

llegue al punto de caramelo. Echar este caramelo en un molde redondo de unos veinticuatro centímetros de diámetro, dejar enfriar.

3. En un bol de cristal, batir las yemas de huevo con el azúcar restante y la ralladura de limón, trabajar un poco para que se disuelva el azúcar. Añadir la leche caliente, sin dejar de batir. Añadir las manzanas cocidas. Mezclar bien todos los ingredientes. Volcar el preparado en el molde acaramelado.
4. Precalentar el horno, y poner al baño María, unos veinticinco minutos (el agua no debe hervir) a horno fuerte.

Sambayón:

5. En un cazo de acero inoxidable o de porcelana poner las yemas de huevo con el azúcar y el huevo entero. Batir con las varillas hasta conseguir una pasta esponjosa y suave. Poner al fuego al baño María y, sin dejar de batir, echar poco a poco el aguardiente de sidra. Cuando esté frío el pudding, servir cortando las porciones y napando con el sambayón.

Pastissets de Tortosa

Para 4 personas
Tiempo de preparación: 1 hora y 45 minutos
Dificultad: media

Ingredientes:

Cabello de ángel (relleno)

1 calabaza de cabello de ángel (sidra) • 1 limón • 1 barrita de canela • 800 g de azúcar

Para la pasta

200 g de azúcar • 1 huevo grande • 2 dl de aguardiente de buena calidad • 3,25 dl de aceite • 800 g aproximadamente de harina • sal

Preparación:

Cabello de ángel:

1. Dar un golpe a la calabaza para partirla. Retirar las pepitas y filamentos y cortar en trozos; cubrirla con agua fría.
2. Cocer la calabaza en una olla con agua, dejar hervir unos veinticinco minutos, escurrir, desmenuzar y pesar la cantidad obtenida.
3. Volver a cocer la calabaza con el zumo de limón y la raspadura de la piel, la canela en rama y azúcar (800 gramos por kilo de pulpa obtenida), hervir unos 45 minutos, destapada, para que quede más espesa. Dejar enfriar.

Pasteles:

4. Mientras, preparar la pasta «dels pastissets». En un bol, batir el huevo con el azúcar con una espátula de madera, añadir el aguardiente, el aceite y finalmente la harina tamizada; trabajar un poco y pasarlo al mármol para trabajarlo más con las manos, hasta obtener una pasta fina y homogénea.
5. Dvidir la pasta en pequeñas bolitas y trabajarlas hasta que tengan elasticidad.
6. Untar dos papeles de folio y en uno de ellos poner una bolita de pasta, tapar con el otro papel. Aplanar y formar un disco de pasta del diámetro deseado.
7. Rellenar una parte de la circunferencia con cabello de ángel, doblar y formar un cordón con los dedos para sujetar el relleno.
8. Precalentar el horno a 200 °C, y cocer unos veinte minutos.
9. Al sacarlos del horno, espolvorear con azúcar. Si los pastissets no han quedado suficientemente dorados, pueden gratinarse.

Peras al vino tinto

Para 6 personas
Tiempo de preparación: 25 minutos
Dificultad: baja

Ingredientes:

6 peras • 150 g de azúcar • 1/2 l de vino tinto • 1 ramita de canela • agua

Preparación:

1. Poner a cocer las peras en agua hirviendo durante unos minutos, sacarlas y pasarlas por agua fría.
2. Cuando estén frías, pelar inmediatamente.
3. En un cazo al fuego, poner el azúcar, el vino, el agua y la ramita de canela.
4. Cuando arranque a hervir, colocar las peras y dejar cocer a fuego lento hasta que las peras estén tiernas.
5. Cuando estén tiernas, sacar las peras y disponerlas en un recipiente de cristal.
6. Dejar reducir el almíbar y verter sobre las peras.
7. Dejar enfriar antes de servir o, si se desea, presentar templadas.

Perrunillas

Para 4 personas
Tiempo de preparación: 50 minutos
Dificultad: media

Ingredientes:
harina • 6 huevos • 600 g de azúcar • 1 copa de aguardiente • 400 g de manteca • 1 cucharada de canela en polvo

Preparación:
1. Batir fuertemente la manteca en un recipiente hondo; añadir las yemas de los huevos, el aguardiente, el azúcar, la canela y, finalmente, la harina en forma de lluvia; seguir mezclando y batiendo todos los ingredientes hasta obtener una masa suave y blanda.
2. Formar las perrunillas con las manos espolvoreadas con harina. A continuación, disponerlas en una placa de pastelería enmantecada.
3. Batir las claras de huevo a punto de nieve y poner una cucharada sobre cada perrunilla.
4. Introducir la placa en el horno, y retirarla cuando las perrunillas estén doradas.
5. Servir fría.

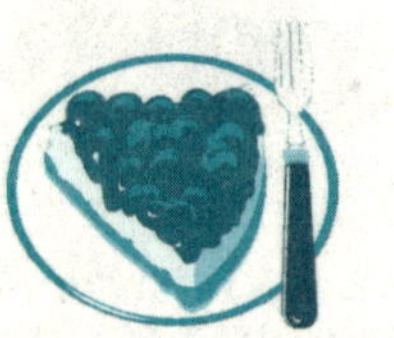

Pestiños

Para 6 personas
Tiempo de preparación: 1 hora y 5 minutos
Dificultad: alta

Ingredientes:
500 g harina • 2 copitas de jerez • 1 huevo • 1/2 l de aceite • 4 o 5 granos de anís • 1 limón • 250 g de miel • azúcar lustre • sal

Preparación:
1. En una sartén al fuego con 2 decilitros de aceite caliente, agregar la piel del limón, dejarla freír unos instantes, retirar la sartén del fuego y añadir los granos de anís. Dejar enfriar y colar.
2. Preparar la harina sobre el mármol en forma de volcán, cascar el huevo, en el centro, añadir un poco de sal, el jerez, el aceite colado y dos cucharadas de miel.
3. Amasar bien hasta conseguir una masa compacta y dejar reposar por espacio de una hora.
4. Estirar la masa con la ayuda del rodillo, hasta conseguir uno o dos centímetros de grosor.
5. Cortar la masa en tiras de unos diez centímetros de largo, enrollarlas y freírlas en abundante aceite muy caliente.
6. Poner a hervir la miel en un cazo con 6 cucharadas de agua, dejar cocer a fuego lento durante 10 minutos y apartar del fuego.
7. Sumergir los pestiños en la miel; deben quedar bien cubiertos.
8. Dejar escurrir los pestiños sobre un tamiz.
9. Espolvorear con azúcar lustre y servir.

Pestiños castellanos

Para 4 personas
Tiempo de preparación: 30 minutos
Dificultad: baja

Ingredientes:
250 g de harina • miel • 1/2 taza pequeña de aceite caliente • 2 tazas pequeñas de vino blanco seco • 1 copita de anís

Preparación:
1. Poner a calentar el aceite en un pucherito.
2. En otro, calentar el vino blanco.
3. En un recipiente hondo, disponer la harina, el aceite, el anís, el vino blanco y amasar durante un buen rato hasta obtener una masa lisa.
4. Cuando la masa esté bien lisa y suave, aplastarla con el rodillo y espolvorearla con un poco de harina.
5. Dejar la masa con un espesor de 1/2 centímetro.
6. Con la ayuda de un vaso de vino, o de unos moldes de pastelería para recortar, formar los pestiños.
7. En una sartén amplia y con aceite abundante y muy caliente, freír dichas figuras de masa.
8. Servirlos en una fuente rociándolas con miel o con azúcar.

Picardías de Lorca

Para 6 personas
Tiempo de preparación: 20 minutos
Dificultad: baja

Ingredientes:

1/2 kg de avellanas tostadas • 1/2 kg de azúcar • 1/2 dl de agua

Preparación:

1. En un cazo, derretir el azúcar mezclado con el agua, hasta el punto de caramelo.
2. Untar un mármol con un poco de aceite; cuando el caramelo esté en su punto, echarlo sobre el mármol. Rápidamente, echar las avellanas mezclándolas con el azúcar.
3. Antes de que se enfríe del todo, cortar en dados. Dejar enfriar y ya están las picardías.

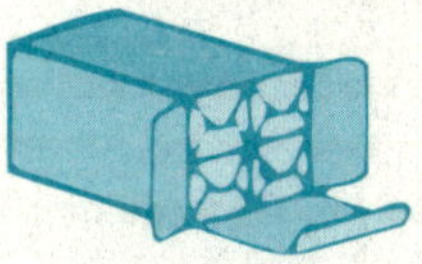

Piñonate

Para 6 personas
Tiempo de preparación: 1 hora y 25 minutos
Dificultad: alta

Ingredientes:

3 docenas de huevos • 1 bote de miel • 4 granos de anís • harina • 1/2 l de aceite • 1 vaso de vino blanco dulce • 200 g de piñones • 500 g de almendras peladas y fritas • canela en polvo

Preparación:

1. Batir los huevos y agregar la harina necesaria hasta formar una masa; añadir una cucharadita de aceite.
2. Amasar bien hasta obtener una pasta homogénea. Dejar reposar.
3. Coger porciones de masa del tamaño de una nuez y formar unas tortitas.
4. En una sartén con abundante aceite caliente, freír las tortitas.
5. Ponerlas en un cazo junto con los piñones, las almendras, la canela, los granos de anís ligeramente tostados y dos cucharadas de harina.
6. En una cazuelita al fuego, dejar hervir la miel hasta que, al echar un poquito de miel en un plato con agua fría, se forme una bola blanda. Entonces, la miel estará en su punto.
7. Mezclar bien los ingredientes del cazo con la miel, revolviendo el conjunto con la ayuda de dos espátulas.
8. Con las manos remojadas en vino, coger porciones de la masa y darles forma de piña. Envolver el piñonate en papel de seda.

Plàtans a la catalana (plátanos)

Para 6 personas
Tiempo de preparación: 1 hora y 15 minutos
Dificultad: baja

Ingredientes:

12 plátanos • 100 g de avellanas tostadas • 50 g de azúcar • 1 dl de coñac • canela en polvo • mantequilla para untar

Preparación:

1. Hacer un corte en la piel de los plátanos, de arriba abajo, para poder extraer la fruta sin estro-pear la piel, que luego habrá que utilizar como guarnición del plato.
2. Cortar los plátanos en rodajas y ponerlos en un bol grande; añadir el azúcar, las avellanas picadas groseramente y el coñac. Dejarlo en maceración una hora. Espolvorear con la canela en polvo.
3. Pasado ese tiempo, rellenar con este preparado las pieles que tenemos reservadas. Untar una bandeja con mantequilla, pasar los plátanos a la bandeja. Llevarlos 15 minutos al horno, precalentado.
4. Al sacarlos del horno, flamear con el mismo licor de la maceración y servirlo quemado a la mesa.

Polvorones

Para 6 personas
Tiempo de preparación: 1 hora y 20 minutos
Dificultad: alta

Ingredientes:

600 g de harina • 250 g de azúcar lustre • 1 limón • 1 copa de aguardiente • 200 g de manteca de cerdo • canela

Preparación:

1. Verter la harina en una bandeja para horno y tostarla a temperatura media, cuidando que no se queme.
2. Cuando empiece a tomar color, retirar del horno y dejar que se enfríe.
3. Hacer un volcán con la harina tostada y agregar en el centro la manteca, el azúcar, la canela, el zumo y la raspadura del limón y la copa de aguardiente.
4. Amasar y hacer una bola. Tapar la masa con un paño y dejar reposar durante una hora.

5. Espolvorear el mármol con harina tostada y extender la masa con la ayuda de un rodillo, hasta conseguir un centímetro de grosor.
6. Con un molde o vaso de cinco centímetros de diámetro, cortar la pasta.
7. Distribuir la pasta en una fuente para horno, previamente espolvoreada con harina.
8. Llevar la fuente al horno y dejar cocer a temperatura media hasta que se doren (veinticinco minutos, aproximadamente).
9. Dejar enfriar en la misma fuente, espolvorear con azúcar lustre y envolver con papel de seda cada polvorón.

Pudín de piña a la manera cántabra

Para 4 personas
Tiempo de preparación: 1 hora
Dificultad: media

Ingredientes:

1 bote de piña de 1 kg • 200 g de bizcochos de soletilla • 100 g de almendras tostadas • 3 huevos • 110 g de azúcar • 30 cl de coñac

Preparación:

1. Trabajar con la espátula de madera las yemas de los huevos con 60 g de azúcar hasta que estén espumosas.
2. Triturar con la batidora las rodajas de piña, sin jugo. Mezclar con la crema de huevos y azúcar. Añadir los bizcochos desmenuzados, las almendras molidas y el coñac; trabajar bien.
3. Montar las claras de los huevos a punto de nieve e incorporarlas a la mezcla anterior. A continuación, verter toda la crema preparada en una flanera previamente caramelizada.
4. Precalentar el horno e introducir la flanera al baño María. Dejar cocer durante unos 30 minutos a fuego moderado, unos 180 ºC.
5. Desmoldar cuando esté completamente frío.

Quesada aragonesa

Para 4 personas
Tiempo de preparación: 1 hora y 15 minutos
Dificultad: baja

Ingredientes:

1/2 kg de requesón • 1 limón • 7 cucharadas de azúcar fino • 7 huevos

Preparación:

1. En un recipiente hondo, mezclar el requesón, el azúcar y la ralladura de 1 limón, aplastando con un tenedor.
2. Cuando esté todo bien mezclado agregar los huevos batidos. Seguir mezclando.
3. Poner la quesada en un molde redondo y cocer en horno suave, al baño María, durante 1 hora aproximadamente.
4. Servir fríos.

Quesada de la reina

Para 6 personas
Tiempo de preparación: 1 hora y 10 minutos
Dificultad: baja

Ingredientes:

900 g de requesón • 200 g de azúcar • 5 huevos • 40 g de mantequilla • azúcar glas • canela en polvo

Preparación:

1. Con un tenedor, trabajar el requesón aplastándolo bien; agregar, poco a poco, el azúcar, mezclándolo bien.
2. Batir los huevos, azucararlos y añadir la canela.
3. Agregar a la masa del requesón y mezclar bien.
4. Untar un molde con mantequilla y colocar en el mismo la masa preparada.
5. Introducir en el horno y dejar cocer durante una hora, aproximadamente.
6. Servir espolvoreado con azúcar glas y canela en polvo.

Quesada pasiega

Para 8 personas
Tiempo de preparación: 45 minutos
Dificultad: baja

Ingredientes:
1/2 kg de harina • 2 huevos • 1/2 l de leche fresca • 30 g de mantequilla • 4 cucharadas soperas de cuajada • 100 g de azúcar • ralladura de limón • 1 cucharadita de levadura • sal

Preparación:
1. En un bol, batir los huevos y el azúcar e ir añadiendo los demás ingredientes, trabajando muy bien, con cuidado de que no queden grumos, ni que la mezcla resulte demasiado empalagosa.
2. Untar un molde con un poco de mantequilla y extender la pasta sobre él.
3. Precalentar el horno, introducir la quesada y dejar cocer durante unos 30 minutos, hasta que esté dorada. Comprobar el punto de cocción pinchando con una aguja.
4. Cuando esté en su punto, sacar del horno y dejar enfriar el tiempo necesario.

Reinetas con salsa de chocolate

Para 4 personas
Tiempo de preparación: 1 hora y 15 minutos
Dificultad: media

Ingredientes:
4 manzanas reinetas • 1 naranja • 1 limón • 1/2 kg de azúcar • 100 g de avellanas tostadas • 1 l de agua • canela en rama

Para la salsa
100 g de chocolate fondant • 2 dl de crema de leche

Preparación:
1. Pelar la naranja, sin coger la piel blanca; cortar la piel en juliana. Luego, exprimir el jugo de la naranja. Cortar el limón en rodajas.
2. En un cazo, poner el azúcar y el agua. Dejar cocer a fuego medio hasta que esté disuelto el azúcar; añadir entonces el zumo de naranja, las rodajas de limón y la canela en rama. Mantener el jarabe en cocción suave durante 10 minutos, aproximadamente.
3. Pelar las manzanas procurando no quitarles el rabo. Introducirlas enteras en el jarabe preparado, mantenerlas y dejarlas cociendo unos 20 minutos, a fuego muy lento, hasta que estén tiernas.
4. Retirarlas del fuego, añadir la juliana de naranja, tapar y dejar macerar. Retirar las manzanas cuando estén frías, colocarlas en una copa, recubrirlas de jarabe, añadir la juliana de naranja y reservar en la nevera.

Salsa de chocolate:

5. Trocear el chocolate y ponerlo en un cazo al baño María, añadir la crema de leche y dejar fundir. Cuando el chocolate esté fundido, cubrir con él las manzanas y espolvorearlas con las avellanas picadas. Decorar con la juliana de naranja y servir.

Rejanes

Para 4 personas
Tiempo de preparación: 40 minutos más tiempo de horno
Dificultad: alta

Ingredientes:
150 g de mantequilla • 150 g de azúcar • 8 huevos • harina • 150 g de almendras peladas • 2 cucharadas de levadura • manteca de cerdo

Preparación:
1. Triturar las almendras junto con el azúcar hasta convertirlas en una harina muy fina.
2. Separar las yemas de las claras de 3 huevos. Batir las claras a punto de nieve y reservar las yemas.
3. Enmantecar un papel de barba y recubrir con él el fondo de un molde alargado y hondo.
4. En otro recipiente hondo, disponer la mezcla de almendras y azúcar junto con la mantequilla partida en trozos pequeños; mezclar bien todo el conjunto.
5. Añadir 5 huevos y 3 yemas. Mezclar bien durante un rato y agregar en forma de lluvia la harina tamizada con la levadura. A continuación, trabajar bien la masa con una espátula de madera.
6. Incorporar a la masa las claras de huevo montadas a punto de nieve y seguir mezclando.
7. Verter la masa en el molde y meterlo en el horno, templado, durante treinta minutos. Para saber si el pastel está en su punto, clavar en él con cuidado la punta afilada de un cuchillo: si éste sale seco el pastel ya estará listo.
8. Por último, desmoldar el pastel, dejarlo enfriar y cortarlo en tajadas de 1 cm y, seguidamente, en triángulos.

Roscas de almendras y avellanas

Para 4 personas
Tiempo de preparación: 45 minutos
Dificultad: baja

Ingredientes:
100 g de almendras tostadas • 100 g de avellanas tostadas • 100 g de azúcar • 4 huevos • harina • aceite

Preparación:
1. Machacar en un mortero las almendras y avellanas sin la piel.
2. En un recipiente, mezclar la pasta de frutos secos, el azúcar y las 4 yemas de huevo.
3. Espolvorear la tabla de trabajo con harina y poner en ella la mezcla. Amasar un buen rato.
4. Formar unas rosquillas, disponerlas en unas placas pasteleras untadas con aceite y cocerlas en horno no muy caliente.

Rosco de san Antonio

Para 4 personas
Tiempo de preparación: 1 hora
Dificultad: alta

Ingredientes:
250 g de harina • 1 huevo • 1 cucharadita de levadura • 50 g de azúcar • 5 cucharadas de leche • 1 cucharada de agua • 3 cucharadas de aceite • canela en polvo • azúcar lustre

Preparación:
1. Mezclar la harina con la levadura y formar un volcán; añadir el huevo, el azúcar, el aceite y la leche.
2. Empezar trabajando primero con la ayuda de un tenedor y terminar amasándolo todo junto con las manos, dándole forma de rosco.
3. En una cazuela con agua al fuego, agregar el rosco y, cuando éste suba a la superficie, ya estará cocido.
4. Dejar escurrir, darle algunos cortes a su alrededor y freírlo con abundante aceite no muy caliente.
5. Una vez dorado el rosco, retirarlo de la sartén y escurrirlo.
6. Espolvorear con azúcar lustre y canela en polvo.

Roscón de Almería

Para 6 personas
Tiempo de preparación: 1 hora y 5 minutos
Dificultad: alta

Ingredientes:
400 g de harina • 150 g de azúcar • 1 huevo • 1 cucharada de levadura • 1 copa de anís • 1 vaso de leche • 1 vaso pequeño de aceite • sal

Preparación:
1. Templar la leche, añadir la levadura y un poco de sal. Batir hasta que se deshaga la levadura.
2. Formar un volcán de harina sobre el mármol y agregar los demás ingredientes, finalizando con la leche y la levadura.
3. Mezclar y amasar bien hasta conseguir una pasta homogénea; dejar reposar.
4. Amasar un poco más y estirar la masa.
5. Redondear la masa y unir los dos extremos para así formar el rosco.
6. Colocar el rosco en una bandeja previamente untada con mantequilla, espolvorear con azúcar y llevar al horno, a temperatura media, durante 35 o 40 minutos, aproximadamente.
7. Servir frío.

Roscón de fiestas extremeño

Para 4 personas
Tiempo de preparación: 1 hora y 10 minutos
Dificultad: baja

Ingredientes:
200 g de harina • 100 g de azúcar • 1 huevo • 1 tacita de aceite de oliva • 20 g de levadura prensada • sal • 1 copita de anís

Preparación:

1. En un recipiente disponer la harina formando un hueco en el centro.
2. Colocar en el centro de este hueco el huevo, el azúcar, el anís, el aceite y la sal. Agregar la levadura diluida en agua tibia.
3. Trabajar la masa y dejarla reposar durante aproximadamente 15 minutos.
4. Volverla a amasar un poco rato más.
5. Seguidamente, con ambas manos, estirarla en forma de rollo y unir los extremos. Poner en un recipiente plano.
6. A continuación, espolvorear el roscón con el azúcar.
7. Por último, cocerlo en horno flojo.
8. Servir inmediatamente después de enfriado.

Roscos

Para 4 personas
Tiempo de preparación: 25 minutos
Dificultad: baja

Ingredientes:

400 g de harina candeal • 200 g de manteca de cerdo • 100 g de azúcar • 1 huevo • 1 cucharada de ralladura de limón • almíbar

Preparación:

1. En un recipiente hondo, hacer una masa la harina candeal con la manteca de cerdo, un huevo y una cucharada rasa de raspadura de corteza de limón.
2. Dejar reposar la masa durante una hora.
3. Formar luego los roscos del grueso de un dedo y tamaño que se quiera y en forma de anilla.
4. Cocer los roscos a horno flojo y dejarlos justo el tiempo para que queden dorados.
5. Cuando estén fríos, bañarlos en cualquier almíbar caliente y envolverlos en azúcar, sacudiéndolos después.

Roscos de vino

Para 4 personas
Tiempo de preparación: 1 hora y 10 minutos
Dificultad: media

Ingredientes:

1 l de buen vino blanco • 1/2 l de aceite frito • 200 g de azúcar • 40 g de granos de anís secos • harina de trigo • almíbar a punto de hebra • azúcar granillo para rebozar • azúcar lustre para espolvorear

Preparación:

1. En un recipiente un poco hondo, poner el vino, el aceite frito pero que habremos dejado enfriar antes, el azúcar y los granos de anís, machacados en el mortero.
2. Ir añadiendo la harina, trabajando, hasta formar una masa un poco dura, trabajarla bien con las manos hasta dejarla suave y lisa.
3. Hacer roscos de unos 15 o 20 gramos cada uno, formando unas bolas y con el dedo formar un hueco central.
4. Untar una fuente para horno y colocar los roscos en ella; dejar reposar 20 minutos y cocerlos precalentando el horno un poco fuerte.
5. Cuando estén cocidos, dejar enfriar.
6. Bañar con el almíbar caliente a punto de hebra flojo.
7. Pasarlos por el azúcar granillo y espolvorear con el azúcar lustre, dejar secar 4 o 5 minutos.

Rosquillas al horno

Para 4 personas
Tiempo de preparación: 40 minutos
Dificultad: baja

Ingredientes:

1/2 kg de harina • 1/2 l de aceite • 1/4 l de agua • 250 g de azúcar • 12 huevos

Preparación:

1. En un recipiente hondo, disponer el aceite y el agua. Poner sobre el fuego y, cuando comience a hervir, añadir la harina en forma de lluvia y el azúcar. Mezclar y retirar del fuego.
2. Cuando la mezcla se haya enfriado, añadir los 12 huevos y amasar.
3. En una placa pastelera untada con aceite, colocar cucharadas de la masa anterior haciendo un agujero en el centro de cada una, dándoles forma de rosquillas.
4. Introducir la placa en horno suave y mantener hasta que las rosquillas estén doradas.

Rosquillas caseras

Para 4 personas
Tiempo de preparación: 45 minutos
Dificultad: baja

Ingredientes:

400 g de harina • 150 g de azúcar • 12 yemas de huevo • 1 copita de aguardiente • aceite • sal

Preparación:

1. En una fuente honda disponer la harina formando un hueco en el centro. Disponer en el hueco las yemas de huevo diluidas con el aguardiente y una pizca de sal.
2. Trabajar la masa hasta que quede consistente. Coger pequeñas porciones, dándoles la forma de cordón y unir los extremos.
3. Disponer las rosquillas en una placa de pastelería untada con aceite, pintarlas ligeramente con aceite y cocerlas en horno fuerte.
4. Retirar las rosquillas cuando tomen color y espolvorearlas con azúcar.
5. Servir frías.

Rosquillas castellanas

Para 4 personas
Tiempo de preparación: 25 minutos
Dificultad: baja

Ingredientes:

3 huevos • 10 cucharadas de aceite y aceite suficiente para freír • 1 copita de anís • 1 cucharada de manteca • 150 g de azúcar • una pizca de sal • harina

Preparación:

1. En un recipiente hondo, mezclar todos los ingredientes, excepto la harina.
2. Cuando estén bien mezclados, añadir poco a poco harina, hasta lograr que la masa se despegue del recipiente.
3. Aplanar la masa resultante con un rodillo y cortarla en tiras de un centímetro de ancho y de unos siete de largo.
4. Formar con las tiras unas especies de corbatas o arandelas enganchando las puntas.
5. En una sartén con aceite abundante e hirviendo, ir friendo las rosquillas en tandas de tres o cuatro unidades, girándolas.
6. Una vez doradas las rosquillas, disponerlas en una fuente de cristal y espolvorearlas con azúcar.

Rosquillas de anís

Para unas 20 rosquillas
Tiempo de preparación: 1 hora
Dificultad: media

Ingredientes:

1/4 kg de harina • 1 huevo crudo • 5 cucharadas de azúcar lustre • 1 cucharada de anís • 8 cucharadas de azúcar • 1 cucharada pequeña de levadura en polvo • aceite de oliva • raspadura de 1/2 limón • aceite para freír

Preparación:

1. Tamizar la harina y disponerla en un recipiente hondo formando una corona con un hueco en el centro.
2. En el centro, colocar el huevo, 8 cucharadas de azúcar, la raspadura de 1/2 limón, una cucharada sopera de agua, la levadura, 3 de aceite y el anís.
3. Mezclar cuidadosamente con un tenedor y agregar despacio la harina. Amasar finalmente con las manos, hasta obtener una pasta fina y suave.
4. Enharinarse las manos y coger con los dedos pequeños porciones de masa, enrollarlas y formar un pequeño cordón grueso, el cual se unirá por los extremos en forma de rosquilla.
5. Con la punta de unas tijeras, formar en la parte exterior de las rosquillas unos pequeños cortes.
6. En una sartén con aceite abundante e hirviendo, freír las rosquillas a fuego no demasiado fuerte. Retirarlas y escurrirlas en un papel secante cuando estén doradas.
7. Servirlas espolvoreadas con azúcar lustre.

Rosquillas de Santander

Para 6 personas
Tiempo de preparación: 1 hora
Dificultad: baja

Ingredientes:

1/2 kg de harina • 200 g de azúcar • 1/2 dl de aguardiente • 2 huevos • aceite de oliva • 2 cucharaditas de levadura en polvo • ralladura de limón • azúcar glas

Preparación:

1. Trabajar los huevos con el azúcar hasta que estén espumosos; añadir, entonces, la raspadura de limón, el aguardiente y el aceite, y mezclar bien.
2. Aparte, juntar bien la harina con la levadura en polvo, y añadir lentamente a la mezcla los huevos y azúcar, hasta formar una masa ligera, suave.
3. A continuación, es preciso untarse las manos con aceite para formar unas bolas con la masa: después con los dedos, hay que hacer un agujero en el centro y echarlas en una sartén con aceite no muy caliente, para que queden cocidas por dentro.
4. Cuando estén doradas, se retiran, se escurren y, una vez frías, se espolvorean con azúcar glas.

Sequillos

Para 4 personas
Tiempo de preparación: 55 minutos
Dificultad: baja

Ingredientes:

200 g de harina • 200 g de almendras tostadas • 1 limón • 200 g de azúcar • 3 huevos

Preparación:

1. Rallar la mitad de la corteza del limón.
2. Pelar las almendras y triturarlas finamente.
3. Batir todos los huevos en un tazón.
4. En un recipiente hondo, disponer la harina formando un hueco en el centro. Colocar en él las almendras, los huevos batidos, la ralladura de limón y el azúcar.
5. Mezclar continuamente y rociar poco a poco con agua hasta obtener una pasta lisa, ni blanda ni demasiado dura.
6. Aplastar la masa con el rodillo hasta un centímetro de espesor y cortar con un cuchillo unas tiras largas de 2 centímetros de ancho y, después, de 5 centímetros de largo.
7. Untar con manteca o aceite frito una placa para horno y disponer en ella los sequillos, uno al lado del otro pero sin tocarse.
8. Introducir la placa en horno muy suave hasta que las pastas queden doradas.

Sobaos pasiegos

Para 6 personas
Tiempo de preparación: 35 minutos
Dificultad: baja

Ingredientes:

250 g de harina • 250 g de azúcar • 250 g de mantequilla • 3 huevos • 1 cucharada de ron • ralladura de limón • sal • 2 cucharaditas de levadura en polvo

Preparación:

1. En un bol hondo, trabajar la mantequilla reblandecida con el azúcar, la ralladura de limón, una pizca de sal, los huevos batidos y el ron.
2. Aparte, mezclar la harina con la levadura en polvo y añadirlas a la pasta anterior. Trabajar con las manos hasta que todo esté bien ligado.
3. Preparar unos moldes de papel antigraso y llenarlos hasta la mitad con la pasta preparada.
4. Precalentar el horno a 180 °C e introducir los moldes. Pasados 15 minutos retirarlos del horno cuando se vean dorados, pero sin llegar a resecarse.

Sopas dulces

Para 4 personas
Tiempo de preparación: 1 hora
Dificultad: baja

Ingredientes:

pan del día anterior • 1 l de leche • 200 g de almendras molidas • 1 rama de canela • 100 g de azúcar

Preparación:

1. Cortar el pan en rebanadas finas y disponer una capa de ellas en una cazuela de barro refractaria.
2. Espolvorear con azúcar mezclado con almendra molida. Repetir la operación hasta formar 3 capas.
3. En un cazo aparte, calentar la leche con la rama de canela. Colarla y dejarla enfriar. Cuando la leche esté templada, verterla en la cazuela con el pan hasta cubrir la superficie.
4. Introducir la cazuela en horno fuerte y dejarla unos 20 minutos, hasta que la superficie de las sopas de pan esté dorada.

Suspiros

Para 4 personas
Tiempo de preparación: 40 minutos
Dificultad: media

Ingredientes:

1/4 kg de harina • 1/4 kg de azúcar • 1/4 kg de manteca • 1 huevo

Preparación:

1. En un recipiente hondo, batir fuertemente la manteca derretida junto a la lumbre. Añadir enseguida el azúcar, mezclar y agregar finalmente el huevo y la harina en forma de lluvia.
2. Amasar los ingredientes durante unos instantes hasta obtener una masa lisa. Disponerla sobre una superficie plana y convertirla en unas bolitas del grosor de una nuez pequeña.
3. Rebozar las bolitas en un poco de harina y aplanarlas suavemente.
4. Disponer un papel de pastelería en una placa para horno y colocar los suspiros dejando un poco de espacio entre sí.
5. Llevarlos a horno suave y retirarlos cuando estén dorados.

Suspiros de monja

Para 4 personas
Tiempo de preparación: 1 hora
Dificultad: alta

Ingredientes:

250 g de azúcar • 250 g de harina • 5 cucharadas de mantequilla • sal • sémola de trigo • leche • café • 200 g de almendras tostadas • 2 huevos • 1/2 copita de licor de hierbas • aceite

Preparación:

1. En un recipiente hondo, disponer la harina tamizada, añadir los 2 huevos crudos, la mantequilla, un poco de sal y el azúcar.
2. Mezclar bien todos los ingredientes y trabajar bien la masa. Extenderla, aplanarla con el rodillo y cortarla en tiras de 7 centímetros de largo y 4 de ancho. Dejar reposar.
3. Machacar las almendras retirándoles la piel.
4. En un tazón con leche fría y 4 cucharadas de café también frío poner la sémola y las almendras machacadas en el mortero. Añadir licor.
5. En una sartén honda con aceite abundante y muy caliente, freír los suspiros y, cuando estén dorados, retirarlos y dejarlos enfriar.
6. En cada uno de ellos, y con la ayuda de la punta de un cuchillo muy afilado, formar un hueco que se rellenará con la pasta de almendra.
7. Disponerlos en una fuente plana de cristal y servir.

Suspiros de moro

Para 6 personas
Tiempo de preparación: 1 hora y 10 minutos
Dificultad: alta

Ingredientes:

Para la masa

6 huevos • 150 g de azúcar • 1 limón • 150 g de harina • mantequilla

Para el adorno

500 g de nata montada • 2 cucharadas de azúcar • 250 g de chocolate fondant • 8 cucharadas de leche

Preparación:

Para la masa:

1. Cascar los huevos y separar las claras de las yemas.
2. Montar las claras a punto de nieve.
3. En un bol, batir las yemas con el azúcar y la ralladura de la piel del limón. Añadir la harina, batir bien y agregar las claras montadas.
4. Batir todo junto, pero sin que se deshagan las claras.
5. Untar un molde cuadrado con mantequilla, espolvorear con harina y verter el batido.
6. Dejar cocer a horno medio durante 15 minutos.
7. Dejar enfriar y cortar el bizcocho en tiras de unos diez centímetros de ancho.

Para adornar:

8. Batir la nata montada junto con el azúcar, verterla en una manga pastelera y repartirla sobre las tiras de bizcocho.
9. Introducir el bizcocho en el congelador.
10. Poner la leche en un recipiente, añadir el chocolate fondant cortado en trozos y fundirlo al baño María.

11. Sacar el bizcocho del congelador cuando ya se haya enfriado.
12. Verter el chocolate fundido sobre el bizcocho.
13. Cortar las tiras en varios trozos y distribuir en una bandeja.

Suspiros de Murcia

Para 6 personas
Tiempo de preparación: 1 hora
Dificultad: baja

Ingredientes:

1/4 kg de almendras • 1/2 kg de azúcar • 6 claras de huevo • 1 cucharadita de zumo de limón • unas cuantas obleas

Preparación:

1. En un bol, batir las claras de huevo a punto de nieve fuerte, añadir el zumo de limón.
2. Continuar batiendo y añadir el azúcar poco a poco.
3. Picar un poco las almendras y añadirlas al merengue.
4. Cortar redondeles de las obleas. Cuando esté todo bien mezclado formar encima pequeñas pirámides que se cuecen al horno, hasta que estén doradas y muy secas.

Tarta de manzanas

Para 6 personas
Tiempo de preparación: 50 minutos
Dificultad: baja

Ingredientes:

400 g de manzanas • 3 huevos • 150 g de harina • 100 g de mantequilla • zumo de limón • 50 g de mermelada de albaricoque • 1 cucharadita de levadura en polvo • 100 g de azúcar

Preparación:

1. Batir los 3 huevos con el azúcar en un bol. Añadir la mantequilla reblandecida; trabajar con las varillas. Aromatizar con el zumo de limón. Cuando esté todo bien mezclado, añadir la harina con la levadura incorporada. Amasar bien.
2. Untar con mantequilla un molde para tartas y verter en él la preparación anterior.
3. Pelar las manzanas, cortarlas a gajos finos y cubrir la crema del molde.
4. Precalentar el horno a temperatura media, introducir el molde y dejar cocer unos 30 minutos.
5. Al retirarlo del horno, cubrir la tarta con la mermelada de albaricoque, dejar enfriar y servir.

Tarta de mirabeles (fruta típica gallega)

Para 6 personas
Tiempo de preparación: 1 hora y 40 minutos
Dificultad: alta

Ingredientes:

1 kg de mirabeles • 1 plancha fina de bizcocho • 1/2 l de crema pastelera • 100 g de jalea de albaricoques • 2 copitas de vino de Oporto • 100 g de nata • canela en polvo

Preparación:

1. Deshuesar los mirabeles.
2. Forrar una fuente un poco honda con la plancha de bizcocho y emborracharla con las dos copitas de vino de Oporto.
3. Hacer la crema pastelera, aromatizarla con canela en polvo; una vez templada la crema, verterla sobre el bizcocho. Introducir en el frigorífico por espacio de cinco o seis horas (hasta conseguir que esté muy fría).
4. Sacar del frigorífico y colocar, de forma simétrica, los mirabeles deshuesados.
5. Calentar un poco de jalea de albaricoque e impregnar con ella totalmente el pastel.
6. Decorar el conjunto con la nata montada.

Tarta de queso fresco con salsa de arándanos

Para 4 personas
Tiempo de preparación: 40 minutos, más el tiempo de refrigeración
Dificultad: media

Ingredientes:

Pasta brisa

200 g de harina • 100 g de mantequilla • 1 huevo • 1 cucharada de agua • 25 g de azúcar • sal

Relleno

1/2 kg de queso fresco • 1/2 l de leche fresca • 250 g de nata líquida • 25 g de azúcar • 6 hojas de gelatina fina

Salsa

150 g de mermelada de arándanos • 25 g de azúcar • 1 cucharada de agua

Preparación:

1. Formar un volcán con la harina, poner en el centro la mantequilla, el huevo entero, el azúcar, la sal y la cucharada de agua.
2. Trabajar con un tenedor y después con la punta de los dedos, hasta que todos los ingredientes queden unidos. Brisar tres veces. Formar una bola y dejar reposar 2 horas en el frigorífico.
3. Pasado ese tiempo, extender la pasta con el rodillo y forrar un molde redondo de tarta desmontable de unos veinticuatro centímetros, pinchar el fondo con la punta de un cuchillo bien afilado, para que no suba al cocer.
4. Llevarla al horno, precalentado a 225 °C, cocer unos quince minutos y dejar enfriar.
5. Mientras tanto, preparar el relleno. En un cazo al fuego, templar la leche mezclada con la nata y el azúcar. Añadir las hojas de gelatina, mojadas en agua fría y bien escurridas, con las manos.
6. Al poner la gelatina, remover vivamente con el batidor de mano para que se disuelva bien.
7. Cuando estén bien disueltas, retirar del fuego, añadir el queso fresco en trocitos, remover con el batidor de mano para que todo quede bien amalgamado; debe quedar una pasta fina, sin grumos.
8. Una vez logrado, verter todo este preparado dentro de la tarta cocida, igualar bien e introducir en el frigorífico hasta que se solidifique, unas cuatro horas por lo menos.
9. Cuando esté en su punto, cubrirla con la mermelada de arándanos ya preparada.

Mermelada de arándanos:

10. En un cazo al fuego, poner la mermelada, el azúcar y la cucharada de agua, dejar hervir unos minutos, enfriar y cubrir la tarta.

Tarta de Sacromonte

Para 6 personas
Tiempo de preparación: 1 hora
Dificultad: media

Ingredientes:

24 huevos • 1 kg de azúcar • 600 g de miga de pan seco • 50 g de manteca • canela en polvo

Preparación:

1. Batir los huevos; incorporar el azúcar y una cucharadita de canela en polvo.
2. Tostar un poco la miga de pan y añadirla a la mezcla, batiéndolo todo junto hasta conseguir una pasta homogénea.
3. Untar un molde con la manteca y distribuir la masa.
4. Seguidamente, llevar al horno a temperatura media por espacio de treinta y cinco minutos, aproximadamente.
5. Dejar enfriar y desmoldar con cuidado.
6. Servir frío.

Tarta de Santiago

Para 6 personas
Tiempo de preparación: 1 hora y 10 minutos
Dificultad: alta

Ingredientes:

Para la masa:

1 huevo • 125 g de harina • 125 g de azúcar • 1 cucharadita de canela en polvo

Para el relleno:

500 g de almendras peladas •500 g de azúcar • 8 huevos •1 cucharadita de canela en polvo • ralladura de un limón • mantequilla •azúcar lustre

Preparación:

1. En un recipiente, amplio batir el huevo con una cucharada de agua, la canela y el azúcar.
2. Agregar la harina progresivamente mientras se sigue batiendo hasta obtener una masa fina.
3. Poner la masa encima de la mesa y estirarla con un rodillo, dejándola muy delgada.

4. Untar un molde para tartas con un poco de mantequilla y forrarlo con la masa.
5. Rallar las almendras o picarlas en un molinillo hasta dejarlas muy finas.
6. Batir los huevos junto con el azúcar, la canela y la ralladura de limón.
7. Cuando todo esté bien batido, agregar las almendras que habíamos triturado (reservar un poco de polvo de almendras para decorar).
8. Batir de nuevo.
9. Verter toda esta masa en el molde que hemos preparado anteriormente y espolvorear con el resto de las almendras.
10. Introducir la tarta en el horno previamente calentado a temperatura fuerte (200º) hasta que se haya dorado.
11. Sacar, dejar enfriar y, antes de servir, espolvorear con azúcar lustre. Se puede decorar más reservando del azúcar el centro con un cartón recortado con la cruz de Santiago.

Tarta típica de Portomarín

Para 6-8 personas
Tiempo de preparación: 1 hora y 30 minutos
Dificultad: alta

Ingredientes:
Pasta de hojaldre • 800 g de almendras picadas • 1/2 l de azúcar en almíbar • 8 huevos • 100 g de harina

Preparación:
1. Amasar la harina junto con la almendra, el azúcar en almíbar y los huevos, hasta conseguir una pasta bien ligada.
2. Una vez conseguida la masa en su punto, dejar reposar.
3. Forrar un molde de cobre de unos dos centímetros de alto con la pasta de hojaldre.
4. Verter sobre el hojaldre la masa preparada anteriormente.
5. Introducir en el horno, calentado a 175 ºC, por espacio de una hora.

Teresicas

Para 4 personas
Tiempo de preparación: 1 hora y 5 minutos
Dificultad: media

Ingredientes:
1/4 kg de harina • 3 cucharadas de manteca de cerdo • 10 cucharadas de mantequilla • 1 cucharada de levadura • 1 cucharada de azúcar • 1/2 l de vino blanco • 1 vaso de agua • azúcar fino • aceite • sal • confitura de frambuesa o de fresa

Preparación:
1. En un cazo, poner a calentar el vino, el agua con un poco de sal, 1 cucharada de azúcar y la manteca.
2. Cuando empiece a dar el primer hervor, retirar el cazo del fuego.
3. Con la mezcla aún tibia, agregar la levadura y dejar enfriar.
4. En un plato disponer la harina en forma de montículo con un hueco en el centro y verter en él el líquido anterior; mezclar con cuidado, siempre de fuera hacia dentro, hasta que quede una masa lisa.
5. Poner la masa sobre el mármol y aplanar con el rodillo, incorporando poco a poco la mantequilla, como si fuera un hojaldre.
6. Finalmente, aplanar de nuevo la masa, dejándola muy fina, y cortarla en arandelas con la ayuda de los bordes de un vaso puesto del revés.
7. Poner en el centro de cada teresica un poco de confitura o mermelada, o simplemente crema pastelera. Doblarlas en forma de empanadillas.
8. Freírlas en aceite abundante y muy caliente. Espolvorearlas con azúcar.

Teresitas

Para 4 personas
Tiempo de preparación: 1 hora
Dificultad: alta

Ingredientes:
1/4 kg de harina • 3 cucharadas de manteca • 1/2 vasito de vino blanco de Cangas • 1 vasito de agua • 1/2 cucharada de levadura • sal • aceite • mantequilla • azúcar en polvo • crema pastelera

Preparación:
1. Derretir un poco la manteca.

2. En un recipiente pequeño, poner el agua, el vino y la manteca. Cocer a fuego normal y retirar cuando dé el primer hervor. Dejar enfriar.
3. En un recipiente hondo, disponer la media cucharada de levadura, la harina y la sal; formar un hueco en el centro y rellenarlo con el líquido preparado.
4. Mezclar hasta convertir los ingredientes en una masa.
5. Ponerla sobre la mesa de la cocina, aplastarla con el rodillo y añadir la mantequilla en pequeños trozos, como para la preparación de una masa para hojaldre.
6. Doblar la pasta en dos y repetir la operación unas cuantas veces. Aplanarla de nuevo con el rodillo y dejarla muy fina.
7. Cortar la masa en cuadraditos de unos ocho centímetros, rellenarlos con crema pastelera, recoger las puntas apretando con los dedos y freír las teresitas en una sartén con abundante aceite muy caliente.
8. Retirarlas del fuego y disponerlas en una fuente de cristal.
9. Espolvorearlas por encima con azúcar

Tocinillo de cielo a la crema de frambuesas

Para 5 personas
Tiempo de preparación: 50 minutos, más la maceración
Dificultad: media

Ingredientes:
6 huevos grandes • 270 g de azúcar • 2 dl de agua • glucosa para untar los moldes

Crema
200 g de frambuesas • 100 g de azúcar

Guarnición
2 dl de crema de leche

Preparación:

1. Preparar un almíbar con el azúcar y el agua, hasta el punto de hebra (unos 10 minutos). Dejar enfriar un poco.
2. Untar ligeramente los moldes con un poco de glucosa diluida con agua templada.
3. Separar las claras de las yemas, pasar las yemas por un colador y añadir al almíbar, poco a poco.
4. Rellenar los moldes untados, procurando que no quede espuma en la superficie.
5. Calentar agua abundante en una cazuela, colocar encima una rejilla con los moldes. Tapar y dejar cocer unos doce minutos.
6. Retirar, dejar enfriar y desmoldear.
7. Dejar en maceración las frambuesas con el azúcar durante 2 horas, removiendo a menudo. Triturar y pasar por el chino.
8. Cubrir el fondo de un plato con la crema, desmoldar un tocinillo en el centro.
9. Montar la nata con la batidora, y adornar alrededor del plato con la manga pastelera con boquilla rizada. Servir fresco.

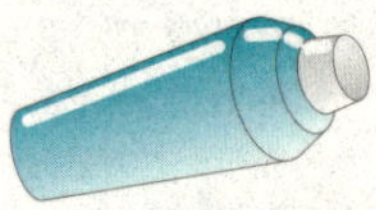

Tocinillos de cielo

Para 4 personas
Tiempo de preparación: 55 minutos
Dificultad: alta

Ingredientes:
1 docena de huevos • 1/2 kg de azúcar • 3 vasitos de agua

Preparación:

1. En un cazo con agua y azúcar, preparar un almíbar dejándolo a fuego normal unos quince minutos. Dejarlo enfriar.
2. En un recipiente hondo, batir las yemas de los huevos y mezclar poco a poco con el almíbar ya frío.
3. En un molde especial con un agujero en el centro, preparar un caramelo con azúcar, dejarlo enfriar y añadir la mezcla de las yemas de huevo con el almíbar pasado por un colador.
4. Disponer el molde en una cazuela con agua y cocer al baño María durante unos veinticinco minutos.
5. Dejar enfriar y conservar en el frigorífico.
6. Desmoldar el tocinillo calentando con cuidado el fondo del molde.
7. Puede decorarse la fuente con nata montada.
8. Servir estos tocinillos cuando estén fríos.

Torrijas

Para 4 personas
Tiempo de preparación: 35 minutos
Dificultad: baja

Ingredientes:

1 barra de pan del día anterior • 3 dl de leche fresca • 3 huevos frescos • 1 rama de canela • ralladura de limón • 3 dl de aceite • 100 g de azúcar • azúcar glas

Preparación:

1. Cortar el pan en rebanadas un poco gruesas.
2. En un cazo, calentar la leche con la canela, el azúcar y la raspadura de limón. Dejar hervir unos minutos, retirar y dejar enfriar.
3. Batir los huevos como para tortilla, pasar las rebanadas de pan por la leche azucarada, escurrirlas y pasarlas luego por los huevos batidos.
4. Tener preparada en el fuego una sartén con aceite caliente. Freír las torrijas, dejándolas doradas por los dos lados. Escurrir bien.
5. Pasarlas por un plato que contenga azúcar glas. Servir.

Torrijas a la navarra

Para 4 personas
Tiempo de preparación: 1 hora y 45 minutos
Dificultad: baja

Ingredientes:

8 rebanadas finas de pan de dos o tres días antes • leche • azúcar • 2 huevos • aceite • canela en polvo • miel

Preparación:

1. Poner leche fría con azúcar en un recipiente y disponer en ellas las rebanadas de pan.
2. Pasada 1 hora, retirar el pan y escurrirlo apretando con la mano para exprimir la leche.
3. Batir los huevos en un plato hondo.
4. Rebozar el pan con huevos batidos y freír las rebanadas en una sartén con aceite hirviendo.
5. Retirar las rebanadas, espolvorearlas con azúcar y con canela en polvo.
6. Las rebanadas pueden untarse con miel, al gusto, y espolvorearlas de nuevo con canela.

Torrijas con paletada de miel

Para 4 personas
Tiempo de preparación: 50 minutos
Dificultad: baja

Ingredientes:

2 huevos • pan del día anterior • leche • miel • 1 rama de canela • aceite • azúcar

Preparación:

1. Cortar el pan del día anterior en rodajas finas.
2. Hervir la leche en un cazo junto con la rama de canela. Colarla y dejarla enfriar.
3. Poner unas cucharadas de azúcar en la leche ya fría y remojar en ella las rebanadas de pan. Dejarlas así durante 1 hora.
4. Escurrir el pan apretándolo para que suelte el líquido, rebozarlo con los huevos batidos y freír las rebanadas en abundante aceite caliente, hasta que estén doradas.
5. Retirarlas de la sartén con pinzas de cocina, disponerlas en una fuente para servir y recubrirlas con miel templada.
6. Servir antes de que se enfríen.

Torrijas de San Isidro

Para 4 personas
Tiempo de preparación: 30 minutos
Dificultad: baja

Ingredientes:

1/4 l de leche • 2 vasitos de aceite • 200 g de miel • 300 g de pan inglés • 5 cucharadas de azúcar • 2 huevos

Preparación:

1. Cortar el pan en rebanadas de 1 1/2 centímetro de espesor.
2. En un recipiente hondo echar la leche y el azúcar. Mezclar.
3. En otro, batir fuertemente los 2 huevos.
4. En una sartén con aceite hirviendo, freír las torrijas previamente pasadas por la leche y azúcar, y el huevo batido, hasta que queden bien doradas por ambos lados.
5. Escurrir las torrijas y disponerlas en una fuente, rociándolas a continuación con miel.

Torrons d'Alacant i de Xixona (turrones de Alicante y de Jijona)

Para 8 personas
Tiempo de preparación: 1 hora y 20 minutos
Dificultad: media

Ingredientes:

Para el turrón de Alicante

350 g de miel • 200 g de azúcar • 2 claras de huevo • 650 g de almendras secas peladas • 3 cucharadas de agua • ralladura de 1 limón

Para el turrón de Jijona

250 g de azúcar • 250 g de miel blanca • 250 g de almendras • 250 g de avellanas • 5 claras de huevo • canela en polvo

Preparación:

Turrón de Alicante

1. En un cazo, poner la miel, el agua y dejar a fuego lento hasta que se evapore. Añadir el azúcar, trabajando con una espátula de madera.
2. Montar las claras a punto de nieve e incorporar removiendo hasta que tome punto de caramelo. Añadir la ralladura de limón. Picar las almendras en trozos grandes y añadir al cazo. Mezclar.
3. Verter la masa en moldes forrados con obleas y primero con papel de barba. Cubrir con otra oblea y poner una tablilla o cartón con un peso encima.

Turrón de Jijona

4. Escaldar las almendras, pelar y tostar al horno. Tostar también las avellanas y pelar. Moler y machacar en el mortero los dos frutos.
5. Montar las claras a punto de nieve y mezclar con los dos frutos.
6. Poner un cazo al fuego con la miel y el azúcar, llevar a ebullición y añadir el preparado anterior. Remover unos diez minutos con la espátula de madera. Retirar y verter la pasta en moldes forrados con obleas. Dejar enfriar y espolvorear con canela.

Torrons de gema cremada i fruita (turrones de yema y fruta)

Para 4 personas
Tiempo de preparación: 45 minutos
Dificultad: media

Ingredientes:

Para un kilo de turrones

1/2 kg de almendra cruda molida • 1/2 kg de azúcar • 1/2 vaso de agua • 3 yemas • 100 g de leche condensada o de crema de leche • vainilla líquida

Yema

2 huevos, el mismo peso en azúcar • frutas frescas para decorar

Preparación:

1. Primeramente preparar un almíbar con el agua y el azúcar procurando que quede a punto de hebra fuerte.
2. Enseguida poner las almendras crudas molidas bien finas en un bol, añadir el almíbar, trabajar cuidadosamente con las varillas sin dejar de batir.
3. Cuando se haya hecho una masa espesa, añadir las yemas de una en una, trabajando continuamente.
4. Agregar a la masa la leche condensada o la crema de leche.
5. Trabajar todavía más y añadir unas gotas de vainilla o un poco de zumo de limón.
6. Volcar el preparado en una cajita de papel, forrada de papel de aluminio.
7. Dejar en sitio fresco, de un día para otro.
8. Desmoldar.
9. Sacar el papel de aluminio y volver a poner el turrón en la cajita.
10. Cubrir el turrón con la yema preparada, espolvorear con azúcar glas.
11. Poner a calentar la pala al fuego hasta que esté al rojo vivo y con ella quemar hasta que se caramelice.
12. Cuando esté todo preparado, cortar toda clase de fruta fresca en rodajas como kiwis, fresones, peras, piña, etc., para adornar a los lados y servir.

De la yema:

13. Batir los huevos y el azúcar, suavemente, hasta que estén bien diluidos.
14. Poner al fuego y con la espátula de madera remover.

15. Cuando empiece a pegarse a la espátula y tienda a espesar un poco, retirar del fuego.
16. Seguir batiendo y volver a poner al fuego.
17. Cuando esté por volver a hervir, sacar y darle una buena batida.
18. Extender sobre una bandeja y dejar enfriar.
19. Cuando la yema esté fría ya se puede emplear.

Torta a la navarra

Para 4 personas
Tiempo de preparación: 50 minutos
Dificultad: baja

Ingredientes:
4 huevos • 100 g de pasas • 100 g de miga de pan rallado • 1/4 l de leche • 3 cucharadas de mantequilla • canela en polvo • 150 g de azúcar

Preparación:
1. Retirar 2 cucharadas de azúcar y reservarlas
2. Poner las pasas en remojo con agua tibia.
3. En un recipiente hondo, poner la miga de pan, la leche, los huevos, una pizca de canela, el azúcar y las pasas escurridas. Mezclar bien todo durante unos minutos.
4. Untar una fuente refractaria con la mantequilla, espolvorearla con 2 cucharadas de azúcar e incorporar seguidamente la mezcla de los ingredientes.
5. Introducir la fuente en el horno y mantenerla hasta que la torta esté dorada en la superficie.
6. Dejar enfriar y desmoldar. Servir la torta cortada en forma de triángulos.

Torta de anís

Para 4 personas
Tiempo de preparación: 55 minutos
Dificultad: media

Ingredientes:
400 g de harina • 1/2 l de leche • 5 cucharadas de manteca • 3 huevos • 1 copita de anís dulce • 100 g de azúcar

Preparación:
1. En un recipiente hondo, poner la harina en forma de lluvia y pasada por el tamiz; agregar los huevos, el azúcar y el anís (pero reservar 2 cucharadas).
2. Mezclar continuamente todos los ingredientes hasta formar una masa compacta.
3. Si la masa queda un poco blanda, puede añadirse harina.
4. Untar con manteca una fuente para horno y disponer en ella la masa bien extendida.
5. Introducir la fuente en el horno moderado y dejarla unos treinta minutos.
6. Retirar la fuente, dejar enfriar la torta y desmoldarla. Espolvorearla con azúcar y cortarla en triángulos.

Torta de chicharrones

Para 6 personas
Tiempo de preparación: 1 hora y 25 minutos
Dificultad: alta

Ingredientes:
1/2 kg de harina • 100 g de chicharrones • 50 g de uvas pasas • 100 g de azúcar • 1 copita de anís • canela en polvo • agua • 100 g de manteca de cerdo • azúcar para espolvorear • sal

Preparación:
1. Poner la harina formando una montañita encima de una superficie plana, hacer un hueco en el centro del montón y echar en su interior un poco de agua templada y una pizca de sal.
2. Mezclar la harina y el agua y trabajar hasta obtener una masa que no se pegue a la mesada.
3. Incorporar los chicharrones, el azúcar, la manteca de cerdo y las uvas pasas.
4. Remover todo junto y trabajar hasta el momento en que todo quede bien mezclado.
5. Extender sobre un recipiente plano o en una empanadera, rociando la masa con la copita de anís y espolvoreándola con la canela en polvo y el azúcar.
6. Hacer unos pequeños cortes sobre la masa e introducir en el horno a temperatura media, durante unos cuarenta y cinco minutos.

Tortas de Cáceres

Para 4 personas
Tiempo de preparación: 1 hora y 10 minutos
Dificultad: media

Ingredientes:

harina • levadura fresca • 250 g de azúcar • 2 huevos • 1/2 kg de chicharrones • agua • 5 cucharadas de manteca de cerdo • canela en polvo • obleas

Preparación:

1. Preparar 1/2 kg de masa de pan y mezclarla con el azúcar, la manteca cortada en trozos pequeños, un poco de canela en polvo y 1/2 kg de chicharrones frescos triturados. Remover durante un rato y agregar los 2 huevos enteros.
2. Poner la masa en una cazuela de barro y amasar un poco más; dividirla en 2 partes, hacer dos bolas y aplastarlas con el rodillo hasta formar 2 tortas. Añadir un poco de harina si fuera necesario.
3. Colocar las tortas sobre obleas, espolvorearlas con azúcar y canela e introducirlas en horno fuerte.
4. Retirarlas cuando estén cocidas y tostadas.

Tortas de Chanchigorri

Para 4 personas
Tiempo de preparación: 1 hora y 5 minutos
Dificultad: media

Ingredientes:

200 g de chicharrones • 2 huevos • 1 limón • 350 g de harina • 100 g de azúcar • 1 cucharada de mantequilla

Preparación:

1. Raspar la corteza del limón y picar finamente los chicharrones.
2. En un recipiente hondo, disponer la harina, formando un hueco en el centro. Añadir en él todos los ingredientes.
3. Mezclar y amasar hasta obtener una masa fina. Tapar y dejar reposar.
4. Formar unas tortas pequeñas y delgadas, espolvorearlas con un poco de azúcar y cocerlas en el horno hasta que estén doradas.

Tortells de Mallorca

Para 4 personas
Tiempo de preparación: 1 hora y 10 minutos, más el tiempo de descanso
Dificultad: alta

Ingredientes:

1/2 kg de harina • 150 g de azúcar • 150 g de masa de pan o de ensaimada • 1/4 l de agua • 2 dl de aceite • 3 huevos • 200 g de mazapán • 50 g de manteca de cerdo • sal

Preparación:

1. Desleír la masa de pan en un recipiente, añadiendo poco a poco el agua templada.
2. Añadir los huevos de uno en uno. Cuando esté todo completamente ligado, añadir la harina, el azúcar y la sal, hasta formar una masa.
3. Trabajarla hasta que quede elástica, dejarla reposar en un bol, untada con aceite y tapada con un lienzo.
4. Cuando la masa haya esponjado lo suficiente (unas cuatro horas), extenderla sobre el mármol untado de aceite, trabajar un poco más, fuerte, y dar golpes sobre el mármol.
5. Trocear, según el tamaño que queramos tengan los torteles.
6. Estirar los trozos con el rodillo y luego agregarles la manteca de cerdo con las manos.
7. Extendida la masa una al lado de otra, en un lado poner el mazapán, formando un cilindro que ocupe todo el largo de la masa y cuyo grueso esté en proporción con el tamaño del «tortell».
8. Sobre este mazapán, enrollar la masa.
9. Después formar una rosca uniendo los dos extremos y poner en una fuente para horno; practicar unos tres cortes, separados por igual, para que se vea el mazapán.
10. Dejar esponjar un poco más, tapados y que no les dé el aire.
11. Precalentar el horno, a unos 160 °C y dejar cocer unos cuarenta minutos.

Tortilla de manzanas al ron

Para 4 personas
Tiempo de preparación: 50 minutos
Dificultad: baja

Ingredientes:

400 g de manzanas • 3 huevos • 1/2 dl de nata líquida • 40 g de mantequilla • 1 copa de ron • canela en polvo • 80 g de azúcar • sal

Preparación:

1. Pelar las manzanas y cortarlas como para tortilla. Derretir la mantequilla en una sartén, rehogar las manzanas a fuego lento y tapadas. Sazonar con una pizca de sal y espolvorear con el azúcar.
2. En un bol, batir los huevos junto con la nata líquida, añadir las manzanas rehogadas, mezclar y cuajar la tortilla en la misma sartén de rehogar las manzanas. A continuación, dorar por ambos lados.
3. Disponerla en una bandeja redonda, espolvorear con la canela en polvo y un poco de azúcar por encima.
4. En un cazo pequeño, calentar la copa de ron, verterla sobre la tortilla y flambear rápidamente. Cuando se apague, servir enseguida.

Tortitas de huevo

Para 4 personas
Tiempo de preparación: 55 minutos
Dificultad: media

Ingredientes:

6 huevos • 1/2 kg de harina • 2 vasos de leche • 5 cucharadas de manteca de cerdo • sal • aceite • pan rallado

Preparación:

1. En un cazo hondo sobre el fuego, poner la leche e incorporar la harina en forma de lluvia, batiendo continuamente.
2. Añadir la manteca, mezclando hasta lograr una masa espesa. Espolvorear con sal y retirar del fuego.
3. Pelar y triturar 4 huevos duros; a continuación añadirlos a la masa anterior.
4. Cuando la mezcla esté fría, separar en 4 partes y darles forma de tortitas.
5. Batir 2 huevos en un plato y disponer el pan rallado en otro.
6. Rebozar las tortitas con el huevo y el pan rallado y freírlas por los dos lados en una sartén amplia y con aceite hirviendo.
7. Servir calientes.

Tostadas de crema

Para 6 personas
Tiempo de preparación: 1 hora
Dificultad: baja

Ingredientes:

1 l de leche fresca • 150 g de harina de arroz • 150 g de azúcar • 200 g de manteca de cerdo • 4 yemas de huevo • 1 palito de canela • 50 g de azúcar glass • 1 corteza de limón • 2 huevos enteros para rebozar • 100 g de harina • canela en polvo

Preparación:

1. En un cazo al fuego, poner la leche (reservando un poco para utilizarla más tarde), mezclar el azúcar, poner la corteza de limón y la canela en rama.
2. Desleír la harina de arroz con la leche reservada en frío e incorporar al cazo que tenemos en el fuego. Remover continuamente con un batidor para que no se formen grumos, hasta que se espese.
3. Retirar del fuego y añadir una a una las yemas de huevo, batiendo cuidadosamente hasta que se mezclen bien; volver a poner al fuego sólo un momento para que arranque el hervor, retirar enseguida del fuego.
4. Verter esta pasta en una fuente grande y dejar enfriar, debe quedar de un espesor de un centímetro aproximadamente.
5. Cuando este fría, cortar en trozos rectangulares, rebozar con harina y huevo batido.
6. Derretir la manteca de cerdo en una sartén y, cuando esté bien caliente, dorar los rectángulos por ambos lados en ella.
7. Espolvorear con el azúcar glass y servir caliente, con un poco de canela en polvo por encima.

Turrón de guirlache

Para 4 personas
Tiempo de preparación: 25 minutos
Dificultad: media

Ingredientes:

500 g de azúcar • 100 g de piñones • 100 g de manteca • aceite

Preparación:

1. En un cazo, disponer la manteca y el azúcar y dejarlo cocer a fuego lento.

2. Cuando la mezcla quede líquida y el azúcar absorbido, agregar los piñones.
3. Revolver continuamente con una espátula de madera hasta que el azúcar adquiera un tostado oscuro.
4. Untar el mármol de la cocina con un poco de aceite y verter encima el guirlache líquido.
5. Aplanar con un rodillo untado con aceite y dejarlo del grosor de un centímetro.
6. Antes de que se enfríe la mezcla, cortar la masa en tiras de unos ocho centímetros de largo por tres de ancho.

Virutas de San José

Para 4 personas
Tiempo de preparación: 40 minutos
Dificultad: baja

Ingredientes:

7 cucharadas de harina • 4 cucharadas de mantequilla • 7 cucharadas de azúcar lustre • 1 huevo • 1/2 vaso de leche • unas gotas de esencia de vainilla

Preparación:

1. Cortar en pedacitos la mantequilla; batir el huevo en un plato.
2. Pasar la harina por el tamiz y disponerla en un recipiente hondo.
3. Añadir la leche, el azúcar, la mantequilla, el huevo y la esencia de vainilla, y mezclar con cuidado hasta obtener una masa fina y fluida.
4. Disponer la masa sobre el mármol, previamente espolvoreado con un poco de harina. Aplanarla con un rodillo y cortarla en tiras de 2 cm de ancho y 7 de largo.
5. Untar con mantequilla una placa de horno y disponer las virutas una junto a otra, pero sin que se toquen.
6. Introducir la placa en horno muy fuerte y, en cuanto las virutas tomen color, retirarlas.
7. Con la ayuda de un palo redondo, enrollar las virutas en forma de espiral; dejarlas enfriar.
8. Servirlas enseguida o conservarlas en una caja de metal para que no se ablanden.

Yemas

Para 4 personas
Tiempo de preparación: 30 minutos
Dificultad: baja

Ingredientes:

8 yemas de huevo • 1/2 kg de azúcar • 1 l de agua

Preparación:

1. En un puchero, preparar un almíbar claro con el agua y el azúcar.
2. Batir las yemas en un plato hondo y echarlas en el puchero en cucharadas espaciadas, retirándolo inmediatamente del fuego.
3. Volver a poner el puchero sobre el fuego y batir el almíbar y las yemas con mucha rapidez, como si fuera una tortilla.
4. Por último, colocar la mezcla en moldes especiales individuales y dejar enfriar.

Yemas de coco

Para 4 personas
Tiempo de preparación: 35 minutos
Dificultad: baja

Ingredientes:

250 g de coco rallado • 300 g de azúcar fino • 2 tazas de chocolate espeso

Preparación:

1. En un cazo con dos vasos de agua, poner a cocer el azúcar.
2. Cuando la mezcla sea ya almíbar, añadir el coco, previamente humedecido.
3. Batir y retirar del fuego. Dejar reposar la mezcla durante toda la noche.
4. Con la mezcla ya reposada formar una bolas del tamaño de una nuez, y rebozarlas con el chocolate frío y espeso.
5. Colocar las yemas de coco en una fuente plana de cristal.

Yemas de san Leandro

Para 6 personas
Tiempo de preparación: 1 hora y 10 minutos
Dificultad: alta

Ingredientes:

20 huevos • 1 kg de azúcar • 1/2 l de agua • 1 limón

Preparación:

1. Cascar los huevos y utilizar sólo las yemas, pasándolas por un colador chino.
2. Preparar el almíbar. Verter el azúcar en un recipiente con medio litro de agua; dejarlo cocer y, cuando alcance una temperatura de 33 °C aproximadamente, agregar las yemas con la ayuda de un embudo con cinco pitorritos, colocándolo encima del almíbar y dejando caer los hilos de las yemas que deben seguir hirviendo lentamente.
3. Las yemas se solidificarán y quedarán en la superficie. Con la ayuda de una espumadera, recoger las yemas y dejarlas escurrir en un enrejado.
4. Las yemas deben quedar algo húmedas.
5. Coger pequeñas porciones de yema con las manos y darles forma cónica.
6. Dejar enfriar.
7. Colar el almíbar sobrante de cocer las yemas y agregar unas gotas de limón.
8. Dejar cocer el almíbar a fuego lento hasta que alcance una temperatura de 33 °C, retirar del fuego y remover cuidadosamente con la espátula de madera.
9. Verter el almíbar sobre el mármol y seguir batiendo hasta que quede blanco y consistente.
10. Amasar el almíbar con las manos mojadas en agua fría hasta conseguir una pasta muy fina.
11. En un recipiente de porcelana al baño María, agregar la pasta blanca y aclarar con dos cucharaditas de agua caliente.
12. Cuando la pasta esté fluida, bañar las yemas una a una y distribuirlas sobre el mármol para que se sequen.
13. Una vez secas, envolverlas con papel.

Yemas de santa Teresa

Para 4 personas
Tiempo de preparación: 25 minutos
Dificultad: media

Ingredientes:

10 huevos • 250 g de azúcar lustre • 1 limón • manteca de cerdo

Preparación:

1. Separar las yemas de los huevos.
2. Exprimir el limón y reservar el zumo. Rallar la corteza.
3. En un recipiente hondo, batir las 10 yemas de huevo con el azúcar y añadir el zumo y las raspaduras del limón.
4. Formar unas bolitas del tamaño de una nuez.
5. Untar una placa para horno y disponer en ella las bolitas.
6. Introducir las yemas en horno normal y dejarlas unos diez minutos.
7. Servir frías puestas en obleas.

COCINA DE MICROONDAS

En este singular y moderno recetario no podía faltar la cocina de microondas. Este revolucionario método de cocción ha modificado sustancialmente los hábitos de comida de millones de personas en todo el mundo, y su uso, determinado por la peculiar técnica de cocción, requiere una especial atención por parte de la cocinera o cocinero.

El microondas es un electrodoméstico que ya ocupa un lugar relevante en la cocina actual, sobre todo, en las grandes ciudades. En consecuencia, incorporamos aquí más de un centenar de recetas de Primeros platos, Carnes, Pescados y Mariscos y Postres, en los que se marcan cuidadosamente los distintos pasos a seguir en el tratamiento de los alimentos, así como la precisión en los tiempos de cocción.

La inclusión del microondas en esta obra hace de ella no sólo un completísimo recetario, sino también el más moderno editado hasta hoy.

Arroz con bacalao y coliflor

Para 4 personas
Tiempo total de cocción: 15 minutos
Tiempo de preparación: 25 minutos, más 5 de reposo
Dificultad: media

Ingredientes:

250 g de arroz • 200 g de bacalao desalado y sin espinas • 1 coliflor pequeña • 1 cebolla • 2 dientes de ajo • 1 ramita de perejil • 6 cucharadas de aceite de oliva • sal

Preparación:

1. *Pelar y picar finamente la cebolla y los dientes de ajo; picar fino el perejil; lavar y separar 4 ramilletes de coliflor.*
2. *Desmenuzar el bacalao.*
3. *Poner en una cazuela de vidrio el aceite, la cebolla y el ajo y cocer en el microondas durante 2 minutos.*
4. *Agregar la coliflor, el bacalao y 3 tazas de agua ligeramente salada y cocer 3 minutos.*
5. *Añadir el arroz, mezclar y cocer 10 minutos.*
6. *Retirar, espolvorear con perejil, dejar reposar 5 minutos y servir.*

Arroz con pechuga de pollo y salsa de soja

Para 4 personas
Tiempo total de cocción: 13 minutos
Tiempo de preparación: 15 minutos
Dificultad: media

Ingredientes:

350 g de arroz • 100 g de pechuga de pollo • 1 cebolla mediana • 4 huevos • 2 cucharadas de mantequilla • 3 cucharadas de salsa de soja • sal • pimienta negra recién molida

Preparación:

1. *Cocer el arroz en un poco de agua ligeramente salada durante 4 minutos.*
2. *Cocer la pechuga de pollo en un poco de agua ligeramente salada durante 2 minutos.*
3. *Pelar y picar finamente la cebolla.*
4. *Fundir la mantequilla durante 1 minuto y rehogar la cebolla durante 4 minutos; escurrir y añadir el arroz y el pollo; salpimentar y mezclar bien.*
5. *Batir los huevos con la salsa de soja y añadirlos al arroz; cocer durante 2 minutos removiendo dos veces durante la cocción.*
6. *Servir caliente.*

Budín de espinacas

Para 4 personas
Tiempo total de cocción: 18 minutos
Tiempo de preparación: 40 minutos
Dificultad: baja

Ingredientes:

500 g de espinacas frescas • 1 cebolla • 1 diente de ajo • 50 g de queso parmesano rallado • 3 huevos • 2 cucharadas de crema de leche • 1 cucharada de mantequilla • nuez moscada rallada • aceite • sal • pimienta

Preparación:

1. Lavar y escurrir bien las espinacas; envolverlas en un paño húmedo y ponerlas en el microondas 3 minutos.
2. Pelar y cortar en dados la cebolla; pelar y picar el ajo.
3. Fundir la mantequilla durante 1 minuto y rehogar la cebolla y el ajo durante 2 minutos; añadir las espinacas y cocer 3 minutos.
4. Sacar las espinacas y picarlas muy finas.
5. Mezclar la crema de leche, con el queso y los huevos; añadir a las espinacas, sazonar con nuez moscada, sal y pimienta, remover y colocar en un molde enaceitado.
6. Tapar el molde y cocer 9 minutos; dejar reposar unos minutos, desmoldear sobre una fuente templada y servir

Corazones de alcachofas con setas

Para 4 personas
Tiempo total de cocción: 10 minutos
Tiempo de preparación: 15 minutos
Dificultad: media

Ingredientes:

150 g de alcachofas • 1 cebolla pequeña • 200 g de setas • 50 g de jamón • 1 cucharada de pan rallado • 3 cucharadas de queso parmesano rallado • 2 cucharadas de aceite de oliva • 1 copa de jerez seco • sal • pimienta

Preparación:

1. Lavar y quitar las hojas duras de las alcachofas; cortar la base y las puntas de modo que sólo quede el corazón.
2. Pelar y picar finamente la cebolla; lavar y picar las setas; picar fino el jamón.
3. Poner en una cazuela de vidrio el aceite, las setas y la cebolla; tapar y poner en el microondas 4 minutos.
4. Remover y cocer 2 minutos; añadir el jamón y cocer 1 minuto.
5. Agregar los corazones de alcachofa, el vino y el pan rallado y cocer 2 minutos.
6. Espolvorear con el queso rallado, salpimentar y cocer 1 minuto; servir caliente.

Crema de aguacates a la mediterránea

Para 4 personas
Tiempo total de cocción: 4 minutos y 30 segundos
Tiempo de preparación: 15 minutos, más 2 horas de enfriado
Dificultad: baja

Ingredientes:

1 aguacate grande • 50 g de gambas peladas (frescas o congeladas) • 1 diente de ajo • 1 yogur • 1 taza de caldo de carne (de cocción o de pastilla) • 3 tazas de caldo de pescado • sal • pimienta

Preparación:

1. Poner en un recipiente el caldo de carne con la mitad del caldo de pescado y calentar en el microondas durante 3 minutos.
2. Añadir el resto del caldo de pescado.
3. Poner las gambas peladas en un plato y calentarlas en el microondas 1 minuto y 30 segundos.
4. Pelar el aguacate y trocearlo, reservando unas tajaditas finas; pelar el diente de ajo.
5. Poner en la batidora el aguacate, el ajo, el yogur y el caldo; salpimentar y batir hasta formar una crema suave. Dejar enfriar en la nevera 2 horas.
6. Servir adornando con las gambas y las tajaditas de aguacate.

Crema de guisantes a la menta

Para 4 personas
Tiempo total de cocción: 18 minutos
Tiempo de preparación: 30 minutos
Dificultad: baja

Ingredientes:
250 g de guisantes desgranados • 200 g de nata líquida • 1 cebolla tierna • 8 hojas de menta • 2 cucharadas de crema de leche • 1 cucharada de aceite de oliva • 1 taza de caldo de ternera (de cocción o de pastilla) • 1 vasito de vino blanco seco • sal • pimienta • azúcar

Preparación:
1. Cortar las raíces y las puntas verdes de la cebolla y trocearla en rodajas finas.
2. Calentar el aceite durante 1 minuto y rehogar la cebolla unos 4 minutos.
3. Añadir los guisantes, sazonar con una pizca de azúcar, sal y pimienta; agregar el caldo, el vino y la nata, tapar el recipiente y cocer durante 13 minutos.
4. Picar las hojas de menta; mezclarlas con la crema de leche y salpimentarlas.
5. Separar 2 cucharadas de guisantes y pasar el resto con su caldo por la batidora hasta lograr una crema suave.
6. Tamizar la crema y servirla en 4 cuencos; añadir en cada uno la crema de leche sazonada, adornar con los guisantes y hojitas de menta y servir.

Crema de manzanas con albondiguillas de queso

Para 4 personas
Tiempo total de cocción: 8 minutos
Tiempo de preparación: 35 minutos
Dificultad: media

Ingredientes:
4 manzanas • 1 vaso de vino blanco semiseco • 1 limón • 1 naranja • 200 g de queso fresco • 25 g de pistachos • 1 cucharada de licor de naranja • 1 cucharada de azúcar avainillado • 2 cucharadas de azúcar • 2 ramitas de menta

Preparación:
1. Pelar las manzanas, partirlas por la mitad y quitarles las semillas; cortar las mitades en rodajas.
2. Exprimir el limón; rallar la piel de media naranja; picar los pistachos; picar 1 ramita de menta.
3. Poner en un recipiente las rodajas de manzana, el zumo de limón, 2 tazas de agua, el vino, las 2 cucharadas de azúcar y 1 ramita de menta; tapar y cocer durante 8 minutos.
4. Poner el queso en un recipiente; añadir los pistachos, el azúcar avainillado, la piel rallada de naranja y el licor de naranja y mezclar; poner en la nevera.
5. Quitar la ramita de menta del preparado de manzana y pasar por la batidora algo más de la mitad; mezclar la crema con el resto y ponerla en la nevera.
6. Retirar de la nevera la masa de queso y pistacho y, con las manos humedecidas, formar las albondiguillas.
7. Incorporar las albondiguillas a la crema de manzana, espolvorearla con menta y servir.

Ensalada de lentejas con salmón ahumado

Para 4 personas
Tiempo total de cocción: 10 minutos
Tiempo de preparación: 30 minutos, más 3 horas remojo y reposo
Dificultad: media

Ingredientes:
100 g de lentejas • 150 g de salmón ahumado (trucha, pez espada, etc.) • 2 cebollas pequeñas • 2 pimientos • 1 ramita de tomillo • 1 ramita de mejorana • 1 ramita de perejil • 1 hojita de laurel • 1 cucharadita de mostaza picante • 1 1/2 cucharadas de vinagre de vino blanco • 3 cucharadas de aceite • sal • pimienta negra recién molida

Preparación:
1. Poner las lentejas en un recipiente con 2 tazas de agua; añadir las ramitas de mejorana y tomillo, el laurel y las cebollas cortadas en rodajas y dejar 2 horas en remojo.
2. Tapar el recipiente y cocer las lentejas en el microondas durante 10 minutos; sacar, quitar la tapa y dejar enfriar.
3. Cortar los pimientos en cuadraditos; cortar el pescado ahumado en trocitos; picar el perejil.

4. Mezclar la mostaza con el vinagre y el aceite; salpimentar, mezclar y añadir a las lentejas tibias.
5. Agregar los pimientos y el pescado y espolvorear con el perejil; dejar reposar una hora antes de servir.

Ensalada de mejillones y arroz

Para 4 personas
Tiempo total de cocción: 20 minutos y 30 segundos
Tiempo de preparación: 30 minutos
Dificultad: media

Ingredientes:

1,250 kg de mejillones • 250 g de arroz • 1 cebolla • 1 cebollita tierna • 2 dientes de ajo • 1 limón • 1 puerro • 1 colinabo • 1 zanahoria pequeña • 1 ramita de perejil • 2 cucharadas de mantequilla • 2 cucharadas de aceite • 1 vasito de vino blanco seco • 2 cucharadas de crema leche • 2 cucharadas de petit suisse • sal • pimienta blanca recién molida • pimienta de Cayena

Preparación:

1. Limpiar muy bien los mejillones y desechar los que estén abiertos o tengan la concha rota.
2. Preparar el arroz blanco cociéndolo durante 5 minutos.
3. Pelar y picar las cebollas y los dientes de ajo; cortar el colinabo y el puerro en rodajas finas; rallar gruesa la zanahoria; picar finito el perejil; exprimir el limón.
4. Calentar en una cazuela el aceite; sofreír las cebollas y añadir los ajos, los mejillones, el zumo de limón y 1 taza de agua; tapar y cocer durante 6 minutos y 30 segundos, sacudiendo la cazuela de tanto en tanto.
5. Calentar en una cacerola la mantequilla y sofreír las verduras durante 7 minutos; añadir el vino blanco, la crema de leche y el petit suisse, mezclar y dar un hervor.
6. Quitar la concha a los mejillones; colar el caldo de cocción y añadirlo a las verduras, salpimentar y agregar los mejillones.
7. Templar 4 platos y repartir en ellos los mejillones con su salsa, espolvorear con perejil, acompañar con el arroz blanco y servir.

Ensalada de patatas a la italiana

Para 4 personas
Tiempo total de cocción: 20 minutos
Tiempo de preparación: 45 minutos
Dificultad: media

Ingredientes:

500 g de patatas • 1 cebolla • 2 tomates rojos • 1 pimiento rojo • 1 pimiento amarillo • 1 calabacín pequeño • 1 diente de ajo • 1 limón • 1 ramita de tomillo • 1 ramita de romero • 1 ramita de perejil • 5 cucharadas de vino blanco seco • 6 cucharadas de aceite de oliva • sal • pimienta negra recién molida

Preparación:

1. Pelar y cortar las patatas en dados; pelar y cortar en cubos la cebolla; pelar, despepitar y cortar en cuadraditos los pimientos; cortar el calabacín en rodajas finas; picar el diente de ajo y las hierbas.
2. Hacer en los tomates una pequeña incisión en forma de cruz, ponerlos en una fuente refractaria y meterlos en el microondas durante 3 minutos.
3. Poner en una fuente las patatas y el pimiento; espolvorear con el ajo, el tomillo y el romero y salpimentar.
4. Remover y añadir el aceite y el vino; tapar la fuente y cocer en el microondas durante 15 minutos.
5. Pelar, despepitar y cortar en dados los tomates; exprimir el limón.
6. Añadir el tomate y el calabacín al resto de los vegetales y dejarlos cocer 2 minutos más.
7. Rociar con zumo de limón, espolvorear con el perejil y servir templado.

Ensalada de pepinos y gambas

Para 4 personas
Tiempo total de cocción: 3 minutos
Tiempo de preparación: 15 minutos, más 1 hora y 30 minutos de reposo y cuajado
Dificultad: baja

Ingredientes:

125 g de pepinos • 150 g de gambas • 200 g de nata montada sin azúcar • 25 g de gelatina en polvo

• 250 g de requesón • 50 g de tronquitos de mar • 1 cebolleta • 1 cucharada de vinagre • azúcar • sal

Preparación:

1. Poner la gelatina en 1/2 taza de agua y dejarla reposar durante 2 minutos; añadirle una pizca de sal y otra de azúcar, ponerla en el microondas durante 1 minuto.
2. Retirar la gelatina y añadirle el vinagre; mezclar y reservar.
3. Cocer las gambas con 2 cucharadas de agua durante 2 minutos; dejarlas enfriar y pelarlas.
4. Cortar medio pepino en rodajas.
5. Quitar las semillas al resto del pepino y cortarlo en daditos; ponerlo en un colador, salarlo y dejarlo escurrir durante 1 hora.
6. Poner los daditos de pepino en una trituradora; añadir el requesón, la cebolleta y las gambas y mezclar bien; añadir la nata y la gelatina, reservando un poquito.
7. Repartir la gelatina reservada en 4 moldes y dejar cuajar en la nevera.
8. Colocar las rodajas de pepino sobre la gelatina cuajada y cubrir con el batido de gambas y pepinos.
9. Poner nuevamente en la nevera para que cuaje; desmoldear y servir adornando con los tronquitos de mar.

Ensalada de pulpitos

Para 4 personas
Tiempo total de cocción: 15 minutos
Tiempo de preparación: 30 minutos
Dificultad: baja

Ingredientes:

300 g de pulpitos (frescos o congelados) • 1 cebolla pequeña • 1 diente de ajo • 1 pimiento • 3 tomates • 1 ramita de tomillo • 2 ramitas de perejil • 1 hoja de laurel • 4 cucharadas de vinagre de vino • 6 cucharadas de aceite de oliva • 1 cucharadita de pimienta negra en grano • sal • pimienta negra recién molida

Preparación:

1. Cortar los pulpitos en rodajas finas salvo sus tentáculos; pelar y picar gruesos la cebolla y el diente de ajo; cortar en tiritas finas el pimiento; cortar en gajitos los tomates; deshojar el perejil
2. Poner en un recipiente la cebolla, el ajo, la pimienta en grano y una pizca de sal; cubrir con agua, tapar y llevar a punto de hervor; añadir los pulpitos y cocer durante 4 minutos.
3. Sacar y escurrir los pulpitos.
4. Poner el pimiento, los tomates y los pulpitos en una ensaladera y mezclarlos.
5. Poner el vinagre y el aceite en un bol, salpimentar y mezclar bien batiendo con un tenedor hasta que tenga una consistencia suave y homogénea; añadir el tomillo.
6. Aliñar la ensalada con la salsa anterior, agregar las hojitas de perejil y los tentáculos de los pulpitos.
7. Dejar reposar unos minutos y servir.

Guiso de verduras

Para 4 personas
Tiempo total de cocción: 26 minutos
Tiempo de preparación: 1 hora
Dificultad: media

Ingredientes:

1 berenjena pequeña • 2 calabacines pequeños • 2 pimientos • 4 patatas medianas • 2 cebollas • 2 dientes de ajo • 4 tomates medianos • 1 ramita de tomillo • 1 ramita de romero • 1 vaso de vino tinto • 6 cucharadas de aceite de oliva • sal • pimienta negra recién molida

Preparación:

1. Lavar y cortar en rodajas la berenjena; salarla y dejar escurrir durante 20 minutos.
2. Pelar y cortar en rodajas las patatas; despepitar y cortar en tiritas los pimientos; escaldar, pelar, despepitar y trocear los tomates; pelar y picar finamente las cebollas y los ajos.
3. Enjuagar la berenjena con agua fría y secarla con un paño.
4. Poner en una cazuela honda el aceite, la berenjena y el resto de las verduras, añadir las hierbas, salpimentar y regar con el vino; tapar la cazuela y cocer en el microondas durante 16 minutos; destapar y continuar la cocción 10 minutos más.
5. Dejar reposar 5 minutos, quitar las hierbas y servir.
6. Este plato puede acompañar muy bien la carne o el pescado asados.

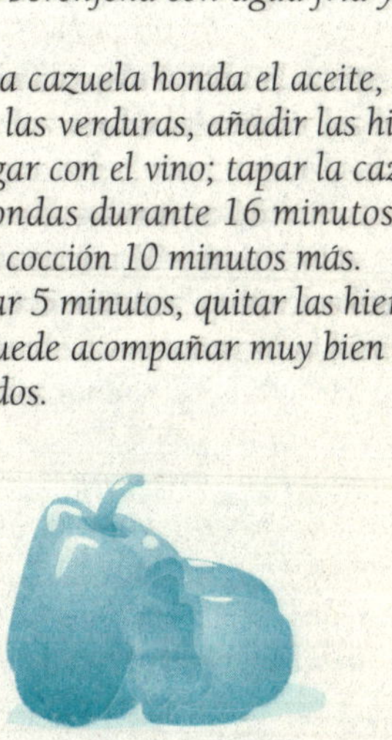

Huevos al molde con cebollino

Para 4 personas
Tiempo total de cocción: 2 minutos
Tiempo de preparación: 5 minutos
Dificultad: baja

Ingredientes:
8 huevos • 3 cucharadas de cebollino fresco • 2 tomates pequeños • 1 ramita de perejil • 4 cucharadas de nata líquida • 2 cucharadas de mantequilla • sal • pimienta

Preparación:
1. Enmantecar 8 flaneras pequeñas o 4 grandes; cascar 1 o 2 huevos en cada una según su capacidad.
2. Salpimentar, espolvorear con cebollino y tapar; colocar en el microondas formando un círculo alrededor del plato y cocer durante 1 minuto y 30 segundos.
3. Dejar reposar 1 minuto sin sacar los huevos del microondas y después cocer 30 segundos más.
4. Servir sin desmoldear sobre un plato adornado con casquitos de tomate y unas hojitas de perejil.

Huevos al queso

Para 4 personas
Tiempo total de cocción: 10 minutos y 30 segundos
Tiempo de preparación: 15 minutos
Dificultad: baja

Ingredientes:
8 huevos • 50 g de queso emmental rallado • 2 tazas de leche • 1 1/2 cucharadas de harina de maíz • 4 cucharadas de mantequilla • 2 cucharadas de vinagre • sal • pimienta

Preparación:
1. Escalfar los huevos en agua con vinagre y sal durante 4 minutos en el microondas.
2. Enseguida enmantecar una fuente y poner en ella los huevos escalfados con la ayuda de una espumadera.
3. Derretir en un bol la mantequilla restante durante 1 minuto y 30 segundos; añadir la harina de maíz, mezclar, agregar la leche, remover con una cuchara de madera y cocer 2 minutos más; salpimentar.
4. Espolvorear los huevos con la mitad del queso; bañarlos con la salsa y espolvorear el resto del queso.
5. Dorar en el grill durante 3 minutos.
6. Servir.

Lasaña de espinacas

Para 4 personas
Tiempo total de cocción: 30 minutos
Tiempo de preparación: 45 minutos y 5 de reposo
Dificultad: media (microondas combinado)

Ingredientes:
9 hojas crudas de lasaña • 300 g de espinacas congeladas • 800 g de tomates pelados • 100 g de jamón desgrasado • 250 g de queso ricotta • 100 g de queso parmesano rallado • 1 cebolla • 1 diente de ajo • 1 cucharadita de tomillo • nuez moscada recién rallada • 5 cucharadas de aceite de oliva • sal • pimienta negra recién rallada

Preparación:
1. Pelar y cortar en daditos la cebolla; cortar el jamón en daditos; picar el diente de ajo.
2. Calentar 2 cucharadas de aceite en el microondas durante 1 minuto; añadir las cebollas y el jamón y rehogarlos durante 4 minutos.
3. Descongelar las espinacas 5 minutos; picar y sazonar con nuez moscada, pimienta y sal y reservar.
4. Trocear los tomates y echarlos con su jugo en un recipiente; añadir el ajo, sazonar con tomillo, sal y pimienta y cocer durante 5 minutos.
5. Añadir el ricota a la cebolla rehogada, remover, añadir algo más de la mitad del queso parmesano y salpimentar. Calentar el horno.
6. Enaceitar una fuente y cubrir el fondo con 3 hojas de lasaña; cubrir con la mitad de la mezcla de cebolla y ricota y la mitad de las espinacas.
7. Cubrir con otras 3 hojas de lasaña y echar nuevamente 2 capas sucesivas de cebolla y ricotta y de espinacas; cubrir con las 3 últimas hojas de lasaña, verter sobre ellas la salsa de tomate, espolvorear con el queso parmesano que queda y rociar con el aceite restante.
8. Tapar y hornear a altura media durante 10 minutos; destapar y hornear 5 minutos más.
9. Dejar reposar 5 minutos y servir.

Pastel de coliflor

Para 4 personas
Tiempo total de cocción: 24 minutos
Tiempo de preparación: 25 minutos
Dificultad: media

Ingredientes:

1 coliflor • 400 g de carne de ternera picada • 250 g de tomates • 1 manojo de cebollitas tiernas • 2 ramitas de perejil • 100 g de queso emmental • 125 g de nata agria • sal • pimienta negra recién molida

Preparación:

1. *Lavar y cortar la coliflor por sus inflorescencias; cocerla en el microondas durante 7 minutos; reservarla tapada.*
2. *Poner la carne en un recipiente y cocerla tapada 5 minutos; removerla a mitad de cocción.*
3. *Lavar y picar las cebollitas, pelar, despepitar y cortar en daditos los tomates; picar el perejil.*
4. *Añadir los tomates, las cebollitas y la mitad del perejil a la carne; salpimentar y mezclar.*
5. *Colocar en un molde capas alternas de carne y de coliflor acabando con una de carne.*
6. *Rallar el queso y mezclarlo, reservando un poco, con la nata agria; verter la mezcla sobre el pastel, espolvorear con el resto del queso y cocer 7 minutos.*
7. *Reducir la potencia a 420 W y cocer 5 minutos más.*
8. *Reposar 4 minutos, espolvorear con perejil y servir.*

Pimientos rellenos con calamares y salsa oscura

Para 4 personas
Tiempo total de cocción: 10 minutos
Tiempo de preparación: 18 minutos
Dificultad: media

Ingredientes:

8 pimientos rojos • 8 calamares pequeños • 1 cebolla mediana • 1 zanahoria • 1 diente de ajo • 1 cucharada de salsa de tomate • 1 cucharada de vino blanco seco • 1 cucharada de harina • 1 cucharada de pan rallado • 2 cucharada de aceite • sal

Preparación:

1. *Primeramente limpiar los calamares y reservar su tinta; separar los tentáculos y picar el resto en trocitos.*
2. *Lavar y vaciar los pimientos; pelar y picar finamente la cebolla; pelar y rallar la zanahoria; prensar el diente de ajo.*
3. *Poner en un recipiente el aceite, la cebolla, la zanahoria y el ajo; tapar y cocer durante 4 minutos.*
4. *Añadir los calamares y sus tentáculos y cocer 2 minutos.*
5. *Escurrir y reservar el jugo y los tentáculos por separado; añadir al resto de los calamares el vino y el pan rallado, salpimentar, mezclar y rellenar los pimientos.*
6. *Mezclar en un recipiente el jugo con la tinta, la salsa de tomate y la harina; tapar y cocer 2 minutos.*
7. *Poner los pimientos en una fuente; bañar con la salsa anterior, volver a tapar y cocer durante 2 minutos.*
8. *Adornar con los tentáculos y servir.*

Revuelto de huevos con gambas

Para 4 personas
Tiempo total de cocción: 8 minutos y 30 segundos
Tiempo de preparación: 10 minutos
Dificultad: baja

Ingredientes:

8 huevos • 80 g de gambas peladas • 1 taza de tomate frito • 6 cucharadas de nata líquida • 4 tomates pequeños • sal • pimienta

Preparación:

1. *Mezclar el tomate frito con las gambas y cocer en el microondas durante 3 minutos y 30 segundos, cuidando de que las gambas queden cocidas.*
2. *Mezclar y batir la nata con los huevos; cocer en el microondas durante 5 minutos, removiendo con una cuchara de madera.*
3. *Mezclar los huevos cuajados con las gambas, salpimentar y repartir en 4 platos.*
4. *Partir por la mitad los tomatitos, adornar cada plato con 2 mitades y servir.*

Setas a la griega

Para 4 personas
Tiempo total de cocción: 14 minutos
Tiempo de preparación: 10 minutos
Dificultad: baja

Ingredientes:
1 kg de boletos o champiñones • 3 cebollas • 1 limón • 1 hoja de laurel • 1 ramita de tomillo • 1 ramita de perejil • cilantro molido • 1 vaso de vino blanco seco • 6 cucharadas de aceite de oliva • sal • pimienta

Preparación:
1. Lavar y filetear las setas; pelar y cortar en dados pequeños las cebollas; exprimir medio limón; picar finamente el perejil.
2. Colocar el aceite en un recipiente hondo y añadir las setas, los dados de cebolla, la hoja de laurel, el tomillo y una pizca de cilantro; bañar con el vino, salpimentar, tapar y cocer durante 14 minutos, removiéndolo una vez.
3. Quitar las hierbas, espolvorear con perejil y servir.
4. Suele acompañar carne asada al horno o a las brasas.

Sopa de achicoria al jamón de York

Para 4 personas
Tiempo total de cocción: 1[illegible] minutos
Tiempo de preparación: 30 minutos
Dificultad: baja

Ingredientes:
3 achicorias medianas • 2 cebollas • 100 g de jamón de York • 200 g de nata • 1 huevo • 1 cucharada de mantequilla • 1 1/2 tazas de caldo de ave (de cocción o de pastilla) • 2 ramitas de eneldo • pimienta de Cayena • sal • pimienta

Preparación:
1. Lavar y limpiar las achicorias quitándoles la parte interior; cortar las hojas en tiras finas.
2. Pelar y cortar en daditos las cebollas; picar fino el eneldo; cortar en daditos el jamón de York.
3. Fundir la mantequilla 1 minuto y rehogar la cebolla durante 2 minutos más; añadir la achicoria, el caldo y la mitad de la nata, sazonar con pimienta de Cayena, pimienta blanca y sal, tapar el recipiente y cocer durante 8 minutos.
4. Pasar la mitad de la sopa por la batidora eléctrica.
5. Mezclar la otra mitad de la sopa con el resto de la nata y una yema de huevo y ligar con la sopa batida; añadir los daditos de jamón y cocer durante 2 minutos.
6. Espolvorear con eneldo y servir.

Sopa de espinacas con nata

Para 4 personas
Tiempo total de cocción: 12 minutos y 40 segundos
Tiempo de preparación: 10 minutos
Dificultad: baja

Ingredientes:
250 g de espinacas • 1 1/2 tazas de caldo de carne • 6 cucharadas de nata líquida • 4 cucharaditas de harina • 2 cucharadas de mantequilla • 1 huevo • nuez moscada • sal • pimienta

Preparación:
1. Lavar y escurrir las espinacas; ponerlas en un recipiente, cocerlas durante 2 minutos en el microondas y después cortarlas en trocitos.
2. Poner la mantequilla en una cazuela de vidrio y fundirla en 40 segundos; calentar el caldo en 2 minutos y 30 segundos.
3. Añadir a la mantequilla la harina y mezclar; agregar, sin dejar de remover, el caldo y las espinacas y cocer durante 7 minutos.
4. Batir la yema del huevo con la nata hasta que quede cremosa.
5. Sazonar con una pizca de nuez moscada, pimienta y sal y añadir la yema y la nata batidas; calentar durante 30 segundos y servir.

Sopa de tomates con pan tostado

Para 4 personas
Tiempo total de cocción: 15 minutos, más 3 minutos de reposo
Tiempo de preparación: 15 minutos
Dificultad: baja

Ingredientes:

750 g de tomates • 1 cebolla mediana • 1 taza de leche • 60 g de mantequilla • 4 cucharadas de nata agria • albahaca • azúcar • 2 rebanadas de pan tostado • sal • pimienta negra recién molida

Preparación:

1. Pelar y picar fina la cebolla; picar los tomates.
2. Poner en un recipiente unos 20 g de mantequilla y rehogar la cebolla durante 3 minutos.
3. Añadir los tomates picados y la leche, tapar y cocer durante 10 minutos; dejar reposar 5 minutos.
4. Tamizar los tomates, sazonar con sal, pimienta y una pizca de azúcar; cocer durante 2 minutos.
5. Cortar en tiritas varias hojas de albahaca; quitar la corteza al pan y cortarlo en daditos.
6. Poner en un recipiente refractario el resto de la mantequilla y dorar los dados de pan durante 3 minutos.
7. Servir la sopa en 4 boles con sendas cucharadas de nata agria; añadir los daditos de pan frito y espolvorear con la albahaca.

Suflé de macarrones con bacalao

Para 4 personas
Tiempo total de cocción: 26 minutos
Tiempo de preparación: 45 minutos
Dificultad: media (microondas combinado)

Ingredientes:

300 g de macarrones • 400 g de bacalao desalado • 100 g de queso emmental rallado • 2 manzanas • 1 limón • 1 taza de leche • 1/2 taza de nata líquida • 1 cucharada de eneldo picado • 1 cucharada de perejil picado • 2 cucharadas de harina • 2 cucharadas de mantequilla • 1 cucharada de aceite • sal • pimienta negra recién molida

Preparación:

1. Hervir los macarrones en agua con sal y aceite durante 10 minutos; escurrirlos y echarlos en una cazuela honda enmantecada.
2. Fundir el resto de la mantequilla durante 1 minuto; añadir la harina y cocer 1 minuto más; añadir la leche y la nata y, sin dejar de remover, cocer durante 4 minutos.
3. Agregar a la salsa la mitad del queso y las hierbas, salpimentar y dejar aparte.
4. Desmenuzar el bacalao; pelar las manzanas, cortarlas en cuartos, despepitarlas y después cortarlas en rodajas finas; exprimir el limón.
5. Añadir el bacalao y las manzanas a la salsa.
6. Echar la salsa sobre los macarrones, sazonar con zumo de limón, sal y pimienta, espolvorear el queso restante y hornear durante 8 minutos.
7. Servir caliente.

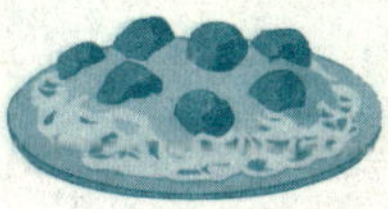

Tallarines con salsa de berberechos

Para 4 personas
Tiempo total de cocción: 20 minutos
Tiempo de preparación: 40 minutos
Dificultad: media

Ingredientes:

400 g de tallarines • 400 g de berberechos • 1 cebolla mediana • 1 pimiento rojo mediano • 3 dientes de ajo • 1 ramita de perejil • guindilla molida • 3 cucharadas de aceite • sal • pimienta negra recién molida

Preparación:

1. Pelar y picar finamente la cebolla; pelar y picar finos los ajos; vaciar el pimiento y cortarlo en cuadraditos; picar fino el perejil.
2. Calentar el aceite en un recipiente durante 1 minuto; añadir la cebolla y rehogarla durante 3 minutos; añadir el ajo y el pimiento, remover y cocer durante 3 minutos; añadir la mitad del perejil, dejar 1 minuto y retirar.
3. Escurrir los berberechos, añadirlos al sofrito junto con el resto del perejil, sazonar con la guindilla, pimienta y sal y cocer 2 minutos.
4. Poner los tallarines en agua hirviendo con sal y 1 cucharada de aceite y cocerlos durante 10 minutos; escurrirlos, mezclarlos con la salsa y servir.

Albondigones con setas de cardo

Para 4 personas
Tiempo total de cocción: 32 minutos
Tiempo de preparación: 35 minutos
Dificultad: baja

Ingredientes:

600 g de carne picada • 400 de setas de cardo • 1 huevo • 1 diente de ajo • 2 ramitas de perejil • 4 cucharadas de pan rallado • 2 cucharadas de mantequilla • 4 cucharadas de aceite de oliva • sal • pimienta

Preparación:

1. *Pelar y picar fino el diente de ajo; picar finito el perejil; lavar las setas y cortarlas en tiritas anchas y cortas.*
2. *Poner la carne en un cazo; añadir el huevo, el perejil y el ajo, salpimentar, mezclar y formar 4 albondigones.*
3. *Untar una fuente con la mantequilla y calentarla durante 2 minutos; colocar los albondigones y cocerlos 10 minutos por cada lado.*
4. *Retirar los albondigones y echar el aceite y las setas; cocer durante 10 minutos.*
5. *Servir los albondigones con las setas de cardo.*

Asado de cerdo con pasas y salsa de naranja

Para 4 personas
Tiempo total de cocción: 40 minutos
Tiempo de preparación: 1 hora, más 2 horas de adobo
Dificultad: media (microondas combinado)

Ingredientes:

800 g de pescuezo de cerdo deshuesado • 50 g de pasas de uva sin semilla • 2 naranjas • 2 ramitas de romero • 2 cucharadas de mermelada de naranja • 1 cucharada de mostaza de Dijon • 1 copita de jerez amontillado • sal • pimienta

Preparación:

1. *Salpimentar la carne; picar las hojas de romero; exprimir las naranjas y rallar la piel de una.*
2. *Mezclar el romero con la mermelada y las ralladuras de naranja, la mostaza y la mitad del jerez.*
3. *Pintar la carne con la mezcla anterior, envolverla en papel de aluminio y dejarla macerar en la nevera unas 2 horas.*
4. *Echar el resto del jerez sobre las pasas y cocerlas 3 minutos en el microondas; tapar y reservar.*
5. *Calentar el horno a 200 °C; asar la carne durante 10 minutos; añadir el zumo de naranja y asar 10 minutos; agregar las pasas con su líquido de remojo y cocer 15 minutos.*
6. *Sacar el asado, envolver en papel de aluminio y dejar reposar; espesar la salsa cociendo 2 min. más.*
7. *Cortar la carne en rodajas finas, bañarla con la salsa y servir caliente o fría.*

Asado de buey al enebro

Para 4 personas
Tiempo total de cocción: 45 minutos
Tiempo de preparación: 1 hora
Dificultad: media (microondas combinado)

Ingredientes:

600 g de tapa de buey • 80 g de lonchas finas de jamón • 2 cucharadas de crema de leche • 1 cucharada de mostaza de Dijon • 1 vasito de vino blanco seco • 1/2 taza de caldo (de cocción o de pastilla) • 1 manojo de hierbas para sopa • 1 ramita de perejil • 3 bayas de enebro • 1 hoja de laurel • 1 cucharadita de tomillo • 2 cucharadas de mantequilla • sal • pimienta negra recién molida

Preparación:

1. *Salpimentar la carne; picar el perejil; machacar las bayas de enebro; cortar en trocitos las hierbas para sopa.*
2. *Mezclar el perejil, el tomillo y las bayas de enebro con la mostaza; untar con esta pasta la carne, cubrir su parte superior con las lonchas de jamón y atarla con un hilo.*
3. *Calentar el horno a 180 °C.*
4. *Untar una fuente con la mitad de la mantequilla y colocar en ella el asado con el jamón hacia abajo; untar la parte superior de la carne con el resto de la mantequilla y cubrirla con las hierbas para sopa.*
5. *Cocer la carne durante 20 minutos; darle la vuelta, añadirle el laurel, rociarla con el vino y el caldo y continuar la cocción durante 20 minutos más.*

6. Retirar la carne, envolverla en papel de aluminio y reservarla.
7. Tamizar la salsa de cocción; mezclarla con la crema de leche, ligarla y calentarla durante 4 minutos.
8. Quitar el hilo de la carne y proceder a cortarla en rodajas.
9. Servir las rodajas de buey acompañada con su salsa.

Asado de conejo a la mostaza

Para 4 personas
Tiempo total de cocción: 43 minutos
Tiempo de preparación: 35 minutos
Dificultad: media (microondas combinado)

Ingredientes:

1 conejo grande • 100 g de tocino entreverado • 2 cebollas • 1 cucharada de mostaza • 2 ramitas de tomillo • 1 cucharada de harina • 1 taza de nata líquida • 4 cucharadas de aceite de oliva • sal

Preparación:

1. Primeramente abrir bien el conejo y cortarle la cabeza y las patas delanteras; salar y untar con mostaza.
2. Calentar el horno a 220 °C.
3. Pelar y partir en trozos grandes las cebollas; picar el tocino en daditos.
4. Colocar el aceite en una fuente honda, añadir el conejo, la cebolla, el tocino y las ramitas de tomillo y asar durante 30 minutos, rociándolo de tanto en tanto con su propio jugo y unas cucharadas de agua caliente; reducir a 180 °C, añadir un poco de nata y continuar el asado durante 10 minutos más.
5. Mezclar en un cazo la harina con el resto de la nata.
6. Retirar el conejo; tamizar el jugo de cocción, añadir poco a poco la nata, ligar cociendo 3 minutos.
7. Servir el conejo ya trinchado y bañado con su salsa.

Becadas al brandy

Para 4 personas
Tiempo total de cocción: 25 minutos
Tiempo de preparación: 30 minutos
Dificultad: media (microondas combinado)

Ingredientes:

2 becadas • 1 limón • 1 ramita de perejil • 1 copa de brandy • 3 cucharadas de mantequilla • sal • pimienta

Preparación:

1. Salpimentar las becadas por fuera y por dentro, aunque sin vaciarlas; enmantequillarlas por fuera y meter un trocito de mantequilla en su interior.
2. Calentar el horno a 220 °C.
3. Picar fino el perejil; exprimir medio limón.
4. Asar las becadas al horno durante 15 minutos; retirarlas, trincharlas separando las pechugas y los muslos, reservando el jugo que suelten.
5. Separar y picar muy finamente la carne de las carcasas.
6. Poner el brandy en un cazo, calentarlo y encenderlo hasta que se consuma el alcohol; verterlo sobre la carne picada junto con el jugo reservado, salpimentar y cocer 10 minutos.
7. Tamizar, añadir el zumo de limón y el perejil y mezclar.
8. Servir las becadas bañadas con la salsa de brandy.

Bocaditos de pollo a la cerveza

Para 4 personas
Tiempo total de cocción: 10 minutos
Tiempo de preparación: 20 minutos, más 3 horas de adobo
Dificultad: baja

Ingredientes:

4 muslos de pollo • 100 g de arroz inflado tostado • 1 cucharada de orégano • 1/2 cucharadita de pimentón • 1 ramita de perejil • 1 botellín (quinto) de cerveza rubia • sal

Preparación:

1. Quitar la piel a los muslos; desprender su carne por la parte inferior del hueso y tirarla hacia atrás formando con ella una bolita en el extremo opuesto.

2. Mezclar en un recipiente la cerveza con el orégano y sazonar con sal; sumergir los muslos en esta mezcla y dejarlos en adobo durante 3 horas.
3. Triturar el arroz; picar fino el perejil.
4. Mezclar el arroz y el perejil y sazonar con pimentón.
5. Escurrir los muslos y rebozarlos con el arroz; cocer en el microondas durante 10 minutos dándoles la vuelta una vez.
6. Servir calientes; pueden acompañarse con bolitas fritas de puré de patatas.

Brochetas de hígado y riñones de cordero

Para 4 personas
Tiempo total de cocción: 5 minutos
Tiempo de preparación: 20 minutos
Dificultad: baja (microondas combinado)

Ingredientes:

4 riñones • 400 g de hígado • 200 g de panceta • 1 pimiento verde • 4 ramitas de menta • 1 vaso de vinagre • aceite • sal • pimienta

Preparación:

1. Lavar y cortar en trozos grandes los riñones; ponerlos en remojo en vinagre con sal; lavar y partir también en trozos grandes el hígado.
2. Quitar la corteza a la panceta y trocearla en dados; lavar y cortar el pimiento en cuadrados de tamaño medio.
3. Escurrir, enjuagar, secar y cortar en rodajas finas los riñones.
4. Ensartar alternadamente en pinchos de madera trozos de riñón, hígado, panceta y pimiento; rociar con aceite y asarlos en la parrilla del microondas durante 5 minutos, dándoles la vuelta de vez en cuando.
5. Salpimentar y servir decorando con una ramita de menta.

Cazuela de cordero

Para 4 personas
Tiempo total de cocción: 43 minutos
Tiempo de preparación: 1 hora
Dificultad: media

Ingredientes:

1 kg de carne de pescuezo de cordero • 1 cebolla grande • 2 pimientos amarillos • 4 tomates rojos • 3 dientes de ajo • 1 guindilla fresca • 1 cucharadita de tomillo • 1 ramita de perejil • 1 vaso de vino blanco seco • 5 cucharadas de aceite de oliva • sal • pimienta negra recién molida

Preparación:

1. Sumergir una cazuela de barro en el agua.
2. Salpimentar la carne de cordero.
3. Pelar los ajos y cortarlos en tiritas; pelar y cortar a pluma la cebolla; cortar la guindilla y los pimientos en tiritas; escaldar los tomates durante 3 minutos, pelarlos, despepitarlos y trocearlos; picar el perejil.
4. Poner en la cazuela todas las verduras, añadir el aceite y salpimentar; mechar la carne con los ajos y agregarla.
5. Agregar el vino, tapar y cocer 40 minutos, dándole la vuelta a mitad de cocción; dejar reposar, espolvorear con perejil y servir.

Cazuela de perdices con uvas

Para 4 personas
Tiempo total de cocción: 25 minutos
Tiempo de preparación: 35 minutos
Dificultad: media

Ingredientes:

2 perdices • 300 g de uvas blancas • 1 vaso de vino blanco seco • 2 cucharadas de brandy • 1 cucharada de mantequilla • 2 cucharadas de aceite de oliva • sal • pimienta

Preparación:

1. Lavar, secar y salar las perdices por dentro y por fuera.
2. Pelar las uvas; colocar algunas en el interior de las perdices.
3. Calentar el aceite en una cazuela durante 3 minutos; dorar uniformemente las perdices durante 10 minutos, procurando no pincharlas al darles la vuelta.

4. Añadir el vino, espolvorear con pimienta, tapar y cocer durante 10 minutos, dándoles la vuelta de tanto en tanto.
5. Calentar el brandy, encenderlo y echarlo sobre las perdices; añadir las uvas restantes, tapar y cocer 2 minutos más.
6. Partir las perdices por la mitad y a lo largo, rodearlas con las uvas, bañarlas con la salsa y servir.

Cazuela de liebre con champiñones

Para 4 personas
Tiempo total de cocción: 50 minutos
Tiempo de preparación: 1 hora
Dificultad: media

Ingredientes:

1 liebre de 1 kg, aproximadamente • 250 g de champiñones • 250 g de cebollitas francesas • 1 cebolla • 1 limón • 1 hoja de laurel • 1 ramita de tomillo • 1 vaso de vino blanco • 1 taza de caldo de carne (de cocción o de pastilla) • 1 plato de harina • 1 cucharada de mantequilla • 1 taza de aceite de oliva • sal • pimienta

Preparación:

1. Lavar, secar y trocear la liebre, separando su cabeza.
2. Pelar y picar muy finamente la cebolla; pelar las cebollitas; lavar y trocear los champiñones; exprimir el limón.
3. Calentar el aceite en una cazuela durante 5 minutos; rebozar en harina los trozos de liebre y dorarlos durante 10 minutos; reservar.
4. Quitar el aceite hasta apenas cubrir el fondo de la cazuela y dorar la cebolla durante 5 minutos; añadir la liebre y el vino, remover con una cuchara de madera, agregar el caldo, el laurel y el tomillo, salpimentar, tapar y cocer durante 10 minutos; retirar y reservar.
5. Poner las cebollitas en un cazo, cubrirlas con agua y añadir la mitad de la mantequilla y unas gotas de zumo de limón y cocer durante 5 minutos.
6. Poner los champiñones en otro cazo con el resto de la mantequilla y un chorrito de zumo de limón y cocer durante 5 minutos.
7. Añadir los champiñones con su jugo y las cebollitas escurridas a la cazuela de la liebre, remover, comprobar la sazón y cocer 10 minutos.
8. Servir la liebre con la salsa de champiñones rociada con zumo de limón.

Chuletas de cerdo con salsa de mango al curry

Para 4 personas
Tiempo total de cocción: 10 minutos
Tiempo de preparación: 20 minutos
Dificultad: media (microondas combinado)

Ingredientes:

8 chuletas de cerdo de unos 100 g cada una • 1 mango grande maduro • 2 cucharadas de curry en polvo • 2 cucharadas de jengibre • 2 cucharadas de crema de leche • 2 cucharadas de aceite de oliva • sal • pimienta negra recién molida

Preparación:

1. Encender el grill.
2. Salpimentar las chuletas y sazonarlas con la mitad del jengibre y del curry.
3. Pelar, deshuesar y trocear el mango.
4. Poner la mitad del aceite en una fuente y freír las chuletas durante 5 minutos.
5. Mezclar el mango con la crema de leche y triturar ambos en la batidora eléctrica; salpimentar y sazonar con el jengibre y el curry restantes.
6. Dar vuelta las chuletas, añadir la salsa de mango y cocer 5 minutos, siempre con el grill encendido.
7. Servir caliente; puede acompañarse con arroz.

Chuletas de cordero a la salsa de piña

Para 4 personas
Tiempo total de cocción: 12 minutos
Tiempo de preparación: 25 minutos
Dificultad: media (microondas combinado)

Ingredientes:

8 chuletas de cordero • 2 rodajas de piña al natural con su jugo • 1 cucharadita de harina

• 5 cucharadas de azúcar • 3 cucharadas de mantequilla • 3 cucharadas de aceite de oliva • comino molido • sal • pimienta

Preparación:

1. *Desgrasar las chuletas; sazonarlas con comino, pimienta y sal; trocear la piña en triangulitos.*
2. *Calentar la fuente durante 3 minutos; calentar el aceite y la mantequilla durante 30 segundos; freír las chuletas 1 minuto por cada lado.*
3. *Mezclar 10 cucharadas de jugo de piña con el azúcar; bañar las chuletas y hornear a 180 °C durante 10 minutos, dándoles la vuelta y removiendo la salsa.*
4. *Retirar las chuletas y reservar: mezclar la harina con un poquito de agua, añadir al jugo de cocción junto con la piña y cocer durante unos 30 segundos.*
5. *Servir las chuletas bañadas con la salsa.*

Cocido de carne

Para 4 personas
Tiempo total de cocción: 36 minutos
Tiempo de preparación: 40 minutos
Dificultad: media

Ingredientes:

800 g de falda de ternera • 2 zanahorias • 3 puerros • 4 patatas • 4 cucharadas de tomate triturado • 3 cucharadas de mantequilla • 4 cucharadas de aceite • sal • pimienta

Preparación:

1. *Raspar las zanahorias; limpiar y cortar en dos los puerros; pelar y cortar en dados grandes las patatas; cortar la carne en cuatro trozos.*
2. *Calentar agua durante 4 minutos.*
3. *Poner la carne y las verduras en una cazuela, salar y cubrir con agua hirviendo; cocer en el microondas durante 25 minutos.*
4. *Retirar y escurrir la carne; dejarla enfriar.*
5. *Poner el aceite en una fuente y calentarlo durante 3 minutos; agregar la carne y dorarla durante 2 minutos.*
6. *Retirar la carne, añadir el tomate triturado, salpimentar y cocer durante 2 minutos.*
7. *Colar el caldo y servir como consomé.*
8. *Servir la carne con la salsa de tomate.*

Codornices rellenas al moscatel

Para 4 personas
Tiempo total de cocción: 15 minutos
Tiempo de preparación: 30 minutos
Dificultad: media (microondas combinado)

Ingredientes:

8 codornices • 250 g de jamón de York • 8 lonchas finas de panceta ahumada • 8 rebanadas de pan de molde • 1 taza de leche • 2 ramitas de perejil • 1 vaso de vino moscatel • 1/2 taza de caldo de carne (de cocción o de pastilla) • 2 cucharadas de mantequilla • sal • pimienta negra recién molida

Preparación:

1. *Lavar, secar y salpimentar las codornices por dentro y por fuera.*
2. *Calentar el horno a 220 °C.*
3. *Cortar el pan en daditos y ponerlo a remojar en la leche; picar finamente el perejil y el jamón.*
4. *Escurrir el pan y mezclarlo con el jamón y un chorrito de moscatel; amasar hasta tener una pasta homogénea y rellenar con ella las codornices.*
5. *Cerrar la abertura de las codornices con un palillo, ponerlas en una fuente una al lado de otra y cubrirlas con una loncha de panceta; tapar y cocer durante 5 minutos.*
6. *Bañar con el resto del vino y el caldo y cocer sin tapar 7 minutos.*
7. *Retirar las codornices y envolverlas en papel de aluminio.*
8. *Hornear el jugo de cocción 2 minutos más; añadir trocitos de mantequilla y batir la salsa en la batidora de varillas.*
9. *Quitar a las codornices las lonchas de panceta, bañarlas con la salsa y servir.*

Cordero estofado

Para 4 personas
Tiempo total de cocción: 40 minutos
Tiempo de preparación: 50 minutos
Dificultad: media

Ingredientes:

1 kg de pescuezo o falda de cordero • 2 cebollas medianas • 1 cabeza de ajos • 1 hoja de laurel • 1 vaso de vinagre de vino • 1 cucharadita de pimentón • 1 taza de aceite de oliva • sal

Preparación:

1. Pelar y partir por la mitad las cebollas; cortar la carne en trozos regulares.
2. Poner en un recipiente todas las viandas con el aceite, el vinagre, la cabeza de ajos entera y sin pelar, el laurel y el pimentón; salar, tapar y cocer durante 40 minutos.
3. Añadir agua tibia si se seca demasiado.
4. Servir caliente.

Cordero al ajillo

Para 4 personas
Tiempo total de cocción: 1 hora
Tiempo de preparación: 1 hora y 15 minutos
Dificultad: media

Ingredientes:

1 kg de pescuezo de cordero • 1 kg de tomates muy maduros • 1 cabeza de ajos • 1 taza de caldo (de cocción o de pastilla) • 1 cucharadita de hierbas aromáticas • 1 cucharada de pan rallado • 1 cucharada de azúcar • 7 cucharadas de aceite de oliva • sal

Preparación:

1. Escaldar los tomates durante 2 minutos, pelarlos, despepitarlos y tamizarlos.
2. Calentar 3 cucharadas de aceite durante 3 minutos; añadir el tomate, el azúcar, las hierbas aromáticas y la sal y cocer durante 5 minutos removiendo de tanto en tanto.
3. Cortar la carne en trozos; pelar los ajos; calentar el caldo durante 2 minutos.
4. Calentar el resto del aceite durante 3 minutos y rehogar la carne durante 5 minutos; espolvorear con pan rallado, añadir la salsa de tomate, los ajos enteros, el caldo y sazonar con sal.
5. Tapar y cocer durante 40 minutos; retirar los ajos y servir.

Costillas de cordero a la sepulvedana

Para 4 personas
Tiempo total de cocción: 24 minutos
Tiempo de preparación: 25 minutos
Dificultad: media (microondas combinado)

Ingredientes:

1 kg de costillas de cordero lechal • 400 g de patatas • 2 dientes de ajo • 1 hoja de laurel • 1 cebolla pequeña • 1 limón • 2 ramitas de perejil • 2 cucharadas de vinagre • 2 cucharadas de mantequilla • sal

Preparación:

1. Calentar el horno a 180 °C.
2. Salar las costillas y untarlas por parejo con la mantequilla.
3. Picar el perejil; pelar y trocear grande la cebolla; pelar y cortar en rodajas finas las patatas; exprimir el limón.
4. Poner en un cazo el perejil, los ajos enteros y sin pelar, la cebolla, la hoja de laurel, el zumo de limón, el vinagre y 1 taza de agua; salar y cocer durante 5 minutos; colar y reservar.
5. Dorar las costillas durante 7 minutos; rociar con el caldo anterior, añadir las patatas y cocer durante 12 minutos.
6. Dejar reposar en el microondas unos 5 minutos y servir.

Despojos de cordero en ropa vieja

Para 4 personas
Tiempo total de cocción: 30 minutos
Tiempo de preparación: 45 minutos
Dificultad: media

Ingredientes:

1 kg de despojos de cordero (hígado, corazón, riñones, etc.) • 800 g de tomates maduros • 1 pimiento rojo • 2 cebollas medianas • 1 cucharadita de azúcar • 4 cucharadas de aceite • sal

Preparación:

1. Lavar muy bien los despojos y trocearlos; pelar y picar las cebollas; trocear y despepitar los tomates.

2. Enseguida asar el pimiento en el microondas durante 5 minutos; pelarlo, despepitarlo y cortarlo en tiras.
3. Calentar el aceite durante 3 minutos y rehogar la cebolla durante 2 minutos; añadir los tomates y cocer durante 5 minutos.
4. Agregar los despojos y el pimiento, salar y cocer durante 15 minutos; servir caliente.

Empanada de lomo

Para 4 personas
Tiempo total de cocción: 17 minutos
Tiempo de preparación: 25 minutos
Dificultad: alta (microondas combinado)

Ingredientes:

250 g de lomo de cerdo • 100 g de chorizo • 500 g de masa de pan • 3 cebollas • 1 huevo • 5 cucharadas de aceite de oliva • sal • pimienta

Preparación:

1. Pelar y picar muy finamente las cebollas; cortar el lomo en lonchas finas; cortar el chorizo en rodajas finitas.
2. Calentar el aceite durante 2 minutos; cocer por ambos lados las lonchas de lomo durante 1 minuto por cada lado.
3. En el mismo aceite sofreír la cebolla durante 1 minuto; retirar el sofrito y reservar.
4. Cortar la masa en dos y estirar cada mitad con el rodillo.
5. Disponer una masa sobre la fuente ya utilizada y poner encima de ella el sofrito, las lonchas de lomo y el chorizo; salpimentar, cubrir con la otra mitad de la masa, humedecer los bordes y unirlos.
6. Batir la yema del huevo y pintar la empanada; pinchar la superficie con un tenedor y cocer durante 14 minutos.
7. Dejar reposar unos minutos y servir caliente.

Escalopines de pollo al moscatel

Para 4 personas
Tiempo total de cocción: 12 minutos
Tiempo de preparación: 15 minutos
Dificultad: media

Ingredientes:

4 pechugas de pollo • 1 cucharadita de harina de maíz • 1 vaso de vino moscatel • 1/2 taza de caldo de ave (de cocción o de pastilla) • 2 cucharadas de mantequilla • sal • pimienta negra recién molida

Preparación:

1. Deshuesar, cortar en filetes las pechugas; trocear los filetes en escalopines pequeños; calentar la fuente del microondas.
2. Untar los escalopines con la mantequilla; dorar en el microondas durante 4 minutos dándoles la vuelta a mitad de cocción.
3. Retirar y reservar los escalopines; calentar durante 2 minutos el caldo.
4. Añadir al jugo de cocción el caldo, la harina de maíz y el moscatel, salpimentar y cocer durante 3 minutos; colocar nuevamente los escalopines, tapar la fuente y cocer 3 minutos más.
5. Servir los escalopines calientes bañados con la salsa al moscatel.

Escalopines en salsa de limón

Para 4 personas
Tiempo total de cocción: 8 minutos
Tiempo de preparación: 15 minutos
Dificultad: baja

Ingredientes:

12 escalopines de ternera pequeños y finos • 2 limones • 1/2 taza de caldo de carne (de cocción o de pastilla) • 1 cucharadita de harina de maíz • 2 cucharadas de mantequilla • sal • pimienta negra recién molida

Preparación:

1. Calentar la fuente del microondas y el caldo; exprimir un limón y cortar en rodajas finas el otro.
2. Salpimentar y untar los escalopines con la mantequilla y dorarlos durante 1 minuto; darles la vuelta y dorarlos 1 minuto más.
3. Retirar los escalopines y reservarlos; añadir al jugo de cocción el jugo de limón, la harina de maíz y el

caldo caliente, salpimentar, tapar la fuente y cocer durante 3 minutos.

4. Servir los escalopines bañados con la salsa y adornados con rodajitas de limón.

Filetes de hígado con salsa de grosellas

Para 4 personas
Tiempo total de cocción: 5 minutos y 30 segundos
Tiempo de preparación: 15 minutos
Dificultad: baja

Ingredientes:

600 g de hígado de ternera • 150 g de grosellas • 1 copa de coñac • 2 cucharadas de salsa Worcestershire • 1 taza de caldo de carne (de cocción o de pastilla) • 1 cucharada de mantequilla

Preparación:

1. Lavar y cortar el hígado en 4 filetes.
2. Calentar la fuente del microondas y el caldo.
3. Colocar en la fuente la mantequilla y los filetes de hígado y cocer durante 1 minuto; darles la vuelta y cocerlos 1 minuto más.
4. Añadir el coñac, las grosellas y la salsa Worcestershire y cocer durante 3 minutos y 30 segundos, removiendo con una cuchara de madera.
5. Tamizar la salsa; servir los filetes bañados con la salsa.

Filetes a la pimienta verde

Para 4 personas
Tiempo total de cocción: 24 minutos
Tiempo de preparación: 30 minutos
Dificultad: media

Ingredientes:

800 g de carne de ternera • 1 cebolla • 1/2 taza de caldo de carne (de cocción o de pastilla) • 2 cucharadas de pimienta verde en grano • 1 cucharada de harina • 4 cucharadas de mantequilla • 1 cucharada de tomate triturado • tomillo • sal

Preparación:

1. Pelar y picar muy finamente la cebolla; poner la pimienta en remojo en agua tibia; cortar la carne en 4 filetes.
2. Fundir 3 cucharadas de mantequilla durante 1 minuto.
3. Salar y cubrir los filetes con los granos de pimienta, ponerlos en la fuente con la mantequilla y cocerlos durante 2 minutos; darlos vuelta y cocerlos 2 minutos más.
4. Retirar la carne y dorar la cebolla y la harina durante 2 minutos; añadir el tomate y el caldo, espolvorear con tomillo y espesar durante 2 minutos en el microondas.
5. Añadir los filetes y cocer durante 15 minutos.
6. Servir la carne con su salsa.

Filetes de cerdo con maíz

Para 4 personas
Tiempo total de cocción: 9 minutos
Tiempo de preparación: 15 minutos, más 30 minutos de adobo
Dificultad: baja

Ingredientes:

250 g de filetes de cerdo • 250 g de maíz hervido (lata) • 15 g de jengibre • 4 cebolletas tiernas • 2 cucharadas de salsa de soja • 1 cucharada aceite de oliva • sal • pimienta

Preparación:

1. Desgrasar y cortar los filetes en tiras y luego en trocitos; cortar la raíz de jengibre en tiritas finas; cortar en trocitos las cebolletas.
2. Poner en un recipiente el aceite, los filetes, las cebolletas, el jengibre y la salsa de soja y dejar en adobo unos 30 minutos.
3. Cocer en el microondas durante 6 minutos; añadir el maíz, salpimentar, remover y cocer 3 minutos más.

Gallina en pepitoria

Para 6 personas
Tiempo total de cocción: 1 hora
Tiempo de preparación: 1 hora y 15 minutos
Dificultad: media

Ingredientes:
1 gallina joven • 1 cebolla • 1 diente de ajo • 2 huevos • 1 hoja de laurel • 1 ramita de perejil • 2 cucharadas de piñones • 1 cucharada de almendras tostadas y peladas • 3 hebras de azafrán • 1 taza de harina • 1 vaso de vino blanco seco • 1 taza de aceite de oliva • sal

Preparación:

1. Lavar y cortar la gallina en trozos regulares; pelar y picar finamente la cebolla; pelar el diente de ajo.
2. Calentar el aceite en una fuente durante 5 minutos; pasar los trozos de gallina por la harina y freírlos durante 10 minutos por ambos lados; reservar.
3. Rehogar la cebolla, el ajo, el laurel y los piñones durante 5 minutos; retirar todo con una espumadera y ponerlo en un mortero.
4. Añadir al mortero el azafrán, las almendras y el perejil, salar y triturar un poco.
5. Poner la gallina en un recipiente hondo, rociarla con el aceite de la fritura y el vino, agregar la pasta del mortero y cubrir con agua; cocer durante 40 minutos o hasta que la gallina esté tierna.
6. Poco antes de terminar, hacer los huevos duros en la misma cocción; pisar las yemas junto con 3 cucharadas del jugo de cocción; picar finamente las claras.
7. Una vez terminada la cocción, añadir las yemas y las claras y mezclar.
8. Servir los trozos de gallina con su salsa en platos hondos.

Guiso de carne y verduras

Para 4 personas
Tiempo total de cocción: 22 minutos
Tiempo de preparación: 1 hora
Dificultad: media

Ingredientes:
750 g de ternera • 250 g de zanahorias • 500 g de patatas • 2 cebollas • 2 dientes de ajo • 1 taza de caldo de carne (de cocción o de pastilla) • 1 vaso de vino blanco seco • 2 cucharadas de tomate triturado • 1 cucharada de harina • 8 cucharadas de aceite de oliva • 1 cucharadita de tomillo • 1 hoja de laurel • sal • pimienta

Preparación:

1. Cortar la carne en dados medianos; raspar y cortar en rodajas finas las zanahorias; pelar y cortar en rodajas finas las cebollas; pelar y trocear las patatas; pelar y picar finamente los dientes de ajo.
2. Calentar el aceite en el microondas durante 2 minutos y soasar la carne durante 5 minutos; añadir las zanahorias y la cebolla, remover y cocer 2 minutos.
3. Retirar todas las viandas y dorar la harina en el jugo de cocción durante 1 minuto; poner nuevamente la carne y las verduras y añadir el ajo, las patatas, el tomate triturado, el tomillo, el laurel, el vino y el caldo caliente y salpimentar.
4. Tapar el recipiente y cocer durante 12 minutos o algunos más si fuese necesario.
5. Servir bien caliente.

Guiso de cordero con guisantes y alcachofas

Para 4 personas
Tiempo total de cocción: 50 minutos
Tiempo de preparación: 1 hora
Dificultad: media

Ingredientes:
1 kg de paletilla de cordero • 400 g de guisantes • 400 g de alcachofas • 500 g de patatas • 1 cebolla mediana • 1 vaso de vino blanco seco • 1 cucharada de harina • 2 tazas de aceite de oliva • sal • pimienta

Preparación:

1. Pelar y picar finamente la cebolla; quitar las hojas duras y cortar las puntas y luego en cuartos las alcachofas; pelar y cortar en daditos las patatas; trocear la carne.
2. Calentar el aceite durante 5 minutos, freír las patatas durante unos 5 minutos y reservar.
3. Calentar 5 cucharadas de aceite en un recipiente durante 3 minutos y rehogar la cebolla unos 2 minutos; añadir y rehogar el cordero durante 5 minutos.
4. Agregar las alcachofas, los guisantes y la harina y cocer 5 minutos; salpimentar, añadir el vino, cubrir con agua fría, tapar el recipiente y cocer durante 10 minutos.
5. Echar las patatas, remover, corregir la sazón de sal, tapar y cocer 15 minutos; servir caliente.

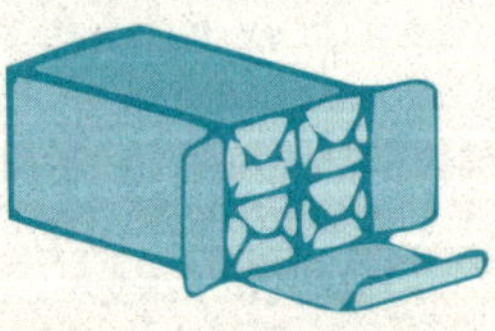

Guiso de pollo a la francesa

Para 4 personas
Tiempo total de cocción: 31 minutos
Tiempo de preparación: 40 minutos
Dificultad: media

Ingredientes:

1 pollo • 250 g de champiñones • 50 g de tocino veteado • 1 cebolla mediana • 2 zanahorias • 1 limón • 2 huevos • 1 hoja de laurel • 1 vaso de vino blanco seco • 1 taza de nata líquida • 1 cucharada rasa de harina • 1 cucharada de mantequilla • 5 cucharadas de aceite • sal

Preparación:

1. Vaciar, lavar y trocear el pollo; picar en cuadraditos el tocino; pelar y picar finamente la cebolla; raspar y cortar en rodajitas las zanahorias; lavar y filetear los champiñones; exprimir medio limón.
2. Calentar en una cazuela el aceite durante 3 minutos; agregar el tocino y la cebolla y sofreír durante 3 minutos.
3. Añadir el pollo, espolvorear con la harina, agregar la zanahoria y cocer 10 minutos; echar el vino, el laurel y 1 taza de agua templada; salar, tapar y cocer 10 minutos.
4. Poner los champiñones en un recipiente con agua y unas gotas de limón; escurrirlos, depositarlos en una fuente con la mantequilla y rehogarlos 3 minutos.
5. Agregar el resto del zumo de limón a los champiñones, tapar y cocer 2 minutos; añadir a la cazuela, remover y dejar reposar.
6. Batir la nata líquida con las yemas de los huevos; incorporar poco a poco 3 o 4 cucharadas del jugo de cocción.
7. Servir el pollo con los champiñones, bañados con la salsa de nata y huevo.

Guiso de conejo al jerez

Para 4 personas
Tiempo total de cocción: 25 minutos
Tiempo de preparación: 35 minutos
Dificultad: media

Ingredientes:

1 kg de conejo • 1 cebolla • 1 ramita de perejil • 1 cucharadita de hierbas aromáticas • 1 cucharada de harina • 1 vaso de jerez seco • 8 cucharadas de aceite • sal

Preparación:

1. Lavar, secar y trocear el conejo; pelar y picar la cebolla; picar fino el perejil.
2. Calentar el aceite en una cazuela durante 2 minutos; sofreír la cebolla durante 3 minutos.
3. Añadir el conejo, espolvorear la harina y remover con cuchara de madera; agregar el jerez, 1/2 vaso de agua y las hierbas, salar, tapar y cocer 20 minutos.
4. Servir espolvoreado con perejil, bañado con su jugo.

Lechón al horno con salsa de manzana y miel

Para 6 personas
Tiempo total de cocción: 50 minutos
Tiempo de preparación: 1 hora y 20 minutos
Dificultad: alta (microondas combinado)

Ingredientes:

2 kg de aguja de lechón • 4 manzanas • 1 naranja • 7 clavos de olor • 1 cucharadita de jengibre • 1/2 cucharadita de canela en polvo • 1 cucharada de mostaza de Dijon • 2 cucharadas de miel líquida • 1 vaso de vino blanco seco • 1/2 taza de caldo de carne (de cocción o de pastilla) • sal • pimienta negra recién molida • pimienta de Cayena

Preparación:

1. Cortar superficialmente la piel de la carne; salpimentar, mechar los clavos y ponerla en un recipiente refractario.
2. Calentar el horno a 200 °C.
3. Rallar la piel de media naranja; mezclarla con la mostaza, la miel, el jengibre, la canela y una pizca de pimienta de Cayena.
4. Untar la carne con la mezcla anterior y colocarla en el recipiente con la corteza hacia abajo; añadir a la mezcla sobrante el vino y el caldo, remover y reservar.
5. Asar la carne durante 20 minutos.
6. Pelar, despepitar y cortar en daditos las manzanas.

7. Dar la vuelta a la carne, añadir la manzana y la mitad de la mezcla y asar 20 minutos reduciendo la temperatura del horno a 180 °C; agregar el resto de la mezcla de vino y miel y asar 10 minutos más.
8. Tamizar el jugo de cocción; cortar la carne en rodajas y servirla con la salsa de manzana y miel.

Lomo de cerdo acaramelado

Para 4 personas
Tiempo total de cocción: 35 minutos
Tiempo de preparación: 40 minutos
Dificultad: baja (microondas combinado)

Ingredientes:
600 g de lomo de cerdo • 3 cucharaditas de azúcar moreno • 3 cucharaditas de manteca de cerdo • 10 clavos de olor • sal • pimienta

Preparación:
1. Calentar el horno a 200 °C.
2. Mechar los clavos en la parte grasa del lomo; salpimentar, untar con manteca y asar durante 30 minutos.
3. Cubrir la parte grasa con el azúcar y asar 5 minutos más.
4. Cortar el lomo en rodajas y servir acompañado, si se desea, con puré de patata o de manzana.

Mollejas con champiñones

Para 4 personas
Tiempo total de cocción: 13 minutos
Tiempo de preparación: 35 minutos, más 2 horas de remojo
Dificultad: media

Ingredientes:
400 g de mollejas de ternera • 100 g de champiñones • 2 cebollas tiernas • 2 zanahorias • 2 apios • 1/2 taza de caldo de ternera (de cocción o de pastilla) • 1 vaso de vino blanco seco • 1 cucharada de finas hierbas • 2 cucharadas de mantequilla • sal • pimienta

Preparación:
1. Remojar las mollejas en agua fría durante 2 horas; quitarles las membranas y los nervios.
2. Cortar las cebollas, los troncos de apio y las zanahorias en trozos de unos 5 cm y después en tiritas; lavar los champiñones y cortarlos en laminitas.
3. Fundir la mantequilla en el microondas durante 2 minutos y rehogar las cebollas, los apios, las zanahorias y los champiñones con el recipiente tapado durante 3 minutos.
4. Añadir el caldo de carne y el vino, salpimentar, tapar y cocer durante 4 minutos; añadir las mollejas, mezclar con las verduras, tapar y cocer durante 4 minutos.
5. Dejar reposar, espolvorear con las hierbas y servir.

Muslos de pavo rellenos

Para 4 personas
Tiempo total de cocción: 38 minutos
Tiempo de preparación: 50 minutos
Dificultad: alta

Ingredientes:
4 muslos de pavo deshuesados • 100 g de jamón serrano • 100 g de miga de pan • 1 cebolla • 1 cucharadita de perejil picado • 1/2 cucharadita de orégano • 1 clavo de olor • 2 cucharadas de puré de tomate • 1 taza de leche • 1 huevo • 8 cucharadas de aceite de oliva • sal • pimienta

Preparación:
1. Remojar la miga de pan en la leche.
2. Aplanar bien los muslos de pavo; picar fino el jamón; pelar y picar muy finamente la cebolla.
3. Poner en un recipiente el jamón, el huevo, la miga de pan y el orégano y salpimentar; remover hasta tener una masa compacta y homogénea.
4. Rellenar con la pasta anterior los muslos de pavo, enrollarlos y sujetarlos con palillos; poner en uno de ellos el clavo de olor.
5. Echar el aceite en la fuente y calentarlo durante 5 minutos; poner los muslos y cocerlos durante 10 minutos por cada lado.
6. Retirar los muslos, añadir la cebolla en el mismo jugo de cocción y rehogarla durante 5 minutos; agregar el puré de tomate, mezclar y cocer 5 minutos más.

7. Agregar los muslos y cocer 3 minutos; dejar reposar.
8. Espolvorear con perejil y servir.

Muslos de oca con alubias a las finas hierbas

Para 4 personas
Tiempo total de cocción: 1 hora
Tiempo de preparación: 1 hora y 15 minutos, más 2 horas de remojo
Dificultad: alta (microondas combinado)

Ingredientes:

4 muslos de oca • 250 g de alubias blancas secas • 1 cebolla grande • 2 zanahorias • 1 diente de ajo • 1 hoja de laurel • 3 hojas de salvia • 2 ramitas de tomillo • 1 ramita de perejil • 2 cucharadas de manteca de oca • 2 tazas de caldo de pollo (de cocción o de pastilla) • sal • pimienta negra recién molida

Preparación:

1. Poner las alubias en remojo en agua fría durante 2 horas.
2. Pelar y picar finamente la cebolla y el diente de ajo; raspar y cortar en daditos las zanahorias; picar fino el perejil; hacer un manojo con el tomillo, la salvia y el laurel; salpimentar los muslos de oca.
3. Escurrir las alubias, ponerlas en un recipiente hondo y cubrirlas con el caldo; tapar y cocer durante 25 minutos.
4. Sacar las alubias y dejarlas reposar tapadas.
5. Derretir en un recipiente hondo la manteca de oca durante 1 minuto y rehogar la cebolla y el ajo durante 4 minutos.
6. Calentar el horno a 200 °C.
7. Añadir la zanahoria y el manojo de finas hierbas al sofrito de cebolla junto con las alubias y su caldo de cocción y los muslos de oca y cocer a la altura media del horno durante 30 minutos; remover las alubias y dar vuelta una vez a los muslos.
8. Quitar el manojo de finas hierbas y servir espolvoreando cada plato con perejil.

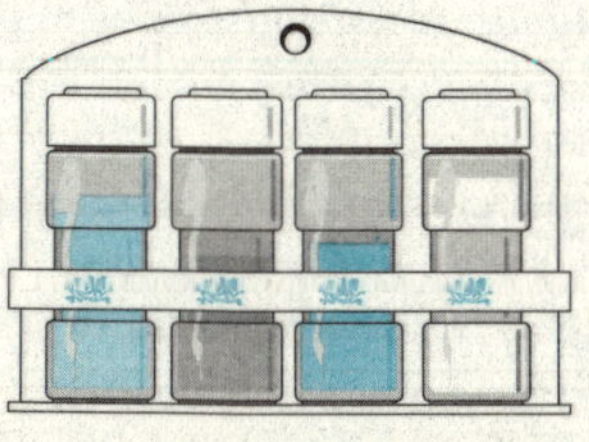

Paletilla de cordero serrana

Para 4 personas
Tiempo total de cocción: 20 minutos
Tiempo de preparación: 30 minutos
Dificultad: media (microondas combinado)

Ingredientes:

1 kg de paletilla de cordero • 500 g de patatas • 2 cebollas • 1 diente de ajo • 1 cucharadita de romero • nuez moscada • 1 vasito de vino blanco seco • aceite de oliva • sal • pimienta

Preparación:

1. Pelar y cortar en daditos las patatas; pelar y picar finamente las cebollas y el ajo.
2. Calentar la fuente del microondas 5 minutos.
3. Salpimentar y enaceitar la carne; dorarla durante 5 minutos por cada lado.
4. Añadir las patatas, las cebollas y el ajo por encima de la carne; rociar con el vino, sazonar con romero y nuez moscada, corregir la sazón de sal y pimienta y asar 15 minutos.
5. Dejar reposar unos minutos y servir.

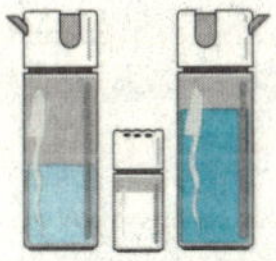

Palomas rellenas

Para 4 personas
Tiempo total de cocción: 21 minutos
Tiempo de preparación: 40 minutos
Dificultad: media (microondas combinado)

Ingredientes:

4 palomas • 3 panecillos del día anterior • 1 cebolla pequeña • 2 ramitas de perejil • 1 limón • 1 taza de caldo de carne (de cocción o de pastilla) • 1 taza de leche • 4 cucharadas de crema de leche • 1 cucharada de harina • 2 cucharadas de mantequilla • 2 cucharadas de aceite de oliva • sal • pimienta negra recién molida

Preparación:

1. Vaciar, lavar y chamuscar las palomas; separar los higaditos y los corazones, lavarlos y picarlos finamente.
2. Rebanar los panecillos; pelar y picar finamente la cebolla; rallar la piel de medio limón; picar fino el perejil.

3. Calentar el horno a 220 °C.
4. Calentar la leche durante 30 segundos y poner en ella el pan en remojo.
5. Poner el aceite en un recipiente y rehogar la cebolla durante 1 minuto y 30 segundos; retirar.
6. Escurrir el pan y mezclar con la cebolla sofrita, los higaditos y los corazones picados, la ralladura de limón y la mitad del perejil, salpimentar y amasar hasta tener una pasta homogénea.
7. Rellenar las palomas con la pasta anterior y coser con un hilo la abertura; untarlas con mantequilla, espolvorearlas con el resto del perejil, colocarlas en una fuente, taparlas y asarlas durante 6 minutos.
8. Darle la vuelta a las palomas, bañarlas con el caldo de carne y asar, sin tapar, durante 9 minutos; retirar las palomas y envolverlas en papel de aluminio.
9. Añadir al fondo de cocción la crema de leche y la harina; remover y cocer en el microondas durante 4 minutos.
10. Servir las palomas bañadas con su salsa; pueden acompañarse con patatitas hervidas al vapor.

Pastel de carne con setas chinas

Para 4 personas
Tiempo total de cocción: 23 minutos
Tiempo de preparación: 40 minutos
Dificultad: media (microondas combinado)

Ingredientes:

500 g de carne de buey picada • 250 g de setas chinas o de cardo • 50 g de queso gouda • 2 cebollas escalonia • 1 huevo • 1 panecillo • 1 cucharada de finas hierbas • 1 cucharadita de pimentón dulce • 1 cucharadita de mostaza de Dijon • 1/2 vaso de cerveza negra • 1/2 taza de nata líquida • 1 cucharadita de mantequilla • 2 cucharadas de aceite de oliva • sal • pimienta negra recién molida

Preparación:

1. Poner en remojo el panecillo en agua tibia; limpiar y cortar las setas más grandes; pelar y cortar en daditos las cebollas.
2. Calentar el aceite y la mantequilla durante 2 minutos; rehogar la cebolla durante 2 minutos.
3. Añadir las setas, mezclarlas y rehogarlas durante 4 minutos; agregar las finas hierbas, mezclar y dejar enfriar.
4. Calentar el horno a 200 °C.
5. Poner la carne en un cazo; escurrir el panecillo y añadirlo a la carne junto con el queso, el huevo y la mitad del sofrito de setas, sazonar con la mostaza, pimienta y sal y darle una forma alargada.
6. Poner la masa de carne en una fuente y rodearla con el resto del sofrito.
7. Mezclar el pimentón con la cerveza y bañar el pastel de carne con la mitad; cocer durante 5 minutos.
8. Añadir el resto de la cerveza con pimentón sobre la carne; entremezclar la nata con el resto del sofrito de setas, agregar a la carne y continuar la cocción 8 minutos.
9. Retirar el pastel y conservarlo caliente; espesar la salsa cociendo 2 minutos más.
10. Cortar el pastel en rodajas y servir con la salsa de setas chinas.

Paté de pollo al brandy

Para 4 personas
Tiempo total de cocción: 10 minutos
Tiempo de preparación: 10 minutos, más 8 horas de enfriado
Dificultad: baja

Ingredientes:

750 g de higaditos de pollo • 1/2 taza de caldo de pollo • 1 cebolla pequeña • 2 huevos • 1 hoja de laurel • 1/2 cucharadita de tomillo • 1/2 cucharadita de orégano • 2 cucharadas de brandy • 1 sobrecito de gelatina insípida • pimientas negra, blanca y verde en grano

Preparación:

1. Calentar el caldo durante 2 minutos en el microondas.
2. Lavar muy bien los higaditos y pincharlos; pelar y picar muy finamente la cebolla.
3. Poner en un recipiente los higaditos, la cebolla, el laurel, el tomillo, el orégano y el caldo caliente y cocer durante 8 minutos, removiendo una vez.
4. Retirar la hoja de laurel y echar la cocción en el vaso de la batidora junto con la mantequilla, los huevos, el brandy y varios granos de cada pimienta y salar; batir.
5. Echar la pasta en un molde, igualar la superficie, cubrir ésta con la gelatina, adornar con granos de pimienta y dejar enfriar en la nevera durante 8 horas.

Pato a la naranja

Para 4 personas
Tiempo total de cocción: 1 hora y 5 minutos
Tiempo de preparación: 1 hora y 15 minutos
Dificultad: alta (microondas combinado)

Ingredientes:
1 pato joven • 4 naranjas • 1 zanahoria • 3 chalotas • 2 cucharadas de licor de naranja • 1 vaso de vino blanco seco • 1 taza de caldo • 1 cucharada de fécula de patata • 2 cucharadas de mantequilla • sal

Preparación:
1. Lavar los despojos del pato y cocerlos en agua con sal durante 15 minutos; colar y reservar el caldo.
2. Pelar y trocear 1 naranja, cortar en rodajas finitas otra y exprimir las 2 restantes; rallar un trocito de piel de naranja; raspar y cortar en rodajitas la zanahoria; pelar y cortar en rodajitas las chalotas.
3. Salar por dentro y por fuera el pato y meter en su interior la naranja troceada.
4. Fundir la mantequilla en un recipiente hondo durante 2 minutos; añadir el pato, la zanahoria y las chalotas y rehogar durante 10 minutos, dando la vuelta al pato.
5. Agregar el vino, 1 taza del caldo reservado y un poco de zumo de naranja, sazonar, tapar el recipiente y cocer 35 minutos.
6. Retirar el pato y quitarle las naranjas de su interior; desgrasar y colar la salsa.
7. Desleír la fécula de patata en 2 cucharadas de agua; añadir a la salsa junto con las ralladuras y el resto del zumo de naranja y cocer unos 3 minutos.
8. Trinchar el pato y servirlo adornado con las rodajas de naranja y la salsa aparte.

Pato guisado con aceitunas

Para 6 personas
Tiempo total de cocción: 50 minutos
Tiempo de preparación: 1 hora y 10 minutos
Dificultad: alta

Ingredientes:
1 pato joven • 1 cebolla grande • 2 tomates maduros • 2 zanahorias • 3 rebanadas de pan de molde tostadas • 100 g de aceitunas verdes deshuesadas • 1 cucharada de harina de maíz • 1 vaso de vino blanco seco • 2 tazas de caldo de ave (de cocción o de pastilla) • 3 cucharadas de aceite de oliva • sal • pimienta

Preparación:
1. Pelar y trocear la cebolla; raspar y cortar en rodajas las zanahorias; pelar, despepitar y trocear los tomates.
2. Salpimentar el pato por dentro y por fuera.
3. Calentar en un recipiente hondo el aceite durante 2 minutos y dorar el pato por todos lados durante 10 minutos; agregar la cebolla y la zanahoria y rehogar 5 minutos.
4. Añadir los tomates y rehogar 5 minutos; agregar el vino y el caldo, corregir la sazón de sal y pimienta, tapar y cocer durante 20 minutos.
5. Retirar el pato, envolverlo en papel de aluminio y reservar; tamizar el jugo de cocción.
6. Poner las aceitunas en una taza con agua y cocerlas durante 3 minutos; escurrirlas y cortarlas en trocitos.
7. Desleír la harina de maíz en un poco de jugo de cocción; añadir a la salsa junto con las aceitunas y el pato y cocer 5 minutos.
8. Trinchar el pato y servir bañado con la salsa y adornado con triangulitos de pan frito.

Pecho relleno a las finas hierbas

Para 6 personas
Tiempo total de cocción: 50 minutos y 30 segundos
Tiempo de preparación: 1 hora y 15 minutos
Dificultad: media (microondas combinado)

Ingredientes:
1,5 kg de pecho de ternera • 100 g de carne de ternera picada • 1 zanahoria • 1 cebolla pequeña • 2 huevos • 2 panecillos • 1 limón • 1 ramita de perejil • 1 cucharadita de perifollo • 1 cucharadita de cebollino • 1 cucharadita de estragón • 1 vasito de vino blanco seco • 1/2 taza de caldo de carne (de cocción o de pastilla) • 1/2 taza de leche • 2 cucharadas de crema de leche • 2 cucharadas de mantequilla • nuez moscada • sal • pimienta

Preparación:

1. Abrir el pecho de ternera para rellenarlo; salpimentarla por fuera y por dentro; rallar la piel de medio limón; picar fino el perejil; cortar en rodajas finas la zanahoria; cortar la mantequilla en trocitos.
2. Cortar en daditos los panecillos; calentar la leche en el microondas durante 30 segundos y echar en ella los dados de pan dejándolos en remojo unos minutos.
3. Poner la carne picada en un cazo y mezclarla con el pan remojado, las yemas de los huevos, las ralladuras de limón y de nuez moscada y las hierbas y amasar.
4. Rellenar el pecho de ternera con esta mezcla y coser la abertura con un hilo.
5. Calentar el horno a 200 °C.
6. Poner la carne con su parte más abultada hacia abajo y cubrirla con la mitad de la mantequilla; añadir el perejil y la zanahoria, bañar con la mitad del caldo y del vino y asar durante 20 minutos.
7. Dar la vuelta a la carne, cubrirla con la mantequilla sobrante, bañarla con el resto del caldo y del vino y cocerla 25 minutos más.
8. Sacar el pecho de ternera del horno, envolverlo con papel de aluminio y reservarlo.
9. Colar el jugo de cocción; mezclar con la crema de leche y cocerlo durante 4 minutos.
10. Cortar el pecho en rodajas y servirlo bañado con su salsa.

Pechuga de pavo con salsa inglesa

Para 4 personas
Tiempo total de cocción: 13 minutos
Tiempo de preparación: 20 minutos
Dificultad: media

Ingredientes:

400 g de pechuga de pavo • 2 pimientos • 1 cebolleta • 2 tomates • 4 cucharadas de nata agria • 1 cucharada de salsa inglesa • 1 cucharadita de pimentón dulce • 1 cucharada de mantequilla • sal • pimienta negra recién molida

Preparación:

1. Cortar la cebolleta a lo largo y después en rodajitas; cortar en cuatro los pimientos, despepitarlos, desvenarlos y cortarlos en tiritas finas; pelar, despepitar y cortar en daditos los tomates.
2. Poner en un recipiente la mantequilla y rehogar la cebolleta y los pimientos durante 5 minutos.
3. Filetear la pechuga y cortarla en tiritas finas; añadirlas junto con el tomate al sofrito, mezclar y cocer durante 4 minutos.
4. Agregar la nata agria, sazonar con la sal, el pimentón, la pimienta y la salsa inglesa; tapar y cocer durante 4 minutos.
5. Dejar reposar unos 4 minutos, remover y servir.

Pechuga de pollo al oporto

Para 4 personas
Tiempo total de cocción: 9 minutos
Tiempo de preparación: 15 minutos
Dificultad: baja

Ingredientes:

2 pechugas grandes de pollo • 400 g de champiñones • 1 vaso de oporto dulce • 1/2 taza de nata líquida • 1 pastilla de caldo de pollo • 2 cucharadas de mantequilla • sal • pimienta blanca

Preparación:

1. Calentar la fuente del microondas.
2. Lavar y filetear los champiñones; disolver la pastilla de caldo en un poquito de agua.
3. Poner la mantequilla en la fuente caliente y dorar las pechugas durante 1 minuto y 30 segundos por cada lado.
4. Retirar las pechugas; añadir al caldo de cocción la pastilla de caldo disuelta y los champiñones y cocer 2 minutos.
5. Agregar el oporto, la nata y las pechugas, salpimentar y cocer durante 4 minutos.
6. Cortar las pechugas en dos y servirlas con los champiñones y la salsa al oporto; puede acompañarse con maíz hervido.

Pechuga de pavo al ajo

Para 4 personas
Tiempo total de cocción: 10 minutos
Tiempo de preparación: 15 minutos
Dificultad: baja

Ingredientes:

400 g de pechuga de pavo • 4 dientes de ajo • 1/2 guindilla • 1 limón • 1 cucharada de mantequilla • 4 cucharadas de aceite de oliva • sal

Preparación:

1. Deshuesar, quitar la piel y cortar la pechuga en 4 filetes; pelar y filetear los ajos; exprimir 1/2 limón y cortar en rodajitas finas el resto; triturar la guindilla.
2. Poner en un recipiente el aceite, los ajos y la guindilla y freír durante 4 minutos; dejar templar, añadir 4 cucharadas de zumo de limón y mezclar.
3. Salar y untar con mantequilla las pechugas; colocarlas en una fuente y cocerlas durante 5 minutos, dándoles la vuelta a mitad de cocción.
4. Añadir la salsa de ajos sobre las pechugas y cocer 1 minuto más.
5. Servir caliente; puede acompañarse con puré de patatas o con patatitas al vapor.

Perdices con salsa de chocolate

Para 4 personas
Tiempo total de cocción: 35 minutos
Tiempo de preparación: 45 minutos
Dificultad: media

Ingredientes:

2 perdices jóvenes • 150 g de chocolate • 1 cebolla grande • 1 hoja de laurel • 1 1/2 vasos de vino blanco seco • 6 cucharadas de aceite • sal

Preparación:

1. Lavar, secar y salar por dentro y por fuera las perdices; bridarlas.
2. Pelar y picar fina la cebolla; rallar el chocolate.
3. Calentar el aceite en una cazuela 5 minutos; dorar las perdices durante 10 minutos y retirarlas.
4. Rehogar la cebolla en el mismo aceite 5 minutos; volver a poner las perdices, añadir el vino, 1 taza de agua y el laurel; salar y cocer 10 minutos.
5. Retirar las perdices y envolverlas en papel de aluminio.
6. Añadir al jugo de cocción el chocolate rallado y un poco de agua caliente, remover y cocer 5 minutos más.
7. Partir las perdices por la mitad a lo largo, colocarlas en una fuente y bañarlas con la salsa bien caliente.

Picantones con salsa de mostaza

Para 4 personas
Tiempo total de cocción: 10 minutos
Tiempo de preparación: 20 minutos
Dificultad: media

Ingredientes:

2 picantones • 25 g de almendras tostadas • 1 hoja de laurel • 1 cucharada de mostaza • 2 cucharadas de leche • 1 vaso de vino blanco seco • 2 cucharadas de aceite de oliva • sal • pimienta negra recién molida

Preparación:

1. Vaciar, lavar y secar los picantones; cortarlos por la mitad en sentido longitudinal.
2. Moler las almendras; calentar la leche en el microondas.
3. Enaceitar los picantones y dorarlos durante 4 minutos; darles la vuelta y dorarlos 3 minutos; reservar calientes.
4. Añadir a la fuente el vino, la mostaza, el laurel, la leche y las almendras, salpimentar y cocer 1 minuto y 30 segundos; remover y cocer durante 1 minuto y 30 segundos más.
5. Servir los picantones acompañados con la salsa de mostaza.

Pierna de ciervo con salsa de grosellas

Para 4 personas
Tiempo total de cocción: 55 minutos
Tiempo de preparación: 1 hora, más 2 horas de adobo
Dificultad: alta (microondas combinado)

Ingredientes:

800 g de pierna de ciervo sin hueso • 100 g de carne de ciervo picada • 100 g de jalea de grosellas • 2 chalotas • 1 hojita de laurel • 1 ramita de tomillo • 1/2 cucharadita de nuez moscada rallada • 1 rama de apio • 2 vasos de vino tinto • 1 copita de brandy • 1 cucharada de harina de maíz • 8 cucharadas de aceite • sal • pimienta molida y en grano

Preparación:

1. Quitar la piel de la pierna de ciervo.

2. Machacar juntos el laurel, el tomillo y unos granos de pimienta; mezclar con la mitad del aceite y la nuez moscada.
3. Untar la pierna con la mezcla anterior, envolverla con papel de aluminio y dejarla en adobo durante 2 horas.
4. Pelar y picar las chalotas; separar y picar la parte blanca del apio.
5. Calentar el horno a 200 °C.
6. Poner la pierna en una fuente y asarla 15 minutos; salar, añadir poco a poco un vaso de agua caliente y cocer 25 minutos; envolverla en papel de aluminio y reservar.
7. Calentar el resto del aceite en un recipiente durante 2 minutos y sofreír las chalotas, el apio y la carne picada durante 3 minutos; añadir el vino y cocer 9 minutos.
8. Retirar y tamizar la salsa; agregar el brandy y la jalea de grosellas y salpimentar.
9. Desleír la harina de maíz en un poco de agua y agregar a la salsa, remover y calentar 1 minuto.
10. Trinchar la pierna de ciervo y servir con la salsa aparte.

Pierna de cordero rellena

Para 6 personas
Tiempo total de cocción: 1 hora y 35 minutos
Tiempo de preparación: 2 horas
Dificultad: alta (microondas combinado)

Ingredientes:

1 pierna de cordero deshuesada • 6 salchichas • 100 g de champiñones • 1 plato de harina • 1 limón • 1 cucharadita de hierbas aromáticas • 1 copa de jerez • 3 cucharadas de aceite • sal • pimienta

Preparación:

1. Salpimentar la pierna por dentro y por fuera.
2. Calentar el horno a 180 °C.
3. Exprimir medio limón; picar y lavar los champiñones en agua con algunas gotas de zumo de limón y secarlos; quitar la piel a las salchichas.
4. Fundir la mantequilla durante 1 minuto; añadir unas gotas de zumo de limón, salar y rehogar los champiñones durante 4 minutos.
5. Amasar la carne de las salchichas con la mitad del jerez, las hierbas y los champiñones; rellenar con este picadillo la pierna y coserla con un hilo.
6. Enharinar la pierna y ponerla en un recipiente; añadir el aceite, el resto del jerez y asarla al horno durante 1 hora y 30 minutos, dándole la vuelta varias veces y bañándola con su jugo.
7. Añadir agua caliente si se seca demasiado.
8. Colar la salsa; cortar la pierna en tajadas y servir acompañada con su salsa.

Pierna de cordero al estilo árabe

Para 4 personas
Tiempo total de cocción: 1 hora y 10 minutos
Tiempo de preparación: 1 hora y 20 minutos
Dificultad: media (microondas combinado)

Ingredientes:

1 pierna de cordero • 1 kg de patatas • 8 dientes de ajo • 1 ramita de menta • 6 cucharadas de aceite • sal • pimienta

Preparación:

1. Quitar la piel y desgrasar la pierna; practicarle tres cortes transversales y profundos y ocho incisiones.
2. Pelar los ajos y meterlos enteros en las incisiones de la pierna; salpimentar.
3. Poner la pierna en la fuente, rociarla con 4 cucharadas de aceite y añadir 2 tazas de agua; asar 20 minutos.
4. Pelar y trocear las patatas.
5. Añadir y rodear la pierna con las patatas, sazonarlas con sal y rociarlas con el resto del aceite; cocer 30 minutos más.
6. Dar vuelta la pierna y cocer 20 minutos.
7. Decorar con hojas de menta y servir.

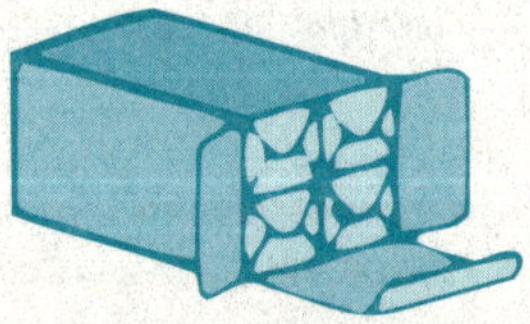

Pinchitos de cordero con arroz azafranado

Para 4 personas
Tiempo total de cocción: 17 minutos
Tiempo de preparación: 25 minutos, más 1 hora de adobo
Dificultad: media

Ingredientes:

500 g de carne de cordero • 400 g de arroz • 2 dientes de ajo • 1 cucharada de salsa de soja • 1 cucharadita de pimentón • 1 cucharada de orégano • azafrán • 3 cucharadas de aceite de oliva • sal • pimienta

Preparación:

1. Pelar los ajos; majar en un mortero los ajos junto con el aceite, la salsa de soja, el pimentón, pimienta y sal.
2. Desgrasar y cortar en cubos la carne de cordero; añadirla al adobo anterior y dejarla maceración durante 1 hora.
3. Cocer el arroz en agua ligeramente salada y dándole color con el azafrán durante 10 minutos; escurrir y reservar.
4. Escurrir y ensartar la carne en pinchos de madera y asarlos en el microondas durante 3 minutos y 30 segundos por cada lado.
5. Servir los pinchitos acompañados de arroz azafranado.

Pollo asado al estilo árabe

Para 4 personas
Tiempo total de cocción: 1 hora y 1 minuto
Tiempo de preparación: 1 hora y 15 minutos
Dificultad: media (microondas combinado)

Ingredientes:

1 pollo • 1 limón • 1/2 cucharadita de tomillo • 1/2 cucharadita de estragón • 1/2 cucharadita de perejil • comino en grano • 1 cucharadita de harina • 2 cucharadas de aceite de oliva • sal • pimienta

Preparación:

1. Vaciar, lavar y secar el pollo; pincharle la piel.
2. Exprimir el limón; calentar el horno a 180 °C.
3. Salpimentar y enaceitar el pollo por dentro y por fuera; rociarlo con el zumo de limón, espolvorearlo con tomillo y estragón y ponerle en su interior unos granos de comino.
4. Bridar el pollo y colocarlo sobre una parrilla y bajo ésta una fuente; asar durante 30 minutos.
5. Darle la vuelta y asar otros 30 minutos; retirar.
6. Disolver la harina en el jugo de cocción, añadir un poco de agua tibia y cocer durante 1 minuto.
7. Trocear el pollo, bañarlo con la salsa, espolvorearlo con el perejil y servir.

Pollo encebollado a la cerveza

Para 4 personas
Tiempo total de cocción: 32 minutos
Tiempo de preparación: 40 minutos
Dificultad: media

Ingredientes:

1 pollo mediano • 400 g de cebollas • 1 cucharadita de extracto de carne • 1 cucharadita de fécula de patata • 1 botellín (quinto) de cerveza rubia • 5 cucharadas de aceite de oliva • sal

Preparación:

1. Vaciar, lavar y secar el pollo; salarlo.
2. Pelar y cortar en rodajas muy finas las cebollas.
3. Calentar el aceite en un recipiente hondo 5 minutos; dorar el pollo uniformemente 10 minutos.
4. Retirar el pollo; quitar el aceite dejando apenas un poquito, añadir y rehogar la cebolla durante 5 minutos.
5. Poner nuevamente el pollo, agregar la cerveza, tapar y cocer 10 minutos, removiendo el pollo.
6. Desleír la fécula de patata en una cucharada de agua.
7. Retirar el pollo; tamizar la salsa, añadirle la fécula disuelta, cocerla 2 minutos y agregarle el extracto de carne.
8. Trinchar y servir el pollo con la cebolla y la salsa aparte.

Riñones al jerez

Para 4 personas
Tiempo total de cocción: 15 minutos
Tiempo de preparación: 25 minutos, más 30 de remojo
Dificultad: media

Ingredientes:

2 riñones de ternera • 2 cebollitas • 1 cucharada de harina • 1 copa de jerez seco • 4 rebanadas de pan tostado • 1 vaso de vinagre • 5 cucharadas de aceite de oliva • sal • pimienta

Preparación:

1. Lavar y cortar los riñones en rodajas finas; ponerlos en remojo en vinagre con sal durante 30 minutos.
2. Pelar y picar finamente las cebollitas.
3. Escurrir los riñones, enjuagarlos en agua fría y secarlos con un paño.
4. Calentar el aceite en el microondas durante 3 minutos; añadir los riñones y rehogarlos durante 2 minutos.
5. Añadir la cebolla picada, bañar con el jerez, salpimentar y cocer durante 5 minutos.
6. Remover con una cuchara de madera y cocer 5 minutos más.
7. Dejar reposar unos minutos y servir acompañando con rebanadas de pan tostado.

Riñones a la mostaza de Dijon

Para 4 personas
Tiempo total de cocción: 8 minutos
Tiempo de preparación: 15 minutos
Dificultad: media

Ingredientes:

500 g de riñones de ternera • 1 cucharada de caldo de carne • 1 cucharada de mostaza de Dijon al vino blanco • 2 cucharadas de aceite de oliva • 1 cucharada de mantequilla • 1 taza de nata líquida • 1 ramita de menta • sal

Preparación:

1. Calentar la fuente del microondas durante 7 minutos.
2. Cortar los riñones en daditos; picar la menta.
3. Poner en la fuente caliente el aceite, la mantequilla, los riñones y la menta; cocer durante 5 minutos removiendo una vez a media cocción.
4. Poner en un bol la nata, el caldo de carne y la mostaza; cocer 1 minuto en el microondas y añadirlo a los riñones.
5. Sazonar con la sal, remover y cocer 2 minutos más; servir.

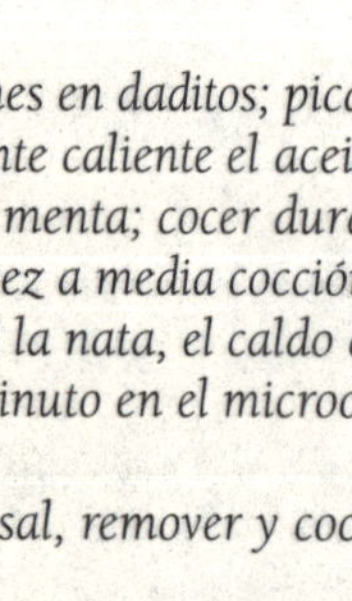

Rollo de cerdo en hojaldre

Para 6 personas
Tiempo total de cocción: 32 minutos
Tiempo de preparación: 1 hora
Dificultad: alta (microondas combinado)

Ingredientes:

1 kg de carne de cerdo picada • 200 g de carne de ternera picada • 150 g de jamón del país en lonchas finas • 200 g de queso mozzarella • 500 g de masa de hojaldre congelada • 2 cebollas • 2 dientes de ajo • 5 huevos • 2 panecillos • 1 cucharada de mostaza a las finas hierbas • 1 cucharadita de orégano • 1 cucharada de albahaca picada • harina • sal • pimienta negra

Preparación:

1. Poner los panecillos en remojo en agua fría; pelar y picar finamente las cebollas y los ajos; picar también finamente las lonchas de jamón y reservar 8 de ellas.
2. Descongelar la masa de hojaldre poniéndola en el microondas durante 2 minutos.
3. Poner las carnes picadas en un recipiente, añadir el pan remojado y escurrido, la cebolla, el ajo, el jamón picado, el orégano, la albahaca, 2 huevos enteros y 2 yemas y amasar hasta tener una pasta homogénea; sazonar con mostaza, sal y pimienta.
4. Calentar el horno a 220 °C; humedecer las láminas de hojaldre y extenderlas con el rodillo sobre una superficie enharinada hasta lograr una masa rectangular de unos 30 x 40 cm.
5. Colocar la mezcla de carne sobre ella; envolver los trozos de mozzarella con las lonchas de jamón dándole forma de cilindro y colocar éste en el centro de la carne.
6. Enrollar la carne con la masa de hojaldre y cerrarla por la parte superior formando una pestaña; batir 1 yema de huevo, pintar el rollo y asarlo durante 30 minutos.
7. Dejar enfriar y servir en rodajas.

Salchichas ahumadas a la mostaza

Para 4 personas
Tiempo total de cocción: 22 minutos
Tiempo de preparación: 30 minutos
Dificultad: media

Ingredientes:

8 salchichas ahumadas • 500 g de patatas medianas • 1 cebolla • 1 cucharada de mostaza a las finas hierbas • 1 vasito de vino blanco seco • 1 cucharada rasa de harina • 5 cucharadas de aceite de oliva • sal • pimienta

Preparación:

1. *Lavar y cocer las patatas en el microondas durante 12 minutos.*
2. *Pelar y picar finamente la cebolla; cortar longitudinalmente las salchichas y untarlas por dentro con la mostaza.*
3. *Retirar las patatas, pelarlas y cortarlas en rodajas finas; salpimentar y reservar.*
4. *Añadir el aceite a la fuente y rehogar la cebolla durante 5 minutos; espolvorearlas con la harina, rociarlas con el vino y agregar las rodajas de patata formando un círculo, sobre el cual se ponen las salchichas.*
5. *Cocer durante 5 minutos; servir la preparación caliente en la misma fuente.*

Salchichas picantes al vino blanco

Para 4 personas
Tiempo total de cocción: 7 minutos
Tiempo de preparación: 10 minutos
Dificultad: baja

Ingredientes:

600 g de salchichas picantes • 1 vasito de vino blanco seco • sal

Preparación:

1. *Calentar la fuente del microondas.*
2. *Pinchar las salchichas con un palillo, espolvorearlas con sal, bañarlas con el vino y cocerlas durante 7 minutos.*
3. *Servir calientes; pueden acompañarse con puré de patatas con perejil o arroz blanco*

Silla de conejo con espinacas

Para 4 personas
Tiempo total de cocción: 32 minutos
Tiempo de preparación: 1 hora y 30 minutos
Dificultad: alta (microondas combinado)

Ingredientes:

1 silla de conejo • 150 g de carne de ternera picada • 30 g de panceta ahumada • 300 g de espinacas congeladas • 1 trozo grande de redaño de cerdo • 1 cebolla escalonia pequeña • 1 diente de ajo • 1 manojo de verduras para sopa • 1 huevo • 1 cucharada de pan rallado • 1 cucharada de queso parmesano rallado • nuez moscada • 1 cucharada de mantequilla fría • 1 cucharada de aceite de oliva • sal • pimienta negra recién molida

Preparación:

1. *Desprender los filetes de la silla; trocear el hueso; pelar y picar la cebolla y el ajo; trocear la verdura para sopa; cortar en dados la panceta.*
2. *Poner en un recipiente los huesos y la verdura para sopa; añadir 2 tazas de agua, salpimentar, tapar y cocer en el microondas durante 10 minutos y reservar.*
3. *Salpimentar los filetes de conejo; descongelar las espinacas durante 5 minutos en el microondas.*
4. *Poner en un recipiente la cebolla, el ajo y la panceta, rociar con el aceite y freír durante 3 minutos; añadir las espinacas, remover, tapar y cocer 4 minutos.*
5. *Retirar, dejar enfriar y picar todo muy fino; agregar y mezclar el queso.*
6. *Poner en un cuenco la carne picada con el pan rallado y una yema de huevo, sazonar con nuez moscada y sal y amasar.*
7. *Calentar el horno a 220 °C.*
8. *Extender sobre el redaño de cerdo el picadillo de espinacas, cuidando de que tenga la misma longitud que los filetes; poner sobre las espinacas una capa de carne picada y sobre ésta los filetes uno al lado del otro.*
9. *Envolver con el redaño, cortar su sobrante y poner el arrollado sobre la parrilla con la unión hacia abajo; colocar debajo de la parrilla una fuente y asar durante 12 minutos.*
10. *Sacar el arrollado y envolverlo en papel de aluminio.*
11. *Añadir al jugo de cocción el caldo reservado, mezclar y cocer durante 4 minutos; trocear pequeño la mantequilla, agregarla a la salsa y batir con la batidora de varillas*
12. *Cortar los filetes envueltos y servir con la salsa aparte.*

Silla de corzo con salsa de naranja

Para 4 personas
Tiempo total de cocción: 40 minutos
Tiempo de preparación: 55 minutos, más 2 horas de adobo
Dificultad: media

Ingredientes:

800 g de silla de corzo • 1 cebolla mediana • 1 manojo de verduras para sopa • 3 naranjas • 3 bayas de enebro • 3 hojas de salvia • 1 cucharadita de tomillo • 1/2 cucharadita de canela molida • 1 taza de fondo de caza o caldo de carne • 1 vasito de licor de naranja • 2 cucharadas de mantequilla • 6 cucharadas de aceite • sal • pimienta negra recién molida

Preparación:

1. Exprimir las naranjas y rallar la piel de media naranja; picar las hojas de salvia; majar en el mortero las bayas de enebro; pelar y cortar en daditos la cebolla; cortar en trocitos las verduras.
2. Quitar la piel a la silla de corzo; mezclar el enebro, el tomillo, la salvia, la canela y las ralladuras de naranja; salpimentar y sazonar con esta mezcla la carne, seguidamente, ponerla en un recipiente, taparla y dejarla en adobo durante 2 horas.
3. Calentar el aceite en un recipiente grande durante 2 minutos; soasar la carne durante 10 minutos por ambos lados.
4. Añadir las verduras y la cebolla y rehogar 5 minutos; agregar el zumo de naranja y el fondo de caza, tapar y cocer 10 minutos.
5. Destapar y cocer 12 minutos; sacar la carne, envolverla en papel de aluminio y reservar.
6. Tamizar el jugo de cocción, añadir trocitos de mantequilla fría y batir con la batidora de varillas; agregar el licor de naranjas y cocer durante 1 minuto.
7. Sacar la carne de la silla y cortar los filetes en rodajas; servir bañado con la salsa de naranja.

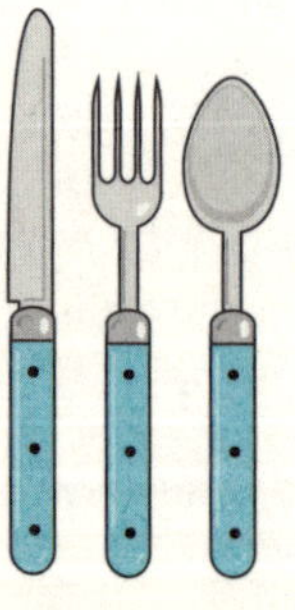

Solomillo de ternera con salsa al roquefort

Para 4 personas
Tiempo total de cocción: 8 minutos y 30 segundos
Tiempo de preparación: 15 minutos
Dificultad: media

Ingredientes:

4 filetes gruesos de solomillo • 50 g de queso roquefort • 1 taza de nata líquida • 2 cucharadas de vino blanco seco • 2 cucharadas de aceite de oliva • sal • pimienta negra molida

Preparación:

1. Calentar la fuente del horno durante 7 minutos.
2. Untar con aceite los filetes y dorarlos 2 minutos y 30 segundos; salpimentar y reservar caliente.
3. Poner en la fuente el resto del aceite, el queso, la nata y el vino y cocer la salsa durante 3 minutos y 30 segundos, removiendo de vez en cuando.
4. Servir los filetes acompañados de la salsa roquefort.

Solomillo mechado al oporto

Para 4 personas
Tiempo total de cocción: 23 minutos
Tiempo de preparación: 20 minutos
Dificultad: media

Ingredientes:

750 g de solomillo • 50 g de jamón serrano • 1 diente de ajo • 2 ramitas de perejil • 1/2 vasito de oporto • 1 taza de caldo (de cocción o de pastilla) • 1 cucharada de aceite de oliva • sal • pimienta negra recién molida

Preparación:

1. Pelar el ajo y majarlo con el perejil; añadir el oporto y mezclar.
2. Cortar el jamón en tiritas finas y pasarlas por el majado.
3. Hacer varias incisiones profundas en el solomillo y mecharlo con las tiras de jamón; atarlo, untarlo con el aceite, ponerlo sobre una rejilla (o plato invertido) y colocar ésta en una fuente.
4. Cocerlo en el microondas durante 10 minutos; dar la vuelta a la carne y cocer unos 10 minutos más.

5. Dejar reposar unos minutos y salpimentar.
6. Añadir el majado de ajo y el caldo al jugo de cocción y cocer 3 minutos.
7. Cortar el solomillo en rodajas y servirlo con su salsa.

Ternera con salsa al jerez

Para 4 personas
Tiempo total de cocción: 11 minutos
Tiempo de preparación: 20 minutos
Dificultad: baja

Ingredientes:

500 g de carne de ternera • 300 g de espárragos tiernos • 1 cebolla pequeña • 1 diente de ajo • 2 cucharadas de yogur natural • 1 copa de jerez seco • 3 cucharadas de aceite de oliva • sal • pimienta

Preparación:

1. Cortar la carne de ternera en daditos.
2. Pelar y picar finamente la cebolla; picar fino el diente de ajo; lavar y cortar en trocitos los espárragos.
3. Calentar en una cazuela de vidrio el aceite durante 1 minuto y rehogar la cebolla y el ajo durante 3 minutos.
4. Agregar la carne, mezclar y cocer 3 minutos.
5. Añadir los espárragos, el yogur y el jerez; salpimentar y cocer 4 minutos.
6. Servir adornando con las puntas de los espárragos.

Tiritas de ternera en salsa china

Para 4 personas
Tiempo total de cocción: 13 minutos
Tiempo de preparación: 30 minutos, más 1 hora de adobo
Dificultad: media

Ingredientes:

400 g de carne de ternera • 200 g de champiñones • 125 g de nata • 1 puerro • 1 cucharadita de harina de maíz • 3 cucharadas de salsa de soja • 4 cucharadas de caldo de ave (de pastilla) • 1 vasito de licor de arroz o jerez • 1 cucharadita de jengibre rallado • 1 cucharadita de guindilla molida • cilantro • 3 cucharadas de aceite • sal • pimienta

Preparación:

1. Cortar la carne en filetes y éstos en tiritas finas; ponerlas en una fuente.
2. Mezclar la salsa de soja con el jengibre, la guindilla y el licor de arroz; añadir este aliño a la carne y dejarla en adobo durante 1 hora.
3. Lavar y partir el puerro y luego cortarlo en tiras finas; lavar y cortar los champiñones en laminitas.
4. Calentar el aceite en el microondas durante 1 minuto y rehogar en él los champiñones y el puerro durante 4 minutos, removiendo una vez.
5. Añadir al sofrito de champiñones y puerro la carne con su caldo de adobo y la nata, mezclar y salpimentar; tapar el recipiente y cocer 5 minutos.
6. Mezclar la harina de maíz con el caldo de ave y añadir a la carne; cocer durante 3 minutos.
7. Retirar del microondas, espolvorear con cilantro y servir.

Tournedós con calabacines

Para 4 personas
Tiempo total de cocción: 10 minutos
Tiempo de preparación: 15 minutos
Dificultad: baja

Ingredientes:

600 g de solomillo • 2 calabacines • 1 cucharada de concentrado de carne • 2 cucharaditas de harina de maíz • 1 copa de vino blanco seco • 2 cucharadas de aceite de oliva • sal • pimienta

Preparación:

1. Calentar la fuente del microondas; cortar el solomillo en 4 tournedós.
2. Añadir el aceite a la fuente y dorar la carne durante 2 minutos y 30 segundos; darle la vuelta y cocer otros 2 minutos y 30 segundos.
3. Retirar la carne, salpimentarla y reservarla caliente.
4. Agregar al jugo de cocción el vino, el concentrado de carne y la harina de maíz, mezclar y cocer durante 2 minutos, removiendo de tanto en tanto.

5. Hervir en agua ligeramente salada los calabacines durante 3 minutos; trocear los calabacines.
6. Servir los tournedós con su salsa y los calabacines hervidos.

Troncos de carne con champiñones

Para 4 personas
Tiempo total de cocción: 45 minutos
Tiempo de preparación: 45 minutos
Dificultad: media

Ingredientes:

500 g de carne de vaca picada • 500 g de carne de cerdo picada • 500 g de champiñones • 1 cebolla • 1 pimiento morrón • 1 diente de ajo • 1 huevo • 8 aceitunas negras deshuesadas • 8 aceitunas verdes deshuesadas • 1 ramita de perejil • 4 cucharadas de pan rallado • 4 cucharadas de harina • 1 vaso de vino blanco seco • 1 cucharada de mantequilla • 8 cucharadas de aceite de oliva • sal • pimienta

Preparación:

1. Asar el pimiento durante 3 minutos en el microondas.
2. Pelar y picar la cebolla; trocear las aceitunas; picar finito el perejil; lavar y cortar en cuartos los champiñones.
3. Pelar, despepitar y cortar en trocitos el pimiento.
4. Poner en un cazo las carnes, el pimiento, las aceitunas, el huevo y el pan rallado, salpimentar y mezclar; formar dos troncos o rollos compactos, pasarlos por la harina y dejarlos reposar.
5. Calentar el aceite en una fuente durante 3 minutos; poner los troncos de carne y asarlos durante 20 minutos, dándolos vuelta una vez para que se hagan de modo uniforme.
6. Añadir la cebolla picada y cocer 10 minutos más; rociar con el vino y un poquito de agua y cocer 5 minutos.
7. Retirar los troncos y dejarlos enfriar.
8. Agregar al jugo de cocción la mantequilla y los champiñones y continuar la cocción durante 5 minutos.
9. Cortar los troncos de carne fríos en rodajas y servirlas cubiertas con la salsa y los champiñones.

Atún con pepinillos al vinagre

Para 4 personas
Tiempo total de cocción: 20 minutos
Tiempo de preparación: 25 minutos
Dificultad: baja

Ingredientes:

4 rodajas de atún fresco • 100 g de pepinillos encurtidos • 2 cebollas • 1 vasito de vino blanco seco • 1/2 cucharadita de orégano • 2 cucharadas de harina • 4 cucharadas de aceite de oliva • sal • pimienta

Preparación:

1. Cortar los pepinillos en rodajitas y ponerlos en remojo en agua fría; pelar y picar las cebollas.
2. Calentar el aceite en el microondas durante 2 minutos y rehogar la cebolla durante 3 minutos.
3. Disolver en un vasito de agua la harina y añadirla a la cebolla junto con las rodajas de atún, los pepinillos, el orégano y el vino, salpimentar y cocer durante 15 minutos, removiendo de tanto en tanto.
4. Servir caliente.

Bacalao encebollado

Para 4 personas
Tiempo total de cocción: 13 minutos
Tiempo de preparación: 18 minutos
Dificultad: media

Ingredientes:

800 g de bacalao • 1 cebolla grande • 1 diente de ajo • 1 ramita de perejil • 1 cucharadita de orégano • 4 cucharadas de tomate triturado • 5 cucharadas de aceite • sal • pimienta

Preparación:

1. Desalar, secar y trocear el bacalao; pelar y picar finamente la cebolla y el ajo; picar fino el perejil.
2. Calentar el aceite en el microondas durante 2 minutos y sofreír la cebolla durante 3 minutos.
3. Agregar el bacalao, el orégano, pimienta y un poquito de sal, cubrir con el tomate triturado, el ajo y el perejil y cocer 8 minutos.
4. Servir caliente en la misma fuente.

Besugo con patatas y cebolla

Para 4 personas
Tiempo total de cocción: 27 minutos
Tiempo de preparación: 35 minutos
Dificultad: media

Ingredientes:

1 besugo de 1 kg, aproximadamente • 500 g de patatas • 1 cebolla grande • 3 dientes de ajo • 2 limones • 4 ramitas de perejil • 6 cucharadas de aceite de oliva • sal

Preparación:

1. Vaciar, lavar y secar el pescado; hacer varios cortes transversales y superficiales sobre el lomo.
2. Pelar y cortar en rodajas las patatas y la cebolla; pelar y majar los dientes de ajo; cortar los limones en rodajas finas y a las de uno cortarlas a su vez por la mitad.
3. Calentar el aceite en un recipiente durante 3 minutos y rehogar la cebolla y el ajo unos 2 minutos.
4. Añadir las patatas, 1 vasito de agua, salar y cocer 7 minutos.
5. Salar el besugo y poner en los cortes las medias rodajas de limón; ponerlo sobre las patatas y cocer 15 minutos.
6. Dejar reposar, adornar con las ramitas de perejil y las rodajas de limón y servir.

Caballa al horno con pimientos

Para 4 personas
Tiempo total de cocción: 25 minutos
Tiempo de preparación: 40 minutos
Dificultad: media (microondas combinado)

Ingredientes:

2 caballas de unos 400-500 g cada una • 3 pimientos rojos • 2 cebollas • 2 dientes de ajo • 1 limón • 1 hoja de laurel • 2 ramitas de tomillo • 1 ramita de perejil • 1 vasito de vino tinto • 4 cucharadas de aceite de oliva • sal • pimienta negra recién molida

Preparación:

1. Pelar y cortar en daditos las cebollas; pelar y picar gruesos los ajos; picar fino el perejil; cortar los pimientos en cuadraditos; exprimir el limón.
2. Vaciar, lavar y secar las caballas; salpimentarlas y rociarlas con zumo de limón.
3. Poner todos los vegetales en una fuente alargada, rociar con el aceite, añadir el laurel y el tomillo, salpimentar y cocer en el microondas 6 minutos.
4. Calentar el horno a 220 °C; añadir el vino, colocar las caballas sobre las verduras, poner la fuente a la altura media del horno y cocer durante 10 minutos; dar vuelta a las caballas, remover las verduras y cocer 10 minutos más.
5. Cortar las caballas en filetes, colocar éstos sobre los vegetales, espolvorear con perejil y servir.

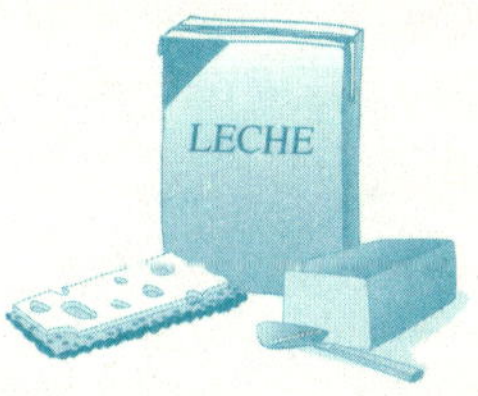

Calamares rellenos

Para 4 personas
Tiempo total de cocción: 27 minutos
Tiempo de preparación: 35 minutos
Dificultad: media

Ingredientes:

4 calamares de mediano tamaño • 150 g de carne de cerdo picada • 2 cebollas • 2 dientes de ajo • 1 limón • 1 huevo • 1 ramita de perejil • 3 rebanadas de pan • 1/2 taza de leche • 1 vasito de vino blanco seco • 5 cucharadas de aceite de oliva • sal • pimienta

Preparación:

1. Vaciar, limpiar y lavar los calamares; reservar con sus tentáculos y aletas.
2. Quitar la corteza al pan y poner la miga a remojar en la leche.
3. Pelar y picar las cebollas y los dientes de ajo; picar muy fino el perejil; cortar en rodajas finas el limón.
4. Poner en un cazo el pan escurrido, la carne picada, el huevo, el ajo y el perejil, salpimentar y mezclar bien.
5. Rellenar con esta mezcla los calamares y cerrarlos con un palillo.
6. Calentar en una fuente el aceite durante unos 2 minutos y rehogar la cebolla durante 5 minutos; añadir los calamares rellenos y cocer unos 10 minutos.

7. Dar vuelta a los calamares, rociar con el vino y cocer 10 minutos más.
8. Servir adornando con rodajas de limón.

Cazuela de almejas

Para 4 personas
Tiempo total de cocción: 8 minutos
Tiempo de preparación: 10 minutos
Dificultad: baja

Ingredientes:

1 kg de almejas • 3 dientes de ajo • 2 ramitas de perejil • 1 vasito de vino blanco seco • 2 cucharadas de aceite de oliva • sal

Preparación:

1. Poner las almejas en agua fría con sal.
2. Pelar y picar finamente los ajos; picar fino el perejil y mezclarlo con los ajos.
3. Poner en una cazuela las almejas, añadir la picada de ajo y perejil, rociar con el vino y el aceite y cocer en el microondas durante 8 minutos.
4. Servir caliente con su jugo.

Cazuela de pescado con verduras

Para 4 personas
Tiempo total de cocción: 16 minutos
Tiempo de preparación: 25 minutos
Dificultad: media

Ingredientes:

600 g de bacalao o rape en filetes • 4 cebollas escalonias • 3 pimientos (rojo, amarillo, verde) • 1 puerro • 2 tomates • 1 diente de ajo • 1 limón • 1 ramita de tomillo • 1 ramita de romero • 1 hoja de laurel • 1 vasito de vino blanco seco • 4 cucharadas de aceite de oliva • sal • pimienta

Preparación:

1. Lavar, secar y cortar en trozos grandes el pescado.
2. Exprimir medio limón; pelar y cortar en cuarto las cebollas; pelar y picar fino el diente de ajo; vaciar y cortar en cuadraditos los pimientos.
3. Hacer una incisión en los tomates y ponerlos en el microondas durante 2 minutos; pelarlos, despepitarlos y trocearlos.
4. Salpimentar y rociar con limón el pescado.
5. Poner todos los vegetales en una cazuela, añadir el tomillo, el romero, el vino y el aceite, salpimentar, tapar y cocer 10 minutos.
6. Añadir el pescado, tapar y cocer 3 minutos.
7. Dejar reposar y servir en la misma cazuela.

Cazuelitas de angulas

Para 4 personas
Tiempo total de cocción: 9 minutos
Tiempo de preparación: 15 minutos
Dificultad: baja

Ingredientes:

400 g de angulas frescas • 8 dientes de ajo • 1 guindilla • 8 cucharadas de aceite

Preparación:

1. Poner 2 cucharadas de aceite y 2 ajos enteros repartidos en 4 cazuelitas de barro; dorar durante 5 minutos.
2. Dejar templar el aceite; repartir las angulas en las cazuelitas, poner en cada una un trocito de guindilla y cocer durante 4 minutos removiendo con un tenedor de madera.
3. Servir bien caliente; se come con tenedor de madera.

Cigalas con salsa al eneldo

Para 4 personas
Tiempo total de cocción: 5 minutos
Tiempo de preparación: 15 minutos
Dificultad: baja

Ingredientes:

16 cigalas • 1 ramita de eneldo • 1 ramita de albahaca • 1 ramita de perejil • 1 ramita hinojo • 2 cucharadas de mantequilla • 2 cucharadas de aceite de oliva • sal • pimienta

Preparación:

1. Picar muy finamente las finas hierbas.
2. Untar una fuente con la mitad del aceite y colocar en ella las cigalas; rociarlas con el resto del aceite y cocerlas en el microondas durante 4 minutos.
3. Derretir la mantequilla durante 1 minuto, añadir las finas hierbas, salpimentar y ligar.
4. Servir las cigalas con la salsa de finas hierbas en una salsera.

Conchas peregrinas con salsa de champiñones

Para 4 personas
Tiempo total de cocción: 14 minutos
Tiempo de preparación: 20 minutos
Dificultad: media (microondas combinado)

Ingredientes:

8 vieiras • 200 g de champiñones • 1 cebolla mediana • 1 limón • 1 cucharada de hierbas aromáticas • 4 cucharadas de salsa de tomate • 4 cucharadas de pan rallado • 1 1/2 vasos de vino blanco seco • 150 g de mantequilla • sal • pimienta de Cayena

Preparación:

1. Separar las vieiras de sus conchas, reservando la valva inferior; quitar la bolsa marrón.
2. Pelar y picar muy finamente la cebolla; exprimir el limón; lavar en agua con unas gotas de zumo de limón y luego filetear los champiñones.
3. Poner en un cazo 1 1/2 cucharadas de mantequilla y fundir en el microondas durante 1 minuto; rehogar la cebolla durante 3 minutos, añadir las vieiras, salpimentar, salar, rociar con el vino y cocer durante 3 minutos; reservar.
4. Poner los champiñones en un cazo con 1 cucharada de mantequilla y unas gotas de zumo de limón y sal; cocer en el microondas durante 3 minutos.
5. Separar y cortar en filetes gruesos las vieiras y su coral (parte roja); untar las valvas inferiores con mantequilla y poner en ellas las vieiras, los champiñones y, en el centro de cada una, el coral.
6. Añadir al jugo de cocción la salsa de tomate y cocer durante 2 minutos removiendo con una cuchara de madera; verter esta salsa sobre las vieiras, espolvorear con pan rallado y trocitos de mantequilla.
7. Calentar el horno a 200 °C y dorar con el gratinador encendido durante 2 minutos.
8. Servir caliente en la misma concha.

Dorada en salsa de limón

Para 4 personas
Tiempo total de cocción: 20 minutos
Tiempo de preparación: 30 minutos
Dificultad: media

Ingredientes:

1 dorada de 1,5 kg, aproximadamente • 3 limones • aceite de oliva • sal • pimienta

Preparación:

1. Vaciar, lavar y secar la dorada; exprimir 1 limón, cortar en triangulitos otro y en rodajas finas el tercero.
2. Salpimentar y rociar por dentro y por fuera la dorada; hacerle unos cortes superficiales y transversales en el lomo y poner allí los triangulitos de limón.
3. Hacer en la fuente un lecho de rodajas de limón y colocar sobre él la dorada; rociar con aceite, añadir un vasito de agua y cocer durante 15 minutos.
4. Cubrir el pescado con papel transparente y cocer 5 minutos más.
5. Dejar reposar unos minutos y servir.

Filetes de rape a la genovesa

Para 4 personas
Tiempo total de cocción: 8 minutos
Tiempo de preparación: 20 minutos
Dificultad: media (microondas combinado)

Ingredientes:

700 g de filetes de rape • 150 g de queso mozzarella • 1 limón • 3 tomates maduros • 2 dientes de ajo • 2 ramitas de perejil • 2 ramitas de albahaca

• 2 cucharadas de piñones • 2 cucharadas de queso parmesano rallado • 4 cucharadas de aceite de oliva • sal • pimienta

Preparación:

1. Exprimir medio limón; cortar los tomates en rodajas medianas; pelar y picar los ajos; picar finamente los piñones, el perejil y la albahaca; cortar el queso mozzarella en rodajas finas.
2. Calentar el horno a 200 °C.
3. Salpimentar y rociar con limón el pescado; majar en el mortero los ajos, los piñones, el perejil, la albahaca y el parmesano con la mitad del aceite hasta tener una pasta.
4. Poner la mitad de la pasta sobre una fuente alargada y honda y en capas alternas el pescado, el tomate y el queso mozzarella; cubrir con la otra mitad de la pasta de hierbas.
5. Poner a la altura media del horno y cocer 8 minutos con el grill encendido; dejar reposar y servir.

Gambas al ajillo

Para 4 personas
Tiempo total de cocción: 4 minutos
Tiempo de preparación: 10 minutos
Dificultad: baja

Ingredientes:

1 kg de gambas • 1 guindilla • 4 dientes de ajo • 8 cucharadas soperas de aceite • sal

Preparación:

1. Pelar las gambas dejándoles la cola entera y salarlas ligeramente; repartirlas en 4 cazuelitas de barro.
2. Cortar en 4 trocitos la guindilla; pelar y picar muy finamente los ajos.
3. Añadir a cada cazuelita 2 cucharadas de aceite y 1 trocito de guindilla, espolvorear con ajo y cocer en el microondas durante 4 minutos.
4. Servir inmediatamente.

Guiso de pescado a la oriental

Para 4 personas
Tiempo total de cocción: 11 minutos
Tiempo de preparación: 20 minutos
Dificultad: media

Ingredientes:

600 g de filetes de pescado (merluza, gallineta, bacalao) • 100 g de gambas peladas • 300 g de nata líquida • 1 limón • 2 plátanos pequeños • 2 ramitas de cilantro • 1 cucharadita de jengibre • 2 cucharadas de salsa de soja • 1 vaso de vino Saho-Hsing o jerez • sal • pimienta blanca molida • pimienta verde en grano • pimienta de Cayena

Preparación:

1. Exprimir el limón; pelar y cortar en rodajas finas los plátanos.
2. Poner en un recipiente la nata, el vino, la salsa de soja, el jengibre, unos 8 granos de pimienta verde y una pizca de pimienta de Cayena, mezclar y cocer durante 8 minutos.
3. Lavar y secar el pescado; cortar en dados, salpimentar y rociar con zumo de limón.
4. Añadir el pescado, los plátanos y las gambas a la salsa, mezclar y cocer 3 minutos; dejar reposar.
5. Espolvorear con hojas de cilantro y servir.

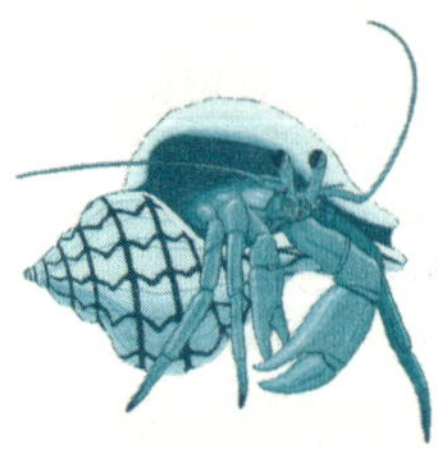

Langosta al jerez

Para 4 personas
Tiempo total de cocción: 20 minutos
Tiempo de preparación: 30 minutos
Dificultad: media

Ingredientes:

500 g de langosta cocida • 300 g de arroz de grano largo • 2 cebollas • 3 cucharadas de puré de tomate • 2 cucharaditas de harina • 1 cucharada de cebollino picado • 2 cucharadas de jerez seco • 1 taza de caldo de pescado • 2 cucharadas de mantequilla • sal • pimienta

Preparación:

1. Cocer el arroz con un poco de agua durante 7 minutos; escurrir y reservar caliente.
2. Pelar y picar finamente las cebollas; trocear la langosta.
3. Calentar el caldo durante 3 minutos.
4. Poner en un recipiente la cebolla y la mantequilla y cocer durante 4 minutos; añadir la harina, el caldo poco a poco, el jerez y el puré de tomate, salpimentar, remover y cocer 3 minutos.
5. Agregar la langosta y cocer 3 minutos más.
6. Servir la langosta con su salsa y el arroz blanco, todo espolvoreado con cebollino.

Langostinos en salsa de hinojo

Para 4 personas
Tiempo total de cocción: 10 minutos
Tiempo de preparación: 20 minutos
Dificultad: baja

Ingredientes:

12 langostinos • 1 cucharada de mantequilla • 1/2 vaso de jerez seco • 1 cucharada de harina de maíz • 1 ramita de hinojo • sal • pimienta

Preparación:

1. Lavar y pelar los langostinos.
2. Poner en un cazo con media taza de agua los caparazones y las patas de los langostinos; tapar y cocer en el microondas durante 5 minutos.
3. Colar y reservar el caldo en un cazo; untar los langostinos con mantequilla, ponerlos en una fuente de forma redonda y cocerlos durante 2 minutos y 30 segundos.
4. Picar muy fino el hinojo y añadirlo al caldo junto con el jerez y la harina de maíz; salpimentar y poner en el microondas 2 minutos y 30 segundos.
5. Servir los langostinos bañados con la salsa de hinojo.

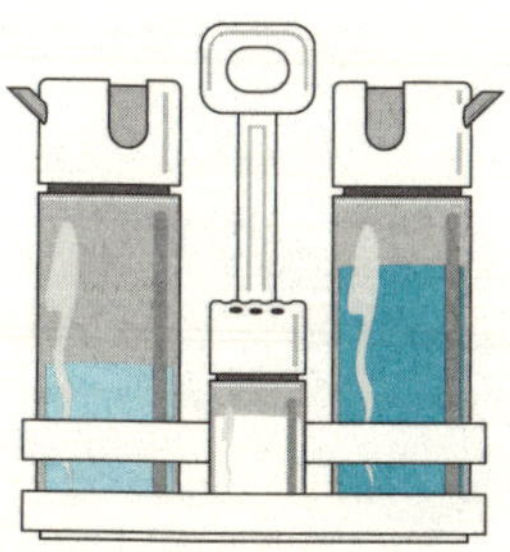

Mariscos con crema de aguacates al horno

Para 4 personas
Tiempo total de cocción: 15 minutos
Tiempo de preparación: 30 minutos
Dificultad: media (microondas combinado)

Ingredientes:

250 g de langostinos • 250 g de gambas • 200 g de cigalas • 50 g de queso gorgonzola • 2 aguacates maduros • 1 limón • 1 ramita de perejil • 1 cucharada de mantequilla • sal • pimienta blanca • pimienta de Cayena

Preparación:

1. Calentar agua en un recipiente durante 6 minutos; salar y cocer los mariscos durante 1 minuto.
2. Exprimir el limón; pelar el aguacate, pisar la pulpa con un tenedor junto con el queso y salpimentar.
3. Calentar el horno a 220 °C.
4. Escurrir, enfriar y pelar los mariscos; enmantequillar una fuente refractaria, poner los mariscos y sobre éstos la crema de aguacate.
5. Poner a la altura media del horno y cocer durante 8 minutos; adornar con hojitas de perejil y servir.
6. Puede acompañarse con ensalada de tomates.

Merluza en salsa de almejas

Para 4 personas
Tiempo total de cocción: 10 minutos
Tiempo de preparación: 15 minutos
Dificultad: baja

Ingredientes:

4 rodajas de merluza • 150 g de almejas • 1 cebolla pequeña • 1 diente de ajo • 1 vaso de vino blanco seco • 1 cucharada de harina • 1 ramita de perejil • 3 cucharadas de aceite de oliva • sal

Preparación:

1. Pelar y picar finamente la cebolla y el diente de ajo; picar fino el perejil.
2. Lavar las almejas en agua salada.
3. Poner en una cazuela de vidrio 3 cucharadas de aceite con la cebolla y el ajo; rehogar 4 minutos.

4. Añadir y remover el perejil y la harina; poner las rodajas de merluza, el vino y las almejas, salar y cocer durante 6 minutos.
5. Dejar reposar 3 minutos, mover la cazuela y servir caliente.

Pinchos de rape y gambas

Para 4 personas
Tiempo total de cocción: 5 minutos
Tiempo de preparación: 20 minutos
Dificultad: baja

Ingredientes:

400 g de rape • 8 gambas • 8 champiñones • 8 tomatitos • 8 cebollitas • 1 pimiento verde • aceite de oliva • sal • pimienta

Preparación:

1. Pelar las gambas; trocear el rape; pelar las cebollitas; lavar y quitar el pie a los champiñones; cortar el pimiento en cuadrados.
2. Ensartar alternadamente todos los ingredientes en 8 pinchos de madera; salpimentar y rociar con aceite.
3. Calentar la fuente del microondas y cocer los pinchos durante 5 minutos, dándoles la vuelta para que se hagan uniformemente.
4. Servir calientes.

Rape con salsa de champiñones

Para 4 personas
Tiempo total de cocción: 28 minutos
Tiempo de preparación: 35 minutos
Dificultad: media

Ingredientes:

800 g de cola de rape • 250 g de champiñones • 6 dientes de ajo • 5 cucharadas de tomate triturado • aceite de oliva • sal • pimienta

Preparación:

1. Lavar y secar el rape; hacerle con la punta de unas tijeras 6 incisiones.
2. Lavar, quitar el pie y filetear los champiñones; pelar los ajos.
3. Introducir los dientes de ajo enteros en las incisiones del pescado.
4. Salpimentar y colocar el pescado en una fuente; salpimentarlo por ambos lados y rociarlo con aceite; añadir un poquito de agua y cocer unos 20 minutos.
5. Dar la vuelta al rape, cubrirlo con tomate triturado, salpimentar, añadir los champiñones y cocer 8 minutos.
6. Dejar reposar, cortar en rodajas y servir con los champiñones y su salsa.

Rodajas de atún al azafrán

Para 4 personas
Tiempo total de cocción: 8 minutos
Tiempo de preparación: 20 minutos
Dificultad: media (microondas combinado)

Ingredientes:

600 g de atún • 1 limón • 4 tomates medianos • 1 diente de ajo • 4 rebanadas de pan de molde • 1/2 cucharadita de tomillo • 1 ramita de perejil • azafrán • 1 vasito de vino blanco seco • 4 cucharadas de aceite de oliva • sal • pimienta

Preparación:

1. Cortar el atún en 4 rodajas; exprimir medio limón; picar muy fino el perejil; pelar y prensar el diente de ajo.
2. Salpimentar y rociar con zumo de limón el atún.
3. Quitar las cortezas al pan, cortarlo en trocitos y ponerlo en remojo en el vino y 3 cucharadas de aceite; añadir el ajo, una pizca de azafrán y el perejil, salpimentar y formar una pasta fina y firme.
4. Calentar el grill del horno; enaceitar una fuente.
5. Poner en la fuente el atún y asar 3 minutos.
6. Dar vuelta al atún y untarlo con la pasta; hacer 2 incisiones cruzadas en los tomates, echarles tomillo en ellas, ponerlos con el atún y gratinar 5 minutos.

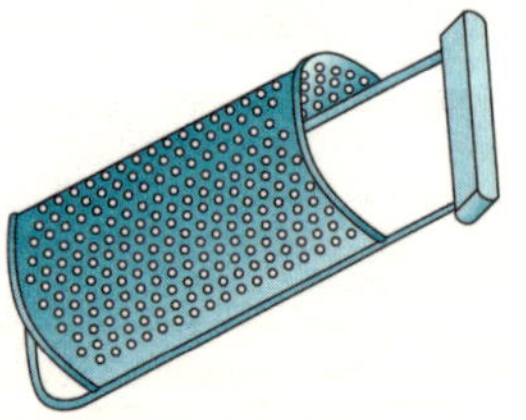

Sardinas encebolladas al limón

Para 4 personas
Tiempo total de cocción: 20 minutos
Tiempo de preparación: 30 minutos
Dificultad: media

Ingredientes:

1 kg de sardinas de mediano tamaño • 500 g de cebollas • 1 limón • 1 ramita de orégano • 1 vaso de vino blanco seco • aceite de oliva • sal • pimienta

Preparación:

1. *Vaciar, quitar la cabeza, lavar con agua fría y secar las sardinas.*
2. *Pelar y cortar en rodajas muy finas las cebollas; exprimir el limón.*
3. *Colocar en una fuente una capa de cebollas y otra de sardinas; rociar con aceite, salpimentar y repetir la operación acabando con una capa de cebollas.*
4. *Rociar con aceite, añadir el vino, el zumo de limón y un poquito de agua; tapar con un plástico transparente y cocer 10 minutos.*
5. *Dar vuelta a la bandeja y cocer 10 minutos más; dejar reposar, quitar el plástico y servir.*

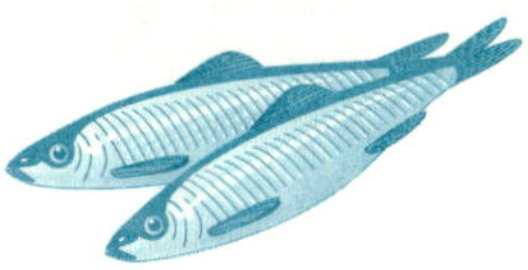

Truchas en papillote

Para 4 personas
Tiempo total de cocción: 8 minutos
Tiempo de preparación: 20 minutos, más 2 horas de adobo
Dificultad: media

Ingredientes:

4 truchas • 1 diente de ajo • 1 naranja • 1 cucharadita de tomillo • 1 cucharadita de granos de cilantro • 1/2 cucharadita de semillas de hinojo • 1 ramita de perejil • 2 cucharadas de aceite de oliva • sal • pimienta

Preparación:

1. *Vaciar, lavar y secar las truchas; salpimentarlas por dentro y por fuera.*
2. *Exprimir media naranja y pelar y cortar en rodajas finas la otra mitad.*
3. *Majar en el mortero el tomillo, el cilantro, el hinojo y el perejil; añadir el aceite y el zumo de naranja y mezclar.*
4. *Untar las truchas por dentro y por fuera con esta pasta; envolver cada una en papel de aluminio y dejar en adobo durante unas 2 horas en la nevera.*
5. *Pinchar el papel de las truchas con un tenedor y cocer durante 8 minutos; desenvolver y servir las truchas adornadas con rodajas de naranja.*

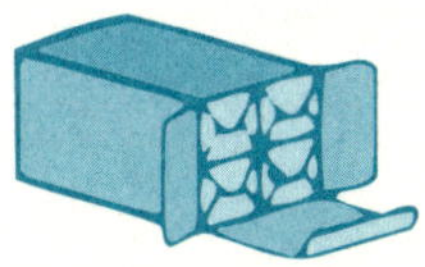

Vieiras a la gallega

Para 4 personas
Tiempo total de cocción: 9 minutos y 40 segundos
Tiempo de preparación: 20 minutos
Dificultad: media

Ingredientes:

12 vieiras • 1 hoja de laurel • 1 ramita de perejil • 1 cucharada de harina • 3 cucharadas de nata líquida • 1 copa de vino de Ribeiro • 2 cucharadas de mantequilla • sal • pimienta

Preparación:

1. *Lavar y sacar las vieiras de su concha; trocearlas y ponerlas en una cazuela; añadir el laurel y el vino y cocer 5 minutos; colar el jugo de cocción y reservar.*
2. *Fundir la mantequilla 40 segundos; añadir la harina, ligar y agregar poco a poco y sin dejar de remover el jugo reservado y cocer 2 minutos.*
3. *Agregar las vieiras y la nata, salpimentar y cocer 2 minutos.*
4. *Picar el perejil, espolvorear las vieiras y servir; puede acompañarse con puré de patatas o tomatitos.*

Volovanes de cangrejo de río

Para 4 personas
Tiempo total de cocción: 9 minutos
Tiempo de preparación: 15 minutos
Dificultad: media

Ingredientes:
8 cangrejos de río • 4 volovanes de hojaldre • 1 cucharada de harina • 2 cucharadas de vino blanco seco • 1 taza de leche • 1 1/2 cucharadas de mantequilla • sal • pimienta

Preparación:
1. Calentar la leche 20 segundos en el microondas.
2. Lavar los cangrejos y ponerlos en un recipiente; añadir la leche, salar y cocer 4 minutos.
3. Sacar los cangrejos de la leche y reservar la leche; pelar y cortar las colas de los cangrejos por la mitad.
4. Poner la mantequilla en un cazo y calentar durante 40 segundos; añadir, removiendo con energía, la harina y enseguida la leche reservada y el vino y cocer durante 2 minutos.
5. Remover, salpimentar, añadir las colas de cangrejo y cocer 2 minutos; rellenar los volovanes, ponerlos 30 segundos en el microondas y servir.

Boniatos en dulce

Para 6 personas
Tiempo total de cocción: 37 minutos
Tiempo de preparación: 50 minutos
Dificultad: media

Ingredientes:
1 kg de boniatos • 1 rama de canela • 1 taza de nata líquida • 350 g de azúcar

Preparación:
1. Pelar los boniatos y cortarlos longitudinalmente.
2. Ponerlos en un recipiente y cubrirlos con agua fría; añadir el azúcar y la canela, tapar con un papel de estraza y cocer durante 7 minutos o hasta que rompa el hervor.
3. Reducir la potencia del microondas a la mitad y cocer 30 minutos.
4. Dejar enfriar y servir acompañando con nata líquida aparte.

Brazo de gitano

Para 4 personas
Tiempo total de cocción: 3 minutos
Tiempo de preparación: 15 minutos
Dificultad: media

Ingredientes:
100 g de harina • 1 limón • 3 huevos • 2 cucharadas de mantequilla • 1 taza de crema pastelera • 5 cucharadas de azúcar

Preparación:
1. Rallar la piel del limón.
2. Separar las claras de las yemas y batir éstas; añadir la harina, 4 cucharadas de azúcar y 1 cucharada de ralladuras de limón y batir con la batidora de varillas.
3. Batir las claras a punto de nieve y añadirlas poco a poco a la pasta anterior.
4. Untar con mantequilla una hoja de papel de barba por ambos lados y recubrir la bandeja del microondas; poner la pasta sobre la bandeja extendiéndola con un cuchillo humedecido en agua caliente; cocer durante 3 minutos.
5. Retirar, darle la vuelta, extender una capa de crema pastelera y enrollar; espolvorear con el resto del azúcar y servir sobre papel puntilla.

Budín de chocolate

Para 6 personas
Tiempo total de cocción: 11 minutos
Tiempo de preparación: 20 minutos, más 4 horas de enfriado
Dificultad: baja

Ingredientes:
60 g de chocolate para fundir • 20 g de gelatina en polvo insípida • 2 tazas de leche • 1/2 taza de nata líquida • 1 taza de nata montada • 3 huevos • 6 cucharadas de azúcar

Preparación:
1. Calentar 1/2 taza de agua durante 2 minutos; disolver la gelatina en el agua hirviendo.
2. Picar y echar el chocolate en un cazo; añadir 3 cucharadas de leche y fundir en el microondas durante 3 minutos; retirar y remover con una cuchara de madera.
3. Poner en un recipiente las yemas de los huevos con el azúcar y la leche, batir y cocer durante 6 minutos; batir con energía hasta que esté bien espumoso y dejar enfriar.

4. Mezclar esta crema con el chocolate, la nata líquida y la gelatina, batir y echar en un molde de corona pasado por agua fría.
5. Enfriar en la nevera durante 4 horas, desmol-dear y servir acompañando con nata montada.

Cerezas en gelatina con zumo de uvas

Para 4 personas
Tiempo total de cocción: 5 minutos
Tiempo de preparación: 15 minutos, más 3 horas de enfriado
Dificultad: baja

Ingredientes:
300 g de cerezas • 20 g de gelatina insípida • 1/2 taza de zumo de uvas • 2 cucharadas de kirsch • 1 limón • 1 taza de nata • 2 cucharadas de azúcar

Preparación:
1. Lavar y deshuesar las cerezas; ponerlas en un cazo con el azúcar.
2. Rallar la piel del limón y añadir a las cerezas, mezclar y cocer en el microondas durante 4 minutos; escurrir las cerezas y reservar conservando el jugo aparte.
3. Disolver la gelatina en 2 cucharadas de zumo de uvas, calentarla en el microondas durante 1 minuto, revolviendo con rapidez.
4. Añadir a la gelatina el kirsch, el jugo de cocción de las cerezas y el resto del zumo de uvas.
5. Mojar con agua fría 4 moldes pequeños, echar en ellos las cerezas y la mezcla de gelatina.
6. Dejar enfriar en la nevera unas 3 horas; desmoldear y servir con nata semimontada.

Crema de arándanos

Para 4 personas
Tiempo total de cocción: 1 minuto
Tiempo de preparación: 10 minutos, más 2 horas de enfriado
Dificultad: baja

Ingredientes:
250 g de arándanos • 1 sobre de gelatina de arándanos • 1 limón • 2 tazas de nata montada con azúcar • 3 cucharadas de azúcar

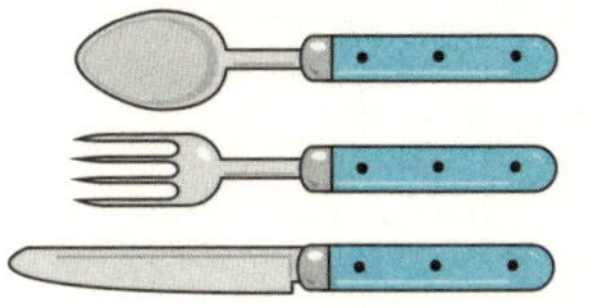

Preparación:
1. Lavar y triturar los arándanos en la batidora eléctrica; tamizar y reservar.
2. Exprimir el limón y poner el zumo en un recipiente; cocer 1 minuto y disolver en él la gelatina.
3. Mezclar la gelatina con el puré de arándanos, el azúcar y la nata y repartir en 4 cuencos.
4. Dejar enfriar unas 2 horas en la nevera y servir adornando a gusto.
5. Esta crema también puede hacerse con moras, fresas, frambuesas, etc.

Crema de caramelo con licor de almendras

Para 4 personas
Tiempo de preparación: 15 minutos
Tiempo de preparación: 30 minutos
Dificultad: baja

Ingredientes:
5 huevos • 4 cucharadas de Amaretto • 2 tazas de leche • 1 vaina de vainilla • 150 g de azúcar moreno • 3 cucharadas de azúcar

Preparación:
1. Repartir el azúcar en 4 cuencos individuales de porcelana; humedecer con 1 cucharada de Amaretto el azúcar de cada cuenco y caramelizar durante 5 minutos en el microondas, girando una vez los cuencos para que el azúcar se caramelice de modo uniforme.
2. Distribuir el caramelo por las paredes de los cuencos.
3. Calentar la leche con la vainilla durante 3 minutos; quitar la vaina de vainilla.
4. Batir los huevos con el azúcar moreno y echar, poco a poco, en la leche y mezclar; cocer 7 minutos.
5. Dejar enfriar, desmoldear en platitos y servir.

Crema de huevo al vino

Para 4 personas
Tiempo total de cocción: 3 minutos
Tiempo de preparación: 15 minutos
Dificultad: baja

Ingredientes:

3 huevos • 1 vaso de vino tinto • 125 g de nata líquida • 8 granos de uva negra • 1 cucharada de azúcar glas • 4 cucharadas de azúcar

Preparación:

1. *Poner en un recipiente las yemas de huevo, el azúcar y el vino y batir hasta tener una crema suave y espumosa; tapar y cocer 3 minutos en el microondas a 360 W.*
2. *Batir la crema hasta espesarla y dejar enfriar.*
3. *Batir la nata líquida y añadir a la crema de vino; distribuir en 4 copas y enfriar en la nevera.*
4. *Pasar las uvas por el azúcar glas, adornar con ellas las copas y servir.*

Flan de mandarina al licor

Para 4 personas
Tiempo total de cocción: 8 minutos y 30 segundos
Tiempo de preparación: 20 minutos
Dificultad: baja

Ingredientes:

7 mandarinas • 3 huevos • 1 taza de nata montada con azúcar • 2 cucharadas de Cointreau • 3 cucharadas de azúcar

Preparación:

1. *Poner en un recipiente 1 cucharada de azúcar y otra de agua y cocer en el microondas durante 5 minutos a punto de caramelo; caramelizar 4 flaneras de vidrio o porcelana.*
2. *Exprimir 5 mandarinas y pelar y desgajar las otras 2.*
3. *Poner en un recipiente los huevos y el azúcar restante y batir hasta tener una crema suave; añadir el licor y el zumo de mandarinas, mezclar, echar en las flaneras y cocer durante 3 minutos y 30 segundos.*
4. *Por último, dejar enfriar, desmoldear y servir acompañando con nata montada y gajitos de mandarina.*

Flan de vainilla

Para 4 personas
Tiempo total de cocción: 5 minutos
Tiempo de preparación: 10 minutos
Dificultad: baja

Ingredientes:

1 huevo • 2 cucharadas de harina de maíz • 2 tazas de leche • 1/2 vaina de vainilla • sal • 1 1/2 cucharadas de azúcar

Preparación:

1. *Poner en un recipiente grande y de fondo redondeado la harina de maíz, el azúcar y una pizca de sal y batir con la batidora de varillas; añadir 4 cucharadas de leche y continuar batiendo hasta lograr una crema suave.*
2. *Añadir el resto de la leche y batir; añadir la vainilla y cocer 3 minutos.*
3. *Batir y cocer 2 minutos más; batir una vez más, quitar la vaina, añadir la yema del huevo y continuar batiendo rápidamente.*
4. *Pasar una flanera por agua fría y echar en ella la mezcla; dejar enfriar y servir.*
5. *Puede adornarse con rodajas de kiwi, fresas o frambuesas.*

Helado al vino moscatel

Para 4 personas
Tiempo total de cocción: 6 minutos
Tiempo de preparación: 15 minutos, más 4 horas de enfriado
Dificultad: baja

Ingredientes:

4 huevos • 1 vaso de vino moscatel • 1/2 taza de nata • 1 cucharadita de harina de maíz • 8 uvas confitadas • 150 g de azúcar

Preparación:

1. *Mezclar el vino con la harina de maíz y calentarlo durante 3 minutos.*
2. *Poner el azúcar con un poco de agua y cocer durante 3 minutos.*

3. Enfriar en la nevera un molde de suflé forrado con papel de plata de modo que pase unos centímetros por encima del borde.
4. Batir 4 yemas en una batidora y añadirle el almíbar caliente; batir hasta que esté todo frío.
5. Montar la nata; montar 2 claras de huevo.
6. Añadir la mitad del vino a las yemas y a la nata la otra mitad; mezclar las yemas y la nata; añadir las claras y mezclar.
7. Verter en el molde frío y poner en el congelador 4 horas.
8. Servir en copas adornando con las uvas confitadas.

Helado de nueces, coco y almendras

Para 4 personas
Tiempo total de cocción: 18 minutos
Tiempo de preparación: 20 minutos, más 3 horas de enfriado
Dificultad: baja

Ingredientes:

1 l de leche • 1 cucharada de harina de maíz • 2 cucharadas de coco rallado • 50 g de nueces peladas • 50 g de almendras • 3 huevos • esencia de almendras • sal • 250 g de azúcar

Preparación:

1. Hervir la leche con el azúcar durante 5 minutos.
2. Disolver la harina de maíz en un poco de agua, añadir a la leche, revolviendo continuamente, durante 2 minutos.
3. Triturar finamente las almendras y las nueces.
4. Añadir a la crema el coco rallado, las nueces y las almendras y cocer 8 minutos.
5. Batir ligeramente las yemas y añadirlas junto con una pizca de sal y unas gotas de esencia de almendras; remover, cocer 3 minutos y dejar enfriar.
6. Colar y poner en el congelador durante 3 horas, removiendo cada 30 minutos.

Helado de peras al licor

Para 4 personas
Tiempo total de cocción: 3 minutos
Tiempo de preparación: 15 minutos, más 4 horas de enfriado
Dificultad: baja

Ingredientes:

500 g de peras • 150 g de almendras tostadas • 1 cucharadita de vainilla en polvo • 1 cucharadita de Chartreuse verde • 1 taza de nata líquida • 1 ramita de menta • 150 g de azúcar

Preparación:

1. Pelar las peras, quitarles el corazón y trocearlas; filetear las almendras.
2. Poner en un cazo el azúcar con 1 taza de agua y cocer en el microondas durante 3 minutos hasta tener un almíbar claro.
3. Pasar las peras por la batidora eléctrica y tamizar el puré y volverlo al vaso de la batidora; añadir el almíbar, la vainilla y el licor y batir durante 30 segundos.
4. Batir aparte la nata y añadirla poco a poco al puré de peras, mezclar y verter en un molde para helados; poner en el congelador durante 4 horas, removiendo 3 veces en el transcurso para que no cristalice.
5. Servir en copas adornando con almendras y hojitas de menta.

Higos perfumados con clavo

Para 4 personas
Tiempo total de cocción: 2 minutos
Tiempo de preparación: 10 minutos
Dificultad: baja

Ingredientes:

600 g de higos frescos • 50 g de almendras tostadas • 1 clavo de olor • 1 taza de nata líquida • 1 cucharadita de café soluble • 2 cucharadas de azúcar glas • 2 cucharadas de azúcar blanquilla

Preparación:

1. Pelar los higos y ponerlos en un recipiente de vidrio o porcelana; triturar las almendras.
2. Añadir a los higos el azúcar blanquilla, el clavo y 1/2 taza de agua, tapar y cocer durante 2 minutos; dejar templar.

3. Partir los higos, distribuirlos en 4 platitos y bañarlos con su jugo de cocción.
4. Montar la nata con el azúcar glas a un punto cremoso y verter sobre los higos; espolvorear café soluble y almendras picadas y servir.

Leche helada almendrada

Para 6 personas
Tiempo total de cocción: 4 minutos
Tiempo de preparación: 10 minutos, más 2 horas de enfriado
Dificultad: baja

Ingredientes:

3 tazas de leche • 1 taza de nata líquida • 300 g de almendras

Preparación:

1. Calentar 1 taza de agua durante 4 minutos en el microondas; escaldar las almendras, pelarlas y triturarlas completamente en la batidora eléctrica.
2. Agregar la leche fría, mezclar y tamizar en un colador chino fino.
3. Añadir la nata, mezclar y enfriar en la nevera durante 2 horas, removiendo cada 30 minutos para que no cristalice.

Manzanas en salsa de kiwi

Para 4 personas
Tiempo total de cocción: 13 minutos
Tiempo de preparación: 15 minutos
Dificultad: baja

Ingredientes:

4 manzanas • 2 kiwis • 1 limón • 1 cucharada de almendras tostadas • 1 cucharadita de mantequilla • 1 1/2 vasos de sidra • 1 ramita de canela • 1 ramita de menta • 100 g de azúcar

Preparación:

1. Pelar las manzanas; pelar medio limón y reservar la piel; triturar las almendras; pelar y trocear 1 kiwi y partir longitudinalmente el otro y cortar las mitades en rodajitas finas.
2. Poner en un recipiente las manzanas, el azúcar, la piel de limón, la sidra y la mantequilla, tapar y cocer durante 8 minutos.
3. Sacar las manzanas y quitarles el corazón; rellenar el hueco con las almendras y reservar.
4. Añadir al jugo de cocción la canela y cocer 5 minutos; colar y batir en la batidora con el kiwi troceado.
5. Bañar las manzanas con esta salsa, adornar con las rodajitas de kiwi y las hojitas de menta y servir.

Manzanas y peras en su salsa

Para 4 personas
Tiempo total de cocción: 30 minutos
Tiempo de preparación: 1 hora
Dificultad: media

Ingredientes:

2 manzanas de tamaño medio • 2 peras grandes • 1 limón • 1 naranja • 1 vaso de vino tinto • 1/2 cucharadita de vainilla en polvo • 1/2 clavo de olor • 1 grano de pimienta • canela • 100 g de azúcar

Preparación:

1. Pelar las manzanas y las peras, sacar el corazón y cortar en octavos; exprimir el limón; pelar la naranja quitarle la piel blanca y reservar la cáscara.
2. Poner las manzanas y las peras en un recipiente y rociarlas con el zumo de limón.
3. Poner en otro recipiente el vino, el azúcar, la cáscara de la naranja, la vainilla, el clavo, la pimienta y una pizca de canela y cocer durante 5 minutos en el microondas.
4. Añadir las manzanas y las peras con su jugo y cocer durante 20 minutos; retirar las frutas.
5. Colar el jugo de la cocción y cocer 5 minutos más, removiendo constantemente.
6. Bañar las frutas con este arrope, enfriar y servir.

Melón con crema de yogur al limón

Para 4 personas
Tiempo total de cocción: 5 minutos
Tiempo de preparación: 15 minutos
Dificultad: baja

Ingredientes:

1 melón maduro de tamaño medio • 1 limón • 1 yogur natural • 1 ramita de menta fresca • 3 cucharadas de azúcar

Preparación:

1. Rallar la piel del limón y exprimirlo; cortar el melón por la mitad, quitarle las semillas y, con la ayuda de una cucharilla, sacar su pulpa en forma de bolitas.
2. Poner en un cazo 1/2 taza de agua, el zumo y la ralladura de limón y el azúcar, remover y cocer durante 5 minutos; dejar enfriar y poner en el vaso de la batidora.
3. Añadir el yogur y batir hasta tener una crema suave y homogénea.
4. Servir las bolitas de melón acompañadas con la crema de yogur al limón adornando con hojitas de menta.

Mousse de chocolate blanco

Para 4 personas
Tiempo total de cocción: 2 minutos
Tiempo de preparación: 15 minutos, más 2 horas de enfriado
Dificultad: baja

Ingredientes:

150 g de chocolate blanco • 250 g de nata • 2 cucharadas de ron blanco • 1 naranja • 1 limón • 1 huevo • 1 cucharada de azúcar

Preparación:

1. Rallar la piel de media naranja; exprimir medio limón.
2. Trocear el chocolate y ponerlo en un recipiente junto con la nata, la ralladura de naranja y el ron; cocer durante 2 minutos.
3. Remover y poner 2 horas en la nevera; batir con la batidora de varillas hasta tener una crema espumosa.
4. Batir aparte la clara del huevo a punto de nieve y añadir poco a poco el azúcar y 1 cucharadita de zumo de limón; mezclar cuidadosamente con la crema, enfriar en la nevera y servir.

Naranjas en salsa de vino

Para 4 personas
Tiempo total de cocción: 6 minutos
Tiempo de preparación: 15 minutos
Dificultad: baja

Ingredientes:

5 naranjas grandes • 1 vaso de vino tinto • 50 g de almendras tostadas • 2 clavos de olor • 1 ramita de canela • 1 taza de nata montada con azúcar • 1 cucharada de mermelada de naranja • 2 cucharadas de azúcar

Preparación:

1. Pelar 4 naranjas quitándoles toda la piel blanca y cortarlas en rodajas finas; exprimir media naranja; triturar las almendras.
2. Poner en un recipiente la piel de media naranja, los clavos, la mermelada, el zumo y el azúcar y cocer en el microondas durante 2 minutos.
3. Quitar la piel y echar este almíbar sobre las naranjas junto con el vino; cocer durante 4 minutos.
4. Dejar enfriar, espolvorear las almendras y adornar con la nata.

Pastel de chocolate con nueces

Para 4 personas
Tiempo total de cocción: 10 minutos
Tiempo de preparación: 20 minutos
Dificultad: media

Ingredientes:

150 g de harina • 100 g de chocolate con leche • 100 g de nata pastelera • 5 cucharadas de almendras tostadas • 4 cucharadas de nueces peladas • 1 cucharadita de levadura en polvo • 1 huevo • 1 taza de leche • 100 g de mantequilla • 8 cucharadas de azúcar

Preparación:

1. Forrar con papel de estraza un molde alargado.
2. Triturar las almendras, las nueces y el chocolate por separado; batir el huevo con la leche.
3. Poner en un recipiente el azúcar y un poco de agua y cocer 2 minutos; añadir la mantequilla y cocer 2 minutos.

4. Espolvorear la harina; añadir las almendras, la levadura y la leche y el huevo batidos y trabajar.
5. Verter la pasta en el molde y cocer en el microondas unos 5 minutos, dándole la vuelta a mitad de cocción.
6. Dejar reposar 5 minutos y desmoldear.
7. Poner en un cazo el chocolate y derretir en un minuto; bañar el pastel y decorar con la nata y las nueces.

Pastel hojaldrado de coco

Para 6 personas
Tiempo total de cocción: 45 minutos
Tiempo de preparación: 1 hora y 15 minutos
Dificultad: alta (microondas combinado)

Ingredientes:

250 g de masa de hojaldre • 300 g de magdalenas algo duras • 50 g de macedonia almibarada • 50 g de pasas de uva sin semilla • 8 cucharadas de coco rallado • 4 tazas de leche • 5 huevos • 100 g de azúcar

Preparación:

1. Enmantecar un molde desmontable, alto y de unos 25 cm de diámetro.
2. Estirar la masa de hojaldre y forrar el molde; desmenuzar las magdalenas y añadirlas al molde junto con las pasas y la macedonia.
3. Hervir la leche en el microondas durante 5 minutos.
4. Calentar el horno a 220 °C.
5. Batir los huevos con el azúcar, echarles encima la leche hirviendo, removiendo enérgicamente para que los huevos no cuajen, y añadir algo más de la mitad del coco rallado.
6. Echar esta mezcla en el molde y cocer al horno durante 25 minutos; espolvorear con el resto del coco y cocer 15 minutos más.
7. Desmoldear y dejar enfriar.

Plátanos en salsa de café

Para 4 personas
Tiempo total de cocción: 4 minutos
Tiempo de preparación: 10 minutos
Dificultad: baja

Ingredientes:

4 plátanos • 1 naranja • 1 huevo • 1 taza de leche • 2 cucharadas de mantequilla • 1 cucharada de harina de maíz • 1 cucharada de café soluble • azúcar

Preparación:

1. Pelar los plátanos; exprimir la naranja y rallar su cáscara.
2. Untar los plátanos con la mantequilla y ponerlos en una fuente; bañar con el zumo de naranja y cocer durante 4 minutos.
3. Calentar la leche 30 segundos.
4. Batir el huevo hasta que esté espumoso, mezclar con 2 cucharadas de azúcar y la harina de maíz, agregar, poco a poco y sin dejar de remover, la leche caliente y cocer durante 2 minutos: añadir el café soluble, remover y cocer 2 minutos más.
5. Poner los plátanos en sendos platos espolvoreándolos con la ralladura de naranja y acompañados de la crema de café.
6. Puede adornarse con nata montada y hojitas de menta.

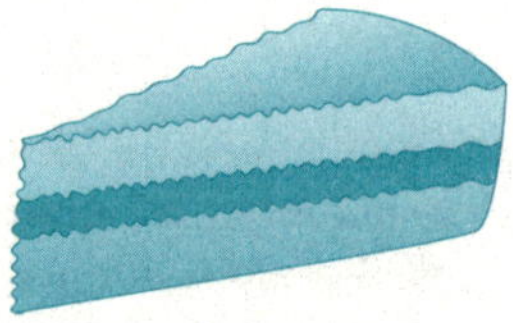

Plum cake

Para 4 personas
Tiempo total de cocción: 55 minutos
Tiempo de preparación: 1 hora y 15 minutos, más 1 hora de maceración
Dificultad: alta (microondas combinado)

Ingredientes:

200 g de harina • 150 g de fruta confitada • 50 g de pasas de Corinto • 50 g de almendras fileteadas • 1 copita de ron • 1 cucharadita de levadura en polvo • 3 huevos • 150 g de mantequilla • 150 g de azúcar

Preparación:

1. Poner a remojar las pasas y la fruta en el ron durante 1 hora.
2. Batir la mantequilla con el azúcar hasta tener una crema suave; añadir los huevos, la harina y la levadura y mezclar.
3. Escurrir la fruta y las pasas y añadir el ron a la masa; enharinar la fruta y las pasas.
4. Calentar el horno a 200 °C; enmantecar un molde alargado y espolvorearlo con harina.

5. Llenar el molde hasta la mitad con la pasta, echar las frutas y las pasas, y luego el resto de la pasta, aunque sin terminar de llenar el molde, y distribuir encima las almendras.
6. Hornear durante 15 minutos; reducir la temperatura a 100 °C y cocer durante 40 minutos.
7. Dejar enfriar y desmoldear.

Roscón de fresones

Para 4 personas
Tiempo total de cocción: 17 minutos
Tiempo de preparación: 45 minutos
Dificultad: media (microondas combinado)

Ingredientes:
100 g de harina • 200 g de fresones • 150 g de pistachos • 3 huevos • 1 limón • 1/2 cucharadita de levadura • 1 cucharada de licor de fresas o zumo de limón • 4 cucharadas de mantequilla • 150 g de azúcar glas • 100 g de azúcar

Preparación:
1. Calentar el horno a 200 °C; derretir la mantequilla.
2. Lavar, secar y quitar el tronquito y el corazón a los fresones; rallar la piel de medio limón; picar finamente los pistachos; tamizar la harina.
3. Batir las yemas de huevo con el azúcar hasta tener una crema suave; añadir poco a poco las ralladuras de limón, 1 cucharada de pistachos, la harina mezclada con la levadura y la mantequilla derretida y mezclar.
4. Batir las claras de huevo a punto de nieve y añadir a la pasta poco a poco, trabajando hasta que quede todo bien ligado.
5. Enmantecar un molde de corona de unos 20 cm de diámetro y echar en él la pasta y algunos fresones; repetir la operación hasta llenar el molde.
6. Hornear a la altura media del horno 17 minutos; sacar el pastel, dejar enfriar y desmoldear.
7. Batir el azúcar glas con el licor y un poco de agua hasta tener una crema suave; bañar el roscón, espolvorear con los pistachos restantes y servir.

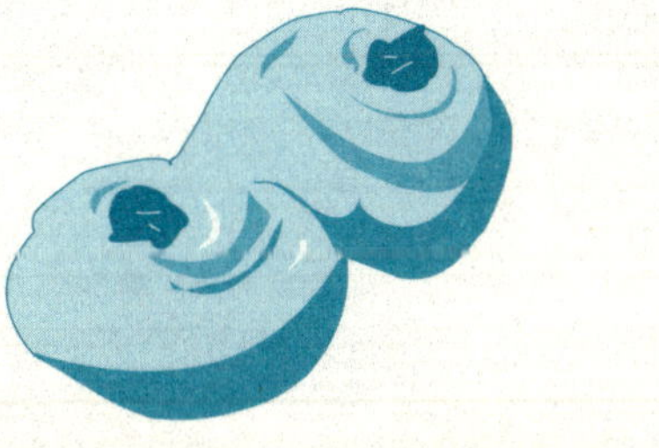

Rote Grütze

Para 6 personas
Tiempo total de cocción: 14 minutos
Tiempo de preparación: 20 minutos
Dificultad: media

Ingredientes:
300 g de cerezas • 200 g de grosellas • 200 g de moras • 60 g de harina de maíz • 2 tazas de jugo de cerezas • 1 taza de nata montada • azúcar

Preparación:
1. Lavar y quitar los tronquitos a las frutas y los huesos a las cerezas; mezclar en una fuente grande.
2. Desleír la harina de maíz en unas 3 cucharadas de jugo de cerezas.
3. Añadir la harina de maíz desleída y el jugo de cerezas a las frutas y azucarar si es necesario; tapar la fuente y cocer 10 minutos removiendo de vez en cuando.
4. Remover, destapar y cocer 4 minutos más.
5. Enseguida dejar enfriar, poner en copas y servir acompañando con una cucharada de nata montada.

Suflé de ciruelas con almendras

Para 4 personas
Tiempo total de cocción: 12 minutos
Tiempo de preparación: 30 minutos
Dificultad: media (microondas combinado)

Ingredientes:
250 g de ciruelas amarillas • 20 g de almendras • 3 huevos • 1/2 taza de leche • 3 cucharadas de crema de leche • 2 1/2 cucharadas de harina • 2 cucharadas de mantequilla • 1 cucharada de azúcar glas • 2 cucharadas de azúcar

Preparación:
1. Partir y deshuesar las ciruelas; filetear las almendras.
2. Calentar el horno a 220 °C.
3. Batir los huevos con el azúcar hasta tener una pasta cremosa; añadir la crema de leche, la leche y la harina y amasar hasta lograr una masa suave y homogénea.
4. Seguidamente enmantecar con la mitad de la man-

tequilla un molde para suflé y echar en él la masa; añadir las ciruelas y las almendras, poner encima el resto de la mantequilla y hornear durante 12 minutos.

5. Espolvorear con azúcar glas y servir.

Suspiros de bizcocho

Para 4 personas
Tiempo total de cocción: 1 minuto
Tiempo de preparación: 25 minutos
Dificultad: media

Ingredientes:

125 g de harina • 6 huevos • 1 limón • vainilla en polvo • 125 g de azúcar

Preparación:

1. Separar las claras de las yemas y batir éstas con el azúcar.
2. Batir las claras a punto de nieve; añadir las yemas e incorporar, espolvoreando, la harina y una pizca de vainilla.
3. Cubrir la bandeja del microondas con papel de barba.
4. Poner la pasta en una manga pastelera y formar bizcochitos alargados sobre la bandeja; cocer durante 1 minuto.
5. Dejar reposar 1 minuto y retirarlos; se conservan preferentemente en una lata.

Tarta de queso al limón

Para 6 personas
Tiempo total de cocción: 12 minutos
Tiempo total de preparación: 25 minutos
Dificultad: media

Ingredientes:

450 g de requesón • 50 g de pasas de Corinto • 100 g de galletas • 2 limones • 3 huevos • 1/2 taza de leche • 2 cucharadas de mantequilla • 100 g de azúcar glas

Preparación:

1. Exprimir la mitad de un limón, rallar la piel de la otra mitad y cortar en rodajas finitas el limón restante.
2. Ablandar la mantequilla durante 1 minuto en el microondas; añadir a las galletas y batir en la batidora hasta tener una crema suave.
3. Echar la crema en una tartera para microondas, presionándola con los dedos para que quede compacta, y cocerla durante 1 minuto; añadir las pasas y reservar.
4. Espolvorear con azúcar las rodajas de limón y caramelizarlas durante 2 minutos.
5. Pasar por la batidora el requesón, la leche, la ralladura y el zumo de limón y el azúcar glas; echar en el molde y cocer durante 8 minutos.
6. Dejar enfriar y servir con las rodajas de limón.

Torta de chocolate

Para 4 personas
Tiempo total de cocción: 9 minutos
Tiempo de preparación: 20 minutos
Dificultad: media

Ingredientes:

150 g de chocolate en polvo • 4 huevos • 1 limón • 1 copita de Grand Marnier • 150 g de azúcar

Preparación:

1. Poner en un molde redondo 8 cucharadas de azúcar con 2 cucharadas de agua; cocer en el microondas durante 2 minutos hasta alcanzar un punto de caramelo.
2. Pelar el limón y triturar su piel.
3. Batir los huevos con el resto del azúcar y agregar 1 cucharada de piel de limón; añadir el chocolate y remover con la batidora hasta tener una pasta uniforme.
4. Poner la pasta en el molde con el caramelo y cocer durante 7 minutos; desmoldear enseguida.

Torta de manzana

Para 6 personas
Tiempo total de cocción: 25 minutos
Tiempo de preparación: 1 hora
Dificultad: media (microondas combinado)

Ingredientes:

200 g de harina • 500 g de manzanas Delicia • 50 g de nueces peladas • 50 g de chocolate rallado • 150 g de nata pastelera • 1 limón • 5 huevos • 1 cucharadita de levadura en polvo • 250 g de mantequilla • 200 g de azúcar

Preparación:

1. Exprimir el limón; pelar y rallar grueso las manzanas, salvo una; partir en cuartos esta manzana, quitarle las semillas y cortarla en rodajas finitas; triturar las nueces.
2. Rociar la ralladura de manzana con zumo de limón y reservar.
3. Calentar el horno a 200 °C; enmantecar un molde que sea desmontable de unos 25 cm de diámetro.
4. Ablandar la mantequilla restante, añadir el azúcar y batir bien hasta lograr una pasta suave; agregar poco a poco las yemas de los huevos y ligar.
5. Mezclar aparte la harina, la levadura y las nueces; añadir esta pasta alternadamente con la ralladura de manzanas escurrida a la crema de mantequilla y mezclar.
6. Batir las claras a punto de nieve y agregarlas poco a poco; verter la mezcla en el molde y hornear a la altura media del horno durante 25 minutos.
7. Desmoldear la tarta y dejar enfriar en la parrilla.
8. Batir la nata; cubrir la tarta con ella reservando un poco para la decoración.
9. Finalmente, espolvorear la tarta con el chocolate rallado; poner el resto de la nata en una manga y decorar la tarta a gusto junto con las rodajas de manzana.

Índice general de recetas

D

E

Q

R

S

T